RECTO ET VERSO

Couvertures supérieure et inférieure en couleur

RELIURE SERREE
Absence de marges intérieures

Illisibilité partielle

VALABLE POUR TOUT OU PARTIE DU DOCUMENT REPRODUIT

PUBLIÉ SOUS LA DIRECTION
DE LA SECTION HISTORIQUE DE L'ÉTAT-MAJOR DE L'ARMÉE

CORRESPONDANCE INÉDITE

DE

NAPOLÉON IER

CONSERVÉE AUX ARCHIVES DE LA GUERRE

PUBLIÉE PAR

Ernest PICARD

LIEUTENANT-COLONEL D'ARTILLERIE BREVETÉ
CHEF DE LA SECTION HISTORIQUE DE L'ÉTAT-MAJOR DE L'ARMÉE

ET

Louis TUETEY

RÉDACTEUR PRINCIPAL AUX ARCHIVES DE LA GUERRE

TOME Ier. — 1804-1807

PARIS
HENRI CHARLES-LAVAUZELLE
Éditeur militaire
10, Rue Danton, Boulevard Saint-Germain, 118
(MÊME MAISON A LIMOGES)

1912

CORRESPONDANCE INÉDITE
DE
NAPOLÉON PREMIER

Tous droits de reproduction, de traduction et d'adaptation réservés pour tous pays.

Copyright by Henri CHARLES-LAVAUZELLE

1912

PUBLIÉ SOUS LA DIRECTION
DE LA SECTION HISTORIQUE DE L'ÉTAT-MAJOR DE L'ARMÉE

CORRESPONDANCE INÉDITE

DE

NAPOLÉON Ier

CONSERVÉE AUX ARCHIVES DE LA GUERRE

PUBLIÉE PAR

Ernest PICARD

LIEUTENANT-COLONEL D'ARTILLERIE BREVETÉ
CHEF DE LA SECTION HISTORIQUE DE L'ÉTAT-MAJOR DE L'ARMÉE

ET

Louis TUETEY

RÉDACTEUR PRINCIPAL AUX ARCHIVES DE LA GUERRE

TOME Ier. — 1804-1807

PARIS
HENRI CHARLES-LAVAUZELLE
Éditeur militaire
10, Rue Danton, Boulevard Saint-Germain, 118

(MÊME MAISON A LIMOGES)

PRÉFACE

La *Correspondance de Napoléon Ier*, publiée par ordre de l'Empereur Napoléon III, de 1859 à 1869, est, comme on sait, l'œuvre successive de deux commissions. La première fut nommée par décret du 7 septembre 1854. Sa mission se trouvait définie par l'article 1er du décret, qui la disait « instituée pour recueillir, coordonner et publier la correspondance..... de Napoléon Ier relative aux différentes branches d'intérêt public ». La seconde remplaça la première par décret du 3 février 1864 (1). L'une a publié les quinze premiers volumes, comprenant la correspondance à dater du 25 octobre 1793 jusqu'au 31 août 1807, l'autre a fait paraître les treize volumes suivants de correspondance du 1er septembre 1807 au 4 août 1815 et les quatre derniers portant le titre d'*Œuvres de Napoléon Ier à Sainte-Hélène.*

Les Archives du Dépôt de la guerre ont contribué pour une large part à l'édification de cette œuvre. En 1854, la portion de la correspondance de Napoléon conservée dans ces archives existait déjà à l'état de recueil et constituait une série spéciale comprenant soixante-six volumes. Cette collection avait été formée à partir de 1833 par les soins du général Pelet, alors directeur du Dépôt de la guerre,

---

(1) La première commission était ainsi composée : le maréchal Vaillant, président; le baron Ch. Dupin, sénateur, membre de l'Institut, vice-président; le comte Boulay de la Meurthe, sénateur; P. Mérimée, sénateur, membre de l'Institut; le général de division Aupick, sénateur; Armand Lefebvre, conseiller d'État; de Chabrier, directeur général des Archives de l'Empire; Chassériau, maître des requêtes au Conseil d'État; Perron, chef de section au Ministère d'État. Cette commission reçut dans la suite quelques nouveaux membres : M. Cucheval-Clarigny (décret du 10 septembre 1854); le général de division Pelet, sénateur (décret du 10 septembre 1854); le général de division comte Flahaut, sénateur (décret du 30 septembre 1854); M. Goschler, chef de la section du secrétariat aux Archives de l'Empire (décret du 24 janvier 1863). La seconde commission comprenait : le prince Napoléon (Jérôme), président; le comte Walewski, M. Amédée Thierry, M. Sainte-Beuve, sénateurs; le général Favé. De plus, et M. de Brotonne, dans la préface de son livre intitulé *Lettres inédites de Napoléon Ier*, a omis de le dire, le directeur général des Archives de l'Empire qui, en cette qualité, avait été membre de la première commission, faisait également partie de la seconde. C'était, en 1863, le comte de Laborde, successeur de M. de Chabrier; ce fut, en 1868, M. Alfred Maury, successeur de M. de Laborde. Tous deux prirent une part active aux travaux de la seconde commission. — La première eut pour secrétaire d'abord M. Perron, puis M. Rapetti; la seconde, M. Rapetti.

par la réunion des lettres de Napoléon qui se trouvaient disséminées dans les diverses séries relatives aux armées et dans la correspondance générale. Le général Pelet regardait cette collection comme un monument que dès son entrée dans sa direction il avait, suivant son expression, « élevé à la mémoire du grand homme (1) ». Aussi, quand la publication officielle eut été décidée, ce fut le général Pelet qui, en sa qualité de membre de la commission et sans doute aussi d'ancien directeur du Dépôt de la guerre, reçut, avec le général Aupich, également membre de la commission, la mission de surveiller le travail de réunion, coordination et copie des lettres de l'Empereur conservées dans ce Dépôt. Le détail du travail était assuré par le commandant Chépy, MM. Turpin et Lacroix, employés aux Archives, constitués en sous-commission présidée par le général Pelet.

Il fut d'ailleurs procédé de même dans les autres dépôts d'archives de Paris ; dans chacun d'entre eux, l'un des membres de la commission assumait la direction et la surveillance des recherches, de la transcription et de la collation des pièces : aux Archives de l'Empire, M. de Chabrier, puis M. le comte de Laborde ; aux Affaires étrangères, M. Armand Lefebvre ; à la Marine, M. de Chassériau ; à l'Instruction publique, M. Boulay de la Meurthe ; à l'Intérieur, M. Cucheval-Clarigny ; aux Travaux publics et au Commerce, M. Dupin.

Pour centraliser et coordonner ces travaux partiels, la commission avait établi « un *bureau* chargé de la correspondance (avec les préfets, les archivistes des départements, les particuliers, les ambassadeurs et autres représentants de la France à l'étranger) et des dépenses, de la transcription et du classement de toutes les pièces qui pourraient être recueillies, et nommé une sous-commission de trois membres pour surveiller et contrôler la comptabilité (2) ». Ce bureau de la correspondance était installé aux Archives impériales ; il servait d'intermédiaire entre l'Imprimerie impériale et la commission dont il état l'agent.

---

(1) Memento-Journal du général Pelet sur ce qui s'est passé dans les séances de la commission. — Aujourd'hui, la collection ne comprend que trente et un volumes commençant à l'année 1809, les trente-cinq autres volumes ayant été défaits après 1854 et leur contenu versé dans les cartons dits de la *Correspondance de Napoléon*.

(2) Note sur les travaux de la commission..... 1ᵉʳ novembre 1858, par M. Perron, secrétaire.

Cette première commission avait envisagé sa mission avec une certaine largeur de vues ; elle s'était efforcée de concilier les obligations que lui créait le décret du 7 septembre 1854, lequel ne visait que les pièces « relatives aux différentes branches d'intérêt public », avec le souci d'accomplir une grande œuvre historique. « Nous nous sommes scrupuleusement interdit, dans la reproduction des lettres de l'Empereur, toute altération, tout retranchement, toute modification de textes », disait-elle dans le rapport adressé à Napoléon III le 20 janvier 1858, date de l'apparition du premier volume. Et, en effet, la commission a respecté les textes ; elle ne les a ni tronqués ni dénaturés. Quand une lettre lui paraissait impossible à accueillir, elle l'éliminait purement et simplement. « Il est juste de reconnaître que les omissions que l'on peut constater dans le travail de cette première commission sont tout à fait exceptionnelles et qu'elle a montré un réel souci de donner au public la correspondance complète de l'Empereur (1). »

En réalité, dans la commission, deux courants d'opinion se manifestèrent dès le début : l'un, qui dérivait de l'interprétation la plus étroite de l'article 1er du décret de 1854 et qui donnait lieu à de grandes susceptibilités à l'égard de tout ce qui pouvait ternir par une intempestive publication la gloire du chef de la dynastie impériale, l'autre qui était suivi par ceux qui subordonnaient les considérations politiques à l'intérêt même de l'œuvre.

D'autres dissentiments d'ordre secondaire vinrent accentuer ce primordial désaccord : « La commission a dû délibérer sur la question de savoir dans quel ordre les pièces seraient publiées. Fallait-il préférer l'ordre des dates à l'ordre des matières, c'est-à-dire au classement des pièces en autant de séries qu'il y a de grandes branches dans l'administration publique (2). »

Les uns, comme le général Pelet, comme M. Dupin, vice-président, penchaient pour la classification par matières ; les autres, comme M. Boulay de la Meurthe, pour celle par ordre chronologique : « La crainte des divisions arbitraires et l'impossibilité matérielle d'assigner leur véritable place aux documents qui embrassent différents objets (ont déterminé la commission) en faveur de l'ordre chronologique (3).

---

(1) L. Lecestre, *Lettres inédites de Napoléon Ier*, t. I, p. IV.
(2) Rapport de la commission à l'Empereur, 20 janvier 1858 (*Correspondance de Napoléon Ier*, publiée par ordre de l'Empereur Napoléon III, t. I, pp. IX-X).
(3) *Ibid.*, p. X.

Mais les divergences les plus sérieuses se manifestèrent au sujet du choix des pièces à publier : « On s'occupe fort, à diverses reprises, de l'énorme quantité de pièces, écrivait le général Pelet, en résumant la première séance de la commission ; les uns se récrient et disent qu'il faut faire un choix, les autres répondent : le nombre ne fait rien à l'affaire, tout doit être religieusement conservé et publié ; qui oserait en distraire seulement une ? J'ai déjà dit quelle avait été mon opinion et mon argument : le pays seul, la postérité seule peuvent juger, il faut leur donner toutes les pièces (1). »

Certaines lettres, en raison de leur nature intime, ou de leur caractère politique, furent éliminées de la publication. Si tels membres de la commission, comme le maréchal Vaillant et P. Mérimée, paraissaient disposés à interpréter dans le sens le plus large les termes du décret du 7 septembre 1854 relatifs au caractère à donner à la publication, par contre, d'autres, comme le baron Dupin, se montraient fermement convaincus de la nécessité du système des éliminations, délibérément pratiqué au nom de la raison d'Etat. Ces dissentiments se manifestèrent avec éclat dans les séances de la commission et donnèrent lieu à des « discussions orageuses et pénibles » que M. Dupin déplorait : alors, ajoutait-il, que « nous devrions tous marcher *honorablement, droitement et de si bon accord* (2) ». La lettre suivante, que ce dernier écrivait au maréchal Vaillant, le 21 mars 1857, donne une idée nette des difficultés particulièrement délicates que la commission avait à résoudre et du degré d'acuité que le conflit entre quelques-uns de ses membres avait atteint.

« Je suis charmé que la commission, entraînée par la force des choses, vous ait enfin prié de faire *ce que je vous ai demandé avec instance il y a plus de quinze jours*, c'est d'obtenir que l'Empereur vous fasse connaître son intention formelle sur les points délicats de la correspondance de Napoléon Ier.

» Et d'abord, au sujet de la Corse et de Paoli, ceux de nos col-

---

(1) Memento-Journal (autographe) du général Pelet. — Dans le même Journal, le général s'exprimait encore en ces termes au sujet des pièces à publier : « Le président et le secrétaire nous ont parlé des *limites;* mais j'ai demandé qu'on les fixât et il est impossible, peut-être inutile, de les fixer, car elles doivent embrasser *tout*, tout ce qui émane de l'Empereur. »
(2) M. Dupin au maréchal Vaillant, 29 avril 1857. — Les mots soulignés l'ont été par M. Dupin.

lègues qui veulent à tout prix qu'on publie tout, insignifiant ou non, fâcheux ou non, ceux-là demandent la publication, même de la lettre déplorable à *Buttafuoco* (1) et des autres lettres où la prise de possession de la Corse par la France est représentée *comme une honte pour notre pays, où nos soldats sont dépeints comme des sicaires, nos généraux comme des oppresseurs,* etc.

» N'est-on pas heureux que l'authenticité d'une telle lettre ne soit pas prouvée ! Et comment pouvons-nous expliquer les démarches actuelles, faites au nom de la commission, *pour prouver pareille authenticité ?*

» Mon sentiment de Français proteste contre de pareilles recherches, que l'on devrait interdire au nom du gouvernement. »

Il convient, déclare M. Dupin, de soumettre à l'examen de l'Empereur, non seulement cette pièce, mais l'ensemble des lettres de jeunesse.

« Alors Sa Majesté verra si le moment actuel est bien celui de publier cette collection de famille parfaitement en dehors des termes du décret qui nous institue et n'ayant rien de commun avec les sujets d'intérêt public, purement gouvernementaux, qui seront le grand caractère de la publication projetée.

» ... Si, comme j'ose l'espérer, l'Empereur prend le parti qu'indique la véritable prudence, nos premiers volumes vont y gagner prodigieusement.

» La magnifique épopée des premières campagnes commencera sur-le-champ et par le sublime. »

A en juger par les premières lettres de Napoléon que la commission a publiées dans la correspondance officielle, laquelle ne comprend aucune pièce antérieure à 1793 et commence seulement par le rapport du chef de bataillon Bonaparte au Comité de Salut public, en date du 25 octobre 1793, il ne paraît pas douteux que le baron Dupin ait obtenu gain de cause dans cette circonstance et fait prévaloir la solution qu'il préconisait.

Bien plus, une interprétation du décret du 7 septembre 1854, plus étroite encore que celle dont M. Dupin se déclarait le partisan, finit bientôt par s'imposer officiellement, d'une façon définitive. Par décret du 3 février 1864, l'empereur Napoléon III déclare

---

(1) Voir cette lettre dans les *Œuvres de Napoléon Bonaparte*, t. V, p. 339 (Panckoucke, 1821).

dissoute la première commission et en nomme une seconde sous la présidence de son cousin, le prince Napoléon (1).

La nouvelle commission ne conservait avec la première d'autre lien que celui créé par l'œuvre commune qu'elle était chargée de continuer : aucun de ses membres n'avait fait partie de la première, dont elle ne gardait que le secrétaire, M. Rapetti. Un esprit nouveau y régnait, représenté par le prince Napoléon, à l'instigation duquel la première commission avait été supprimée. Il n'a d'ailleurs pas caché le rôle qu'il avait joué dans cette intrigue.

« J'insistai pour modifier la composition de la commission, a-t-il écrit. J'en fis éliminer deux membres importants : le maréchal Vaillant et Mérimée (2). » Ce dernier, « dont cependant, comme on l'a fait remarquer, le dévouement à l'Empire n'était guère douteux (3) », se trouvait particulièrement suspect au prince Napoléon, qui l'accusait d'irrespect envers la mémoire de son oncle. De son côté, Mérimée, qui connaissait les tendances du prince, n'était nullement disposé à prêter un concours que l'on n'était d'ailleurs pas décidé à solliciter.

« Le quinzième volume de la *Correspondance de Napoléon* est imprimé, écrivait-il à Panizzi le 24 mars 1864, mais il n'est pas encore paru. Vous savez, je crois, que je ne fais plus partie de la commission. On m'a fait demander *sub rosa* si je voudrais être de la commission présidée par le prince. J'ai remercié, c'était déjà assez désagréable avec le maréchal ; en outre, il est probable que la besogne que fera cette seconde commission sera fort suspecte et je ne me soucie pas d'en partager la responsabilité (4).

L'esprit qui animait la seconde commission était donc bien différent de celui de la première.

« De l'aveu du prince, ses collègues et lui voulant s'inspirer des désirs de Napoléon avant tout, se bornèrent à reproduire ce que l'Empereur aurait livré à la publicité si, se survivant à lui-même et devançant la justice des âges, il avait voulu montrer à la postérité sa personne et son système » (5).

---

(1) En ce qui concerne la seconde commission, les Archives historiques de la guerre ne possèdent aucun document.
(2) Prince Napoléon, *Napoléon et ses détracteurs*, p. 247.
(3) De Brotonne, *Lettres inédites de Napoléon I*^{er}, p. IV.
(4) P. Mérimée, *Lettres à Panizzi*, t. II, p. 15.
(5) De Brotonne, *Lettres inédites de Napoléon I*^{er}, p. III. — Cf. *Correspondance de Napoléon I*^{er}, t. XVI, p. IV.

Les nouveaux errements suivis par la seconde commission eurent pour conséquence l'élimination et la publication inexacte ou incomplète de lettres importantes. Ces lacunes de la correspondance officielle ont déjà été signalées maintes fois par les éditeurs subséquents de lettres inédites de Napoléon Ier (1). Toutefois, l'occasion se présente ici de constater encore que, tant les omissions de la première commission que les éliminations, beaucoup plus fâcheuses, de la seconde, ont porté principalement sur des pièces offrant un caractère politique, ou sur des lettres de nature intime, et que c'est au point de vue militaire que la publication officielle offre le moins de lacunes graves.

Ces lacunes, divers auteurs, depuis l'apparition de la publication officielle du Second Empire, ont entrepris de les combler ; plusieurs recueils de correspondance *inédite* ont vu le jour. En ce qui concerne les lettres de nature politique ou intime, la publication de M. Lecestre doit être citée en première ligne : elle offre une réunion de 1.225 lettres dont 850 environ inédites qui, par l'importance et l'intérêt des pièces mises au jour, mérite d'être considérée comme l'indispensable complément de la grande correspondance, et qui répare à cet égard de la manière la plus heureuse l'imperfection de l'œuvre des deux commissions. Le travail de M. Lecestre a porté principalement sur le fonds de la correspondance de l'Empereur conservé aux Archives nationales.

De son côté, feu M. de Brotonne avait entrepris concurremment une tâche analogue. Mais il eut sur son émule cet avantage d'avoir pu consulter, outre les archives publiques de la France et de l'étranger, et plusieurs collections particulières, les Archives du Ministère de la guerre.

La commission de 1854 a évalué à environ 20.000 (2) le nombre des lettres et documents originaux de Napoléon Ier que possédaient alors ces Archives (3). De ce nombre, 12.000 à 13.000 environ fu-

---

(1) Du Casse, *Supplément à la Correspondance de Napoléon Ier*; Lecestre, t. I, p. V; de Brotonne, *Lettres inédites de Napoléon Ier*, t. I, pp. I-IX.

(2) Ce nombre de 20.000 doit être quelque peu exagéré. En évaluant à 20.000 le nombre des lettres et autres pièces émanant de Napoléon qui existent aux Archives de la guerre, la commission a dû commettre une erreur analogue à celle qui lui a fait dire que les Archives nationales conservaient 40.000 lettres de l'Empereur, alors que celles-ci n'en possèdent en réalité que 29.300. De même, aux Archives de la guerre, on a dû faire entrer dans l'évaluation un certain nombre de pièces étrangères à Napoléon mais qui se trouvaient jointes à sa correspondance en qualité de pièces annexes.

(3) Rapport de la commission à l'Empereur, 20 janvier 1856 (t. I, p. IX).

rent insérés dans la correspondance officielle ; dans ses trois volumes, publiés en 1898 et 1903, M. de Brotonne en a donné en outre environ six à huit cents. Cette dernière publication témoigne d'un choix assez arbitraire, car l'auteur, qui a négligé la majeure partie des pièces, n'a pas toujours fait porter sa sélection sur les plus intéressantes.

D'ailleurs, depuis l'époque de la publication de M. de Brotonne, le fonds de la correspondance de Napoléon Ier, conservé aux Archives historiques, s'est enrichi d'environ 500 lettres et de plus d'un millier de décisions, les unes comme les autres inédites, par suite du versement à ces archives de nombreux cartons provenant des diverses directions du Ministère.

Ces pièces nouvelles sont venues augmenter le nombre de celles qu'avait laissées de côté M. de Brotonne et ont rendu plus opportune encore la publication de la partie inédite de la *Correspondance de Napoléon*.

Les pièces dont il vient d'être question sont, bien entendu, toutes des documents originaux, remarque qui n'est pas superflue, car les Archives historiques de la guerre possèdent une autre série de pièces qui appartiennent à la *Correspondance de Napoléon*, sans avoir cependant la même valeur documentaire.

Le fonds conservé actuellement aux Archives historiques sous la dénomination de *Correspondance de Napoléon*, comprend : 1° quatre-vingt-quatorze cartons ; 2° trente et un volumes. Les volumes, primitivement au nombre de soixante-six, sont ceux qui furent constitués de 1833 à 1839 par les soins du général Pelet, directeur du Dépôt de la guerre, à l'aide des pièces originales retirées de diverses séries des Archives où elles se trouvaient disséminées. Les cartons ont été formés plus tard, lors de la publication de la Correspondance, à l'aide des éléments suivants : 1° pièces originales provenant de la destruction systématique d'une partie des volumes ci-dessus (trente-cinq sur soixante-six) ; 2° autres pièces originales glanées dans les archives depuis la formation de la collection en volumes ; 3° secondes copies, ou plus exactement transcriptions faites d'après les copies exécutées par les soins du Bureau central sur les originaux de toute provenance communiqués à la commission ; 4° épreuves d'imprimerie de la publication officielle. Dans chaque carton, les documents (pièces originales, copies ou épreuves) sont divisés en deux liasses, l'une comprenant les *pièces publiées*, l'autre les pièces *non publiées*.

Avant de passer en revue avec quelque détail les différentes catégories de pièces de la *Correspondance de Napoléon*, conservées en original aux Archives historiques, il paraîtra utile de connaître, d'après le témoignage inédit d'un des plus importants chefs de service du Ministère de la guerre sous le Premier Empire, la nature et le détail des relations de service de Napoléon Ier avec le Ministère de la guerre.

« Les ordres de l'Empereur, concernant les opérations du Ministère de la guerre, consistaient, a dit le général Evain, ex-chef de la division de l'artillerie (1) :

» 1° En décrets que l'Empereur rendait sur tous les objets de l'administration militaire ;

» 2° En décisions écrites en marge des rapports qui lui étaient présentés ou adressés par le Ministre ;

» 3° En lettres adressées au Ministre pour tout ce qui était relatif à l'organisation et aux opérations militaires des armées, à la levée, formation et organisation des troupes, aux services spéciaux de l'artillerie et du génie.

» Napoléon prenait l'initiative sur toutes les grandes mesures d'administration, d'organisation et d'opérations militaires, et décidait aussi sur toutes les affaires importantes du Ministère de la guerre : souvent, il commençait par demander des rapports sur les divers objets qu'il voulait décider ; souvent aussi, il y faisait des observations, en demandant de nouveaux rapports dans le sens qu'il indiquait : on joignait à ces rapports des projets de décrets..... il y faisait presque toujours des corrections, ou les changeait même entièrement.

» La minute de tous les décrets rendus était gardée aux Archives de la secrétairerie d'Etat, qui en envoyait le jour même ampliation au Ministre de la guerre. Celui-ci, après avoir mis au bas : *à exécuter*, la renvoyait au Bureau des lois et archives du Ministère pour y être enregistrée et conservée. Ce bureau en faisait parvenir de suite des copies aux divers bureaux du Ministère qui, par la nature de leurs fonctions, étaient chargés de rédiger et proposer les mesures d'exécution.

» Les rapports du service courant étaient présentés le mercredi

---

(1) Rapport à S. E. le Ministre de la guerre, 28 avril 1822 (Arch. hist.).

de chaque semaine à la décision de Napoléon, ou lui étaient envoyés quand il n'était pas à Paris. Mais, outre ces rapports, qui formaient le travail ordinaire de la semaine, le Ministre de la guerre lui en adressait directement, et tous les jours, un grand nombre sur les affaires pressées, les opérations militaires, les services spéciaux, et généralement sur tous les objets dont il s'était réservé la connaissance et la décision ; une partie de ces rapports revenait avec des décisions écrites en marge, l'autre était gardée par lui, quand ils n'étaient que des comptes rendus ou qu'ils renfermaient des documents ou renseignements qu'il voulait conserver, ou enfin lorsqu'ils motivaient une lettre de sa part, au lieu d'une simple décision.

» Ces rapports étaient enregistrés, avec les décisions qu'ils portaient, sur des registres tenus au secrétariat général, et remis ensuite en original aux chefs des divisions du Ministère qui les avaient présentés, pour s'occuper sur-le-champ de l'exécution des dispositions approuvées ou ordonnées......

» ..... Quant aux lettres écrites sous la dictée de Napoléon, et contenant ses ordres généraux et particuliers sur tous les objets et sur toutes les affaires de service, elles étaient toutes adressées au Ministre de la guerre qui en faisait prendre copie pour le Secrétariat général et gardait l'original.....

Le Secrétariat général conservait également la copie de tous ces ordres et en avait la collection complète : il en envoyait une autre copie ou un extrait seulement au chef de la division qui devait traiter l'affaire et proposer les mesures d'exécution.

» Généralement, Napoléon traitait de plusieurs objets de service dans une même lettre, et il en fallait faire autant d'extraits pour chacune des divisions que ces ordres concernaient : souvent le Secrétaire général se bornait à envoyer la copie entière de l'ordre au chef de la division qu'il concernait plus particulièrement, en le chargeant d'en donner des extraits à ses collègues qui devaient en avoir connaissance.

» C'est ainsi que les copies entières de tous les ordres relatifs à l'organisation des armées et à leurs opérations étaient remises au chef de la division de la correspondance générale et du mouvement des troupes, qui en donnait des extraits aux divisions du personnel, de l'artillerie et du génie.

» Souvent aussi, quand il s'agissait de la mise en état de défense des places, des côtes, des frontières, l'ordre était commun à l'artillerie et au génie et celle de ces divisions qui l'avait reçu en donnait à l'autre copie ou seulement un extrait.....

» Ce sont ces copies d'ordres de Napoléon que les chefs des divisions du Ministère devaient conserver avec soin pour régler la marche des affaires, s'y conformer en tous points et surtout rendre compte de leur exécution. »

Comme l'on sait, il a existé sous le Premier Empire, à côté du Ministère de la guerre, un Ministère de l'administration de la guerre, et le Ministre directeur de l'administration de la guerre travaillait aussi avec l'Empereur, tout comme le Ministre de la guerre.

Les documents qui composent le fonds de la *Correspondance de Napoléon Ier*, conservés aujourd'hui aux Archives de la guerre, correspondent en tous points, non seulement aux différentes catégories de pièces (lettres, décrets et décisions) mentionnées dans le rapport du général Evain comme résultant du travail du Ministre de la guerre, mais encore aux pièces de même nature résultant du travail du Ministre directeur avec l'Empereur.

Le même fonds comprend enfin une dernière catégorie de pièces de correspondance, élaborée hors du Ministère de la guerre : ce sont les lettres ou ordres adressés à Berthier, en sa qualité de major général, les décisions apposées sur des rapports présentés par le major général à l'Empereur, les lettres adressées aux maréchaux, généraux et autres personnages militaires ou civils.

Les détails donnés précédemment expliquent pourquoi les pièces contenues, tant dans les volumes que dans les cartons du fonds de la *Correspondance de Napoléon* ne se présentent pas toutes sous la même forme. Les unes sont des lettres originales, signées de Napoléon, c'est-à-dire que la signature seule est de la main de l'Empereur, le texte de la lettre étant de la main d'un secrétaire. Parfois ce texte porte des corrections ou des additions autographes de Napoléon. Les autres sont des copies de lettres ou d'ordres, certifiés conformes par le secrétaire général ou les chefs des divisions du Ministère.

Ce sont ensuite, fort nombreuses, des décisions de l'Empereur en marge des rapports à lui adressés, généralement par le Ministre de la guerre ou par le Ministre de l'administration de la guerre. Ces décisions se bornent souvent aux mots *oui, non, accordé, refusé, approuvé*. Quelquefois elles offrent plus de détails ; mais alors, dictées tout comme les lettres, elles sont de la main d'un secrétaire ; la signature seule est de l'Empereur. Cependant, de quelque nature que fussent ces décisions impériales « le général Pelet attachait une grande importance à ces simples mots (1) » qui prouvaient que l'Empereur descendait jusqu'aux moindres détails sans s'y perdre et sans cesser de dominer les questions les plus élevées de la guerre, de la politique ou du gouvernement de l'Etat.

Outre les décisions dont nous venons de parler, et qui se trouvent en marge des rapports conservés aux Archives historiques, il en existe d'autres dans un fonds des mêmes archives, faisant suite à la *Correspondance de Napoléon*, intitulé *Travail du Ministre de la guerre avec l'Empereur*. Ce fonds se subdivise lui-même en deux séries appelées, l'une *Travail du Ministre de la guerre*, l'autre *Travail du Ministre directeur de l'administration de la guerre*. Ce travail n'est autre que le résumé analytique ou l'enregistrement des affaires soumises à la décision de l'Empereur par le Ministère de la guerre, dont il a été question précédemment dans le rapport du général Evain. Chaque série se compose de cahiers in-folios ; chaque cahier ne contient que le « travail » d'un même jour. Les pages de chacun de ces cahiers sont divisées verticalement en deux parties égales : à gauche se trouve le résumé de la proposition ou du rapport soumis à l'Empereur ; à droite, en regard, la décision de l'Empereur.

Ce fonds fait quelquefois double emploi avec les rapports originaux annotés par Napoléon ; mais aussi il supplée bien souvent à l'absence de ces mêmes rapports : à ce titre, il a mérité d'être mis à contribution et il a fourni de nombreuses décisions inédites.

Depuis l'époque où le fonds dit de la *Correspondance de Napoléon Ier* a été constitué aux Archives historiques, de nouvelles séries de documents sont entrées dans ces archives. Elles ont été explorées ; les pièces de correspondance émanant de Napoléon, qui s'y trouvaient, en ont été extraites et sont venues compléter, et parfois enrichir les dossiers destinés à la publication actuelle.

Le plus important contingent de documents napoléoniens ainsi réuni est celui qui a été extrait de la série des cartons versés aux archives en 1901 par la Direction de l'artillerie. C'est de ce fonds que provient, par exemple, la longue et intéressante pièce relative à l'armement des places d'Italie, datée du 3 juillet 1805 et écrite,

---

(1) Note de M. Turpin, attaché au bureau de la Correspondance de Napoléon aux Archives de la guerre.

sous la dictée de l'Empereur, par le général Gassendi, directeur des bureaux de l'artillerie au Ministère.

La Direction du génie n'a malheureusement pas conservé les documents correspondants à ceux dont il vient d'être question et que la Direction de l'artillerie, elle, a eu la bonne fortune de sauvegarder dans les circonstances suivantes, rappelées par le général Evain au cours du rapport au ministre, dont il a été parlé précédemment : « Le 30 mars 1814, avant la conclusion de la capitulation de Paris, S. E. le duc de Feltre ordonna aux chefs de la division de l'artillerie et de celle du génie de brûler ou d'emporter tous les papiers importants concernant ces deux armes, et qui auraient pu donner des documents aux ennemis : le génie brûla tous les siens, ou du moins tous les ordres de Bonaparte, et j'emportai à Blois; où je me rendis avec S. E. le duc de Feltre, les papiers les plus importants du service qui m'était confié. — Revenu quinze jours après à Paris, et rappelé aux mêmes fonctions que j'exerçais précédemment, je remis au Bureau tous les papiers que j'avais enlevés par l'ordre du Ministre... » Il faut excepter toutefois une collection d'ordres de l'Empereur que le duc de Feltre l'avait autorisé à garder et qui n'a repris sa place dans le bureau de l'artillerie que quelques années après. Cette collection d'ordres, qui forme deux cartons, est conservée aujourd'hui aux Archives historiques, où elle a pris place en même temps que les cartons constituant le versement de la Direction de l'artillerie dont il a été question ci-dessus. Elle a été mise à profit pour la présente publication.

Enfin, la série des pièces originales comprend encore des décrets, des ordres du jour (ceux-ci parfois sous forme d'imprimés), des états nominatifs ou numériques, annotés ou corrigés par Napoléon et de sa main.

D'après ces détails, on voit que la Correspondance de Napoléon existant aux archives de la guerre se compose des pièces suivantes d'inégale valeur : 1° les originaux (1) ; 2° les copies de seconde

---

(1) Sous la dénomination d'originaux, nous comprenons, non seulement les pièces portant la signature autographe de Napoléon, mais encore les copies des lettres ou ordres de l'Empereur, faites au jour le jour sur les originaux adressés ou communiqués au Ministre de la guerre, et certifiées conformes par le secrétaire général du Ministère. Ces copies offrent aujourd'hui, surtout à défaut des originaux, l'intérêt de pièces originales.

Presque toutes les lettres de Napoléon au Ministre de la guerre, presque tous les décrets conservés aux Archives historiques sont des copies certifiées conformes par le secrétaire général du ministère. Une note avertira le lecteur chaque

main, faites de 1858 à 1869. La publication intégrale de cette double série représenterait un travail dont la complexité et l'étendue équivaudrait à reprendre tout entière l'œuvre gigantesque que la commission du Second Empire n'avait pu assumer et mener à bonne fin que grâce à des ressources considérables de toute nature et au concours efficace des principaux services de l'Etat.

Le but que la Section historique de l'Etat-Major de l'armée s'est proposé est moins ambitieux. Il consiste à publier les pièces originales, inédites, de la correspondance de Napoléon Ier conservées aux Archives de la guerre, en laissant systématiquement de côté les copies établies par les soins des deux commissions, et encore a-t-on pensé qu'il y avait avantage à ne faire commencer cette publication qu'à la date du Couronnement, c'est-à-dire au 2 décembre 1804.

Cette date a été choisie comme point de départ, parce que la période des campagnes de l'Empire est particulièrement riche en documents dont l'instruction des officiers pourra faire son profit, ensuite, parce que la période antérieure, qui embrasse la Première République et le Consulat, sera l'objet d'une publication spéciale : cette double considération a déterminé la Section historique à laisser de côté les pièces antérieures à la date en question.

Ce parti une fois adopté, afin de réaliser dans ces limites une œuvre complète et définitive, on publiera, comme le demandaient en 1854 quelques-uns des membres de la commission, toutes les pièces, *sans exception*, dès qu'elles émaneront de l'Empereur (1). En outre, quoique cette publication ne doive comprendre en prin-

---

fois qu'il en sera autrement. Les lettres adressées à d'autres personnalités civiles ou militaires, notamment au maréchal Berthier et au Ministre directeur de l'administration de la guerre, devront, sauf avis contraire, être considérées comme des originaux signés.

Quant aux décisions, celles qui sont publiées séparément comme figurant en marge de rapports, existent à l'état d'originaux; celles comprises dans les cahiers du travail du ministère ne sont, au contraire, que des copies.

(1) Les rapports à l'Empereur seront donnés en analyse avec la décision de Napoléon en regard, conformément à la disposition adoptée par les deux commissions de publication. De plus, par exception, certaines lettres du major général ou du Ministre de la guerre, qui ne font que transmettre la pensée de l'Empereur, seront aussi publiées, bien qu'elles n'émanent pas directement de lui. — Quant aux décrets, qui sont en nombre considérable, il a paru préférable de les exclure de la présente publication et, en conservant ainsi à cette dernière son caractère de correspondance, de constituer ultérieurement, avec les décrets, une publication spéciale.

En ce qui concerne l'orthographe des noms de lieux, on s'est conformé à celle

cipe que les pièces originales *inédites*, on croit qu'il ne sera pas inutile d'y admettre certaines lettres déjà publiées, soit dans des recueils devenus rares, comme la publication Panckoucke (*Œuvres de Napoléon Bonaparte*, cinq volumes 1821) (1), ou tirés à un nombre restreint d'exemplaires, comme les *Lettres, ordres et décrets de Napoléon Ier non insérés dans la Correspondance*, publiés par le vicomte de Grouchy dans le *Carnet de la Sabretache* (1897), soit dans des ouvrages d'histoire au milieu desquels ces lettres risquent d'échapper à l'attention des chercheurs. Par contre, les lettres publiées dans les recueils de Du Casse, Lecestre et Brotonne, qui sont récents et facilement accessibles, ne seront pas reproduites dans la présente publication.

Ces réserves faites, et même restreinte à ce plan, cette publication formera une œuvre encore importante par son étendue. Elle réalisera d'ailleurs, dans une certaine mesure, un projet que le général Pelet s'était efforcé en vain de faire accepter par la commission de 1854, et qui consistait à publier à part toute la correspondance militaire de l'empereur Napoléon Ier.

Ce sont, en effet, des pièces de nature presque exclusivment militaire qui constituent le fonds de la présente publication. On y trouvera des documents nombreux, et maintes fois importants, en ce qui concerne les questions d'organisation et d'administration de l'armée, l'approvisionnement, l'armement et la défense des places fortes de l'Empire, les opérations tactiques, les instructions stratégiques données aux généraux commandant en chef des armées indépendantes, l'organisation des marches, de la ligne de communication de l'armée et des services de l'arrière, l'administration des pays conquis, etc., renseignements qui, particulièrement entre les années 1804 et 1815, s'offrent en grand nombre dans la Correspondance inédite de Napoléon et qui pourront faciliter l'étude approfondie de l'histoire des grandes guerres du Premier Empire.

Enfin, en resserrant la publication entre les années 1804 et 1815,

---

qui est employée dans les cartes d'état-major actuelles, savoir : cartes de France au 1/80.000°; d'Allemagne, au 1/100.000°; de Russie, au 1/126.000°; d'Autriche-Hongrie, au 1/75.000°; d'Italie, au 1/100.000°; d'Espagne, par le colonel Coello, au 1/200.000°; de Hollande, au 1/50.000°.

(1) Nous n'avons pas à tenir compte ici de l'ouvrage publié auparavant par Panckoucke, sous le titre de *Correspondance inédite, officielle et confidentielle de Napoléon Bonaparte* (1819, 6 volumes), cet ouvrage ne comprenant que des lettres de 1796 à 1799 et restant par conséquent en dehors du cadre de la présente publication

la Section historique espère se trouver en mesure d'aboutir plus rapidement et de mettre bientôt à la disposition des officiers et du public une source de documents aussi précieuse pour l'instruction générale de l'armée que pour les travaux des historiens et des érudits.

Il n'est peut-être pas sans intérêt de rappeler ici les titres des principales publications consacrées à la correspondance de Napoléon Ier, en y comprenant celles dont nous avons fait mention au cours de cette préface.

Collection générale et complète des lettres, proclamations, discours..... de Napoléon, rédigée d'après le *Moniteur*, publiée par C. Fisher. — Leipzig, Graff, 1808-1813, 2 vol.

Correspondance inédite, officielle et confidentielle de Napoléon Bonaparte. — Paris, Panckoucke, 1819-1820, 7 vol.

Correspondance de Napoléon Bonaparte avec le comte Carnot, ministre de l'intérieur pendant les Cent-Jours. — Paris, Planche, 1819.

Correspondance de Bernadotte, prince royal de Suède, avec Napoléon, depuis 1810 jusqu'en 1814, publiée par M. Bail. — Paris, L'Huillier, 1819.

Œuvres de Napoléon Bonaparte. — Paris, Panckoucke, 1821-1822, 5 vol.

Œuvres complètes de Napoléon. — Stuttgart, Cotta, 1822, 4 vol.

Quarante lettres inédites de Napoléon, recueillies par L. F... — Paris, Ponthieu, 1825.

Lettres de Napoléon à Joséphine pendant la première campagne d'Italie, le Consulat et l'Empire. — Paris, F. Didot, 1833, 2 vol. (Nombreuses réimpressions. Traduit en anglais, allemand et russe.)

Correspondance de Napoléon avec le Ministre de la marine depuis 1804 jusqu'en avril 1815. — Paris, Delloye et Lecou, 1837, 2 vol.

Correspondance inédite de l'empereur Napoléon avec le Commandant en chef de l'artillerie de la Grande Armée pendant les campagnes de 1809 en Autriche, 1810-1811 en Espagne et 1812 en Russie, par Adrien Pascal. — Paris, Dumaine, 1843.

Lettres inédites de l'empereur Napoléon au comte de Sussy (*Presse* du 9 mars 1844).

The Bonaparte letters and despatches secret, confidential and official, from the original in his private cabinet. — London, Saunders and Otley, 1846, 2 vol.

Du Casse (A.). — *Mémoires pour servir à la campagne de 1812 en Russie, suivis des lettres de Napoléon au roi de Westphalie pendant la campagne de 1813*. — Paris, Dumaine, 1852.

Du Casse (A.). — *Histoire des négociations diplomatiques relatives aux traités de Morfontaine, de Lunéville et d'Amiens, précédée de la correspondance inédite de l'empereur Napoléon avec le cardinal Fesch*. — Paris, Dentu, 1855, 3 vol.

Napoléon. Recueil par ordre chronologique de ses lettres, proclamations, bulletins, par Kermoysan. — Paris, Didot, 1853-1865, 4 vol.

Correspondance de Napoléon Ier, publiée par ordre de l'empereur Napoléon III. — Paris, Impr. impériale, 1858-1869, 32 vol.

Memorie, documenti e lettere inedite di Napoleone I° e Beauharnais, raccolte e ordinate per cura di G. Melzi. — Milan, Brigola, 1865, 2 vol.

Ungedruckte Briefe Napoleons aus den Jahren 1796 und 1797, im Besitze des Haus-, Hof und Staats-Archives in Wien von Dr Hermann Huffer. — Wien, Karl Gerold's Sohn, 1873.

Letters of the Bonaparte family from the original in the autograph collection of baron Heath. — London, Miscellanies of the Philobiblion Society, 1872-1876.

Napoleons I. ausgewählte Correspondenz-Hildburghausen. — Bibl. Institut, 1868-1870, 3 vol.

*Correspondance militaire de Napoléon I*er*, extraite de la correspondance générale et publiée par ordre du Ministère de la Guerre.* — Paris, Plon, 1875-1877, 10 vol.

A selection from the letters and despatches from the first Napoleon, by D. A. Bingham. — London, Chapman, 1884, 3 vol.

Du Casse (A.). — *Supplément à la Correspondance de Napoléon I*er. — Paris, Dentu, 1887.

Briefwechsel der Königin Katharina und des Königs Jérome von Westfalen, sowie des Kaisers Napoleon I. mit dem König Friedrich von Württemberg, herausg. von A. v. Schlossberger. — Stuttgart, Kohlhammer, 1886-1887, 3 vol.

Politische und militärische Correspondenz König Friedrichs von Württemberg mit Kaiser Napoleon I. Herausg. von A. v. Schlossberger. — Stuttgart, Kohlhammer, 1889.

Napoléon Bonaparte. Œuvres littéraires, publiées par Tancrède Martel. — Paris, Savine, 1888, 4 vol.

Silvagni (N.). — *Napoleone Bonaparte e i suoi tempi, con documenti, e littere inedite dell' Imperatore.* — Roma, imp. Forzani, 1894-1895, 2 vol.

*Lettres inédites de Napoléon I*er (an VIII-1815), publiées par L. Lecestre. — Paris, Plon, 1897, 2 vol.

*Napoléon I*er*. Lettres, ordres et décrets en 1812, 1813 et 1814, non insérés dans la « Correspondance »*, recueillis et publiés par le vicomte de Grouchy. — Paris, Berger-Levrault, 1897 (*Carnet de la Sabretache*).

Pelissier (L.-G.) — *Le Registre de l'île d'Elbe. Lettres et ordres inédits de Napoléon I*er*, 28 mai 1814 - 22 février 1815.* — Paris, Fontemoing, 1897.

New letters of Napoleon I. — London, Heinemann, 1897.

*Lettres inédites de Napoleon I*er, collationnées sur les textes et publiées par L. de Brotonne. — Paris, Champion, 1898.

*Dernières lettres inédites de Napoleon I*er, publiées par L. de Brotonne. — Paris, Champion, 1903, 2 vol.

Napoléon. Manuscrits inédits (1786-1791), publiés par F. Masson et G. Biagi. — Paris, Ollendorff, 1907.

Kircheisen. *Briefe Napoleons des Ersten.* — Stuttgart, 1909-1910, 3 vol.

Arthur Chuquet. — *Ordres et apostilles de Napoléon (1799-1815).* Paris, Champion, 1911, 2 vol.

En outre des recueils qui précèdent et qui sont expressément consacrés à la publication de la correspondance de l'Empereur, on trouve de nombreuses lettres de Napoléon citées ou reproduites *in extenso* dans beaucoup d'ouvrages publiés sur l'époque impériale. Citons seulement parmi les principaux : la *Campagne du général Bonaparte en Italie pendant les années IV*e *et V*e *de la République française*, par un officier général (de Pommereul) (an V); la *Biographie des premières années de Bonaparte, c'est-à-dire depuis sa naissance jusqu'à l'époque de son commandement en chef de l'armée d'Italie*, par le baron de Coston (1840); les *Documents historiques et réflexions sur le gouvernement de la Hollande*, par le comte de Saint-Luc; les *Mémoires d'un Ministre du Trésor public* (comte Mollien); les publications du baron A. Du Casse, autres que celles mentionnées précédemment (*Mémoires du prince Eugène; Mémoires du roi Joseph; Opérations du 9*e *corps de la Grande Armée en Silésie; Mémoires et Correspondance du roi Jérôme; les Rois frères de Napoléon; le maréchal Marmont, examen de ses Mémoires*); les *Mémoires du duc* de *Raguse;* Lucien *Bonaparte et ses Mémoires*, par M. le général Iung; *l'Eglise romaine et le Premier Empire*, par M. le comte d'Haussonville; le *maréchal Davout, prince d'Eckmühl*, par M"" la marquise de Blocqueville; et, pour une période plus récente, les publications de M. Frédéric Masson, de M. Lumbroso, de M. Albert Sorel, celles de la Section historique de l'état-major de l'armée sur les guerres napoléoniennes; *Napoléon et le roi Louis*, par M. F. Rocquain; le *Divorce de Napoléon*, par M. Welschinger; *Documents sur les négociations du Concordat, le Directoire et l'expédition d'Egypte*, par M. le comte Boulay de la Meurthe; *l'Histoire des deux Concordats*, par le P. Theiner; *Napoléon et Alexandre*, par M. Albert Vandal; *Alexandre I" et Napoléon, d'après leur correspondance inédite*, par M. A. Tatischef; *Murat, lieutenant de l'Empereur en Espagne*, par M. le comte Murat; *Les derniers jours de la Grande Armée*, par M. de Mauduit; *l'Empereur et la Pologne*, par Adam Skalkowski, etc.

De nombreuses lettres de Napoléon ont aussi été publiées, mentionnées ou analysées dans la *Revue Historique* (1879, 1881, 1882, 1884, 1885....), la *Neue Freie Presse* (27 juillet 1881), le *Temps* (31 juillet 1881), le *Livre moderne* (1892), la *Revue de Paris* (1895), la *Nouvelle Revue rétrospective* (1896), le *Figaro* (10 janvier 1897), *English historical Review* (1903); la *Révolution française;* le *Correspondant* (1908); les *Annales révolutionnaires* (1908); *l'Amateur d'autographes* (passim), *l'Intermédiaire des Chercheurs et des Curieux* (passim), dans le catalogue de la collection Morrisson, dans les catalogues de vente de diverses collections particulières, parmi lesquelles celles du colonel Maurin, d'Alfred Bovet, de Benjamin Fillon, dans les catalogues d'autographes des maisons Etienne, Noël et Gabriel Charavay, Sotheby, Quaritch, Maggo, Broadley, Rosenthal, etc.

CORRESPONDANCE

DE

NAPOLÉON PREMIER

1. — DÉCISION.

Décembre 1804 (1).

Demander à l'Empereur si je dois donner l'ordre que le colonel général Beauharnais reçoive les honneurs (2).

Prévenir également pour le voyage du général Junot, colonel général des hussards.

L'Empereur ayant décidé qu'il recevrait les honneurs de colonel général, prévenir les généraux commandant les divisions.

Alex. BERTHIER.

2. — DÉCISION.

Paris, 19 frimaire an XIII (10 décembre 1804).

Le maréchal Berthier, ministre de la guerre, rend compte à l'Empereur des ordres déjà donnés et de ceux qui restent à donner pour faire rentrer dans leurs garnisons les députations des troupes et des gardes nationales venues à Paris à l'occasion du couronnement.

Approuvé ces mouvements.

NAPOLÉON.

---

(1) Date présumée.
(2) Demande présumée du ministre de la guerre

3. — DÉCISION.

Paris, 19 frimaire an XIII (10 décembre 1804).

Rapport du maréchal Berthier, ministre de la guerre, à l'Empereur :

Le colonel du 19º régiment de chasseurs demande qu'au lieu de fournir au corps expéditionnaire de Toulon son 1ᵉʳ escadron, composé de la compagnie d'élite et de la 5ᵉ compagnie, il soit prélevé un détachement de même force sur tout le régiment.

La compagnie d'élite ne doit pas s'embarquer.

NAPOLÉON.

4. — DÉCISION.

Paris, 19 frimaire an XIII (10 décembre 1804).

Le département de la Vendée se trouvant dégarni de troupes par suite du départ du 4ᵉ régiment de chasseurs, le maréchal Berthier, ministre de la guerre, propose à l'Empereur d'envoyer de Niort à Fontenay un escadron du 22ᵉ chasseurs et de faire rentrer à son corps un détachement de ce régiment stationné aux Herbiers.

Approuvé ces mouvements.

NAPOLÉON.

5. — DÉCISION.

Paris, 21 frimaire an XIII (12 décembre 1804).

Le maréchal Berthier, ministre de la guerre, propose à l'Empereur d'établir, pour l'hiver, à Béthune, les escadrons de guerre des 13ᵉ et 21ᵉ régiments de chasseurs.

Puisque Béthune a déjà une garnison, il faut chercher une ville voisine qui n'en ait point.

NAPOLÉON.

6. — DÉCISION (1).

Proposition d'envoyer à Livourne

Envoyer des médecins de

---

(1) De la main de Maret, sans signature ni date, extraite du « Travail du ministre de l'administration de la guerre avec l'Empereur, du 21 frimaire an XIII (12 décembre 1804) ».

des médecins pour combattre l'épidémie.

l'armée d'Italie, si le ministre le croit convenable.

7. — DÉCISION (1).

Le ministre de la guerre demande que les préposés des brigades des douanes soient dispensés, tant que la guerre durera, de satisfaire au décret du 17 thermidor dernier sur la conscription.

Suivre la loi.

NAPOLÉON.

8. — DÉCISION.

Paris, 23 frimaire an XIII (14 décembre 1804).

Le maréchal Berthier, ministre de la guerre, propose à l'Empereur de faire remplacer sur les deux bricks, *le Voltigeur* et *le Phaéton*, destinés à stationner à l'embouchure de la Meuse, les détachements du 50e qui s'y trouvent par d'autres détachements du bataillon colonial et de renvoyer les premiers à Anvers, où ils doivent monter sur des canonnières.

Approuvé.

NAPOLÉON.

9. — DÉCISION.

Paris, 28 frimaire an XIII (19 décembre 1804).

Le général Dejean, ministre directeur de l'administration de la guerre, soumet à l'Empereur une demande du général Lauriston, commandant du corps expéditionnaire de la Martinique, tendant à obtenir pendant un mois un approvisionnement pour 8.000 hommes, en farine, riz, etc.

Compte rendu (2), point d'approvisionnement extraordinaire.

DEJEAN.

---

(1) De la main de Maret; extraite du « Travail du maréchal Berthier, ministre de la guerre, avec l'Empereur, du 21 frimaire an XIII (12 décembre 1804) ».
(2) C'est-à-dire que, sur le rapport du général Dejean, l'Empereur a décidé de ne point faire d'approvisionnement extraordinaire.

10. — DÉCISION (1).

Le général Dejean demande si M. Lacroix peut cumuler les deux traitements de chirurgien-major de la 4ᵉ demi-brigade de vétérans et membre du comité de visite.

Nommer à l'un des deux emplois de M. Lacroix.

11. — DÉCISION (2).

Le général Dejean propose de retenir sur les six derniers mois de l'année, à raison de 1/6 par mois, la somme de 2 millions accordée en avances sur l'an XIII à la compagnie Olry.

Se concerter avec le ministre du Trésor public.

NAPOLÉON.

12. — DÉCISION.

Paris, 2 nivôse an XIII (23 décembre 1804).

Le maréchal Berthier, ministre de la guerre, rend compte à l'Empereur de l'incorporation de la compagnie de cavalerie helvétique dans le 19ᵉ régiment de chasseurs.

Si cette compagnie est incorporée, il n'y a plus lieu à embarquement.

NAPOLÉON.

13. — DÉCISION.

Paris, 10 nivôse an XIII (31 décembre 1804).

Le maréchal Berthier, ministre de la guerre, propose à l'Empereur d'accorder des gratifications aux officiers et sous-officiers qui ont concouru à l'arrestation de l'ex-chef de chouans Guillemot.

Approuvé.

NAPOLÉON.

---

(1) De la main de Maret; ni datée, ni signée, extraite du « Travail du ministre de l'administration de la guerre avec l'Empereur, du 28 frimaire an XIII (19 décembre 1804) ».

(2) De la main de Maret; non datée, extraite du « Travail du ministre de l'administration de la guerre avec l'Empereur, du 28 frimaire an XIII ».

14. — DÉCISION (1).

Le ministre de la guerre propose le rejet d'une demande formée par M. Gossuin, entrepreneur de la manufacture d'armes de Liège, à l'effet d'exporter à destination de Lisbonne 3.350 fusils.

L'exportation est autorisée.

NAPOLÉON.

15. — DÉCISION.

Paris, 25 nivôse an XIII (15 janvier 1805).

Le maréchal Berthier, ministre de la guerre, rend compte que les deux premiers bataillons de la légion du Midi, embarqués sur l'escadre en rade de l'île d'Aix, laissent plus de 200 hommes dans les hôpitaux.

Le général Lagrange, qui fait ce rapport, annonce en même temps qu'il a mis comme garnison à Rochefort et à Saintes un bataillon du 79ᵉ régiment d'infanterie.

Il y aura à l'île d'Aix un dépôt de la légion du Midi : l'on y enverra tout ce qui rejoindrait ou sortirait des hôpitaux, afin de pouvoir, lorsqu'il sera temps, les envoyer joindre leur corps.

Le ministre me présentera un rapport pour dissoudre entièrement le camp de Saintes.

NAPOLÉON.

16. — DÉCISIONS (2).

Le général en chef Marmont demande que le général Sebastiani soit employé au camp d'Utrecht.

Approuvé par l'Empereur.

Le général Dumas, auquel l'Empereur a dit de travailler à la section de la guerre, demande s'il doit se rendre au camp de Bruges.

Le général Dumas doit rejoindre l'armée.

Le général Olivier, qui a sollicité un commandement dans l'intérieur, demande s'il doit retourner à son poste à Brescia.

Il restera à la disposition du gouvernement jusqu'à ce qu'il puisse avoir une division dans l'intérieur ; il lui sera expédié un congé chez lui.

---

(1) De la main de Maret; extraite du « Travail du maréchal Berthier, ministre de la guerre, avec l'Empereur, du 19 nivôse an XIII (9 janvier 1805) ».

(2) De la main de Berthier; les demandes que ces décisions concernent ont été soumises à l'Empereur le 25 nivôse an XIII (15 janvier 1805).

M. Simon, bibliothécaire du Tribunat, demande que le général Simon (1), en surveillance à Troyes, puisse venir à Paris auprès de sa femme prête d'accoucher et malade.

Ce général sollicite avec instance d'être remis en activité.

Le major de Sack et le comte de Haack, Prussiens, demandent la permission d'aller voir les camps de Boulogne.

Refusé. L'intention de l'Empereur est que cet officier reste à Troyes.

Accordé par l'Empereur.

---

17. — DÉCISIONS (2).

Le gouvernement batave prétend que, quoiqu'il n'existe pas 18.000 hommes en Batavie, il ne doit être chargé que de la solde et de l'entretien des corps de chaque arme, tels qu'ils ont été désignés par l'article 1er de la convention du 9 brumaire.

Le général Dejean sollicite des explications sur l'arrêté du 28 fructidor an X qui accorde aux sous-officiers et soldats marchant en corps et détachements un supplément de 10 centimes par homme.

Demande à l'Empereur au sujet de l'interprétation du décret du 28 ventôse an XII qui exige, à l'appui des ordonnances de paiement, la présentation des procès-verbaux de liquidation.

Maintenir la première décision.

Le Conseil d'Etat a délibéré.

Toute dépense de l'an XII doit être préalablement liquidée.

---

(1) Il s'agit du général de brigade Simon (Edouard-François) qui, destitué le 10 août 1802, à la suite du complot de Rennes, avait été réintégré et admis au traitement de réforme le 15 juin 1804. Remis en activité en 1809, il servit en Espagne où il fut fait prisonnier le 27 septembre 1810. Il ne rentra de captivité qu'en 1814 et fut retraité le 1er janvier 1820. (V. Gilbert Augustin-Thierry, *Conspirateurs et gens de police : Le Complot des libelles*, 1802).

(2) De la main de Maret, sans signature ni date; extraites du « Travail du ministre de l'administration de la guerre avec l'Empereur, 26 nivôse an XIII (16 janvier 1805) ».

18. — DÉCISIONS (1).

Le ministre de la guerre ne partage pas l'avis du comité du corps impérial du génie sur l'ouverture projetée par les ingénieurs des ponts et chaussées d'une route directe d'Ax, vallée de l'Ariège, à Puycerda, vallée espagnole.

Laisser faire la route.

M. Jersey, Anglais, âgé de 77 ans, demande à retourner en Angleterre.

Accordé.

19. — DÉCISION.

Paris, 28 nivôse an XIII (18 janvier 1805).

Le maréchal Berthier, ministre de la guerre, rend compte à l'Empereur que la République italienne, n'ayant pas de dragons, demande à en former un régiment avec le 2º de hussards italiens et à lui donner le nom de Napoléon

Accordé.

NAPOLÉON.

20. — DÉCISION.

30 nivôse an XIII (20 janvier 1805).

Par suite de l'embarquement des troupes du général Lagrange, il ne reste au cantonnement de Saintes que deux bataillons et trois escadrons.

Le ministre de la guerre propose à l'Empereur de laisser les deux bataillons à La Rochelle et à Rochefort et d'envoyer les trois escadrons rejoindre à Libourne le 4º escadron du même corps.

Approuvé.

NAPOLÉON.

---

(1) De la main de Maret, sans date ni signature; extraites du « Travail du maréchal Berthier, ministre de la guerre, avec l'Empereur, du 26 nivôse an XIII (16 janvier 1805) ».

21. — DÉCISION.

Le maréchal Berthier, ministre de la guerre, soumet à l'Empereur la proposition faite par le général Menou de placer un régiment de troupes à cheval à Tortone en vue d'y assurer la tranquillité, soit le 4e ou le 23e chasseurs, soit le 23e dragons.

30 nivôse an XIII (20 janvier 1805).

Approuvé pour un des trois.

NAPOLÉON.

22. — DÉCISION.

Le maréchal Berthier, ministre de la guerre, fait connaître que M. Charles Wimpffen, neveu du lieutenant général de ce nom, sollicite la faveur de publier sous les auspices de l'Empereur et de dédier à Sa Majesté l'ouvrage de son oncle, relatif à la guerre de Sept ans.

30 nivôse an XIII (20 janvier 1805).

Accordé.

NAPOLÉON.

23. — DÉCISION.

Le maréchal Berthier, ministre de la guerre, rend compte que le gouvernement espagnol demande, en raison de l'insécurité de la mer, l'autorisation de faire passer par le territoire français les recrues qu'il tire d'Italie.

4 pluviôse an XIII (24 janvier 1805).

Accordé.

NAPOLÉON.

24. — DÉCISIONS (1).

Le ministre de la guerre demande

Accordé le séjour à Paris.

---

(1) Non datées ni signées; de la main de Maret, extraites du « Travail du maréchal Berthier, ministre de la guerre, avec l'Empereur, du 10 pluviôse an XIII (30 janvier 1805) ».

si M. Bell, sujet anglais, peut continuer à séjourner à Paris.

Le maréchal Bernadotte demande la confirmation des grades de sous-lieutenant et de lieutenant de dragons, et la commission de capitaine à la suite, en faveur du sieur Rousselin, qui vient d'être nommé commissaire des relations commerciales à Damiette.

Cette demande n'est point accueillie.

Proposition d'établir à Porto-Ferrajo un deuxième adjudant de place.

Cette demande n'est pas accueillie.

25. — ANALYSE FAITE DANS LE CABINET DE L'EMPEREUR (1).

30 et 31 janvier 1805.

Les ordres de l'Empereur seront strictement exécutés relativement à la confection du biscuit et au dépôt dans les places désignées et aux époques fixées, à l'armement des places qui ne sont cependant pas trop avancées, malgré les dépenses qu'on y a faites ; le génie demande même en ce moment des avances. On ramasse les chevaux d'artillerie avec un peu de difficulté, mais on fera tout pour réussir.

L'impossibilité de trouver du salpêtre, l'exportation en étant défendue dans les Etats autrichiens, retardera la fabrication des poudres.

Il est impossible de garder le secret, parce qu'il faut dépendre d'un conseil d'administration de la guerre mal composé et des autres ministres pour l'exécution.

Les corps italiens sont en bon état et pourront faire la guerre avec succès dans le Midi de l'Italie ; il n'en serait pas de même sur l'Adige et le Mincio, où on craindrait une forte désertion parmi les conscrits ; le retour des troupes italiennes qui sont en France ne pourrait faire qu'un très bon effet. La cavalerie est assez bien organisée et montée. Il n'y a pas de dragons, on pourrait en faire un régiment promptement et à peu de frais du 2ᵉ hussards.

La ligne des troupes autrichiennes sur l'Adige n'a point augmenté. Une police a été établie qui procurera des renseignements

---

(1) De la main de Meneval.

sûrs. On désirerait combiner une correspondance militaire secrète, mais le ministre de l'intérieur est exclusivement chargé de cette partie. On s'occuperait avec plus d'activité de l'organisation de l'armée italienne, si le vice-président (1) n'avait ordonné de suspendre même les affaires de détail.

Le général Pino demande le commandement d'un corps de troupes en cas de guerre.

26. — ORDRE.

Paris, 12 pluviôse an XIII (1ᵉʳ février 1805).

Expédier l'ordre au général Oudinot de se rendre à Arras pour y prendre le commandement de la réserve des grenadiers, en remplacement du général Junot.

Al. BERTHIER.

27. — DÉCISION.

14 pluviôse an XIII (3 février 1805).

Le général Pino écrit de Milan à l'Empereur pour lui faire connaître les mesures qu'il a prises au sujet des marchés à passer pour les approvisionnements de siège. Il joint deux lettres à l'appui. Il demande, en outre, à quitter le ministère de la guerre du royaume d'Italie et à reprendre le commandement de la division italienne.

Faire l'analyse de ces deux mémoires.

NAPOLÉON.

28. — DÉCISION.

Paris, 17 pluviôse an XIII (6 février 1805).

Le maréchal Berthier, ministre de la guerre, demande les ordres de l'Empereur au sujet de la marche ultérieure des corps de la garde impériale qui doivent arriver à Lyon les 16, 17 et 19 pluviôse.

Donner l'ordre à ces corps de ma garde de se rendre à Turin.

NAPOLÉON.

---

(1) Il s'agit de M. Melzi, vice-président de la République italienne.

29. — DÉCISION (1).

Une femme, veuve de deux militaires morts en activité de service et qui a successivement obtenu deux pensions, peut-elle jouir cumulativement de ces pensions ?

Elle peut cumuler les deux pensions.

30. — DÉCISION (2).

Avis du comité du génie sur le projet d'une estacade en charpente ou pilotée en avant du fort Rouge de Calais.

Ce projet n'est pas adopté.

31. — DÉCISIONS (3).

Le ministre propose à l'Empereur d'ordonner que le général de brigade Valory sera suspendu de ses fonctions jusqu'à ce qu'il se soit libéré envers le 12ᵉ régiment d'infanterie légère des 15.699 fr. 28, dont il se trouve débiteur envers ce corps, par suite d'infractions aux règlements.

Approuvé.

Réclamations des créanciers du général Desperrières.

Conformément à la loi, si dans deux mois il n'a pas payé ses dettes, il sera considéré comme démissionnaire.

Proposition d'admettre au lycée de Metz, en qualité d'élève du gouvernement, le jeune Macquard, fils du général de ce nom, mort en l'an X.

Accordé.

---

(1) Ni datée ni signée; extraite du « Travail du maréchal Berthier, ministre de la guerre, avec l'Empereur, du 17 pluviôse an XIII (6 février 1805) ».
(2) De la main de Maret, sans signature ni date; extraite du « Travail du maréchal Berthier, ministre de la guerre, avec l'Empereur, du 17 pluviôse an XIII ».
(3) De la main de Maret; sans signature ni date, extraites du « Travail du ministre de la guerre avec l'Empereur, du 24 pluviôse an XIII (13 février 1805) ».

Le général O'Connor demande que M. Waller, Irlandais, soit autorisé à retourner dans sa patrie.	Accordé.
Le nombre des troupes françaises en Batavie étant inférieur à celui déterminé par la convention du 9 brumaire an XII, le ministre propose de décider qu'elles seront payées par la République batave.	Approuvé. Remis au général Dejean.
Le ministre propose de renvoyer au directeur général de la liquidation la demande du rétablissement d'une pension héréditaire réversible à perpétuité, faite par les neveux du célèbre chevalier d'Assas.	Renvoyé au liquidateur général.

32. — DÉCISION (1).

L'intention de l'Empereur est-elle qu'il soit encore proposé des vélites lorsque les quinze qui manquent auront été présentés ?	On peut proposer encore une centaine de vélites.

33. — DÉCISIONS (2).

Le général Dejean prie Sa Majesté de déterminer le nombre d'habillements à accorder au 18ᵉ de ligne et au 4ᵉ d'infanterie légère.	Accordé sept cents habits.
Demande d'augmentation pour les fournitures de pain dans la 27ᵉ division militaire, la Ligurie, l'Etat romain, la République italienne.	L'augmentation n'est pas accordée.

---

(1) De la main de Maret; ni datée ni signée, extraite du « Travail du ministre avec l'Empereur, du 24 pluviôse an XIII (13 février 1805) ».
(2) De la main de Maret; sans date, extraites du « Travail du ministre directeur de l'administration de la guerre avec l'Empereur, du 24 pluviôse an XIII ».

Le général Dejean propose de faire payer aux corps d'artillerie et du génie, dont la force excède le complet de paix, la seconde portion de la masse générale à l'effectif, à compter du 1er vendémiaire an XIII.	Payer à l'effectif.
Urgence de la réparation de la route de Quimper à Port-Launay.	On s'occupe de la réparation de cette route. L'entrepreneur de la marine fournit les fonds.

34. — DÉCISIONS (1).

Le ministre demande si l'intention de l'Empereur est que les 49 adjudants qui excèdent le nombre des 24, définitivement conservés pour le service de la garde municipale de Paris, continuent d'être employés à ce service et de toucher le traitement d'activité pendant l'an XIII.	Il sera nommé à ces emplois lorsqu'ils seront réduits à 25.
Le ministre propose à l'Empereur d'accorder la grâce de 25 condamnés aux travaux de l'atelier de Saint-Quentin.	Accordé, conformément au règlement.

35. — DÉCISION.

1er ventôse an XIII (20 février 1805).

Le maréchal Berthier, ministre de la guerre, rend compte de la saisie dans le port de Cuxhaven d'un navire danois, chargé de marchandises anglaises.	Ajourné. NAPOLÉON.

(1) Non datées et non signées; extraites du « Travail du ministre de la guerre avec l'Empereur, du 1er ventôse an XIII (20 février 1805) ».

36. — DÉCISION.

1" ventôse an XIII (20 février 1805).

Le maréchal Berthier soumet à l'Empereur une réclamation de l'ambassadeur de la République batave contre les actes d'une commission française établie à Rotterdam, à l'effet de prononcer sur l'origine des marchandises importées en Batavie.

Ajourné.

NAPOLÉON.

37. — DÉCISION.

La Malmaison, 2 ventôse an XIII (21 février 1805).

Le maréchal Berthier, ministre de la guerre, expose à l'Empereur la nécessité de remplacer à Briançon le 56° régiment de ligne parti pour Turin. Il propose à cet effet le 9° de ligne ou le 15° d'infanterie légère.

Le ministre me proposera une réunion de vétérans à Briançon assez considérable pour faire le service : en général, les compagnies de vétérans sont mal réparties.

NAPOLÉON.

38. — DÉCISION.

La Malmaison, 2 ventôse an XIII.

Le maréchal Berthier, ministre de la guerre, demande l'autorisation de prendre, dans le 14° régiment d'infanterie légère, un détachement de 59 hommes pour former la garnison d'une frégate et de deux bricks en armement à Gênes.

Approuvé.

NAPOLÉON.

39. — DÉCISION.

La Malmaison, 2 ventôse an XIII.

Le maréchal Berthier, ministre de la guerre, rend compte à l'Em-

Les dépôts ne doivent point marcher ; et Chartres est un

pereur d'une demande du colonel Lebrun, commandant le 3ᵉ régiment de hussards, à l'effet d'obtenir que le dépôt du régiment qui est à Chartres soit transféré à Rouen.

point où il faut des troupes.

NAPOLÉON.

40. — DÉCISIONS (1).

En l'an XIII, l'accroissement de dépenses pour le service des Invalides de Paris, résultant de l'augmentation des droits d'octroi, a été de 65.491 fr. 86. Le ministre propose de décréter que cette somme sera remboursée à l'Administration de la guerre par l'Administration des octrois de Paris.

En conférer avec le ministre de l'intérieur.

Les officiers de l'armée des Côtes ne recevant en nature qu'une partie des rations de fourrages qui leur sont accordées sur le pied de guerre, il est à craindre que ces officiers ne se défassent de leurs chevaux.

Laisser courir, pourvu néanmoins que chaque officier ait un cheval.

Demande du munitionnaire général des vivres-viande d'une augmentation d'un centime sur le prix de la ration dans le nouveau marché.

Il n'a pas été prononcé définitivement. Sa Majesté s'est bornée à dire qu'on aurait égard à sa demande. Remis.

41. — DÉCISION.

3 ventôse an XIII (22 février 1805).

Le maréchal Berthier, ministre de la guerre, expose que le lieutenant piémontais Cambié, qui avait été mis en réforme pour insubordination, sollicite la faveur d'être remis en activité ou la continuation de son traitement de réforme.

Approuvé la destitution de cet officier.

NAPOLÉON.

(1) De la main du général Dejean; non datées et non signées, extraites du « Travail du ministre directeur avec l'Empereur, du 2 ventôse an XIII (21 février 1805) ».

42. — DÉCISION.

3 ventôse an XIII (22 février 1805).

Le ministre de la guerre demande l'autorisation d'attribuer à un achat de meubles, pour le logement du général commandant la 19ᵉ division militaire, une somme de 25.000 francs qui reste disponible sur les fonds accordés par la ville de Lyon pour les troupes de la garnison.

Accordé. L'état des meubles achetés avec cette somme sera déposé à la préfecture. Les généraux les entretiendront et les remettront en bon état.

NAPOLÉON.

43. — DÉCISION.

3 ventôse an XIII.

Le ministre propose d'accorder le traitement de réforme à M. Beyrès, ex-colonel d'infanterie.

On mettra cet officier à même de faire activement la guerre aux colonies.

NAPOLÉON.

44. — DÉCISION.

La Malmaison, 3 ventôse an XIII.

Le maréchal Berthier, ministre de la guerre, rend compte à l'Empereur que le général Duhesme sollicite une augmentation de garnison pour la ville de Lyon.

Le ministre de la guerre donnera ordre au bataillon d'élite du 56ᵉ de séjourner à Lyon, jusqu'après le passage de l'Empereur.

NAPOLÉON.

45. — DÉCISION.

La Malmaison, 3 ventôse an XIII.

Le maréchal Berthier, ministre de la guerre, rend compte de l'enthousiasme de deux compagnies du 112ᵉ, embarquées sur la frégate *la Canonnière*, et propose de faire remplacer sur cette frégate, par 90 hommes du même régiment, un détachement du 28ᵉ d'infanterie légère.

Approuvé la mesure proposée ; mais ils seront placés comme garnison, distinction qui doit toujours être maintenue.

NAPOLÉON.

46. — DÉCISION.

Paris, 11 ventôse an XIII (2 mars 1805).

Le maréchal Berthier, ministre de la guerre, rend compte à l'Empereur que le maréchal Moncey propose de renvoyer dans leurs résidences respectives les 28 brigades de gendarmerie, tirées des légions stationnées dans les départements de l'Est, qui ont été envoyées au mois de messidor an XI dans les départements du Morbihan et des Côtes du-Nord comme force supplétive.

Ce mouvement aura lieu après la conscription.

NAPOLÉON.

47. — EXTRAIT DU PROCÈS-VERBAL DE LA SÉANCE DU CONSEIL D'ADMINISTRATION (LIQUIDATION DE LA GUERRE), TENU AU PALAIS DES TUILERIES LE 11 VENTÔSE AN XIII (2 MARS 1805) (1).

Sa Majesté détermine le mode de présentation et l'ordre de l'examen des liquidations qui ne lui ont pas encore été soumises, des dépenses de l'an XI et années antérieures, et prend la décision ci-après :

Il ne sera plus admis désormais pour l'an XI, l'an X, l'an IX et années antérieures, aucune autre liquidation que des liquidations générales.

En conséquence, Sa Majesté accordera, dans la dernière semaine de floréal, un conseil d'administration pour l'examen de ces liquidations.

Les ministres présenteront à Sa Majesté, dans ce conseil, l'état de situation des services de leurs ministères, divisé par exercice et par chapitre de leurs budgets, au 1er germinal précédent. Cet état fera connaître ce qui avait été liquidé à la date du 1er germinal, ce qui a été ordonnancé en conséquence, ce qui reste à liquider et ce qui est présenté en liquidation sur ce restant à liquider. Cet état présentera aussi, d'une manière frappante et succincte, la situation de tous les exercices et de tous les services.

---

(1) Registre des décrets et actes du gouvernement.

Le 30 du mois de vendémiaire de l'an XIV, Sa Majesté accordera un autre conseil d'administration pour les liquidations. Les ministres lui présenteront dans ce conseil un état semblable, d'où résultera la situation de tous les exercices et de tous les services au 1er vendémiaire an XIV.

Hugues B. Maret.

48. — DÉCISION.

Paris, 11 ventôse an XIII (2 mars 1805).

Le maréchal Berthier, ministre de la guerre, demande l'envoi de quatre compagnies du 112e à Isigny, pour travailler à la construction du pont de Petit-Vey.

Accordé des hommes du 112e régiment.

Napoléon.

49. — ORDRE.

Paris, 12 ventôse an XIII (3 mars 1805).

L'intention de l'Empereur étant de placer dans chaque bataillon de guerre employé aux camps de Boulogne, Bruges et Montreuil et à ceux de la réserve des grenadiers, deux élèves du Prytanée de Saint-Cyr ou de l'Ecole polytechnique, avec le rang et la paye de sergent, M. Lomet (1) me remettra un état qui me fera connaître le nombre de jeunes gens qui seront nécessaires.

L'intention de l'Empereur étant également d'employer un élève de l'école de Metz dans chacun des bataillons d'artillerie employés aux camps de l'armée des côtes de l'Océan, il m'en remettra l'état.

Al. Berthier.

50. — DÉCISION.

Paris, 12 ventôse an XIII.

Lettre de M. Adrien Lezay-Marnésia, en date de Salzburg, 25 pluviôse an XIII (14 février 1805), annonçant l'envoi d'un nouveau tableau des forces autrichiennes.

Renvoyé au ministre de la guerre.

Napoléon.

---

(1) Adjudant commandant, chef de la 3e division du ministère de la guerre.

51. — DÉCISION.

Paris, 12 ventôse an XIII (3 mars 1805).

Le maréchal Berthier, ministre de la guerre, soumet à l'Empereur diverses propositions en vue de la réunion à Briançon de plusieurs compagnies de vétérans.

Je désire que le ministre m'envoie un livret de la situation et de l'emplacement de toutes les compagnies de vétérans, avec des notes qui me feront connaître leur utilité.

NAPOLÉON.

52. — DÉCISION (1).

15 ventôse an XIII (6 mars 1805).

Le ministre de l'intérieur fait un rapport sur la situation des haras, sur ce qui a été fait en l'an XI et en l'an XII pour cette partie de l'administration, sur ce qu'on a fait en l'an XIII et sur ce qu'on se propose de faire pour l'emploi des fonds accordés par le budget de la présente année.

Faire estimer toutes les prairies qui appartenaient autrefois à cet établissement (2) et qui en ont été distraites, traiter avec les propriétaires actuels et, dans le cas où ils n'y consentiraient pas à des prix raisonnables, leur annoncer que ces acquisitions seront ordonnées par une loi ; proposer en conséquence le projet de loi.

Le ministre de la guerre remettra le château de Deux-Ponts à la disposition du ministre de l'intérieur.

53. — DÉCISIONS (3).

Le 1er bataillon du 20e de ligne, récemment arrivé en Toscane, sera-t-il à la charge de ce royaume ?

L'envoyer à Lucques.

---

(1) Non signée, extraite du registre des décrets et actes du gouvernement.
(2) Le haras de Deux-Ponts.
(3) De la main de Maret; ni datées ni signées, extraites du « Travail du ministre de la guerre avec l'Empereur, du 15 ventôse an XIII (6 mars 1805) ».

Rapport sur les dépenses présumées pour l'organisation d'un régiment suisse, suivant la capitulation du 4 vendémiaire an XII.

Présenter un projet de décret sur les bases indiquées.

---

54. — DÉCISION.
17 ventôse an XIII (8 mars 1805).

Le ministre de la guerre demande l'autorisation de faire relever par trois bataillons de grenadiers trois autres bataillons de grenadiers qui sont embarqués, depuis près d'un an, sur la 7ᵉ escadrille, dans le port de Wimereux, attendu que l'armement et l'équipement de ces trois derniers bataillons sont dégradés et leur instruction nulle.

Approuvé.

NAPOLÉON.

---

55. — ORDRE.
Paris, 20 ventôse an XIII (11 mars 1805).

La 4ᵉ division des écuries, attachée à la 1ʳᵉ escadrille, ne doit pas servir à embarquer les chevaux du 10ᵉ régiment de chasseurs, mais bien des chevaux d'artillerie.

La 4ᵉ division des écuries (1), attachée à la 2ᵉ escadrille, ne doit pas embarquer de chevaux d'artillerie, mais bien des chevaux du 10ᵉ régiment de chasseurs.

La 6ᵉ division des écuries, attachée à la 3ᵉ escadrille, ne doit point servir à embarquer les chevaux du 8ᵉ régiment de hussards, mais bien des chevaux d'artillerie.

La 10ᵉ division des écuries, attachée à la 5ᵉ escadrille, ne doit point embarquer des chevaux d'artillerie, mais bien les chevaux du 8ᵉ régiment de hussards.

La 12ᵉ division des écuries, attachée à la 6ᵉ escadrille, ne doit point embarquer des chevaux d'artillerie, mais des chevaux des régiments de la garde impériale.

La 8ᵉ division des écuries, attachée à la 4ᵉ escadrille, ne doit point embarquer des chevaux de la garde impériale, mais bien des chevaux d'artillerie.

Maréchal BERTHIER.

---

(1) C'est-à-dire la fraction de la 4ᵉ division des écuries attachée à la 2ᵉ escadrille, l'autre fraction se trouvant attachée à la 1ʳᵉ.

56. — DÉCISIONS (1).

Le ministre prie l'Empereur de décider si le général de brigade Buquet touchera le traitement extraordinaire de son grade à compter du jour de sa nomination ou seulement de l'époque où il a exercé ses fonctions de chef d'état-major de la gendarmerie.

A compter du jour où il a exercé les fonctions de chef de l'état-major de la gendarmerie.

Le ministre prie l'Empereur d'ordonner le renvoi au ministre de l'intérieur des ordres que Sa Majesté a donnés pour faire fournir à la commune d'Ajaccio la totalité des tuyaux de conduite de la fontaine à établir dans cette place.

Le ministre de la guerre fera fournir la totalité des tuyaux.

---

57. — DÉCISIONS (2).

Sur quel fonds le service des fourrages, exercice an XII, devra-t il être imputé ?

Cet objet a été décidé sur un rapport du ministre du Trésor public. Ce ministre me communiquera la décision.

Le ministre propose de donner à chacun des corps de dragons des deux divisions de la réserve, en sus de ce qu'il a déjà, l'équipage complet de 220 chevaux.

L'intention de Sa Majesté est de ne faire cette année aucune dépense ; il suffira d'avoir des harnachements pour 400 chevaux ; et même, si cela devait occasionner la moindre dépense, il suffirait des harnachements à embarquer.

---

(1) De la main de Maret; non datées et non signées, extraites du « Travail du ministre de la guerre avec l'Empereur, du 22 ventôse an XIII (13 mars 1805) ».

(2) De la main du général Dejean; sans date ni signature, extraites du « Travail du ministre directeur avec l'Empereur, du 22 ventôse an XIII) ».

Le ministre demande si la décision portant que toutes les troupes françaises stationnées en Batavie seront à la charge du gouvernement batave, doit recevoir son exécution à dater du 1ᵉʳ vendémiaire an XIII.

A dater du 1ᵉʳ vendémiaire an XIII.

---

58. — DÉCISION.

Paris, 24 ventôse an XIII (15 mars 1805).

Le maréchal Berthier, ministre de la guerre, soumet à l'Empereur les noms des colonels et des majors qu'il propose pour commander les régiments formés avec les bataillons des grenadiers de la réserve.

Approuvé.

NAPOLÉON.

---

59. — AU MARÉCHAL BERTHIER.

19 mars 1805.

Le 66ᵉ régiment, en conséquence de l'article 6 de l'arrêté du 10 floréal an XI, doit être organisé à la Guadeloupe et composé des 2ᵉ et 3ᵉ bataillons de la 66ᵉ de bataille, du 3ᵉ bataillon de la 15ᵉ de bataille et d'un détachement du 79ᵉ de bataille.

Le 82ᵉ régiment, en conséquence de l'article 7 du même arrêté, doit être organisé à la Martinique et composé du 3ᵉ bataillon du 82ᵉ de bataille, du 3ᵉ bataillon du 37ᵉ, du 3ᵉ bataillon du 84ᵉ, du 2ᵉ bataillon du 107ᵉ et d'un détachement du 90ᵉ.

C'est donc à tort que le ministre de la guerre, par sa lettre du 25 thermidor an XII, a ordonné que le 66ᵉ se réunirait à La Rochelle et le 82ᵉ aux Sables.

Il n'y a donc que la 5ᵉ légère, la 7ᵉ et la 86ᵉ de ligne qui doivent être organisées.

La 5ᵉ légère doit être composée, conformément à l'article 2 du décret du 10 floréal, du 1ᵉʳ bataillon de la 5ᵉ légère, du 2ᵉ bataillon de la 3ᵉ, des débris du 3ᵉ bataillon de la 7ᵉ légère, des débris du 1ᵉʳ bataillon de la 14ᵉ légère.

Et comme, par la circulaire du 25, les débris du 11ᵉ et du 5ᵉ ne doivent former qu'un seul corps, sous le nom de 5ᵉ régiment, on y joindra le 1ᵉʳ et le 2ᵉ bataillon de la 11ᵉ légère, le 1ᵉʳ bataillon de la 19ᵉ, un détachement de la 28ᵉ et trois bataillons de la 30ᵉ qui composent la 11ᵉ légère, conformément à l'article 3 du décret.

Le 7ᵉ régiment de ligne doit être aussi, conformément à l'article 5, composé des 1ᵉʳ et 2ᵉ bataillons de la 7ᵉ, du 2ᵉ bataillon de la 20ᵉ, du 3ᵉ bataillon de la 23ᵉ, du 1ᵉʳ bataillon de la 31ᵉ, du 3ᵉ bataillon de la 68ᵉ et du 2ᵉ bataillon de la 79ᵉ.

Enfin la 86ᵉ doit être composée, conformément à l'article 8, des 1ᵉʳ et 2ᵉ bataillons du 86ᵉ, du 3ᵉ bataillon du 71ᵉ, de la portion du 90ᵉ qui a été à Saint-Domingue, du 2ᵉ et du 3ᵉ de la 110ᵉ et de ce qui compose le 89ᵉ, c'est-à-dire 2ᵉ et 3ᵉ bataillons de la 89ᵉ, du 3ᵉ bataillon de la 60ᵉ, 2ᵉ bataillon de la 74ᵉ, un détachement de la 77ᵉ, 3ᵉ bataillon de la 83ᵉ.

Ainsi donc, le ministre de la guerre doit faire une lettre au ministre de la marine, pour qu'il donne sur-le-champ l'ordre d'organiser le 66ᵉ à la Guadeloupe et le 82ᵉ à la Martinique ; il fera connaître que ces deux régiments seront composés comme il est dit ci-dessus.

On incorporera, de plus, dans le 82ᵉ, à la Martinique, les 96 hommes du dépôt colonial de Saint-Malo, portés par le corsaire le *Duguay-Trouin*, les 398 hommes du 93ᵉ, portés par les frégates *la Cybèle* et *la Didon*, les 139 hommes du 37ᵉ et les 80 hommes du 47ᵉ, portés par la frégate *la Ville-de-Milan* ; enfin, les 227 hommes du 12ᵉ d'infanterie légère, portés par la frégate *le Président*.

Les différents bataillons des dépôts coloniaux qui se trouvent à la Martinique ou à la Guadeloupe, seront incorporés dans ces régiments. Au lieu d'un régiment, on ne formera dans la 11ᵉ division qu'un seul bataillon du 66ᵉ, destiné à rejoindre son corps à la Guadeloupe.

Au lieu d'un régiment, on ne formera qu'un bataillon du 82ᵉ, destiné à rejoindre son corps à la Martinique.

Ces bataillons seront commandés par un chef de bataillon et composés de 9 compagnies. Chaque compagnie aura quatre officiers, un sergent-major, quatre sergents, un caporal fourrier, huit caporaux et cent quarante soldats, ce qui formera cent cinquante-huit hommes par compagnie et quatorze cent vingt-deux hommes par bataillon.

Le ministre portera un soin particulier à ce que l'un et l'autre de ces bataillons soit complété et dans le cas de s'embarquer au mois de septembre pour renforcer la Martinique et la Guadeloupe.

Les trois autres régiments seront formés conformément aux décisions qui ont été données.

Le ministre donnera des ordres pour que les détachements des 37°, 47°, 93° de ligne et du 12° d'infanterie légère, qui vont être incorporés dans le 82°, à la Martinique, soient effacés de la matricule des corps et que, sur-le-champ, ces corps reforment les compagnies et se complètent.

Le ministre fera ensuite imprimer l'état de tous les éléments qui entreront dans la composition des corps et cet état sera adressé aux commissaires des guerres et aux inspecteurs aux revues, afin que les officiers et soldats qui arriveraient fussent envoyés aux corps respectifs.

Il proposera aussi les officiers de ces régiments et des bataillons qui ont appartenu à ces corps et qui viennent des colonies, vu que ces corps doivent être considérés comme cadres pour recevoir les officiers qui ont été éparpillés ou faits prisonniers et qui reviennent sans cesse.

NAPOLÉON.

60. — DÉCISION.

La Malmaison, 29 ventôse an XIII (20 mars 1805).

Le ministre de la guerre fait connaître à l'Empereur les ressources de Vesoul et de Gray comme casernement pour la cavalerie.

On placera 2 escadrons à Vesoul et 2 à Gray.

NAPOLÉON.

61. — DÉCISION.

Paris, 29 ventôse an XIII.

Le ministre de la guerre propose à l'Empereur de faire compléter les deux premiers escadrons des régiments de cavalerie de la réserve par des hommes montés, et le 3° par des hommes à pied. Il propose également de ne pas compter, en dehors de l'effectif déterminé, les hommes du petit état-major.

Approuvé ces décisions.

NAPOLÉON.

62. — DÉCISION.

La Malmaison, 29 ventôse an XIII (20 mars 1805).

Le ministre de la guerre rend compte que le général Verdier propose de faire occuper par des troupes de l'île d'Elbe les postes de la côte d'Etrurie.

Le général Verdier fera fournir ce détachement par les troupes toscanes et y laissera un adjudant pour s'assurer que le service se fait bien.

NAPOLÉON.

63. — DÉCISION.

La Malmaison, 29 ventôse an XIII.

La place de Venloo n'offrant pas un casernement suffisant pour y placer le 76°, le ministre de la guerre propose d'assigner Liège ou Namur à ce régiment.

Du moment que le 76° sera dans la 26° division militaire, les deux bataillons avec le colonel, complétés chacun à 960 hommes présents sous les armes, partiront pour le camp de Montreuil. Le 3° bataillon se rendra à Juliers avec le major.

NAPOLÉON.

64. — DÉCISIONS (1).

Rapport sur la situation militaire et administrative de l'armée française en Hanovre.

Si les nobles ne payent pas les mêmes impositions que les autres habitants, ils doivent être imposés de la même manière, à partir de la date de l'entrée des Français dans l'électorat.

Rapport sur la solde et les fournitures à faire aux élèves du Prytanée de Saint-Cyr et de l'Ecole polytechnique destinés à passer sergents dans les bataillons des camps.

Ils occuperont des places de sergents vacantes dans les bataillons des camps de l'armée des Côtes et ne seront pas compris en dehors.

(1) De la main de Berthier; non datées et non signées, extraites du « Travail du ministre de la guerre avec l'Empereur, du 29 ventôse an XIII (20 mars 1805) ».

Les administrateurs de l'hôpital militaire du Val-de-Grâce demandent 200 pieds d'arbres pour la plantation de l'esplanade de cet établissement.	Accordé. Envoyer à M. de Fleurieu.
Le ministre propose de maintenir dans leurs fonctions les généraux de brigade qui commandent les 2e, 11e, 16e et 25e divisions militaires.	Proposer des généraux de division pour les 2e, 11e, 16e et 25e divisions.

65. — AU GÉNÉRAL DE DIVISION, COMMANDANT LA 13e DIVISION MILITAIRE (1).

30 ventôse an XIII (21 mars 1805).

Nous avons adressé, Général, aux présidents des collèges électoraux des arrondissements compris dans les départements d'Ille-et-Vilaine où vous commandez, une lettre qui fixe la convocation desdits collèges, conformément à l'état ci-joint : savoir, le collège électoral d'arrondissement de Saint-Malo sera convoqué le cinq floréal an XIII (25 avril 1805), pour terminer le quinze du même mois.

Les présidents de ces collèges en ont seuls la police. Nous vous faisons savoir, en conséquence, par cette lettre, que nous avons ordonné au premier inspecteur de la gendarmerie de donner des ordres : 1° pour que, dans chaque arrondissement, un officier du corps qu'il commande aille prendre ceux du président ; 2° pour que des dispositions soient faites, afin que les réquisitions que le président pourrait adresser à la gendarmerie soient exécutées ponctuellement et sans délai ; 3° pour que des mesures spéciales soient prises pour assurer le maintien de la tranquillité publique.

Nous jugeons convenable que vous fassiez connaître au général commandant le département, aux commandants d'armes et aux chefs de corps, qu'aucune force armée ne peut être placée près du lieu des séances du collège, ni y pénétrer sans la réquisition écrite de son président ; et qu'aucune autorité civile et militaire ne peut faire une telle réquisition, si ce n'est en vertu d'un ordre émané de nous directement.

(1) Placard imprimé.

Nous comptons, en cette occasion solennelle, sur la continuation et le redoublement de votre zèle et de votre vigilance, sur l'observation exacte des ordres du gouvernement, et sur votre respect pour les lois de l'Etat.

Donné à Paris, le trentième jour de ventôse, l'an XIII (21 mars 1805).

NAPOLÉON.

66. — DÉCISIONS (1).

Présentation de huit candidats pour deux places de commissaires ordonnateurs.	Ajourné à l'an XIV.
Sur les 630.360 francs dus au Hanovre pour chevaux de remonte, l'Empereur a affecté 500.000 francs à l'habillement des troupes françaises occupant l'électorat; 400.000 francs ont été ordonnancés l'année dernière pour cet objet sur la masse des remontes. Il resterait à fournir un fonds spécial de 100.000 francs sur les masses de remonte, exercice an XII.	Laisser aller.
Le ministre sollicite l'Empereur de faire connaître ses intentions sur la question de savoir dans quelle mesure la République italienne doit fournir les magasins et emplacements nécessaires aux différents services.	Remettre à M. Lacuée, qui terminera cet objet à Milan.
Les dépenses du magasin de La Fère seront-elles imputées sur l'an XIV ?	Les dépenses faites pour le magasin de La Fère seront imputées sur l'an XIV, et les fonds employés sur l'an XII pour le paiement des effets resteront au crédit de l'an XII.

(1) De la main du général Dejean; sans date ni signature, extraites du « Travail du ministre directeur de l'administration de la guerre avec l'Empereur, du 30 ventôse an XIII (21 mars 1805) ».

Erreur qui s'est glissée dans le décret du 19 ventôse relatif aux secours accordés à divers corps.	Rectifier l'erreur.
Le maréchal Soult demande des bonnets d'oursin pour les carabiniers du bataillon de chasseurs corses qui se trouve au camp de Boulogne.	Accordé ; faire délivrer de suite.
Le colonel du 93° sollicite une gratification pour son régiment à raison de l'insuffisance de la masse de linge et chaussure. Le général Dejean estime que cette demande n'est pas justifiée.	Compte rendu et approuvé.

67. — DÉCISION.

La Malmaison, 1er germinal an XIII (22 mars 1805).

Le ministre de la guerre rend compte que le général Musnier, commandant la 15° division militaire, demande l'envoi d'un bataillon d'infanterie au Havre, pour faire le service.	Le 31° d'infanterie légère doit être réuni au Havre et à Dieppe. NAPOLÉON.

68. — DÉCISION.

La Malmaison, 2 germinal an XIII (23 mars 1805).

Le ministre de la guerre rend compte de l'arrivée à Sion (Valais), du 9° régiment d'infanterie de ligne et de la présence dans le Valais d'une compagnie du 81° régiment de ligne qui pourrait rentrer à son corps à Besançon après l'arrivée du 9° régiment à Sion.	Comme je me trouverai à Turin dans le temps que le 9° de ligne arrivera dans le Valais, je me déciderai probablement à donner l'ordre de le faire venir à Milan. Il faut donc toujours laisser dans le Valais la compagnie du 81°. NAPOLÉON.

69. — AU GÉNÉRAL SONGIS (1),
PREMIER INSPECTEUR GÉNÉRAL DE L'ARTILLERIE, COMMANDANT EN CHEF L'ARTILLERIE DE L'ARMÉE DES CÔTES DE L'OCÉAN.

Paris, 3 germinal an XIII (24 mars 1805).

Je vous préviens, Général, que Sa Majesté a déterminé que les 2ᵉ et 3ᵉ divisions d'écuries attachées aux 1ʳᵉ et 2ᵉ escadrilles de la flottille impériale embarqueront les chevaux d'artillerie du camp de Montreuil, et que les 6ᵉ, 8ᵉ, 9ᵉ et 11ᵉ divisions d'écuries attachées aux 3ᵉ, 4ᵉ, 5ᵉ et 6ᵉ escadrilles embarqueront les chevaux d'artillerie du camp de Saint-Omer.

Sa Majesté a prescrit en même temps que les troupes du camp de Montreuil doivent être partagées en trois divisions destinées à s'embarquer sur les 1ʳᵉ et 2ᵉ escadrilles de la flottille impériale.

En conséquence, les troupes d'artillerie attachées à la 1ʳᵉ division de ce camp, commandée par le général Dupont, seront réparties sur les 5ᵉ et 8ᵉ divisions de chaloupes-canonnières, et sur les 9ᵉ et 10ᵉ divisions de bateaux-canonniers qui font partie de la première escadrille.

Les troupes d'artillerie attachées à la 2ᵉ division, commandée par le général Loison, seront réparties sur les 11ᵉ, 12ᵉ, 17ᵉ et 18ᵉ divisions de bateaux-canonniers faisant partie de la 2ᵉ escadrille.

Les troupes d'artillerie attachées à la 3ᵉ division ou division d'avant-garde, commandée par le général Malher, seront réparties sur les 10ᵉ, 11ᵉ, 12ᵉ et 13ᵉ divisions de péniches faisant partie des 1ʳᵉ et 2ᵉ escadrilles.

Les 2ᵉ et 3ᵉ divisions d'écuries embarqueront les chevaux d'artillerie. Le gros matériel d'artillerie sera embarqué sur les première et deuxième sections de la 20ᵉ division des transports.

Les bagages des officiers et troupes d'artillerie seront embarqués sur les 30ᵉ et 31ᵉ divisions de transports.

Il sera mis sur chaque écurie de la 2ᵉ escadrille une garnison de 3 soldats du train, et sur chaque bâtiment de la 20ᵉ division de transports du gros matériel un soldat d'artillerie.

Les bâtiments destinés à porter les bagages de l'artillerie seront répartis, savoir : 1 bâtiment par régiment, 1 par général de division et 1 pour deux généraux de brigade ; ils leur seront assignés dans l'escadrille à laquelle ils sont attachés.

---

(1) Minute d'une lettre du ministre de la guerre.

Sa Majesté a prescrit, en outre, que les troupes du camp de Saint-Omer et de la réserve s'embarqueraient sur les 3°, 4°, 5°, 6°, 7° et 8° escadrilles de la flottille impériale.

En conséquence, les troupes d'artillerie attachées à la 1re division du camp de Saint-Omer, commandée par le général Saint-Hilaire, seront réparties sur les 1re et 4° divisions de chaloupes-canonnières, sur les 1re et 2° divisions de bateaux-canonniers, et sur les 1re et 2° divisions de péniches, qui font partie de la 3° escadrille.

Celles attachées à la 2° division de ce camp, commandé par le général Vandamme, s'embarqueront sur les 2° et 3° divisions de chaloupes-canonnières, sur les 2° et 3° divisions de bateaux-canonniers et sur les 3° et 4° divisions de péniches faisant partie de la 4° escadrille.

Celles attachées à la 3° division du camp, commandée par le général Legrand, s'embarqueront sur les 6° et 7° divisions de chaloupes-canonnières, sur les 6° et 7° divisions de bateaux-canonniers et sur les 5° et 6° divisions de péniches faisant partie de la 5° escadrille.

Celles attachées à la 4° division du camp, commandée par le général Suchet, s'embarqueront sur les 9° et 10° divisions de chaloupes-canonnières, sur les 8° et 13° divisions de bateaux-canonniers et sur les 7° et 8° divisions de péniches faisant partie de la 6° escadrille.

Celles attachées à la 1re division de la réserve, composée de la garde de l'Empereur, s'embarqueront sur les 1re et 2° divisions de chaloupes-canonnières et sur les 5° et 19° divisions de bateaux-canonniers faisant partie de la 7° escadrille.

Celles attachées à la 2° division de réserve, composée de bataillons de grenadiers, commandée par le général Oudinot, s'embarqueront sur les 1re et 2° divisions de péniches attachées à la 7° escadrille et sur les 9° et 14° divisions de péniches faisant partie de la 8° escadrille, mais qui doivent être jointes à la 7° escadrille.

Celles attachées à la 3° division de la réserve, composée de troupes italiennes, commandée par le général Teulié, s'embarqueront sur les 1re, 2° et 3° divisions de corvettes de pêche, armées en guerre.

Celles attachées aux dragons à pied des 1re et 2° divisions de dragons, qui font partie des 4° et 5° divisions de la réserve, commandée par les généraux Klein et Baraguey-d'Hilliers, s'embarqueront sur les 11° et 12° divisions de chaloupes-canonnières et sur les 14° et 15° divisions de bateaux-canonniers faisant partie de la 8° escadrille.

Les chevaux d'artillerie s'embarqueront sur les 6°, 8, 9° et 11° divisions d'écuries attachées aux 3°, 4°, 5°, 6° escadrilles. Le gros matériel d'artillerie sera embarqué sur les 21° et 22° divisions de transports.

Les bagages d'artillerie seront embarqués sur les 32°, 33°, 34° et 35° divisions de transports.

Les troupes d'artillerie du camp de Saint-Omer fourniront les soldats du train pour garnison des écuries des 5° et 6° escadrilles et un soldat d'artillerie sur chacun des bateaux des 21° et 22° divisions de transports du gros matériel.

Les bâtiments destinés à porter les bagages de l'artillerie seront répartis, savoir : 1 bâtiment par régiment, 1 par général de division et par 2 généraux de brigade, leur seront assignés dans l'escadrille à laquelle ils sont attachés.

Au moyen de ces dispositions, je vous invite, Général, à faire dès à présent le travail relatif à la répartition du personnel et du matériel de l'artillerie qui doivent être embarqués sur chacun des bâtiments de guerre et de transport des 8 escadrilles de la flottille impériale, et à m'en adresser le tableau, le plus tôt possible, afin de me mettre à portée d'en rendre compte à Sa Majesté.

70. — AU MINISTRE DE LA GUERRE (1).

Paris, 25 mars 1805.

M. de Rémusat, premier chambellan de S. M., part mercredi prochain, pour se rendre à Milan. Il porte avec lui les diamants de la couronne, les costumes de S. M. et les honneurs.

S. M. désire que, dans les lieux où il pourra s'arrêter, il soit fourni autour de la voiture où sont renfermés ces objets une garde prise dans les troupes de la garnison, ou dans la garde nationale, lorsqu'il n'y aura pas de garnison. M. de Rémusat pourrait être porteur de l'ordre que Votre Excellence donnera à ce sujet.

---

(1) Original, de la main de Duroc.

Le maréchal Moncey doit le faire escorter en route par une brigade et quelques gendarmes d'élite.

DUROC.

71. — ORDRE.

Paris, 4 germinal an XIII (25 mars 1805).

L'Empereur a donné des ordres au général d'artillerie de l'armée des Côtes, afin qu'il forme des états d'embarquement pour son artillerie. S. M. désire que ces états imprimés et remplis lui soient communiqués.

Al. BERTHIER.

72. — DÉCISION (1).

| Parler du général Souham. | Sa Majesté a répondu plusieurs fois au ministre : « Nous verrons. » |

73. — DÉCISION.

6 germinal an XIII (27 mars 1805).

| Le ministre de la guerre rend compte qu'il a donné l'ordre de traduire devant un conseil de guerre l'adjudant commandant Naverres, officier de la Légion d'honneur, accusé de prévarication. | Remettre les états de service.
NAPOLÉON. |

74. — AU MINISTRE DE LA GUERRE (2).

Saint-Cloud, 7 germinal an XIII (28 mars 1805).

L'Empereur désire, Monsieur, qu'en votre qualité de major général de l'armée des Côtes, vous lui remettiez incessamment l'état d'embarquement de l'artillerie.

Hugues B. MARET.

---

(1) De la main du général Dejean; extraite des « Notes du ministre directeur, 6 germinal an XIII (27 mars 1805) ».
(2) Original signé.

75. — DÉCISION.

Saint-Cloud, 9 germinal an XIII (30 mars 1805).

Le ministre de la guerre propose l'envoi d'une compagnie de vétérans de Düren à Büderich, place de 4° classe, sur l'extrême frontière, qui a besoin de garnison pour surveiller la place forte qui se trouve de l'autre côté du Rhin.

Approuvé.

NAPOLÉON.

76. — DÉCISION (1).

Les membres de la section de la guerre au Conseil d'État étant sur le point de quitter Paris, le ministre demande quelle marche il conviendra de suivre pour les liquidations.

Au retour de Sa Majesté.

77. — DÉCISION.

9 germinal an XIII.

Compte rendu de la formation des trois escadrons de guerre du 3° régiment de cuirassiers et des 26° et 27° dragons.

Réformer les 22 chevaux et les vendre de suite.

NAPOLÉON.

78. — DÉCISION.

9 germinal an XIII.

Le ministre de la guerre rend compte à l'Empereur de l'organisation des trois escadrons de guerre du 11° de cuirassiers et fait connaître qu'il y a au dépôt 69 chevaux hors d'état de servir.

Faire vendre les chevaux réformés.

NAPOLÉON.

---

(1) De la main du général Dejean; non datée, extraite du « Travail du ministre directeur de l'administration de la guerre avec l'Empereur du 9 germinal an XIII (30 mars 1805) ».

79. — AU MINISTRE DE LA GUERRE (1).

Paris, 10 germinal an XIII (31 mars 1805).

Sa Majesté me charge, Monsieur, de vous annoncer que S. A. I. le prince Joseph et Messieurs Lamartillière, Casabianca, Tronchet, Lemercier, Aboville, Pérignon, Garnier-Laboissière, Rœderer, Kellermann, François (de Neufchâteau), Jacqueminot, Abrial, Monge, Morard de Galles, Lecouteulx-Canteleu, Chasset, Berthollet, Vimar, Dubois-Dubais, Roger-Ducos, Lacépède, Lespinasse, Vaubois, Cornudet, Garran-Coulon, Rampon, Desmeuniers et Harville se rendront dans leur sénatorerie avant le 1er prairial. S. M. désire que vous donniez les ordres nécessaires pour qu'ils y soient reçus conformément au décret impérial du 24 messidor dernier.

Hugues B. Maret.

80. — DÉCISION.

Troyes, 13 germinal an XIII (3 avril 1805).

Le général Soulès, colonel du régiment de chasseurs à pied de la garde impériale, sollicite une augmentation de première mise et de première monture.

Je n'ai point d'autre ordre à donner là-dessus, que de suivre les lois existantes (2).

81. — DÉCISION.

Troyes, 14 germinal an XIII (4 avril 1805).

Le ministre de la guerre rend compte que le général commandant la 26e division militaire demande, par suite de l'arrivée à Mayence du 100e de ligne, l'envoi à Bonn et Coblenz de deux escadrons du 26e chasseurs en garnison dans la première de ces places.

Il n'y a lieu de faire aucun changement.

Napoléon.

---

(1) Original signé.
(2) Non signée.

82. — AU MARÉCHAL BERNADOTTE, COMMANDANT EN CHEF L'ARMÉE DE HANOVRE (1). (*Pour lui seul.*)

Paris, 15 germinal an XIII (5 avril 1805).

J'ai rendu compte à Sa Majesté, M. le Maréchal, des différentes observations que vous m'avez faites par votre dépêche, en date du 29 ventôse, au sujet de l'évacuation de l'artillerie de bronze qui est en Hanovre.

L'Empereur juge convenable l'évacuation des bouches à feu de l'armée de Hanovre ; cependant son intention est que vous gardiez ce qui est nécessaire pour la défense des côtes et des embouchures de l'Elbe. S. M. désirerait, si cela est possible, que l'évacuation se fît par mer ; on assure qu'elle est praticable par Cuxhaven et que les Anglais ne peuvent y mettre obstacle. Si cela est, vous devez préférer cette voie, car l'Empereur serait fâché que vous fatiguassiez vos attelages de manière à ne les avoir plus disponibles à la moindre circonstance. Quant aux cartouches et à la poudre, il faut que vous les gardiez, ainsi que les équipages de pontons ; bien entendu que ces objets feront partie de l'équipage de campagne et suivront tous ses mouvements. Si l'armée venait à recevoir l'ordre de rentrer, vous auriez soin de les faire évacuer sur la France.

Ces observations, M. le Maréchal, se résument aux dispositions suivantes :

Évacuez, par mer, tout ce qui est inutile à l'équipage de campagne ;

Évacuez, par la même voie, autant qu'il sera possible, l'artillerie de siège ;

Gardez toutes les munitions dont il se peut qu'on ait besoin ;

Gardez les équipages de pont mis en état de suivre l'armée ;

Faites porter les munitions par le parc de campagne, afin qu'elles en fassent partie.

Je vous prie, Monsieur le Maréchal, de me faire connaître les dispositions que vous aurez faites pour remplir, à cet égard, les intentions de Sa Majesté.

---

(1) Minute d'une lettre du ministre de la guerre.

83. — AU MINISTRE DE LA GUERRE.

Mâcon, 16 germinal an XIII (6 avril 1805).

Je reçois votre rapport du 4 germinal sur les troupes d'embarquement des vaisseaux *l'Algésiras* et *l'Achille*. Je n'aurais pas dû tant tarder à recevoir ce rapport, puisque, sans les circonstances du vent, ces vaisseaux devraient être partis. Les troupes que vous ferez embarquer à bord sont :

1° Les dépôts du troisième bataillon colonial et les deux premiers bataillons de la légion du Midi, que l'on portera au moins à cent vingt hommes ;

2° Un détachement, commandé par un capitaine et un lieutenant, du troisième bataillon du 26° régiment, porté à cent cinquante hommes. Arrivé à sa destination, ce détachement servira au recrutement des deux premiers bataillons de la légion du Midi et sera censé en faire partie ;

3° Deux compagnies du troisième bataillon de la légion du Midi, portées à cent dix hommes chaque compagnie : 220 hommes;

4° Enfin trois compagnies du régiment suisse, portées à cent hommes par compagnie : 300

Total : 790 hommes. Ce nombre est nécessaire. Expédier les ordres par un courrier extraordinaire, afin qu'il n'y ait aucun retard.

Napoléon.

84. — DÉCISION.

Chàlon-sur-Saône, 17 germinal an XIII (7 avril 1805).

Le ministre de la guerre rend compte à l'Empereur que le colonel du 22° régiment de dragons demande pour son régiment la garnison de Pont-à-Mousson.

Puisqu'il n'y a pas d'autre troupe à Schlestadt, ce régiment y est nécessaire, étant si près de la frontière.

Napoléon.

85. DÉCISIONS (1).

Chalon, 17 germinal an XIII.

Projet pour la transformation de

Me faire connaître ce que me

---

(1) Non signées, d'après une feuille du « Travail du ministre de la guerre ».

la compagnie franche de l'île de Caprera en compagnie de canonniers gardes-côtes sédentaires.

coûterait cette compagnie et ce qu'elle me coûterait si je la comprenais dans un des bataillons de volontaires de Bastia.

Le général Fresia demande la permission de se rendre dans la 27ᵉ division militaire.

Accordé.

86. — DÉCISION.

Mâcon, 18 germinal an XIII (8 avril 1805).

Le ministre de la guerre propose à l'Empereur d'affecter une partie du 2ᵉ de ligne au service du port et de l'arsenal de Toulon en remplacement du 23ᵉ qui était chargé de ce service et qui est parti pour Alexandrie.

Le 23ᵉ n'a jamais été chargé du service du port de Toulon, mais bien le 2ᵉ de ligne ; ainsi, le ministre propose ce qui existe.

NAPOLÉON.

87. — DÉCISION.

Mâcon, 18 germinal an XIII.

Le maréchal Berthier, ministre de la guerre, demande les ordres de l'Empereur au sujet du complétement des équipages des vaisseaux l'*Achille* et l'*Algésiras* à l'île d'Aix.

Par les mesures que j'ai ordonnées hier, on pourra prendre les meilleurs hommes sur les 700 qui doivent s'embarquer.

Par ordre de Sa Majesté,
Le secrétaire d'Etat,
H. B. MARET.

88. — ORDRE (1).

Lyon, 23 germinal an XIII (13 avril 1805).

Le général Marmont n'a pas le projet d'embarquer tous les chevaux d'artillerie qui composent les attelages du camp d'Utrecht ; il faudrait connaître positivement le nombre qu'il compte embarquer et le nombre qu'il compte laisser. Il convient qu'il embar-

---
(1) Signé : pour extrait conforme, le secrétaire général Denniée.

que le plus grand nombre de chevaux hollandais qu'il pourra, afin de se servir des 5 ou 600 chevaux qu'il n'embarquera pas pour augmenter les attelages des trois camps.

89. — DÉCISION (1).

2 floréal an XIII (22 avril 1805).

Le ministre propose de diriger le dépôt du 109° de Brest sur Breda pour y être incorporé dans le 3° bataillon du 18° d'infanterie légère.

Considérer l'ordre comme non avenu.

90. — DÉCISION.

Stupinigi, 3 floréal an XIII (23 avril 1805).

Le maréchal Berthier, ministre de la guerre, rend compte à l'Empereur de l'impossibilité de loger à Évreux, dans les bâtiments militaires, le 2° léger qui doit arriver dans cette ville le 25 germinal : il propose de l'envoyer à Rouen.

Le ministre de la guerre donnera ordre que ce régiment se rende à Versailles, et préviendra le général gouverneur de porter une attention particulière à la réorganisation et au recrutement de ce régiment.

NAPOLÉON.

91. — DÉCISION.

Stupinigi, 3 floréal an XIII.

Le conseil d'administration du 20° régiment de chasseurs demande que ce corps, disséminé dans le département des Côtes-du-Nord, soit réuni dans une seule localité pour soustraire les chevaux à l'influence de la morve qui règne dans le pays.

Autoriser la réunion à Napoléonville.

NAPOLÉON.

92. — AU GÉNÉRAL GASSENDI.

Alexandrie, 14 floréal an XIII (4 mai 1805).

Le général Gassendi prendra connaissance de la lettre ci-jointe

---

(1) De la main de Maret.

que j'adresse à M. le maréchal Bernadotte et la fera mettre immédiatement à la poste.

L'Empereur désire avoir un nouvel état de situation, au 1er prairial, des 16 bataillons du train et des chevaux de ces bataillons, avec l'indication des lieux où ils se trouvent.

Le général Gassendi s'entendra avec l'adjudant commandant Lomet pour faire dresser cet état avec la plus grande exactitude. Il devra m'être adressé, en double expédition, à Milan, par un des courriers extraordinaires qui partent chaque jour de Paris.

Le ministre de la guerre,
Maréchal BERTHIER.

93. — DÉCISIONS (1).

Projet de décret tendant à conserver dans les attributions du ministre de la guerre, comme pavillon d'officier, le bâtiment de l'ancien chapitre des chanoinesses de Namur.	Rejeté par l'Empereur.
Rapport concernant la batterie Napoléon, construite sur la digue de la rade de Cherbourg.	Provisoirement, y placer sur-le-champ 12 pièces de canon et 8 mortiers, sans construction de parapets.
Projets de décrets sur les travaux des commissions mixtes réunies à Malines et à Tournai en vue de la suppression de ces places.	Renvoyé au Conseil d'Etat.
Projet de décret relatif à la suppression de la place de Malines.	Renvoyé au Conseil d'Etat.
Projet de décret tendant à mettre à la disposition du ministre de la guerre la maison abbatiale de Saint-Germain, à Auxerre, pour être affectée au logement du géné-	Ajourné.

(1) Non datées et non signées, extraites du « Travail du ministre de la guerre avec l'Empereur, du 4 floréal an XIII, présenté le 14 du même mois ».

ral commandant le département de l'Yonne.

| Proposition de renvoyer à l'examen du Conseil d'Etat un projet de décret relatif à une usurpation de terrains militaires dépendant du fort Vauban. | Renvoyé au Conseil d'Etat. |

94. — A M. LE MARÉCHAL BERNADOTTE,
COMMANDANT EN CHEF L'ARMÉE DE HANOVRE (1).

Alexandrie, 14 floréal an XIII (4 mai 1805).

L'intention de Sa Majesté l'Empereur, Monsieur le Maréchal, est que le 2ᵉ bataillon *bis* du train d'artillerie, qui est actuellement dans le Hanovre et dont la force est de plus de 500 hommes, se rende à Douai, avec 1.000 chevaux du train enharnachés.

Vous voudrez bien, en conséquence, Monsieur le Maréchal, donner les ordres nécessaires pour l'exécution de cette disposition et faire partir ce bataillon de Hanovre le 15 prairial prochain, suivant les intentions de S. M., pour le diriger sur Reuss, où j'adresse des ordres pour sa marche ultérieure.

Comme il faut éviter de faire passer plus de 200 chevaux à la fois dans les lieux de logement militaire situés sur le territoire prussien, il sera nécessaire que, depuis Osnabrück, ce bataillon ne marche que par compagnie ou détachement, dont la force n'excède pas 200 chevaux ; au moyen de cette disposition, ce bataillon pourra être réuni à Reuss du 1ᵉʳ au 6 messidor, et se mettre en marche le 8 messidor, pour se rendre à Douai.

J'ai l'honneur de vous prévenir au surplus, M. le Maréchal, que l'intention de S. M. est que vous composiez ces 1.000 chevaux des meilleurs de votre train d'artillerie ; veillez à ce qu'ils soient pourvus de leurs harnais avant leur départ, et donnez les ordres et instructions nécessaires pour qu'ils soient conduits de manière à ce qu'ils soient le moins possible fatigués de la route.

Je vous prie, Monsieur le Maréchal, de m'informer de l'exécution de ce mouvement.

---

(1) Minute d'une lettre du ministre de la guerre. Variante du n° 8684 de la *Correspondance*.

95. — DÉCISION (1).

Milan, 17 floréal an XIII (7 mai 1805).

Le ministre propose à l'Empereur d'accorder à 26 militaires retirés du service la solde de retraite.

Renvoyé au Conseil d'Etat, section de la guerre.

---

96. — DÉCISION (2).

Le ministre propose de confier la fourniture des fourrages en Italie et dans la 27ᵉ division militaire, du 1ᵉʳ messidor an XIII au 1ᵉʳ fructidor an XIV, au sieur Ghizzoni, de Plaisance.

S. M. a répondu qu'elle acceptait le marché, pourvu que le prix n'excédât pas 60 centimes.

---

97. — DÉCISION.

Milan, 20 floréal an XIII (10 mai 1805).

Le ministre de la marine propose à l'Empereur d'employer des troupes aux travaux du fort Boyard, attendu qu'on ne peut se procurer les ouvriers nécessaires.

Le ministre donnera ordre au commandant de la 12ᵉ division militaire de fournir tous les hommes qui sont nécessaires pour les travaux du fort Boyard. Il peut en faire fournir aussi à l'île d'Yeu, qui, dans la situation des choses, n'est point menacée.

NAPOLÉON.

---

98. — DÉCISION (3).

Milan, 21 floréal an XIII (11 mai 1805).

Le ministre propose d'exclure de la garde cinq vélites dont les parents ont déclaré ne pouvoir payer la pension de 200 francs, en dépit de l'engagement qu'ils avaient pris.

Renvoyés dans d'autres corps.

---

(1) Non signée.
(2) Non datée, extraite du « Travail du ministre directeur de l'administration de la guerre avec l'Empereur, du 18 floréal an XIII (8 mai 1805) ».
(3) Non signée.

99. — DÉCISION (1).

Milan, 21 floréal an XIII (11 mai 1805).

Demande d'un cultivateur du département du Tarn tendant à être déchargé du paiement de l'amende de 1.500 francs encourue par son fils, conscrit réfractaire de l'an X.

Approuvé.

100. — DÉCISION.

Milan, 21 floréal an XIII.

Le maréchal Berthier, ministre de la guerre, demande sur quels fonds seront payés les cinq bataillons de chasseurs corses qui doivent former une légion à Livourne.

Seront payés par la reine d'Etrurie, parce qu'il n'y aura pas d'autres troupes françaises en Toscane.

Napoléon.

101. — DÉCISION.

Milan, 21 floréal an XIII.

Le maréchal Berthier, ministre de la guerre, propose à l'Empereur de renvoyer à son corps le détachement du 50° régiment de ligne dont la présence n'est plus nécessaire à Anvers depuis le départ ou le désarmement des bateaux de la flottille batave sur lesquels il devait être embarqué. Il demande en même temps l'autorisation de faire fournir par le 3° bataillon du 108° régiment un détachement pour le service de l'arsenal et du port d'Anvers et d'envoyer dans cette ville les deux compagnies de vétérans qui sont à Gand et à Bruxelles.

Approuvé ce mouvement.

Napoléon.

(1) Non signée.

102. — DÉCISION (1).

27 floréal an XIII (17 mai 1805).

Il existe dans les places de Livourne et de Gênes 200.000 rations de biscuit. Ce biscuit, fabriqué depuis l'an XII, est susceptible de se gâter.

S. M. a écrit de faire consommer le biscuit et de le faire remplacer.

103. — DÉCISION.

Milan, 27 floréal an XIII.

Le ministre propose d'accorder la solde de retraite à dix anciens gardes du corps du ci-devant électeur de Trèves.

Renvoyé au Conseil d'Etat, section de la guerre.

104. — DÉCISION.

27 floréal an XIII.

Le ministre sollicite la décision de l'Empereur au sujet de la pension à accorder à la veuve d'un colonel, ex-commandant d'armes aux îles d'Hyères.

Accordé six cents francs de pension.

105. — DÉCISION.

Milan, 30 floréal an XIII (20 mai 1805).

Le maréchal Augereau demande la rentrée au corps de 360 hommes du 44ᵉ de ligne bloqués à Audierne sur la flottille par l'escadre anglaise.

Il n'y a pas lieu à ce mouvement, le détachement ayant l'ordre de rejoindre à Brest.

NAPOLÉON.

106. — DÉCISION.

Milan, 30 floréal an XIII.

Le maréchal Berthier, ministre de la guerre, soumet à l'Empereur

Accordé.

NAPOLÉON.

(1) Non signée, ainsi que les deux suivantes.

une demande par laquelle le colonel du 112ᵉ de ligne sollicite la réunion du 3ᵉ bataillon de ce régiment, resté à Bruxelles, aux deux premiers qui sont à Cherbourg.

107. — DÉCISION (1).

Milan, 2 prairial an XIII (22 mai 1805).

Le ministre de la guerre expose qu'une somme de 2.400 francs a été allouée indûment au capitaine Duraget, trésorier au 4ᵉ d'artillerie à cheval. Cet officier ayant employé cette somme à soutenir sa famille, le ministre propose de lui en faire remise.

M. Duraget, pour sa position, peut mériter les égards que demande le ministre ; mais ce qui est inconcevable, c'est le colonel qui a pu ainsi transgresser les lois.

NAPOLÉON (2).

108. — DÉCISIONS (3).

Compte-rendu de l'essai d'une nouvelle bouche à feu qui a été fait à Douai.

Faire l'essai en grand avec plusieurs bouches à feu.

Le ministre propose la vente de l'emplacement et des bâtiments qui servent d'arsenal à Chambéry.

Approuvé. Il y a un décret à cet égard.

Rapport à l'Empereur sur la réclamation des intéressés de la manufacture de sels et acides minéraux de la Guillotière.

Envoyer toutes les pièces au liquidateur général.

Le ministre demande si l'on pourra prendre dans la réserve les hommes d'élite qu'on ne pourrait pas trouver parmi les conscrits du contingent de l'an XIII.

Non. Quand il n'y aura pas d'hommes de taille, on prendra ceux qui suivent.

---

(1) Publiée dans la *Correspondance*, mais sous la date du 27.
(2) En marge, de la main de Berthier : « Faire connaître au colonel la réflexion de l'Empereur. »
(3) De la main de Maret; non datées et non signées, extraites du « Travail du ministre de la guerre avec l'Empereur, du 25 floréal an XIII, présenté le 3 prairial (23 mai 1805) ».

Les dispositions de la loi relative à la conscription sont-elles applicables aux auditeurs près le Conseil d'État ?	Rejeté, aux termes de la loi qui ne prononce aucune exception.
Le maréchal Ney propose de mettre en état de siège la ville d'Étaples.	Refusé.
Le ministre propose de renvoyer à l'examen du Conseil d'État des projets de décrets relatifs à la suppression des places de Courtrai et de Namur.	Renvoyé au Conseil d'État.
Mesures prises pour distribuer les déserteurs étrangers entre les régiments polonais et le bataillon des déserteurs étrangers.	Envoyer les Polonais dans les régiments polonais, les autres déserteurs dans le bataillon de déserteurs à l'île d'Elbe.

109. — A M. GÉRARD,
CHEF DU BUREAU DU MOUVEMENT.

Milan, 7 prairial an XIII (27 mai 1805).

Expédier l'ordre au 14⁰ régiment d'infanterie légère, qui est à Tortone, de se rendre à Parme. Prescrire au général qui y commande de loger ce régiment dans les parties les plus saines de la ville et de ne mettre aucune troupe dans la citadelle. Lui faire connaître que l'intention de l'Empereur est qu'il reste responsable du casernement de cette troupe.

BERTHIER.

110. — DÉCISION.

Milan, 7 prairial an XIII.

M. Derville Malechard, chargé d'affaires de l'Empereur près de la République de Lucques, appelle l'attention sur le petit port de Viareggio, où se livrent fréquemment des combats, et il expose l'utilité d'y placer un détachement de troupes françaises.	Renvoyé au ministre de la guerre pour autoriser le général Verdier à tenir un détachement de cinquante hommes dans ce port.

NAPOLÉON.

111. — DÉCISION.

Milan, 7 prairial an XIII (27 mai 1805).

Le ministre de la guerre soumet à l'Empereur les demandes formées par deux régiments de dragons de la division du général Klein pour envoyer des chevaux au vert.

On ne doit pas faire prendre le vert aux chevaux qui sont dans le cas de s'embarquer d'un moment à l'autre.

BERTHIER (1).

---

112. — ORDRE.

Milan, 9 prairial an XIII (29 mai 1805).

L'Empereur vient de signer le décret impérial pour organiser une légion corse, composée des cinq bataillons venant de Corse, dont un est déjà à Livourne.

Ordre au général Verdier d'organiser sur-le-champ cette légion et qu'à mesure que ces bataillons arriveront à Livourne, ils y touchent la même solde que les troupes françaises.

L'intention de Sa Majesté étant que l'on s'occupe sur-le-champ de l'habillement de cette légion, il faut autoriser le général Verdier à passer un marché pour lui procurer les draps nécessaires ; Sa Majesté désire qu'on puisse les acheter à Livourne ou en Italie ; ces bataillons auront des schakos du nouveau modèle qui seront également confectionnés à Livourne.

Ordonner au général Verdier, dans les instructions sur l'organisation de la légion corse, de faire passer une revue à mesure que les bataillons arrivent ; de faire constater le nom, l'âge, le département, les services, actions et blessures des officiers, afin qu'il leur soit expédié des brevets en règle, ces corps devenant troupes régulières.

Sa Majesté pense que les officiers de ces bataillons, depuis le chef de bataillon jusqu'au sous-lieutenant, sont peu instruits, tant sur les manœuvres que sur les détails du service. Ordonnez au général Verdier de leur faire une théorie d'instruction et de la leur faire exécuter jusqu'à l'arrivée de l'adjudant commandant Degiovanni.

Présenter sur-le-champ à l'Empereur la nomination du major et du quartier-maître.

---

(1) Le texte de cette décision est de la main de Berthier.

Du moment qu'il sera arrivé à Livourne deux bataillons corses, qu'il y aura ainsi une force de 800 hommes et que le bataillon suisse sera organisé, en rendre compte à l'Empereur et demander ses ordres. Lorsqu'il sera arrivé à Livourne un troisième bataillon corse, ce qui fera une force d'au moins 1.200 hommes, faire un rapport à l'Empereur pour faire passer le bataillon du 20° régiment d'infanterie de ligne, qui est à Livourne, à Parme.

Prévenir le ministre du Trésor public de l'arrivée successive des bataillons corses à Livourne, afin qu'il ne fasse plus passer en Corse des fonds pour leur solde.

M. Gérard me présentera toutes les expéditions nécessaires pour l'exécution des dispositions ci-dessus.

Le ministre de la guerre,
Maréchal BERTHIER.

113. — DÉCISION.

Milan, 11 prairial an XIII (31 mai 1805).

Le colonel du 79° propose de transférer dans une place de la 27° division militaire le dépôt de ce régiment qui est à Lyon avec les 3° et 4° bataillons, alors que les 1er et 2° sont à Casal et Valence.

En réunissant ce dépôt et ces deux bataillons à Lyon, mon but était de donner à ce régiment plus de facilités pour recevoir ses conscrits. Avant que le passage des montagnes soit fermé, je rejoindrai ce dépôt et ces deux bataillons aux deux premiers.

NAPOLÉON.

114. — DÉCISIONS (1).

Le ministre propose d'admettre dans le corps des tirailleurs du Pô des hommes qui n'auraient pas encore servi, pourvu qu'ils aient moins de 20 ans ou plus de 25.

Refusé. Ils recevront 100 hommes de la conscription de l'Etat de Parme.

---

(1) De la main de Maret; non datées et non signées, extraites du « Travail du maréchal Berthier, ministre de la guerre, avec l'Empereur, du 17 prairial an XIII (6 juin 1805) ».

Demande du général Bonnard tendant à faire remplacer par d'autres troupes les deux détachements de vétérans laissés à la poudrière du Ripault et au château d'Angers.

Rejeté.

---

115. — DÉCISION.

Milan, 18 prairial an XIII (7 juin 1805).

Le ministre de la guerre soumet à l'Empereur un rapport du général Nansouty, qui présente cinq candidats pour le commandement des trois brigades de sa division de réserve de grosse cavalerie et fournit des renseignements sur les effectifs des régiments appelés à la composer.

J'approuve que les généraux Lahoussaye, Debelle et Saint-Germain fassent partie de cette division. Le général Nansouty choisira un adjudant commandant.
Cette division ne se formera que sur de nouveaux ordres. Elle doit être rendue à son cantonnement le 1ᵉʳ thermidor ; à cet effet, le ministre se souviendra de me demander des ordres au 10 messidor.

NAPOLÉON.

---

116. — DÉCISION.

Milan, 18 prairial an XIII.

Le maréchal Berthier, ministre de la guerre, soumet à l'Empereur un projet d'emplacement pour réunir les six régiments qui doivent composer la division de réserve de grosse cavalerie.

J'approuve les projets de cantonnements pour ces six régiments. Je n'approuve pas la demande supplémentaire pour deux autres régiments.

NAPOLÉON.

117. — DÉCISION.

Milan, 18 prairial an XIII (7 juin 1805).

Le général Cervoni, qui a envoyé un escadron de chasseurs hanovriens à Aix et Marseille, où cette troupe est indispensable pour seconder la gendarmerie, et qui a pris des dispositions pour assurer son instruction, sollicite l'approbation de cette mesure.

Approuvé.

NAPOLÉON.

118. — DÉCISION (1).

Projet de décret pour changer la rédaction de celui du 23 ventôse an XIII relatif à la désertion.

Renvoyé au Conseil d'Etat.

119. — DÉCISION.

Castiglione, 24 prairial an XIII (13 juin 1805).

Le général Baraguey d'Hilliers expose la nécessité de familiariser avec la natation les militaires sous ses ordres ; il demande 3.000 francs pour cet objet.

Approuvé.

NAPOLÉON.

120. — ORDRE (2).

Mantoue, 1ᵉʳ messidor an XIII (20 juin 1805).

Donner ordre à tout ce qui est disponible du 3ᵉ bataillon du 8ᵉ régiment d'infanterie légère (bataillon corse), qui se trouve à Antibes, de rejoindre le bataillon au camp de Boulogne.

---

(1) De la main de Maret; non datée et non signée, extraite du « Travail du ministre de la guerre avec l'Empereur, du 24 prairial an XIII (13 juin 1805) ».
(2) Copie.

121. — ORDRE (1).

Mantoue, 1" messidor an XIII (20 juin 1805).

Donner ordre à trois compagnies du 4ᵉ régiment d'artillerie à pied de se rendre, le plus promptement possible, à Gênes.

Observer de les faire compléter chacune à quatre-vingts hommes.

---

122. — DÉCISION.

Parme, 8 messidor an XIII (27 juin 1805).

Rapport du ministre de la guerre à l'Empereur : le major du 9ᵉ régiment d'infanterie légère demande, par mesure sanitaire et par économie, que le 3ᵉ bataillon de ce corps, en garnison à Philippeville, aille occuper Charleville.

Approuvé ce mouvement.

NAPOLÉON.

---

123. — DÉCISION.

Gênes, 15 messidor an XIII (4 juillet 1805).

Le ministre de la guerre demande les ordres de l'Empereur pour le départ des deux régiments de carabiniers et des 2ᵉ, 3ᵉ, 9ᵉ et 12ᵉ cuirassiers, qui doivent être réunis à Valenciennes et dans les places environnantes le 1ᵉʳ thermidor.

Il prie l'Empereur de l'autoriser à expédier les ordres pour ce mouvement avant le 10 messidor, plusieurs de ces corps devant partir de leurs garnisons les 9, 12, 13 et 14 messidor pour pouvoir être rendus à Valenciennes le 1ᵉʳ thermidor.

Ces corps se mettront en mouvement le 25 messidor.

NAPOLÉON.

---

(1) Copie.

124. — DÉCISIONS (1).

Quatre bataillons de l'armée de Brest doivent former quatre camps sur la côte de Camaret et de Bertheaume. Le ministre propose de faire baraquer ces bataillons, s'ils doivent garder longtemps cette position.

Ils ne doivent pas y passer l'hiver. Savoir si dans les maisons environnantes on ne peut pas baraquer le nombre d'hommes nécessaire pour le service des batteries.

Demande du prince de Piombino à l'effet d'obtenir des effets de campement pour les troupes à sa solde.

La France n'est pas dans le cas de fournir des effets au prince.

125. — ORDRE (2).

Fontainebleau, 24 messidor an XIII (13 juillet 1805).

Vous donnerez ordre au 4° bataillon du 79° régiment, qui est à Lyon, de se rendre à Casal.

126. — AU MARÉCHAL BERTHIER.

Fontainebleau, 24 messidor an XIII.

Vous me dites d'ôter un escadron du 28° régiment de dragons de Moulins. Depuis longtemps, il ne doit plus être à Moulins, mais à Lyon.

Recommandez au général Dulauloy de se tenir, en personne, aux Iles d'Aix, de Ré et d'Oleron, d'inspecter souvent les batteries, de faire faire, plusieurs fois la semaine, l'exercice en détail à l'infanterie, aux vétérans, aux canonniers gardes-côtes, et de se tenir en mesure de faire une vigoureuse défense pour protéger l'escadre, si elle en avait besoin.

NAPOLÉON.

---

(1) Non datées et non signées, extraites du « Travail du ministre directeur de l'administration de la guerre avec l'Empereur, du 21 messidor an XIII (10 juillet 1805) ».
(2) Copie.

127. — AU GÉNÉRAL GASSENDI (1).

Fontainebleau, 25 messidor an XIII (13 juillet 1805).

Je ne crois pas à l'exactitude de l'état des cartouches à canon : il y en a beaucoup à Turin et à Pavie appartenant à l'Empire (2).

Au manquant, on ne porte que 2 mortiers de 12 pouces et 3 mortiers de 8, et il en manque pourtant 12 de 12 et 23 de 8 (3).

1° Il faut organiser la fonderie et l'arsenal de Gênes. Je crois que la fonderie n'a pas de forerie; la fonderie de Turin et celle de Gênes sont nécessaires, durant quelques années, puisqu'il faut renouveler les 5 ou 600 pièces de Gênes, de la première ancienneté d'artillerie ; mais, cela fait, il faut en supprimer une. Il paraît que celle qui fonderait à meilleur marché doit être préférée. Il faut observer la dépense de l'une et de l'autre pour se décider dans quelques années.

2° Tous les établissements de l'artillerie doivent être hors la darse, mais au bord de la mer, dans un couvent ou autre bâtiment ; on écrira à Son Altesse M. Lebrun (sic), pour désigner la localité, ainsi qu'au directeur génois.

Tous les gardes-magasins sont génois ; il y en a aussi de français pour les effets de France. Mon intention est qu'il ne soit fait aucun tort aux Génois ; je veux qu'on en emploie le plus possible dans la 28ᵉ division, quelques-uns en France, et donner la réforme aux autres, mais ne leur annoncer cette réforme qu'au moment où le brevet de pension sera signé. Il faut qu'une décision du ministre règle l'organisation de l'artillerie de Gênes, ainsi que de l'État de Parme.

Envoyer une compagnie d'ouvriers à Turin et une à Gênes, prises sur les 8 de la Grande Armée. Il faut ordonner que, jusqu'à ce que les nouveaux affûts de place et de siège soient adoptés par le comité (4), on construira sur le modèle ancien. Dans un arrêté, j'ai

---

(1) Minute écrite par le général Gassendi lui-même sous la dictée de l'Empereur. Les notes ci-dessous sont également de la main de ce général.
(2) Conforme à l'inventaire.
(3) Ils étaient portés dans l'état n° 3, contenant les bouches à feu étrangères, irrégulières.
(4) J'ai dit à Sa Majesté que, tous les généraux étant à l'armée, ce comité n'existait plus. J'ai ajouté que plusieurs officiers et moi pensaient que les constructions nouvelles n'étaient pas au-dessus des anciennes et il m'a paru que Sa Majesté pensait au moins de même. Cette décision sur l'affût de place et de siège a été dictée par Sa Majesté, sur ce que je lui ai exposé que les dimensions de cette espèce d'affût n'étaient point encore déterminées.

prescrit le mode de refonte de l'artillerie de Gênes : le mettre en exécution ; mettre en activité son arsenal et sa fonderie.

S'emparer de tous les moulins à poudre de l'Etat de Gênes et de Parme et que l'administration des poudres les mette en grande activité.

Il y a en Italie beaucoup de bombes irrégulières : faire fondre, couler autant de mortiers de chaque calibre qu'il y a de 800 bombes (1).

Les besoins les plus pressants des places d'Italie sont les mortiers ; si les nouveaux ne sont pas déterminés, couler des anciens de 12 pouces et de 8 pouces à la Gomer.

On s'est plaint en tout temps que les affûts d'Auxonne sont mauvais : il faut voir si on construit mieux à Gênes, et alors on augmenterait sa fabrication. Enfin, diriger les travaux des 3 arsenaux de Turin, Plaisance et Gênes, de façon que les équipages de siège, de campagne et de place, aillent de front et, chaque 6 mois, acquièrent un degré d'accroissement.

Napoléon (2).

1° Il paraîtrait que je n'ai ordonné que 36.000 fusils à Alexandrie :

14.000 venant de Saint-Etienne et passant par le mont Cenis ;
10.000 passant par le mont Genèvre, venant de Grenoble ;
12.000 existant dans la salle d'armes de Turin (3).

Il est nécessaire que le ministre de la guerre s'assure que ces fusils soient rendus et aménagés en salle d'armes, qu'il y nomme les armuriers et le garde-magasin qui doit en avoir soin suivant l'usage (4).

---

(1) On observera en coulant ces mortiers de leur donner une épaisseur de métal telle qu'on puisse, après avoir tiré les 800 bombes, les aléser à un calibre français prescrit.
(2) La signature est de la main de l'Empereur.
(3) Il y a, de plus, 4.000 fusils qui doivent être pris à Saint-Etienne sur les fabrications postérieures à l'époque de l'ordre.
(4) Sa Majesté m'a expliqué, sur mon observation, ce qu'elle entendait par cette nomination hors d'usage d'armuriers, déjà prescrite pour Alexandrie, et qui m'avait embarrassé. Sa Majesté entend que, dans tout dépôt d'armes capable d'occuper un armurier toute l'année pour les entretenir, le garde se procure un armurier et qu'on ne paye l'entretien qu'à cette condition.

Il paraît que la salle d'armes n'est pas prête à Alexandrie ; il faut que le ministre de la guerre donne l'ordre au génie qu'il donne le local pour l'établir 24 heures après en avoir reçu l'ordre, en mettant à la disposition de l'artillerie, dans la citadelle d'Alexandrie, le nombre de chambrées nécessaires dans une des casernes de ladite citadelle. Mon intention est qu'outre l'emplacement des 36.000 fusils, il y en ait pour en contenir 10.000 encaissés, pour pouvoir, au premier ordre, les transporter dans Mantoue ; bien entendu que les gardes-magasins tiennent ces armes en bon état, car il est possible qu'ils (sic) y restent plusieurs années, et les officiers d'artillerie s'assureraient un par un qu'ils sont en bon état pour être distribués avec des caisses toujours prêtes à les recevoir (1).

2° J'ai demandé 10.000 fusils à Gavi, qui y arrivent par mer ; une partie est déjà arrivée. La salle d'armes que le ministre a désignée n'est qu'un mauvais hangar ; il faut que le ministre de la guerre accorde de suite les fonds nécessaires pour réparer les toits. Le garde-magasin, qui n'a aucune habitude française, n'a encore aucun armurier ; il n'est pourtant pas juste que le garde soit payé de l'entretien, car, en état ou non, on prendra toujours les fusils ; il faut donc, avant le 1er vendémiaire, réparer le magasin et constater que le garde a un armurier.

3° Il doit y avoir dans la citadelle de Turin 12.000 fusils provenant de la fabrication ; je n'en veux point à la salle de l'arsenal, et il faut réitérer souvent cet ordre, parce que les officiers d'artillerie la trouvent si belle qu'ils ne peuvent l'abandonner.

La salle d'armes de la citadelle exige les mêmes soins que celle de Gavi et il faut que la salle d'armes soit prête, emménagée et qu'il y ait des armuriers.

4° Je croyais avoir ordonné une salle d'armes de 20.000 à Fenestrelle. La difficulté de passer les Alpes et l'inconvénient de faire des mouvements en temps de guerre, où il y en a tant à faire, exigent cette salle d'armes. Il faut me faire un rapport pour que, si la rédaction de mon premier ordre avait été mal faite, on se conforme à cette décision, pour les 20.000 (2).

Cela ferait 66.000 fusils pour les salles d'armes d'Italie. Mon

---

(1) Sa Majesté voulait d'abord que ces fusils restassent encaissés; sur mes observations, elle a prescrit cette autre mesure.
(2) Ci-joint, en conséquence de cet ordre, un rapport à Sa Majesté l'Empereur.

intention est d'en placer encore 20.000 dans la citadelle de Savone, ce qui portera à 86.000 les fusils que contiendront les salles d'armes d'Italie. Le transport par mer est très commode, la marine a des gabares qui exécutent bien ces transports ; on peut même se servir de cette voie pour approvisionner Alexandrie.

Au fort Barraux, il y a des casernes pour 500 hommes et un état-major complet : je n'en veux que pour 2 à 300 hommes. Le fort Barraux n'a que cette utilité de contenir des fusils et des prisonniers.

NAPOLÉON (1).

Ecrire à Brest, au commandant d'artillerie, que mon intention, en faisant tirer des pièces de 36 à l'angle de 45°, est d'atteindre l'ennemi à 2.300 toises ; qu'il faut faire pleuvoir sur l'ennemi une grêle de boulets qui, tirés simultanément, l'épouvanteront ; à 1.400 toises, on tirera des boulets creux et qu'alors les mortiers à la Gomer, placés en nombre aux batteries de Bertheaume, deviendraient encore une excellente défense. Si l'ennemi s'approchait de la batterie à moins de 800 toises pour tourner la ligne d'embossage, il faudrait tirer à boulets pleins et à boulets creux, ou, ce qui reviendrait au même, on tirerait 1/3 des pièces à boulets creux et 2/3 à boulets pleins, ce qui deviendrait alors avantageux parce qu'on tirerait alors à moins de 10°. Enfin, pour rendre ces batteries plus efficaces, si l'ennemi osait braver ces feux, je désirerais qu'on plaçât une vingtaine de mortiers de 8 pouces (2) qui, portant leur bombe à 800 toises, feraient un effet meurtrier sur l'ennemi au moment qu'il serait aux prises avec les ailes ; qu'en général, pour la défense d'une escadre en cette position, on doit tirer le plus possible sans discontinuer quand l'ennemi commence à être à portée ; ainsi, les pièces doivent être approvisionnées à 150 coups et les mortiers à 100 coups. Chaque batterie doit avoir 1 affût par 5 pièces de rechange, et chaque mortier un crapaud, une chèvre par batterie et une forge à portée, avec les ouvriers nécessaires pour réparer promptement les affûts.

---

(1) Signature autographe.

(2) On donne l'ordre pour avoir à Brest cette vingtaine de mortiers : il y en a déjà dix; quatre y arriveront de Rennes et six de quelques points de la côte les plus voisins.

Il doit y avoir à chaque batterie : 1 colonel ou 1 chef de bataillon et 1 capitaine en 2° pour officier de parc, pour veiller à l'approvisionnement ; et, enfin, l'infanterie doit être instruite par les canonniers campés près de la batterie, et les officiers et les généraux d'artillerie rester à portée de la batterie tant que l'escadre sera embossée ; enfin, faire attention que bien probablement les Anglais essaieront d'attaquer l'escadre au mouillage et que l'armée de terre doit se mettre en mesure pour tirer tout le parti possible de ses moyens et rendre funeste à l'ennemi toute tentative, et même, s'il est possible, de l'en détourner en le dégoûtant et rendant formidables ses batteries ; et quand l'armée de terre aura rempli son but, en faisant voir à l'ennemi que toute attaque de sa part est imprudente... (1).

128. — ORDRE (2).

Fontainebleau, 25 messidor an XIII (14 juillet 1805).

Je m'en tiens à l'ordre que j'ai donné de compléter les bataillons de guerre de l'armée des Côtes à 900 hommes. Il faut laisser des conscrits aux troisièmes bataillons afin de les exercer et de donner en même temps de l'occupation aux officiers et sous-officiers qui s'y trouvent.

129. — ORDRE (3).

Fontainebleau, 25 messidor an XIII.

Mettre à Gênes la compagnie de vétérans qui était destinée à rester à Brieg, en Valais.

Mettre à Embrun, Mont-Lion (4) et au fort Queyras, une compa-

---

(1) Notes ajoutées de la main du général Gassendi :
Sa Majesté s'étant levée, je n'ai pas osé lui demander son paraphe, mais j'ai écrit sous sa dictée. — GASSENDI.
Je fais passer au général Dorsner et au directeur La Barrière tous les ordres de cette note rédigés en instruction. — GASSENDI.
Sa Majesté m'a dit qu'on pouvait employer le train pour transporter des fusils par le mont Genèvre en Italie. — GASSENDI.
Elle est aussi d'avis de n'avoir que des projectiles exacts et trouve avantageux l'échange de 2 livres caffuts pour 1 livre projectile neuf. — GASSENDI.
(2) Copie certifiée.
(3) Copie.
(4) Nom révolutionnaire de Mont-Dauphin (Hautes-Alpes).

gnie de vétérans génois, et envoyer à Gênes la compagnie française qui est dans ces places.

Mettre la deuxième compagnie génoise à Entrevaux et à Colmars, et envoyer à Savone celle destinée au service de ces deux places.

Mettre à Savone la compagnie destinée à rester à Casal et à la citadelle d'Alexandrie.

Prendre une des deux compagnies de vétérans-canonniers qui étaient destinées à rester à Nice, Antibes, Villefranche et Monaco, et celle destinée à Saint-Tropez, pour les mettre dans la rivière de Gênes.

130. — ORDRE (1).

Fontainebleau, 25 messidor an XIII (14 juillet 1805).

Le général de brigade Morangiès commandera le département de Gênes, le général de brigade Vabre le département des Apennins, et le général de brigade Debelle le département de Montenotte.

Le général Milhaud se rendra à l'armée ; il sera employé dans une des divisions de dragons.

Le général Chabot continuera à rester à Alexandrie, chargé du commandement des 56e, 79e, 23e et 60e régiments de ligne : il se transportera fréquemment d'un point à l'autre, pour veiller à leur instruction et à leur bonne tenue.

131. — DÉCISION.

27 messidor an XIII (16 juillet 1805).

| Emploi de sous-lieutenant demandé en faveur de M. Fourneau de Craquenbourg. | Il faut que les parents le mettent au collège de Fontainebleau un an auparavant. |

NAPOLÉON.

(1) Copie.

132. — DÉCISION.

Fontainebleau, 27 messidor an XIII (16 juillet 1805).

Le ministre demande une retenue sur les appointements du général Poinsot en faveur de ses créanciers.

Faire un décret pour l'admettre au traitement de réforme.

NAPOLÉON.

133. — DÉCISION.

Fontainebleau, 27 messidor an XIII.

Changement de corps sollicité par le chef de bataillon Martin, du 50ᵉ régiment de ligne.

Accordé le changement.

NAPOLÉON.

134. — DÉCISION.

Fontainebleau, 27 messidor an XIII.

Le ministre de la guerre fournit des renseignements sur les services du chef d'escadron Berthelmy et demande si cet officier devra être proposé pour l'un des premiers emplois vacants de son grade.

Cet officier est accusé d'avoir peu d'attachement au gouvernement et de mauvais principes politiques. Je ne crois pas qu'il soit prudent de lui confier un escadron dans l'intérieur, mais il peut être employé au dehors.

NAPOLÉON.

135. — DÉCISION.

Fontainebleau, 27 messidor an XIII.

Le ministre propose pour le commandement d'un corps le chef d'escadron Bailly-Monthion.

Refusé pour commander un corps.

NAPOLÉON.

136. — DÉCISION.

Fontainebleau, 27 messidor an XIII.

Le ministre de la guerre demande si le deuxième bataillon *bis*

Ce bataillon doit être à la disposition du général Songis pour

du train d'artillerie, parti de Hanovre pour Douai, où il a dû arriver le 21 messidor, doit faire partie de l'armée des Côtes.

l'armée des Côtes.

NAPOLÉON.

137. — DÉCISIONS (1).

Le ministre propose de laisser en réserve au Trésor public les 100 francs versés par les conscrits remplacés; ces fonds serviraient à accorder des secours à la masse des corps.

S. M. n'a voulu prendre à cet égard aucun parti. Elle pense qu'il y a eu quelque motif qui a déterminé la disposition dont il s'agit : la crainte peut-être d'une désertion plus fréquente parmi ces remplaçants.
Examiner de nouveau (2).

Le décret du 24 floréal dernier porte que le munitionnaire général des vivres fournira au prix de ses marchés le pain aux compagnies de réserve, lorsqu'il en sera requis par les conseils d'administration. Le munitionnaire réclame une indemnité. Le ministre propose de décider que les conseils d'administration traiteront de gré à gré avec les agents du munitionnaire, sauf l'approbation des préfets.

Laisser aller.

Sur la demande du général Oudinot, il a été accordé à la ville d'Arras un secours de 10.000 francs pour pourvoir au casernement des troupes.

L'opinion de Sa Majesté est que j'ai eu tort. Avis pour l'avenir (3).

Demande de fonds par le munitionnaire général des Invalides.

S. M. m'a répondu qu'elle en était instruite et qu'elle s'en occupait (4).

(1) Non datées et non signées; extraites du « Travail du ministre directeur avec l'Empereur, du 29 messidor an XIII (18 juillet 1805) ».
(2) Annotation du ministre directeur.
(3) Annotation du ministre directeur.
(4) Annotation du ministre directeur.

Le ministre demande si, en raison de l'accroissement de la 28ᵉ division militaire, il n'y aurait pas lieu d'y nommer un commissaire ordonnateur. Quant à l'Etat de Parme, il a un commissaire des guerres.

Le munitionnaire général des vivres propose d'attendre la nouvelle récolte pour remplacer les farines qui manquent à l'approvisionnement de réserve.

Mesures proposées par le ministre pour suppléer au nombre insuffisant des officiers de santé : 1° porter sur le pied de guerre le nombre d'officiers de santé des bataillons et escadrons; 2° attacher des chirurgiens supplémentaires au service des ambulances de l'armée.

Mettre dans la 28ᵉ un commissaire ordonnateur. Le ministre doit prendre possession des magasins, lits, etc., de l'Etat de Parme.

L'intention formelle de Sa Majesté est de conserver intact et disponible l'approvisionnement de réserve, tel qu'il l'a déterminé et ordonné. Elle veut pouvoir disposer à l'instant où elle en aura besoin de cet approvisionnement et elle ne consentirait à la proposition qui lui est soumise qu'avec la certitude que, dans un délai de huit jours au plus, les 30.000 quintaux seraient rendus à Boulogne ou sur tout autre point désigné de cette côte.

Examiner et proposer d'après ces données.

S. M. n'a point approuvé. Son intention, dans le cas d'entrée en campagne, est de réunir aux bataillons et escadrons de guerre les officiers de ces bataillons ou escadrons qui se trouvent aux dépôts, et de confier provisoirement dans ce cas aux médecins et chirurgiens civils le service de santé des bataillons et escadrons de dépôts, etc. Son intention est de ne pas suivre à la lettre le dernier arrêté à l'égard des hospices civils (1).

---

(1) Annotation du ministre directeur, ainsi que la précédente.

Sur quelles bases le budget de l'an XIV devra-t-il être rédigé ?	Faire en général le projet sur l'état de situation du 1ᵉʳ messidor.
Le ministre demande s'il faut donner à l'ordonnateur et au commissaire des guerres nommés au corps de réserve l'ordre de rejoindre le quartier général.	L'intention de S. M. est que l'ordonnateur Sartelon reste à Paris (1).
Les troupes des camps réclament des redingotes, sarraux et pantalons.	Renvoi à l'arrière-saison ou au mois de vendémiaire.
Les troupes des camps manquent de paille.	M. Petiet écrira confidentiellement aux préfets de faire faire de la paille.
Le ministre de la guerre propose d'accorder au 64ᵉ régiment d'infanterie les fonds nécessaires pour pourvoir au remplacement des bonnets d'oursin des deux compagnies de grenadiers de ce régiment.	Répondre au ministre que Sa Majesté, persuadée qu'elle avait elle-même accordé des bonnets à ce régiment, ne jugeait pas devoir dans ce moment leur en accorder (2).

138. — DÉCISION (3).

Sur les 500.000 litres de vin réunis à Boulogne, 450.000 paraissent ne pas pouvoir se conserver. M. Bonnarie offre de les mélanger au quart avec des vins de Saint-Gilles à 1 franc le litre, de manière que l'on aurait plus de 600.000 litres de vin susceptibles de se garder pendant dix-huit mois. La dé-	L'intention formelle de S. M. est de conserver, pour servir au besoin, 500.000 litres de vin. Le mélange de vins forts et corsés ayant été jugé nécessaire, j'autorise le mélange de *50.000 litres de vin de Saint-Gilles*, 1ʳᵉ qualité : le mélange supposé au 6ᵉ suffira pour bo-

---

(1) Annotation du ministre directeur.
(2) Annotation du ministre directeur.
(3) Non datée et non signée, extraite du « Travail du ministre directeur avec l'empereur, du 29 messidor an XIII (18 juillet 1805) ».

pense, y compris les frais de soutirage, serait de 153.000 francs.

On a provisoirement ordonné à M. Petiet, lorsqu'il y aurait des distributions extraordinaires de vin, d'employer celui de l'approvisionnement, sauf à remplacer au fur et à mesure.

nifier 300.000 litres sur les 450.000. On laissera intacts et sans y toucher les 150.000 litres restant choisis parmi ceux mieux conservés, et que je suppose susceptibles d'une bonne conservation jusqu'en frimaire : ces 150.000 litres seront mis les premiers en consommation.

Je dois supposer que les 50.000 litres fournis en dernier lieu sont susceptibles de se garder au moins dix-huit mois : ce seront les derniers à mettre en consommation.

Au moyen du mélange prescrit, l'approvisionnement sera d'environ 550.000 litres ; ainsi les premiers 50.000 litres consommés ne seront pas à remplacer. Prendre de suite avec M. Bonnarie les mesures d'exécution. Au moyen du mélange, le terme de conservation doit être au moins de 15 mois.

Conformément à l'avis de M. Gau, le prix du vin de Saint-Gilles qui doit entrer dans le mélange est fixé à un franc le litre.

Et quant aux 150.000 litres de vin qui ne doivent pas être mélangés, s'ils sont dans le cas d'être transportés, ils doivent être préalablement soutirés.

L'intention de S. M. est que l'embarquement ordonné soit fait dans les mêmes futailles, je veux dire qu'il n'est pas nécessaire de faire exprès de nouvelles futailles, mais qu'on choisira, s'il y a possibilité, celles qui seront les plus maniables.

139. — DÉCISION.

Saint-Cloud, 30 messidor an XIII (19 juillet 1805).

Dispositions prises en vue de l'exécution de l'ordre de l'Empereur prescrivant de placer 22 mortiers de 12 pouces à grande portée pour la défense de la rade de Bertheaume.

Je désire connaître ce que c'est que ces mortiers de 12 pouces à grande portée, combien la chambre contient de livres de poudre.

NAPOLÉON.

140. — DÉCISION.

Saint-Cloud, 1ᵉʳ thermidor an XIII (20 juillet 1805).

L'Institut demande que le graveur Thiolier, lequel a obtenu le grand prix de la classe des beaux-arts pour gravure en pierres fines, soit exempté du service.

Accordé.

141. — DÉCISION.

Saint-Cloud, 1ᵉʳ thermidor an XIII.

Le ministre de la guerre demande si les régiments de la division Gazan, qui, conformément aux ordres de l'Empereur, sont à trois bataillons chacun, auront la même formation que ceux de l'armée, lesquels ne formeront que deux bataillons de guerre, ou bien si les trois bataillons sont destinés à marcher en laissant seulement un dépôt en France.

Leur faire embarquer les 3 bataillons.

NAPOLÉON.

142. — DÉCISIONS (1).

Les appointements des officiers de santé et employés du camp d'Utrecht ne sont pas payés depuis plusieurs mois.

Ecrire en Hollande qu'il faut payer, parce que cela ne dépassera pas encore les 18.000 hommes.

Le ministre sollicite l'autorisation d'envoyer au Conseil d'Etat les liquidations relatives à l'administration de la guerre.

On peut les envoyer.

Nécessité de mettre dans des barils de petite dimension, pour faciliter l'arrimage, les 60.000 litres de vin qui doivent être embarqués à Boulogne.

Ils doivent être embarqués dans les futailles actuelles.

Le ministre propose de renvoyer au Conseil d'Etat le compte d'intérêts des sieurs Guérin frères, ex-commissaires du directoire de l'habillement, pendant les années IX et X.

Renvoyé au Conseil.

143. — ORDRE (2).

Saint-Cloud, 5 thermidor an XIII (24 juillet 1805).

Donner ordre à la compagnie d'artillerie de la 1re légion du Midi, qui est à Auxonne, de se rendre à l'île d'Aix.

144. — DÉCISION (3).

Le général de division Lacoste, ayant terminé ses opérations, demande l'autorisation de se rendre

Lui donner l'ordre de passer l'inspection des autres régi-

---

(1) Non datées et non signées; extraites du « Travail du ministre directeur avec l'Empereur, du 5 thermidor an XIII (24 juillet 1805) ».
(2) Copie.
(3) De la main de Maret; non datée et non signée, extraite du « Travail du ministre de la guerre avec l'Empereur, du 8 thermidor an XIII (27 juillet 1805) ».

à Paris pour y attendre une destination ultérieure.

ments qui viennent de Saint-Domingue.

---

145. — DÉCISIONS (1).

Le ministre de la guerre sollicite des explications au sujet de la signification de l'article 3 du décret du 24 floréal an XIII concernant les masses des compagnies de réserve.	Renvoyé au Conseil d'Etat.
Observations du ministre de la guerre sur la nécessité de modifier l'arrêté du 17 vendémiaire an XII relatif aux ateliers de déserteurs.	Renvoyé au Conseil d'Etat.
Dufour, neveu du général de ce nom, est proposé pour une place d'élève du gouvernement au lycée de Bourges.	Renvoyé au ministre de l'intérieur.
Le ministre propose d'accorder à titre d'indemnité une somme de 3 028 francs à des propriétaires des 28 petites baraques situées dans l'enceinte de la caserne Rouge à Mayence et dont la démolition a été ordonnée.	Approuvé.
Le ministre présente à l'Empereur trois projets de décrets relatifs à la suppression de la place de Tortone.	Renvoyé au Conseil d'Etat.

---

146. — DÉCISION.

Saint-Cloud, 12 thermidor an XIII (31 juillet 1805).

Le ministre de la guerre demande

Je préfère d'avoir une salle

---

(1) De la main de Maret; non datées, non signées, extraites du « Travail du ministre de la guerre avec l'Empereur, du 8 thermidor an XIII (27 juillet 1805) ».

si l'établissement d'une salle d'armes à Savone, ordonné par l'Empereur, change les dispositions de l'arrêté relatif à la salle d'armes de Gênes.

d'armes à Savone ; Gênes est trop peuplée. Il n'y en aura pas.

NAPOLÉON.

147. — DÉCISIONS (1).

Le ministre demande s'il doit être embarqué sur la flottille des équipages pour le transport, lors de la descente, des effets d'ambulance et des denrées d'approvisionnement.

S. M. n'a pas pris de décision. Elle va arriver à Boulogne ; elle décidera s'il en est besoin.

Observations sur le projet de charger les corps de cavalerie de la fourniture des fourrages.

Faire un projet de décret pour le donner en Italie.

Inconvénients qui résulteraient de la suppression de la fourniture gratuite de chauffage dont bénéficient les officiers de l'armée des Côtes.

Continuer comme par le passé.

148. — DÉCISION.

Saint-Cloud, 1er août 1805.

L'article 10 du décret impérial du 15 messidor dernier porte qu'il sera formé un régiment de troupes liguriennes, composé de deux bataillons ; que le 1er bataillon sera composé de neuf compagnies qui sont actuellement dans le royaume de Naples, et que le second sera formé des troupes liguriennes qui sont à Gênes et qui se rendront à Grenoble, où le régiment sera organisé.

Ce sera un régiment d'infanterie légère. Je ne vois aucune nécessité de faire une différence entre le bataillon de guerre et le bataillon de paix : les deux bataillons sont égaux.

NAPOLÉON.

---

(1) Non datées, non signées, extraites du « Travail du ministre directeur avec l'Empereur, du 12 thermidor an XIII (31 juillet 1805) ».

Sa Majesté est priée de décider :

1° Si le régiment sera d'infanterie de ligne ou légère, le bataillon qui est dans les Etats de Naples appartenant à cette dernière arme et étant fort de 32 officiers et 632 sous-officiers et soldats ;

2° Si le régiment prendra rang à la suite de l'arme à laquelle il sera attaché et portera le dernier numéro de cette arme ;

3° S'il en portera l'uniforme ;

4° Si le bataillon organisé à Grenoble doit être considéré comme bataillon de garnison et celui organisé dans le royaume de Naples comme bataillon de guerre.

149. — ORDRE (1).

Camp de Boulogne, 20 thermidor an XIII (8 août 1805).

Les compagnies devant être considérées au complet de cent hommes, le major général fera connaître le nombre de places que chaque chaloupe-canonnière pourra procurer au delà.

Chaque bateau-canonnier ne pouvant contenir plus de quatre-vingt-quatorze hommes, il sera attaché à chaque division de bateaux-canonniers un dix-neuvième bâtiment qui formera un accroissement de places d'environ cent hommes.

Il sera formé cinq ailes de débarquement, composées chacune de soixante-douze péniches, sur lesquelles il sera embarqué six bataillons formant trois régiments, dont deux d'infanterie légère et un de ligne.

Les bataillons qui s'embarqueront sur les péniches seront réduits à 700 hommes, officiers compris.

Il y aura de plus une escouade d'ouvriers avec ce qui sera nécessaire pour enclouer les pièces, une compagnie d'artillerie munie de refouloirs, leviers et autres objets propres à rétablir les batteries et à les réarmer sur-le-champ.

Il y aura aussi une compagnie de sapeurs avec ses outils.

---

(1) Expédition non signée.

L'aile de débarquement que fournira le corps de gauche, prendra le n° 1er, elle sera composée des 6e et 9e légères et 50e de ligne.

La gauche du corps du centre formera le n° 2 et sera composée des 24e et 26e légères et 3e de ligne.

La droite du même corps d'armée formera la 3e aile, et sera composée des 10e et 17e légères et 34e de ligne.

Une partie de la division de grenadiers formera la quatrième.

Le corps de droite formera la cinquième qui sera composée de la 13e légère, du 27e de ligne, et d'un bataillon du 51e.

Chaque aile fera son débarquement particulier en conservant sa position ainsi :

La 1re débarquera sur la gauche,
La 2e sur la droite de la 1re,
La 3e sur la droite de la 2e,
La 4e sur la droite de la 3e,
Et la 5e sur la droite de toute l'armée.

Chaque aile sera composée de deux divisions de 36 péniches chacune.

Un officier de marine de confiance dirigera le débarquement de chacune de ces ailes. Ces officiers sont :

Pour la 1re le capitaine de vaisseau Beaulieu,
Pour la 2e le capitaine de vaisseau Moras,
Pour la 3e le capitaine de vaisseau Hamelin,
Pour la 4e le général Combis,
Et la 5e le capitaine de vaisseau Meyne.

Ces officiers se réuniront pour proposer au contre-amiral Lacrosse les signaux dont ils devront faire usage lors du débarquement.

Les généraux de brigade attachés aux ailes de débarquement sont :

Pour la 1re le général Marchand,
Pour la 2e le général Merle,
Pour la 3e le général Morand,
Pour la 4e le général Dupas,
Pour la 5e le général Eppler.

Il sera attaché à chacune de ces ailes 36 bâtiments de Terre-Neuve ou baleinières.

Il sera désigné un certain nombre de chaloupes-canonnières,

sous les ordres des officiers de marine choisis à cet effet, pour protéger le débarquement.

Il sera aussi attaché à chacune des ailes un corsaire, qui sera également désigné.

Chaque débarquement devra se faire sur 36 péniches de front, de manière que, de la droite à la gauche, il y ait moins de 400 toises, et comme le débarquement devra se faire de vive force, il y aura du débarquement d'une aile à celui d'une autre aile au moins une lieue.

Toutes les péniches devront se rallier et se mettre en ordre, avant de se trouver à la portée du canon.

Les autres bâtiments devront se porter derrière pour les soutenir, et débarquer presque aussitôt.

Il sera donné 54 péniches à la 5e aile qui, se trouvant moins forte que les autres, n'embarquera que cinq bataillons.

La 7e escadrille composera avec la 8e la 4e aile de débarquement ; les canonnières de la garde impériale n'en feront plus partie ; elles seront remplacées par une nouvelle division de chaloupes-canonnières, qui s'appellera la 15e, et par une nouvelle division de bateaux-canonniers, qui formera la 20e.

Ces deux divisions seront prises sur les 19 chaloupes-canonnières et les 41 bateaux-canonniers non escadrillés ; il restera de disponible une chaloupe-canonnière et 23 bateaux-canonniers, qui serviront à tenir au complet les autres escadrilles.

Le général Combis commandera la 7e escadrille, le capitaine Montcabrié la 8e, sous les ordres du général Combis.

La division du général Gazan s'embarquera sur la 7e escadrille.

Les dragons à pied seront embarqués sur la 3e division de corvettes de pêche et sur les 11e et 17e divisions de bateaux-canonniers à la 8e escadrille.

La division de grenadiers s'embarquera sur les péniches, formant la 4e aile de débarquement, et sur les 11e et 12e divisions de bateaux-canonniers de la 7e escadrille.

Les deux bataillons irréguliers du corps du centre seront embarqués sur les prames.

Les trois bombardes et les caïques seront destinés à recevoir les hommes du corps de gauche qui ne pourront pas s'embarquer sur les deux escadrilles affectées à ce corps d'armée.

Artillerie. — Les bâtiments de 2° espèce des 3° et 4° escadrilles d'ancienne construction permuteront avec les sections des autres escadrilles qui ont des bateaux de même espèce et de nouvelle construction.

L'artillerie veillera à ce que les officiers du train, les haut-le-pied, etc., etc., ne puissent embarquer aucuns chevaux, sous quelque prétexte que ce soit ; ils pourront seulement embarquer leurs selles.

Chevaux. — Les 3.600 chevaux du train seront tous de *trait*, aucun de selle.

Les 744 chevaux que peuvent contenir les prames seront :

1° 300 pour la maison de l'Empereur, l'état-major général et l'état-major du centre, suivant la répartition qui en sera faite par le major général ;

2° 144 chevaux pour l'artillerie ;

3° 130 chevaux pour les 4 régiments de troupes à cheval du centre et de la gauche ;

4° Et le reste pour la garde impériale.

Les 8 bâtiments de transport, que le général Combis fera décharger, seront donnés aux états-majors de l'avant-garde et des réserves pour leurs chevaux.

Cartouches. — On destinera pour chaque homme au moment de l'embarquement 40 cartouches ; on les laissera en caisse jusqu'à ce qu'il soit nécessaire de les distribuer ; elles seront confiées aux capitaines de chaque compagnie.

Il ne pourra y avoir moins de 12.000 cartouches sur chaque chaloupe-canonnière et sur chaque bateau-canonnier et 30.000 sur chaque prame.

Le général d'artillerie activera la confection des cartouches de manière qu'il y en ait au moins vingt millions de faites d'ici à 8 ou 10 jours.

Vivres. — Indépendamment du biscuit actuellement embarqué, il en sera placé six cents rations sur chaque péniche et dix mille sur chaque prame. Le reste, pour compléter les trois millions de rations, sera réparti sur tous les autres bâtiments de transport suivant l'installation qui en sera faite par le général Combis.

On embarquera du pain pour 3 jours, et, s'il est possible, six cents bœufs et trois mille moutons.

Les chevaux embarqués ne boiront pas l'eau destinée à la traversée ; il leur en sera fourni tous les jours par les soins du préfet maritime.

Aussitôt que l'Empereur aura fait mettre à l'ordre l'embarquement de l'armée, et tant que l'armée restera en rade, elle continuera à être nourrie par l'administration de terre. Quand la flottille appareillera, l'armée sera alors nourrie par la marine.

On ne touchera point aux vivres de terre embarqués, pendant la traversée, à moins d'une nécessité bien reconnue.

150. — DÉCISIONS (1).

Congé de quinze jours demandé par le général de division Lorge, commandant la 26° division militaire, pour aller aux eaux.	Accordé.
Les parents de Joseph Lhomme, musicien au 46° régiment d'infanterie et admis au lycée de Bruges, exposent qu'ils sont dans l'impossibilité de faire pour leur fils l'avance des 400 francs destinés à son trousseau.	Accordé.
Frais de poste réclamés par le général Lagrange pour s'être rendu de Rochefort en Italie et pour son retour à Paris.	Renvoyé au ministre de la marine. Cela ne regarde pas la guerre.
Le commissaire général de l'île d'Elbe demande que ses habitants soient exemptés de la conscription pendant les années XI, XII et XIII.	Accordé les années XI et XII. Les conscrits de l'an XIII doivent rejoindre. Donner ordre au général commandant d'y tenir la main.

(1) De la main de Maret ; non datées et non signées, extraites du « Travail du ministre de la guerre avec l'Empereur, du 21 thermidor an XIII (9 août 1805) ».

151. — AU GÉNÉRAL MARMONT.

Camp de Boulogne, 23 thermidor an XIII (11 août 1805).

J'ai reçu votre courrier du 20 thermidor. J'ai lu avec intérêt les gazettes anglaises que vous m'avez envoyées. Il m'est très utile, dans ce moment, de les avoir le plus promptement possible. Vous avez dû recevoir l'ordre de l'armée sur le combat des escadres. Un courrier parti du Ferrol le 14 m'annonce l'entrée des flottes combinées dans ce port. Elles ont trouvé, en effet, l'amiral Calder qui a pris chasse devant elles, circonstance qui prouve que l'issue du combat a été tout en leur faveur. Les Anglais ne peuvent prétexter la crainte qu'ils auraient pu avoir de la sortie de l'escadre du Ferrol, car les vents étant Ouest grand frais, il eût été impossible à une chaloupe de sortir ; aussi nos escadres n'auraient pu tirer aucun secours des 15 vaisseaux qui y étaient. Faites l'impossible pour attirer les Anglais sur vous. Faites des sorties, faites les derniers préparatifs de départ, levez l'ancre ; enfin, occupez au moins douze vaisseaux anglais. Je vous envoie la note des morts et des blessés au combat du 3. Lauriston me mande qu'on s'est battu de très loin, qu'on n'a eu aucune idée de la prise des deux vaisseaux espagnols, et que ce n'est que le lendemain qu'on s'est aperçu qu'ils manquaient. Ayant souffert beaucoup dans leur mâture, ils n'ont pas su se gouverner et, affalés sous le vent, ils ont dérivé la nuit et sont tombés dans la ligne anglaise.

NAPOLÉON.

152. — DÉCISION (1).

25 thermidor an XIII (13 août 1805).

Le général Chasseloup demande que l'entrepreneur des travaux d'Alexandrie soit autorisé à continuer de tirer de la forêt de Lucedio les bois dont il aura besoin.

Renvoyé au ministre des finances pour en rendre compte sans délai.

153. — DÉCISION.

25 thermidor an XIII.

M. Yarmouth, prisonnier anglais, Accordé la permission de ve-

---

(1) Non signée, ainsi que les deux suivantes.

demande la permission de venir passer six mois à Paris.

nir dans les environs de Paris.

154. — DÉCISION.

25 thermidor an XIII (13 août 1805).

Le général Morand demande deux généraux de brigade et quatre adjudants commandants pour la 23ᵉ division militaire.

Les généraux Colli, Casalta seront mis en réforme.

155. — DÉCISION.

25 thermidor an XIII.

Lettre du prince de Masserano, ambassadeur d'Espagne à Paris, au ministre des relations extérieures, par laquelle il se plaint des désordres causés à Livourne par les troupes corses.

Renvoyé au ministre de la guerre pour avoir un rapport sur tous ces événements.

NAPOLÉON.

156. — DÉCISION (1).

Le munitionnaire général expose les inconvénients qui résulteraient pour l'approvisionnement de l'armée de l'interruption de la navigation des canaux de Douai à Saint-Omer et Calais.

Les travaux du curage sont ajournés.

157. — DÉCISION.

Boulogne, 27 thermidor an XIII (15 août 1805).

Le ministre de la guerre soumet à l'approbation de l'Empereur les marchés passés par les conseils d'administration des grenadiers et

Approuvé.

NAPOLÉON.

---

(1) De la main de Maret; ni datée, ni signée, extraite du « Travail du ministre directeur avec l'Empereur, du 26 thermidor an XIII (14 août 1805) ».

des chasseurs à pied de la garde pour la fourniture des lits nécessaires au couchage des vélites.

158. — DÉCISION.

Boulogne, 28 thermidor an XIII (16 août 1805).

Le ministre de la guerre propose à l'Empereur de faire passer à Bitche un détachement du 3ᵉ de ligne qui est à Longwy, et à Valenciennes le 3ᵉ bataillon du 25ᵉ qui est à Maubeuge, pour empêcher les évasions des prisonniers anglais.

Au lieu de 30 hommes, il faut envoyer à Bitche une compagnie.

NAPOLÉON.

159. — DÉCISIONS (1).

Le colonel du 46ᵉ régiment d'infanterie de ligne demande à titre de gratification le remplacement des bonnets de grenadiers des deux bataillons de guerre.

Refusé.

Le ministre de la guerre propose de faire chasser de l'Ecole de Fontainebleau quatre élèves convaincus de vol.

Approuvé.

Proposition relative au complétement des compagnies de grenadiers et de carabiniers de l'armée des Côtes.

Ajourné.

Le ministre de la guerre soumet à l'Empereur le résultat d'une revue extraordinaire de la garde municipale de Paris.

Ajourné à trois mois.

---

(1) De la main de Maret; ni datées, ni signées, extraites du « Travail du ministre de la guerre avec l'Empereur du 29 thermidor an XIII (17 août 1805) ».

Le ministre propose de décider que la compagnie de réserve du département de l'Orne, qui n'est que de 5ᵉ classe, sera de 4ᵉ, c'est-à-dire de 100 hommes.	Ajourné indéfiniment.
Le ministre propose de porter de trois à quatre le nombre des officiers de la compagnie d'armuriers attachée à l'armée des Côtes de l'Océan.	Refusé.
Les troupes qui se trouvent dans les États de Parme, Plaisance, etc., doivent-elles dépendre du commandement de la 28ᵉ division militaire, ou font-elles partie de l'armée d'Italie ?	De la 28ᵉ division.
Le ministre propose de remettre en activité l'adjudant commandant Bartier et de l'employer sous les ordres du maréchal Lannes.	Ajourné. Présenter le jugement rendu à son égard afin d'en connaître les motifs.

160. — DÉCISION.

Au Pont-de-Briques, 2 fructidor an XIII (20 août 1805).

Le maréchal Berthier propose à l'Empereur de nommer à l'emploi de chef du 4ᵉ bataillon de la légion du Midi en formation à Auxonne.	Le ministre me rendra compte au 1ᵉʳ vendémiaire de la situation de ce corps. Il paraît que le recrutement ne fournit que peu d'hommes : le ministre m'en rendra également compte au 1ᵉʳ vendémiaire, et s'il ne conviendrait pas d'incorporer le 4ᵉ bataillon dans le 3ᵉ.

NAPOLÉON.

161. — DÉCISION.

Camp de Boulogne, 4 fructidor an XIII (22 août 1805).

Le ministre de la guerre propose à l'Empereur diverses modifications au placement des troupes, afin de rendre le camp du Pont-de-Briques disponible pour la garde impériale et de concentrer davantage le corps du centre.

Approuvé.

NAPOLÉON.

162. — DÉCISION.

Camp de Boulogne, 5 fructidor an XIII (23 août 1805).

Le ministre de la guerre propose à l'Empereur de prélever un détachement de 45 hommes sur le 47e régiment de ligne, qui est à Lorient, pour former la garnison de la frégate *le Président*.

Approuvé.

NAPOLÉON.

163. — AU GÉNÉRAL CHASSELOUP.

Boulogne, 6 fructidor an XIII (24 août 1805).

L'Empereur, Monsieur le général Chasseloup, me charge de vous donner l'ordre de faire toutes les dispositions nécessaires pour que la Rocca d'Anfo, la citadelle d'Alexandrie, Gênes, Gavi, Pizzighettone, Mantoue, Peschiera, Legnago, soient fraisées et palissadées, suivant que ces places en sont susceptibles et mises sur le pied de guerre et en état de soutenir un siège.

Portez en même temps vos soins pour que les ouvrages de Pietole soient en état d'être défendus dès le commencement de vendémiaire prochain. Il est nécessaire que vous y fassiez établir quelques baraques pour y loger la garnison, qui souffrirait sous des tentes ; il serait nécessaire aussi d'y faire quelques magasins pour les munitions.

L'Empereur ordonne que le chef de bataillon Liédot soit chargé de la défense de la Rocca d'Anfo ; donnez-lui l'autorisation nécessaire pour le laisser maître de faire tout ce qu'il voudra, afin que cette place soit en état de fermer le passage à une armée ennemie.

Faites tout ce qu'il faudra pour avoir à Legnago des moyens prêts pour employer le plus grand nombre de travailleurs possible, afin de relever les ouvrages de la tête de pont, les fraiser et les palissader de manière à mettre Legnago à l'abri d'un coup de main.

L'Empereur vous ordonne de faire également sans délai les travaux de campagne nécessaires, soit pour fortifier le plateau de Rivoli, soit pour rétablir les retranchements de la Corona. Vous vous concerterez sur cet objet avec le général en chef. Cela lui serait utile et nécessaire, si jamais il prenait une position défensive.

Par ordre de l'Empereur :
Le ministre de la guerre.

164. — DÉCISIONS (1).

Le ministre propose de traiter avec M. Maubongand, fabricant de tricots, dont le concours pourrait être utile dans l'éventualité de la formation d'un approvisionnement de réserve pour l'an XIV.	Approuvé. J'ai besoin de moyens d'habillement puisque l'armée va être augmentée.
Le ministre a laissé en subsistance à l'hôpital de Metz François Etier, ancien infirmier-major de cet hôpital, qui ne peut plus faire de service en raison de ses infirmités.	Il faut placer cet individu dans un des hospices de vieillards qui sont à la disposition du ministre de l'intérieur.
Le ministre rend compte que M. Alexandre Petiet est chargé provisoirement de la signature à la place de son père.	M. Alexandre Petiet a été autorisé par une lettre que le secrétaire d'État a écrite au commissaire général par ordre de S. M. ; il n'a signé que la correspondance. Toutes les ordonnances ont été remises au payeur sans être signées, mais avec une lettre d'envoi. Elles vont être revêtues de la signatu-

---

(1) Ni datées, ni signées, extraites du « Travail du ministre directeur avec l'Empereur, du 10 fructidor an XIII (28 août 1805) ».

re du conseiller d'Etat commissaire général, dont la santé se rétablit et qui a repris les rênes de son administration (1).

165. — DÉCISION (2).

Sa Majesté a exclu le bois de chauffage de l'approvisionnement que l'on doit former à Alexandrie ; mais on la prie de faire connaître si elle juge convenable de faire verser dans cette place le bois nécessaire pour le chauffage des fours. La quantité nécessaire pour six mois est de 533 cordes et demie.

Monsieur Dejean, la dépense d'un approvisionnement d'un an pour 10.000 hommes à Alexandrie me paraît bien considérable ; je réduirai donc ma demande d'un an à six mois et j'en retrancherai la paille, l'avoine, le bois de chauffage, la viande. Il suffira que vous fassiez tenir en réserve le froment, le riz, les légumes, le sel, le vin, l'eau-de-vie, le vinaigre, l'huile et cela pour six mois au lieu d'un an, ce qui alors deviendra une dépense raisonnable et qui pourra être faite d'ici au 1er vendémiaire.

NAPOLÉON.

166. — DÉCISIONS (3).

Le ministre de la guerre soumet à l'Empereur trois projets de décrets relatifs : le premier à l'organisation des ambulances de la garde impériale, le second à la fabrication des armes de guerre, le troisième aux outils des bataillons de sapeurs.

Approuvé.

Renvoyé au Conseil d'Etat.
Idem.

---

(1) De la main de Maret.
(2) Non datée, extraite du « Travail du ministre directeur avec l'Empereur, du 13 fructidor an XIII (31 août 1805) ».
(3) Non datées et non signées, excepté deux, extraites du « Travail du maréchal Berthier, ministre de la guerre, avec l'Empereur, du 24 fructidor an XIII (11 septembre 1805) ».

Les appointements du directeur du télégraphe près de la Grande Armée doivent-ils être payés par le ministère de l'intérieur ou par le ministère de la guerre ?	Le ministre de l'intérieur continuera à payer le traitement ordinaire ; le ministre de la guerre payera le supplément.
L'Institut sollicite pour un prisonnier de guerre anglais la permission d'aller passer quelques mois en Angleterre.	Refusé.
Lady Clavering sollicite le retour à Paris de sir Clavering, qui est à Orléans.	Idem.
Le ministre propose : 1° de nommer à l'emploi de commandant du 5° régiment d'infanterie légère le colonel Dubreton.	Connaître ses états de service. NAPOLÉON.
2° De remettre en activité de grade le général de brigade Balthazar Miollis.	Projet de décret pour le nommer adjudant commandant et l'envoyer en Italie.
De nommer chef d'état-major de la place de Mantoue le général de brigade Castella.	Approuvé pour être employé à Mantoue comme général, mais non comme chef d'état-major. Ordre de s'y rendre le 6 vendémiaire.
Le ministre propose de nommer à un emploi de chef de bataillon au 34° régiment de ligne le chef d'escadron Curial, aide de camp.	Nommer un officier qui sert en France et non l'aide de camp du général Alméras qui est à l'île d'Elbe.
Motifs qui ont déterminé le sieur Ponthier, ex-sous-lieutenant au 61° régiment de ligne, à donner sa démission.	Le ministre de la guerre fera connaître à cet officier que sa demande ne peut pas être prise en considération.
Le ministre directeur de l'administration de la guerre demande pour son fils, capitaine commandant, le grade de chef d'escadron.	A la première place vacante. NAPOLÉON.

167. — DÉCISIONS (1).

L'augmentation de dépense résultant pour l'administration des Invalides de l'accroissement des droits d'octroi pourrait, d'après l'avis du ministre de l'intérieur, être acquittée par le Trésor public sur le vingtième du produit des octrois.

Renvoyé au Conseil d'Etat.

Le ministre de la marine demande que l'administration de la guerre fournisse des objets d'équipement aux marins qui vont faire un service de terre.

Le ministre de la marine y a pourvu.

Le ministre soumet à l'Empereur diverses questions sur la manière dont on pourvoira au service des subsistances de la Grande Armée et de celle d'Italie dans le cas où elles passeraient les frontières.

Laisser à la disposition de M. Petiet qui rendra régulièrement compte au ministre.

168. — AU MARÉCHAL BERTHIER, MINISTRE DE LA GUERRE.

Saint-Cloud, 25 fructidor an XIII (12 septembre 1805).

Je viens de parcourir l'état que vous m'avez remis de l'armée d'Italie. Je n'y vois point le 13ᵉ de ligne, le 3ᵉ d'infanterie légère et le 67ᵉ, les deux bataillons du train; et dans la récapitulation *artillerie et génie*, vous ne portez que 900 chevaux. Vous en oubliez 1.400. Le 3ᵉ bataillon suisse, qui est à Rochefort et qui doit se rendre à Alexandrie, manque également. Il est désormais nécessaire de comprendre dans l'état de l'armée d'Italie tout ce qui se trouve dans les 27ᵉ et 28ᵉ divisions militaires, et soit le régiment de dragons qui est à Milan, soit la demi-brigade qui est à Mantoue, soit les différentes compagnies d'artillerie, de sapeurs et de pontonniers, qui sont dans les différentes places d'Italie, à la disposition du général commandant l'armée.

---

(1) Ni datées, ni signées, extraites du « Travail du ministre directeur avec l'Empereur, du 24 fructidor an XIII ».

Je remarque que vous ne portez dans l'état de situation de l'armée de Naples que 640 chevaux d'artillerie, il y en a plus de 1.000 (1).

169. — ORDRE (2).

Saint-Cloud, 26 fructidor an XIII (13 septembre 1805).

Donnez ordre à la 5ᵉ compagnie et à la 7ᵉ compagnie du 7ᵉ régiment d'artillerie qui sont à Metz et à la 10ᵉ compagnie du même régiment qui est à Luxembourg, de se rendre à Strasbourg.

Donnez ordre au dépôt du 5ᵉ régiment d'artillerie de se rendre à Metz ; et, aussitôt que les compagnies qui sont à Boulogne seront remplacées, réunissez les compagnies des régiments qui ne sont point destinés à faire partie de la Grande Armée, pour qu'on puisse, dans les circonstances, tirer de ces régiments pour les places du Rhin, destinant spécialement pour cet objet et pour renforcer la Grande Armée les 1ᵉʳ, 5ᵉ et 7ᵉ régiments d'artillerie de ligne.

Donnez ordre aux 6ᵉ et 7ᵉ compagnies du 4ᵉ régiment d'artillerie de ligne qui sont à Gênes, de se rendre à Mantoue pour y tenir garnison ; à la 1ʳᵉ compagnie du 4ᵉ qui était à Livourne et qui a eu ordre de se rendre à Alexandrie, de se rendre également à Mantoue pour y tenir garnison ; à deux autres compagnies du dépôt de ce régiment qui sont à Grenoble, d'en partir pour se rendre à Gênes ; et à une troisième compagnie pour se rendre à Alexandrie.

170. — DÉCISION.

28 fructidor an XIII (15 septembre 1805).

Le ministre de la guerre propose à l'Empereur d'attacher au 7ᵉ corps d'armée, outre les deux compagnies du 3ᵉ d'artillerie à pied qui suivent son mouvement, deux compagnies à pied du même régiment, une du 6ᵉ d'artillerie à cheval et la moitié de la 6ᵉ compagnie d'ouvriers d'artillerie.

Approuvé ces mouvements.

Napoléon.

---

(1) Copie non signée.
(2) Copie.

171. — DÉCISION.

29 fructidor an XIII (16 septembre 1805).

Le maréchal Soult demande en faveur du colonel Marion, nommé au commandement de Plaisance, un secours pour se rendre avec sa famille à sa destination. Le ministre propose de fixer ce secours à la somme de 3.000 francs.

Accordé.

NAPOLÉON.

172. — DÉCISION.

Saint-Cloud, 29 fructidor an XIII.

M. Wolff, ex-colonel du 14⁰ régiment de cavalerie, demande à être réemployé dans son grade.

Lui donner le premier régiment vacant.

NAPOLÉON.

173. — DÉCISION.

Saint-Cloud, 29 fructidor an XIII.

L'ex capitaine Petitjean, à qui Sa Majesté a fait grâce de quatre mois de prison et qui sert actuellement comme volontaire au 24⁰ régiment de chasseurs, demande à être réintégré dans son grade.

Accordé.

NAPOLÉON.

174. — DÉCISION.

Saint-Cloud, 29 fructidor an XIII.

Le ministre de la guerre propose à l'Empereur de rapprocher des frontières du Rhin les dépôts de grosse cavalerie qui sont restés dans l'intérieur.

Approuvé.

NAPOLÉON.

175. — ORDRE.

Saint-Cloud, 29 fructidor an XIII (16 septembre 1805).

Vous trouverez ci-joint l'ordre au ministre de la marine de faire débarquer de l'escadre de Brest tout ce qui reste des 65°, 47° et 70° régiments. Vous donnerez ordre au 65° de réunir ses trois bataillons à Rennes, et vous ferez passer une revue de ce régiment qui doit être rendu mobile et s'attendre à partir au premier moment.

Il restera donc dans la 13° division militaire les 15° et 37° de ligne, de quatre bataillons, qui continueront à avoir à bord de mon escadre chacun 1.500 hommes de garnison.

Le 47° sera réuni à Lorient et tiendra garnison à Belle-Ile.

Le 70° sera réuni à Saint-Brieuc et fournira des garnisons aux îles de Bréhat et aux autres points de la côte.

Ces quatre régiments compléteront leurs compagnies de grenadiers à 100 hommes, comme je l'ai déjà ordonné.

Les compagnies de grenadiers des 15° et 37°, commandées par un des chefs de bataillon de chacun de ces corps, formant deux bataillons, et celles des 47° et 70°, commandées par un des chefs de bataillon de ces deux corps, faisant un seul bataillon, sous les ordres du général Girardon, avec 8 pièces d'artillerie, seront mobiles et prêtes à se porter partout où leur présence deviendrait nécessaire.

Vous me ferez connaître le jour où le 65° arrivera à Rennes et sera disponible.

Vous donnerez ordre au général de division Chambarlhac de se rendre à Bruxelles pour y prendre le commandement de la 24° division militaire.

Vous donnerez l'ordre au prince Louis, connétable, de prendre le commandement des troupes de la 1re division militaire, de la garde nationale et de toutes les troupes qui dépendent du gouvernement de Paris.

Vous donnerez le commandement de la 2° division militaire au général de division Canuel ;

Celui de la 7° division militaire, au général Desbureaux ;

Celui de la 10° division militaire, au général Chabran ;

Celui de la 12°, au général Legrand ;

Celui de la 16°, au général Girard, dit Vieux.

Vous me présenterez un officier pour commander la 11° division militaire.

Tous les traitements extraordinaires que j'avais accordés aux généraux commandant les divisions, à cause du grand nombre de troupes qui s'y trouvaient, cesseront à dater du 1er vendémiaire, cette mesure ne devant avoir lieu qu'à la paix, et non quand toutes les troupes sont à l'armée (1).

176. — DÉCISIONS.

Saint-Cloud, 29 fructidor an XIII (16 septembre 1805).

Rapport du ministre de la guerre à l'Empereur et Roi.

Paris, 28 fructidor an XIII (15 sept. 1805).

J'ai l'honneur de rendre compte à l'Empereur que le ministre de la marine demande de faire passer au Ferrol trois détachements de 45 hommes chacun pour former la garnison des frégates *la Guerrière, la Revanche* et *la Sirène.*	Accordé.
Il propose de faire fournir ces trois détachements par des troupes que l'escadre du vice-amiral Villeneuve a débarquées à Vigo.	Accordé.

Je prie Sa Majesté de me faire connaître si son intention est que les troupes débarquées à Vigo fournissent ces trois détachements et si le restant de ces troupes doit être ensuite rappelé en France.

Le ministre de la marine demande aussi :

1° Deux autres détachements de

---

(1) Copie. — A la lettre précédente se trouve annexé un extrait de la lettre susvisée de l'Empereur au ministre de la marine ainsi conçu : « Que tout ce qui est embarqué sur l'escadre de Brest appartenant au 65e régiment soit débarqué, ainsi que tout ce qui appartient aux 47e et 70e régiments, ce qui forme un déficit de 1.700 hommes sur les troupes embarquées à bord de l'escadre de Brest, mais qui seront remplacés par les 699 hommes du 15e de ligne, aujourd'hui embarqués comme équipage, et par les 828 hommes du 37e, embarqués comme équipage et comme passagers, de manière qu'il n'y aura à embarquer à bord de l'escadre de Brest que les garnisons et qu'elles seront toutes des 15e et 37e, les trois autres régiments devant être rendus mobiles. »

45 hommes chacun pour former la garnison des frégates *la Furieuse* et *la Libre* à Flessingue.

Le 1ᵉʳ bataillon colonial, qui est à Flessingue, pourrait fournir ces deux détachements.

2° Un autre détachement de 45 hommes pour former la garnison de la frégate *la Milanaise* à Dunkerque.

Il n'existe aucune troupe d'infanterie à Dunkerque ; les 3ᵉᵐᵉˢ bataillons qui étaient restés dans la 16ᵉ division militaire viennent de recevoir l'ordre de se rendre sur le Rhin.

Il n'existe à portée de Dunkerque que les bataillons de dépôt qui font partie de l'armée des Côtes et le bataillon de militaires français venus de l'étranger qui est à Bergues.

Je demande à cet égard les ordres de Sa Majesté.

Le ministre de la marine expose en outre qu'il est nécessaire de mettre à la disposition de la marine à Granville deux détachements de quinze hommes chacun pour former la garnison des deux bricks *le Plumper* et *le Teaser* qui vont être réarmés dans ce port.

Ces deux détachements pourraient être fournis par le 28ᵉ régiment d'infanterie légère qui est à Granville (1).

Je prie Sa Majesté de me donner ses ordres sur ces différentes propositions.

BERTHIER.

Accordé.

Prendre des hommes du 17ᵉ de ligne.

Prendre de la 112ᵉ.

NAPOLÉON.

---

(1) L'Empereur a biffé ce paragraphe de deux traits de plume.

177. — DÉCISION.

Saint-Cloud, 1er jour complémentaire an XIII (18 septembre 1805).

Propositions du ministre de la guerre pour l'organisation des seize compagnies de grenadiers qui sont destinées à former un corps d'observation en Bretagne.

Les compagnies de grenadiers des 4 bataillons du 15e formeront le 1er bataillon, celles des 4 bataillons du 37e le second, et celles des 47e et 70e le troisième. Du reste ces bataillons continueront à faire partie des régiments, et entreront dans leurs états de situation et leur comptabilité.

NAPOLÉON.

178. — DÉCISIONS (1).

40 officiers polonais jouissant du traitement de non-activité sont réunis à Châlons-sur-Marne. Le ministre propose de leur donner l'ordre de se rendre à Strasbourg.

Approuvé.

Le ministre propose de faire bénéficier les agents de police et gardes-champêtres et forestiers des dispositions du décret du 15 messidor an XII qui accorde aux préposés des douanes une gratification de 12 francs pour l'arrestation de chaque conscrit réfractaire ou déserteur.

Renvoyé au Conseil d'Etat.

179. — ORDRE (2).

Saint-Cloud, 2e jour complémentaire an XIII (19 septembre 1805).

Sa Majesté désire former sans retard le camp volant ordonné dans la Vendée, à Napoléon, par son décret de ce jour.

Ce camp sera composé des 7e, 66e, 82e, 86e régiments de ligne, et du 5e régiment d'infanterie légère.

---

(1) De la main de Maret; non signées et non datées, extraites du « Travail du maréchal Berthier, ministre de la guerre, avec l'Empereur, du 1er jour complémentaire an XIII (18 septembre 1805) ».
(2) Copie.

Il faut faire connaître à l'Empereur le lieu le plus convenable pour les réunir de Saintes, Angoulême ou Poitiers, et lui proposer, dans la journée, la nomination d'un major et d'un colonel pour le 7e, d'un major pour le 66e, d'un major pour le 82e, d'un major pour le 86e et d'un colonel et d'un major pour le 5e d'infanterie légère.

Le sénateur Gouvion aura le commandement de ce camp. L'intention de S. M. est que ce général reste constamment à la tête de ces cinq corps et passe l'hiver à les former. Ces corps composent à peu près cinq mille hommes. Lorsqu'ils auront reçu leurs conscrits, cette force sera beaucoup plus considérable.

180. — A SON ALTESSE LE PRINCE ÉLECTEUR DE BADE.

Paris, 3e jour complémentaire an XIII (20 septembre 1805).

L'Empereur m'ordonne de prévenir Votre Altesse Electorale que Sa Majesté désire que le corps de troupes que vous avez offert ait six pièces d'artillerie approvisionnées et qu'il soit réuni à Durlach pour le 5 vendémiaire pour faire partie du corps d'armée de M. le maréchal Ney.

Le ministre de la guerre,
Berthier.

181. — DÉCISION.

Saint-Cloud, 3e jour complémentaire an XIII.

Le prince Murat sollicite de l'Empereur l'autorisation de faire rentrer dans les escadrons les plus anciens dragons, mis à pied pour l'expédition d'Angleterre, et de mettre à pied un pareil nombre de conscrits.

Accordé. Envoyé au prince Murat pour faire ce changement sur-le-champ.

Napoléon.

182. — AU MARÉCHAL NEY (1).

Paris, 3e jour complémentaire an XIII.

D'après les dispositions de l'Empereur, Monsieur le Maréchal,

---

(1) Alombert et Colin, *La Campagne de 1805*, t. II, pages 287-288.

vous passerez le Rhin, le 4 vendémiaire (26 septembre), sur un pont qui sera jeté vis-à-vis de Durlach, et le 5 (27 septembre) au soir, vous vous rendrez dans cette ville.

Vous aurez devant vous M. le maréchal Lannes et vous devez suivre la même route que lui, pour marcher sur Stuttgart, quand vous en recevrez l'ordre.

Vous ferez distribuer pour quatre jours de pain et vous ferez les dispositions nécessaires pour faire suivre pour quatre jours de biscuit. Ce dernier approvisionnement est destiné pour vous servir un jour de bataille, si vos troupes réunies avaient des difficultés de se procurer des vivres.

Vous ferez donner 50 cartouches par homme.

Ayez soin que votre artillerie soit bien approvisionnée et que votre parc soit en bonne position.

Vous ferez aussi distribuer les capotes et les souliers que les corps ont en magasin.

Vous aurez sur votre gauche M. le maréchal Soult, qui passe par la route de Spire ; il a l'ordre de se nourrir sur le pays de sa gauche, de sorte que le pays compris entre sa droite, Spire, Hilsbach et Heilbronn, fournira aux réquisitions nécessaires à votre armée.

Tout ce que vous serez dans le cas de requérir sur le territoire des princes amis de la France sera reconnu par des bons en règle.

M. le maréchal Lannes, qui marche devant vous, a l'ordre de faire des réquisitions de vivres sur sa droite.

Si quelques circonstances extraordinaires vous imposaient la nécessité de changer quelque chose aux dispositions ci-dessus, vous prendrez (sic) les ordres de Son Altesse Sérénissime le prince Murat, car les dispositions ordonnées d'ici sont toujours subordonnées aux mouvements de l'ennemi.

Maréchal Berthier.

P.-S. — Je vous préviens que l'Electeur de Bade doit former un corps de troupes avec six pièces d'artillerie, qui doivent se rendre le 5 vendémiaire (27 septembre) à Durlach, où le corps sera à vos ordres.

183. — AU MARÉCHAL LANNES (1).

Paris, 3ᵉ jour complémentaire an XIII (20 septembre 1805).

L'intention de l'Empereur, Monsieur le Maréchal, est que le 3 vendémiaire (25 septembre), à 5 heures du matin, vous passiez le Rhin avec les deux régiments de cavalerie légère qui sont à votre armée, et avec la division de grenadiers et son artillerie, et le 4, suivant les circonstances, vous pourrez vous cantonner entre Rastatt et Ettlingen.

M. le maréchal prince Murat passera le même jour, après vous, avec la division de cavalerie d'Hautpoul, les quatre divisions de dragons à cheval et la division de dragons à pied ; il vous soutiendrait s'il y avait lieu.

M. le maréchal Ney, qui passe le Rhin le 4 (26 septembre), à Spire, pourrait également vous soutenir.

Vous aurez pour quatre jours de pain. Vous ferez suivre pour quatre jours de biscuit, que vous ne devez pas consommer, mais garder pour une occasion, où, étant obligé de vous battre, vous ne pourriez vous procurer de vivres.

Vous ferez distribuer les capotes et les souliers que les corps ont en magasin. Vous ferez aussi distribuer 50 cartouches par homme.

Votre artillerie doit être bien approvisionnée et votre parc toujours en bonne position.

Si les mouvements de l'ennemi, qu'on ne peut prévoir, faisaient croire qu'on dût changer quelque chose aux dispositions ci-dessus, vous prendriez des ordres du prince Murat, car vous ne devez pas attaquer sans ordre.

Je vous ferai connaître les dispositions ultérieures, tant pour la division Gazan que pour les deux autres régiments de cavalerie qui doivent vous joindre.

Vous vous approvisionnerez sur le pays qui restera à votre droite, et tout ce que vous prendrez sur le pays des princes amis de la France sera reconnu par des bons en règle.

Maréchal BERTHIER.

(1) Copie. — Alombert et Colin, *La Campagne de 1805*, t. II, pages 286-287.

184. — A M. LE MARÉCHAL DAVOUT (1).

Paris, 3ᵉ jour complémentaire an XIII (20 septembre 1805).

Monsieur le Maréchal, l'Empereur ordonne que votre armée ne se rende pas dans les cantonnements qui lui avaient été désignés, mais qu'elle se dirige droit sur Mannheim, et dans la journée du 3 vendémiaire (25 septembre) vous occuperez cette ville.

Je donne ordre au général Nansouty de se diriger avec sa division de grosse cavalerie sur Oggersheim, où elle sera à vos ordres.

Le 4 (26 septembre), le quartier général de votre armée se rendra à Mannheim et vous devrez faire occuper Heidelberg.

Vous êtes autorisé à changer la direction des colonnes de votre armée, du moment où vous recevrez le présent ordre, pour les diriger sur Mannheim. Vous êtes également autorisé, avant le 8 vendémiaire (30 septembre), de vous étendre jusqu'à Neckarelz ; vous ne vous étendrez pas sur votre droite pour en tirer des subsistances, cette partie étant destinée au corps d'armée de M. le maréchal Soult, mais vous pourrez vous étendre sur votre gauche.

Vous placerez vos divisions depuis Heilbronn jusqu'à Mannheim.

Vous ferez distribuer les souliers et les capotes que vous avez en magasin.

Vous ferez distribuer 50 cartouches par homme ; vous aurez soin que vos fusils soient en bon état, votre artillerie bien approvisionnée, afin que le 6 vendémiaire (28 septembre), vous puissiez commencer vos mouvements de guerre.

Le prince Murat vous fera connaître ce qu'il aura appris de l'ennemi. Dans les cas extraordinaires, vous vous adresserez à lui et il vous fera passer des ordres.

Vous aurez pour quatre jours de pain et vous serez en mesure de faire suivre pour quatre jours de biscuit que vous ne devez pas consommer ; il doit vous servir pour vous approvisionner un jour de bataille et dans le cas où vous seriez obligé de serrer vos troupes, si des raisons de guerre ne vous permettaient pas qu'elles s'étendissent.

Sans la précipitation des mouvements, l'Empereur aurait désiré

---

(1) Copie. — Alombert et Colin, *La Campagne de 1805*, t. II, page 290.

que toutes les colonnes de l'armée aient pour douze jours de biscuit à leur suite.

Vous vivrez de réquisitions que vous tirerez, comme je l'ai dit ci-dessus, du pays qui sera sur votre gauche, et vous ferez donner des bons en règle de tout ce que vous aurez requis sur le pays de l'Electeur de Bade.

Si les mouvements de l'ennemi vous mettaient dans le cas de croire qu'il dût être changé quelque chose aux dispositions ci-dessus, vous prendriez les ordres du prince Murat.

En général, vos troupes doivent être le plus réunies possible et observer la meilleure discipline.

Maréchal BERTHIER.

---

185. — AU GÉNÉRAL MENOU, COMMANDANT GÉNÉRAL DES DÉPARTEMENTS AU DELA DES ALPES (1).

Paris, 5° jour complémentaire an XIII (22 septembre 1805).

L'Empereur ordonne, Général, qu'un camp volant soit formé à Alexandrie et que vous en preniez le commandement.

Il sera composé de la légion hanovrienne à cheval qui doit arriver à Alexandrie le 29 vendémiaire, forte de.... 500 hommes.
Du 3° régiment d'infanterie légère, de........ 1.500 Id.
Du 67° régiment, de.................... 900 Id.
D'un bataillon du 1er régiment suisse, de..... 400 Id.
Et d'une compagnie d'artillerie à cheval de... 72 Id.

Avec... (2) pièces de canon.

J'ai donné l'ordre au général commandant la 28° division militaire de faire réunir ces troupes à Alexandrie le plus promptement possible.

Les 13° et 67° régiments vont recevoir une grande quantité de conscrits cet hiver : vous voudrez bien, Général, porter un soin tout particulier à l'habillement de ces corps et à l'armement de leurs conscrits.

---

(1) Reproduction, avec quelques variantes, d'un ordre de l'Empereur à Berthier publié dans la *Correspondance* sous le n° 9256.
(2) Ce blanc existe sur le document.

Le but de cette réserve est :

1° De garder la citadelle d'Alexandrie ;

2° De se porter devant Gênes si cette place était menacée d'un débarquement ;

3° De se porter sur Turin, sur Novare, sur Milan et enfin sur tous les points où l'on pourrait inquiéter les derrières de l'armée, de manière que la rapidité des mouvements de ce camp volant étouffe les insurrections au moment même où elles commenceraient à se former ; bien entendu que vous laisserez toujours dans la citadelle d'Alexandrie une partie de cette réserve, pour assurer la défense de la place.

Sa Majesté vous recommande, Général, d'avoir l'œil sur Plaisance, de manière que si une avant-garde de l'ennemi ou des partisans se portaient sur cette place pour inquiéter notre armée, dans le cas où des circonstances qui ne sont pas présumables la mettraient dans la nécessité de se défendre sur l'Adda, ce camp volant pût se porter sur Plaisance pour éclairer la droite de notre armée.

Mais si (par des suppositions encore plus invraisemblables) Alexandrie était menacée d'être investie, l'intention de Sa Majesté est que le camp volant forme alors une partie de la garnison de cette place.

Enfin, en admettant des circonstances qui ne sont pas plus à présumer que les précédentes, si l'armée française venait à être tournée, alors le camp volant aurait soin de fournir, non seulement des garnisons à Alexandrie, mais encore à la citadelle de Turin, à Gavi et à Fenestrelle.

En résumé, ce camp volant a donc pour but de veiller à la sûreté de la côte de Gênes, de dissoudre les rassemblements du pays, faire marcher les conscrits, et enfin, si des événements désastreux pouvaient arriver, il donnerait une garantie à l'Empereur que ces places se trouveraient pourvues de bonnes garnisons, approvisionnements, etc.

L'intention de Sa Majesté est que vous organisiez ce camp volant, dont elle vous confie le commandement, de manière à avoir toujours trois petites colonnes mobiles de cent hommes de cavalerie, trois cents hommes d'infanterie et deux pièces d'artillerie à pied.

Ces colonnes parcourront tout le pays, pour faire exécuter rigoureusement la conscription et toutes les autres mesures qui pourraient être ordonnées.

L'Empereur préfère ce système de camp volant à un système de pure garnison qui, en exigeant beaucoup plus de monde, n'assurerait pas autant la tranquillité.

Un autre but de ce camp volant serait de garder les prisonniers que ferait l'armée d'Italie ; on les recevrait soit à Plaisance, soit à Verceil, et les troupes de l'armée qui les auraient escortés jusque-là retourneraient de ce point pour rejoindre leurs corps respectifs à l'armée, après les avoir consignés aux troupes du camp volant.

De Verceil et de Plaisance, les prisonniers seraient conduits à Fenestrelle, et de là à Grenoble, d'où des détachements de gendarmerie et des détachements des troupes de la 7ᵉ division militaire les prendraient et les escorteraient jusqu'au dépôt de l'intérieur qui serait désigné.

L'intention de Sa Majesté est que l'on évite toujours de faire passer les prisonniers de guerre par le Valais ou par la Suisse, parce que, dans ce pays, il leur serait aisé de se sauver.

Si cependant on avait une trop grande quantité de prisonniers, on pourrait en faire passer par Gênes.

Les commandants de gendarmerie des 27ᵉ et 28ᵉ divisions militaires pourront aussi se servir de la gendarmerie départementale pour escorter les prisonniers.

L'Empereur vous charge, Général, de donner des ordres pour que le grand chemin ne passe plus désormais à travers la citadelle d'Alexandrie. On tournera le glacis pour passer le pont et entrer en ville.

L'Empereur vous charge, Général, d'informer M. le maréchal Masséna, le général Montchoisy, ainsi que son S. A. S. l'Architrésorier de l'Empire, des dispositions ci-dessus, dont vous êtes spécialement chargé, et de me tenir exactement informé de toutes les mesures que vous aurez prises pour remplir à cet égard les intentions de Sa Majesté.

Le ministre de la guerre,
Berthier.

186. — A L'INTENDANT GÉNÉRAL DE LA GRANDE ARMÉE (1).

Je vous préviens, Monsieur, que, d'après les nouvelles disposi-

(1) Copie. — Sans date, mais antérieure au 3 vendémiaire an XIV (25 septembre 1805).

tions de l'Empereur, les divers corps de la Grande Armée ne prendront pas les cantonnements qui leur étaient d'abord destinés, mais que je viens d'autoriser MM. les maréchaux qui les commandent à leur donner les directions convenables aux mouvements ci-après :

Le 3 vendémiaire au matin, M. le maréchal Lannes doit passer le Rhin à Kehl, avec la division des grenadiers et les deux régiments de cavalerie légère de son corps d'armée, pour aller cantonner sur la route de Rastatt et s'établir le lendemain entre cette ville et Ettlingen. Le prince Murat doit le suivre avec la division de grosse cavalerie d'Hautpoul, les quatre divisions de dragons et celle de dragons à pied ; cette dernière sera cantonnée assez près de Kehl pour fournir de suite aux travaux de la tête du pont.

Le même jour, le corps d'armée de M. le maréchal Ney doit passer le Rhin à Durlach, où un pont sera jeté, et le 4, M. le maréchal Soult le passera à Spire, pour avoir, du 4 au 7, ses divisions entre cette ville et Heilbronn.

Le corps de M. le maréchal Davout doit occuper Mannheim le 3, la division de grosse cavalerie Nansouty doit se diriger, en conséquence, sur Oggersheim, où elle sera provisoirement aux ordres de M. le maréchal Davout.

Chacun de ces corps doit prendre en passant le Rhin pour 4 jours de pain et faire suivre pour 4 jours de biscuit. Ce dernier approvisionnement doit être gardé en réserve pour un jour de bataille. Je donne également l'ordre de faire distribuer les capotes et les souliers que les corps ont en magasin. MM. les maréchaux sont autorisés à faire des réquisitions pour la subsistance des troupes dans les pays qu'ils occuperont, en ayant soin de faire délivrer des bons en règle pour tout ce qu'ils requerront sur les pays des princes amis de la France.

Le grand parc d'artillerie doit passer le Rhin à Kehl, après quoi le passage sera interdit jusqu'à nouvel ordre et, dès le 6 vendémiaire, la poste de l'armée devra se transporter de Strasbourg à Mannheim.

Veuillez, M. l'Intendant, faire vos dispositions en conséquence pour assurer tous les services pendant ces divers mouvements et prendre, pour tout ce qui ne serait pas prévu ou pour les changements que les circonstances pourraient nécessiter, les ordres de S. A. I. le prince Murat.

Je vous réitère qu'il est très important de ne pas consommer le biscuit et de le conserver pour les occasions difficiles.

P.-S. — N'ayant pas le temps d'écrire au général Andréossy, je vous prie de lui donner connaissance de ce mouvement.

---

187. — AU GÉNÉRAL ANDRÉOSSY (1).

Strasbourg, 4 vendémiaire an XIV (26 septembre 1805).

Sa Majesté, mon cher Général, m'a dicté, pour vous être transmis et pour être expédiés sur-le-champ, les ordres ci-après :

Donner ordre à la division du général Walther de se rendre à *Oberkirch* (2).

La division du général d'Hautpoul se concentrera à *Renchen*, en s'étendant du côté du Rhin, de manière qu'elle soit à tous ces postes en deuxième ligne et partout couverte par les dragons.

Ce mouvement s'exécutera demain, après que la division Walther aura fait les changements qu'elle doit faire avec la division des dragons à pied.

Ordre au maréchal Lannes de séjourner demain 5, à *Rastatt*, — de s'étendre, s'il est nécessaire, jusqu'à Baden, — d'envoyer des reconnaissances de cavalerie sur *Wildbad*, qui partiront avant le jour. On fera faire deux lieues par deux régiments, deux autres lieues par un régiment, une autre lieue par un escadron, une autre lieue par un piquet des mieux montés (3).

Ordre au prince Murat de faire faire des reconnaissances avant le jour par toutes (les) divisions qui se trouvent sur les débouchés de la Forêt-Noire.

Ordre aux officiers de ne point attaquer, de faire des politesses si l'on en fait, de déclarer qu'ils ne se présentent là que parce qu'on dit que l'armée autrichienne marche sur Strasbourg.

Idem, de faire appeler les magistrats de Fribourg et de leur faire commander 20.000 rations de vivres-pain et 2.000 de fourrages, d'ici 2 jours, pour samedi.

---

(1) Cette lettre, non signée, est une minute de la main du général Dumas, aide-major général.
(2) Les noms en italique sont soulignés sur la minute.
(3) Ce paragraphe a été reproduit dans la *Correspondance* sous le n° 9268.

Le général prince Murat enverra ce soir l'ordre aux dragons d'être à cheval avant le jour.

ORDRE A TOUTE L'ARMÉE.

L'armée a dû passer le Rhin avec 4 jours de pain et 4 jours de biscuit. Le biscuit sera conservé pour les circonstances importantes et les rations de pain seront successivement remplacées et renouvelées, de manière que, lorsque l'armée marchera en avant, elle ait toujours pour huit jours de vivres.

188. — ORDRE DU JOUR (1).

Au quartier général impérial à Strasbourg, le 5 vendémiaire an XIV (27 septembre 1805).

L'intention de Sa Majesté l'Empereur est que la solde de l'armée soit mise au courant jusqu'au 15 de vendémiaire.

Chaque corps d'armée fera parvenir, de suite, l'état de ce qui existe dans la caisse du payeur et de ce qui manque pour compléter la solde.

Le chef d'état-major de chaque corps d'armée enverra un officier d'état-major ou un aide de camp, avec un état de situation par régiment indiquant les pertes occasionnées dans la marche, par désertion, mort ou maladie, et le gain provenant de la réunion de quelques détachements de bataillons ou escadrons de dépôt.

Chaque corps d'armée fera également parvenir l'état de son artillerie, avec l'indication de ce qui pourrait manquer pour la compléter, l'état des souliers, capotes et objets d'ambulance qui manquent dans chaque régiment, et fera connaître les raisons qui auraient empêché les corps de se les procurer. Sa Majesté pense que les ordres qu'Elle a donnés pour payer aux corps l'achat de ces divers objets ont reçu leur exécution. Dans le cas contraire, on indiquera ce qui reste à solder sur ces articles.

Enfin, les chefs d'état-major des corps d'armée feront connaître, de suite, si les cinquante cartouches par homme, ainsi que le pain et le biscuit pour quatre jours, ont été délivrées, suivant l'ordre qui en a été donné ; ils indiqueront ce qu'il en manquerait.

---

(1) Ampliation. — Alombert et Colin, *La Campagne de 1805*, t. II, pages 338-339.

Tous les colonels doivent être présents à leurs corps ; ceux qui seraient absents pour cause de maladie ou pour tout autre motif seraient remplacés sur-le-champ par les majors aux bataillons de guerre. Les chefs d'état-major des corps d'armée enverront de suite l'état des colonels et des chefs de bataillon qui ne sont pas à leur poste.

Sa Majesté recommande particulièrement aux chefs d'état-major d'adresser régulièrement un rapport journalier, division par division, comprenant la position de chaque corps et les mutations qui y sont survenues.

Les maréchaux et commandants en chef les corps d'armée donneront également connaissance des besoins en tout genre desdits corps et y ajouteront tous les renseignements qu'ils se seront procurés sur la position et les mouvements de l'ennemi.

ANDRÉOSSY.

SUPPLÉMENT A L'ORDRE DU JOUR.

Les bataillons et escadrons de guerre devant être portés au grand complet de guerre, les majors recevront ordre d'envoyer, des dépôts, le nombre d'hommes nécessaire pour opérer ce complet.

ANDRÉOSSY.

189. — AU MARÉCHAL MASSÉNA, COMMANDANT EN CHEF L'ARMÉE D'ITALIE (1).

Strasbourg, 6 vendémiaire an XIV (28 septembre 1805).

L'Empereur, Monsieur le Maréchal, a lu l'état de distribution de votre armée en date du 27.

Voici les observations auxquelles il a donné lieu :

Il n'est pas probable que l'ennemi attaque par Salo. La Rocca d'Anfo garantit que l'on sera prévenu quelques jours d'avance ; d'ailleurs, si l'ennemi voulait véritablement attaquer par Salo et pénétrer par là, l'opinion de l'Empereur est qu'il ne faut y mettre personne qu'une compagnie d'artillerie, cinquante sapeurs ou canonniers italiens, qu'il faut renfermer sous les ordres du colonel du génie Liédot. On pourra tout au plus s'éclairer par deux esca-

---

(1) Cette lettre, non signée, est une expédition de la main de Leduc, secrétaire du major général.

drons de chasseurs qui feraient des patrouilles dans la vallée de Lodrone et qui se retireraient en cas de force supérieure.

La garde nationale de Brescia saura bien empêcher des troupes d'entrer dans la vallée ; ce sont leurs affaires, sans quoi ils seraient pillés.

L'Empereur est étonné que la légion corse ne soit pas encore arrivée.

Concentrez vos forces entre Peschiera et Vérone et vous vaincrez l'ennemi. Vous avez beaucoup plus de cavalerie que les Autrichiens. Vous pouvez réunir 50.000 à 60.000 Français de toutes armes ; si vous les tenez ensemble, pour marcher avec eux partout où l'ennemi se portera, *il est perdu*.

Soit que vous attaquiez, soit que vous vous défendiez, vous n'avez rien à craindre si vous êtes réuni. Les biscuits qui sont à Mantoue, ceux que vous pouvez réunir à Peschiera, quelques approvisionnements que vous pouvez encore réunir à Mantoue, indépendamment des approvisionnements de siège, ne peuvent laisser aucune inquiétude sur la subsistance de votre armée pendant quinze jours ; vous pouvez donc rester avec toutes vos forces réunies, tomber sur l'ennemi au point où il passera l'Adige, le laisser disséminer et le prendre en détail.

S'il vous aborde de front, votre armée étant réunie, vous battrez certainement les Autrichiens.

Enfin, mon cher Maréchal, l'Empereur m'a dit, après avoir lu votre lettre, que vous devez tenir vos troupes bien rassemblées, que lorsqu'on a Peschiera et Mantoue derrière soi, qu'on peut communiquer par Crémone, par Orzinuovi, si la route de Brescia était interceptée, on n'a rien à craindre, et qu'enfin plus l'ennemi voudra vous tourner et se disséminer, plus il se perdra.

L'Empereur persiste donc à croire que, s'il était en Italie, il se résoudrait à attaquer les hauteurs de Vérone avec toutes ses forces réunies ; et, par là, toutes les troupes que les Autrichiens auraient dans le Tyrol seraient nulles, ainsi que celles qui seraient dans le bas Adige, et ses réserves n'arriveraient pas à temps.

Bien probablement, vous n'aurez pas affaire à plus de 40.000 hommes, tandis qu'en réalité l'ennemi paraît plus nombreux que vous. Mais une bonne journée employée à écraser la moitié de l'armée autrichienne déciderait votre campagne.

Vous avez l'initiative de prendre l'offensive ; vous pouvez la prendre brusquement, de manière que les corps de l'ennemi soient à plusieurs lieues les uns des autres.

Mais si vous ne croyez pas devoir prendre l'offensive, ce à quoi tient particulièrement l'Empereur, c'est que vos troupes soient toutes réunies. 50.000 Français battront sûrement 100.000 Autrichiens, tandis que 6.000 n'en battraient peut-être pas 9.000.

Donnez-moi souvent de vos nouvelles par les relais que j'ai établis en Suisse et qui peuvent apporter deux fois par jour de vos nouvelles.

Le ministre de la guerre.

---

190. — ORDRE (1).

Strasbourg, 7 vendémiaire an XIV (29 septembre 1805), 9 heures du soir.

Dispositions générales.

GRAND ÉTAT-MAJOR GÉNÉRAL.

Le quartier général impérial partira demain 8, à 10 heures du matin, pour aller coucher à Rastatt, le 9, à Pforzheim, le 10, à Ludwigsburg.

Le quartier général est composé des équipages de l'Empereur, de tout ce qui tient au grand état-major général.

Le payeur général restera à Strasbourg jusqu'à nouvel ordre.

L'aide-major général, chef d'état-major, désignera une place où devra se réunir tout ce qui compose le grand état-major général. Il donnera les ordres et fera une instruction pour le vaguemestre général, conformément aux dispositions du titre 21 du règlement sur le service de campagne du 5 avril 1792.

Le chef d'état-major général désignera un des régiments de la division de dragons (Beaumont), le plus faible en chevaux, qui est à Kehl, pour escorter le quartier-général ; ce régiment se réunira aux équipages du quartier-général à leur passage à Kehl.

Aussitôt que la gendarmerie destinée au quartier-général sera arrivée, ce régiment rentrera à sa division.

Son Altesse Sérénissime le prince Murat sera prévenu de cette disposition.

---

(1) Copie de la main du colonel Pascal Vallongue, attaché à l'état-major général. — Alombert et Colin, *La Campagne de 1805*, t. II, pages 373-374.

Le chef d'état-major préviendra le chef de chaque administration.

Il préviendra M. de Caulaincourt, remplissant les fonctions de grand maréchal du Palais, des dispositions qu'il aura faites.

Il préviendra M. l'adjudant commandant Le Camus pour ce qui a rapport au major général.

M. l'adjudant commandant Lomet recevra l'ordre de partir cette nuit pour se rendre à Ludwigsburg et y faire l'établissement du grand quartier général, soit dans Ludwigsburg, soit dans les villages environnants.

Le chef d'état-major général rédigera une instruction pour le commandant du quartier général, conformément au titre 23 du règlement du 5 avril 1792.

Il se concertera avec M. l'intendant général de l'armée pour ce qui concerne les distributions et les fourrages, conformément aux titres 24 et 25 du même règlement.

Il est infiniment essentiel, dans cette première marche, d'établir le plus grand ordre, et que chaque chef militaire et des différents services reçoive une instruction détaillée.

Un adjoint à l'état-major, attaché à l'adjudant commandant et sachant la langue du pays, fera le logement à chaque journée de marche jusqu'à Ludwigsburg.

Le grand maréchal du Palais fait faire le logement de tout ce qui tient à la Maison de l'Empereur ; M. Lomet se concertera avec l'officier qui en sera chargé.

L'adjudant commandant Lomet, en se rendant à Ludwigsburg, sera accompagné d'un adjoint à l'état-major et d'un secrétaire, afin que l'état de logement soit fait quand le quartier-général arrivera.

Dispositions particulières.

GARDE IMPÉRIALE (1).

7 vendémiaire an XIV (29 septembre 1805).

Ordre à M. le maréchal Bessières de partir demain 8 vendémiaire (30 septembre), à 8 heures du matin, avec la garde impériale à pied et à cheval et son artillerie, pour passer le pont de

---

(1) Alombert et Colin, *La Campagne de 1805*, t. II, page 370.

Kehl et se rendre à une lieue en arrière de Rastatt où il cantonnera, de manière à ne pas se confondre avec le grand parc de l'armée et avec les autres troupes qui peuvent se trouver aux environs de cette ville.

Le 9 (1ᵉʳ octobre), la garde impériale ira coucher à Neuenburg ; le 10 (2 octobre), elle cantonnera entre Neuenburg et Ludwigsburg ; le 11 (3 octobre), elle arrivera à Ludwigsburg.

Le commissaire des guerres de la garde impériale se concertera avec M. l'intendant général pour les mesures qui devront être prises pour la manière de fournir les fourrages.

M. le maréchal Bessières fera les dispositions nécessaires pour que le 10 (2 octobre), il soit distribué du pain pour quatre jours, c'est-à-dire pour les 11, 12, 13 et 14 (3, 4, 5, 6 octobre), ce qui est indépendant des quatre jours de biscuit qu'on doit avoir, de manière qu'à dater du 11 inclus (3 octobre), chaque corps ait pour huit jours de vivres, dont quatre de pain et quatre de biscuit.

Le 9 vendémiaire (1ᵉʳ octobre), à l'ordre, M. le maréchal Bessières fera lire, dans chaque corps, la proclamation de l'Empereur à l'armée, qui lui sera envoyée par le chef d'état-major général.

ORDRE AU CORPS DE M. LE MARÉCHAL LANNES (1).

Ordre à la division du général Gazan de partir demain, 8 vendémiaire (30 septembre), à 3 heures après midi, pour passer le pont de Kehl et cantonner à trois lieues en avant de ce bourg sur la route de Rastatt.

Le 9 (1ᵉʳ octobre), cette division ira coucher à deux lieues au delà de Rastatt, sur le chemin de Pforzheim.

Le 10 (2 octobre), elle couchera à deux lieues au delà de Pforzheim, sur le chemin de Ludwigsburg.

Le 11 (3 octobre), elle cantonnera aux environs de Ludwigsburg, et si la journée est trop forte, elle cantonnera à deux lieues en arrière de cette ville.

Expédier l'ordre à l'artillerie de la division Gazan et à la réserve d'artillerie du corps d'armée de M. le maréchal Lannes, qui est à Strasbourg, de partir demain 8 vendémiaire (30 septembre), à

(1) Alombert et Colin, *La Campagne de 1805*, t. II, pages 436-437.

8 heures du matin, pour passer le pont de Kehl et se rendre à Stollhofen.

Le 9 (1ᵉʳ octobre) cette artillerie partira à la pointe du jour et se rendra à deux lieues au delà de Rastatt, sur le chemin de Pforzheim, où elle se ralliera à la division du général Gazan, qui doit y coucher le même jour, et le 10 (2 octobre), elle continuera sa marche avec cette division.

Ordre au 58ᵉ régiment de partir demain 8 à huit heures du matin pour escorter l'artillerie du général Gazan et celle du parc du maréchal Lannes dont il suivra le mouvement jusqu'à sa réunion avec la division.

Tous ces ordres seront adressés au général de division Gazan qui est à Strasbourg.

Prévenir M. le maréchal Lannes des ordres ci-dessus donnés au général Gazan, à l'artillerie et au 58ᵉ régiment.

Prévenir ce maréchal de la marche de la garde impériale et de celle du grand quartier général et de son établissement à Ludwigsburg. Lui faire également connaître la marche de la division de grosse cavalerie aux ordres du général d'Hautpoul ; lui prescrire qu'aussitôt qu'il sera arrivé à Ludwigsburg, ainsi qu'il en a l'ordre, il doit placer une avant-garde à Cannstatt et quelques avant-postes sur la route de Schorndorf, parce que c'est la route que tiendront l'Empereur, la garde impériale, son corps d'armée et la division de grosse cavalerie du général d'Hautpoul, quand ils recevront l'ordre de partir de Ludwigsburg.

Prévenir M. le maréchal Lannes que la garde impériale et la division de grosse cavalerie du général d'Hautpoul, formant environ 10.000 hommes, qui, avec son corps d'armée, composeront un nombre de 26.000 hommes, devront être pourvues de subsistances ; il est donc indispensable qu'il prenne toutes les mesures pour que le 10, à midi, il ait réuni à Ludwigsburg 100.000 rations de pain, afin de pouvoir en distribuer à ces troupes pour quatre jours, c'est-à-dire pour les 11, 12, 13 et 14 (3, 4, 5, 6 octobre), indépendamment de quatre jours de biscuit que chaque corps doit avoir, ce qui fait, à dater du 11, pour huit jours de subsistances, dont quatre de pain et quatre de biscuit.

Le prévenir que le grand quartier général sera le 10 (2 octobre) à Ludwigsburg, que le 9 (1ᵉʳ octobre), il fera lire à l'ordre de l'armée la proclamation de l'Empereur qui lui sera envoyée par le chef de l'état-major général.

Faire sentir à M. le maréchal Lannes que l'Empereur sait les difficultés qu'il éprouvera pour faire faire les 100.000 rations de pain, qu'il faut beaucoup d'intelligence pour cette mesure d'administration, parce que MM. les maréchaux Murat et Ney, qui seront à Stuttgart, doivent également faire confectionner une grande quantité de pain ; qu'on s'en rapporte au zèle et aux talents connus de M. le maréchal Lannes.

ORDRE A S. A. S. LE PRINCE MURAT (1).

Que l'intention de l'Empereur est qu'il soit rendu le 10 (2 octobre), à Stuttgart, avec trois divisions de dragons ; qu'il doit donner des ordres au général Baraguey d'Hilliers de se rendre également le 10 (2 octobre) à Stuttgart et, par là, annuler l'ordre que ce général avait reçu hier de se rendre à Heilbronn, disposition qui change sa première destination.

Ordre de faire les dispositions nécessaires pour qu'il ait à Stuttgart, le 10 (2 octobre), assez de pain pour faire une distribution pour les 11, 12, 13 et 14 (3, 4, 5, 6 octobre), indépendamment des quatre jours de biscuit qu'il doit avoir, ce qui, à dater du 11 (3 octobre), fera pour huit jours de vivres, dont quatre en biscuit et quatre en pain.

Le prévenir que la division de dragons du général Beaumont restera en avant de Kehl jusqu'à nouvel ordre, à l'exception du régiment qui a eu l'ordre d'escorter le quartier général.

Le prévenir que l'Empereur sera le 10 (2 octobre) à Ludwigsburg ; lui ordonner de faire lire, le 9 (1ᵉʳ octobre), à l'ordre de son armée, la proclamation de l'Empereur qui lui sera envoyée par l'aide-major général, chef de l'état-major général.

ORDRE A M. LE MARÉCHAL NEY (2).

Que dans les journées du 8 et du 9 (30 septembre et 1ᵉʳ octobre), il doit concentrer son armée à Stuttgart et placer son avant-garde en position, à 2 lieues en avant de cette ville, sur la route d'Esslingen.

---

(1) Alombert et Colin, *La Campagne de 1805*, t. II, pages 435-436.
(2) *Ibid.*, t. II, page 480.

Que le 10 (2 octobre), il doit être en mesure de faire distribuer à tout son corps d'armée pour quatre jours de pain, indépendamment des quatre jours de biscuit qu'il a avec lui, de manière à ce qu'il distribue du pain le 10 pour les 11, 12, 13 et 14, ce qui lui fera, à dater du 11, pour huit jours de vivres, dont quatre de pain et quatre de biscuit. Qu'il est à présumer que son mouvement en avant commencera le 11 (3 octobre), ainsi qu'il en recevra l'ordre, et que ce mouvement ne doit pas être contrarié par le défaut de vivres.

Prévenir le maréchal Ney que le prince Murat sera le 10 (2 octobre) à Stuttgart avec trois divisions de dragons et avec la division de dragons à pied du général Baraguey d'Hilliers, ce qui fera environ 15.000 hommes ; qu'il est donc nécessaire qu'il fasse les dispositions et qu'il s'arrange de manière que ces corps, ainsi que le sien, trouvent le 10 (2 octobre), à leur arrivée à Stuttgart, du pain pour quatre jours.

Lui faire connaître que l'Empereur ne se dissimule pas toutes les difficultés qu'il éprouvera ; que dans cette circonstance, on aura besoin de toute son activité pour réussir dans cet approvisionnement, d'autant que le corps d'armée du maréchal Lannes, qui doit aussi déboucher par Ludwigsburg et suivre le chemin de Gmünd, s'approvisionnera également à Ludwigsburg de quatre jours de pain, ainsi que la garde impériale ; qu'il faudra donc entre Ludwigsburg, Stuttgart et les environs, 240.000 rations de pain, dont 140.000 sur Stuttgart et 10.000 sur Ludwigsburg.

Faire connaître à M. le maréchal Ney que le grand quartier général sera, le 10 (2 octobre), à Ludwigsburg, et que le 9 (1er octobre), à l'ordre de son armée, il fera lire la proclamation de l'Empereur qui lui sera envoyée par l'aide-major général, chef de l'état-major général.

ORDRE A M. LE MARÉCHAL SOULT (1).

Le prévenir que le grand parc de l'armée se rend à Heilbronn, escorté d'un régiment de dragons à cheval, qui lui restera spécialement affecté.

Que lorsque le maréchal Soult recevra l'ordre de se mettre en mouvement, le grand parc fera son mouvement entre sa 3e et 4e di-

---

(1) Alombert et Colin, *La Campagne de 1805*, t. II, p. 523-524.

vision, et qu'il doit faire toutes les dispositions nécessaires pour qu'il ne manque ni de vivres, ni de fourrages, et qu'enfin il doit lui porter un soin tout particulier.

Il doit également faire ses dispositions pour que toute son armée et tout ce qui tient au parc puissent recevoir pour quatre jours de pain pour les 11, 12, 13 et 14 (3, 4, 5, 6 octobre), indépendamment des quatre jours de biscuit, ce qui, à dater du 11, fera un approvisionnement de huit jours de subsistances, dont quatre jours de pain et quatre jours de biscuit.

Lui donner l'ordre que, dans la journée du 9 (1er octobre), toute son armée soit concentrée autour d'Heilbronn.

Que probablement le 10 (2 octobre) au matin sa 1re division et sa cavalerie devront se mettre en marche conformément à l'ordre que je lui enverrai, et qu'il devra passer par le chemin de Hall, mais que l'Empereur désirerait qu'une de ses divisions puisse passer entre cette route, qu'il suivra avec son armée, et celle que suivra M. le maréchal Lannes, afin de flanquer la marche de ce maréchal quand il partira de Ludwigsburg pour aller en avant, et pouvoir, en deux ou trois heures de temps, venir à son secours, si cela était nécessaire.

Le prévenir que le grand quartier général sera le 10 à Ludwigsburg, et qu'il doit le 9 (le 1er octobre), à l'ordre de son armée, faire lire la proclamation de l'Empereur que lui enverra l'aide-major général, chef de l'état-major général.

ORDRE A M. LE MARÉCHAL DAVOUT (1).

Le prévenir des mouvements que j'ai ordonnés à M. le maréchal Bernadotte et à M. le général Marmont (Voir ma lettre au maréchal Bernadotte).

Ordonner au maréchal Davout d'envoyer des hommes du pays, comme voyageurs, pour suivre la première marche que fera M. le maréchal Bernadotte et revenir sur-le-champ près de lui pour le prévenir.

Lui dire que si le landgrave de Hesse-Darmstadt a envoyé ses 4,000 hommes à Mergentheim, le maréchal Davout doit en former une colonne intermédiaire, qui marchera à sa hauteur.

---

(1) Alombert et Colin, *La Campagne de 1805*, t. II, p. 600.

Qu'il doit concentrer son armée sur Neckarelz, sur le Neckar.

Que de Mannheim, Heidelberg et de tous les autres pays voisins il doit se pourvoir de pain, de manière à pouvoir faire une distribution le 10 (2 octobre), pour les 11, 12, 13 et 14, indépendamment des quatre jours de biscuit qu'il doit avoir, ce qui lui fera, à dater du 11 (3 octobre), pour huit jours de vivres, dont quatre en pain et quatre en biscuit.

Observer au maréchal Davout que la route qu'il doit suivre par Mergentheim l'éloigne beaucoup, et qu'il doit faire reconnaître sur-le-champ la route de Möckmühl, Ingelfingen, où l'on rentre dans la route de poste ; qu'il doit m'envoyer le plus tôt possible la reconnaissance de cette route au quartier général de Ludwigsburg, où l'Empereur sera le 10.

Qu'il doit, le 9, à l'ordre de son armée, faire lire la proclamation de l'Empereur, qui lui sera envoyée par l'aide-major général, chef d'état-major général.

---

191. — NOTES (1).

La 1re division et un régiment de hussards se réuniront le 10 à Löwenstein et prendront position le même jour à hauteur de Mainhardt, le 11 en avant de Hall, le 12 à Gaildorf (Q. G.), le 13 en avant de Gaildorf, le 14 à Gmünd.

La 2e et la 3e division, le 10 en arrière d'Öhringen (Q. G.), le 11 à Hall (Q. G.), le 12 à moitié de chemin d'Ellwangen, le 13 en avant d'Ellwangen, le 14 à Nordlingen.

Nota. — Par ce mouvement, M. le maréchal fera gagner 2 h. 1/2 à sa première division. Il lui retire, à la réserve de 2 pièces de 4, son artillerie qu'il lui rendra à Hall.

Observation. — Il n'a que 950 chevaux, fournis par le 8e de hussards, les 11e et 20e de chasseurs ; ce dernier qui est formé d'Italiens, etc., ne peut servir qu'en ligne. Le 26e est mal armé, n'a pas de carabines.

Faire connaître exactement les itinéraires et tous les mouvements des corps d'armée qui sont à la droite et à la gauche de M. le maréchal.

---

(1) Minute, sans date. — En tête de la pièce on lit ces mots : « Mis dans une dépêche au Ministre. »

Par l'ordre du 7, il a été dit que le grand parc, qui se rend à Heilbronn, fera son mouvement entre la 3° et la 4° division ; si cet ordre s'exécute, la 4° division sera nécessairement de 24 heures en arrière. M. le maréchal préférerait que sa 4° division passât avant le parc et qu'on lui laissât sous sa responsabilité le soin de le couvrir suivant les circonstances.

192. — AU MAJOR BERTHIER, major général.

Strasbourg, 9 vendémiaire an XIV (1" octobre 1805).

Mon Cousin, mon intention est que le régiment de dragons qui est au quartier général rejoigne sa division de dragons le 10 ; à cette époque, le détachement que vous avez appelé des différents corps d'armée pour former la gendarmerie du quartier général sera arrivé.

Le régiment de dragons qui est à Offenbach rejoindra sa division, vu que l'artillerie qui est à Landau et qui doit marcher avec le parc aura rejoint. Donnez ordre dans les 3° et 4° divisions militaires que tous les régiments qui sont désignés pour l'armée soient dirigés sur Spire et non sur Strasbourg.

NAPOLÉON.

193. — ORDRE (1).

Ludwigsburg, 11 vendémiaire an XIV (3 octobre 1805).

Le maréchal d'Empire Alexandre Berthier, ministre de la guerre, grand-veneur de la Couronne, grand officier de la Légion d'honneur, commandant la 1re cohorte, grand-croix de l'Aigle Noir et de l'Aigle Rouge de Prusse, major général de la Grande Armée, déclare que l'Empereur des Français, roi d'Italie, dans l'intention de donner aux savants une nouvelle preuve de la protection spéciale qu'il accorde aux sciences et à ceux qui les cultivent, et d'après le vœu qui lui en a été exprimé par S. A. S. l'Electeur de Bade, prend sous sa sauvegarde l'Université d'Heidelberg ainsi que ses propriétés, ordonne à tous les corps de la Grande Armée et à ceux de ses alliés qui en font partie, de les respecter, et char-

---

(1) Copie non signée.

ge les chefs qui les commandent de garantir cet établissement et ce qui en dépend du trouble et des maux inséparables de la guerre.

Cette disposition sera mise à l'ordre de l'armée.

194. — AU MARÉCHAL BERTHIER, major général.

Quartier général impérial et royal, Ludwigsburg, 12 vendémiaire an XIV (4 octobre 1805).

Mon Cousin, donnez l'ordre à un capitaine, un lieutenant et à 120 hommes des 2e, 12e et 28e d'infanterie légère, de partir de Paris et de Cherbourg, où ils se trouvent, du 20 vendémiaire au 1er brumaire, et de se diriger sur Spire pour compléter leurs bataillons d'élite. Donnez l'ordre aux dix troisièmes bataillons qui sont à Boulogne et aux deux troisièmes bataillons qui sont à Anvers de faire partir chacun 120 hommes sous les ordres d'un capitaine, d'un lieutenant et de deux sergents, pour se rendre à Spire et y rejoindre les bataillons de guerre. Donnez le même ordre à tous les troisièmes bataillons de l'armée, et tous ces détachements seront dirigés de manière à arriver tous à Spire au 1er frimaire. Vous chargerez un adjudant commandant de conduire cette colonne qui sera de plus de 12.000 hommes, et il suivra la route qui lui sera indiquée pour joindre l'armée. Vous ordonnerez qu'ils aient des capotes, deux paires de souliers dans leurs sacs et qu'ils soient parfaitement armés. Il faudra que la moitié soit à l'école de bataillon, et l'autre moitié pourra n'être qu'à l'école de peloton. Ordonnez au général commandant l'artillerie de faire venir des détachements des compagnies qui sont à l'armée afin de maintenir ces compagnies au complet et que le déficit que feront les batailles et les maladies soit rempli.

Napoléon.

195. — AU MARÉCHAL BERTHIER, major général.

Donauwörth, 16 vendémiaire an XIV (8 octobre 1805).

Mon Cousin donnez ordre sur-le-champ au général Songis de diriger sur Mayence, dans le plus court délai, quatre compagnies d'artillerie.

Napoléon.

196. — DÉCISION.

Augsburg, 20 vendémiaire an XIV (12 octobre 1805).

Rapport du ministre de la guerre à l'Empereur.

Votre Majesté m'a permis de lui mettre sous les yeux la position des officiers de l'état-major général de la Grande Armée ; ces officiers arrivés en poste sans avoir eu le temps de faire leur équipage, l'activité de cette campagne, l'éloignement des différents corps occasionnent des dépenses extraordinaires ; ils ont été obligés de vendre les chevaux qu'ils avaient dans l'intérieur pour en acheter d'autres à l'armée.

Je sollicite des bontés de Sa Majesté une gratification de 1.500 francs pour chacun de ces officiers dont les noms sont ci-après :

Employés près le major général :

Blein, chef de bataillon.
Parigot, id.
Lejeune, id.
Mergès, chef d'escadron.
Bailly de Monthion, id.
Lostanges, capitaine de frégate.
Lejeune, capitaine.
Levaillant, id.
Montholon, id.
De Piré, id.
Simonin, id.
Saraire, lieutenant.
Valachowski, Polonais, chef de bataillon.
Junge, id.
Turski, id.
Skolski, lieutenant.

Approuvé à condition que tous les officiers d'état-major auront au moins 4 chevaux.

NAPOLÉON.

Employés par le général Andréossy :

Bouchard, chef de bataillon.
Thomières, id.
Huguet-Chataux, capitaine.
Sallé, id.
Marteville, id.
Dieny, id.
Danloup-Verdun, id.
Cathelin, id.
Castillon, id.
Bolesta, id.
Stanowski, id.

Employés près le général Dumas :

Lebrun, adjoint.
Vauquelin, id.
Thomas, id.

Si Votre Majesté accorde à ces trente officiers la somme de quarante-cinq mille francs, je la prie de m'autoriser à ordonnancer cette somme sur le chapitre 7 des dépenses imprévues de mon département.

BERTHIER.

197. — DÉCISIONS (1).

L'intention de l'Empereur est-elle que le munitionnaire général des vivres soit chargé de l'approvisionnement extraordinaire de 100.000 quintaux de grains à Gênes ?	Il a déjà été statué sur cet objet.
Le ministre demande un fonds de 135.000 francs pour l'achat des redingotes et souliers du détachement	Compte rendu. A porter dans les demandes de fonds.

---

(1) Non datées et non signées, extraites du « Travail du ministre directeur avec l'Empereur, du 20 vendémiaire an XIV (12 octobre 1805) ».

de 120 hommes que chacun des 35 régiments d'infanterie de ligne et des 10 d'infanterie légère doivent envoyer aux bataillons de guerre.

198. — ORDRE (1).

Augsburg, 20 vendémiaire an XIV (12 octobre 1805).

Donnez ordre à la division de Nansouty de partir à 1 heure après midi et de passer la nuit entre Augsburg et Zusmarshausen, de partir demain à la petite pointe du jour et d'arriver le soir en passant par Burgau à 2 lieues en-deçà d'Ulm dans la position qui lui sera indiquée par le prince Murat auquel il demandera des ordres.

199. — ORDRE DU JOUR (2).

Au quartier général impérial à Augsburg, le 21 vendemiaire an XIV (13 octobre 1805).

L'Empereur témoigne sa satisfaction aux divisions de dragons, au 10e régiment de hussards et autres troupes, qui ont donné au combat de Wertingen. 3.000 prisonniers, 8 drapeaux, 7 pièces de canon et plus de 80 officiers de tous grades sont autant de trophées de gloire.

L'Empereur témoigne sa satisfaction aux troupes qui ont donné au combat de Günzburg et spécialement au 59e régiment de ligne.

La prise du pont et du poste important de Günzburg, que défendait l'armée autrichienne, celle d'un général major et de 1,000 prisonniers avec six pièces de canon, attestent la bravoure des troupes de la division Malher.

Le maréchal Soult témoignera la satisfaction de l'Empereur au 26e régiment de chasseurs pour la belle charge qu'il a faite sous les ordres du général Margaron, où 120 cuirassiers d'Albert, dont un lieutenant-colonel, 2 capitaines, et 2 pièces de canon, sont restés en notre pouvoir ; le reste n'ayant dû son salut qu'à sa fuite dans le bois.

(1) Non signé; le document porte ces mots : « Expédié à midi. »
(2) Imprimé.

Le 2ᵉ régiment de chasseurs, de l'avant-garde du maréchal Davout a fait une charge sur les hulans de Merveldt et leur a fait 22 prisonniers près de Dachau.

L'avant-garde du maréchal Bernadotte a enlevé les bagages de plusieurs généraux ennemis et a fait prisonniers une vingtaine de hussards de Barco, dont un officier, près des portes de Munich.

L'armée ennemie, qui était sur l'Iller, est cernée et tournée de tous les côtés par les différents corps de la Grande Armée ; elle se trouve dans la même position que l'armée de M. de Mélas à Marengo

200. — ORDRE DU JOUR (1).

Au quartier général impérial à Elchingen, 23 vendémiaire an XIV (15 octobre 1805).

Le maréchal Soult a investi Memmingen, où il a pris 9 bataillons autrichiens, dont 2 de grenadiers, 14 pièces d'artillerie, des magasins considérables, un général major, un grand nombre de colonels et d'officiers.

M. le maréchal Soult, instruit par l'Empereur que les Autrichiens se retirent sur Biberach, a dû y être rendu ce soir. Il est probable que tout ce qui a échappé au combat de Wertingen, à celui de Günzburg, d'Albeck, d'Elchingen, du blocus de Memmingen, enfin de la journée d'aujourd'hui à Ulm, sera pris demain ou après à Biberach.

Tant de succès sont dus à la patience de l'armée, à sa constance à supporter les fatigues et les privations : qualité première et la plus précieuse du soldat, parce que c'est elle qui permet de faire de grandes choses, en épargnant le sang.

201. — DÉCISIONS (2).

Le maréchal Berthier propose :   Refusé par l'Empereur.

1° D'interdire jusqu'à la paix l'importation des pierres à feu ;   Maréchal BERTHIER.

---

(1) Imprimé.
(2) Non datées, extraites du « Travail du maréchal Berthier, ministre de la guerre, avec l'Empereur, envoyé de Paris le 24 vendémiaire an XIV (16 octobre 1805) et envoyé aux bureaux le 11 brumaire ».

2° De décider que le maréchal Bessières touchera, comme les autres maréchaux, le traitement de 40.000 francs, et que l'état-major général de la garde touchera, comme les autres états-majors de l'armée, la somme de 6.000 francs par mois pour dépenses de bureau.

Approuvé par l'Empereur.
Maréchal BERTHIER.

202. — ORDRE DU JOUR (1).

Au quartier général impérial, à Elchingen, 28 vendémiaire an XIV
(20 octobre 1805).

L'Empereur témoigne sa satisfaction au corps d'armée du prince Murat, à celui de MM. les maréchaux Ney, Lannes et Soult, ainsi qu'à celui du général Marmont et à la garde impériale, pour les marches qu'ils ont faites, pour la patience avec laquelle ils ont supporté les fatigues et les privations de toute espèce, qui ont valu les succès suivants.

Memmingen a capitulé entre les mains de M. le maréchal Soult, donné 5.000 prisonniers, 9 drapeaux, un grand nombre de canons et beaucoup de magasins.

Ulm a capitulé, ce qui a valu 25.000 prisonniers, 18 généraux, 50 pièces de canon attelées, 3.000 chevaux de cavalerie pour monter nos dragons à pied, et 40 drapeaux.

Le passage audacieux du pont d'Elchingen par le corps d'armée du maréchal Ney, la prise de cette formidable position, ont valu 3.000 prisonniers, dont un général, et plusieurs pièces de canon.

Le combat de Langenau, de Neresheim, et la capitulation de Nordlingen, par M. le prince Murat, ont valu 5 ou 6.000 prisonniers, 2.000 chevaux pour remonter nos dragons à pied, plusieurs drapeaux, un grand parc, quantité considérable de canons attelés, 3 lieutenants généraux et 7 généraux majors.

Au combat d'Elchingen, les 76° et 69° régiments d'infanterie et le 18° de dragons se sont successivement distingués.

Au combat d'Albeck, le 9° d'infanterie légère, le 32° et le 96° se sont couverts de gloire.

Aujourd'hui, à 3 heures après midi, la partie de l'armée autri-

(1) Imprimé.

chienne prisonnière dans Ulm, ayant à sa tête son général en chef, défile sur les glacis d'Ulm, devant l'Empereur.

Enfin, l'avant-garde du corps d'armée de Bavière a pris, entre l'Isar et l'Inn, plusieurs pièces de canon et beaucoup de bagages du corps d'armée du général Kienmayer.

Le résultat de tous ces événements glorieux est que l'armée autrichienne, forte de 100.000 hommes, est détruite ; 50.000 sont prisonniers, 80 drapeaux sont en notre pouvoir, presque toute l'artillerie ennemie et ses magasins.

L'Empereur fait connaître qu'il est content de son armée.

203. — ORDRE.

Augsburg, 30 vendémiaire an XIV (22 octobre 1805).

Il y aura tous les jours un ordre du jour imprimé, signé par le major général et publié à 9 heures du matin. Celui de demain contiendra tous les ordres du jour que l'Empereur a ordonné qu'on imprimât.

NAPOLÉON.

204. — AU MARÉCHAL BERTHIER, MAJOR GÉNÉRAL.

Augsburg, 30 vendémiaire an XIV.

Mon Cousin, donnez ordre au 65⁰ régiment de ligne, qui est à Paris, de se rendre à Boulogne, au 5⁰ d'infanterie légère de se rendre à Versailles, au 86⁰ de se rendre également à Versailles. Par ce moyen, le cantonnement de Poitiers ne sera plus composé que de trois corps, les 7⁰, 82⁰ et 66⁰.

NAPOLÉON.

205. — ORDRES DU JOUR (1).

Au quartier général impérial à Augsburg, 1ᵉʳ brumaire an XIV (23 octobre 1805).

A LA GRANDE ARMÉE.

Soldats,

La guerre de la troisième coalition est commencée. L'armée

---

(1) Imprimé.

autrichienne a passé l'Inn, violé les traités, attaqué et chassé de sa capitale notre allié. Vous-mêmes, vous avez dû accourir à marches forcées à la défense de nos frontières. Mais déjà vous avez passé le Rhin : nous ne nous arrêterons plus que nous n'ayons assuré l'indépendance du Corps germanique, secouru nos alliés et confondu l'orgueil des injustes agresseurs. Nous ne ferons plus de paix sans garantie : notre générosité ne trompera plus notre politique.

Soldats, votre Empereur est au milieu de vous. Vous n'êtes que l'avant-garde du grand Peuple ; s'il est nécessaire, il se lèvera tout entier à ma voix, pour confondre et dissoudre cette nouvelle ligue qu'ont tissue (sic) la haine et l'or de l'Angleterre.

Mais, soldats, nous aurons des marches forcées à faire, des fatigues et des privations de toute espèce à endurer : quelques obstacles qu'on nous oppose, nous les vaincrons, et nous ne prendrons de repos que nous n'ayons planté nos aigles sur le territoire de nos ennemis.

NAPOLÉON.

Par ordre de Sa Majesté :

Le major général de la Grande Armée,
   Maréchal BERTHIER.

A L'ARMÉE BAVAROISE (1).

Soldats bavarois,

Je me suis mis à la tête de mon armée pour délivrer votre patrie d'injustes agressions.

La Maison d'Autriche veut détruire votre indépendance et vous incorporer à ses vastes Etats. Vous serez fidèles à la mémoire de vos ancêtres qui, quelquefois opprimés, ne furent jamais abattus et conservèrent toujours leur indépendance, leur existence politique, premiers biens des nations, comme la fidélité à la Maison Palatine est le premier de vos devoirs.

En bon allié de votre souverain, j'ai été touché des marques d'amour que vous lui avez données dans cette circonstance importante. Je connais votre bravoure ; je me flatte qu'après la première

---

(1) Imprimé.

bataille, je pourrai dire à votre prince et à mon peuple que vous êtes dignes de combattre dans les rangs de la Grande Armée.

NAPOLÉON.

206. — ORDRE DU JOUR (1).

Camp impérial d'Augsburg, 1er brumaire an XIV (23 octobre 1805).

L'Empereur témoigne sa satisfaction aux carabiniers, aux chasseurs de sa garde, aux dragons de la division du général Klein, et aux autres corps de l'armée, qui composent celui aux ordres de M. le prince Murat qui, après avoir battu l'ennemi au combat de Langenau, à Neresheim, avoir fait capituler le corps du général Werneck, avoir poursuivi le prince Ferdinand jusqu'à Nürnberg, a culbuté et dispersé sa cavalerie.

Une marche aussi rapide, l'intrépidité des différentes charges seront à jamais célèbres dans nos annales militaires.

Les chasseurs de la garde, au nombre de quatre cents, ont seuls chargé 1.500 hommes d'élite de la cavalerie ennemie au combat de Nürnberg. Les carabiniers ont soutenu leur réputation. Le colonel Cochois a été blessé.

L'Empereur a appris avec plaisir la conduite du général de brigade Millet, commandant les dépôts de dragons de Nordlingen.

Le résultat de l'expédition du maréchal prince Murat a été la prise de 16.000 hommes, 15 étendards ou drapeaux, tous les parcs d'artillerie de l'ennemi, et plus de 1.500 chariots de munitions et de bagages.

Le prince Ferdinand n'a pu s'échapper qu'avec quelques tirailleurs des hommes d'élite les mieux montés.

Le major général,
BERTHIER.

207. — AU MARÉCHAL BERTHIER, MAJOR GÉNÉRAL (2).

Munich, 2 brumaire an XIV (24 octobre 1805).

J'arrive à Munich ; j'attends de vos nouvelles ; je suis toujours assez bien portant.

NAPOLÉON.

---

(1) Imprimé.
(2) Non datée; toutefois, le grand quartier général est arrivé à Munich le 2 brumaire (24 octobre).

208. — DÉCISION (1).

Le ministre de la guerre propose d'accorder des exemptions de service à 24 conscrits des ans XI, XIV et XV, demandés par le ministre de la marine pour être employés dans les fonderies de canon.

Refusé.

209. — DÉCISION (2).

Munich, 6 brumaire an XIV (28 octobre 1805).

Le maréchal Berthier propose de transformer en compagnie de canonniers gardes-côtes la compagnie franche de l'île de Caprera.

Approuvé.

210. — DÉCISION (3).

Munich, 6 brumaire an XIV.

Projet de décret relatif au travail des commissions mixtes réunies dans la place de Liège et dans les postes militaires de Huy, Hasselt, Maaseyk.

Renvoyé au Conseil d'Etat.

211. — DÉCISION (4).

Munich, 6 brumaire an XIV.

Le ministre de la guerre propose de renvoyer au Conseil d'Etat un projet de décret sur le travail de la commission pour la suppression de la place de Charleroi.

Renvoyé au Conseil d'Etat.

---

(1) Ni datée, ni signée, extraite du « Travail du maréchal Berthier, ministre de la guerre, avec l'Empereur, envoyé de Paris le 2 brumaire an XIV (24 octobre 1805) ».
(2) De la main de Maret, non signée.
(3) De la main de Maret, non signée.
(4) De la main de Maret, non signée.

212. — DÉCISION (1).

Braunau, 9 brumaire an XIV (31 octobre 1805).

Le ministre de la guerre a soumis à l'approbation de l'Empereur un rapport du général Gouvion, commandant le camp volant de la Vendée, par lequel il demande le remplacement du détachement du 82ᵉ qui est à l'île d'Aix, pour assurer son habillement et son instruction à Poitiers.

L'Empereur a décidé que ce détachement pouvait rentrer sans être relevé.

BERTHIER.

213. — ORDRE (2).

Le général Dumas se rendra à Enns. S'il rencontre en route les prisonniers du général (*sic*) Murat, il les fera compter, les numéros des régiments (*sic*), etc., etc., et tout ce qu'il pourra en apprendre.

D'Enns, il se rendra à Steyer, de là, à Waidhofen.

Le maréchal Davout doit suivre le chemin de Waidhofen, Saint-Gaming, Annaberg et Lilienfeld.

De là, il y a une grande chaussée qui va à Vienne, une autre va au Danube, traversant la position de Saint-Hippolyte (Saint-Pölten).

Mais le chemin de Waidhofen à Lilienfeld est douteux.

Cependant, on s'est assuré que des voitures y passent.

Le but du voyage du général Dumas est de bien établir l'itinéraire, bien connaître les difficultés de cette route.

Le maréchal Davout doit même y faire travailler, s'il est nécessaire et si un petit travail peut l'améliorer.

Arrivé à Lilienfeld, le maréchal se trouvera avoir débordé toute la gauche de la position de Saint-Hippolyte (Sᵗ-Pölten). Si l'ennemi y tient, il doit appuyer sur l'ennemi pour le jeter dans le Danube, lui rendre impossible la retraite par Lilienfeld, et prendre enfin conseil des circonstances et de la force numérique de l'ennemi ; si

---

(1) De la main de Berthier.
(2) Minute inachevée, de la main du général Mathieu Dumas, trouvée dans les papiers du duc de Clermont-Tonnerre, après la publication de la *Correspondance de Napoléon*. Sans date; présumée du 14 brumaire. — Alombert et Colin, *La Campagne de 1805*, t. IV, p. 530-531.

la II⁰ armée russe l'avait joint, déborder de peu...... Si, au contraire, la II⁰ armée n'avait pas rejoint, se concerter avec le maréchal Bernadotte et Marmont, qui doivent suivre, et pendant que le général Marmont, sur la gauche de l'ennemi et le maréchal Bernadotte de front, le maréchal Davout sur les derrières, en observant de ne pas se laisser couper d'avec Marmont (1).

Bien entendu que, pendant ce temps, le prince Murat, qui ne perd pas de vue l'ennemi et qui le poursuit, s'arrêtera et, en position, cherchera à manœuvrer sur sa droite.

La cavalerie du général Marmont éclairera le débouché de Bruck.

L'Empereur se trouvera, vraisemblablement, à l'abbaye de Melk ou Mölk.

Les partis de cavalerie devront couvrir et soutenir la correspondance.

Il faudrait que le maréchal Davout pût arriver à Lilienfeld vendredi.

S'il arrivait qu'il y eût une meilleure route en s'approchant de Saint-Hippolyte, la prendre. Alors Lilienfeld resterait derrière.

Lilienfeld est très important à cause de la chaussée de Vienne. En effet, s'il arrivait qu'il n'y eût aucune autre route praticable que la grande chaussée de Steyer à Vienne, il faudrait alors de tous les points couper la chaussée de Steyer à Vienne, le plus près possible de Saint-Hippolyte, et alors revenir par Lilienfeld, pour reprendre la chaussée et marcher sur deux colonnes.

Le général Dumas retournera, après avoir pris ces renseignements, au quartier général du prince Murat, à travers le pays, et le plus promptement possible.

Recommander aux généraux de laisser en arrière de Steyer tous les bagages, jusqu'à ce qu'on sache si l'ennemi tient à Saint-Pölten.

Ecrire de Steyer si la muraille de la ville, qui est à la rive droite, peut servir de tête de pont ; la faire mettre en état et expliquer à l'officier du génie qu'il faut là une tête du pont, dont on peut avoir besoin, en 5 ou 6 jours. Il ne faut donc pas se jeter dans de grands travaux.

Enfin, s'il était impossible de passer...... (2).

---

(1) Le sens de cette phrase est incomplet.
(2) Le document se termine par cette phrase inachevée.

214. — ÉTAT-MAJOR GÉNÉRAL. — ORDRE DU JOUR (1).

Linz, 16 brumaire an XIV (7 novembre 1805).

Il se commet les désordres les plus affreux en arrière de l'armée par des traînards qui, non contents de quitter leurs drapeaux, se déshonorent par toutes sortes d'excès, et il est temps d'y mettre un terme.

L'Empereur ordonne au général français commandant à Stuttgart de faire faire de fréquentes patrouilles par les troupes de l'Electeur de Wurtemberg et par celles de l'Electeur de Bade ; de faire arrêter les hommes isolés qui ne seront pas munis de feuilles de route ou d'ordres ; de faire mettre en prison ceux qui auraient commis des excès et de faire traduire devant une commission militaire ceux qui seraient coupables de crimes.

Il est ordonné au commandant d'Ulm d'avoir une douzaine de patrouilles pour le même objet et qui battront continuellement la campagne.

Les patrouilles de Wurtemberg comprendront tout le pays entre le Tyrol et le Danube et la Mindel, qui passe à Mindelheim.

Ces patrouilles feront rejoindre tous les hommes isolés à leurs drapeaux ; ils y renverront également les hommes qui sont mis en sauvegarde sans autorisation régulière.

Le général commandant à Augsburg tiendra également en campagne une quinzaine de patrouilles dans le pays compris entre le Lech, le Danube et la Mindel, et dans le pays compris entre Augsburg, Aichach et Ingolstadt.

Le général commandant à Ingolstadt fera également faire des patrouilles entre Neustadt et Pfaffenhofen.

Les baillis bavarois, les commandants des forces militaires de l'Electeur de Bavière feront aussi arrêter tous les hommes isolés qui se comporteraient mal et les feront conduire aux généraux qui commandent, soit à Passau, soit à Braunau, soit à Ingolstadt.

Le général commandant de Braunau enverra des patrouilles sur tous les rayons, à 5 et 6 lieues de cette place, afin de bien battre la province et faire arrêter les hommes isolés, ainsi qu'il est dit ci-dessus ; il traduira à une commission militaire les hommes qui se seraient rendus coupables de crimes.

---

(1) Placard imprimé. — V. Alombert et Colin, *La Campagne de 1805*, t. IV, p. 604-606.

Il est ordonné au commandant de Spire de prescrire à tous les détachements et à tout militaire ou employé muni d'ordre ou de passeport en règle, de suivre la route de l'armée, par Bruchsal, Eppingen, Heilbronn, Öhringen, Hall, Ellwangen, Nördlingen, Donauwörth, Meitingen, Augsburg, Schwabhausen, Freising, Landshut, Vilsbiburg, Eggenfelden, Braunau, Ried, Lambach et Linz.

Tout individu convaincu d'avoir enlevé de force des chevaux et particulièrement des chevaux de poste sera arrêté.

L'Empereur met sous la sauvegarde de l'armée française toutes les postes aux chevaux des pays qu'elle occupe. Il exempte les maîtres de poste de tout logement militaire quelconque et de toute réquisition de fourrages.

Il ordonne qu'il soit placé dans chaque poste, depuis Spire jusqu'au quartier général, un gendarme comme sauvegarde. A mesure que les corps de la Grande Armée avanceront dans le pays ennemi, MM. les généraux commandants d'avant-gardes placeront des sauvegardes dans les maisons de poste.

MM. les maréchaux et généraux commandant les corps d'armée ordonneront aux généraux de division de faire passer une revue des chevaux attelés aux voitures, de renvoyer les chevaux de poste qui auront pu être requis ; on ne peut plus correspondre avec la France, beaucoup d'individus ayant gardé des chevaux de poste pendant plus de 30 lieues. Il est défendu à quelque personne que ce soit de faire passer les chevaux de poste au delà de leur relai ordinaire.

Plusieurs agents des administrations suivent la marche des colonnes en voiture, tandis que, d'après le règlement, ils devraient le faire à cheval, ce qui encombre les chemins.

L'Empereur a vu plusieurs femmes en voiture, suivant l'armée ; il ordonne de leur faire passer sur-le-champ l'Inn.

MM. les baillis des différents Etats qui auraient des plaintes à porter contre des individus de l'armée doivent s'adresser aux généraux français commandant à Stuttgart, Augsburg, Ingolstadt, Munich, Braunau et à Linz, pour les bailliages qui avoisinent ces commandements.

Le major général,
Maréchal BERTHIER.

215. — AU MARÉCHAL BERTHIER.

Linz, 17 brumaire an XIV (8 novembre 1805).

Mon Cousin, vous mettrez à la disposition de M. le maréchal Davout une somme de 25.000 francs pour dépenses secrètes, et une de 3.000 francs à la disposition du général Baraguey d'Hilliers pour le même objet.

NAPOLÉON.

216. — DÉCISION.

*Rapport du ministre directeur
à l'Empereur et Roi.*

22 brumaire an XIV (13 novembre 1805).

Sire,

J'ai reçu de l'ordonnateur en chef en Italie une lettre, en date du 13 brumaire, dans laquelle il me mande que, les contributions devant tourner au profit direct de l'armée, il est nécessaire de lui ouvrir les crédits que réclament les divers services administratifs.

J'ai répondu que, quand même il existerait un décret de Votre Majesté qui accorderait à l'armée d'Italie le partage des contributions, etc., il faudrait toujours commencer par assurer les besoins des troupes au moyen des ressources locales et aux dépens du pays ennemi. J'ai ajouté que je ne pouvais continuer à faire payer que les appointements des employés de mon administration.

Il me paraît d'autant plus nécessaire de suivre cette marche que S. A. S. le prince Eugène m'annonce que les ressources du pays où se trouvait l'armée et celles du Trésor royal italien sont presque entièrement épuisées dans le moment actuel.

Ce décret n'existe plus et ne doit pas exister.

NAPOLÉON.

J'ai cru devoir rendre compte de cet objet à Votre Majesté et j'espère que je ne me suis pas écarté de ses intentions.

DEJEAN.

217. — ORDRE DU JOUR (1).

Quartier impérial, Vienne, 23 brumaire an XIV (14 novembre 1805).

L'Empereur témoigne sa satisfaction au 4ᵉ régiment d'infanterie légère, au 100ᵉ de ligne, au 9ᵉ d'infanterie légère, au 32ᵉ de ligne, pour l'intrépidité qu'ils ont montrée au combat de Dürnstein, où leur fermeté à conserver la position qu'ils occupaient a forcé l'ennemi à quitter celle qu'il avait sur le Danube.

Sa Majesté témoigne sa satisfaction au 17ᵉ régiment de ligne et au 30ᵉ qui, au combat de Lambach, ont tenu tête à l'arrière-garde russe, l'ont entamée et lui ont fait 400 prisonniers.

L'Empereur témoigne également sa satisfaction aux grenadiers d'Oudinot qui, au combat d'Amstetten, ont repoussé de leurs belles et formidables positions les corps russes et autrichiens et ont fait 1.500 prisonniers, dont 600 russes.

Sa Majesté est satisfaite des 1ᵉʳ, 16ᵉ et 22ᵉ régiments de chasseurs, 9ᵉ et 10ᵉ régiments de hussards, pour leur bonne conduite dans toutes les charges qui ont eu lieu depuis l'Inn jusqu'aux portes de Vienne, et pour les 800 prisonniers russes faits à Stein.

Le prince Murat, le maréchal Lannes, la réserve de cavalerie, avec leurs corps d'armée, sont entrés à Vienne, le 22, et se sont emparés, le même jour, du pont sur le Danube, ont empêché qu'il ne fût brûlé, l'ont passé sur-le-champ et se sont mis à la poursuite de l'armée russe.

Nous avons trouvé dans Vienne plus de 2.000 pièces de canon, une salle d'armes garnie de 100.000 fusils, des munitions de toute espèce, enfin, de quoi former l'équipage de campagne de trois ou quatre armées.

Le peuple de Vienne a paru voir l'armée avec amitié.

L'Empereur ordonne que l'on porte le plus grand respect aux propriétés, et que l'on ait les plus grands égards pour le peuple de

---

(1) Placard imprimé. — V. aussi *Œuvres de Napoléon* (Panckoucke, 1821), t. III, p. 178.

cette capitale, qui a vu avec peine la guerre injuste qu'on nous a faite et qui nous témoigne, par sa conduite, autant d'amitié qu'il montre de haine contre les Russes, peuple qui, par ses habitudes et ses mœurs barbares, doit inspirer le même sentiment à toutes les nations policées.

Sa Majesté, dans la tournée qu'elle a faite, à deux heures du matin, aux avant-postes, a remarqué beaucoup de négligence dans le service et s'est aperçue qu'il ne se faisait pas avec cette exactitude rigoureuse qu'exigent les ordonnances et les règlements militaires. Avant la pointe du jour, les généraux, les colonels doivent se trouver à leurs avant-postes, et la ligne doit se tenir sous les armes jusqu'à la rentrée des reconnaissances ; on doit toujours supposer que l'ennemi a manœuvré pendant la nuit pour attaquer à la pointe du jour.

L'Empereur rappelle donc aux soldats que cette trop grande confiance, en donnant lieu à des surprises, leur a été souvent funeste ; plus on obtient de succès, moins on doit se livrer à une dangereuse sécurité ; il faut, au contraire, mettre la plus grande exactitude et la plus grande régularité dans tous les détails du service.

Maréchal BERTHIER,
Par ordre de l'Empereur

---

218. — AU MARÉCHAL BERTHIER, MAJOR GÉNÉRAL.

Schönbrunn, 24 brumaire an XIV (15 novembre 1805), à 9 heures du soir.

Donnez l'ordre au général Fauconnet de se rendre à Volkersdorf, où il suivra le mouvement du général Milhaud et le soutiendra (1).

NAPOLÉON.

---

219. — ORDRE DU JOUR.

Quartier impérial, Vienne, 25 brumaire an XIV (16 novembre 1805).

On a trouvé dans l'arsenal de Vienne une grande quantité de carabines, de pistolets pour la cavalerie, de sabres et de fusils.

---

(1) Ces trois derniers mots sont de la main de l'Empereur.

Les corps qui en auront besoin adresseront sur-le-champ leur demande à l'état-major général, afin qu'il y soit pourvu sans délai.

Un officier du 2ᵉ régiment de cuirassiers s'est permis de déshonorer le nom français, en levant des contributions à son profit dans un pays ami et allié, au couvent dit Anhausen, près d'Ulm, et appartenant à S. A. S. l'Electeur de Wurtemberg.

Sa Majesté voit avec la peine la plus vive de pareils excès, et elle veut qu'ils soient réprimés.

Elle ordonne, en conséquence, que l'officier qui s'est rendu coupable de ce délit soit sur-le-champ recherché et puni suivant toute la rigueur des lois.

Les voyageurs à la suite de l'armée forcent les postes et prennent les chevaux destinés pour les courriers de l'Empereur, de manière que les communications avec la France deviennent très lentes.

Sa Majesté défend à quelque individu que ce soit de prendre aucun cheval de poste destiné au service des courriers sur la route d'ici à Strasbourg.

Les individus coupables de transgresser le présent ordre seront d'autant plus sévèrement punis que chacun sent l'importance et les conséquences que peut avoir, pour le bien public, la violation du présent ordre.

Le major général renouvelle à MM. les maréchaux, officiers généraux et colonels, l'ordre de Sa Majesté qui enjoint de renvoyer dans leurs pays respectifs toutes les voitures et chevaux de réquisition qui ont été pris pour le service de l'armée dans les Etats des Electeurs de Wurtemberg, de Bavière et de Bade.

MM. les maréchaux et généraux en chef rendront compte au major général des ordres qu'ils auront donnés pour que les intentions de Sa Majesté soient remplies.

La continuation des gîtes d'étapes, depuis Linz, se fera par Amstetten, Melk, Saint-Pölten, Sieghardskirchen et Vienne.

Le maréchal BERTHIER,
Par ordre de l'Empereur.

220. — ORDRE DU JOUR (1).

Brünn, 4 frimaire an XIV (25 novembre 1805).

L'Empereur voit avec peine les désordres qui se commettent en arrière de l'armée ; ils deviennent tels qu'ils doivent fixer toute son attention. Des mauvais sujets cherchent à déshonorer l'armée, et, au lieu de se trouver à leurs drapeaux et devant l'ennemi, ils restent en arrière où ils commettent toute espèce d'excès et même des crimes.

Sa Majesté ordonne qu'il soit formé sur-le-champ cinq colonnes mobiles, composées chacune : d'un adjudant commandant ou colonel, d'un chef d'escadron, d'un capitaine d'infanterie, d'un officier de gendarmerie, d'un magistrat du pays, faisant fonctions de rapporteurs (2).

Ces officiers formeront autant de commissions militaires qu'il y a de colonnes mobiles.

La première de ces commissions étendra sa juridiction sur le cercle de Vienne, la deuxième sur le cercle de Saint-Pölten, la troisième sur le cercle de Steyer, la quatrième sur le cercle de Linz, la cinquième sur le cercle d'Unter-Mannhartsberg.

A la suite de ces commissions, et sous les ordres de l'adjudant commandant, il y aura trois brigades de gendarmerie, 60 dragons à cheval et 90 hommes d'infanterie. Chaque détachement de dragons sera commandé par un chef d'escadron ; chaque détachement d'infanterie sera commandé par un capitaine ; chaque détachement aura le nombre d'officiers prescrit par les règlements militaires en raison de sa force.

Le général Bourcier fournira les dragons pour la colonne mobile de Vienne et pour celle de St-Pölten.

Le 20e régiment de dragons fournira les dragons pour la colonne mobile du cercle de Steyer et pour celui de Linz.

Le général Beaumont fournira les dragons pour la colonne mobile du cercle de Unter-Mannhartsberg.

Le corps d'armée de M. le maréchal Davout fournira les détachements d'infanterie pour les cercles de Vienne, de St-Pölten et de Unter-Mannhartsberg.

La garnison de Linz fournira l'infanterie pour le cercle de Steyer et pour celui de Linz.

---

(1) Placard imprimé.
(2) C'est-à-dire que l'officier de gendarmerie et le magistrat font fonctions de rapporteurs.

Quant au cercle de Braunau, Sa Majesté s'en rapporte à M. le gouverneur général ; mais elle autorise, dans cette partie, la formation d'une commission militaire ayant la même autorité et les mêmes droits que celles ci-dessus.

Tout traîneur qui, sous prétexte de fatigue, se sera détaché de son corps pour marauder, sera arrêté, jugé par une des commissions militaires, et exécuté sur l'heure.

L'adjudant commandant de chaque colonne mobile rendra compte tous les jours au major général du lieu où il se trouvera et des opérations de la commission.

Ces colonnes, qui seront fortes de plus de 150 hommes, se diviseront en autant de petites patrouilles que l'adjudant commandant jugera convenable, afin de se porter partout où besoin sera.

Auprès de chaque commission il y aura un magistrat du cercle que désignera M. le gouverneur général de l'Autriche.

Chaque commission se rendra sur tous les points où elle jugera sa présence nécessaire, dans l'arrondissement du cercle.

Le major général,
Maréchal BERTHIER.

221. — ORDRE DU JOUR (1).
Brünn, 5 frimaire an XIV (26 novembre 1805).

La route de communication entre les frontières de France et la Grande Armée sera établie à l'avenir par Strasbourg, Cannstatt, Ulm et Augsburg ; la route de Spire reste supprimée et le pont est levé.

Les lieux d'étape de Strasbourg à Augsburg seront :
Rhein-Bischofsheim,
Rastatt,
Ettlingen,
Pforzheim,
Enzweihingen,
Cannstatt,
Plochingen,
Ulm,
Gunzburg,
Et Zusmarshausen.

---

(1) Placard imprimé.

D'Augsburg à Vienne, les gîtes subsisteront tels qu'ils sont à présent, à l'exception d'Enns et de Purkersdorf qui seront établis lieux d'étape.

De Vienne à Brünn, les gîtes seront :
Stammersdorf,
Gaunersdorf,
Poisdorf,
Et Muriahilf.

On se rendra directement de Purkersdorf à Stammersdorf sans entrer à Vienne.

Tous ces lieux d'étape auront des commandants d'armes, des commissaires des guerres ou adjoints, et seront pourvus de tout ce qui est nécessaire.

Nombre de militaires, incommodés ou blessés légèrement, les uns avec des billets d'évacuation, les autres sans billets, se portent vers le Rhin.

Le major général rappelle que l'évacuation des hôpitaux placés sur le Danube doit se faire sur Augsburg et non sur les établissements accidentels de lieux d'étape au delà du Danube : toute évacuation de ce genre doit cesser à l'instant, et les militaires restés en arrière doivent être dirigés sans délai sur l'armée.

Sa Majesté est informée qu'on délivre avec une facilité criminelle des feuilles de route pour rétrograder : quelques hommes sont envoyés aux dépôts de leurs corps ; on donne à d'autres des missions au delà du Rhin, dont le but est inconnu ou presque toujours étranger au service de l'armée. Sa Majesté a défendu, dès le commencement de la campagne, qu'aucun militaire repassât le Rhin : elle ordonne que tous ceux qui rétrograderont, munis d'une permission illégale, soient arrêtés et reconduits à leurs corps, de brigade en brigade. Elle rend personnellement responsables les chefs de corps et les commissaires des guerres qui se permettraient de donner une autorisation quelconque de ce genre, sans être approuvée par le major général.

Un prétendu garde-magasin nommé Aaron ou Arens, s'est introduit dans le magasin de sel à Melk et en a vendu une partie à son profit ; il est ordonné que cet individu soit arrêté partout où il se trouvera et livré aux tribunaux, pour être puni suivant la rigueur des lois.

Le major général,
Maréchal BERTHIER.

222. — ORDRE DU JOUR (1).

Au quartier général impérial à Brünn, 7 frimaire an XIV (28 novembre 1805).

L'Empereur ordonne d'acquitter la solde à la troupe jusqu'au 1er frimaire et les appointements de MM. les officiers jusqu'au 1er nivôse. La solde sera payée en billets de la banque de Vienne ; S. M. accorde le tiers en sus de la solde et des appointements.

Le payeur général fera verser sur-le-champ dans les caisses des payeurs de chaque corps d'armée les fonds nécessaires pour payer la troupe jusqu'au 1er frimaire et MM. les officiers jusqu'au 1er nivôse.

Le major général,
BERTHIER.

223. — DÉCISION (2).

Rapport du ministre de la guerre à l'Empereur.

Sa Majesté m'ayant fait connaître que son intention était que ses aides de camp fussent remboursés de leurs frais de poste, à raison de 10 francs par poste, sur les fonds du chapitre 7 de mon ministère, je La prie de vouloir bien mettre son approuvé sur ce rapport. BERTHIER.	Approuvé. NAPOLÉON.

224. — DÉCISION (3).

Le ministre demande si l'habillement des troupes italiennes faisant partie du corps d'armée qui était aux ordres du général Saint-Cyr dans le royaume de Naples et qui est en ce moment réuni à l'armée d'Italie, continuera d'être à la charge de la France.	Décidé conformément à l'opinion du ministre.

---

(1) Placard imprimé.
(2) Non datée, présumée du commencement de décembre 1805.
(3) Non datée et non signée, extraite du « Travail du ministre directeur avec l'Empereur, du 13 frimaire an XIV (4 décembre 1805) ».

225. — ARMISTICE.

CONCLU ENTRE LL. MM. IMPÉRIALES DE FRANCE ET D'AUTRICHE (1).

Austerlitz, 15 frimaire an XIV (6 décembre 1805).

S. M. l'Empereur des Français et S. M. l'Empereur d'Allemagne, voulant arriver à des négociations définitives pour mettre fin à la guerre qui désole les deux Etats, sont convenus, au préalable, de commencer par un armistice, lequel aura lieu jusqu'à la conclusion de la paix définitive, ou à la rupture des négociations ; et dans ce cas, l'armistice ne devra cesser que quinze jours après cette rupture, et la cessation de l'armistice sera notifiée aux plénipotentiaires des deux puissances et au quartier général des deux armées.

Les conditions de l'armistice sont :

ARTICLE 1er. — La ligne des deux armées sera en Moravie, le cercle d'Iglau, le cercle de Znaïm, le cercle de Brünn, la partie du cercle d'Olmütz sur la rive droite de la petite rivière de Brzézowka en avant de Prossnitz, jusqu'à l'endroit où elle se jette dans la March, et la rive droite de la March, jusqu'à l'embouchure de cette rivière dans le Danube, y compris cependant Presbourg.

Il ne sera mis néanmoins aucune troupe française ni autrichienne dans un rayon de cinq à six lieues autour de Hotisch, à la rive droite de la March.

La ligne des deux armées comprendra, en outre, dans le territoire occupé par l'armée française, toute la Basse et Haute Autriche, le Tyrol, l'Etat de Venise, la Carinthie, la Styrie, la Carniole, le Comté de Görz et l'Istrie ; enfin dans la Bohême, le cercle de Tabor et tout ce qui est à l'est de la route de Tabor à Linz.

ART. 2. — L'armée russe évacuera les Etats d'Autriche, ainsi que la Pologne autrichienne, savoir : la Moravie et la Hongrie dans l'espace de quinze jours, et la Galicie dans l'espace d'un mois.

L'ordre de route de l'armée russe sera tracé, afin qu'on sache toujours où elle se trouve, ainsi que pour éviter tout mésentendu.

ART. 3. — Il ne sera fait en Hongrie aucune espèce de levée en masse, ni d'insurrection, et, en Bohême aucune espèce de levée ex-

---

(1) Original. — V. Œuvres de Napoléon Bonaparte, Panckoucke, 1821, t. III, p. 510-511.

traordinaire ; aucune armée étrangère ne pourra entrer sur le territoire de la Maison d'Autriche.

Des négociateurs se réuniront de part et d'autre à Nikolsburg pour procéder directement à l'ouverture des négociations, afin de parvenir à rétablir promptement la paix et la bonne harmonie entre les deux Empereurs.

Fait double entre nous soussignés le maréchal Berthier, ministre de la guerre, major général de la Grande Armée, chargé des pleins pouvoirs de S. M. l'Empereur des Français, roi d'Italie, et le prince Jean de Liechtenstein, lieutenant général, chargé des pleins pouvoirs de S. M. l'Empereur d'Autriche, roi de Hongrie.

Maréchal Berthier

Jean, prince de Liechtenstein, lieutenant général.

226. — DÉCISIONS (1).

Le ministre de la guerre soumet à l'Empereur :

1° Une lettre du ministre du Trésor public et un rapport fait à ce ministre sur le retour à l'ancien ordre de choses pour la solde et les fournitures en subsistances ;

L'intention de S. M. est que le soldat continue à être payé pour 365 (2).

2° La proposition de maintenir la contribution de 400.000 francs frappée par ordre du maréchal Bernadotte sur les possessions du prince de Schwarzenberg ;

Approuvé.

3° De fixer à 3.000 francs par mois les appointements de l'intendant général de la Grande Armée, ses frais de bureau et de tournée à 12.000 francs par mois, les frais de bureau et de tournée des ordonnateurs en chef à 2.000 francs ;

Approuvé.

---

(1) De la main de Maret et non signées; extraites du « Travail du maréchal Berthier, ministre de la guerre, avec l'Empereur, en date d'Austerlitz, 16 frimaire an XIV (7 décembre 1805) ».
(2) Sous-entendu : jours.

4° D'acquérir la caserne de la Pépinière moyennant une somme de 413.000 francs ;

Approuvé.

5° De fixer le nombre des fusils à mettre à la disposition des généraux commandant les gardes nationales en activité ;

Ce nombre est fixé à 25.000.

6° D'admettre dans un lycée le fils d'un capitaine forestier de Rambouillet.

Le placer à Saint-Cyr. Présenter le décret.

Le ministre propose la grâce de 386 militaires condamnés aux travaux publics actuellement à Saint-Quentin et à Hennebont et leur incorporation dans les quatre régiments les plus voisins de ces deux villes.

Approuvé. Ces 386 hommes seront incorporés dans les 32e et 100e de ligne et le 4e d'infanterie légère à la Grande Armée.

227. — DÉCISION (1).

Le ministre propose d'accorder à un entrepreneur du service des lits militaires des domaines nationaux dans les départements réunis, jusqu'à concurrence de la somme de 92.600 fr. 68 qui lui reste due.

Demande analogue présentée par un autre entrepreneur du même service.

A représenter au retour de S. M. à Paris.

228. — AU MARÉCHAL BERTHIER, major général (2).

Tous les dépôts de dragons arrivent ; donnez l'ordre au général Nansouty de prendre la route de Linz en ayant soin de le faire pla-

---

(1) Non datée et non signée, extraite du « Travail du ministre directeur avec l'Empereur, du 20 frimaire an XIV (11 décembre 1805).
(2) Non daté, présumé du 21 frimaire (12 décembre).

cer de manière à ne pas manger les fourrages des villages qui se trouvent sur la route de l'armée.

NAPOLÉON.

229. — ORDRE.

Schönbrunn, 22 frimaire an XIV (13 décembre 1805).

Le général Hédouville se rendra à Linz pour prendre le commandement de la ville et de toute la Haute-Autriche.

Immédiatement après, le général Reille se rendra auprès du général Suchet pour prendre le commandement de la brigade du général Valhubert, qui a été tué.

Le général Compans se rendra auprès du général (sic) Soult pour prendre le commandement de la brigade du général Thiébault, qui est blessé de manière à ne pouvoir pas faire campagne.

Le prince Murat apportera demain l'état des colonels qui manquent aux régiments de cavalerie (1).

Le général Brouard remplacera le général de brigade Demont, blessé, hors d'état de faire la campagne.

Le colonel Arrighi prendra le commandement de la ville d'Augsburg et le général Besse rejoindra l'armée (2).

Le général de brigade La Salle ira prendre le commandement de la brigade de cavalerie légère du maréchal Mortier, commandée par le général Fauconnet, et le général Fauconnet ira prendre la brigade de dragons du général La Salle.

Le général Baraguey d'Hilliers prendra le commandement de la division Beaumont.

Le général Tilly prendra le commandement de la division de cavalerie du général Kellermann, blessé, hors d'état de faire la campagne.

Donner l'ordre au 100e et au 103e de se former à deux bataillons et d'envoyer le cadre du 3e, c'est-à-dire officiers et sous-officiers, à Augsburg au dépôt du corps où ils prendront les conscrits (3).

(1) Ces deux lignes ont été biffées.
(2) Idem.
(3) Cet ordre, non signé, est tout entier de la main de Maret.

230. — ORDRE (1).

Schönbrunn, 22 frimaire an XIV (13 décembre 1805).

Donner ordre au major du 12ᵉ régiment d'infanterie légère de rejoindre son corps,

Id.	du 11ᵉ de dragons,	id.
Id.	du 5ᵉ dragons,	id.
Id.	du 12ᵉ d'infanterie de ligne,	id.
Id.	du 75ᵉ d'infanterie de ligne,	id.
Id.	du 11ᵉ de chasseurs,	id.
Id.	du 26ᵉ de chasseurs,	id.
Id.	du 16ᵉ de chasseurs,	id.
Id.	du 2ᵉ de chasseurs,	id.
Id.	du 3ᵉ de hussards,	id.
Id.	du 1ᵉʳ de carabiniers.	id.

Le 4ᵉ de dragons se rendra à Vienne pour faire le service du quartier général.

Au major du 7ᵉ de dragons de rejoindre son corps,
    Id.   du 3ᵉ de chasseurs.

231. — DÉCISION (2).

Le ministre de la guerre propose de rayer des contrôles de l'École militaire de Fontainebleau le sieur Lespinay, pour s'être battu en duel.

Approuvé.

232. — ORDRE DU JOUR (3).

Au quartier général impérial de Schönbrunn, 24 frimaire an XIV (15 décembre 1805).

L'Empereur, en parcourant les états de situation des corps d'armée, s'est aperçu qu'il y avait un grand nombre d'hommes portés dans ces états comme restés en arrière ; il y en a 2.000 dans la division du général Friant et 1.300 dans celle du général Gudin :

---

(1) Minute de la main de Maret, non signée.
(2) De la main de Maret, non signée ; extraite du « Travail du maréchal Berthier, ministre de la guerre, avec l'Empereur, en date de Schönbrunn, 24 frimaire an XIV (15 décembre 1805) ».
(3) Placard imprimé.

il faut que le maréchal Davout prenne des mesures pour faire rejoindre ces hommes.

L'Empereur ordonne aux commandants de place et aux commandants de province de faire partir sur-le-champ les hommes isolés qu'ils auraient gardés pour garnison, sauvegarde, ou sous tout autre prétexte, et notamment les hommes faisant partie de ces deux divisions.

Les commandants de place de la Haute-Autriche s'adresseront au commandant de la ville de Linz pour avoir les troupes nécessaires pour leur service ; ceux de l'Inn-Viertel s'adresseront au gouverneur de Braunau, et ceux de la Basse-Autriche à l'état-major général.

L'Empereur témoigne son mécontentement de ce que l'état-major de la place d'Augsburg n'envoie point exactement l'état de situation des troupes qui s'y trouvent et ne correspond pas avec assez d'activité.

Sur la plainte portée de la part de S. A. l'Electeur de Wurtemberg, le sieur Grumiau, employé à la Trésorerie, a été renvoyé de l'armée, pour avoir enlevé de force une voiture à Schorndorf.

Par ordre de l'Empereur :

Le major général,
Berthier.

233. — ORDRE DU JOUR (1).

Au quartier général impérial de Schönbrunn, 25 frimaire an XIV
(16 décembre 1805).

Distribution de la contribution entre les provinces de l'Empereur d'Autriche.

Haute-Autriche...............	10.000.000	francs.
Basse-Autriche................	32.000.000	—
Moravie......................	12.000.000	—
Cercle de Tabor, en Bohême.....	1.500.000	—
Styrie........................	14.000.000	—
Carinthie.....................	5.000.000	—
Carniole......................	3.000.000	—
Duché de Görz et de Gradisca...	1.500.000	—

(1) Placard imprimé.

Ville et pays de Trieste..........	6.000.000	francs.
Tyrol.....................	9.000.000	—
Electorat de Salzburg............	6.000.000	—
Total............	100.000.000	—

Il est ordonné aux généraux, aux commissaires ordonnateurs et commissaires des guerres, de prendre possession de tous les établissements et fabriques impériaux, et d'en envoyer des inventaires à l'intendant général de l'armée, à l'intendant général de l'Autriche et au gouverneur général.

Les commandants du cercle de Tabor et des provinces de Moravie, de Styrie, de Carniole, de Carinthie, veilleront à ce que la partie des contributions à laquelle a été taxée leur province rentre sans délai.

Le payeur général donnera des crédits aux payeurs particuliers des corps d'armée des maréchaux Mortier, Ney, Masséna, Bernadotte, et du général Marmont, sur les contributions de la Moravie, de la Carinthie, de la Carniole et de la Styrie, pour le paiement de la solde.

Le major général,
Berthier.

234. — ORDRE DU JOUR
POUR L'ARMÉE D'ITALIE, DEVENUE LE 8ᵉ CORPS DE LA GRANDE ARMÉE (1).

Schönbrunn, 26 frimaire an XIV (17 décembre 1805).

L'armée d'Italie, devenue le 8ᵉ corps de la Grande Armée, sera traitée comme les sept autres corps. Les contributions de sept millions quatre cent mille francs frappées par M. le maréchal Masséna, savoir :

Sur les provinces du Véronais.......	400.000	francs.
du Vicentin.....	1.000.000	
du Trévisan....	1.500.000	
du Padouan....	1.500.000	
d'Udine.......	1.000.000	
Sur Trieste................	2.000.000	
	7.400.000	francs.

---

(1) Copie, sans signature.

seront versées dans la caisse de M. de La Bouillerie, receveur général des contributions.

M. de La Bouillerie fera verser cette somme dans la caisse d'amortissement de la manière la plus avantageuse au change de Paris. Il en sera de même pour les sommes provenant de la valeur du vif argent des mines d'Idria, des magasins de sels et tabacs, et enfin de tout autre magasin mis en vente au profit de l'armée.

M. de La Bouillerie correspondra, à cet effet, avec M. de Mollien, qui emploiera cet argent de la manière la plus favorable, soit au change de la place de Paris, soit aux intérêts de la Grande Armée.

M. de La Bouillerie, étant le receveur général de la Grande Armée, recevra l'argent de toutes les contributions frappées dans les États de Venise.

Le major général.

235. — ORDRE DU JOUR (1).

Au quartier général impérial de Schönbrunn, 26 frimaire an XIV
(17 décembre 1805).

Chaque maréchal commandant un corps d'armée se fera remettre par son ordonnateur un état du caisson d'ambulance appartenant à la compagnie Breidt, des caissons de vivres et autres, qui sont à la suite de son corps d'armée. Cet état sera envoyé à l'état-major général, sans délai.

L'Empereur recommande aux généraux commandants de corps d'armée de porter le plus grand soin à l'armement, à l'habillement et à l'organisation de leurs corps d'armée, pendant ces jours de repos.

Le major général,
BERTHIER.

236. — ORDRE DU JOUR (2).

Au quartier général impérial de Schönbrunn, 27 frimaire an XIV
(18 décembre 1805).

Il sera versé dans la caisse de chaque régiment d'infanterie vingt

---

(1) Placard imprimé.
(2) Placard imprimé.

mille francs, qui seront partagés, par un arrêté du Conseil d'administration et selon le besoin de chaque corps, entre les différentes masses, en donnant à la masse qui aura le plus besoin.

Il sera également versé dix mille francs dans la caisse de chaque régiment de cavalerie, pour le même objet.

Les bataillons de sapeurs et d'artillerie seront compris proportionnellement, en considérant 18 compagnies comme un régiment.

Le major général,
Maréchal BERTHIER.

237. — ORDRE DU JOUR (1).

Au quartier général impérial à Schönbrunn, 28 frimaire an XIV
(19 décembre 1805).

Sa Majesté l'Empereur et Roi ordonne à tous les généraux commandant ses armées, gouverneurs de provinces, commandants de places et de colonnes, dans les pays occupés par ses diverses armées, de prêter main-forte aux troupes et aux agents de LL. AA. SS. les Electeurs de Bavière, de Wurtemberg et de Bade, dans la prise de possession qu'ils font des domaines de l'Ordre Equestre ; S. M. l'Empereur ayant garanti à ces trois Electeurs la souveraineté pleine et entière de leurs Etats, et ces trois princes devant être souverains dans leurs Etats, comme l'empereur d'Allemagne l'est dans ses possessions héréditaires d'Autriche et le roi de Prusse en Brandebourg. L'Ordre Equestre a été, d'ailleurs, l'auxiliaire de l'Autriche, et il a souffert que des recruteurs autrichiens fissent des levées dans ses Etats, ce qui, nécessairement, l'a constitué en état de guerre avec la France, l'empereur d'Autriche n'ayant, par les lois, droit de recruter en Allemagne que lorsqu'il y a guerre d'Empire.

Il est ordonné également que tous les pays de l'empire, quel que soit le souverain, soit prince, soit ville libre, qui auraient chez eux des dépôts de recrues pour l'empereur d'Allemagne, ou qui toléreraient chez eux le recrutement en faveur de l'Autriche, soient considérés et traités comme en état de guerre avec la France.

L'Empereur ordonne aux commandants des provinces, dans les Etats de l'empereur d'Allemagne occupés par ses armées, d'accé-

---

(1) Placard imprimé.

lérer la rentrée des contributions frappées, et de prendre des mesures telles que toutes les délégations qui leur ont été envoyées par le payeur général, pour acquitter la solde et les secours accordés aux masses, soient soldées dans les huit jours qui suivront la réception du présent ordre du jour.

Le major général,
Maréchal BERTHIER.

238. — DÉCISION.

Schönbrunn, 28 frimaire an XIV (19 décembre 1805).

Le ministre de la guerre soumet à l'Empereur une demande du maréchal Soult qui propose de frapper d'une contribution de 30.000 francs le bailliage de Gross-Niemtschitz, dont le bailli a favorisé le pillage des équipages du général Vandamme et de la plupart des chefs de la 2ᵉ division du 4ᵉ corps d'armée.

Approuvé.

NAPOLÉON.

239. — ORDRE (1).

Schönbrunn, 29 frimaire an XIV (20 décembre 1805).

Le major général fera connaître, par un rapport, à quelle époque toute l'artillerie russe qui est à Brünn et les blessés qui s'y trouvent seront évacués.

Le major général enverra l'ordre à tout le corps wurtembergeois de se porter à Krems.

Il restera seulement à Linz, pour la garnison et la garde du pont, assez de bataillons pour former un corps de quinze cents hommes.

NAPOLÉON (2).

---

(1) Minute.
(2) L'ordre ci-dessus comprenait un dernier paragraphe, qui a été biffé par l'Empereur; il était ainsi conçu :
« Le major général fera donner ordre à la division Caffarelli de rentrer sous les ordres du maréchal Davout. Elle sera cantonnée le long de la March et occupera depuis Marchegg jusqu'à Neudorf et autres pays entre Presbourg et Neudorf pour assurer les communications du maréchal Davout avec Vienne ».

240. — ORDRE DU JOUR (1).

Schönbrunn, 30 frimaire an XIV (21 décembre 1805).

L'Empereur a vu avec plaisir, dans la revue qu'il a passée, la bonne tenue de la division du général Dupont et de celle du général Gazan. Sa Majesté témoigne son mécontentement à l'état-major général de l'artillerie, sur ce que l'artillerie de la division Gazan n'était pas complétée. Le général Songis donnera des ordres pour qu'elle le soit sur-le-champ.

L'Empereur passera aujourd'hui, à une heure après-midi, la revue de la division Saint-Hilaire, avec toute son artillerie, sur le terrain où S. M. a vu les divisions Dupont et Gazan.

L'Empereur est instruit que tous les corps d'armée n'ont pas leur solde à jour et que les délégations ne sont pas acquittées ; en conséquence, il est ordonné aux commandants de la Styrie, de la Carinthie, de Tabor, de la Moravie, de prendre les mesures les plus promptes pour faire rentrer les contributions, dont les premiers fonds doivent servir à acquitter la solde, les masses et autres objets.

L'Empereur accorde 40.000 francs, en billets de la Banque, à chaque régiment de dragons de la Grande Armée ; cette somme sera soldée sans délai et employée à acheter des chevaux pour monter les dragons à pied ; à cet effet, il sera versé un million dans la caisse du payeur général, laquelle somme sera à la disposition de l'intendant général de l'armée pour acquitter les mandats qu'il délivrera aux régiments de dragons.

Le major général,
Maréchal Berthier.

---

241. — DÉCISION.

Schönbrunn, 30 frimaire an XIV.

*Rapport du major général
à l'Empereur.*

Le général Baraguey d'Hilliers demande que le nombre d'officiers et de sous-officiers nécessaire pour compléter le cadre d'une compa-

Accordé.

Berthier.

---

(1) Placard imprimé.

gnie soit envoyé à chacun des dépôts des 24 régiments de dragons restés en France et qui appartiennent à la Grande Armée, afin de former les conscrits, de travailler à leur instruction et d'utiliser les hommes et les chevaux.

Je demande les ordres de Sa Majesté.

BERTHIER.

242. — AU PRINCE LOUIS BONAPARTE (1).

Schönbrunn, 30 frimaire an XIV (21 décembre 1805).

L'Empereur me charge de vous faire connaître que vous ne devez pas avoir de grandes inquiétudes sur le Nord.

Sa Majesté ordonne que vous fassiez retourner à Paris les détachements de sa garde que vous avez fait partir pour la Hollande.

L'Empereur pense arriver d'un moment à l'autre : d'ailleurs, son intention est que sa garde ne donne jamais en détail.

Comme je l'ai mandé à Votre Altesse, l'Empereur s'est arrangé avec la Prusse, ce qui change beaucoup les affaires du Nord.

Sa Majesté ordonne, mon Prince, que vous restiez en Hollande, que vous y fassiez bien cantonner votre armée, que vous la teniez toujours sur un pied respectable.

La Hollande doit fournir la solde et toutes les dépenses de l'armée du Nord ; elle doit acheter et fournir tous les chevaux d'artillerie et de charrois, et, sous ces rapports, Votre Altesse n'a rien à tirer de France, l'armée du Nord ne devant rien coûter à l'Empereur.

Sa Majesté ordonne que vous fassiez diriger sur Augsburg tous les conscrits, les chevaux, les détachements qui sont destinés à la Grande Armée.

Le maréchal BERTHIER,
Par ordre de l'Empereur.

(1) Copie.

243. — DÉCISION.

Schönbrunn, 30 frimaire an XIV (21 décembre 1805).

Rapport du ministre de la guerre à l'Empereur.

Sire,

Par un décret impérial rendu à Strasbourg le 8 vendémiaire, S. M. l'Empereur a ordonné la levée d'un régiment d'infanterie légère, composé de trois bataillons, qui portera le nom de régiment de La Tour d'Auvergne.

M. le maréchal Kellermann, commandant en chef le 3ᵉ corps d'armée de réserve, chargé de l'organisation de ce régiment, demande si ce corps doit appartenir à son armée ou s'il doit faire partie des troupes de l'intérieur, cette solution étant nécessaire pour déterminer si ce régiment doit être traité ou non sur le pied de guerre.

En attendant la décision de Sa Majesté à cet égard, j'ai donné des ordres pour que ce régiment, qui s'organise à Wissembourg, soit traité sur le pied de paix ; mais la garnison de Philippsburg ayant été primitivement fixée à ce corps et l'espèce d'hommes dont il doit se composer me laissant présumer que la première intention de l'Empereur était de le traiter sur le pied de guerre, je prie Sa Majesté de vouloir bien me donner ses ordres à ce sujet.

BERTHIER.

Ce régiment doit faire partie des troupes de l'intérieur.

Le maréchal BERTHIER (1).

---

(1) La décision est de la main de Berthier.

244. — ORDRE (1).

Au quartier général impérial à Schönbrunn, 30 frimaire an XIV (21 décembre 1805).

Tout le corps wurtembergeois reçoit aujourd'hui l'ordre de se porter de suite à Krems.

Il laissera 1.200 à 1.500 hommes à Linz, tant pour la garnison que pour la garde du pont.

L'aide-major général,
F. ANDRÉOSSY.

245. — ORDRE DU JOUR (2).

Schönbrunn, 1ᵉʳ nivôse an XIV (22 décembre 1805).

Aujourd'hui 1ᵉʳ nivôse, à 11 heures du matin, toutes les brigades de caissons de la compagnie Breidt, qui se trouvent à Vienne, seront réunies dans l'emplacement où l'Empereur a passé hier la revue des troupes, pour passer sa revue. L'intendant général de l'armée, le chef de l'entreprise et le commissaire des guerres chargé de faire les décomptes, s'y trouveront (3).

L'instruction de l'Empereur et Roi étant que toutes les dépenses de la solde et des masses pendant le premier trimestre et les dix premiers jours de nivôse de la présente année soient constatées et régularisées dans le plus court délai, Sa Majesté ordonne aux inspecteurs et sous-inspecteurs aux revues de s'occuper immédiatement de passer les revues des corps qu'ils ont sous leur police, et à MM. les maréchaux et généraux commandants de donner les ordres nécessaires aux chefs des troupes qu'ils commandent.

Le titre II, articles 89, 90 et 91 du Code civil, prescrit que, dans chaque corps de troupe, il sera tenu un registre pour les actes de l'état civil relatifs aux individus de ce corps, et un autre à l'état-major de l'armée ou d'un corps d'armée, pour les actes civils relatifs aux officiers sans troupe et employés ;

Que le registre de chaque corps sera tenu par le quartier-maître, sous la surveillance des conseils d'administration et de l'inspecteur aux revues ;

---

(1) De la main d'Andréossy.
(2) Placard imprimé.
(3) Ce paragraphe a été publié dans la *Correspondance* sous le n° 9598.

Que le registre de l'état-major sera tenu par l'inspecteur aux revues.

MM. les maréchaux et généraux commandants veilleront à ce que ces registres soient tenus avec la plus grande exactitude ; l'intention de Sa Majesté est même qu'ils y donnent une attention toute particulière.

L'Empereur fait la même injonction à M. l'intendant général pour ce qui concerne la rédaction des actes des militaires décédés dans les hôpitaux militaires, ambulances ou sédentaires, suivant ce qui est prescrit par l'article 97, titre II, section III du Code civil.

Le major général,
Maréchal BERTHIER.

246. — NOTE (1).

Schönbrunn, 2 nivôse an XIV (23 décembre 1805).

ORGANISATION DE L'ARMÉE D'ITALIE :

S. A. S. le prince Eugène, vice-roi d'Italie, lieutenant de l'Empereur, commandant en chef de l'armée d'Italie ;

Le général de division Vignolle, chef d'état-major général de S. A. S. le prince Eugène, lieutenant de l'Empereur ;

Le commandant de l'artillerie, le général Lacombe-Saint-Michel ;

Le commandant du génie, le général Chasseloup ;

Commissaire-ordonnateur en chef...

Inspecteurs aux revues...

Disponibles : un général de division, 2 généraux de brigade, 2 adjudants commandants.

1ᵉʳ corps.

Le général Marmont, qui aura son quartier général à Udine ; il aura à ses ordres deux divisions d'infanterie, composées de 2 régiments chacune, d'une division de cavalerie ; 12 pièces à chaque division d'infanterie ; 6 pièces pour la division de cavalerie.

Une division, aux ordres du général Molitor, qui prendra position dans la Dalmatie, sera composée de 4 régiments et de 12 pièces d'artillerie.

Division du général Miollis, composée de 4 régiments, formant la garnison de Venise, 12 pièces d'artillerie.

---

(1) Non signée.

Sous les ordres du général de division Partouneaux, tous les troisièmes bataillons de l'armée de Naples.

Observer que le corps du général Marmont doit être composé des troupes qui se trouvent en Italie et qu'on ne doit rien prendre de son corps d'armée.

247. — ORDRE DU JOUR (1).
Schönbrunn, 2 nivôse an XIV (23 décembre 1805).

L'Empereur a passé avant-hier la revue de la division du général Saint-Hilaire. Sa Majesté a vu avec plaisir les braves régiments qui la composent et qui ont tant contribué au gain de la bataille d'Austerlitz, dans une aussi bonne tenue que s'ils sortaient de leurs quartiers d'hiver.

L'Empereur recommande au général Songis, commandant l'artillerie, de faire distribuer sur-le-champ les armes et toutes les baïonnettes dont les corps peuvent manquer et qui sont à échanger; Sa Majesté recommande aussi aux généraux de veiller à ce que l'on confectionne promptement les capotes.

L'Empereur a passé hier la revue de la garde et de la division des grenadiers du général Oudinot : il témoigne sa satisfaction sur la bonne tenue de ses troupes. Il a vu avec peine que le 12e régiment d'infanterie légère manque de baïonnettes, et que le chef de bataillon, quoiqu'il commande depuis deux mois, ne connaît pas tous les détails de son administration. Un chef de bataillon ne doit pas se donner de repos qu'il ne soit instruit de tous les détails ; il doit même connaître le nom et le mérite des officiers et des soldats de son bataillon, lorsqu'il y a 6 mois qu'il le commande.

Quant aux capitaines, ils doivent non seulement savoir le nom de leurs soldats, mais même le pays dont ils sont et tout ce qui les intéresse.

L'Empereur a passé la revue des caissons de la compagnie Breidt. Sa Majesté ordonne que tous les caissons de cette compagnie, qui sont épars, rentrent au parc général, et notamment ceux retenus, par infraction aux ordres, à Braunau, et que toutes les brigades soient réunies, pour être attachées aux différents corps d'armée, dans les proportions suivantes :

Une brigade de 25 voitures à chacune des trois divisions du corps d'armée du maréchal Soult ;

---
(1) Placard imprimé.

Mêmes dispositions pour les trois divisions du corps d'armée du maréchal Davout ;

Une brigade de 25 voitures pour la division Oudinot ;

Idem pour la division Suchet ;

Une brigade de 15 voitures pour la division du général Gazan ;

Deux brigades de 15 voitures chacune pour le corps d'armée du général Marmont ;

Idem pour le corps d'armée du maréchal Bernadotte ;

Une brigade de 15 voitures pour la division du général Dupont ;

Deux brigades, de 25 voitures chacune, pour les deux divisions du corps d'armée du maréchal Ney ;

Deux brigades, de 15 voitures chacune, pour les deux divisions du maréchal Augereau ;

Trois brigades, de 25 voitures chacune, pour les corps d'armée du maréchal Masséna. Ces trois brigades de voitures seront fournies par les transports de l'armée d'Italie.

Les brigades destinées aux corps du maréchal Bernadotte et du général Marmont seront les dernières fournies par les transports de l'armée d'Italie.

Dans le nombre des voitures ne sont pas comprises les forges de campagne : il y en aura une par brigade.

M. l'Intendant général de l'armée remettra mardi, au major général, l'état de répartition des brigades, d'après les dispositions ci-dessus, afin que les numéros des brigades affectées à chaque division, d'après son travail, soient mis à l'ordre mardi. Le service auquel ces voitures sont destinées sera déterminé par le même ordre du jour.

Les généraux et les commissaires-ordonnateurs ne pourront, sous aucun prétexte, changer la destination de ces voitures.

L'Empereur ordonne aux chefs d'état-major des différents corps d'armée d'envoyer l'état de situation au 1er nivôse. Sa Majesté recommande à ces officiers de porter un soin particulier à ces états, voulant connaître positivement la force de l'armée et où sont tous les hommes détachés : les chefs d'état-major enverront cet état au major général le 5 nivôse ; il sera signé d'eux et mis immédiatement sous les yeux de l'Empereur.

Le major général,
Maréchal BERTHIER.

248. — TRAITÉ DE PRESBOURG (1).

Presbourg, 5 nivôse an XIV (26 décembre 1805).

Article séparé et secret.

Il sera payé par Sa Majesté l'Empereur d'Allemagne et d'Autriche, pour rachat de toutes les contributions imposées sur les divers États héréditaires occupés par l'armée française et non encore perçues, une somme de quarante millions de francs (valeur métallique).

Pour faciliter le paiement de cette somme, Sa Majesté l'Empereur des Français, roi d'Italie, consent à ce que huit millions seulement soient payés au moment de l'échange des ratifications et à ce que le surplus soit fourni à la même époque en lettres de change acceptées sur les places de Hamburg, Amsterdam, Augsburg, Francfort-sur-le-Main, Bâle et Paris, reçues comme bonnes et valables par le payeur général de l'armée française ou tel autre que S. E. le ministre de la guerre aura désigné, entre les mains duquel elles devront être remises et payables de mois en mois, à compter du jour de la remise, à raison de six millions le premier mois, de six millions le second mois et ensuite de deux millions par mois jusqu'à parfait paiement.

Le présent article aura la même force et valeur que s'il était inséré mot pour mot dans le traité patent de ce jour.

Il sera ratifié et les ratifications en seront échangées en même temps que celles du traité.

Fait et signé à Presbourg, le 26 décembre 1805 (5 nivôse an XIV).

Signé : JEAN, prince de LIECHTENSTEIN,
et Ignace, comte GYULAI.

Signé : Ch. Mau. TALLEYRAND.

249. — ORDRE DU JOUR (2).

Au quartier général impérial de Schönbrunn, 5 nivôse an XIV.

L'Empereur renouvelle l'ordre qu'il a donné pour que la solde soit exactement et sur-le-champ payée jusqu'au 1er janvier aux officiers et soldats.

---

(1) Le texte du traité de Presbourg a été publié dans le *Moniteur* du 15 janvier 1806, sauf *l'article séparé et secret*. — Le texte complet que possèdent les Archives de la guerre est une copie de la main de Meneval.

(2) Placard imprimé.

MM. les maréchaux commandant les corps d'armée et les généraux de division tiendront la main à l'exécution du présent ordre.

Les brigades de caissons attachées aux différents corps d'armée, dans les proportions déterminées par l'ordre du jour du 2 nivôse, seront distribuées de la manière suivante :

4° corps :	la 12° brigade	de 25 caissons chacune, y
	la 20° Id.	compris les forges de
	la 13° Id.	campagne.
3° corps :	la 1re Id.	Id.
	la 21° Id.	Id.
	la 2° Id.	Id.
Grenadiers :	la 1re Id.	(de Bade), Id.
Division Suchet :	la 10° Id.	Id.
Division Dupont. — Gazan.	la 6° Id.	{ 15 caissons. { 15 caissons, dont une forge.
6° corps :	la 5° Id. la 7° —	} de 25 caissons chacune, y compris la forge.

Ce corps d'armée aura à rendre la 9°, qu'il a prise de trop, et qui est également composée de 25 caissons.

7° corps :	la 11° brigade la 14° Id.	} de 25 caissons chacune.

Ce corps aura à rendre 20 caissons ; l'ordre de S. M. n'en porte que 30.

Indépendamment de cette distribution, il pourra être accordé 2 caissons par division de cavalerie, pour les ambulances affectées à ces divisions.

Dans le nombre des caissons attribués à chaque division d'infanterie, 4 resteront pour les ambulances et 20 seront destinés au service des subsistances.

Le major général,
BERTHIER.

250. — RELEVÉ DE L'INVENTAIRE GÉNÉRAL DES BOUCHES A FEU ET ARMES EXISTANT DANS CE MOMENT A VIENNE AU GRAND ARSENAL (1).

Canons de 3.............................	2	de campagne.
Id. de 12.............................	5	
Id. de divers calibres (et états).	82	(de différentes nations).
Canons de siège de 12..................	70	
— de 18................	106	en bronze.
— de 24.............	100	
Obusiers de 10 livres...................	68	
— de 12 —.............	2	en bronze.
— de 20 —.............	2	
Mortiers de 10 livres...................	99	
— de 30 —.............	72	
— de 60 —.............	50	en bronze.
— de 100 —.............	10	
— de 500 —.............	1	

Par livre, on veut dire que le boulet en pierre pèserait 10 livres, etc.

Fusils de nouveau modèle garnis de cuivre	33.306	
Id. de vieux modèle à baguettes cylindriques................	15.986	
Id. de rempart, de paysans et différentes espèces..................	12.000	(environ).
Carabines de hussards ou dragons.......	23.000	(environ).
Pistolets d'officiers, de hussards et autres.	23.000	(environ).
Carabines carabinées...................	2.000	Id.
Cuirasses en fer.......................	8.000	Id.

Quantité de canons de fusils et de carabines et pièces de rechange et montures de platines.

Bois de carabines et de pistolets.........	26.000	(environ).
Pelles rondes et carrées................	50.000	Id.
Pioches...............................	25.000	Id.
Pierres à fusil ou à pistolets............	18.000.000	Id.
Plomb { en saumon...................	426	Id.
{ en balles, divers calibres......	1.700	quintaux.
Fer en barre..........................	1.800	Id.

(1) Pièce non datée, présumée établie pendant le séjour de l'Empereur à Schönbrunn, du 21 frimaire au 6 nivôse an XIV (12 au 27 décembre 1805). Cette attribution est certainement erronée, car la pièce en question se trouve dans le *Moniteur* du 26 novembre 1803.

Poudre (hors la ville)...............	600.000 livres (1).	
Cartouches confectionnées (1).......	6.000.000 (1).	

Le général de brigade d'artillerie,

O. MOSSEL.

DANS LES CASEMATES SERVANT DE MAGASINS

Canons de campagne de métal	d'une livre..	100 de nouveau modèle.	
	de 3 —..	384	
	de 6 —..	290	
	de 12 —..	141	
	de 18 —..	37	
	de 4 —..	4	
	de 8 —..	2	
Obusiers	de 7 —..	2	
	de 10 —..	53	
	de 6 —..	15	
	de 8 —..	2	
Canons de fer	de 6 —..	2	
	de 12 —..	1	
Mortiers	de 6 —..	145 de nouveau modèle.	
	de 6 —..	96 de vieux modèle.	
Affûts des différents calibres.......	350 environ.	
Bombes Id.	160.000 Id.	
Obus Id.	52.000	
Boulets Id.	600.000	

ÉTAT DES PIÈCES DE CANON QUI ÉTAIENT PARQUÉES SUR LA RIVE GAUCHE (2)

80 pièces de canon.

200 caissons de différents calibres.

Les pièces et caissons chargés, approvisionnés et prêts à partir.

---

(1) De la main de l'Empereur.
(2) Ce paragraphe est de la main de Maret.

251. — **TABLEAU** DE LA DISTRIBUTION A FAIRE DES 490.000 FRANCS QUE SA MAJESTÉ IMPÉRIALE ET ROYALE A ACCORDÉS EN DERNIER LIEU POUR LE SOULAGEMENT DES HABITANTS DE LA BAVIÈRE QUI ONT LE PLUS SOUFFERT PAR LE CANTONNEMENT PROLONGÉ DE SES ARMÉES (1).

1806.

Nota. — On a réduit la somme de 490.000 fr. en argent du pays pour faciliter le détail de la répartition. Elle monte d'après cela à 227.178 florins pour être distribués de la manière suivante :

	flor.
1° Pour la province du *Haut-Palatinat*, qui n'a point participé à la dernière distribution............ Receveur et distributeur, le commissaire général, comte de Kreith.	15.147 »
2° Pour la province de *Neuburg* avec les parties nouvellement incorporées, spécialement pour le Nordgau, les bailliages de Höchstätt, Monheim et Nordlingen... Receveur et distributeur, le commissaire général de cette province, comte de Tassis.	30.000 »
3° Pour la province de *Bamberg*, qui ne participa également point à la dernière distribution.......... Receveur et distributeur, le vice-président de cette province, baron de Stengel.	6.000 »
4° Pour la principauté d'*Ansbach*, qui a principalement souffert par les cantonnements militaires.... Receveur et distributeur le commissaire général, comte de Thürheim.	25.000 »
5° Pour la province de *Souabe*................. Receveur et distributeur, le commissaire général provisoire, baron de Leyden.	30.000 »
6° Pour le district de *Munich*, nommément les bailliages de Dachau, Friedberg, Schwaben, Wasserburg, Werdenfels, Traunstein et Reichenhall............	24.000 »

(1) Les chiffres portés dans ce tableau sont de la main de l'Empereur.

Receveur et distributeur, le baron de Drechsel, commissaire de Sa Majesté en ce district.

7° Pour le district d'*Ingolstadt*, principalement la ville de ce nom, la route d'étapes d'Abbach à Ingolstadt et Rain.................... 5.000 »

Receveur et distributeur, le commissaire en ce district, d'Aichberger.

8° Pour le district de *Landshut*, nommément les villes de Landshut, Freising, Moosburg et le bailliage de Vilsbiburg..................... 20.000 »

Receveur et distributeur, le commissaire en ce district, d'Elbling.

9° Pour le district de *Straubing*, nommément pour les bailliages de Regen, Kötzting et Viechtach....... 10.000 »

Receveur et distributeur, le commissaire en ce district, de Thoma.

10° Pour le district de *Passau*.................. 50.000 »

Receveur et distributeur, le commissaire en ce district, baron de Tautphoens.

11° Pour les *autres districts de la Bavière*........ 12,031 »

Receveur et distributeur, le commissaire général de cette province, baron de Weichs.

Total.............................. 227.178 »

252. — ORDRE DU JOUR (1).

Schönbrunn, 1ᵉʳ janvier 1806.

L'Empereur ordonne que, dans le mouvement rétrograde que l'armée française va faire conformément au traité de paix ratifié aujourd'hui, l'état-major général de la Grande Armée, les différents corps d'armée, le corps de réserve, toutes les administrations quelconques, marchent ensemble, en suivant les journées fixées par les ordres de route.

MM. les maréchaux de l'Empire et généraux commandant les corps d'armée ne donneront aucune espèce de permission pour dé-

---

(1) Placard imprimé.

vancer ni pour rester en arrière, à qui que ce soit : généraux, officiers d'état-major, officiers des corps, inspecteurs aux revues, commissaires des guerres, employés quelconques dans les administrations, tous marcheront dans le plus grand ordre, la gauche en tête, avec les divisions auxquelles ils appartiennent.

Le major général,
Maréchal Berthier.

253. — AU MARÉCHAL BERTHIER.

Munich, 1er janvier 1806.

Monsieur le Maréchal, j'ai l'honneur de vous envoyer vos paquets apportés par le courrier de Paris. L'Empereur m'ordonne de vous écrire qu'il n'y a rien de nouveau ici, qu'il a employé sa journée en réceptions et en représentations et à monter à cheval. J'ai fait partir pour Paris le paquet de M. Denniée.

Meneval.

254. — ORDRE DU JOUR (1).

Au quartier général impérial de Schönbrunn, 2 janvier 1806.

Messieurs les maréchaux feront distribuer à tous les corps la proclamation de l'Empereur à l'armée et ordonneront que cette proclamation soit lue chaque jour, à l'ordre des régiments, pendant la marche.

Le major général,
Maréchal Berthier.

255. — ORDRE DU JOUR.

Au quartier général impérial de Schönbrunn, 4 janvier 1806.

S. M. l'Empereur et roi a passé la revue de la division Legrand ; elle a été contente de la belle tenue de cette division et lui a témoigné sa satisfaction sur la bonne conduite que les bataillons qui la composent ont tenue à la bataille d'Austerlitz.

Par ordre de l'Empereur :
Le major général,
Maréchal Berthier.

---

(1) Placard imprimé.

256. — AU MARÉCHAL BERTHIER.

Munich, 6 janvier 1806.

Mon Cousin, mettez à l'ordre du jour toutes les promotions que j'ai faites dans la Légion d'honneur et envoyez-moi cet ordre. J'imagine que vous avez écrit à M. Lacépède pour faire dresser les brevets. Les décorations, je les donnerai à Paris à la fête de mai.

NAPOLÉON.

---

257. — DÉCISION (1).

Linz, 12 janvier 1806.

Le maréchal Berthier demande quel doit être le traitement du général de division O'Connor.	A représenter à Paris.

---

258. — DÉCISION.

Munich, 13 janvier 1806.

Le ministre de la marine demande l'autorisation de prélever sur les équipages de la flottille de Boulogne 130 marins pour former l'équipage de la frégate *la Milanaise*, en armement à Dunkerque.	Approuvé. NAPOLÉON.

---

259. — DÉCISION.

Munich, 14 janvier 1806.

Par un rapport en date du 10 janvier 1806, le ministre de la guerre rend compte à l'Empereur que le colonel du 20e régiment d'infanterie de ligne demande la réunion du petit dépôt, resté à Antibes, au grand dépôt, qui est à Alexandrie.	Approuvé ce mouvement. NAPOLÉON.

---

(1) De la main de Maret.

260. — DÉCISIONS (1).

Le ministre propose de faire distribuer aux troupes employées en Italie les étoffes et effets de grand équipement existant au magasin d'Alexandrie.

Approuvé. A répartir entre les différents corps de l'armée d'Italie.

Il est proposé à l'Empereur de nommer l'ordonnateur Colbert ordonnateur en chef de l'armée de Naples.

S. M. a nommé M. Arcambal.

261. — DÉCISION.

Munich, 16 janvier 1806.

Le ministre de la guerre propose de faire abattre dans les forêts de la Souabe les bois nécessaires aux besoins de l'arsenal de Strasbourg.

Approuvé.

NAPOLÉON.

262. — AU MARÉCHAL BERTHIER.

Stuttgart, 19 janvier 1806.

S. M. me charge, Monsieur le Maréchal, de vous transmettre avec la lettre ci-incluse, l'expédition de deux décrets qu'elle vient de rendre à l'occasion de l'insurrection qui s'est manifestée dans quelques villages des montagnes de l'Etat de Parme.

Le général Junot part en ce moment pour se rendre directement à sa destination. Je lui ai remis, par ordre de S. M. et pour servir à constater ses pouvoirs, des expéditions en forme des mêmes décrets que j'ai l'honneur de vous adresser.

Hugues B. MARET.

263. — DÉCISION.

Carlsruhe, 21 janvier 1806.

M. Denniée, secrétaire général

Je n'ai pas donné l'ordre de

---

(1) De la main de Maret; non datées et non signées, extraites du « Travail du ministre directeur avec l'Empereur, du 15 janvier 1806 ».

du ministère de la guerre, soumet à l'Empereur un rapport relatif au camp volant de grenadiers de l'armée du Nord.

dissoudre l'armée du Nord. Tout doit rester au Nord, dans la position où il est, près de Munster.

Donner, par courrier extraordinaire, l'ordre au général Bourcier de retourner, et au prince Louis de rester à Amsterdam et de tout laisser dans la situation où cela était.

NAPOLÉON.

264. — AU GÉNÉRAL DEJEAN.

Strasbourg, 23 janvier 1806.

Monsieur Dejean, j'ai trouvé à mon arrivée à Strasbourg l'ordonnateur fort alarmé pour les hôpitaux et voulant prendre des mesures extraordinaires qui me paraissent fort inutiles. J'ai donné ordre au maréchal Berthier de faire rester tous les malades en deçà de l'Inn, puisqu'ils sont en pays ami ; on y laissera des chirurgiens, des administrateurs et on ne les évacuera que ce printemps et à mesure que les hommes guériront. Par ce moyen, on n'aura point à faire de grands préparatifs dans l'intérieur et les malades ne seront pas exposés à périr en les évacuant dans cette saison rigoureuse.

Vous trouverez ci-joint la copie d'un décret pour l'armement et l'approvisionnement de Palmanova ; quoique l'exécution ne concerne que le ministre de la guerre de mon royaume d'Italie, je désire que vous ayez toujours l'ensemble des opérations ; je l'ai expédié par ma chancellerie d'Italie, expédiez-le à l'ordonnateur de l'armée.

Le service des fourrages n'est point assuré. N'aurait-on pas pu faire un marché général et faudra-t-il continuer à être volé comme nous l'avons été ?

Faites-moi connaître si le magasin de tricots d'Alexandrie existe toujours.

NAPOLÉON.

265. — DÉCISION (1).

Lieutenants d'artillerie proposés pour le grade de capitaine tant à l'ancienneté qu'au choix.

Le décret du 10 brumaire avait été motivé par l'état de guerre. Ce décret est annulé par suite de la signature de la paix.

266. — ORDRES (2).

Strasbourg, 24 janvier 1806.

Ordre au maréchal Augereau d'occuper le 2 février la ville de Francfort et de garder jusque-là le plus grand secret sur ce qu'il médite. Le même jour, le maréchal Lefebvre enverra la division Lorge, qui sera forte de 6.000 à 7.000 hommes, entre Mayence et Francfort.

La division Leval partira dans quatre jours pour se rendre à Darmstadt ; la division Dupont partira dans deux jours d'Augsburg, pour se rendre également à Darmstadt. Ces troupes réunies composeront au maréchal Augereau une force de 36.000 hommes.

Le langage du maréchal Augereau doit être très pacifique ; il doit accueillir les Prussiens avec distinction et faire entendre que son corps d'armée est destiné à agir avec eux. Du 1er au 5 février, il imposera quatre millions de contributions sur la ville de Francfort pour la solde de son armée. Il correspondra exactement avec le maréchal Berthier et aussi avec l'Empereur par le ministre Dejean.

Ordre au maréchal Kellermann de faire partir sur-le-champ pour Darmstadt 200 hommes de chacun des 7e, 16e et 24e régiments d'infanterie légère, 300 hommes du 44e, 300 du 63e et 200 du 105e, destinés à renforcer les bataillons de guerre du 7e corps de la Grande Armée.

Ordre de reformer le plus promptement possible la division du

---

(1) Non datée et non signée; extraite du « Travail du ministre de la guerre avec l'Empereur, du 23 janvier 1806 ».
(2) Publiés avec variantes dans la *Correspondance officielle*, sous les numéros 9703 à 9706. Le texte des Archives de la guerre est une expédition de la main de Meneval; il est plus complet que celui de la *Correspondance* en ce qui concerne l'ordre au maréchal Augereau, mais, au contraire, moins complet en ce qui concerne l'ordre au général Dupont.

général Leval, de la porter à 8.000 hommes, d'y joindre 1.000 hommes de cavalerie et 12 pièces d'artillerie approvisionnées. N'y mettre personne des 100°, 103°, 105°, 63° et 44°, ni des 7° et 16° légères.

Ordre au maréchal Lefebvre d'envoyer à Darmstadt, de manière à y être rendu en même temps que la division Dupont, le nombre d'hommes nécessaire pour la porter au grand complet de guerre, c'est-à-dire à 2.000 hommes par régiment : le manque au complet des régiments peut être de 400 hommes pour chacun.

Ordre de reformer la division Lorge, de la porter de 6.000 à 8.000 hommes, d'y joindre 1.000 hommes de cavalerie et douze pièces d'artillerie, pour être placée entre Francfort et Mayence ; faire connaître les pays où il la cantonnera et où elle vivra aux dépens des princes auxquels ils appartiennent. Tenir ces mouvements très secrets.

Ordre au général Dupont de partir avec sa division le plus tôt possible pour Darmstadt où elle cantonnera, avec son artillerie et tout ce qui lui est nécessaire pour faire campagne. Sans faire partie du corps du maréchal Augereau, elle sera sous ses ordres.

---

267. — ORDRE (1).

24 janvier 1806.

Ordre à la division Leval de se rendre à Darmstadt.
Ordre à la division du général Dupont de se rendre à Darmstadt.
Ordre à la division du général Broussier de se rendre à Höchst, entre Francfort et Mayence.

Toutes ces troupes sont réunies sous le commandement de M. le maréchal Augereau, sans, pour cela, faire partie du 7° corps.

Ordre au maréchal Kellermann d'envoyer au 7° corps, savoir : 200 hommes des 7°, 16° et 24° régiments d'infanterie légère et (2), 300 hommes des 44° et 63°, pour renforcer les bataillons de guerre.

La division Leval doit être forte d'environ 8.000 hommes d'infanterie et 1.000 hommes de cavalerie, avec 12 pièces d'artillerie.

---

(1) Minute. — Répétition des ordres énoncés dans la pièce précédente, sauf en ce qui concerne la division Broussier.
(2) Lacune par suite d'une déchirure du papier.

Ordre de compléter les corps de la division Dupont à 2.000 hommes par régiment.

La division Broussier doit être composée de 6.000 à 8.000 hommes d'infanterie, 1,000 hommes de cavalerie et 12 pièces d'artillerie.

Il faut faire un état des troupes réunies sous le commandement de M. le maréchal Augereau.

268. — AU MARÉCHAL BERTHIER.

Strasbourg, 24 janvier 1806.

Mon Cousin, je crois qu'il serait nécessaire de donner ordre au payeur général de la Grande Armée de se rendre à Strasbourg, afin d'y réunir tous ses moyens pour pourvoir à la solde de l'armée quand elle aura passé le Rhin. En même temps, vous le chargerez de payer toutes les ordonnances relatives aux capotes et souliers qui n'auraient pas été payées à l'armée.

NAPOLÉON.

269. — DÉCISION.

Rapport à l'Empereur.	DÉCISION DE SA MAJESTÉ.
Paris, 28 janvier 1806.	Laisser continuer leur route jusqu'à Ulm.
Le ministre de la guerre demande si, malgré la conclusion de la paix, les détachements tirés des dépôts doivent partir ou continuer leur route pour rejoindre leurs corps à la Grande Armée.	DEJEAN.

270. — NOTE (1).

30 janvier 1806.

Sa Majesté, dans le conseil d'hier, a manifesté l'intention de faire présent à chacune des trente premières villes qui ont envoyé des députés au sacre, de deux canons russes pris à la bataille d'Austerlitz.

Faire un travail sur cet objet et sur les moyens d'exécution.

(1) De la main du général Dejean.

Tous les canons russes sont en marche vers la France.

DEJEAN.

271. — NOTE (1).

30 janvier 1806.

J'ai, je crois, remis une note pour le bureau de l'artillerie par laquelle je demandais si l'on avait à ce bureau quelques renseignements sur quatre pièces de canon déposées à Auxerre et provenant de la famille Montmorency, qui les réclamait.

L'intention de Sa Majesté (conseil d'hier 29) est que ces canons rentrent dans les arsenaux de l'Etat. Ils sont de bronze et ont été fabriqués à Douai, en 1785.

On prendra, au besoin, des renseignements plus précis au ministère de l'intérieur. On me soumettra ensuite les moyens d'exécution des ordres de Sa Majesté.

DEJEAN.

272. — DÉCISION.

Paris, 30 janvier 1806.

Le ministre de la guerre rend compte que le général Montchoisy, commandant la 28ᵉ division militaire, propose de prendre dans le 67ᵉ régiment de ligne les deux détachements destinés à tenir garnison sur le vaisseau *le Génois* et la frégate *la Pomone*.

Accordé.

NAPOLÉON.

273. — DÉCISION.

Paris, 30 janvier 1806.

Le ministre de la guerre demande les ordres de l'Empereur en vue de la désignation du régiment qui fournira la garnison de la frégate *la Milanaise*, en rade de Dunkerque.

Le 3ᵉ bataillon du 36ᵉ régiment fournira la garnison.

NAPOLÉON.

---

(1) De la main du général Dejean.

274. — AU GÉNÉRAL DEJEAN.

Paris, 31 janvier 1806.

Monsieur Dejean, donnez ordre au général de division Schauenburg de passer l'inspection du corps de réserve que commande le maréchal Kellermann, et de réformer et renvoyer chez eux les conscrits hors de service. A mon passage à Strasbourg, j'ai reconnu dans ce corps beaucoup d'hommes estropiés et qui augmentent la dépense sans être utiles. Proposez-moi également un bon inspecteur pour faire la même opération dans la réserve que commande le maréchal Lefebvre.

NAPOLÉON.

275. — NOTE (1).

Paris, 31 janvier 1806.

L'Empereur désire que monsieur le ministre Dejean lui envoie la route des corps qui retournent en France, de l'armée du Nord.

276. — AU GÉNÉRAL DEJEAN.

Paris, 31 janvier 1806.

Monsieur Dejean, il y a des habits en confection sur le Rhin pour les gardes nationales. Faites-les réserver pour les corps. Veillez aussi à ce que toutes les armes rentrent dans mes arsenaux.

NAPOLÉON.

277. — AU MARÉCHAL BERTHIER.

Paris, 2 février 1806.

Mon Cousin, mettez à l'ordre de l'armée que les corps aient à faire faire à leurs dépôts sur le Rhin le nombre de souliers nécessaires pour qu'au moment où ils passeront le Rhin chaque corps puisse distribuer deux paires de souliers neufs à chaque soldat, et que cela sera payé sur la masse de linge et chaussure. Faites connaître aussi que mon intention est qu'au moment où l'armée

---

(1) Original non signé.

passera le Rhin, les quartiers-maîtres de chaque corps touchent la solde de janvier et février ; les officiers seront payés des deux mois, et les soldats ne la toucheront qu'à raison de double prêt ; les 7 ou 8 millions qui se trouvent chez le payeur général seront employés à cet effet. Les généraux et officiers d'état-major seront payés de tout ce qui leur sera dû. Faites connaître au payeur général de la Grande Armée qu'il ait à se trouver à Strasbourg pour payer les deux mois de solde et tout ce qui est dû aux généraux et officiers d'état-major.

NAPOLÉON.

278. — AU GÉNÉRAL DEJEAN.

Paris, 2 février 1806.

Monsieur Dejean, j'ai donné ordre que les ordonnances sur le payeur de la Grande Armée, pour fournitures extraordinaires de capotes et de souliers, soient acquittées sans délai.

Écrivez aux inspecteurs aux revues des réserves des maréchaux Kellermann et Lefebvre pour connaître les corps qui au 1er mars n'en auraient pas été entièrement payés.

NAPOLÉON.

P.-S. — Envoyez-moi mes livrets des différents états de situation au 1er janvier.

279. — DÉCISION.

Paris, 2 février 1806.

| Le ministre de la guerre propose à l'Empereur de faire fournir par le 112e régiment d'infanterie la garnison de la chaloupe-canonnière n° 88, affectée au service de la rade de Cherbourg. | Approuvé. NAPOLÉON. |

280. — DÉCISION.

3 février 1806.

| Le général Dejean sollicite les ordres de l'Empereur au sujet de | J'ai communiqué à Sa Majesté ; ne rien changer à l'itinéraire |

l'interprétation de deux lettres du maréchal Berthier relatives à la dissolution de l'armée du Nord, des troupes, regarder les deux lettres du maréchal Berthier comme non avenues.

DEJEAN.

281. — AU MARÉCHAL BERTHIER.

Paris, 4 février 1806.

Mon Cousin, si le général Caffarelli a besoin, pour se remettre, de revenir à Paris, vous lui donnerez l'ordre de rentrer et vous donnerez le commandement de sa division au général Morand.

NAPOLÉON.

282. — DÉCISION.

5 février 1806.

Le général Gouvion, commandant le camp volant de Poitiers, demande que les 1.013 hommes tirés des 7e, 66e et 82e régiments d'infanterie de ligne pour former le camp volant d'Evreux soient renvoyés à leurs corps respectifs, en raison des troubles survenus dans le département des Deux-Sèvres.

Approuvé.

NAPOLÉON.

283. — DÉCISIONS (1).

Les décrets des 9, 12, 19 et 26 fructidor an XIII qui prescrivent aux régiments de cavalerie de porter leur effectif en chevaux au-dessus du complet de paix doivent-ils être toujours observés ?

Remettre avec le décret au conseil de vendredi.

Avance demandée par le 106e régiment d'infanterie.

Attendre les revues.

───────

(1) De la main de Maret; non datées, non signées, extraites du « Travail du ministre directeur avec l'Empereur, du 5 février 1806 ».

Les masses des troupes de la principauté de Lucques doivent-elles être à la charge de la France pendant le séjour de ces troupes à l'île d'Elbe ?

Il est demandé à l'Empereur si les consommations faites par les troupes campées ou cantonnées doivent être soumises au droit d'octroi rural établi dans le département du Pas-de-Calais en faveur des communes.

Il est proposé à l'Empereur de faire procéder par les officiers de santé, comme en l'an IX, à une visite exacte de toutes les troupes.

Des quatre brigades d'équipages de l'armée du Nord qui ont reçu l'ordre de se rendre à la Grande Armée, trois sont arrêtées en route par le débordement des fleuves.

La signature de la paix a fait suspendre les dispositions prises pour porter les effets de campement à la quantité nécessaire pour 100.000 hommes.

Il n'existe pas de fonds pour acquitter les 888.345 francs restant

Approuvé pour le temps où les hommes sont restés. Renvoyer ces hommes.

Le ministre et celui de la marine feront un rapport pour faire sentir d'abord les avantages que le paiement par les communes aura, d'abord pour la comptabilité des villes et ensuite pour le bien des troupes. On fait un bail, on a une recette considérable, puis les troupes partent, et l'on n'a plus le moyen de faire face aux dépenses dont on a pris l'habitude. Il convient donc de statuer que les villes rembourseront sur l'état des revues. Citer Boulogne, Brest, etc. (1).

Laisser courir.

Prévenir Sa Majesté quand ces brigades arriveront à Bruxelles.

Ne pas donner de suite aux dispositions.

Déduire des 888.345 tout ce qui est relatif à l'armée d'Italie et à

---

(1) Publiée dans la *Correspondance* sous la date du 5 février, mais avec quelques variantes.

dus aux corps pour capotes et souliers.

Si la conscription de 1806 n'est pas levée en entier, il semble utile de suspendre certaines commandes d'habillement.

celle de Naples. Le corps du général Marmont doit aussi être déduit parce qu'il est passé à l'armée d'Italie. Ne présenter de demande que pour la Grande Armée uniquement.

Remettre un état des commandes, de leur montant, de l'époque du paiement et des lieux où les denrées se trouvent.

284. — DÉCISIONS (1).

Proposition de licencier les 9ᵉ, 10ᵉ et 11ᵉ bataillons principaux et bis du train d'artillerie, de nouvelle création.

L'Empereur est prié de faire connaître ses intentions sur les demandes de fonds et d'armes faites par le général Dulauloy, pour le service de l'artillerie de l'armée de Naples.

Le ministre de la guerre demande si l'intention de l'Empereur est qu'on revienne à l'exécution entière

Faire connaître où en est l'opération par un rapport vendredi prochain. L'état de situation, les lieux où ils se réunissent, les ordres donnés, la situation de l'habillement, les chevaux arrivés, enfin tout ce qui y est relatif sera l'objet de ce rapport.

Ecrire au prince Joseph que tous les fonds pour l'artillerie doivent être remis au directeur du parc, que le général en chef de l'artillerie ne doit pas toucher d'argent et que Sa Majesté a eu plusieurs fois l'occasion de remarquer que la comptabilité de l'artillerie est sortie de son ancienne régularité.

A dater du 1ᵉʳ avril, on rentrera dans les dispositions du décret.

---

(1) De la main de Maret, ni datées, ni signées; extraites du « Travail du maréchal Berthier, ministre de la guerre, avec l'Empereur, du 5 février 1806 ».

du décret du 18 fructidor an XIII relatif au droit de péage sur le pont de bateaux du Rhin à Strasbourg.

Sa Majesté est priée de vouloir bien, conformément à la demande du premier inspecteur général d'artillerie, autoriser le paiement à Strasbourg de la somme de 373.940 francs due aux conseils d'administration des bataillons du train de la Grande Armée.

Le ministre du Trésor public donnera au payeur l'ordre d'acquitter cette ordonnance. Le ministre de la guerre en préviendra le général Songis, mais il ajoutera que Sa Majesté désire que les corps ne consomment pas cet argent. Il aurait été nécessaire dans la circonstance de la guerre; mais les circonstances ayant changé par la paix, l'intention de l'Empereur est que les achats cessent, puisque nécessairement on en viendra à donner les chevaux aux cultivateurs.

Faire un état des fonds dont on a disposé, des chevaux rentrés et de l'argent en caisse.

L'Empereur est dans l'opinion que tous les conseils d'administration ont des fonds considérables à rendre.

---

285. — RENSEIGNEMENTS DEMANDÉS AU MINISTRE DIRECTEUR PAR SA MAJESTÉ POUR LE CONSEIL DU VENDREDI 7 FÉVRIER 1806.

7 février 1806.

Le ministre apportera la justification du service de l'an XIV, montant à 47 millions.

Il aura soin de distinguer :

1° Ce qui a été dépensé en matières encore existantes, telles qu'approvisionnements de siège. Les états seront chiffrés dans le plus grand détail.

2° Les fonds extraordinaires relatifs à l'entrée en campagne, avec les décrets qui les ont accordés.

Il apportera les états tels que revues provisoires, états de situation présumée, etc., propres à montrer la qualité du service, mois par mois.

A l'état des dépenses de l'habillement, il joindra un état propre à faire connaître la situation de l'habillement pendant l'an XIII et l'an XIV.

Il apportera les règlements propres à faire connaître l'état de la législation sur les masses.

Enfin, comme ministre de la guerre, il présentera l'état de l'armée au 15 janvier, en faisant connaître ce que chaque corps a dû recevoir des conscrits de la réserve pour être au complet.

Le ministre présentera un nouveau plan de budget pour son département.

Sa Majesté a fait différentes observations sur la comptabilité Lannoy et Vanlerberghe.

Sa Majesté ordonne qu'on lui représente les états des services faits par le sieur Vanlerberghe, et qu'on fasse remettre par lui un état précis de ses approvisionnements.

Sa Majesté demande qu'on lui apporte le budget de la guerre dans tous ses détails pour l'an XIV et l'an 1806.

Elle veut qu'on lui fasse connaître de quelle manière, par quels moyens et à quels prix se font les services divers de la guerre.

---

286. — DÉCISION.

7 février 1806.

Le général Gobert, commandant la 3ᵉ division militaire, rend compte d'une demande du maire de la ville de Bitche tendant à ce que le service des gardes nationales cesse dans cette place, conformément aux dispositions du décret impérial du 8 janvier 1806. Toutefois, le général sollicite l'autorisation de prélever sur le 4ᵉ régiment d'infanterie légère un détachement de 60 hommes pour la garde des prisonniers anglais à Bitche.

Accordé.

NAPOLÉON.

287. — DÉCISION.

Paris, 7 février 1806.

Le général d'Aboville, commandant les gardes nationales du département du Doubs, rend compte que, malgré le décret du 8 janvier qui renvoie dans leurs foyers les gardes nationales, il a cru devoir maintenir sur pied deux cohortes qui ont été levées pour faire le service de la place de Besançon et il demande s'il doit les licencier.

Si elles ne coûtent rien, il n'y a pas d'inconvénient à les laisser jusqu'à ce qu'il arrive des troupes de ligne pour soulager les citoyens.

NAPOLÉON.

288. — DÉCISION.

Paris, 8 février 1806.

L'Empereur ayant demandé où se trouvait le colonel de la 1re légion du Midi et pourquoi il n'était pas à son corps, le ministre directeur de l'administration de la guerre rend compte que ce colonel dirige à Turin le recrutement de la légion et fait les fonctions de commissaire du gouvernement pour la levée.

Donner ordre à ce colonel de se rendre à sa légion.

NAPOLÉON.

289. — DÉCISIONS (1).

Le ministre rend compte qu'il a cru devoir fournir pour une seconde réunion de 3.000 conscrits à Strasbourg et faire verser dans la caisse du conseil d'administration du dépôt 144.660 francs pour les dépenses accessoires.

Trois mille étaient suffisants (2).

Il est rendu compte de l'arrivée

Les laisser à Bruxelles.

---

(1) De la main de Maret; non datées et non signées, extraites du « Travail du ministre directeur avec l'Empereur, du 12 février 1806 ».
(2) L'Empereur veut dire qu'il lui paraît suffisant d'avoir déjà pourvu à l'habillement de 3.000 conscrits.

à Bruxelles des équipages militaires de l'armée du Nord que le débordement des eaux a empêchés de joindre la Grande Armée.

Le gouvernement batave a consenti à payer l'état-major et les administrations des divisions du général Colaud. L'ordonnateur en chef en Hollande sera-t il chargé du service de ces deux divisions ?

Compte rendu. A représenter samedi.

Un seul ordonnateur suffit.

Acompte demandé pour le sieur Montessuy (service des Invalides).

Lui proposer un paiement en domaines, lui donner par avance 300,000 francs sur l'an XIV ou 1806.

290. — DÉCISIONS (1).

Doit-on continuer d'exécuter les dispositions du décret du 2ᵉ jour complémentaire relatif au rappel dans les corps des anciens sous-officiers et soldats ?

Laisser tomber en désuétude.

Un agent de l'Angleterre, embaucheur, a été arrêté à Gênes. Il y est détenu au secret en attendant qu'il soit prononcé sur son sort.

Le traduire à une commission militaire.

291. — AU GÉNÉRAL DEJEAN.

Paris, 15 février 1806.

Monsieur Dejean, faites-moi connaître la quantité de souliers qui existe aujourd'hui dans les magasins en Italie, conformément aux différentes décisions qui avaient été prises au commencement de la campagne, afin que je vous autorise à vendre ces souliers aux corps. Je vois dans les états que vous m'avez remis que vous portez une

---

(1) Non datées, non signées; extraites du « Travail du maréchal Berthier, ministre de la guerre, avec l'Empereur, du 12 février 1806 ».

Napoléon, t. I.

somme de 29.000 francs pour un bataillon qui devait venir à Gênes. Ce bataillon n'y devant plus venir, cette somme doit être économisée, ou reprise, si vous l'avez dépensée. Je désirerais connaître sur la somme de 2.800.000 francs que vous me présentez dans votre état n° 2, comme devant servir à la solde de secours, la portion qui a déjà été ordonnancée. Les fournitures de capotes qui sont portées au n° 1 sont, j'imagine, celles faites pour la Grande Armée, sur les fonds extraordinaires. Pour pouvoir me guider dans les décisions que vous me demandez par votre rapport n° 8 sur les remontes, si l'on doit porter les dragons à 600 et les chasseurs à 700, je désirerais connaître la portion que vous avez déjà ordonnancée et ce qui reste à ordonnancer ; un état général des remontes tel que vous me l'avez déjà présenté me serait nécessaire.

NAPOLÉON.

292. — AU GÉNÉRAL DEJEAN.

Paris, 16 février 1806.

Monsieur Dejean, mes états de situation sont de janvier, envoyez-les-moi du 1ᵉʳ février. Envoyez-moi également un état de situation de chaque régiment et compagnie d'artillerie, de chaque compagnie du train, d'ouvriers, pontonniers, etc., en me faisant connaître le lieu où elles se trouvent.

NAPOLÉON.

293. — AU GÉNÉRAL DEJEAN (1).

Paris, 17 février 1806.

Monsieur Dejean, je vous ai demandé par ma lettre du..... (2) février des états sur la conscription ; je vous prie de me les apporter mardi, au conseil de liquidation.

---

(1) Non signée.
(2) La date manque.

294. — DÉCISIONS (1).

Le maréchal Berthier rend compte des ordres donnés au maréchal Kellermann à l'effet de choisir parmi les conscrits de réserve des ans IX, X, XI, XII et XIII du dépôt général établi à Strasbourg les hommes qu'il jugerait propres au recrutement de chaque compagnie des bataillons de sapeurs, augmentée de 52 hommes.

Sa Majesté n'approuve pas cette mesure. Aucun mouvement de conscrits ne doit être fait qu'après que le tableau en a été mis sous les yeux de Sa Majesté.

L'intention de l'Empereur est-elle que le préfet de police nomme les sergents et caporaux de la compagnie de réserve spécialement affectée à son service, à l'exclusion du préfet du département ?

Le décret a prononcé. Il n'y a pas lieu à élever cette question.

295. — DÉCISIONS (2).

Rapport sur les souliers existant dans les magasins en Italie.

L'intention de S. M. est que l'on cède les souliers aux corps. L'armée de Naples est aujourd'hui trop éloignée pour qu'on lui envoie des souliers.

Le prince Eugène demande le grade d'ordonnateur en faveur du commissaire des guerres Holland.

S. M. a nommé M. Joubert ; il doit remplir ses fonctions.

A la charge de quel gouvernement doit être le régiment italien qui se trouve en Hollande ?

Se conformer au décret. Ce corps doit être traité, en Hollande, ainsi et de la même manière que tous les corps français, aux frais de la Hollande.

---

(1) De la main de Maret; non datées et non signées, extraites du « Travail du maréchal Berthier, ministre de la guerre, avec l'Empereur, du 19 février 1806 ».

(2) Non datées et non signées; extraites du « Travail du ministre directeur avec l'Empereur, du 19 février 1806 ».

296. — AU GÉNÉRAL DEJEAN.

Paris, 20 février 1806.

Monsieur Dejean, il est inutile de former un 4ᵉ bataillon de la légion du Midi. On peut fort bien réunir ce 4ᵉ bataillon au troisième.

NAPOLÉON.

---

297. — DÉCISION.

21 février 1806.

Le ministre de l'administration de la guerre demande, de la part du ministre de la marine, l'autorisation de remplacer les détachements du 31ᵉ léger, embarqués, comme garnison, sur les bricks *l'Oreste* et *le Pylade*, en relâche à Cherbourg, par des hommes empruntés au 112ᵉ régiment d'infanterie.

Approuvé.

NAPOLÉON.

---

298. — DÉCISION.

Paris, 26 février 1806.

Le ministre directeur de l'administration de la guerre demande les ordres de l'Empereur relativement à la composition de la garnison du vaisseau *le Courageux*, en armement à Lorient.

Accordé la garnison par un détachement du 47ᵉ.

NAPOLÉON.

---

299. — AU GÉNÉRAL DEJEAN.

Paris, 26 février 1806.

Monsieur Dejean, donnez ordre au 3ᵉ bataillon du 26ᵉ de se rendre à La Rochelle ; il fournira deux compagnies complètes, c'est-à-dire fortes de 150 hommes chacune, à l'île d'Yeu. Le bataillon du 93ᵉ, qui est à l'île d'Yeu, se rendra à Rochefort ; le bataillon du

Midi, qui est à La Rochelle, se rendra à l'île de Ré ; le bataillon du 93°, qui est à l'île de Ré, se rendra à Rochefort, et, en général, tous les détachements du 93° qui seraient dans la 12° division militaire se réuniront dans cette ville. Vous en ferez passer une revue, pour savoir le nombre d'hommes qu'a ce régiment, ceux qui sont habillés et ceux qui ne le sont pas, le nombre de conscrits qu'il a reçus ou doit recevoir cette année, et ceux qu'il a reçus l'année passée, afin que je puisse lui donner une destination.

NAPOLÉON.

300. — DÉCISIONS (1).

26 février 1806.

Compte rendu au sujet du recrutement et de l'organisation du régiment de La Tour d'Auvergne.

M. de La Tour d'Auvergne ne doit point établir de cadets, ni s'écarter en aucune manière de l'organisation des corps français.

Le général Dejean propose à l'Empereur d'autoriser la rentrée en France du sieur Bresard, ancien officier de gendarmerie, émigré en 1792, eu égard à son âge et aux services de son fils, lieutenant au 46° régiment de ligne.

Renvoyer au ministre de la police.

301. — DÉCISIONS (2).

Le ministre propose de céder aux hôpitaux des approvisionnements de siège faits pour les hôpitaux de Strasbourg.

Cet objet appartient aux objets qui seront rapportés au conseil de lundi.

Quelle destination convient-il de donner aux trois détachements des

A présenter au conseil de lundi.

---

(1) Extraites du « Travail du maréchal Berthier, ministre de la guerre, avec l'Empereur, du 26 février 1806 ». Non signées.
(2) De la main de Maret; non datées et non signées, extraites du « Travail du ministre directeur avec l'Empereur, du 26 février 1806 ».

équipages Breidt venus à Paris à la suite de la garde impériale ?	
Dispositions proposées pour mettre les hôpitaux de la 1re division militaire en état de recevoir un plus grand nombre de malades en prévision du nombre considérable de troupes qui doivent se réunir sur le territoire de cette division pour les fêtes de mai.	A représenter, en proposant des moyens ordinaires que fourniront les localités.
Le maréchal Lefebvre, en raison du passage de son corps d'armée dans le pays de Darmstadt, désire que ce corps soit organisé sur le pied de guerre.	Il n'y a pas lieu à statuer.
Le traitement de 10.000 francs dont jouissait, comme attaché à l'administration de la guerre, M. le conseiller d'État Bérenger, doit-il être encore payé ?	Décidé négativement.

302. — AU GÉNÉRAL DEJEAN.

Paris, 27 février 1806.

Monsieur Dejean, donnez ordre au général Montchoisy d'écrire à Monsieur O'Farrill, ministre d'Espagne à Florence, pour que les hommes du régiment de Zamora qui ont tué deux gendarmes à Rapallo (département de Gênes) soient fusillés, et pour témoigner mon mécontentement sur la conduite de ce régiment et insister sur la nécessité de faire un exemple sévère.

NAPOLÉON.

303. — AU GÉNÉRAL DEJEAN.

Paris, 27 février 1806.

Monsieur Dejean, mon intention est que vous mettiez à la disposition du conseil d'administration du 5e régiment d'infanterie légère les fonds nécessaires pour acheter soixante bonnets de grenadiers que j'accorde en gratification à ce régiment.

NAPOLÉON.

---

304. — DÉCISION.

Paris, 28 février 1806.

Le ministre de la guerre rend compte de l'organisation de la 1ʳᵉ légion du Midi et notamment de la formation du 4ᵉ bataillon.

J'approuve ce qui est proposé par le ministre. Que le bataillon soit réuni à l'île d'Aix et que ce recrutement, qui ne produit pas grand'chose, finisse.

NAPOLÉON.

---

305. — AU GÉNÉRAL DEJEAN.

Paris, 28 février 1806.

Monsieur Dejean, envoyez-moi mes états de situation au 15 février. Je vous en envoie un de la même date de ceux (sic) que je vous demande.

NAPOLÉON.

---

306. — AU GÉNÉRAL DEJEAN.

Paris, 1ᵉʳ mars 1806.

Monsieur Dejean, vous devez aux carabiniers et aux cuirassiers 460.000 fr. sur les 5.960.000 fr. ; mon intention étant de compléter la grosse cavalerie à 600 chevaux par régiment, je désire que vous leur fassiez connaître qu'ils ne doivent rien réformer et rester aujourd'hui à leur grand complet de guerre. Quant aux autres armes, dragons, chasseurs et hussards, laissez la chose dans la situation actuelle. Ne leur donnez de fonds qu'autant que cela sera indispensable, comme pour solder les marchés qu'ils auraient faits et attendez la première revue.

NAPOLÉON.

307. — DÉCISION.

2 mars 1806.

On soumet à l'Empereur une lettre du général Songis, premier inspecteur général de l'artillerie, au maréchal Berthier, datée de Braunau, 21 février 1806, et relative à des munitions d'artillerie et à d'autres objets qu'il demande l'autorisation de vendre au profit du service des transports.

Approuvé la vente de ces objets au profit de l'artillerie.

NAPOLÉON.

308. — DÉCISION.

2 mars 1806.

Le maréchal Berthier propose à l'Empereur d'accorder au général Marmont, commandant en chef le 2ᵉ corps d'armée, une somme de trente cinq mille trois cent quarante huit florins trente kreutzer pour dépenses extraordinaires et secrètes.

Approuvé.

NAPOLÉON.

309. — AU GÉNÉRAL DEJEAN.

Paris, 5 mars 1806.

Monsieur Dejean, vous deviez me faire un rapport sur les travaux faits aux places fortes de France et d'Italie, direction par direction, et me présenter l'état de ceux qu'il faut y faire encore et de ce qui a été dépensé pour cet objet. Vous ne m'avez pas rendu compte de ces affaires. Vous ne m'avez pas non plus désigné les différents officiers qui doivent être employés au Prytanée militaire français pour la police et l'instruction militaire des élèves. Présentez-moi ces différents rapports le plus tôt possible.

NAPOLÉON.

310. — DÉCISIONS (1).

Proposition de décréter qu'il sera formé un 3ᵉ bataillon de déserteurs étrangers composé d'un état-major et de six compagnies et assimilé pour le surplus aux bataillons d'infanterie légère.

Quand les compagnies du bataillon actuel seront portées à 200, on pourra s'occuper de cet objet.

Le général Montrichard, qui était à l'armée de Naples, est arrivé à Paris d'après l'ordre de Sa Majesté.
Elle est priée de vouloir bien faire connaître ses intentions sur cet officier général.

Le mettre en non-activité et lui donner l'ordre de se rendre chez lui.

NAPOLÉON.

Rapport sur une proposition du général Morand tendant à former le bataillon étranger, qui est en Corse, à 9 compagnies.

Sa Majesté ne pense pas qu'on doive approuver. Il faut donner l'ordre de rétablir le bataillon à 6 compagnies et de les porter, s'il le faut, à 200 hommes.
Le général Morand n'a pas l'autorisation de constituer l'Etat en nouvelle dépense. Le ministre du Trésor défendra au payeur de payer au delà des officiers de l'organisation en 6 compagnies. Quant au passé, il sera fait retenue du mal payé, le montant en sera retenu sur les 45.000 francs que la Police paye au général Morand.

Le général Dejean prie Sa Majesté de vouloir bien faire connaître si les troupes françaises restées dans l'électorat de Hanovre font partie de la Grande Armée et si

Répondre que de telles demandes ne peuvent être présentées à Sa Majesté.

---

(1) De la main de Maret; non datées et non signées, sauf une; extraites du « Travail du ministre de la guerre avec l'Empereur, du 5 mars 1806 ».

elles ont, ainsi que les sept corps de cette armée, droit aux bienfaits du décret du 29 vendémiaire dernier.

311. — DÉCISIONS. (1).

Il est proposé à l'Empereur de ne pas contremander les ordres de fournitures donnés pour 1806 au directoire de l'habillement en faveur des corps employés dans le royaume d'Italie, les États de Venise et de Naples.

Laisser cours aux ordres donnés.

L'approvisionnement de l'île d'Elbe doit-il être porté au complet de 5.000 hommes ?

Approuvé.

État des approvisionnements existant à l'armée des Côtes.

Présenter : 1° un état de ce qui existait, 2° de ce dont on a disposé et de l'emploi, 3° de ce qui reste. Remettre en général tous les comptes des approvisionnements faits pour l'armée des Côtes.

312. — DÉCISION.

8 mars 1806.

Le général Dejean, ministre de l'administration de la guerre, demande l'autorisation d'augmenter la garnison des deux bricks *l'Oreste* et *le Pylade* de deux détachements de 13 hommes chacun tirés du 112° régiment d'infanterie.

Approuvé.

NAPOLÉON.

---

(1) De la main de Maret; non datées et non signées, extraites du « Travail du ministre directeur avec l'Empereur, du 5 mars 1806 ».

313. — DÉCISION.

8 mars 1806.

Le ministre de l'administration de la guerre rend compte que le prince Louis lui a témoigné le désir de visiter le dépôt des plans en relief.

Accordé.

NAPOLÉON.

---

314. — A M. DEJEAN, AYANT LE PORTEFEUILLE DE LA GUERRE.

Paris, 8 mars 1806.

Monsieur Dejean, les 16e et 67e régiments d'infanterie de ligne avaient de forts détachements embarqués à Cadix ; ils en avaient au Ferrol. Ces détachements doivent s'être rendus par terre en France. Faites-moi connaître où ils sont, la route qu'ils ont suivie et leur force. Le 93e partira de Rochefort, après avoir réuni ses détachements, le 25 mars et se rendra à Turin où il tiendra garnison. Le 7e de ligne partira également le 25 mars du camp volant de Poitiers et se rendra à Grenoble, où il tiendra garnison. Le 66e se rendra à l'île d'Oleron, où il tiendra garnison. Le camp volant de Poitiers sera ainsi dissous. Le général Gouvion rentrera au Sénat, mais, avant de quitter son commandement, il renverra la compagnie d'artillerie à cheval à son régiment. Le train sera licencié. Ainsi les trois camps volants seront dissous, tout rentrera dans l'ordre naturel, et les troupes seront mises sur le pied de paix.

NAPOLÉON.

---

315. — A M. DEJEAN, AYANT LE PORTEFEUILLE DE LA GUERRE.

Paris, 8 mars 1806.

Monsieur Dejean, donnez ordre aux bataillons des 18e régiment d'infanterie légère, 11e, 35e, 84e, 92e de ligne, aux 8e de chasseurs et 6e d'hussards de rejoindre le corps d'armée du général Marmont. Ils partiront de Hollande le 25 mars et dirigeront leur route de manière à ne pas se croiser avec le retour de la Grande Armée. Donnez ordre aux troisièmes bataillons des 21e d'infanterie légère, 65e et 22e de ligne et à celui du 72e de rejoindre leur régiment en Hollande. Vous donnerez ordre au général Colaud de reprendre sa place au Sénat. Toutes les troupes qui sont en Hollande resteront sous les ordres du général Michaud. Donnez ordre au régiment italien qui est en Hollande de retourner à la division italienne à Boulogne.

NAPOLÉON.

316. — A M. DEJEAN, AYANT LE PORTEFEUILLE DE LA GUERRE.

Paris, 8 mars 1806.

Monsieur Dejean, vous donnerez l'ordre au 26ᵉ régiment de chasseurs qui est à Strasbourg de se rendre à Metz. Donnez le même ordre à son dépôt, de manière que tout ce régiment se réunisse dans cette ville.

NAPOLÉON.

317. — AU GÉNÉRAL DEJEAN.

Paris, 9 mars 1806.

Monsieur Dejean, mon Ministre directeur de l'administration de la guerre, je vous fais passer un relevé des différences qui existent entre les états du comité des revues et les comptes des munitionnaires. Examinez avec soin d'où proviennent ces différences et faites-moi connaître vos observations.

Je remarque dans les états que la gendarmerie a escorté chaque jour 10.000 militaires : vous vérifierez la manière dont cela est constaté et me ferez un rapport sur ces conduites.

Je vois aussi dans ces états qu'il y a toujours environ 400 hommes détenus près les conseils de guerre ; c'est beaucoup trop ; les conseils mettent donc de la lenteur dans leurs opérations. Il faut leur en témoigner mon mécontentement et prescrire plus d'activité.

NAPOLÉON.

318. — AU GÉNÉRAL DEJEAN.

Paris, 9 mars 1806.

Monsieur Dejean, donnez ordre au général de brigade du génie Chambarlhiac, de partir demain au soir pour se rendre à Naples.

Donnez également l'ordre au général de brigade d'artillerie Dedon de partir dans la journée de demain pour se rendre à Naples.

NAPOLÉON.

319. — AU GÉNÉRAL DEJEAN.

Paris, 11 mars 1806.

Monsieur Dejean, mon intention est de donner des semestres de dix mois, de manière à n'avoir toutes mes troupes réunies que deux mois de l'année, et de ne les donner qu'aux hommes qui auront plus de cinq ans de service, moitié aux officiers et sous-officiers et un tiers aux soldats. Il ne doit rien être innové pour les congés absolus. Vous me demanderez sur cet objet des ordres au 1er mai. Je me réserve, par un décret spécial, de désigner les corps qui doivent avoir des congés de semestres. Les semestres ne pourront être accordés que lorsque les corps auront pris des garnisons définitives.

NAPOLÉON.

320. — AU GÉNÉRAL DEJEAN.

Paris, 11 mars 1806.

Monsieur Dejean, faites dresser un état de situation de l'armée, corps par corps, bataillon par bataillon, escadron par escadron, et, pour l'artillerie, compagnie par compagnie. On me fera connaître le lieu où se trouvait chaque bataillon au 1er mars, combien il avait de présents sous les armes, combien de détachés et où, combien d'embarqués et dans quels ports, combien aux hôpitaux, combien il avait reçu de conscrits depuis le 1er vendémiaire an XIV et de quel département, combien on jugeait qu'il en avait encore à recevoir, et le total de l'effectif de chaque bataillon. On fera toujours un article pour un dépôt comme pour un bataillon.

NAPOLÉON.

321. — AU GÉNÉRAL DEJEAN.

Paris, 11 mars 1806.

Monsieur Dejean, le second régiment de La Tour d'Auvergne partira le 25 mars pour se rendre à Turin, d'où il ira rejoindre son

1ᵉʳ bataillon. Ce qui fait partie du 3ᵉ bataillon sera fondu dans le 2ᵉ qui sera envoyé en Suisse pour porter le 1ᵉʳ bataillon au complet, voulant que chaque bataillon soit de 1.000 hommes. Donnez ordre au régiment d'Isenburg de ne former son 2ᵉ bataillon que lorsque le 1ᵉʳ sera au complet de 1.000 hommes.

NAPOLÉON.

322. — DÉCISION.

12 mars 1806.

L'architrésorier demande quelles sont les intentions de l'Empereur sur une compagnie provisoirement formée sous le nom de chasseurs auxiliaires de Gênes.

Approuvé.

NAPOLÉON.

323. — DÉCISION.

12 mars 1806.

Le ministre de la guerre propose d'autoriser l'architrésorier : 1° à faire choix, parmi la compagnie provisoire formée sous le nom de chasseurs auxiliaires de Gênes, de 50 hommes pour le noyau de la compagnie de réserve ; 2° et de faire incorporer le surplus de cette compagnie dans l'artillerie de la marine.

Approuvé.

NAPOLÉON.

324. — AU GÉNÉRAL DEJEAN.

Paris, 12 mars 1806.

Monsieur Dejean, le revêtement des ouvrages cotés B, C, D, E, F, G, du camp de Boulogne laisserait dans toute sa faiblesse l'ouvrage A et les ouvrages H, I, K, L, M, N. Je désirerais connaître ce que coûteraient les ouvrages e^I, e^{II}, e^{III}, à faire à demi-revêtement avec contrescarpe ; 2° ce que coûterait le fort O à revêtir, ainsi que sa contrescarpe ; 3° ce que coûteraient les ouvrages f^I, f^{II},

fut, en y faisant les mêmes travaux. Il faudrait présenter un plan total qui fît connaître : 1° quelles seraient les sommes nécessaires pour revêtir et mettre à l'abri d'un coup de main toutes les hauteurs de Boulogne ; 2° le système de défense, tel qu'il doit être définitivement arrêté. Ne serait-il pas convenable, par exemple, de joindre les trois flèches L, M, N, pour en faire un fort fermé, car elles se trouvent bien loin de la place et un peu en l'air ? Egalement les ouvrages H, I, K, de manière que Boulogne serait protégé par quatre grands ouvrages se communiquant entre eux et ne pouvant être tournés ? Ainsi, par exemple, les ouvrages D, E, C, B, A, qui forment un tout, pourraient être enveloppés d'un chemin couvert d'infanterie, dont les parties e^I, e^{II}, e^{III}, seraient revêtues à la gorge, comme des espèces de places d'armes saillantes et retranchées ; et, si l'on préférait laisser les ouvrages A, B, C, D, séparés entre eux, ne faudrait-il pas les réunir par une communication souterraine ou par une caponnière, de manière à ce que la communication soit à l'abri des feux de l'ennemi ? Les ouvrages L, M, N, n'ont-ils pas besoin d'être réunis pour former un fort à part ? Egalement, les ouvrages F, G, H, I, K ? Enfin, comme les ouvrages des environs de Boulogne sont destinés à être convertis insensiblement en plusieurs années en fortifications permanentes, il faut que les ingénieurs établissent un système, en tirant tout le parti possible de ce qui est fait. Approfondissez davantage cette matière-là.

Napoléon.

325. — DECISION (1).

S. A. I. le prince Louis sollicite, au nom de Mme veuve Guibert, la permission de rétablir, dans l'église des Invalides, le bouclier et l'urne qui avait été élevée sur la tombe de son père (2).

Demander des renseignements plus détaillés au général (sic) Serurier sur ce qui était et sur la dépense.

---

(1) De la main de Maret, ni datée, ni signée; extraite du « Travail du maréchal Berthier, ministre de la guerre, avec l'Empereur, du 12 mars 1806 ».

(2) Il s'agit de Guibert (Jean-Benoît, comte de), lieutenant général le 1er janvier 1784, gouverneur des Invalides de 1782 à 1786, mort en 1786 et qui avait été inhumé dans l'église des Invalides.

326. — DÉCISION.

12 mars 1806.

Le ministre de l'administration de la guerre propose de donner au dépôt du 20ᵉ chasseurs à cheval, qui est à Versailles, l'ordre d'aller rejoindre son corps en Hollande.

Accordé; il partira le 25 mars.

NAPOLÉON.

---

327. — AU GÉNÉRAL DEJEAN.

Paris, 12 mars 1806.

Monsieur Dejean, le 3ᵉ régiment d'infanterie légère a besoin de huit cents gibernes, de mille baudriers et de mille habits. Il y a mille hommes au dépôt de ce régiment qui sont tous nus. En frimaire dernier, vous lui aviez écrit que vous lui envoyiez des étoffes ; le 4 mars, il ne les avait pas encore reçues. Faites-moi connaître ce que je puis espérer que vous ferez pour fournir à ce régiment l'habillement qui lui manque.

NAPOLÉON.

---

328. — DÉCISIONS (1).

Le major du 9ᵉ régiment de cuirassiers demande l'autorisation de remettre dans les magasins de l'artillerie 500 carabines qui ont été délivrées à ce régiment et qui provenaient des magasins de l'ennemi.	Ils doivent les garder. Savoir pourquoi cet officier se permet de réclamer contre un armement ordonné.
Le maréchal Berthier expose à l'Empereur qu'un décret du 3 mars ordonne qu'aucune dépense des cent jours de l'an XIV ne pourra être acquittée qu'après avoir été liquidée en conseil d'administration de la guerre, tandis que le décret sur le budget rendu le même jour	Les deux dispositions ne sont pas contradictoires. Les liquidations auront lieu et le ministre ordonnancera ses dépenses des 15 mois, indifféremment sur les fonds de l'an XIV ou de l'an 1806.

---

(1) De la main de Maret; non datées et non signées, extraites du « Travail du maréchal Berthier, ministre de la guerre, avec l'Empereur, du 12 mars 1806 ».

porte que l'an XIV et 1806 étant considérés comme un seul exercice, on peut indifféremment faire passer une dépense de l'un à l'autre.

Le général Dejean prie l'Empereur de vouloir bien faire connaître ses intentions sur l'emploi des approvisionnements de la place d'Hameln, dans le cas où cette place devrait être évacuée par les troupes françaises.

Écrire au général que, quant aux approvisionnements, il doit en être comme de l'artillerie qui sera donnée à la Prusse sur inventaire.

S. A. I. le prince Louis demande que les sous-lieutenants sortant de l'École de Fontainebleau ne puissent plus être placés en qualité d'aides de camp ou d'officiers d'état-major qu'après avoir servi deux ans ou au moins un an dans la ligne.

Approuvé.

---

329. — AU GÉNÉRAL DEJEAN.

Paris, 12 mars 1806.

Monsieur Dejean, mon intention est que les trois mille hommes formant la réserve des départements ci-dessous nommés marchent comme les autres et soient dirigés, savoir :

Ceux du département de l'Aude, sur le 67° régiment qui est à Gênes ;
— — de l'Aveyron, sur le 10° d'infanterie légère ;
— — du Cantal, sur le 56° de ligne ;
— — de la Doire, sur le 28° d'infanterie légère ;
— — de la Gironde, sur le 8° d'infanterie légère ;
— — du Gers, sur le 5° de ligne ;
— — des Landes, sur le 14° d'infanterie légère ;
— — de la Haute-Loire, sur le 62° de ligne ;
— — du Lot, sur le 106° de ligne ;

Ceux du département de la Lozère, sur le 22ᵉ d'infanterie légère ;
— — de Maine-et-Loire, sur le 23ᵉ d'infanterie légère ;
— — des Deux-Nèthes, sur le 23ᵉ de ligne ;
— — des Basses-Pyrénées sur le 1ᵉʳ de ligne ;
— — de Vicence, sur le 42ᵉ de ligne ;
— — de la Vendée, sur le 56ᵉ de ligne ;
— — de la Sésia, sur le 21ᵉ d'infanterie légère.

Ceux de ces conscrits dont les corps sont à Naples rejoindront leurs dépôts en Italie, où ils trouveront des habillements, et on les fera passer sur-le-champ de Naples.

NAPOLÉON.

330. — DÉCISIONS (1).

Les régiments de carabiniers et de cuirassiers doivent-ils être portés au complet de guerre, c'est-à-dire à 668, ou seulement à 600, comme Sa Majesté en a manifesté l'intention par sa lettre du 1ᵉʳ mars ?	Les porter au complet de 668.
L'avance accordée au sieur Delannoy sera-t-elle imputée sur l'an 1806, conformément au décret du 18 février ?	Exécuter les ordres de S. M.
Le Ministre propose de renvoyer au Conseil d'Etat une réclamation du munitionnaire général des vivres qui met à la charge de l'entreprise la majeure partie des pertes et avaries survenues dans un envoi de fromage sur Calais.	Renvoyé au Conseil d'Etat.

(1) De la main de Maret; non datées et non signées, extraites du « Travail du ministre directeur avec l'Empereur, du 12 mars 1806 ».

331. — QUESTIONNAIRE.

13 mars 1806 (1).

QUESTIONS PROPOSÉES PAR SA MAJESTÉ L'EMPEREUR.

Le 5ᵉ régiment d'infanterie a :
En Dalmatie. . . . . 1.600 h.
Embarqués ou au dépôt. . . . . 700 h.
Aux hôpitaux . . . . 286 h.
Prisonniers de guerre . . . . 314 h.

Total. . 2.900 h.

Pourquoi n'y a-t-il que 1.600 présents à la division ?
Pourquoi y a-t-il 700 hommes au dépôt ?
Les prisonniers de guerre doivent être rentrés.

Le 23ᵉ a 131 prisonniers de guerre ; comment se fait-il que ces prisonniers ne soient pas rentrés ?

Le 79ᵉ a 800 hommes à son dépôt, le 81ᵉ en a 400 ; pourquoi les laisser aussi forts ?

RÉPONSES.

Le dépôt de 700 hommes n'est arrivé à Palmanova que le 1ᵉʳ mars, époque de la dernière situation envoyée à Sa Majesté ; comme il était à Turin auparavant, il ne faisait point partie de l'armée et on n'avait pu le réunir au régiment.

Le 10 de ce mois, l'ordre a été donné de faire partir pour la Dalmatie tous les hommes armés et équipés ; cet ordre n'était pas encore exécuté le 15, attendu que les magasins du régiment ayant été expédiés par le Pô n'étaient pas encore arrivés ; on les attendait chaque jour.

Les prisonniers de guerre n'ont pas encore été rendus ; le ministre de la guerre a donné avis que la remise allait incessamment s'opérer de part et d'autre. L'adjudant commandant Molard a été chargé de suivre cette opération, mais les Autrichiens n'ont encore rien rendu et, de notre part, il n'a encore été dirigé sur Palmanova que les prisonniers de guerre qui étaient restés dans les hôpitaux d'Italie.

Parce que, comme on vient de l'expliquer, les remises n'ont pas encore commencé.

La confection de l'habillement est très en retard pour le 79ᵉ. Le 81ᵉ avait son bataillon d'élite à la

---

(1) Date présumée. — Les réponses sont du 20 mars.

QUESTIONS.	RÉPONSES.
	Grande Armée; il est revenu dans un grand dénuement; on lui a donné tous les effets confectionnés et il faut du temps maintenant pour faire de nouvelles confections pour les conscrits qui viennent d'arriver.
Les deux compagnies de sapeurs ne sont qu'à 40 ou 50 hommes; il faut les compléter à 100 en y envoyant des conscrits de la réserve.	On a disposé de tous les conscrits arrivés. Jusqu'à ce que d'autres viennent, cette disposition ne pourra être exécutée qu'en prenant sur les dépôts qui n'appartiennent pas aux corps de l'Istrie et de la Dalmatie.
Les compagnies d'artillerie ne sont portées qu'à 62.	On a fait partir des conscrits depuis une quinzaine de jours pour les porter à 100.
Mêmes observations pour les compagnies italiennes.	Les ordres ont été donnés pour les compléter.
La division de Dalmatie doit rester sur le pied de guerre.	Dans l'ordre du jour du 15 mars, qui met l'armée sur le pied de paix, les divisions de l'Istrie et de la Dalmatie ont été exceptées.
Pourquoi le général Molitor n'a-t-il qu'un aide de camp?	Il en a eu un autre tué dans la dernière campagne.
Pourquoi le général Delegorgue est-il sans aides de camp?	Ce général est arrivé seul à l'armée et a passé de suite en Dalmatie; on lui a demandé plusieurs fois s'il avait des aides de camp; il n'a pas encore répondu, on n'en porte par conséquent aucun sur les états.
Un général du génie et trois officiers ne sont pas suffisants en Dalmatie.	Il a été donné ordre au général Chasseloup d'envoyer en Dalmatie trois autres officiers.

QUESTIONS.	RÉPONSES.
Deux commissaires des guerres ne sont pas assez en Dalmatie.	Un troisième commissaire conduit, avec un adjoint de l'état-major, les détachements des dépôts qui rejoignent leurs corps en Dalmatie.
Il n'y a point d'adjoints à l'état-major ; il en faut au moins quatre avec l'adjudant commandant.	Il n'y a que deux adjoints pour toute l'armée : l'un est à la division de l'Istrie, l'autre conduit des détachements en Dalmatie, où il doit rester.
Le 13ᵉ de ligne a trop de monde à son dépôt.	Le 10 de ce mois, il a été donné des ordres pour la réunion du dépôt avec le régiment. Cet ordre doit maintenant avoir reçu son exécution. Ce dépôt n'était aussi fort que parce que les conscrits n'étaient pas habillés. Les magasins d'habillement étaient restés à Alexandrie et n'avaient pu être transportés, parce que les entrepreneurs disaient ne pouvoir continuer leur service faute de fonds. Ces difficultés ont été levées et ce magasin est parti dans les premiers jours de ce mois.
Les deux compagnies d'artillerie française en Istrie sont trop faibles et doivent être portées au grand complet.	Sur les conscrits de la réserve arrivés de Strasbourg, il en a été désigné un nombre suffisant pour porter ces compagnies au complet ; ils sont maintenant en marche.
La compagnie italienne n'a que 47 hommes ; elle doit aussi être portée au complet.	Des ordres sont donnés à cet égard.
Un seul commissaire des guerres n'est pas suffisant en Istrie.	L'adjoint Dulédo a l'ordre de s'y rendre.

QUESTIONS.	RÉPONSES.
Pourquoi, à l'article du 9ᵉ de ligne, porte-t-on 300 hommes au dépôt à Vérone, puisque le dépôt est maintenant réuni au régiment ? Tout cela devrait être confondu.	La situation envoyée à S. M. l'Empereur était du 1ᵉʳ mars, et ce n'est que le 2 de ce mois que le dépôt a été réparti sur les trois bataillons.
Les régiments de cuirassiers sont faibles en chevaux ; ils doivent avoir des fonds ? Qu'en font-ils ? Qu'au 1ᵉʳ juin, ils aient 660 chevaux.	Le général Pully a l'ordre de passer une revue de tous les corps et dépôts de cavalerie. La partie des remontes lui est particulièrement recommandée. Il fera exécuter les ordres de Sa Majesté.
Réunir les dépôts de cavalerie dans les endroits les plus convenables.	Cette disposition est exécutée. Les dépôts de cuirassiers et une partie de ceux de dragons sont réunis à Lodi, où sont les plus beaux établissements de cavalerie.
Le 19ᵉ régiment de chasseurs est bien faible.	Il a un escadron en Dalmatie et, au 1ᵉʳ mars dernier, son dépôt n'avait pas encore rejoint le corps.
Le 23ᵉ régiment de chasseurs est également faible.	Son dépôt était très fort depuis quelque temps ; comme on avait le projet de réunir les dépôts aux régiments, on n'avait plus envoyé d'hommes aux escadrons de guerre. Il a, en outre, un fort détachement en Istrie.
Il faut que la division de cavalerie légère puisse offrir dans le courant de l'été 2.400.	Le général Pully a des ordres sur cet objet.
Comment sont organisés les dépôts de l'armée de Naples ? Est-ce le 3ᵉ et le 4ᵉ bataillon qui	Dans les régiments à trois bataillons le 3ᵉ, et dans ceux à quatre le 4ᵉ, forment le fond du dépôt,

QUESTIONS.	RÉPONSES.
s'y trouvent ou est-ce des corps inorganisés ?	c'est-à-dire qu'après avoir complété en officiers et sous-officiers les bataillons de guerre, le reste des officiers et sous-officiers du 3ᵉ ou 4ᵉ bataillon forme le dépôt.
On porte le dépôt du 62ᵉ à Mantoue ; on croit qu'il est à Modène.	Le dépôt du 62ᵉ était à Parme vers le milieu du mois dernier. Il a été écrit par ordre de Sa Majesté au général Junot de l'envoyer à Mantoue ; depuis, il n'a point fait de mouvement.
Faire partir le 20 mars un nouvel état de situation qui fasse connaître la position au 15 mars ; y joindre des notes sur la situation des dépôts et les raisons de leur accroissement et de leur diminution.	L'état de situation qui partira demain sera fait suivant cette disposition ; mais ce n'est que dans celui du 1ᵉʳ avril que S. M. pourra voir l'exécution de tous ses ordres.
Fournir le nombre des conscrits arrivés à l'armée depuis le dernier état, ceux arrivés du dépôt général de Strasbourg et dans quels corps ils ont été distribués.	L'état de situation en fera mention.
Le nombre des emplois vacants dans chaque régiment.	On a demandé des notes pour donner un état exact sur cet objet, mais il faudra encore du temps avant de les recevoir de la Dalmatie ; aussitôt qu'on les aura reçues, on les mettra sous les yeux de Sa Majesté.

Eugène NAPOLÉON.

332. — AU GÉNÉRAL DEJEAN.

Paris, 14 mars 1806.

Monsieur Dejean, je vous autorise à faire toutes les dispositions convenables pour avoir à Alexandrie l'habillement de vingt mille conscrits, avec leur équipement, gibernes, baudriers, etc. Cela ne doit point augmenter la masse d'habillement, vu que ces 20.000 hommes doivent être répartis entre les 35 corps qui sont en Italie.

NAPOLÉON.

333. — AU GÉNÉRAL DEJEAN.

15 mars 1806.

Monsieur Dejean, mes corps de cavalerie rentreront en France au commencement d'avril. Je vous ferai connaître le point où ils passeront le Rhin et le lieu de leur destination. Il est nécessaire que vous me remettiez le plus tôt possible l'état de l'avance que je veux accorder à chaque régiment de cavalerie pour ses fournitures de fourrages. Cette avance sera portée dans le conseil de distribution du 15, pour le mois d'avril ; mais elle sera réalisée sur-le-champ par les fonds que le payeur général, qui est à Strasbourg, a en caisse. J'ai ordonné au payeur de la réserve de cavalerie que commandait le prince Murat de se rendre à Strasbourg. Les quartiers-maîtres des régiments qui la composent s'y rendront aussi ; là, ils doivent toucher non seulement la solde de janvier et d'avril pour leurs régiments, mais aussi l'avance que vous ferez payer à chacun pour le service des fourrages. N'oubliez pas la mesure à prendre pour la compagnie Breidt et les différents bataillons du train d'artillerie.

NAPOLÉON.

334. — DÉCISION.

Paris, 15 mars 1806.

| Demande de 100.000 francs présentée par le vice-roi d'Italie pour | Ces travaux doivent se faire sur les fonds de mon royaume |

pouvoir commencer les travaux de Palmanova et d'Osoppo. d'Italie. Le prince Eugène fournira la somme nécessaire. Ce n'est pas l'argent qui manque.

NAPOLÉON.

335. — ORDRE.

15 mars 1806.

Ne point accorder de congés avant le mois de mai.

NAPOLÉON.

336. — DÉCISION (1).

15 mars 1806.

Le ministre de la guerre propose de nommer lieutenant aide de camp du général de division Bourcier M. Niceville, sous-lieutenant au 27e régiment de dragons.

Refusé ; dans un an.

337. — AU GÉNÉRAL DEJEAN.

Paris, 16 mars 1806.

Monsieur Dejean, je désire que vous désigniez au munitionnaire général des vivres, sinon la quotité d'approvisionnement de chaque place ou de chaque division, du moins l'approvisionnement de la première division et celui des places de l'extrême frontière, afin que jamais ces places ne soient dépourvues et que les troupes qui seront à Paris n'aient pas besoin de recourir aux approvisionnements civils. Je désire qu'il y ait dans la première division un approvisionnement pour 20 à 25.000 hommes pour trois mois, à Strasbourg un approvisionnement pour 12 à 15.000 hommes pour trois mois, etc. Vous me présenterez un projet de répartition dans ce sens.

NAPOLÉON.

---

(1) Non signée.

338. — AU GÉNÉRAL DEJEAN.

Paris, 16 mars 1806.

Monsieur Dejean, je désire que l'approvisionnement des grains pour les vivres de l'armée de terre soit successivement porté de quarante à cinquante millions de rations, ce qui nécessite de deux cent soixante à trois cent mille quintaux métriques de grains. Si cela n'est pas possible sans dépense avant le renouvellement du traité des vivres, je désire qu'alors cela soit effectué. Le traité actuel est assez avantageux pour pouvoir l'obtenir du moins alors.

NAPOLÉON.

339. — AU GÉNÉRAL DEJEAN.

Paris, 17 mars 1806.

Monsieur Dejean, donnez ordre au maréchal Jourdan de se rendre à Naples, pour y prendre immédiatement, sous les ordres du prince Joseph, le gouvernement de cette ville.

NAPOLÉON.

340. — DÉCISION (1).

Le ministre demande si les fourrages doivent être fournis en nature ou en argent aux troupes et à l'état-major du camp de Boulogne.	En argent. Point d'exception, fournir seulement la paille de couchage et de baraquement.

341. — AU GÉNÉRAL DEJEAN.

Paris, 17 mars 1806.

Monsieur Dejean, j'ai donné de l'argent au général Menou pour

---

(1) Non datée et non signée, extraite du « Travail du ministre directeur avec l'Empereur, du 17 mars 1806 ».

avoir des chevaux pour le bataillon du train qui se réunissait à Alexandrie. Faites-moi connaître ce qu'on a fait de ces fonds.

NAPOLÉON.

342. — AU GÉNÉRAL DEJEAN.

Paris, 17 mars 1806.

Monsieur Dejean, donnez ordre que tout ce qu'il y a à Plaisance du 2e régiment d'artillerie de ligne à pied, du 4e à cheval, du 4e bataillon du train et du 4e bataillon *bis* se rendent (*sic*) à Vérone, ainsi que tout ce qu'il y a d'appartenant au bataillon de pontonniers et à la compagnie d'ouvriers. Par ce moyen, les corps se trouveront tout entiers à l'armée d'Italie. Donnez ordre que tout ce qu'il y a à Parme du 1er régiment d'artillerie à cheval, du 6e bataillon *bis* du train, du 7e principal, se rendent (*sic*) à Naples, ainsi que la 6e compagnie du 6e *bis*. Donnez ordre qu'on renvoie de l'armée de Naples en Italie, dès qu'elles n'y seront plus nécessaires, les trois compagnies qui s'y trouvent du 4e bataillon principal du train et les trois compagnies du 4e bataillon *bis*, de manière que les deux bataillons du train n° 4 resteront en Italie, les deux bataillons du train n° 6 seront à Naples, et les deux n° 7 en Italie, en laissant à Naples, tout le temps qu'on en aura besoin, les trois compagnies qui s'y trouvent du 7e bataillon principal. Ainsi les six bataillons du train n°s 4, 6 et 7 seront définitivement destinés pour l'armée d'Italie et l'armée de Naples, lesquels seront, lorsque j'en aurai donné l'ordre, doublés et réduits à trois. Les cinq autres bataillons d'anciens numéros seront destinés à faire le service en France ; celui de nouveau numéro qui est à Douai, également, et ceux qui sont réunis à Metz et à Grenoble se rendront à Alexandrie pour le service de la 27e division militaire.

NAPOLÉON.

343. — AU MARÉCHAL BERTHIER.

Paris, 18 mars 1806.

Mon Cousin, vous ferez mettre à l'ordre du jour de la Grande Armée que les deux régiments de carabiniers, les huit régiments de cuirassiers, les vingt-quatre régiments de dragons, les douze régiments de chasseurs, les dix régiments de hussards, composant la cavalerie de la Grande Armée, recevront chacun vingt mille francs d'avance à compte sur la masse de fourrages, les quatre régiments d'artillerie légère chacun (12.000) douze mille francs et les onze bataillons du train chacun vingt mille francs. Total : treize cent quatre-vingt-huit mille francs. Ces sommes leur seront payées sur ordonnance de M. Dejean par le payeur de la Grande Armée, en même temps qu'ils recevront la solde, conformément à l'ordre précédemment donné, et pour servir à leur procurer des fourrages à leur rentrée en France.

Napoléon.

344. — AU MARÉCHAL BERTHIER.

Paris, 18 mars 1806.

Mon Cousin, ne faites point évacuer Braunau que Würzburg ne soit évacué ; je ne veux point d'Autrichiens en Allemagne, hors de chez eux, c'est un point fondamental. Témoignez à MM. de Montgelas et Otto mon mécontentement de ce qu'ils ont laissé passer les Autrichiens sur leur territoire de Bavière ; ils ne doivent le permettre qu'après s'en être entendus avec moi. Dites au Roi personnellement qu'il ne doit jamais l'accorder, qu'il n'ait une lettre de moi.

Napoléon.

345. — AU GÉNÉRAL DEJEAN.

Paris, 18 mars 1806.

Monsieur Dejean, vous trouverez ci-joint ce que je fais mettre à l'ordre du jour de la Grande Armée. Envoyez les ordonnances au payeur général qui est à Strasbourg et faites prévenir à l'ordre que les ordonnances sont chez ledit payeur. Vous verrez que dans la distribution d'avril je comprends ces sommes. Ordonnancez-les donc à compte sur votre service d'avril, mais expédiez-les dans la semaine.

Napoléon.

346. — DÉCISIONS (1).

L'ordonnateur Trousset, qui a été envoyé à Mantoue en fructidor an XIII pour surveiller la formation et la conservation des approvisionnements de siège de cette place, ayant accompli sa mission, on propose de le rappeler en France.	Il doit rester jusqu'à ce que toutes les opérations soient faites. Il vérifiera l'emploi de ses approvisionnements à Palmanova, afin d'être toujours en état d'en rendre compte.
Doit-on délivrer des feuilles de route avec indemnité aux Napolitains qui demandent à retourner dans leur pays pour y être employés dans l'administration militaire ?	Accordé.
Le ministre propose de dégrever le 1er dragons d'une retenue de 12.000 francs et de lui accorder un secours de 18.971 francs.	Ordonner la retenue sur les appointements. Si l'on a excédé ce qui était dû et autorisé, c'est à qui a ordonné indûment la dépense à la supporter.
Fonds de 3.696 francs demandé pour le bataillon de dépôt du 66e régiment pour lui permettre d'acheter des bonnets de grenadiers.	Refusé.
Bien que le décret impérial du 12 mars détermine la couleur gris fer pour l'habillement des pionniers, le ministre estime qu'il y aurait économie à substituer à cette couleur le beige.	Exécuter le décret en employant le beige qui est aussi une couleur de gris fer.

347. — AU MARÉCHAL BERTHIER.

Paris, 20 mars 1806.

Mon Cousin, remerciez le roi de Bavière de ma part de ce qu'il accorde l'ordre du Lion aux généraux Salligny, Malher, Drouet,

(1) De la main de Maret; non datées et non signées, extraites du « Travail du ministre directeur avec l'Empereur, du 19 mars 1806 ».

Klein, Ordener et Dupas, et la croix du Mérite militaire aux généraux La Planche de Morthière et Du Taillis, à l'adjudant commandant Gérard et au colonel Morio. Demandez-lui l'ordre du Lion pour les généraux Hulin et Macon, et Rapp (1), et la croix du Mérite militaire pour les colonels Soulès, Dahlmann, Dorsenne, Gros et Lepic.

NAPOLÉON.

348. — AU MARÉCHAL BERTHIER.

Paris, 21 mars 1806.

Mon Cousin, donnez ordre au général de division Salligny de se rendre à Naples.

NAPOLÉON.

349. — AU GÉNÉRAL DEJEAN.

Paris, 21 mars 1806.

Monsieur Dejean, vous voudrez bien donner l'ordre au 82ᵉ régiment, qui est resté à Poitiers, de faire partir un détachement de 700 hommes bien organisé pour se rendre à Napoléon, département de la Vendée, pour y être employés aux travaux de la place. Ils y tiendront garnison et seront placés dans les différentes casernes.

NAPOLÉON.

350. — AU GÉNÉRAL DEJEAN.

Paris, 21 mars 1806.

Monsieur le général Dejean, donnez ordre au 14ᵉ régiment de ligne, à son dépôt et aux détachements de ce régiment qui sont à Darmstadt, sous les ordres du maréchal Lefebvre, de se mettre en marche le plus tôt possible pour se rendre à Mézières où ce régiment tiendra garnison jusqu'à nouvel ordre.

NAPOLÉON.

---

(1) « Et Rapp. » A été ajouté de la main de l'Empereur.

351. — AU MARÉCHAL BERTHIER.

Paris, 22 mars 1806.

Mon Cousin, donnez ordre à la division de grosse cavalerie du général d'Hautpoul de se rendre dans le comté de Waldburg, entre le Wurtemberg et la Suisse et de s'étendre dans tous les villages de cette principauté. Quand vous le jugerez à propos, vous pourrez donner le même ordre à la division de dragons du général Beaumont, ce qui soulagera d'autant la Bavière, qui, par ce moyen, ne se trouvera plus avoir que le corps d'armée du maréchal Soult.

NAPOLÉON.

352. — AU GÉNÉRAL DEJEAN.

Paris, 22 mars 1806.

Monsieur Dejean, donnez ordre que le bataillon grec, qui est à Toulon, se rende à Milan, où il sera à la disposition du prince Eugène.

NAPOLÉON.

P.-S. — Je vous ai demandé il y a plus de huit jours un état de situation de l'armée au 1er mars. Je ne l'ai pas encore reçu ; envoyez-le-moi.

353. — AU GÉNÉRAL DEJEAN.

Paris, 23 mars 1806.

Monsieur Dejean, la plus grande partie des corps de la Grande Armée rentrera dans le courant du mois d'avril en France. Je donnerai successivement mes ordres directement au maréchal Berthier sur la manière dont le mouvement doit s'opérer. Mais je crois nécessaire de vous faire connaître mes intentions, afin que, dès ce moment, vous puissiez faire préparer les moyens de subsistance. Il n'y aura à Strasbourg que l'artillerie : personnel, matériel, transports, tout se réunira dans cette place. Le premier inspecteur général d'artillerie et le directeur général des parcs se tiendront à Strasbourg et exécuteront les différentes dispositions que je prescrirai pour la mise sur le pied de paix de toute l'artillerie.

Le 1er corps d'armée, que commande le maréchal Bernadotte, restera encore tout le mois d'avril à Ansbach ; et, comme en quittant Ansbach, mon intention est qu'il rentre dans la 25e division militaire, tous les dépôts appartenant à ce corps d'armée, qui étaient à Hameln et qui doivent se diriger sur Cologne, continueront leur route pour se réunir à Maëstricht, Liège, Venloo, Juliers, occupant ainsi toutes les places de la 25e division militaire, où le corps du maréchal Bernadotte sera placé.

Le 2e corps d'armée, que commande le général Marmont, a passé en Italie.

Le 3e corps d'armée, que commande le maréchal Davout, sera placé de la manière suivante : la 1re division, ou la division Bisson, occupera Metz, où l'on mettra le plus de troupes de cette division qu'il sera possible, et ce qui ne pourra être contenu à Metz sera placé dans les autres places de la Moselle.

La 3e division, sous les ordres du général Gudin, occupera Luxembourg et toutes les places des Forêts.

La 2e division, sous les ordres du général Friant, occupera Nancy et les places de la 4e division militaire.

Le 4e corps d'armée, que commande le maréchal Soult, ne rentrera en France qu'au mois de mai. Il occupera toutes les places de la 5e division militaire.

Le 5e corps, que commande le maréchal Mortier : 1° la division du général Suchet se rendra dans la 2e division militaire ; 2° la division du général Gazan restera jusqu'à nouvel ordre sous les ordres du maréchal Bernadotte, à Ansbach, et rentrera dans la même division militaire que le corps du maréchal Bernadotte.

Le 6e corps, que commande le maréchal Ney, occupera les cantonnements suivants : la division du général Loison occupera Dijon et les places de la 18e division militaire, et la division du général Malher les places de la 6e division. La division du général Dupont restera dans les duchés de Clèves et de Berg jusqu'à nouvel ordre.

Le 7e corps d'armée, que commande le maréchal Augereau, restera tout le mois d'avril à Francfort, et, en rentrant, il occupera les places de la 26e division militaire.

Les dépôts et 3es bataillons des corps qui sont en France, ceux qui sont à la réserve du maréchal Lefebvre, à Darmstadt, et qui rentreront sur-le-champ en France, se dirigeront de suite et à petites journées sur les places qu'ils doivent occuper dans leur nouvelle destination. Avant d'expédier aucun de ces ordres, vous m'enverrez les états de route que vous expédierez aux régiments, aux dépôts et à chaque détachement que des régiments ont dans la réserve du maréchal Lefebvre. Les corps marcheront par régiment, à petites journées et se reposant le troisième jour. Aucune troupe ne passera le Rhin avant le 15 avril. Quand le corps du maréchal Bernadotte devra rentrer, il passera le Rhin à Mayence ; celui du maréchal Davout passera le Rhin à Mannheim ; le corps du maréchal Soult passera le Rhin à Strasbourg ; celui du maréchal Ney passera le Rhin à Huningue.

La cavalerie légère du corps du maréchal Bernadotte sera répartie dans les 24e et 25e divisions militaires ; — celle du maréchal Davout dans les 3e et 4e divisions ; — celle du maréchal Soult, hormis le 26e chasseurs, qui est déjà rendu dans la 3e division militaire, dans la 5e division ; — celle du maréchal Mortier dans la 2e division ; — celle du maréchal Ney dans les 6e et 18e divisions militaires ; — celle du maréchal Augereau et la 1re division de dragons dans la 26e division militaire ; — la division de dragons du général Walther se rendra dans les 6e et 18e divisions militaires ; — celle du général Beaumont dans la 1re division militaire ; — celle du général..... (1) (la 4e division) dans les 24e et 25e divisions. La division de grosse cavalerie du général Nansouty sera placée dans les 3e et 4e divisions militaires ; — celle du général d'Hautpoul dans la 3e division militaire.

Napoléon.

P.-S. — Je désire avoir le plus tôt possible le tableau que je vous demande et vos observations sur cette répartition.

354. — DÉCISIONS (2).

Dépenses à prévoir pour la nourriture des chevaux de l'entreprise Kaiser.	Ils sont licenciés par un décret.
Avantage qu'il y aurait à main-	Sa Majesté a décidé d'en ac-

---

(1) Il s'agit du général Bourcier, commandant la 4e division de dragons.
(2) Non datées et non signées, extraites du « Travail du ministre directeur avec l'Empereur, du 24 mars 1806 ».

tenir provisoirement en activité les équipages de la compagnie Breidt. corder aux corps et de licencier les équipages qui se trouvent à Paris, Bruxelles, Sampigny.

355. — AU GÉNÉRAL DEJEAN.

Paris, 26 mars 1806.

Monsieur Dejean, donnez ordre au 86ᵉ régiment de se rendre à Cherbourg pour y tenir garnison. Il partira par bataillon : le 1ᵉʳ bataillon le 28 mars, le 2ᵉ le 30, et le 3ᵉ le 2 avril.

NAPOLÉON.

P.-S. — Lorsque le 86ᵉ sera arrivé à Cherbourg, le 112ᵉ en partira et se rendra à Turin.

356. — DÉCISIONS (1).

Le ministre propose d'autoriser le paiement aux fabricants de drap du ci-devant Piémont de la somme de 49.474 fr. 73 qui leur reste due sur leurs fournitures de l'an XII.	Approuvé.
L'intention de l'Empereur est-elle de supprimer la distribution du sel, cette distribution n'étant pas comprise dans la masse d'ordinaire ?	L'intention a été de maintenir la distribution du sel.
Le ministre estime que le fonds pour le pain de soupe doit être reporté du budget du ministère de la guerre dans celui de l'administration.	A faire passer dans le budget de l'administration de la guerre.
L'intention de l'Empereur est-elle d'accorder la masse d'ordinaire aux vétérans ?	Les vétérans ne sont pas compris, attendu que le décret est relatif aux troupes qui sont dans le cas d'aller à la guerre.

(1) De la main de Maret; non datées et non signées, extraites du « Travail du ministre directeur avec l'Empereur, du 26 mars 1806 ».

357. — NOTE (1).

Paris, 26 mars 1806.

Le mémoire n'est pas satisfaisant. On demande 80.000 francs pour mettre en état le corps de la place (2). Quel sera l'emploi de cette somme ? Sera-t-elle suffisante pour la totalité des points à mettre en bon état ? Sera-t-elle insuffisante, et alors, quels sont les endroits du corps de place dont on se propose de s'occuper de préférence ?

La même observation est à faire sur le second emploi proposé.

Faire connaître les sommes nécessaires pour l'ouvrage à couronne et le batardeau et quels sont les travaux qu'on se propose d'exécuter cette année dans ces ouvrages pour la somme de 80.000 francs.

Aura-t-on alors une inondation ? Cela est probable, car autrement, les cinq lunettes seraient sans utilité.

On ne voit pas bien quelles sont ces cinq lunettes qu'on se propose de faire en 1806. Les 180.000 francs demandés sont-ils suffisants pour les mettre cette année en état de défense ? Les lunettes I et K seront d'une bien faible défense. Qu'est-ce qui protège la capitale de la lunette K ? Cette lunette, faite en terre, ne vaudrait guère la peine d'être attaquée. Sa construction en maçonnerie ne prolongerait sa défense que de peu de jours. En fait d'inondations, le système a toujours été de les défendre en établissant les lunettes au milieu même des inondations.

Il paraît que la hauteur n'acquerrait, cette année, aucun nouveau degré de force ; or, il est évident que c'est par là qu'on attaquerait la place.

L'enceinte de la ville actuelle est la véritable citadelle de la défense de Juliers. La petite citadelle qui existe a l'inconvénient d'encombrer. Il conviendrait peut-être de raser les fronts qui regardent la ville, ce qui donnerait une belle esplanade et de beaux souterrains.

En général, le mémoire doit être plus détaillé ; il faut détailler ce qu'on veut dépenser, ouvrage par ouvrage. L'Empereur ne veut rien accorder sans être parfaitement éclairé. Il est temps de mettre plus d'ordre dans l'emploi des fonds de fortifications.

---

(1) Copie provenant du bureau du secrétaire général Denniée. En marge on lit : « Cet ordre a été dicté par Sa Majesté. »
(2) De Juliers.

Il faut aussi bien asseoir ses idées sur ce qu'on veut faire de Juliers ; ce n'est pas une place de dépôt, puisqu'elle n'est pas assise sur une rivière. L'intention est d'avoir une petite place qui, située en avant de la Meuse et en arrière du Rhin, serve d'appui. Elle se combine très bien entre Maëstricht, Venloo et Wesel.

358. — DÉCISION.

26 mars 1806

Conformément à l'intention manifestée par l'Empereur à l'effet d'entretenir en Italie deux régiments d'artillerie à pied, le ministre de la guerre propose à Sa Majesté d'y faire passer en totalité le 4e à pied qui y a déjà neuf compagnies et dont le dépôt est à Grenoble.

Approuvé ; faire partir à Alexandrie.

NAPOLÉON.

359. — AU GÉNÉRAL DEJEAN.

Paris, 26 mars 1806.

Monsieur Dejean, vous verrez par cet état combien vos ordres sont peu suivis. Voilà un régiment qui est dans le dernier dénuement. Voyez donc d'où cela dépend.

NAPOLÉON.

360. — DÉCISION (1).

Le premier inspecteur général du génie fait connaître qu'il va s'occuper de l'exécution du projet définitif relatif à la défense de Boulogne ; il demande à cet effet un fonds de 60 à 80.000 francs.

Le ministre a dans son budget des fonds pour cet objet.

361. — DÉCISION.

Par un rapport en date du 26 mars 1806, le ministre de l'administration de la guerre propose

Approuvé la gratification demandée.

NAPOLÉON.

---

(1) De la main de Maret; sans date ni signature, extraite du « Travail du maréchal Berthier, ministre de la guerre, avec l'Empereur, du 26 mars 1806 ».

pour une gratification le sieur Marchand, auteur d'un travail sur la régie des vivres-pain.

362. — DÉCISIONS (1).

Le maréchal Berthier propose : De faire incorporer dans les six bataillons principaux et *bis* du train d'artillerie qui sont en Italie l'excédent des hommes qui résultera de la réunion des bataillons *bis* à leurs bataillons principaux ;

Les mettre dans l'artillerie, comme il a été ordonné.

D'envoyer en Italie les quatre régiments d'artillerie à pied en totalité.

Approuvé ; faire partir à Alexandrie.

Le maréchal Berthier demande si l'intention de l'Empereur est toujours que le 9ᵉ bataillon du train se rende à Alexandrie.

Maintenir la suspension à ce départ.

Le maréchal Berthier prie Sa Majesté de faire connaître si elle approuve une commande dans les arsenaux de 650 caissons à munitions de l'ancien modèle et du calibre de 12.

Prendre sur ces constructions l'opinion des premiers inspecteurs.

63 sous-lieutenances sont vacantes dans l'infanterie au choix de l'Empereur. Seront-elles données aux militaires de la garde qui viennent d'être nommés sous-lieutenants dans la ligne, ou seront elles réservées pour des élèves de Fontainebleau ?

Donner aux officiers de la garde qui sont nommés.

La princesse de Hohenzollern demande l'admission de son neveu, le

Approuvé.

(1) De la main de Maret; non signées et non datées, extraites du « Travail du maréchal Berthier, ministre de la guerre, avec l'Empereur, du 26 mars 1806 ».

prince régnant de Salm-Kyrburg, à l'Ecole de Fontainebleau, en qualité d'élève pensionnaire.

Renseignements demandés par Sa Majesté sur le sieur de Contades, pensionnaire de l'Ecole militaire.

Répondre que, s'il est infirme, il ne peut entrer dans la ligne.

Proposition d'envoyer dans leurs familles les élèves de l'Ecole militaire de Fontainebleau dont les cours sont terminés, jusqu'à ce qu'ils soient placés dans les corps.

Les attacher tous à un corps comme sous-lieutenants.

363. — DÉCISION.

Paris, 27 mars 1806.

Rapport à l'Empereur au sujet du renouvellement de la garnison du vaisseau *le Jemappes*.

Accordé le débarquement du détachement du 93° et du 65°. Sur le vaisseau *le Jemappes*, il sera remplacé par un détachement du 66°.

NAPOLÉON.

364. — DÉCISION.

Paris, 27 mars 1806.

Vu le décret du 22 mars portant qu'au 1ᵉʳ avril toutes les troupes qui sont en France seront mises sur le pied de paix, l'Empereur est prié de décider que les corps conserveront le nombre d'hommes qu'ils ont maintenant, quelle que soit leur force.

Il ne sera fait aucun changement à l'effectif des corps.

NAPOLÉON

365. — NOTE SUR PALMANOVA (1).

28 mars 1806.

1° L'idée de réduire la défense de Palmanova à trois points frappe au premier coup d'œil. Mais, lorsqu'on vient à examiner le projet, on s'aperçoit que ces trois points embrassent à eux trois les deux tiers de l'enceinte actuelle, et, dès ce moment, le prestige disparaît.

Ainsi donc, on couvre Palmanova aux deux tiers de l'enceinte. Mais comme les ouvrages augmentent le diamètre de la place, et dès lors la circonférence, en présentant aux coups de l'ennemi un développement égal aux deux tiers de la magistrale actuelle, on ne présente cependant que le tiers de la nouvelle, et, entre l'un et l'autre de ces ouvrages, il y a toujours un grand espace, à au moins 100 toises des saillants, de manière qu'après de grands ouvrages et de grandes dépenses, on a un point aussi faible que les demi-lunes de la place, appelées à jouer un rôle important dans la défense.

Mais, frappés de cet inconvénient, les ingénieurs de l'un et l'autre projet ont senti la nécessité de s'avancer davantage, les uns par des contre-gardes, les autres par une autre enceinte. Ainsi donc, on a augmenté la circonférence de Palmanova, la garnison nécessaire à sa défense, l'artillerie et les approvisionnements et, après de grandes dépenses, on n'a qu'une place médiocre. S'il est possible par le moyen de trois saillants de n'exposer que le tiers de l'enceinte actuelle aux coups de l'ennemi, on est disposé à adopter le projet. Si cela est impossible, il faudrait au moins, par le moyen des lunettes, ou petits forts, tels que ceux de Mayence, tirer parti de l'enceinte actuelle, placer des contre-gardes devant les bastions, etc.

Il faut ensuite comparer la défense et le temps de ces différents projets ; l'évaluation du général Chasseloup est trop faible ; celle du général Marescot l'est également. On ne pourrait faire les couronnes avec le degré de défense dont elles sont susceptibles pour *sept millions*, et les cornes pour *cinq millions*.

Une place comme Palmanova, située à l'extrémité de l'Empire, doit pouvoir se défendre avec la moindre garnison possible. Dans

---

(1) Copie.

l'an VI, quand je marchai sur Vienne, je n'y laissai que deux bataillons.

Les trois cornes ou les trois couronnes rendent la garde plus difficile, exigent une garnison plus nombreuse, surtout pour ce qui n'est que garde, quand on a pour but de mettre la place à l'abri d'un coup de main, ce qui est le cas de toutes les circonstances où on est plusieurs marches en avant, où on ne craint pas conséquemment un siège, et où cependant une division de 12 à 15.000 hommes pourrait tenter un assaut.

Ainsi, à égalité de défense, je préférerais des ouvrages plus concentrés ; cependant, il ne faut avoir recours à l'idée des forts, au nouveau projet qu'on présente, qu'autant qu'il sera reconnu impraticable de rendre ou de réduire les attaques à une étendue égale au tiers de l'enceinte actuelle.

NAPOLÉON.

366. — AU GÉNÉRAL DEJEAN.

Paris, 31 mars 1806.

Monsieur Dejean, le pain de soupe ne doit pas être compris dans la solde de l'armée. Vous sentez qu'il serait ridicule de payer le pain de soupe à l'armée pendant les mois de janvier, février et mars qu'elle a passés en pays ennemi, où elle a été nourrie comme elle a voulu. Il ne doit être question dans les états de Villemanzy que de la solde proprement dite. Le second corps d'armée ne doit pas y être compris, puisqu'il est en Italie. C'est là qu'il sera payé : écrivez-en au prince Eugène.

NAPOLÉON.

367. — AU GÉNÉRAL DEJEAN.

Paris, 31 mars 1806.

Monsieur Dejean, veuillez donner des ordres pour que la somme de soixante-dix-sept mille cinq cent quatre-vingt-deux francs, qui est due au 3ᵉ régiment d'infanterie de ligne pour solde arriérée des six premiers mois de l'an VIII, suivant le décompte réglé par le bureau central, soit soldée en espèces à ce régiment.

NAPOLÉON.

368. — NOTE (1).

31 mars 1806.

Le grand maître des cérémonies, d'après les ordres de l'Empereur, doit faire connaître à V. E. que S. M. a déclaré roi de Naples Mgr le prince Joseph, son frère, et que, désormais, il doit être traité comme tel dans toutes les formules et étiquettes du palais ; que le prince Joachim, beau-frère de S. M., a le titre de prince souverain, duc de Clèves et de Berg ; que S. A. I. Madame la princesse Pauline et Mgr le prince Borghese, son époux, ont celui de prince souverain et duc de Guastalla et que M. le maréchal Berthier a celui de prince souverain et duc de Neuchâtel, titre auquel appartiennent de plein droit les honneurs des grands officiers de l'Empire.

369. — DÉCISIONS (2).

Le ministre propose de remettre en activité l'adjudant commandant Barbier, en qualité de premier aide de camp du maréchal Lannes.

Cet officier a montré du courage.
Mon intention est de le placer, mais il a eu des procès criminels, dont il s'est retiré, qui ne lui ont pas fait perdre ma confiance. Il a été employé comme adjudant commandant. Pour être placé auprès des maréchaux, il faut des hommes qui n'aient eu aucune affaire contentieuse.

Napoléon.

Le ministre propose : d'admettre au traitement de réforme le sieur Carte, capitaine adjoint; de réformer sans traitement le sieur Chieusse, sous-lieutenant au 12ᵉ régiment d'infanterie de ligne.

Sa retraite, avec une déduction pour le temps qui lui manque.

Napoléon.

Ses notes ? A-t-il été blessé ? Etait-il à Austerlitz ?

Napoléon.

---

(1) Copie certifiée par le général Dejean, à qui cette note a été adressée par le grand maître des cérémonies.
(2) Sans date, envoyées aux bureaux le 1ᵉʳ avril 1806.

370. — AU GÉNÉRAL DEJEAN.

Paris, le 1er avril 1806.

Monsieur Dejean, donnez ordre au général Oudinot, qui est à Neuchâtel, de faire partir le bataillon d'élite du 3e régiment d'infanterie légère pour Parme, où il rejoindra son régiment, et ceux des 2e et 12e d'infanterie légère pour Paris, où ils rejoindront également leurs régiments.

NAPOLÉON.

---

371. — ORDRE.

Palais des Tuileries, 2 avril 1806.

Sa Majesté trouve mauvais qu'on ait exécuté, sans attendre ses ordres positifs, les mouvements qu'il (*sic*) avait ordonnés. Donner de suite et envoyer par courriers extraordinaires des ordres pour arrêter tous les mouvements.

DEJEAN.

---

372. — DÉCISIONS (1).

Le maréchal Berthier propose de laisser aux officiers surnuméraires l'option de se retirer jusqu'à remplacement ou de reprendre leurs anciens grades de maréchaux des logis.	Suivre le règlement général.
Le maréchal Berthier prie Sa Majesté de faire connaître ses intentions sur la destination ultérieure du général La Planche de Morthière.	Il restera à Milan.

---

373. — ORDRE (2).

Paris, 2 avril 1806.

Aucun des mouvements ordonnés à l'occasion du décret du

---

(1) De la main de Maret; non datées et non signées, extraites du « Travail du maréchal Berthier, ministre de la guerre, avec l'Empereur, du 2 avril 1806 ».

(2) L'ordre en question a été donné verbalement par l'Empereur au ministre directeur de l'administration de la guerre; il a été transcrit et signé par Denniée.

22 mars ou de la lettre de l'Empereur du 23 mars ne doit avoir son exécution. Donner de suite les contre-ordres.

Laisser subsister l'ordre à M. le maréchal Kellermann de revenir au Sénat. Son corps d'armée de réserve est dissous, c'est le général sur les lieux qui commande les troupes dont il était composé.

Le corps de réserve du maréchal Lefebvre à Mayence est aussi dissous et les troupes qui le composent se trouvent alors, de même, sous les ordres du général commandant à Mayence.

Le maréchal Lefebvre doit rester à son corps d'armée, à Darmstadt. Il sera prévenu qu'il en conserve le commandement et doit regarder comme non avenu l'ordre de rentrer au Sénat ; il sera également prévenu qu'ainsi qu'on le lui a mandé, le corps de réserve qu'il commandait est dissous, en (sic) ce qui est resté à Mayence.

374. — DÉCISIONS (1).

Mesures prises par l'ordonnateur en chef en Italie pour faire expédier en Dalmatie 54.000 rations de biscuit, tirées des approvisionnements français, et 562 quintaux de lard salé.

Ecrire qu'il paraîtrait plus naturel de vendre les viandes salées afin d'en acheter de fraîches en Dalmatie.

Faudra-t-il tenir compte des ordonnances d'ordre à la Caisse d'amortissement ou au Trésor d'Italie du montant des denrées consommées dont la retenue sera exercée, s'il y a lieu, sur les entrepreneurs respectifs ?

Il en sera tenu compte.

Les lieutenants et sous-lieutenants en garnison dans les forts de mer et dans le royaume d'Italie, qui reçoivent les uns 18 francs et les autres 24 francs par mois d'indemnité, cesseront-ils de les toucher à dater du 1er mai ?

Cette indemnité est accordée aux lieutenants et sous-lieutenants en garnison dans les forts, en mer et dans le royaume d'Italie. Ils n'y ont aucun droit en passant.

---

(1) De la main de Maret; non datées et non signées, extraites du « Travail du ministre directeur avec l'Empereur, du 2 avril 1806 ».

| Rapports de liquidation soumis à l'Empereur. | A renvoyer à la section de la guerre. |

375. — AU GÉNÉRAL DEJEAN (1).

La Malmaison, 4 avril 1806.

Mon Ministre de la guerre, mon intention est que les quatrièmes bataillons des 5ᵉ régiment d'infanterie légère, 7ᵉ et 86ᵉ de ligne, ne soient formés que lorsque tous leurs prisonniers seront rentrés d'Angleterre. Vous trouverez ci-jointes les nominations que j'ai faites pour le 5ᵉ régiment d'infanterie légère. Je désire que vous me proposiez, pour les quatorze places de lieutenants qui sont vacantes dans ce régiment, quatorze sous-lieutenants pris dans le corps que commande le général Oudinot et qui seront remplacés par quatorze des vélites nommés sous-lieutenants. Je désire aussi que vous me proposiez pour les six places de lieutenants vacantes dans le 86ᵉ régiment deux sous-lieutenants du 43ᵉ, deux du 57ᵉ et deux du 3ᵉ régiment d'infanterie de ligne.

NAPOLÉON.

376. — AU GÉNÉRAL DEJEAN.

La Malmaison, 4 avril 1806.

Monsieur Dejean, vous donnerez l'ordre au 2ᵉ régiment de ligne qui est à Toulon, de se rendre à Alexandrie. Tout le 16ᵉ régiment sera concentré à Toulon. Donnez ordre au 37ᵉ, qui est dans la 13ᵉ division militaire, de se rendre à Cherbourg.

NAPOLÉON.

377. — DÉCISION.

4 avril 1806.

| Le ministre de l'administration de la guerre sollicite les ordres de l'Empereur au sujet d'une demande | Ne rien déranger aux anciens usages. |

NAPOLÉON.

(1) De la main de Duroc.

du commandant d'armes de Gênes, qui *propose que les règlements sur l'ouverture et la fermeture des portes de la ville soient observés,* comme dans toutes les places de guerre.

---

378. — DÉCISIONS (1).

Demande de fonds pour les dépenses relatives au service des troupes françaises dans le royaume d'Italie.

Le ministre demandera des fonds à dater du 1er mai.

L'indemnité de 24 francs par mois aux lieutenants et sous-lieutenants sera-t-elle accordée dans la 28e division militaire, ou seulement à ceux qui se trouvent dans la ci-devant Ligurie et dans les États de Parme ?

Le Piémont seul est excepté.

Inconvénients qui pourraient résulter de l'existence de deux caisses différentes pour les paiements à faire aux corps de l'armée de Naples, dont les dépôts sont en Italie.

Faire payer les dépôts par l'Italie et les corps par Naples.

Augmentation du nombre des commissaires des guerres de l'armée de Naples, demandée par le commissaire-ordonnateur de cette armée.

Approuvé.

Les commissaires des guerres employés en Batavie doivent-ils y être maintenus ?

Approuvé, suivant la demande du commissaire-ordonnateur en chef.

---

(1) De la main de Maret; non datées et non signées, extraites du « Travail du ministre directeur avec l'Empereur, du 8 avril 1806 ».

| Demande d'un congé de 20 jours pour M. Aubernon, ordonnateur en chef du 2ᵉ corps d'armée. | Refusé. |

---

379. — AU GÉNÉRAL DEJEAN.

La Malmaison, 11 avril 1806.

Monsieur Dejean, j'ai nommé le général Piston commandant d'armes à Wesel. Ordonnez-lui de s'y rendre sur-le-champ. Donnez l'ordre au premier inspecteur du génie d'y envoyer un chef de bataillon et quatre officiers pour commander le génie, et d'organiser le service du génie de cette place, en y formant les magasins et les établissements nécessaires. Envoyez-y un chef de bataillon d'artillerie et deux officiers d'artillerie en résidence, et trois compagnies d'artillerie de ligne du régiment qui se trouve le plus à portée de cette place. Mettez-y un garde-magasin, et faites-y établir tout ce qui est nécessaire à l'artillerie. Nommez-y également un commissaire des guerres et un garde-magasin des vivres, pour former une manutention et mettre cette place en état de soutenir un siège.

NAPOLÉON.

---

380. — AU GÉNÉRAL DEJEAN.

La Malmaison, 11 avril 1806.

Monsieur Dejean, je désire avoir un état exact des casernes de France par divisions militaires, avec le nombre d'hommes et de chevaux que peut contenir chaque caserne et le nombre de lits qui y sont dans ce moment-ci.

NAPOLÉON.

---

381. — AU GÉNÉRAL DEJEAN.

La Malmaison, 11 avril 1806.

Monsieur Dejean, les dépôts qui viennent du Hanovre recevront la destination suivante. Le dépôt du 27ᵉ d'infanterie légère sera dirigé sur Aix-la-Chapelle, celui du 8ᵉ de ligne sur Venloo, celui du 45e sur Liège, celui du 54e sur Maestricht, celui du 94e sur Juliers, celui du 95e sur Cologne, celui du 2e régiment d'hussards sur Maestricht, celui du 5e d'hussards sur Namur, celui du 4e d'hussards sur Malines, celui du 5e de chasseurs sur Clèves et Ruremonde. Vous donnerez l'ordre au régiment d'Isenburg de se rendre à Avignon : le 1er bataillon partira le 25 avril, le 2e bataillon le 1er mai et le 3e le 5 mai.

NAPOLÉON.

382. — AU GÉNÉRAL DEJEAN.

La Malmaison, 11 avril 1806.

Monsieur Dejean, vous avez à Gênes et à Livourne du biscuit ; mon intention est que vous le fassiez partir pour Naples et que vous l'y mettiez à la disposition du roi de Naples.

NAPOLÉON.

383. — AU GÉNÉRAL DEJEAN.

La Malmaison, 12 avril 1806.

Monsieur Dejean, donnez ordre au 5e régiment d'infanterie légère de se rendre au Havre. Le 1er bataillon partira le 25 avril, le 2e le 26 et le 3e le 27.

NAPOLÉON.

384. — AU GÉNÉRAL DEJEAN.

Saint-Cloud, 14 avril 1806.

Monsieur Dejean, je vous ai fait connaître la destination que je donnais aux dépôts du corps de l'armée du maréchal Bernadotte qui arrivent du Hanovre. J'imagine que vous ferez rejoindre dans les mêmes places les petits dépôts des mêmes corps qui étaient dans la 25e division militaire.

NAPOLÉON.

P.-S. — Je n'ai pas les états de situation du 1er avril ; envoyez-les-moi. Mes derniers états sont du 1er mars.

385. — DÉCISION.

Saint-Cloud, 16 avril 1806.

Le ministre de l'administration de la guerre rend compte que le prince Eugène a suspendu l'exécution de l'ordre, donné par le roi de Naples à tous les dépôts de troupes à cheval de l'armée de Naples, de rejoindre leurs régiments.

Mon intention est qu'aucun des dépôts des corps de l'armée de Naples ne parte du royaume d'Italie sans mon ordre. Il n'y a que trop de troupes à Naples; d'ailleurs, les conscrits auraient trop loin à aller, s'ils étaient obligés d'aller de France à Naples sans être habillés. Mon intention donc est qu'aucun homme ne parte d'Italie pour Naples sans en avoir obtenu mon ordre.

NAPOLÉON.

386. — AU MARÉCHAL BERTHIER.

Saint-Cloud, 16 avril 1806.

Mon Cousin, le 1er avril est passé depuis longtemps, et je n'ai pas l'état de situation de la Grande Armée. Dans l'état que j'ai du 1er mars, je vois qu'il y a à Augsburg 3.400 hommes appartenant à différents corps de l'armée. J'imagine que ces détachements ont déjà rejoint leurs corps.

NAPOLÉON.

387. — DÉCISIONS (1).

Le ministre propose : 1° de remplacer les officiers de santé morts à la Grande Armée; 2° d'envoyer un supplément d'officiers de santé en Italie, en Istrie et en Dalmatie.

Attendre.

Envoyer le nombre compétent.

Les condamnés aux travaux publics, transférés de Besançon à Osselle, seront-ils baraqués ?

Le baraquement doit être payé par les ponts et chaussées.

---

(1) De la main de Maret; non datées et non signées, extraites du « Travail du ministre directeur avec l'Empereur, du 16 avril 1806 ».

Le ministre propose de maintenir les ordonnances délivrées en faveur de l'intendant général de la Grande Armée et qui ont acquis plus de six mois de date.

Il faut en avoir la note. Le Trésor ne payera plus que sur un nouveau visa.

388. — DÉCISION (1).

16 avril 1806.

D'après une décision de Sa Majesté impériale et royale, la décoration de la Légion d'honneur, tant celle d'or que celle d'argent, ne sera désormais donnée par Sa Majesté, ou envoyée en son nom, que surmontée d'une couronne impériale, du même métal que la décoration.

Les membres de la Légion d'honneur qui ont déjà reçu leur aigle peuvent continuer de le porter tel qu'il leur a été donné par l'Empereur et Roi, ou transmis au nom de Sa Majesté. Ils peuvent aussi faire ajouter la couronne impériale à leur décoration actuelle, en observant qu'elle soit du même métal que la décoration qu'ils portent.

389. — DÉCISIONS (2).

Propositions du maréchal Kellermann en vue d'accélérer le recrutement du régiment de pionniers, créé par décret du 15 février dernier.

Savoir pourquoi le payeur a payé (3).

Le ministre de la guerre demande si le supplément de solde de la garnison de Paris doit continuer à être payé aux sous-officiers et soldats de cette garnison, indépendamment de la masse d'ordinaire; car cette masse ne compenserait pas le supplément de solde dont jouit la garnison de Paris, si elle en était privée.

Prendre des mesures pour qu'ils aient le même traitement qu'auparavant et qu'ils ne perdent rien.

---

(1) Extrait d'une lettre de Lacépède, grand chancelier de la Légion d'honneur, au maréchal Berthier, en date de Paris, 16 avril 1806.
(2) De la main de Maret; ni datées, ni signées, extraites du « Travail du maréchal Berthier, ministre de la guerre, du 16 avril 1806 ».
(3) Les documents des Archives laissent ignorer à quelle circonstance l'Empereur fait allusion ici.

390. — AU GÉNÉRAL DEJEAN.

Saint-Cloud, 21 avril 1806.

Monsieur Dejean, donnez ordre au général commandant en chef l'armée de Naples d'envoyer aux dépôts des corps de cette armée qui sont en Italie les cadres des troisièmes et quatrièmes bataillons. Donnez ordre que les 6°, 42° et 1er régiments de ligne envoient leurs registres aux conseils d'administration des dépôts, afin d'établir une marche régulière. Donnez ordre que les majors des régiments de l'armée de Naples restent avec les dépôts en Italie. Donnez ordre au général Charpentier de passer une inspection de revue de ces dépôts et de renvoyer chez eux, ou aux vétérans ou aux invalides, ceux qui en seraient susceptibles, en faisant la proposition des pensions à accorder. Faites connaître aux généraux commandant en chef les armées de Naples et d'Italie que les 14 dépôts des corps de l'armée de Naples doivent rester où ils sont et qu'aucun homme ne peut en être retiré, désirant les porter au grand complet de guerre par les conscrits que j'y enverrai cette année, afin de mettre ces 14 bataillons dans le cas d'entrer eux-mêmes en ligne. Il y a dans les dépôts de l'armée de Naples beaucoup de places vacantes. Il manque au 62° le colonel et un chef de bataillon et 12 capitaines... (1) lieutenants et 18 sous-lieutenants dans les 14 dépôts. Proposez-moi dans la semaine des remplaçants. Prévenez ces 14 dépôts de l'arrivée des conscrits, qui doivent les porter au grand complet de guerre et enjoignez-leur de préparer des moyens d'habillement, d'équipement et d'armement, ces conscrits devant arriver dans le courant de l'année.

NAPOLÉON.

391. — DÉCISION.

Saint-Cloud, 22 avril 1806.

Renvoyé au ministre de la guerre, pour me faire connaître la situation de ces régiments (2) au 1er mai, ce qui manque à leur complet, et me présenter un rapport pour les recruter avec la réserve du département de la Seine. Il me rendra compte si les ordres que j'ai donnés pour écarter les mauvais sujets de ce corps ont été

---

(1) Chiffre resté en blanc.
(2) De la garde municipale de Paris.

exécutés et il me proposera des mesures pour régler la comptabilité de ce corps et mettre de l'ordre dans son administration.

NAPOLÉON.

392. — DÉCISION (1).

Saint-Cloud, 22 avril 1806.

Observations sur les fonds accordés pour le service de l'artillerie pendant les années XIV et 1806.

Si l'on construit des bâtiments pour faire des salles d'armes, on a tort. Avec deux ou trois chambres de casernes, on construit une superbe salle d'armes capable de contenir 20.000 fusils. C'est dans tout que l'on porte cet esprit de luxe ruineux et qui empêche de faire le nécessaire. Dans l'état actuel de notre artillerie, et dans les circonstances de la guerre où nous sommes engagés, il est ridicule de faire des salles d'armes. Partout où il y a des casernes, on a des salles d'armes.

NAPOLÉON.

393. — AU GÉNÉRAL DEJEAN.

Saint-Cloud, 22 avril 1806.

Monsieur Dejean, vous donnerez des ordres pour faire restituer et réintégrer sur-le-champ dans la caisse du payeur de l'armée d'Italie : 1° par le commissaire des guerres Augier, les 60 louis qu'il a reçus du gouvernement de Padoue ; 2° par le sieur Auzou, agent du payeur Mesny, les 330 souverains qu'il a reçus du gouvernement de Vicence ; 3° par le sieur Bret, garde-magasin de la 2ᵉ division, les 2.116 francs qu'il a reçus à Vicence ; 4° par l'adjudant commandant Chavardès les 48.000 francs qu'il a reçus à Vérone,

---

(1) Publiée dans la *Correspondance*, sous le n° 10126 et sous le titre de : « Note pour le ministre de la guerre », mais sans explications sur les circonstances qui ont déterminé l'Empereur à la prendre.

et dont il n'a pas rendu compte ; 5° par l'adjudant commandant Delort, les 20.000 francs qu'il a reçus du gouvernement de Padoue ; 6° par le payeur Devisme, les 100 louis qu'il a reçus à Vicence ; 7° par l'adjoint aux commissaires des guerres Dulédo, les 5.000 francs qu'il a reçus du gouvernement d'Udine ; 8° par le général Franceschi, les 30.000 francs qu'il a reçus du gouvernement de Padoue ; 9° par le sieur Gévaudan, inspecteur du grand parc de la viande, les 1.500 francs qu'il a reçus de Vérone ; 10° par le commissaire des guerres Grobert, les 44.000 francs qu'il a reçus à Padoue ; 11° par le commissaire des guerres Imbert, les 3.000 francs qu'il a reçus à Vérone ; 12° par le commissaire des guerres Masséna, les 80.000 francs qu'il a reçus à Padoue ; 13° par le sieur Siépel, inspecteur des transports, les 1.500 francs qu'il a reçus à Vérone.

Vous suspendrez de leurs fonctions les commissaires des guerres Augier et Imbert, ainsi que l'adjoint Dulédo ; vous suspendrez également le payeur Devisme, et les manderez à Paris, pour y rendre compte de leur conduite. Vous exigerez qu'ils s'acquittent préalablement envers la caisse de l'armée de la restitution prescrite ci-dessus.

Vous écrirez au prince Eugène pour qu'il fasse arrêter les sieurs Auzou, Gévaudan, Bret et Siépel ; les scellés seront mis sur leurs papiers.

Enfin, vous me donnerez des renseignements sur un général Scherb, qui a commandé la place de Vérone et n'a pas rendu de comptes.

NAPOLÉON.

304. — DÉCISION.

22 avril 1806.

Le ministre de la guerre demande s'il y a lieu de pourvoir aux emplois d'officiers d'artillerie de différents grades vacants à la Grande Armée.

Approuvé.

NAPOLÉON.

395. — DÉCISION.

Saint-Cloud, 22 avril 1806.

Le prince d'Isenburg demande que les dates assignées pour le départ de son régiment soient recu-

Accordée la demande du prince d'Isenburg.

NAPOLÉON.

lées et fixées aux 15, 20 et 28 mai, afin de pouvoir compléter l'organisation de ce corps.

---

396. — DÉCISION.

Saint-Cloud, 22 avril 1806.

Le ministre de l'administration de la guerre rend compte d'une demande du général commandant la 15ᵉ division militaire à l'effet d'être autorisé à diriger sur Dieppe un bataillon du 5ᵉ régiment d'infanterie légère, qui doit partir de Paris pour se rendre au Havre.

Tout le 5ᵉ régiment restera réuni au Havre, vu qu'il a besoin de s'exercer. Il ne fournira aucun détachement.

NAPOLÉON.

---

397 — DÉCISION.

Saint-Cloud, 22 avril 1806.

Le ministre de l'administration de la guerre soumet à l'Empereur une demande du ministre de la marine de la République batave relative au recrutement des étrangers dans les environs de Mayence pour le compte de la marine hollandaise.

Autorisez les recruteurs bataves à se recruter parmi les prisonniers autrichiens.

NAPOLÉON.

---

398. — DÉCISION.

Saint-Cloud, 22 avril 1806.

Le ministre de l'administration de la guerre soumet à l'Empereur une demande du général Menou, commandant des départements au delà des Alpes, à l'effet d'obtenir l'autorisation de fractionner le 93ᵉ ou le 112ᵉ régiment entre Coni, Ivrée, Verceil et autres places de sa division.

Mon intention est que les régiments que j'envoie restent unis, vu qu'ils ont besoin de se former et de s'exercer tout l'été aux grandes manœuvres.

NAPOLÉON.

399. — DÉCISION.

Saint-Cloud, 22 avril 1806.

Transmission d'une demande du vice-roi d'Italie à l'effet d'obtenir une compagnie d'ouvriers pour aider à l'organisation du service de l'artillerie.

Approuvé.

NAPOLÉON.

400. — DÉCISIONS (1).

Le maréchal Berthier propose de défendre d'employer les chevaux du train à des services particuliers.

Objet retiré : les lois existent et le ministre doit les faire exécuter (2).

Enverra-t-on des chevaux du train au maréchal Lefebvre ou sera-t-il autorisé à en requérir dans le cas où il aurait des mouvements à faire ?

Laisser courir (3).

Le maréchal Berthier propose à l'Empereur l'incorporation des 9e, 10e et 11e bataillons du train.

On me représentera cela au moment où l'armée rentrera en France.

Congé de six mois demandé par le général Gassendi.

Ajourné au retour de l'armée (4).

401. — DÉCISIONS (5).

L'ordonnateur des troupes à Hameln annonce que toute la garnison de cette place a été payée de ce qui lui revenait jusqu'au 1er avril et que le payeur a rapporté en France 84,100 fr. 14, qui lui sont restés en caisse.

En faire recette au Trésor.

---

(1) Non datées, non signées, extraites du « Travail du maréchal Berthier, ministre de la guerre, avec l'Empereur, du 23 avril 1806 ».
(2) De la main du général Dejean.
(3) De la main de Maret.
(4) De la main de Maret.
(5) De la main de Maret; non datées et non signées, extraites du « Travail du ministre directeur avec l'Empereur, du 23 avril 1806 ».

L'ex-chef de la comptabilité de guerre et marine au gouvernement ligurien réclame une pension.	Faire un rapport.

402. — AU GÉNÉRAL DEJEAN.

Saint-Cloud, 25 avril 1806.

Monsieur Dejean, je ne sais pas comment on dit qu'il n'y a point de garnison à l'île d'Aix, lorsqu'il doit y avoir 600 hommes du 4e bataillon de la légion du Midi et 450 hommes du 66e régiment, indépendamment de 200 canonniers.

NAPOLÉON.

403. — DÉCISION.

Saint-Cloud, 25 avril 1806.

Le ministre de l'administration de la guerre rend compte à l'Empereur que le général commandant la 2e division militaire se trouve dans l'impossibilité de faire entièrement caserner le 14e régiment d'infanterie de ligne à Mézières, faute de place dans les bâtiments militaires de cette ville.	Mettre le 14e à Sedan. NAPOLÉON.

404. — DÉCISION.

Saint-Cloud, 25 avril 1806.

Le général Dejean demande s'il faut payer à Strasbourg aux employés de l'Administration des vivres et aux officiers de santé, qui ont ordre d'y revenir, une partie de ce qui leur est dû.	Oui, mais sur ordonnance, pour savoir ce que l'on dépense. NAPOLÉON.

405. — AU GÉNÉRAL DEJEAN.

Saint-Cloud, 25 avril 1806.

Monsieur Dejean, témoignez ma satisfaction au sénateur d'Aboville, et autorisez-le à rentrer au Sénat.

NAPOLÉON.

406. — DÉCISION.

25 avril 1806.

Le ministre de l'administration de la guerre propose de faire venir à La Fère le détachement de la 6ᵉ compagnie d'ouvriers d'artillerie, qui est à Rennes; à Douai, celui de 60 hommes de la même compagnie, qui est à Strasbourg; et d'appeler la 2ᵉ compagnie de Nantes à Rennes.

Approuvé.

NAPOLÉON.

407. — AU GÉNÉRAL DEJEAN.

Saint-Cloud, 25 avril 1806.

Monsieur Dejean, 1.000 galériens napolitains resteront à Alexandrie pour travailler aux fortifications de la place et faire les ouvrages les plus malsains ; ils seront sous les ordres des officiers du génie. 300 sont renvoyés à Mantoue et 300 à Porto-Legnago pour le même objet. 600 seront envoyés à Gênes, d'où ils seront embarqués pour la Corse pour être employés, entr'autres travaux, à la confection des routes et au desséchement des marais. Les derniers 1.200 seront envoyés à Rochefort et mis à la disposition des ponts et chaussées, pour travailler au desséchement des marais de Rochefort. Quant aux 4.000 prisonniers napolitains, 2.000 resteront à Alexandrie pour travailler aux ouvrages, les 2.000 autres seront envoyés en Languedoc et répartis chez les paysans, ou employés aux travaux soit des ports, soit des canaux, selon le besoin qu'en aura le ministre de l'intérieur.

NAPOLÉON.

408. — AU GÉNÉRAL DEJEAN.

Saint-Cloud, 25 avril 1806.

Monsieur Dejean, envoyez-moi l'ordre de route du 2ᵉ régiment de ligne, qui part de Toulon, et l'ordre de route du 2ᵉ bataillon de La Tour d'Auvergne.

NAPOLÉON.

409. — DÉCISION.

25 avril 1806.

Le maréchal Berthier propose à l'Empereur de décider qu'il y aura 16 canonniers de 1re classe et 48 de 2e classe dans les compagnies d'artillerie portées à 80 hommes

Cela sera pris en considération au budget de 1807.

NAPOLÉON.

410. — AU GÉNÉRAL DEJEAN.

Saint-Cloud, 27 avril 1806.

Monsieur Dejean, donnez ordre au 2e bataillon du régiment de La Tour d'Auvergne de continuer sa route depuis Lyon pour se rendre à Aix-en-Provence.

NAPOLÉON.

411. — DÉCISION.

27 avril 1806.

Le général Grouchy, employé au 2e corps de la Grande Armée, demande un congé de convalescence.

Il sera remplacé comme malade à sa division.

NAPOLÉON.

412. — DÉCISION.

30 avril 1806.

Rapport du ministre de l'administration de la guerre tendant à ce que les régiments d'infanterie polonaise et le régiment de La Tour d'Auvergne se recrutent exclusivement : les premiers de Polonais, le deuxième d'Allemands, et que le 1er régiment d'infanterie polonaise verse les Allemands entretenus à son dépôt dans le régiment de La Tour d'Auvergne, de passage en Italie.

La Tour d'Auvergne les prendra en passant.

NAPOLÉON.

413. — AU GÉNÉRAL DEJEAN.

Saint-Cloud, 30 avril 1806.

Monsieur Dejean, faites-moi connaître si j'ai à Toulon deux pièces de 12, quatre pièces de 8, deux obusiers, six pièces de 4 et quatre pièces de 3, prêtes avec les affûts de campagne et approvisionnements nécessaires. Je dois avoir à Nice, ou à Toulon, ou à Grenoble, des affûts de montagne de 4 et même des affûts de montagne de 8, appelés affûts porte-corps, et des caissons et forges portatives.

NAPOLÉON.

414. — DÉCISION (1).

Le maréchal Berthier demande les ordres de l'Empereur au sujet de 24 élèves de l'Ecole militaire de Fontainebleau présentés pour le grade de sous-lieutenant, mais qui n'ont pas dix-huit ans ou un an d'étude.	Les placer dans les régiments qui sont à Naples.

415. — AU GÉNÉRAL DEJEAN.

Saint-Cloud, 30 avril 1806.

Monsieur Dejean, donnez ordre au général commandant la 7e division militaire de tenir prêts à partir le 1er bataillon du 7e régiment de ligne, qui sera complété à 900 hommes, et huit compagnies du 32e d'infanterie légère, qui seront complétées à 800 hommes. Ces corps seront réunis à Grenoble, afin de pouvoir partir au premier ordre qu'ils en recevraient. Faites-moi connaître quand le 3e bataillon du régiment de La Tour d'Auvergne sera dans le cas de partir.

NAPOLÉON.

---

(1) De la main de Maret; ni datée, ni signée, extraite du « Travail du ministre de la guerre avec l'Empereur, du 30 avril 1806 ».

416. — DÉCISIONS (1).

L'intention de l'Empereur est-elle toujours que les farines, grains, eau-de-vie et vinaigre, provenant des approvisionnements de siège, soient remis au munitionnaire général des vivres ?	Ils ne doivent être donnés au munitionnaire dans aucun cas.
Le service des vivres dans l'arrondissement des places de Wesel et de Düsseldorf dépendra-t-il du commissaire-ordonnateur de la 25e division militaire ?	On peut l'isoler si le service l'exige.
Le ministre propose le versement provisoire à la Caisse d'amortissement du produit de la vente des effets et de l'argent appartenant aux militaires morts dans les hôpitaux.	Renvoyer au Conseil d'Etat.
Le ministre demande l'autorisation de faire payer une somme de 25.527 fr. 10 due au commerce d'Augsburg pour fournitures faites à la Grande Armée.	Approuvé.
Demande de fonds pour solder 366.850 fr. 90 dus à divers corps de l'armée d'Italie, pour fournitures de campagne.	Demander des fonds lors des distributions.
Réclamations du général et de l'ordonnateur de la 12e division militaire, sur la substitution de la masse d'ordinaire aux vivres de campagne.	Refusé, conformément à l'opinion du ministre.

(1) De la main de Maret; non datées et non signées, extraites du « Travail du ministre directeur avec l'Empereur, du 30 avril 1806 ».

417. — DÉCISION.

Saint-Cloud, (1) mai 1806.

Les anciennes provinces vénitiennes devant être définitivement réunies au royaume d'Italie à dater du 1er mai, l'ordre a été donné de faire remettre, sur estimation contradictoire, aux agents indiqués par le ministre de la guerre d'Italie, les effets de casernement existant dans lesdites provinces.

Les troupes doivent être casernées par le royaume d'Italie ; tous les effets de casernement qui y ont été trouvés lui seront abandonnés.

NAPOLÉON.

418. — AU GÉNÉRAL DEJEAN.

Saint-Cloud, 1er mai 1806.

Monsieur Dejean, donnez ordre au bataillon du 26e qui est à La Rochelle de se rendre sans délai à l'île d'Aix, au bataillon du 82e qui est à Poitiers de se rendre à La Rochelle, au 4e bataillon de la légion du Midi qui est à l'île de Ré de se rendre à l'île d'Aix, en sorte qu'il y aura à l'île d'Aix : le bataillon du 26e..... 800 h.
Les 3e et 4e bataillons de la légion du Midi .... 1.000 —
Une compagnie de canonniers de la légion du Midi... 60 —
La 20e compagnie du 20e régiment d'artillerie à pied. 76 —
La 4e compagnie des canonniers vétérans............ 25 —
Canonniers sédentaires. . . .. 16 —

1.977 h.

Donnez ordre qu'il y ait tout l'été à l'île d'Aix un chef de bataillon d'artillerie, deux capitaines en résidence, un général de brigade, un adjudant commandant et des officiers du génie ; que tous ces officiers couchent dans l'île et exercent la plus grande surveillance. Donnez ordre au 5e régiment d'infanterie légère, qui est au Havre, de faire partir sur-le-champ ses 1er et 2e bataillons pour se rendre à Cherbourg ; et, du moment qu'ils y seront arrivés, le 86e qui est à Cherbourg se rendra à Saint-Brieuc et à Saint-Malo pour remplacer le 70e, et tout le 70e sera cantonné depuis Brest jusqu'à

---

(1) Sans date de jour.

Lorient. Donnez ordre à un des régiments italiens qui sont au camp de Boulogne de se rendre au Havre. Du moment qu'il sera arrivé, le 3ᵉ bataillon du 5ᵉ d'infanterie légère se rendra à Cherbourg. Donnez ordre au 3ᵉ régiment d'artillerie qui est à Toulouse de compléter une compagnie à 90 hommes et de l'envoyer à Bordeaux où elle sera répartie sur la côte. Donnez ordre également que l'on complète à Belle-Ile la 12ᵉ compagnie du 6ᵉ d'artillerie de ligne à 90 hommes, pour être toute réunie dans cette île.

NAPOLÉON.

419. — ORDRE (1).

Saint-Cloud, 1ᵉʳ mai 1806.

L'Empereur désire que Monsieur le ministre Dejean lui envoie la route du 112ᵉ régiment.

420. — AU GÉNÉRAL DEJEAN.

Saint-Cloud, 2 mai 1806.

Monsieur Dejean, le ministre de la guerre m'écrit que les dépôts des corps réclament des fonds pour réparation d'habillement. Cela provient-il de ce que j'ai suspendu la solde ? En suspendant la solde, je n'ai point entendu suspendre le paiement des masses. Faites-moi un petit rapport là-dessus.

NAPOLÉON.

421. — DÉCISION.

Saint-Cloud, 2 mai 1806.

Le ministre directeur de l'administration de la guerre demande l'autorisation de faire remplacer, sur le vaisseau *le Suffren*, le détachement du 37ᵉ de ligne par un détachement d'égale force tiré du dépôt du 66ᵉ.

Approuvé.

NAPOLÉON.

---

(1) Non signé.

422. — AU GÉNÉRAL DEJEAN.

Rambouillet, 3 mai 1806.

Monsieur Dejean, envoyez l'ordre par un courrier extraordinaire au 112º régiment de ligne, qui se trouve aujourd'hui à Orléans, d'en partir pour se rendre à Bordeaux, où il fournira les détachements convenables pour la protection des côtes de la 11ª division militaire.

NAPOLÉON.

423. — AU GÉNÉRAL DEJEAN.

Saint-Cloud, 4 mai 1806.

Monsieur Dejean, je vous envoie un état des fusils qui sont dans le royaume d'Italie. J'imagine que les 3.600 fusils neufs et les 9,400 à réparer qui sont dans la colonne des fusils français sont portés dans les états de l'artillerie des bureaux. Quant aux 8.600 fusils autrichiens qui sont à Palmanova, les 17.600 qui sont à Venise et les 4.800 à réparer, ce qui fait un total de 34.000 fusils autrichiens qui appartiennent à la France, on en doit faire recette et l'artillerie française doit donner des ordres pour qu'ils soient bien entretenus. Il faut établir à Mantoue un atelier de réparation pour réparer les 9.400 fusils français et les 4,800 autrichiens. J'imagine que les fusils autrichiens sont du nouveau modèle et qu'ils sont aussi bons que les nôtres. Faites établir à Palmanova une salle d'armes pour les 8.600 fusils autrichiens qui y sont. Les 3.000 fusils français qui sont à Mantoue ne sont pas suffisants ; il faut en faire venir de Venise 12.000, pour qu'il y ait toujours à Mantoue 15.000 ou 18.000 fusils appartenant à la France, indépendamment de ceux qui appartiennent au royaume d'Italie.

NAPOLÉON.

424. — AU GÉNÉRAL DEJEAN.

Saint-Cloud, 4 mai 1806.

Monsieur Dejean, vous donnerez l'ordre au 26ª régiment de chasseurs de se rendre à Saumur.

NAPOLÉON.

425. — AU GÉNÉRAL DEJEAN.

Saint-Cloud, 4 mai 1806.

Monsieur Dejean, le régiment d'Isenburg se rend à Avignon. Ne serait-il pas possible de le faire embarquer à Lyon sur des bateaux et des coches ? Il irait en deux jours à Avignon et cela épargnerait beaucoup de fatigues et de temps. Faites-moi connaître quand le 3ᵉ bataillon de La Tour d'Auvergne sera prêt à partir.

NAPOLÉON.

426. — AU GÉNÉRAL DEJEAN.

Saint-Cloud, 6 mai 1806.

Monsieur Dejean, donnez ordre au général de division Le Marois, mon aide de camp, de se rendre à Ancône. Il prendra le commandement de la ville et de la forteresse et de toute la côte, depuis Rimini jusqu'aux frontières du royaume de Naples, pour empêcher l'introduction des marchandises anglaises et toute communication de ces côtes pour alimenter les îles de Corfou et les escadres russes et anglaises. Toutes les troupes qui se trouveront dans les Etats du Pape, entre les Apennins et la marche d'Ancône, jusqu'à la mer, seront sous ses ordres. Il correspondra avec le roi de Naples pour ce qui regarde les troupes que j'ai dans le royaume de Naples, et avec le vice-roi commandant mon armée d'Italie pour ce qui regarde mes troupes dans ce royaume; mais il sera directement sous les ordres du vice-roi. Il prendra le titre de général commandant les côtes de l'Adriatique. Il prendra des mesures pour que toutes mes troupes soient nourries et soldées par le produit des douanes et des revenus du pays.

NAPOLÉON.

427. — AU GÉNÉRAL DEJEAN.

Saint Cloud, 6 mai 1806.

Monsieur Dejean, mon intention est d'attacher le général de brigade Darmaignac au commandement des trois régiments de la garde de Paris, sous les ordres du gouverneur de Paris.

NAPOLÉON.

428. — DÉCISIONS (1).

Rapport à l'Empereur sur les diverses demandes faites par le prince d'Isenburg, relativement à l'organisation du régiment qu'il commande.

Accordé l'établissement des cadets et de l'aumônier grec.

Les aides de camp du général Dessolle demandant à jouir du traitement d'activité, le ministre prie l'Empereur de décider s'ils peuvent être placés à une armée active.

Ils seront employés dans des corps. Le général Dessolle prendra des aides de camp lorsqu'il sera en activité.

429. — DÉCISION.

Saint-Cloud, 7 mai 1806.

Le ministre directeur de l'administration de la guerre demande des ordres au sujet de la destination à donner au 4ᵉ régiment de dragons que le major-général a fait passer d'Ulm et de Fribourg à Strasbourg.

Diriger ce régiment sur Moulins où il tiendra garnison jusqu'à nouvel ordre.

NAPOLÉON.

430. — DÉCISIONS (2).

Il est rendu compte à l'Empereur d'une soumission du sieur J. Rotondi pour la fourniture du pain en Italie.

Au Conseil de demain.

Des drapeaux et aigles doivent-ils être fournis aux régiments d'Isenburg et de La Tour d'Auvergne ?

Leur faire donner des aigles comme aux autres corps.

---

(1) De la main de Maret; non datées et non signées, extraites du « Travail du ministre de la guerre avec l'Empereur, du 7 mai 1806 ».

(2) De la main de Maret; non datées et non signées, extraites du « Travail du ministre directeur avec l'Empereur, du 7 mai 1806 ».

431. — DÉCISION (1).

8 mai 1806.

La ligne des relais étant dissoute et le service de l'entreprise Breidt complètement organisé, on propose à Sa Majesté de décider :

1° Que tous les employés, au compte de l'Etat, des équipages de la Grande Armée seront licenciés de suite, à l'exception de l'inspecteur général, d'un inspecteur et d'un sous-inspecteur par corps d'armée;

2° Que les employés ainsi licenciés recevront un mois d'appointements, à titre de licenciement, avec l'indemnité de route pour retourner dans leurs foyers.

Approuvé.

432. — DÉCISION.

Saint-Cloud, 8 mai 1806.

Le ministre de l'administration de la guerre soumet à l'Empereur un rapport du général Durutte tendant à l'occupation de l'île de Pianosa, au sud de l'île d'Elbe, par une petite garnison.

Approuvé ce mouvement.

NAPOLÉON.

433. — DÉCISION (2).

8 mai 1806.

Sa Majesté ayant accordé à l'ordonnateur en chef de l'armée d'Italie un supplément d'officiers de santé, on lui demande si, pour éviter de nouvelles nominations et une

Le ministre sait que je n'ai pas encore mis la Grande Armée sur le pied de paix. Par toutes ces demandes particulières, il peut me porter à accorder des

---

(1) Non signée, extraite du « Travail du ministre directeur avec l'Empereur, du 7 mai 1806 ».
(2) Non signée.

Napoléon, t. I.

augmentation de dépenses, on ne pourrait pas disposer d'une partie de ceux dirigés de la Grande Armée sur Strasbourg.

décisions partielles, et la Grande Armée se trouvera dépourvue. Il doit y avoir assez d'officiers de santé à l'armée d'Italie. S'il y en a trop à Strasbourg, on peut en prendre, mais il ne faut pas dégarnir le service de la Grande Armée.

434. — DÉCISION.

Saint-Cloud, 8 mai 1806.

Le ministre de la guerre demande quel nombre de fusils autrichiens il convient d'envoyer à Mantoue et à Palmanova.

Une salle d'armes de 12.000 fusils à Palmanova ne peut qu'être utile ; il en faut une de 25.000 à Mantoue et il faut que cette salle d'armes ne coûte rien à construire.

NAPOLÉON.

435. — DÉCISION (1).

Saint-Cloud, 8 mai 1806.

Le ministre demande si le paiement des 888.626 fr. 17, dont il a été expédié des ordonnances pour le service des troupes de la Grande Armée, doit rester suspendu comme l'avait ordonné Sa Majesté.

Me faire connaître ce que c'est que ces 400.000 francs de dépenses imprévues.

436. — AU MARÉCHAL BERTHIER.

Saint-Cloud, 9 mai 1806.

Mon Cousin, je vous envoie à l'avance le décret ci-joint (2) qui vous arrivera officiellement pour que vous prépariez son exécution.

NAPOLÉON.

(1) Non signée, extraite du « Travail du ministre de la guerre avec l'Empereur, du 7 mai 1806 ».
(2) En date du 9 mai 1806, relatif au paiement de la solde de la Grande Armée pour les mois de janvier à avril.

437. — DÉCISION (1).

Saint-Cloud, 9 mai 1806.

Le prince Eugène demande si l'on doit remettre au général commandant l'artillerie en Italie 13 canons de montagne avec leurs approvisionnements qui existent à Plaisance.

Refusé. L'artillerie italienne doit fournir tout ce qui est nécessaire. Le ministre ne fera passer dans le royaume d'Italie aucun objet d'artillerie des 27e et 28e divisions militaires sans mon autorisation.

438. — AU GÉNÉRAL DEJEAN.

Saint-Cloud, 9 mai 1806.

Monsieur Dejean, donnez ordre que les 1.100 ou 1.200 hommes qui sont à la disposition de la marine à Rochefort, et qui doivent débarquer au 1er juin, rejoignent leurs corps à Turin, et que les 200 ou 300 hommes du 37e régiment, embarqués sur l'escadre de Brest et qui seront débarqués le 25 mai, se mettent en marche pour rejoindre également leur corps.

NAPOLÉON.

439. — AU GÉNÉRAL DEJEAN.

Saint-Cloud, 9 mai 1806.

Monsieur Dejean, présentez-moi un projet de décret pour nommer le sr Charles d'Argenteau pensionnaire à l'Ecole militaire de Fontainebleau.

NAPOLÉON.

440. — DÉCISION.

Saint-Cloud, 13 mai 1806.

Le ministre de l'administration

Moyennant l'arrivée du 86e ré-

---

(1) Non signée.

de la guerre rend compte à l'Empereur des mouvements de troupes de ligne et de garde nationale ordonnés par le général Delaborde, commandant la 13ᵉ division militaire.

giment, cette garde nationale ne doit plus être nécessaire.

NAPOLÉON.

---

441. — AU MARÉCHAL BERTHIER.

Saint-Cloud, 13 mai 1806.

Mon Cousin, vous ferez remettre au roi de Bavière la possession civile d'Ansbach. Mon intention est qu'il soit mis également en possession de tout le Tyrol italien. Vous passerez, à cet effet, avec le ministre de Bavière un traité en forme diplomatique, par lequel le roi s'engagera pour lui et ses successeurs à ne faire aucune fortification sur une ligne que vous tirerez de Roveredo, tout le long du Tyrol : c'est pour maintenir intactes les positions de Monte-Baldo, de Val-Sabbia et Val-di-Daone. Je ne me donne pas la peine de jeter les yeux sur la carte ; vous tracerez vous-même cette ligne.

Je donne ordre que 30.000 quintaux de blé qui sont à Mayence et à Strasbourg soient mis à la disposition du roi de Bavière, pour être distribués à la portion de ses peuples qui ont le plus souffert. Je donne ordre également que 10.000 quintaux de blé lui soient remis à Vérone. Faites transporter à Braunau toutes les farines et biscuits qui m'appartiennent et qui se trouvent à Augsburg, à Ulm, dans le Wurtemberg et autres parties de l'Allemagne. Vous ferez connaître au roi de Bavière que ces farines et ce biscuit lui seront laissés, lorsque mes troupes évacueront l'Allemagne.

NAPOLÉON.

---

442. — DÉCISION.

Saint-Cloud, 13 mai 1806.

Le Ministre, directeur de l'Administration de la guerre, demande à l'Empereur l'autorisation de réunir à Moulins le 4ᵉ régiment de dragons et son dépôt.

Approuvé.

NAPOLÉON.

443. — DÉCISIONS (1).

Il est rendu compte à l'Empereur de la situation du munitionnaire général des Invalides.

A représenter dimanche au Conseil général des finances.

Fonds nécessaires pour les dépenses des divers services du corps d'armée en Istrie et en Dalmatie.

L'achat de grains se fera en Italie, le reste se mettra sur l'armée d'Italie.

Demande d'un congé d'un mois en faveur de l'ordonnateur en chef du corps d'armée du maréchal Bernadotte.

Refusé.

444. — DÉCISION.

Saint-Cloud, 15 mai 1806.

Le ministre de la guerre fait connaître à l'Empereur la force actuelle du 3º bataillon du régiment de La Tour d'Auvergne. Ce bataillon ne pourra se mettre en marche que le 10 juin.

Il faut donner des ordres pour que ce bataillon soit complété, en choisissant des hommes de bonne volonté parmi les prisonniers. On ordonnera qu'il en soit passé une revue au 25 mai. Le 5 juin, le ministre me rendra compte de la situation de ce bataillon, et je lui ferai passer en conséquence des ordres.

NAPOLÉON.

445. — DÉCISION.

Saint-Cloud, 15 mai 1806.

Le général Desbureaux, commandant la 7º division militaire, rend compte des difficultés qu'il éprouve à porter à l'effectif de

Cela étant, on ne préparera à partir que 4 compagnies complètes en hommes et officiers au grand complet de guerre, de ma-

---

(1) De la main de Maret; ni datées, ni signées, extraites du « Travail du ministre directeur avec l'Empereur, du 14 mai 1806 ».

guerre un bataillon du 7ᵉ régiment de ligne et 8 compagnies du 7ᵉ d'infanterie légère, comme il en a reçu l'ordre du ministre.

nière que cela fasse 450 hommes.

Napoléon.

446. — DECISION.

Saint-Cloud, 15 mai 1806.

On propose à Sa Majesté, d'autoriser l'envoi à chacun des 14 dépôts de l'armée de Naples, de 300 fournitures sur l'approvisionnement qui se forme à Alexandrie.

Il suffira que l'on distribue à mon armée de Naples et aux corps qui sont dans mon royaume d'Italie tout ce qui leur revient pour 1806, et, avant la fin de décembre, tout ce qui leur est nécessaire pour 1807. Au moyen de cette mesure, je n'aurai point à réaccorder de fournitures extraordinaires et le ministre n'aura pas besoin de ma décision.

Napoléon.

447. — AU MARÉCHAL BERTHIER.

Saint-Cloud, 16 mai 1806.

Mon Cousin, je reçois vos lettres des 8 et 9 mai. Je vois avec plaisir les mesures que vous avez prises pour faire payer un mois de solde aux officiers. Lorsque vous jugerez nécessaire qu'il leur soit payé un second mois, vous pourrez le faire. Vous avez reçu le décret que j'ai pris pour la solde des officiers. Tout l'argent est en caisse à Strasbourg pour payer l'armée à sa rentrée en France ; et, si elle ne devait pas rentrer, le Trésor se mettrait en marche pour solder l'armée en Allemagne. J'imagine que M. La Bouillerie se mettra en règle pour les 500.000 francs qu'il a payés pour la solde, qu'il en enverra les pièces à la Caisse d'amortissement et que cette somme sera dès lors portée en recette au payeur général. J'ai fait envoyer chez M. Otto 2.600.000 francs d'obligations de la banque de Vienne. Voyez M. La Bouillerie et faites-moi un rapport là-dessus ; j'approuve ce que vous ferez pour la négociation de ces effets. Vous en garderez l'argent à Munich. Il sera toujours à temps de le faire passer en France. Si vous aviez de nouveaux besoins, cet argent vous servirait à faire payer un mois de solde aux officiers. Je ne suis pas fâché que les corps aient laissé beaucoup d'effets en France, parce qu'ils les trouveront à leur retour. Vous verrez par le décret ci-joint que j'ai ordonné que 10.000 francs soient payés à chaque régiment d'infanterie et 3.000 francs à chaque régiment de cavalerie pour acompte de solde.

Faites-moi connaître la situation de la chaussure des soldats de la Grande Armée. Ont-ils une paire de souliers aux pieds et deux dans le sac? Combien y a-t-il de souliers en magasin aux dépôts? Faites-moi connaître les ordres que j'ai donnés et ce qui a été fait. Rendez-moi compte des mesures que vous prendrez pour qu'à leur passage du Rhin, les corps aient deux paires de souliers dans le sac et une paire aux pieds.

Vous ne devez point vous inquiéter de la division des grenadiers d'élite ni de la division Dupont; on les a mises au courant à leur passage à Strasbourg.

Donnez ordre au général Bourcier de se rendre sur-le-champ à Paris pour reprendre ses fonctions au conseil d'administration de la guerre, où il est nécessaire. Vous le ferez remplacer par un général de brigade.

Le corps du général Marmont ne fait plus partie de la Grande Armée. Toute sa comptabilité regarde l'armée d'Italie. M. Villemanzy ne doit donc plus le porter sur ses états.

NAPOLÉON.

448. — AU GÉNÉRAL DEJEAN.

Saint-Cloud, 17 mai 1806.

Monsieur Dejean, les troupes qui sont à l'Ile d'Aix sont sans effets de campement. Les fournitures de lits dans les îles d'Aix, de Ré et d'Oleron sont si mauvaises qu'elles ne valent pas six mois de loyer. Ordonnez qu'il soit envoyé à l'île d'Aix un commissaire des guerres chargé de diriger toute la partie administrative de ces îles, lequel demeurera à l'île d'Aix.

Les travaux du génie dans l'île d'Aix sont en mauvais état. Envoyez l'ordre au directeur du génie de s'y rendre sur-le-champ; et faites passer en poste 30.000 francs au capitaine du génie que vous y avez envoyé, pour faire les réparations nécessaires pour mettre l'île d'Aix en état de défense. Donnez ordre que l'on complète la 3ᵉ compagnie du 3ᵉ régiment d'artillerie, qui est dans cette île, à 85 hommes, et ordonnez au même régiment d'y envoyer une autre compagnie de même force. Donnez ordre au bataillon du 82ᵉ, qui est à Napoléonville (Vendée), de se rendre à l'île d'Aix. Donnez ordre également que le 1ᵉʳ bataillon du 112ᵉ, qui sera complété à 900 hommes, se rende à l'île d Oleron. Les 2ᵉ et 3ᵉ bataillons se rendront à Blaye, et fourniront des détachements sur les côtes de la 11ᵉ division militaire. Lorsque le 1ᵉʳ bataillon du 112ᵉ sera arrivé à Oléron, tout le 66ᵉ se réunira à l'île d'Aix, de manière qu'il y aura à l'île d'Aix : le 3ᵉ bataillon du 26ᵉ, fort de 800 hommes, un bataillon du 82ᵉ, fort de 800 hommes, tout le 66ᵉ fort de 1.200 hommes, la légion du Midi, forte de 1.000 hommes, deux compagnies du 3ᵉ régiment d'artillerie, fortes de 160 hommes, les canonniers de la légion du Midi, 80 hommes, et les canonniers vétérans, 40 hommes, ce qui fera plus de 4.000 hommes. Mon intention est qu'il y ait à l'île d'Aix un général de brigade, un adjudant commandant, un colonel, un chef de bataillon, deux capitaines en résidence et 4 lieutenants ou sous-lieutenants détachés, d'artillerie, trois officiers du génie dont un capitaine et un commissaire des guerres ; et que ces officiers, sous aucun prétexte, ne découchent pas de l'île. Recommandez au général de brigade qui commande à l'île d'Aix de faire faire trois fois la semaine l'exercice à feu, de faire tirer à la cible et d'exercer aux manœuvres du canon les troupes qui s'y trouvent, et d'exercer une grande surveillance.

Donnez ordre au colonel de la légion du Midi de se rendre à l'île d'Aix et, à défaut de s'y rendre sur-le-champ, proposez-moi sa retraite et la nomination à son emploi. Il paraît qu'il y a un grand désordre dans ce corps. Chargez un inspecteur aux revues de voir en détail sa comptabilité et recommandez-le aux soins du général de brigade qui doit le voir lui-même tous les jours.

Faites-moi connaître l'état d'habillement des 66ᵉ, 82ᵉ, 26ᵉ, et de la légion du Midi. Tous les officiers et les troupes qui seront dans l'île d'Aix seront sur le pied de guerre. Enfin, recommandez au général de brigade de correspondre directement avec vous. Il doit avec ses 4.000 hommes repousser 12.000 Anglais, s'ils se présentaient.

Donnez ordre qu'il y ait dans l'île des vivres pour tout le monde pendant un mois. Il sera inutile de faire confectionner des biscuits ; la marine pourra vous fournir ce dont vous aurez besoin. Vous vous entendrez avec ce ministre, afin que l'exécution de cette disposition ne souffre aucun retard.

NAPOLÉON.

449. — AU GÉNÉRAL DEJEAN.

Saint-Cloud, 17 mai 1806.

Monsieur Dejean, donnez ordre au régiment italien qui est au Havre de se rendre par le plus court chemin à Nantes ; au 31° régiment d'infanterie légère qui est à Boulogne de se rendre par le plus court chemin à Napoléon, chef-lieu du département de la Vendée ; au bataillon d'élite du 31° d'infanterie légère qui est à Neufchâtel de s'y rendre également, à Napoléon (1). Un bataillon du 31° sera placé aux Sables pour renforcer tous les postes de la côte.

NAPOLÉON.

450. — AU GÉNÉRAL DEJEAN.

Saint-Cloud, 17 mai 1806.

Monsieur Dejean, témoignez mon mécontentement au colonel du 26° régiment de chasseurs, de ce qu'il n'a que 470 chevaux; au colonel du 22°, de ce qu'il n'a que 468 chevaux; du 19°, de ce qu'il n'en a que 438 ; du 14°, de ce qu'il n'en a que 450 ; du 9°, de ce qu'il n'en a que 480, et du 4°, de ce qu'il n'en a que 450. Témoignez également mon mécontentement aux colonels : du 29° de dragons, de ce qu'il n'a que 490 chevaux ; du 28°, de ce qu'il n'a que 450 chevaux ; du 7°, de ce qu'il n'a que 480 chevaux ; du 8° régiment de cuirassiers, de ce qu'il n'a que 494 chevaux, et du 4°, de ce qu'il n'en a que 480. Enjoignez-leur d'employer tous les fonds qu'ils ont en caisse pour masse de remonte à acheter des chevaux.

NAPOLÉON.

451. — AU GÉNÉRAL DEJEAN.

Saint-Cloud, 19 mai 1806.

Monsieur Dejean, j'ai attaché quatre auditeurs au ministère et à

(1) « A Napoléon » a été ajouté de la main de l'Empereur.

la section de la guerre. Je désire que vous en employiez constamment deux, soit à vérifier les magasins, soit à d'autres missions de vérification dont l'utilité doit se faire sentir souvent dans votre ministère.

NAPOLÉON.

452. — DÉCISIONS (1).

Tableau des fournitures d'habillement qui paraissent revenir au 2ᵉ corps de la Grande Armée pour l'an XIV et 1806.	Leur donner l'habillement de l'an XIV.
Le ministre pense que les officiers de l'armée d'Italie doivent conserver le nombre de chevaux fixé sur le pied de guerre, bien que celle-ci soit remise sur le pied de paix.	A représenter au 1ᵉʳ juin.
L'Empereur est prié de faire connaître si les grains d'approvisionnement de siège existant dans la 5ᵉ division militaire, qui doivent être remis à Sa Majesté le roi de Bavière, seront réunis à Strasbourg, ou si les agents de ce souverain devront les prendre dans les différentes places où ils sont répartis.	Les agents du roi de Bavière prendront ces grains où ils sont.
Les employés et ouvriers licenciés de la Grande Armée réclament les appointements et l'indemnité de licenciement.	Les payer sur les 200.000 fr. de masse de boulangerie dont le ministre n'a pas fait usage.
L'intention de l'Empereur est-elle de nommer quelqu'un pour remplacer dans l'administration de l'armée M. Petiet, nommé sénateur ?	Désigner M. Villemanzy.

---

(1) De la main de Maret; ni datées, ni signées, extraites du « Travail du ministre directeur avec l'Empereur, du 21 mai 1806 ».

Rapport sur l'enquête relative à la situation financière et administrative du 20ᵉ chasseurs et à la conduite du colonel.

Mettre sous les yeux de Sa Majesté toutes les pièces relatives au colonel Marigny, les dénonciations des officiers, etc., et faire un rapport en règle. S'il y a d'autres colonels dans ce cas, en rendre compte.

L'Empereur est prié de prononcer sur les retenues ordonnées au préjudice de l'ex-conseil d'administration des gardes du général en chef en Italie, pour rations de fourrage abusivement perçues.

Accordé la dispense de cette retenue.

453. — DÉCISIONS (1).

Réponse de l'adjudant commandant Delort sur l'ordre qu'il a reçu de restituer une somme de 20.000 francs à lui versée par la province de Padoue.

Sa Majesté n'a point pris de décision. Elle a dit qu'on ne devait pas lui soumettre de pareils objets, que c'était au ministre à suivre l'exécution de ses décrets ; qu'il résultait de l'aveu de l'adjudant commandant Delort qu'il avait touché les 20.000 francs et qu'il fallait qu'il les restituât, ou qu'il désignât ceux qui les avaient réellement reçus, etc., etc. Faire payer.

Congés de convalescence demandés par le général de brigade d'artillerie Verrières et le colonel Deyssautier.

Point de congé. Il y a des officiers de santé et des hôpitaux en Italie.

---

(1) Non datées et non signées; extraites du « Travail du maréchal Berthier, ministre de la guerre, avec l'Empereur, du 21 mai 1806 ».

454. — DÉCISION.

Saint-Cloud, 23 mai 1806.

Le ministre de l'administration de la guerre rend compte de l'arrivée à Cherbourg de cinq Prussiens, déserteurs du 56° d'infanterie anglaise, en garnison à Guernesey.

Les renvoyer chez eux.

NAPOLÉON.

455. — DÉCISION.

Saint-Cloud, 23 mai 1806.

Le ministre de l'administration de la guerre rend compte qu'il y a au dépôt du bataillon des tirailleurs corses à Antibes 90 hommes en état de rejoindre le bataillon à Augsburg.

Donner ordre à ce détachement de se rendre à Chalon-sur-Saône, où on lui enverra de nouveaux ordres.

NAPOLÉON.

456. — DÉCISION.

Saint-Cloud, 23 mai 1806.

Le ministre de l'administration de la guerre soumet à l'Empereur une demande du colonel de la légion corse à l'effet d'obtenir que le dépôt de ce corps soit rapproché de la légion employée à l'armée de Naples.

Donnez l'ordre à ce dépôt de se rendre à Pescara.

NAPOLÉON.

457. — AU GÉNÉRAL DEJEAN.

Saint-Cloud, 24 mai 1806.

Monsieur Dejean, au 1er mai, l'ordonnateur de l'armée d'Italie n'avait reçu que 160.000 francs pour le service du mois de mai. Il trouve cette somme très insuffisante. Faites-moi connaître combien vous lui destinez et pourquoi ce qu'il doit recevoir n'est pas ordonnancé.

NAPOLÉON.

P.-S. — Vous avez des crédits sur mai.

458. — DÉCISION.

Saint-Cloud, 24 mai 1806.

Offre d'une caution par le sieur Masséna père, pour garantie d'une somme de 80.000 francs due par son fils, ex-commissaire des guerres.

Approuvé.

NAPOLÉON.

---

459. — AU MARÉCHAL BERTHIER.

Saint-Cloud, 27 mai 1806.

Mon Cousin, par votre lettre du 18, vous me dites que vous faites venir à Braunau 800.000 rations de biscuit qui étaient à Ulm et Augsburg et 420.000 qui se trouvent à Hall, total : 1.220.000 rations. Les 420.000 rations pourront rester à Passau d'où l'on pourrait les faire descendre par le Danube, si l'on en avait besoin. Quant au biscuit qui est à Mayence et à Strasbourg on peut l'y laisser.

NAPOLÉON.

---

460. — DÉCISION.

Saint-Cloud, 27 mai 1806.

Le ministre de l'administration de la guerre rend compte à l'Empereur de la demande de plusieurs colonels d'infanterie, à l'effet d'être autorisés à faire venir de leurs dépôts établis en France le nombre d'hommes nécessaire pour tenir les bataillons de guerre au complet.

Même réponse que pour le rapport ci-contre relatif au 7ᵉ d'hussards (1).

---

461. — DÉCISION.

Saint-Cloud, 27 mai 1806.

Le maréchal Davout rend compte d'une demande du colonel du 7ᵉ ré-

M. Dejean fera connaître aux généraux que j'ai défendu au-

---

(1) Le rapport en question n'existe pas aux Archives de la guerre. — Décision non signée.

giment de hussards tendant à obtenir que le détachement de ce corps, fort de 248 hommes et 236 chevaux, fourni par le dépôt au corps d'armée du maréchal Lefebvre, soit réuni à son régiment, attendu que ce détachement est composé en grande partie de jeunes gens et de jeunes chevaux destinés à alimenter les escadrons de guerre et peu propres à servir utilement s'ils ne sont fondus dans des escadrons.

cun mouvement, mais qu'au moment où l'armée devrait revenir (sic) active, ils ne doivent pas douter que j'ai l'œil sur elle et que j'ordonnerais toutes les réunions nécessaires.

NAPOLÉON.

462. — ORDRE (1).

Paris, 28 mai 1806.

Dresser des tableaux qui fassent connaître dans son ensemble et dans ses détails ce que coûte :

1° Un régiment de carabiniers sur le pied de paix ;

2° Un régiment de cuirassiers sur pied de paix ;

3° Ce que coûterait un de ces régiments, aussi sur le pied de paix, mais supposé avoir 200 hommes et 180 chevaux par escadron ;

4° Former des tableaux pareils aux deux premiers pour un régiment de dragons, pour un régiment de chasseurs, pour un d'hussards, pour un d'artillerie légère, sur le pied de paix ;

5° Former des tableaux semblables pour les régiments des quatre armes ci-dessus, calculés, quant au nombre des hommes et des chevaux, sur le pied de guerre, et quant aux traitements, solde, nourriture, etc., sur le pied de paix ;

6° Faire connaître par un tableau comparatif ce que coûteraient les 24 régiments de chasseurs d'après la donnée ci-dessus (n° 5) et ce que coûteraient d'après les mêmes bases seize régiments composés chacun de six escadrons ;

7° Former des tableaux pour des régiments d'infanterie de ligne et d'infanterie légère, de deux, de trois et de quatre bataillons sur le pied de paix ;

---

(1) Copie sans signature.

8° Présenter des tableaux semblables pour les mêmes régiments sur le pied de guerre quant au nombre d'hommes, et sur le pied de paix quant aux traitements, solde, nourriture, masses, etc. ;

9° Tableaux semblables aux deux précédents pour un régiment d'artillerie à pied, pour un bataillon du train, pour un bataillon de sapeurs.

L'Empereur demande ces différents tableaux, pour la rédaction desquels il importe que les bureaux de la guerre et ceux de l'administration de la guerre se concertent afin que les tableaux, faits sur une base aussi uniforme que possible, présentent avec ordre et méthode les différentes dépenses dont se compose la dépense générale.

463. — DÉCISIONS (1).

L'ordonnateur Arcambal annonce que le gouvernement pontifical réclame le paiement des fournitures par lui faites aux troupes françaises.	Cela ne regarde pas l'ordonnateur.
État de détresse des employés de la Grande Armée, notamment de ceux revenus à Strasbourg.	Remettre l'état par administration et prendre des fonds sur chaque service pour les employés de chaque service et faire payer un mois à tous ceux qui sont à Strasbourg.

464. — DÉCISION.

29 mai 1806.

Le colonel du 100° régiment de ligne demande l'autorisation d'envoyer quelques officiers et sous-officiers à Strasbourg, où se trouve un important détachement de ce corps, pour assurer la police, la discipline et l'instruction du détachement en question,	Accordé. NAPOLÉON.

---

(1) De la main de Maret; ni datées, ni signées, extraites du « Travail du ministre directeur avec l'Empereur, du 28 mai 1806 ».

465. — AU MARÉCHAL BERTHIER.

Saint-Cloud, 30 mai 1806.

Mon Cousin, vous trouverez ci-joint le rapport du ministre du Trésor public, avec l'état des sommes qu'il a fait payer aux dépôts des corps de la Grande Armée pour à compte sur la masse de linge et chaussure. Vous remarquerez qu'il y a des dépôts qui sont très éloignés. Ecrivez donc aux majors de ces dépôts d'envoyer de l'argent aux corps de l'armée qui voudraient se procurer directement des souliers en Allemagne.

NAPOLÉON.

466. — AU GÉNÉRAL DEJEAN.

Saint-Cloud, 30 mai 1806.

Monsieur Dejean, vous trouverez ci-joint copie d'un décret que j'ai pris. Vous voudrez bien tenir la main à son exécution. Communiquez-le aux bureaux de la guerre. Je vous recommande une grande surveillance pour l'administration de l'armée d'Italie.

NAPOLÉON.

467. — AU GÉNÉRAL DEJEAN.

Saint-Cloud, 31 mai 1806.

Monsieur Dejean, témoignez mon mécontentement au colonel du régiment de La Tour d'Auvergne de la mauvaise tenue du bataillon de ce régiment qui est à Ancône. Donnez-lui l'ordre de s'y rendre et d'y rester. Le major restera avec le second bataillon.

NAPOLÉON.

468. — AU GÉNÉRAL DEJEAN.

Saint-Cloud, 1ᵉʳ juin 1806.

Monsieur Dejean, donnez ordre au général Baraguey d'Hilliers de passer lundi, mardi et mercredi la revue des cinq dépôts de dragons qui sont à Versailles et à Saint-Germain. Il visitera leurs magasins et m'en fera connaître la situation. Il examinera leurs registres de comptabilité. Il me fera connaître le nombre de chevaux qu'ils ont, en distinguant ceux qui sont en état de servir de ceux qui ne le sont pas, le nombre des hommes, en distinguant ceux qui sont à l'école de bataillon et ceux qui sont en état de monter a cheval.

NAPOLÉON.

469. — AU GÉNÉRAL DEJEAN.

Saint-Cloud, 1ᵉʳ juin 1806.

Monsieur Dejean, mon intention est que le général Barbou se rende sans délai en Dalmatie pour y faire partie de l'armée d'Italie et y prendre le commandement des bouches de Cattaro. Il recevra ses instructions du prince Eugène, commandant en chef mon armée d'Italie.

NAPOLÉON.

470. — DÉCISION.

Saint-Cloud, 3 juin 1906.

Le ministre de l'administration de la guerre, en rendant compte à l'Empereur que tous les régiments de cavalerie, dragons, chasseurs et hussards de la Grande Armée viennent de renvoyer à leurs dépôts en France les hommes à pied pour y prendre des chevaux, demande si l'intention de Sa Majesté est que ces divers détachements retournent immédiatement à leurs escadrons de guerre.

Personne ne retournera jusqu'à nouvel ordre. Le ministre demandera des états du nombre de chevaux qui s'y trouvent et du nombre d'hommes qui pourraient partir.

NAPOLÉON.

471. — DÉCISION (1).

Les officiers de l'armée d'Italie doivent-ils conserver le nombre de chevaux fixé d'après le pied de guerre ?

Attendre encore un mois.

---

(1) De la main de Maret; ni datée, ni signée, extraite du « Travail du ministre directeur avec l'Empereur, du 4 juin 1806 ».

472. — AU GÉNÉRAL DEJEAN.

Saint-Cloud, 7 juin 1806.

Monsieur Dejean, j'ai reçu votre lettre du 4 juin, avec le résultat de l'inspection du second corps de réserve. Donnez des ordres pour que tous les individus susceptibles d'être licenciés le soient promptement, et que ceux qui sont marqués pour la retraite y soient admis, car rien n'est plus nuisible au service que de conserver aux corps des hommes inutiles qui augmentent les cadres sans fournir un homme à l'effectif.

NAPOLÉON.

473. — AU GÉNÉRAL DEJEAN.

Saint-Cloud, 7 juin 1806.

Monsieur Dejean, donnez l'ordre au général de division Quesnel d'aller prendre le commandement de la 9e division.

NAPOLÉON.

474. — AU GÉNÉRAL DEJEAN.

Saint-Cloud, 7 juin 1806.

Monsieur Dejean, je n'approuve pas que l'on tire de la poudre d'Alexandrie. Il est inutile d'en mettre à Ancône où il y en a 150 milliers ; c'est beaucoup plus qu'il ne faut. Il sera fourni de Mantoue et de Vérone toutes les poudres qui seront nécessaires en Istrie et en Dalmatie. Le royaume d'Italie pourra d'autant plus y suffire que l'accroissement de ce royaume a mis de nouvelles poudrières à sa disposition.

NAPOLÉON.

475. — AU GÉNÉRAL DEJEAN.

Saint-Cloud, 7 juin 1806.

Monsieur Dejean, envoyez l'ancien commandant du fort de Joux à Milan, où il sera à la disposition du vice-roi commandant en chef mon armée d'Italie pour être employé dans un commandement d'armes de son grade en Dalmatie ou en Istrie.

NAPOLÉON.

476. — AU GÉNÉRAL DEJEAN.

Saint-Cloud, 10 juin 1806.

Monsieur Dejean, le 1ᵉʳ régiment d'infanterie légère, les 6ᵉ et 42ᵉ de ligne ont un grand nombre de conscrits à leurs dépôts dans le royaume d'Italie, qui n'ont aucun effet d'habillement et qui sont encore en sarraux de paysans. J'ai ordonné qu'on envoyât d'Alexandrie des tricots pour habiller ces conscrits. Accélérez le plus possible la marche de ces tricots dont l'arrivée devient de la plus grande urgence.

NAPOLÉON.

477. — AU GÉNÉRAL DEJEAN.

Saint-Cloud, 10 juin 1806.

Monsieur Dejean, je vous envoie la situation des dépôts qui étaient en Hollande et qui viennent de passer dans le royaume d'Italie. Vous ferez faire le relevé des effets d'habillement qu'ont ces dépôts, pour savoir s'il faut leur en donner une aussi grande quantité que celle que vous leur accordiez par votre dernier travail. Cet état vous mettra à même de connaître définitivement leurs besoins.

NAPOLÉON.

478. — DÉCISIONS (1).

Le général Molitor a sollicité une distribution de vin journalière pour les troupes stationnées en Dalmatie.	Approuvé en argent.

---

(1) De la main de Maret; ni datées, ni signées, extraites du « Travail du ministre directeur avec l'Empereur, du 11 juin 1806 ».

Les fournitures de viande faites aux troupes françaises par les soins des magistrats de Berg et de Clèves seront-elles acquittées par le gouvernement français ?	A acquitter par le gouvernement français.
Effets d'habillement qu'il est urgent de fournir aux forçats napolitains.	Le génie a beaucoup d'argent en caisse ; il avancera tant par homme pour les besoins les plus urgents et l'on fera la retenue pendant l'année.
M. Villemanzy, intendant général de la Grande Armée, a désigné M. Lambert pour le seconder en qualité d'ordonnateur en chef.	Suivre l'organisation de la Grande Armée existant pendant la campagne.
Il est proposé à l'Empereur d'admettre, dans un lycée, au moins l'un des deux fils de la veuve du commissaire des guerres Thibaut, tué à Trafalgar.	A remettre au ministre de l'intérieur.

479. — A MONSIEUR DEJEAN,
MINISTRE DIRECTEUR DE L'ADMINISTRATION DE LA GUERRE.

11 juin 1806.

Sa Majesté, Monsieur, me charge de vous faire connaître qu'elle désire que vous écriviez aux chefs d'états-majors, aux officiers généraux commandant l'artillerie et le génie, aux commissaires ordonnateurs en Italie et dans le royaume de Naples, de vous rendre un compte journalier de tout ce qui concerne le service et de profiter exactement, pour correspondre avec vous, de l'estafette qui part pour Paris à des époques fixes et qui arrive en très peu de jours.

Hugues B. Maret.

480. — A MONSIEUR DEJEAN,
MINISTRE DIRECTEUR DE L'ADMINISTRATION DE LA GUERRE

Saint-Cloud, 12 juin 1806.

Sa Majesté me charge, Monsieur, de vous faire connaître l'intention où elle est que les deux premiers bataillons du 14° régiment de ligne, complétés à mille hommes chacun, se rendent à Saint-Quentin où ils seront baraqués et employés aux travaux du canal. Le 3° bataillon et le dépôt continueront à rester à Sedan.

Hugues B. Maret.

---

481. — DÉCISION.

Saint-Cloud, 12 juin 1806.

Le ministre de la guerre demande un renfort de sapeurs pour le siège de Gaëte.

Accordé une compagnie.

Napoléon.

---

482. — DÉCISION.

Saint-Cloud, 12 juin 1806.

Le ministre directeur de l'administration de la guerre rend compte à l'Empereur que le général Chasseloup sollicite le prompt envoi à Alexandrie d'un ou deux régiments de ligne pour activer les travaux des fortifications de cette place.

Laissez le général Menou maître d'envoyer à Alexandrie le 93° qui est à Turin et de faire passer à Turin le 37°.

Napoléon.

---

483. — DÉCISION.

Saint Cloud, 12 juin 1806.

Le ministre de l'administration de la guerre rend compte que le général Travot, commandant la 12° division militaire, demande l'autorisation d'employer deux bataillons du 31° régiment d'infanterie légère sur les côtes de la Vendée et de

Accordé de laisser le 3° bataillon avec le dépôt à Napoléon, et répartir les deux autres sur la côte, mais sans trop les disséminer.

Napoléon.

ne conserver qu'un bataillon de ce régiment à Napoléon, vu l'insuffisance des casernes de cette ville.

484. — AU GÉNÉRAL DEJEAN.

Saint-Cloud, 13 juin 1806.

Monsieur Dejean, mon intention est que mon Frère, le roi de Hollande, connétable de l'Empire, ait le commandement en chef des troupes françaises qui sont dans son royaume. Faites connaître cette disposition au général qui y commande mes troupes.

NAPOLÉON.

485. — AU GÉNÉRAL DEJEAN.

Saint-Cloud, 13 juin 1806.

Monsieur Dejean, il résulte de la revue d'inspection qu'a passée le général Baraguey d'Hilliers qu'il y a 46 hommes à réformer dans les dépôts des cinq régiments de dragons qui sont à Paris, Versailles et Saint-Germain. Faites réformer ces 46 hommes. Faites également réformer les 34 chevaux.

NAPOLÉON.

486. — DÉCISION.

Saint-Cloud, 15 juin 1806.

Le ministre de l'administration de la guerre propose à l'Empereur d'autoriser les recruteurs de la marine batave à faire des recrues sur les bords du Rhin, parmi les prisonniers autrichiens et autres individus de nationalité étrangère.

Accordé.

NAPOLÉON.

487. — AU GÉNÉRAL DEJEAN.

Saint-Cloud, 17 juin 1806.

Monsieur Dejean, donnez ordre au général de brigade Bessières de se rendre en Italie pour prendre le commandement de la division de chasseurs à cheval de l'armée d'Italie. Donnez ordre au général de brigade Watier de prendre le commandement des dépôts des 5 régiments de dragons qui sont à Versailles et à Saint-Germain et de porter une attention particulière à l'instruction des hommes, tant à pied qu'à cheval, et à leur armement, équipement et comptabilité. Donnez ordre au général de brigade Scalfort de se rendre à l'armée d'Italie pour y prendre le commandement de la division de réserve de dragons de l'armée de Naples qui est dans le royaume d'Italie et veiller à son instruction et parfaite organisation. Donnez ordre au général de brigade de cavalerie Dupré de se rendre en Italie pour y commander la division de réserve de chasseurs de l'armée de Naples qui est dans le royaume d'Italie et veiller à son organisation, à son instruction et à son parfait armement.

NAPOLÉON.

488. — DÉCISIONS (1).

8.000 quintaux de farine ont été trouvés dans les magasins de la place de Wesel et la reprise en a été faite pour le compte de S. A. S. le prince Joachim.	A rendre au roi de Prusse.
Observations présentées à l'Empereur sur l'ajournement, prononcé par Sa Majesté, de cinq articles de dépenses pour traitement de maladies légères dans cinq infirmeries régimentaires pendant l'an XII.	Renvoyé à la commission de liquidation de la guerre du Conseil d'Etat.

---

(1) De la main de Maret; ni datées, ni signées, extraites du « Travail du ministre directeur avec l'Empereur, du 18 juin 1806 ».

489. — DÉCISION.

Saint-Cloud, 19 juin 1806.

Le ministre de l'intérieur rend compte des mesures qui ont été prises pour faire exécuter en bronze la statue du général Desaix.

Approuvé.

Napoléon.

490. — AU GÉNÉRAL DEJEAN.

Saint-Cloud, 19 juin 1806.

Monsieur Dejean, il y a des magasins de poudre à Spire qui avaient été établis au passage de l'armée. Donnez ordre que ces magasins soient évacués et que les poudres rentrent dans les places fortes. Le bataillon d'élite du 31ᵉ d'infanterie légère a passé le 1ᵉʳ juin à Seurre, département de la Côte-d'Or, et y a commis les plus grands désordres. Témoignez-en mon mécontentement au chef de bataillon et faites lui connaître que j'espère que les militaires de ce bataillon se comporteront mieux dans la Vendée et que je rends MM. les officiers responsables de leur conduite.

Napoléon.

491. — AU GÉNÉRAL DEJEAN.

Saint-Cloud, 20 juin 1806.

Monsieur Dejean, dans l'état de situation des divisions militaires que vous m'avez remis le 1ᵉʳ juin, on a omis le 31ᵉ régiment d'infanterie légère qui devait être porté dans la 12ᵉ division militaire. Peut-être n'y est-il pas arrivé ? Mais alors, il aurait dû être porté au camp de Boulogne, d'où il est parti. Il n'est ni dans l'un, ni dans l'autre endroit.

Napoléon.

492. — AU GÉNÉRAL DEJEAN.

Saint-Cloud, 20 juin 1806.

Monsieur Dejean, après le rapport de l'artillerie, il me paraît inutile de faire une fonderie à Gênes ; on peut transporter à Alexandrie l'artillerie de Gênes qui est hors de service, pour commencer la refonte de cette place. Je n'ai besoin d'aucune pièce à Parme : on peut les retirer toutes. Je ne conçois pas, dans le fait, ce que veulent dire toutes ces commandes de pièces de 24 courtes. Il me semble que ce modèle n'a pas été adopté, hormis pour suivre les armées en campagne. Mon intention n'a jamais été que dans les casernes on plaçât les fusils en gerbes. J'ai ordonné qu'on ne me fît pas de salles d'armes en temps de guerre où j'ai tant de dépenses, mais qu'on choisît quelques chambres dans les casernes pour y placer les fusils, comme on les place dans les salles d'armes.

NAPOLÉON.

493. — AU GÉNÉRAL DEJEAN.

Saint-Cloud, 20 juin 1806.

Monsieur Dejean, vous ferez donner une gratification de 12.000 francs au général Darmaignac, commandant la garde municipale de Paris.

NAPOLÉON.

494. — AU GÉNÉRAL DEJEAN.

Saint-Cloud, 20 juin 1806.

Monsieur Dejean, donnez ordre au bataillon du 112º régiment qui est à l'île d'Oleron de se rendre à Bordeaux. Il sera remplacé par le bataillon du 82º qui est à La Rochelle. Donnez ordre au régiment italien qui est à Nantes de se rendre à Bayonne. Donnez ordre au reste de la division italienne qui est à Boulogne de se rendre : un régiment au Havre et un régiment à Nantes, par le plus court chemin. Le général de division, l'état-major, sapeurs, artillerie, se rendront à Bayonne, où dans le courant de l'été toute la division sera réunie. Le 31º d'infanterie légère qui est à Napoléon servira pour La Rochelle, Noirmoutiers et toute la côte de la 12º division militaire, en laissant cependant un bataillon à Napoléon. Ecrivez au général commandant la 11º division militaire que, puisqu'il a aussi des troupes à sa disposition, il fasse tendre des embuscades pour saisir quelques débarquements anglais.

NAPOLÉON.

495. — AU GÉNÉRAL DEJEAN.

Saint-Cloud, 20 juin 1806.

Donnez ordre au 4º régiment d'infanterie légère qui est à Metz et au 32º qui est à Düsseldorf de se rendre à Paris. Donnez ordre également aux 3ᵉˢ bataillons et aux dépôts, ainsi qu'aux détachements de ces corps qui pourraient se trouver dans la réserve du maréchal Lefebvre, de se mettre en marche pour Paris.

NAPOLÉON.

---

496. — AU GÉNÉRAL DEJEAN

Saint-Cloud, 20 juin 1806.

Monsieur Dejean, donnez ordre au régiment d'Isenburg de se rendre d'Avignon à Montpellier, où il tiendra garnison, et vous autoriserez le général commandant la 9ᵉ division militaire à employer la portion qui sera nécessaire pour la garde de la côte, mais en lui recommandant bien de tenir réunie la plus grande partie de ce régiment pour pouvoir veiller à son instruction, le tenir en bon état, et perfectionner son organisation. Le 3ᵉ bataillon du régiment de La Tour d'Auvergne qui, de Phalsbourg, se rend à Aix, restera à Avignon jusqu'à nouvel ordre.

NAPOLÉON.

---

497. — AU GÉNÉRAL DEJEAN.

Saint-Cloud, 21 juin 1806.

Monsieur Dejean, donnez ordre aux capitaines du génie Bontems et Barrin, et au lieutenant du génie Desprez, de se rendre en Albanie, pour y servir sous les ordres du général Lauriston. Donnez ordre aux lieutenants d'artillerie Fabvier, Sechehaye et Baudart de se rendre en Dalmatie, pour y être employés. Donnez ordre au lieutenant Clary, aide de camp du maréchal Bernadotte, et au lieutenant Petiet, aide de camp du maréchal Soult, de se rendre à l'armée de Naples pour y servir dans l'expédition de Sicile.

NAPOLÉON.

498. — AU GÉNÉRAL DEJEAN.

Saint-Cloud, 21 juin 1806.

Monsieur Dejean, je vous envoie un état de situation de l'armée de Naples. Ces états ne sont point régulièrement faits. Faites passer à l'état-major de cette armée un certain nombre de modèles d'états imprimés, tels que ceux dont on se sert pour la Grande Armée.

NAPOLÉON.

499. — DÉCISIONS (1).

Le vice-roi d'Italie représente que le ministre a donné trop d'extension au décret du 3 juin qui met à la charge du Trésor italien les dépenses antérieures au mois de mai.	Demander au vice-roi les comptes détaillés, en recette et dépense.
Observations du vice-roi d'Italie, relativement à la question du paiement des 10.000 quintaux de grain et farine achetés à Ancône, pour l'Istrie et la Dalmatie.	Ces blés étant arrivés au mois de mai, seront payés avec la masse de boulangerie du mois de mai.
Secours demandé par le 3ᵉ d'infanterie légère pour remplir le déficit, dont la masse générale s'est trouvée grevée par suite d'un recrutement de 1.593 hommes pendant les ans XII et XIII.	Suivre la loi.

500. — AU GÉNÉRAL DEJEAN.

Saint-Cloud, 28 juin 1806.

Monsieur Dejean, je vous envoie la revue des dépôts de l'armée de Naples. Je désire que vous la preniez en considération et que vous me proposiez des nominations à toutes les places vacantes.

NAPOLÉON.

(1) De la main de Maret; ni datées, ni signées, extraites du « Travail du ministre directeur avec l'Empereur, du 25 juin 1806 ».

501. — AU GÉNÉRAL DEJEAN.

Saint-Cloud, 28 juin 1806.

Monsieur Dejean, je suis instruit que, par suite de la dernière revue qui a été faite des 14 dépôts de l'armée de Naples qui sont dans le royaume d'Italie, beaucoup d'officiers ont été proposés pour la retraite. Ce travail a dû vous être envoyé. Il est convenable d'accorder promptement leur retraite à ces officiers, afin de les remplacer par des officiers jeunes et propres au service.

NAPOLÉON.

502. — AU MARÉCHAL BERTHIER.

Saint-Cloud, 28 juin 1806.

Mon Cousin, prenez des mesures pour que 2,000 recrues partent de Suisse pour les régiments suisses qui sont à la solde de la France. Vous enverrez les premiers quinze cents à l'armée de Naples où se trouvent trois bataillons du 1er régiment, et les 500 autres en Corse, où se trouve le 4e bataillon.

NAPOLÉON.

503. — AU GÉNÉRAL DEJEAN.

Saint-Cloud, 28 juin 1806.

Monsieur Dejean, faites-moi connaître pourquoi les majors des 23e d'infanterie légère et des 1er, 20e, 62e et 102e de ligne faisant partie de l'armée de Naples, ne sont pas à leurs dépôts dans le royaume d'Italie.

NAPOLÉON.

504. — AU GÉNÉRAL DEJEAN.

Saint-Cloud, 29 juin 1806.

Monsieur Dejean, donnez ordre au 6e régiment de cuirassiers de se rendre à Plaisance. Il partira le 10 juillet, de Lodi, où il se trouve, pour Plaisance, où il tiendra garnison. Donnez ordre au

15e régiment de chasseurs, qui est à Trévise, de se rendre à Parme où il tiendra garnison. Il partira de Trévise le 20 juillet.

NAPOLÉON.

505. — AU GÉNÉRAL DEJEAN.

Saint-Cloud, 29 juin 1806.

Monsieur Dejean, je vous renvoie votre rapport sur la répartition des corps de la Grande Armée. J'approuve les changements que vous me proposez. Je désirerais, cependant, que les dix régiments de cuirassiers fussent placés dans des garnisons où il y ait des manèges.

NAPOLÉON.

506. — DÉCISION.

Saint-Cloud, 3 juillet 1806.

Mesures proposées par le ministre de l'administration de la guerre pour l'incorporation des déserteurs prussiens recueillis à Wesel dans les divers bataillons de déserteurs.	Approuvé, hormis pour les Autrichiens qu'il ne faut pas laisser à Berg, mais renvoyer également à Cherbourg.

NAPOLÉON.

507. — AU GÉNÉRAL DEJEAN.

Saint-Cloud, 6 juillet 1806.

Monsieur Dejean, donnez ordre au général Rapp, mon aide de camp, de se rendre à Strasbourg pour y commander la 5e division militaire jusqu'à nouvel ordre.

NAPOLÉON.

508. — DÉCISION.

Le ministre de l'administration de la guerre propose à l'Empereur de diriger sur Nancy, garnison affectée au bataillon des tirailleurs corses, le détachement tiré du dépôt de ce corps qui doit arriver à Châlons le 7 juillet, venant d'Antibes.

Saint-Cloud, 7 juillet 1806.

Approuvé ce mouvement.

Napoléon.

509. — DÉCISION.

Le ministre de l'administration de la guerre rend compte à l'Empereur des mesures qu'il a prises pour faire reprendre au 32e régiment d'infanterie de ligne les postes qu'il occupait avant son départ et de replacer les choses à Werden comme elles étaient avant la convention faite, sans ordre, par le colonel Darricau avec un colonel prussien.

Saint-Cloud, 7 juillet 1806.

Envoyer un second courrier pour faire rester le 32e à Liège jusqu'à nouvel ordre. Le colonel Darricau gardera les arrêts à Liège pendant vingt-quatre heures.

Napoléon.

510. — DÉCISION.

Le ministre de la guerre demande : 1° s'il y a lieu de faire souscrire un nouvel engagement aux militaires du bataillon des tirailleurs du Pô dont l'engagement est expiré ; 2° si ce bataillon devra être compris dans le nombre de ceux des corps qui recevront des conscrits de l'an 1806, et combien il lui en sera affecté ; 3° si le mode de recrutement actuel par l'enrôlement des hommes qui ont servi dans les troupes du roi de Sardaigne devra cesser.

Saint-Cloud, 7 juillet 1806.

Il ne faut donner aucun congé dans la conscription de 1806, on donnera des recrues ; mais il faut toujours laisser exister le moyen d'engagement actuel.

Napoléon.

511. — AU GÉNÉRAL DEJEAN (1).

Saint-Cloud, 8 juillet 1806.

Monsieur Dejean, l'armée de Dalmatie, devenant plus considérable, aura besoin d'un ordonnateur. Donnez en conséquence ordre à l'ordonnateur Noury, qui est à Parme, de se rendre à Zara, pour remplir les fonctions d'ordonnateur en chef près de l'armée de Dalmatie ; pendant le reste de l'année, il pourra se trouver sous les ordres de l'ordonnateur de l'armée d'Italie. Vous ferez remplacer à Parme le commissaire ordonnateur Noury par un commissaire des guerres.

512. — AU GÉNÉRAL DEJEAN.

Saint-Cloud, 9 juillet 1806.

Monsieur Dejean, je vous envoie la revue des dépôts de chasseurs et de dragons de l'armée de Naples au 15 juin. Vous verrez qu'il y a beaucoup de places vacantes auxquelles il est instant de nommer, des retraites à fixer. La situation des chevaux et celle des masses de remonte vous feront connaître ce qu'il est nécessaire de faire pour porter les escadrons au complet. Faites-moi connaître pourquoi les majors des 7e et 14e régiments de chasseurs et des 7e, 24e et 29e de dragons ne sont pas à leurs dépôts.

NAPOLÉON.

513. — DÉCISIONS (2).

Demande faite par le major général pour que les dépôts envoient des effets d'habillement et de harnachement à leurs bataillons de guerre.	Ajourné.
Les dispositions relatives aux services de la garnison de Wesel sont-elles applicables à celle de Dusseldorf ?	Les dispositions ordonnées pour Wesel seront appliquées à Düsseldorf.

(1) Non signé; extrait d'une lettre au général Dejean.
(2) De la main de Maret; ni datées ni signées, extraites du « Travail du ministre directeur avec l'Empereur, du 9 juillet 1806 ».

Les 1.317.203 rations de biscuit de l'approvisionnement extraordinaire de l'armée des Côtes ayant dépassé le terme de leur conservation, seront-elles remplacées ou prises en consommation ?	Proposer une mesure pour la conservation.
Doit-on continuer à Boulogne la location d'un bâtiment ayant servi d'hôpital militaire ?	Il faut garder ce bâtiment.

514. — AU GÉNÉRAL DEJEAN.

Saint Cloud, 11 juillet 1806.

Monsieur Dejean, je suis surpris de voir que le 22e régiment de chasseurs est le seul des régiments de cette arme qui n'ait qu'un faible nombre de chevaux, puisqu'il ne s'y en trouve que 472, pour 892 chasseurs qui existent au corps. Mon intention est que vous donniez des ordres sur-le-champ pour que le complet en chevaux de ce corps soit porté sans délai à 700 chevaux.

NAPOLÉON.

515. — AU GÉNÉRAL DEJEAN.

Saint Cloud, 11 juillet 1806.

Monsieur Dejean, donnez ordre aux généraux des divisions dans lesquelles se trouvent les 2e, 93e, 37e, 67e et 16e régiments de ligne de passer la revue de ces corps, afin de constater quelles sont les compagnies prisonnières ou embarquées et celles présentes aux drapeaux. On indiquera les bâtiments sur lesquels des compagnies ont été embarquées et dans quel mois. Ces états me sont nécessaires pour statuer sur l'organisation définitive de ces régiments.

NAPOLÉON.

516. — AU MARÉCHAL BERTHIER.

Saint-Cloud, 11 juillet 1806.

Mon Cousin, mon intention est que le corps du maréchal Bernadotte forme deux divisions, l'une d'infanterie et l'autre de cavalerie. Le général Tilly commandera la cavalerie. Les généraux Picard et Colbert commanderont chacun une brigade. Le général Bourcier sera remplacé par le général Sahuc. Les généraux La Planche de Morthière et Watier seront ses généraux de brigade. Donnez l'ordre au général Colbert de se rendre, en qualité de général, à son nouveau poste. Vous devez avoir des généraux de cavalerie sans emploi. Placez-en un dans la division de grosse cavalerie du général d'Hautpoul.

Je tiens à ce qu'il y ait trois généraux de brigade dans chaque division de dragons. Proposez-moi un bon officier pour remplacer le général de division Walther. Les divisions légères attachées à chaque armée ne seront que de trois régiments, ce qui fera quatre régiments à ôter, un au maréchal Bernadotte, un au maréchal Davout, un au maréchal Mortier et un au maréchal Soult. Ces quatre régiments, qui seront les plus nombreux, seront attachés à la réserve de cavalerie et formeront deux brigades indépendantes sous les ordres des généraux La Salle et Milhaud.

Quant au parc, j'imagine que le général Songis s'en occupe et qu'il fait venir de France les hommes les plus propres pour tenir toujours au complet le personnel des corps d'armée et les divisions et réparer ses pertes.

NAPOLÉON.

517. — AU GÉNÉRAL DEJEAN.

Saint-Cloud, 11 juillet 1806.

Monsieur Dejean, donnez ordre aux 21° régiment d'infanterie légère et 22° de ligne, qui sont en Hollande, de se rendre à Wesel, où ils recevront de nouveaux ordres. Donnez ordre au 19° de ligne de se rendre à Boulogne, où il campera, et au 20° régiment de chasseurs de se rendre à Cologne, où il recevra de nouveaux ordres. Ces deux régiments sont également en Hollande. Le 9° bataillon du train, les deux compagnies de sapeurs, la compagnie de mineurs et les quatre compagnies d'artillerie à pied qui sont en Hollande doivent se rendre à la Grande Armée. Je pense qu'il est convenable de les diriger sur Wesel. Vous me ferez connaître le jour où elles y arriveront, afin que je leur donne une destination ultérieure. Il ne restera donc plus en Hollande que deux régiments d'infanterie de ligne, un général commandant, un ou deux généraux de brigade, un adjudant commandant et quelques officiers d'artillerie et de génie pour la garde et la défense des places.

NAPOLÉON.

518. — DÉCISION.
Saint-Cloud, 11 juillet 1806.

Le ministre de l'administration de la guerre sollicite les ordres de l'Empereur pour qu'il soit mis à la disposition de la marine à Rochefort un détachement de trois cents hommes du 66e régiment de ligne et un détachement d'égale force du 82e pour remplacer à bord de l'escadre en rade de ce port les détachements du 93e régiment.

Accordé.

NAPOLÉON.

519. — AU MARÉCHAL BERTHIER.
Saint-Cloud, 11 juillet 1806.

Mon Cousin, mon intention étant de compléter les compagnies des bataillons de la Grande Armée à 140 hommes, officiers compris, je vous ai ordonné par ma lettre de ce jour de dissoudre le corps de réserve du maréchal Lefebvre, en faisant rejoindre chaque détachement de son corps. Mon intention est également que vous donniez l'ordre aux différents dépôts de faire rejoindre leurs bataillons de guerre le nombre d'hommes portés dans l'état ci-joint.

Vous ordonnerez dans l'artillerie les mouvements suivants. Le 1er régiment d'artillerie à pied, qui a, à la Grande Armée, sept compagnies, y en enverra trois autres. En conséquence, la 3e compagnie du 1er bataillon, la 7e du 1er bataillon et la 4e du 2e bataillon, qui sont en Hollande, se rendront toutes les trois à Augsburg et seront complétées à 120 hommes à l'effectif. La 4e compagnie du 1er bataillon du 7e régiment à pied, qui est en Hollande, se rendra à Augsburg, ainsi que la 6e du même bataillon du même régiment, qui est à Strasbourg. Toutes les compagnies d'artillerie à pied de la Grande Armée seront complétées à 120 hommes, officiers, sous-officiers et soldats. Le premier inspecteur de l'artillerie désignera la classe dans laquelle doivent être pris les hommes qui doivent compléter les compagnies.

La 5ᵉ compagnie du 2ᵉ régiment d'artillerie à cheval et la 6ᵉ compagnie du même régiment se rendront l'une et l'autre à Augsburg pour rejoindre la Grande Armée. La 5ᵉ compagnie du 3ᵉ régiment d'artillerie à cheval, qui est à l'armée du Nord, et la 6ᵉ, qui est à Strasbourg, se rendront à la Grande Armée. Donnez le même ordre à la 5ᵉ compagnie du 5ᵉ régiment, qui est à Besançon, et à la 1ʳᵉ compagnie du 6ᵉ régiment, qui est à La Fère. Vous ordonnerez de plus que tous les chevaux, qui sont aux dépôts et dans des garnisons, soient envoyés à la Grande Armée pour monter les canonniers.

Le 9ᵉ bataillon du train, qui a 600 chevaux à Nimègue et dans d'autres places de la Hollande, recevra l'ordre de se diriger sur-le-champ sur la Grande Armée.

Toute l'artillerie de la division du général Oudinot, qui est à Neuchâtel, matériel et personnel, se dirigera sans délai sur Strasbourg. Les compagnies du 5ᵉ bataillon (*bis*) du train, qui sont à Strasbourg et en France, recevront l'ordre de rejoindre sur-le-champ la Grande Armée. La 6ᵉ compagnie du 1ᵉʳ bataillon de pontonniers, qui est à Strasbourg, rejoindra sur-le-champ la Grande Armée à Augsburg. Vous laisserez le premier inspecteur d'artillerie maître de tirer de Boulogne la compagnie d'ouvriers qui s'y trouve, et de Metz, la 14ᵉ compagnie, s'il le juge nécessaire.

Vous donnerez ordre à la 1ʳᵉ compagnie du 4ᵉ bataillon de sapeurs, qui est à Juliers, à la 8ᵉ, qui est à Metz, et à la 9ᵉ, qui est à Ostende, de rejoindre la Grande Armée à Augsburg.

Donnez le même ordre au 5ᵉ bataillon de sapeurs tout entier, qui est au 1ᵉʳ corps d'armée de réserve, ainsi qu'à la 2ᵉ compagnie de mineurs qui est à Metz.

Je donne ordre au ministre Dejean de diriger sur Wesel le 9ᵉ bataillon du train, qui est en Hollande, les compagnies d'artillerie à pied, ainsi que les deux compagnies de sapeurs et la compagnie de mineurs, qui sont dans les différentes places de ce royaume.

NAPOLÉON.

P.-S. — Cette dépêche sera envoyée au général Dejean pour que les ordres soient donnés de Paris (1).

---

(1) Ce post-scriptum est de la main de Napoléon.

520. — DÉCISION.

Saint-Cloud, 11 juillet 1806.

Le général Dejean estime que la proposition du roi de Hollande, tendant à allouer aux troupes françaises stationnées dans ce pays la même solde qu'à celles qui sont en France, n'est pas justifiée, attendu la cherté des vivres en Hollande.

Il ne faut rien innover pour l'armée en Hollande ; la laisser comme elle est.

NAPOLÉON.

521. — ORDRE (1).

12 juillet 1806.

Sa Majesté désire avoir de suite une note qui lui fasse connaître le nom de chacun des régiments, bataillons et escadrons, avec la force de chacun des corps des troupes espagnoles qui a traversé la France pour se rendre en Etrurie.

522. — DÉCISION.

Saint-Cloud, 13 juillet 1806.

Le ministre de la guerre soumet à l'Empereur une demande du premier inspecteur général de l'artillerie à l'effet d'être autorisé à pourvoir aux emplois d'officiers vacants dans les bataillons *bis* du train, jusqu'à l'époque de la réunion de ces bataillons à leurs bataillons principaux.

Accordé la demande.

NAPOLÉON.

523. — AU GÉNÉRAL DEJEAN.

Saint-Cloud, 13 juillet 1806.

Monsieur Dejean, je ne sais pas comment vous établissez dans votre rapport du 11 juillet qu'il ne manque que 1.100 hommes

---

(1) Transmis au ministre de la guerre par le grand maréchal du palais; non signé.

aux deux bataillons du régiment suisse qui sont à l'île d'Elbe et en Corse. Les états de situation portent que le bataillon suisse qui est en Corse n'est que de 464 hommes, et que le 2ᵉ qui est à l'île d'Elbe n'est qu'à 431 hommes ; il manque donc là plus de 1.200 hommes. Le 3ᵉ bataillon, qui est à Ancône, n'est que de 347 hommes, et le 4ᵉ, qui est à Naples, n'est que de 571 hommes. Ce régiment n'a donc pas plus de 1.600 à 1.800 hommes et son complet de guerre devrait être de 4.300 ou 4.400 hommes. Il faudrait donc pour le compléter près de 2.000 hommes. Avant que ces 2.000 hommes soient arrivés, il y aura un déficit dans le bataillon qui est à Naples par la guerre et les maladies. Mais, comme les renseignements que vous avez sont sans doute fondés sur des états, il s'ensuit qu'il doit y avoir des détachements éparpillés. Envoyez-moi donc des états bien détaillés afin que je prescrive des mesures pour la réunion de ces bataillons. Mon intention est que ces quatre bataillons soient toujours maintenus à 800 ou 900 hommes sous les armes. Je retarde depuis trois ans la levée des régiments suisses parce que celui-là n'est pas complet. Faites donc connaître que je n'en lèverai point d'autres que lorsqu'il sera porté à son complet par les recrues.

NAPOLÉON.

524. — AU GÉNÉRAL DEJEAN.

Saint-Cloud, 13 juillet 1806.

Monsieur Dejean, faites-moi connaître dans quel état sont les casernes de la place de Wesel et quand le régiment qui sera en garnison dans cette place pourra y être logé sans fatiguer les habitants. Dans les états que vous me remettrez à l'avenir, vous comprendrez la place de Wesel dans la 25ᵉ division militaire.

NAPOLÉON.

525. — AU GÉNÉRAL DEJEAN.

Saint-Cloud, 13 juillet 1806.

Monsieur Dejean, je vous envoie l'état des remontes des corps de l'armée d'Italie et des dépôts de l'armée de Naples. Les 3ᵉ et 24ᵉ de chasseurs ont envoyé en Dalmatie 120 hommes pour y être montés sur des chevaux du pays. Comme le général Molitor a dépensé 8.000 francs pour l'achat de ces chevaux, vous les porterez dans votre demande de fonds pour le mois. Ces 120 chevaux, que se sont procurés en Dalmatie les 3e et 24e de chasseurs, entrent en compte sur les 700 chevaux que doivent avoir ces régiments.

NAPOLÉON.

526. — AU GÉNÉRAL DEJEAN.

Saint-Cloud, 13 juillet 1806.

Monsieur Dejean, donnez ordre au général de brigade Aubrée de se rendre à Zara pour y être employé sous les ordres du général Marmont, dans l'armée de Dalmatie. Donnez également l'ordre à l'adjudant commandant Henin de se rendre à Zara pour servir dans l'armée de Dalmatie.

NAPOLÉON.

527. — DÉCISION.

Saint-Cloud, 13 juillet 1806.

Le ministre de l'administration de la guerre rend compte d'une demande par laquelle le conseiller d'État, directeur général des ponts et chaussées, exprime le désir que la 2e compagnie du régiment de pionniers qui s'organise à Bourges soit employée aux travaux du canal de Saint-Quentin.	Cette compagnie sera mise à la disposition de la marine pour être employée aux travaux du Boyard. <div style="text-align:right">NAPOLÉON.</div>

528. — AU GÉNÉRAL DEJEAN.

Saint-Cloud, 16 juillet 1806.

Monsieur Dejean, je vous envoie une lettre de mon ministre en Suisse. Levez tous les obstacles. Il est ridicule que depuis quelques années je solde quatre bataillons et que je n'aie pas 1.500 hommes. Qu'on envoie de l'argent, et que l'on fasse un règlement pour que le recrutement s'opère avec la plus grande activité, de manière à compléter en un mois le régiment à 4.000 hommes.

NAPOLÉON.

---

529. — AU MARÉCHAL BERTHIER.

Saint-Cloud, 16 juillet 1806.

Mon Cousin, en vous donnant l'ordre de réunir tous les détachements du corps du maréchal Lefebvre aux bataillons de guerre, je vous ai donné celui de renvoyer les officiers et sous-officiers, et de vous servir des soldats pour compléter les bataillons à 1.200 hommes ou à 140 hommes par compagnie. Mais mon intention n'est pas que vous incorporiez ainsi les grenadiers et éclaireurs des 3es et 4es bataillons. Au contraire, je désire que vous conserviez intactes les compagnies de ces bataillons, et que vous mettiez les unes aux premiers et les autres aux seconds bataillons, de manière qu'ils se trouvent complets, sauf à former un corps de réserve de tous les grenadiers, si l'on entrait en campagne, pour que les bataillons ne soient pas trop considérables. Mon intention étant également, s'il y a nécessité, de faire marcher toutes les compagnies de grenadiers et d'éclaireurs des 3es et 4es bataillons, je désire que vous me fassiez connaître quelles sont celles qui se trouvent au corps du maréchal Lefebvre.

Je vous prie aussi de me faire connaître quelle est la situation de l'équipage de la compagnie Breidt.

NAPOLÉON.

---

530. — DÉCISIONS (1).

| Il est proposé de faire vendre aux enchères les effets d'habillement et de petit équipement des gardes nationales du 3e corps de la réserve. | Tirer de cet objet le meilleur parti possible. |

---

(1) De la main de Maret; ni datées, ni signées, extraites du « Travail du ministre directeur avec l'Empereur, du 16 juillet 1806 ».

État des retenues faites en Espagne aux différents corps composant les troupes expéditionnaires.	Approuvé la retenue au prix courant en France.
Faut-il faire aux régiments italiens une avance pour l'habillement et l'équipement de leurs conscrits rejoignant en France ?	Ecrire à M. Aldini pour qu'il y soit pourvu.
La marine royale d'Italie ne veut plus consentir à fournir des bateaux de poste.	Ces dépenses seront au compte de l'Italie.
Observations sur les inconvénients résultant du décret du 4 avril qui restreint la franchise des lettres sous bandes à l'étendue de la division.	A renvoyer au ministre des finances.
Les 15,000 litres de vin distribués en thermidor an XII aux marins et troupes à bord de la flottille gallo-batave à l'occasion de la distribution des aigles à Boulogne doivent-ils être payés par l'administration de la guerre ou par la marine ?	A acquitter par l'administration de la guerre.
Dispositions proposées pour la consommation des 1.317.203 rations de biscuit de l'approvisionnement extraordinaire de l'armée des Côtes.	Donner des ordres pour la consommation par les troupes.

531. — AU GÉNÉRAL DEJEAN.

Saint-Cloud, 17 juillet 1806.

Monsieur Dejean, je vous envoie l'état de situation des dépôts de l'armée de Naples. Réitérez l'ordre que les majors et les chefs de bataillon et d'escadron rejoignent leurs dépôts.
Pressez le travail des nominations aux emplois vacants, car il

faut que ces bataillons et escadrons de réserve soient tenus de manière à être en état de servir en cas d'événement.

NAPOLÉON.

---

532. — AU GÉNÉRAL DEJEAN.

Saint-Cloud, 18 juillet 1806.

Monsieur Dejean, réitérez l'ordre à Naples de renvoyer en Italie, immédiatement après la prise de Gaëte, tous les détachements des 4e et 7e bataillons du train *bis* et principal, mon intention étant de ne laisser à Naples que les deux 6es bataillons *bis* et principal. Faites également renvoyer de Naples en Italie les trois compagnies de pontonniers qui y sont nécessaires pour la navigation du Pô. Elles ne sont pas utiles dans le royaume de Naples. Si, cependant, le roi de Naples en avait besoin, il pourrait en garder une compagnie, mais demandez qu'on renvoie sur-le-champ les deux autres.

NAPOLÉON.

---

533. — AU GÉNÉRAL DEJEAN.

Saint-Cloud, 18 juillet 1806.

Monsieur Dejean, le général Drouas restera en Hollande, ainsi que le colonel Bourgeat. Le colonel d'Aboville se rendra à la Grande Armée à Augsburg. Le chef de bataillon Ledoux restera à Flessingue. Le chef de bataillon Vaugrigneuse restera en Hollande. Le lieutenant Préau rejoindra la Grande Armée. Les trois autres officiers resteront en Hollande. Le conducteur principal, les sept conducteurs ordinaires et les deux ouvriers vétérans rejoindront la Grande Armée. Tout le matériel de campagne se rendra à Wesel où il sera déposé dans l'arsenal. Vous recommanderez au général Drouas de porter une attention particulière sur la place de Flessingue qui appartient, en moitié, à la France et à la Hollande. Le colonel Bourgeat s'occupera avec soin des places fortes où j'ai intérêt d'avoir une grande surveillance. Il emploiera les capitaines qui sont sous ses ordres.

NAPOLÉON.

534. — AU GÉNÉRAL DEJEAN.

Saint-Cloud, 18 juillet 1806.

Monsieur Dejean, prenez toutes les mesures convenables pour que les bataillons du 1er régiment suisse soient recrutés et mis sur le pied de guerre. Envoyez l'argent nécessaire pour la masse de recrutement. Ecrivez à mon ministre en Suisse, car mon intention est qu'au 1er septembre, ce 1er régiment soit au grand complet afin de procéder à la levée du second régiment.

NAPOLÉON.

535. — POUVOIRS POUR LE MARÉCHAL BERTHIER (1).

Saint-Cloud, 19 juillet 1806.

Napoléon, par la grâce de Dieu et les Constitutions, Empereur des Français, roi d'Italie, ayant signé, le 12 de ce mois, avec plusieurs rois et princes de l'ouest et du midi de l'Allemagne un traité dont les ratifications doivent être échangées à Munich, nous avons nommé et nommons notre Cousin, le prince de Neuchâtel, ministre de la guerre, maréchal d'Empire, grand veneur et grand-cordon de la Légion d'honneur, notre ministre plénipotentiaire à l'effet d'échanger les ratifications dudit traité. — Donné en notre palais de Saint-Cloud, le 19 de juillet de l'an 1806, de notre règne le deuxième.

NAPOLÉON.

536. — DÉCISION.

Saint-Cloud, 19 juillet 1806.

Le ministre de l'administration de la guerre présente à l'Empereur la suite des pièces relatives à l'affaire du général Dumoulin, accusé d'avoir enlevé la fille du baron d'E..., et lui rend compte que ce général n'a pas encore rejoint son poste.	Faire connaître où est ce général. NAPOLÉON.

---

(1) Copie certifiée.

537. — DÉCISION.

Saint-Cloud, 19 juillet 1806.

La 1re compagnie du 2e bataillon de sapeurs, employée à Palmanova, étant trop faible pour suffire aux travaux dont elle est chargée, le ministre de la guerre propose soit de la renforcer, soit de lui adjoindre une autre compagnie tirée d'Alexandrie.

Approuvé le mouvement d'une compagnie de sapeurs d'Alexandrie sur Palmanova.

NAPOLÉON.

538. — DÉCISION.

Saint-Cloud, 19 juillet 1806.

Le ministre de l'administration de la guerre rend compte à l'Empereur des observations présentées par le préfet du département de l'Ourthe sur l'impossibilité de loger à Liège le 32e d'infanterie de ligne, en raison des nombreux dépôts déjà en garnison dans cette ville.

Donner l'ordre à ce régiment de se rendre à Cologne.

NAPOLÉON.

539. — DÉCISION.

Saint-Cloud, 19 juillet 1806.

Le ministre de l'administration de la guerre demande si l'effectif de 800, fixé par l'Empereur pour les quatre nouveaux régiments de dragons, représente les hommes ou les chevaux.

Oui, ce sont 800 chevaux.

NAPOLÉON.

540. — AU GÉNÉRAL DEJEAN.

Saint-Cloud, 20 juillet 1806.

Monsieur Dejean, donnez l'ordre qu'il soit envoyé à Wesel 2.000 fusils et 12 pièces d'artillerie de campagne du modèle autrichien.

Vous mettrez également à la disposition du prince Joachim le major Geither, du 15ᵉ d'infanterie légère, et les capitaines Gentil, du 2ᵉ d'infanterie légère, et Mouff, du 88ᵉ de ligne.

NAPOLÉON.

541. — AU GÉNÉRAL DEJEAN.

Saint-Cloud, 21 juillet 1806.

Monsieur Dejean, il serait possible que par erreur le maréchal Berthier eût envoyé des ordres aux troupes qui sont à Boulogne, Ostende et sur la côte, à Versailles, à Saint-Germain. Ecrivez aux généraux qui commandent les divisions où se trouvent ces troupes que, s'ils avaient reçu des ordres du maréchal Berthier antérieurs à votre lettre, ils vous les communiquent et ne les exécutent que vous ne leur ayez envoyé les ordres de route.

NAPOLÉON.

542. — AU GÉNÉRAL DEJEAN.

Saint-Cloud, 21 juillet 1806.

Monsieur Dejean, faites partir ce soir, par l'estafette d'Italie, l'ordre à Parme d'envoyer jusqu'à concurrence de cent milliers de poudre à Naples. Recommandez la plus grande diligence dans cet envoi. On fera partir la poudre qui se trouverait le plus à portée et qui pourrait être arrivée le plus tôt.

NAPOLÉON.

543. — DÉCISION.

Saint-Cloud, 22 juillet 1806.

Lettre du baron d'E... au major général, datée de Hornberg le 22 juillet 1806, contenant de nouveaux détails sur les circonstances de l'enlèvement de sa fille par le général Dumoulin.	Renvoyé au ministre de la guerre pour joindre aux pièces relatives au général Dumoulin et l'interroger sur tous ces faits après son arrestation.

NAPOLÉON.

544. — AU GÉNÉRAL DEJEAN.

Saint-Cloud, 22 juillet 1806.

Monsieur Dejean, donnez ordre que tous les détachements de la légion corse, personnel et matériel, qui sont, soit en Italie, soit dans la 23ᵉ division militaire, soit à Ancône et Civita-Vecchia, soient envoyés à l'armée de Naples, ce corps passant à la solde du roi de Naples.

NAPOLÉON.

545. — AU GÉNÉRAL DEJEAN.

Saint-Cloud, 22 juillet 1806.

Monsieur Dejean, je désapprouve l'envoi des 12 pièces de canon de Strasbourg sur Wesel. Le mouvement de l'artillerie de Hollande sur cette place la garnira suffisamment, puisqu'il y a 4 pièces de 12, 8 de 8, 15 de 4 et des obusiers. Il est également inutile d'envoyer 2,000 fusils de Maestricht sur Wesel, puisqu'il y a 3.700 fusils bons, venant de Hollande, sur lesquels on pourra donner au prince de Clèves ce dont il aura besoin.

NAPOLÉON.

546. — DÉCISION.

Saint-Cloud, 23 juillet 1806.

Le ministre de l'administration de la guerre propose à l'Empereur de donner ordre au colonel du 5ᵉ régiment de hussards d'envoyer au dépôt de ce corps, à Namur, quelques officiers et sous-officiers capables.

Approuvé, mais où est le major ? donner ordre qu'il s'y rende sur-le-champ.

NAPOLÉON.

547. — DÉCISION.

Saint-Cloud, 23 juillet 1806.

Le ministre de l'administration de la guerre propose à l'Empereur de mettre à la disposition de la marine à Cherbourg un détachement de 45 hommes tiré du 5ᵉ régiment d'infanterie légère pour former la garnison de la frégate *le Département de la Manche*.

Accordé.

NAPOLÉON.

548. — DÉCISION.

Saint-Cloud, 23 juillet 1806.

Le ministre de l'administration de la guerre expose que le ministre de la guerre a prescrit de diriger sur Augsburg deux des quatre compagnies d'artillerie et les quatre compagnies du train que l'Empereur avait donné l'ordre de réunir à Wesel.

Wesel est le chemin d'Augsburg ; faire exécuter l'ordre du ministre, mais veiller à ce qu'il existe 3 compagnies d'artillerie à Wesel.

NAPOLÉON.

549. — DÉCISIONS (1).

L'intention de l'Empereur est-elle de faire payer par le gouvernement napolitain les marchandises envoyées d'après ses ordres de Gênes à la légion corse ?

Tout ce qui appartient à la légion corse doit lui être laissé.

Mesures prises par l'ordonnateur en chef de l'armée d'Italie pour l'approvisionnement de la place de Zara.

A porter au conseil de mardi.

Le ministre de la guerre du royaume de Naples réclame le remboursement des dépenses faites pour compléter à 540 chevaux les 31 escadrons des régiments de dragons et de chasseurs dans le royaume de Naples.

Lorsque les chevaux auront été fournis, on remboursera la dépense.

---

(1) De la main de Maret; ni datées, ni signées, extraites du « Travail du ministre directeur avec l'Empereur, du 23 juillet 1806 ».

150. — AU GÉNÉRAL DEJEAN.

Saint-Cloud, 24 juillet 1806.

Monsieur Dejean, donnez ordre que le général Dupont réunisse à Cologne le 9º régiment d'infanterie légère, les 32º et 96º, ainsi que le 1ᵉʳ de hussards et son artillerie. Il pourra s'étendre pour sa commodité depuis Cologne jusqu'à Coblenz. Il passera la revue de sa division, se mettra en état de marcher et attendra de nouveaux ordres. Les troupes recevront les vivres de campagne et seront traitées sur le pied de guerre.

Le 21ᵉ d'infanterie légère se rendra à Düsseldorf, et le 22ᵉ de ligne tiendra garnison à Wesel. Le 3ᵉ bataillon du 21ᵉ d'infanterie légère restera à Wesel, et les deux premiers bataillons, qui seront complétés à 1.000 hommes chacun et prêts à faire campagne, se rendront avec le colonel à Düsseldorf, où ils attendront de nouveaux ordres.

NAPOLÉON.

---

551. — DÉCISION.

Saint-Cloud, 24 juillet 1806.

Rapport du ministre de l'administration de la guerre, 22 juillet 1806.

J'ai l'honneur de rendre compte à l'Empereur que M. le maréchal Berthier, ministre de la guerre, avait décidé qu'il serait adressé tous les trimestres à S. A. I le prince Louis, connétable de l'Empire, un livret complet de l'emplacement des troupes.

Je prie Sa Majesté de vouloir bien me faire connaître si son intention est que l'on continue à faire l'envoi de ce livret à S. M. le roi de Hollande, en sa qualité de connétable de l'Empire.

Non.

NAPOLÉON.

552. — DÉCISION.

Saint-Cloud, 24 juillet 1806.

Le ministre de l'administration de la guerre expose à l'Empereur les contestations qui ont surgi au sujet de deux navires capturés par des corsaires anglais, laissés dans le port de Civita-Vecchia par ces derniers et saisis par le commissaire des relations commerciales français, comme propriété anglaise.

Qu'ils soient restitués aux anciens propriétaires.

NAPOLÉON.

553 — AU MARÉCHAL BERTHIER.

Saint-Cloud, 25 juillet 1806.

Mon Cousin, j'ai donné contre-ordre à tous les détachements des corps qui sont à Boulogne, Anvers, Ostende, à Paris, Versailles, etc., d'abord parce qu'ils sont trop éloignés et puis parce que, la paix avec la Russie étant faite, je ne pense pas que l'Autriche veuille nous voir arriver une seconde fois à Vienne.

Je ne sais pas pourquoi on n'a pas fait embarquer l'équipage de pont qui était à Vienne. S'il y est encore, faites-le embarquer sur le Danube et faites-le revenir. Je ne vois pas que vous ayez fait porter dans votre état ce que je fais venir du 13e d'infanterie légère. Il a son dépôt à Ostende où il a 700 hommes présents, mon intention est d'en faire venir 400 ; portez-les donc sur votre état. J'ai ordonné qu'on fît venir 300 hommes pour le 28e de ligne.

Envoyez ces notes à vos bureaux, afin que, si j'ordonne que ces mouvements se fassent, on les ait tout préparés.

NAPOLÉON.

554. — AU GÉNÉRAL DEJEAN.

Saint-Cloud, 26 juillet 1806.

Monsieur Dejean, je désire que vous me fassiez un rapport sur la situation actuelle de Venloo.

NAPOLÉON.

555. — DÉCISION.

Saint-Cloud, 27 juillet 1806.

Le ministre de l'administration de la guerre demande s'il y a lieu de donner contre-ordre aux mouvements prescrits par le ministre de la guerre dans les 2°, 3°, 4°, 5°, 6°, 24°, 25° et 26° divisions militaires.

Ne donnez aucun contre-ordre ; laissez les choses comme elles sont.

NAPOLÉON.

556. — ORDRE (1).

29 juillet 1806.

Tous les corps, en Istrie, en Dalmatie et en Albanie, doivent avoir leurs bataillons de dépôt en Italie.

Il faut organiser en Italie un dépôt provisoire pour chacun des deux régiments passés en entier en Dalmatie, et il faut charger de la surveillance de ces dépôts un officier de chacun de ces corps et un commissaire des guerres.

Aucun militaire ne doit se rendre isolément en Dalmatie.

Nul ne doit passer l'Isonzo sans un ordre de l'Empereur.

557. — DÉCISION (2).

Saint-Cloud, 29 juillet 1806.

Le département de Marengo dépendra du général Menou.

558. — AU GÉNÉRAL DEJEAN.

Saint-Cloud, 29 juillet 1806.

Monsieur Dejean, donnez l'ordre aux généraux Darnaudat, Dutruy, Dazémar, Deviau, Leguay, Quétard, de se rendre à l'armée d'Italie où ils recevront leur destination ; et vous écrirez au vice-roi, commandant en chef mon armée d'Italie, que mon intention est

---

(1) Copie certifiée conforme par le général Dejean.
(2) Extrait de la décision de l'Empereur en date de Saint-Cloud, 29 juillet 1806, certifié conforme par Tabarié, chef de la 2° division du ministère de la guerre.

qu'il y ait trois généraux de brigade à Cattaro, deux à Stagno, deux en Dalmatie. Il emploiera ces généraux dans ces différentes positions.

NAPOLÉON.

559. — AU GÉNÉRAL DEJEAN.

Saint-Cloud, 29 juillet 1806.

Monsieur Dejean, je désire que vous me portiez au conseil qui aura lieu mardi prochain les comptes de l'artillerie de l'an XIII et de l'an XIV. Vous me ferez connaître la partie du matériel qui existait au 1er vendémiaire an XIII et an XIV, ce qui a été acheté, et l'argent qui a été dépensé dans ces deux années et jusqu'au 1er juillet 1806. Vous ferez préparer un pareil travail pour le génie pour le conseil qui aura lieu mardi d'ensuite.

NAPOLÉON.

560. — AU GÉNÉRAL DEJEAN.

Saint-Cloud, 29 juillet 1806.

Monsieur Dejean, donnez ordre aux deux bataillons du régiment de La Tour d'Auvergne qui se trouvent en Provence de se rendre par Nice à Gênes.

NAPOLÉON.

561. — DÉCISIONS (1).

Divers corps de la Grande Armée demandent l'autorisation de tirer de leurs dépôts des effets d'habillement, d'équipement et de harnachement.	Approuvé, hormis tous ceux qui sont trop éloignés de l'armée.
L'approvisionnement de la place de Zara doit-il être à la charge de la France ou de l'Italie ?	Cette dépense est à la charge de l'Italie.

(1) De la main de Maret; ni datées, ni signées, extraites du « Travail du ministre directeur avec l'Empereur, du 30 juillet 1806 ».

Préjudice causé au service des hôpitaux par l'ordre du roi de Hollande, d'après lequel les commissaires des guerres, officiers de santé et employés des administrations françaises cesseront d'être payés par la Batavie à dater du 1er août.	Ecrire une lettre au roi de Hollande.
Dispositions prises pour faire construire 1.000 voitures et élever deux hangars au parc de Sampigny.	Suivre ces mesures et les exécuter en six mois.
Inconvénients pouvant résulter de l'intention qu'a manifestée l'Empereur de ne plus recevoir que des liquidations d'ensemble.	Faire part de ces observations à la section (1).
Faut-il maintenir le marché passé pour les lits militaires dans les 27e et 28e divisions, aux termes duquel tous les lits sont payés, occupés ou non ? Fonds réclamés par les entrepreneurs des Lits militaires pour soutenir le service.	Approuvé.

562. — DÉCISION.

31 juillet 1806.

Plusieurs officiers autrichiens sont arrivés à Strasbourg avec passeports et sollicitent de l'emploi dans l'armée française.
Le ministre demande si Sa Majesté voudrait les placer dans la légion dalmate ou dans le bataillon d'Istrie.

Je ne manque pas d'officiers; faire connaître où sont nés ces officiers.

NAPOLÉON.

---

(1) Il s'agit de la section de la guerre au Conseil d'Etat.

563. — AU GÉNÉRAL DEJEAN.

Saint-Cloud, 31 juillet 1806.

Monsieur Dejean, il y a six mois que j'ai demandé les plans d'Osoppo : on ne me les a pas encore remis et je sais qu'on travaille dans cette place. Ecrivez au général Léry pour lui témoigner mon mécontentement de cette lenteur.

NAPOLÉON.

564. — DÉCISION.

Saint-Cloud, 31 juillet 1806.

Le ministre de la guerre, pour se conformer aux ordres de l'Empereur prescrivant de porter les régiments de la Grande Armée à l'effectif de 2.320 hommes pour les deux bataillons de guerre, propose de compléter les compagnies de fusiliers à 140 hommes, les compagnies de voltigeurs à 100 et les compagnies de grenadiers à 80.

Approuvé ces dispositions, en ayant soin de tenir ces compagnies de grenadiers complètes en présents sous les armes, tandis que les autres ne doivent l'être qu'à l'effectif.

NAPOLÉON.

565. — AU GÉNÉRAL DEJEAN.

Saint-Cloud, 31 juillet 1806.

Monsieur Dejean, mon intention serait de mettre le 1er régiment suisse à la solde du roi de Naples. Je désire que des démarches soient faites à cet effet par mon ambassadeur auprès du landammann. Le roi de Naples prendrait ce régiment aux termes de la capitulation qui a été faite pour la France, soit comme un des quatre régiments que je dois prendre, soit sans compter les quatre.

NAPOLÉON.

566. — DÉCISION.

31 juillet 1806.

Le général Dejean rend compte que le général Le Marois, commandant les côtes de l'Adriatique, ex-

Approuvé l'avis du ministre.

NAPOLÉON.

pose la nécessité d'augmenter le personnel de l'artillerie à Ancône. Cependant, vu le peu d'importance que l'Empereur attache à la place d'Ancône, le général Dejean estime que l'augmentation sollicitée par le général Le Marois ne se justifie pas suffisamment. Il propose seulement de remplacer le chef de bataillon Berquen qui, en raison de son grand âge, n'est plus à la hauteur de sa tâche.

567. — AU GÉNÉRAL DEJEAN.

Saint-Cloud, 31 juillet 1806.

Monsieur Dejean, le 4ᵉ régiment d'infanterie légère est à Paris. Il a 3.000 hommes à l'effectif. Il a reçu cette année un grand nombre de conscrits. Il a 1.200 hommes qui ne sont pas habillés. Veuillez lui donner les moyens nécessaires pour son habillement. Nommez le conseiller d'Etat Lacuée pour en passer la revue.

NAPOLÉON.

568. — AU GÉNÉRAL DEJEAN.

Saint-Cloud, 31 juillet 1806.

Monsieur Dejean, je vous envoie un état des objets d'artillerie qui ont été envoyés en Istrie et en Dalmatie. Je suis étonné qu'on ait envoyé en Dalmatie 6.000 fusils en si peu de temps et 3.000.000 de cartouches. C'est vouloir jeter les munitions.

Témoignez mon mécontentement au général de l'artillerie.

NAPOLÉON.

569. — AU GÉNÉRAL DEJEAN.

Saint-Cloud, 2 août 1806.

Monsieur Dejean, donnez l'ordre au bataillon et aux compagnies du régiment suisse qui se trouvent en Corse d'en partir pour se rendre à Piombino. Arrivés là, ils se dirigeront par terre sur Civita-Vecchia.

NAPOLÉON.

570. — AU GÉNÉRAL DEJEAN.

Saint-Cloud, 2 août 1806.

Monsieur Dejean, j'ai donné l'ordre au 21° régiment d'infanterie légère de se rendre à Wesel. Les trois compagnies de carabiniers de ce régiment ne s'y sont pas rendues. Envoyez l'ordre au général Michaud de les faire partir sur-le-champ et témoignez-lui mon mécontentement de ce que mes ordres ne sont pas exécutés.

NAPOLÉON.

571. — DÉCISION.

Saint-Cloud, 2 août 1806.

Le ministre de l'administration de la guerre rend compte de l'arrivée à Besançon du parc d'artillerie de la division du général Oudinot, qui se rend à Strasbourg et Augsburg.	Il faut faire ce que j'ai ordonné et rien de plus. <p style="text-align:right">NAPOLÉON.</p>

572. — NOTE (1).

Le ministre, en examinant les tableaux de répartition, verra que 18.000 ou 20.000 conscrits vont en Italie. Il est invité à présenter au conseil de demain en huit la répartition de l'habillement pour les corps qui sont en Italie ; cela est extrêmement urgent, afin qu'au mois de février les corps aient tout ce qui leur est nécessaire

---

(1) Cette note, non datée, a été communiquée au bureau de l'habillement le 5 août 1806; elle concerne les documents dont il est question dans la lettre ci-dessous de H.-B. Maret au général Dejean, en date de Saint-Cloud, 4 août 1806 : « J'ai l'honneur, Monsieur, de transmettre à Votre Excellence le décret sur la conscription de 1806 et les tableaux qui y sont annexés. Sa Majesté me charge de vous adresser en même temps les observations inscrites à la suite de cette lettre. »

et qu'au 1er mars les conscrits soient habillés et dans le cas de servir.

Le ministre verra qu'il y a un grand nombre de corps qui ne reçoivent cette année qu'un petit nombre de conscrits. Il lui sera dès lors facile, pour ne pas trop augmenter la masse d'habillement de cette année, de donner à ces corps ce qu'il leur faut sur la masse de l'année prochaine. Ce qui est extrêmement urgent, c'est ce qui concerne l'Italie.

Lorsque le ministre aura lu les états avec attention, s'il ne trouve pas d'observations à faire, il ordonnera l'impression du décret et des états, afin d'en apporter des exemplaires de demain en huit à Sa Majesté.

573. — AU GÉNÉRAL DEJEAN.

Saint-Cloud, 5 août 1806.

Monsieur Dejean, vous ne m'avez pas encore fait le rapport que je vous ai demandé sur Wesel. Il faut organiser dans cette place tout ce qui est relatif à l'artillerie, au génie, à l'administration et aux hôpitaux. Tout cela doit suivre la même catégorie que le département de la Roër. Faites-moi connaître aussi l'espèce d'hôpital qu'on pourrait y établir ; et faites-moi un rapport général sur tous ces objets.

NAPOLÉON.

574. — DÉCISIONS (1).

Le munitionnaire général des vivres demande un acompte d'un million.	A porter au prochain conseil d'administration.
Fournitures nouvelles d'étoffes pour l'habillement à faire au 4e régiment d'infanterie légère.	Attendre la revue que passe M. Lacuée.

(1) De la main de Maret; ni datées, ni signées, extraites du « Travail du ministre directeur avec l'Empereur, du 6 août 1806 ».

575. — DÉCISION.

Saint-Cloud, 8 août 1806.

Le ministre de la guerre demande s'il y a lieu de mettre aux ordres du général Campredon le restant de la 1re compagnie de mineurs, dont un détachement était déjà à sa disposition avant la prise de Gaëte.

C'est inutile.

NAPOLÉON.

---

576. — AU GÉNÉRAL DEJEAN.

Saint-Cloud, 10 août 1806.

Monsieur Dejean, je voudrais faire camper autour de Paris les 2e, 4e, 12e et 58e régiments, formant à peu près 12 bataillons, depuis le 15 août jusqu'au 1er octobre, afin de bien reformer à la discipline ces 4 régiments. Faites-moi connaître si vous avez ici les moyens et quelle dépense cela me fera.

NAPOLÉON.

---

577. — AU GÉNÉRAL DEJEAN.

Saint-Cloud, 10 août 1806.

Monsieur Dejean, il paraît que l'habillement du 21e régiment d'infanterie légère est en mauvais état. Il faudrait tâcher cependant de mettre ce régiment dans le cas de faire campagne.

NAPOLÉON.

---

578. — AU GÉNÉRAL DEJEAN.

Saint-Cloud, 10 août 1806.

Monsieur Dejean, donnez ordre que les détachements du 15e régiment de ligne qui formaient la garnison de *l'Impérial* et du *Diomède* soient rayés des contrôles de ce régiment, ayant été incorporés à Sto-Domingo.

NAPOLÉON.

579. — AU GÉNÉRAL DEJEAN.

Saint-Cloud, 10 août 1806.

Monsieur Dejean, les majors et chefs de bataillon de la légion du Midi sont à changer, car il paraît que cette légion fait bien peu de progrès, par le défaut d'officiers supérieurs.

NAPOLÉON.

---

580. — AU GÉNÉRAL DEJEAN.

Saint Cloud, 12 août 1806.

Monsieur Dejean, il faut préparer le budget pour 1807. Voici l'effectif que je voudrais que chaque corps conservât pour cette année : les quatorze régiments qui sont dans le royaume de Naples, ceux qui sont en Istrie, en Dalmatie, en Italie, et dans les 27e et 28e divisions militaires, sur le pied de paix, mais pour le nombre, au complet de guerre ; tous les corps d'infanterie qui sont en deçà des Alpes, à un effectif de 800 hommes par bataillon, officiers non compris ; tous les régiments de grosse cavalerie, à 800 chevaux par régiment ; tous les régiments de hussards et de chasseurs, à 700 chevaux et à 800 hommes, officiers non compris ; tous les régiments de dragons, à 600 chevaux et à 900 hommes, officiers non compris ; et les régiments d'artillerie, à l'effectif de 1.800 hommes.

NAPOLÉON.

---

581. — AU GÉNÉRAL DEJEAN.

Saint-Cloud, 12 août 1806.

Monsieur Dejean, je vous envoie l'état des bataillons du camp de Boulogne. Prenez des mesures pour que les 1.300 hommes marqués pour la réforme, pour la vétérance ou pour la retraite, l'obtiennent sur-le-champ. Il y a plusieurs officiers désignés comme n'étant point susceptibles de faire la guerre : est-ce pour cause de maladies passagères ou de faiblesse de constitution ? Dans ce dernier cas, proposez-moi leur retraite. Je vous envoie également un état de situation de la légion du Midi où cent hommes sont marqués pour la retraite. Il paraît que, lorsque l'on aura mis de bons chefs de bataillon à ce corps, on pourra espérer d'en tirer meilleur parti.

NAPOLÉON.

582. — AU GÉNÉRAL DEJEAN.

Saint-Cloud, 14 août 1806.

Monsieur Dejean, donnez ordre au général de division Rapp, auquel j'ai confié le commandement de la 5ᵉ division militaire, de passer la revue de tous les dépôts de cavalerie qui se trouvent dans cette division, et de faire réformer les chevaux qui seraient hors d'état de rendre aucun service. Il vous instruira également de la situation de ces dépôts. Chargez le général de brigade Margaron de faire la même opération pour les 24ᵉ, 25ᵉ et 26ᵉ divisions militaires. Chargez le général de division Bisson, commandant la 6ᵉ division militaire, de faire la même opération pour les régiments de cavalerie qui se trouvent dans sa division. Chargez le général Pully de faire la même opération pour toute l'Italie. Chargez le général de brigade Durosnel de faire la même opération pour les 2ᵉ, 3ᵉ et 4ᵉ divisions militaires. Chargez le général de brigade Watier de faire la même opération pour la 1ʳᵉ division militaire. Chargez le général Defrance de faire la même opération pour le 4ᵉ régiment de dragons et le 26ᵉ de chasseurs. Je ne crois pas qu'il y ait des régiments de cavalerie dans d'autres divisions.

NAPOLÉON.

583. — AU GÉNÉRAL DEJEAN.

Saint-Cloud, 14 août 1806.

Monsieur Dejean, donnez ordre que le 18 août les 2ᵉ et 12ᵉ régiments d'infanterie légère campent sur les hauteurs de Meudon, et les 4ᵉ légère et 58ᵉ de ligne, le 20. Ce camp sera sous les ordres du gouverneur de Paris et sous le commandement immédiat du général Macon, qui y campera, ainsi que les colonels et tous les officiers. Vous ferez mettre à ce camp une compagnie d'artillerie à pied avec 4 ou 6 pièces, afin qu'on puisse manœuvrer. Vous prendrez les mesures nécessaires pour que ce camp dure jusqu'au 20 septembre.

NAPOLÉON.

584. — AU GÉNÉRAL DEJEAN.

Saint-Cloud, 14 août 1806.

Monsieur Dejean, je vous renvoie les états des masses d'habillement, etc. Il est urgent de prendre toutes les mesures nécessaires pour que les corps reçoivent leurs fournitures de bonne heure, surtout ceux qui sont en Italie.

NAPOLÉON.

585. — AU GÉNÉRAL DEJEAN.

Saint-Cloud, 14 août 1806.

Monsieur Dejean, je vous envoie un livret qui m'est envoyé de la 5ᵉ division militaire. Tâchez de faire droit aux demandes de ces corps, afin de les mettre en état d'entrer en campagne.

NAPOLÉON.

586. — AU GÉNÉRAL DEJEAN.

Saint-Cloud, 14 août 1806.

Monsieur Dejean, je désire que sur l'état de situation des troupes au 1ᵉʳ août, que vous m'enverrez, vous fassiez ajouter, en couleur jaune, à l'article de chaque corps, une colonne comprenant le nombre de conscrits que je lui ai accordé sur la conscription de 1806.

NAPOLÉON.

587. — DÉCISION.

15 août 1806.

Le premier inspecteur d'artillerie présente, pour la place d'inspecteur général, vacante par la mort du général Salva, les généraux Foucher, commandant l'école de Metz, et Tirlet, commandant l'école de Douai.	Foucher. NAPOLÉON.

588. — DÉCISION.

Saint-Cloud, 15 août 1806.

Le ministre de la guerre rend compte de la situation de la légion hanovrienne et propose une réduction de l'effectif de ce corps.

Approuvé.

NAPOLÉON.

---

589. — DÉCISION.

15 août 1806.

Note du ministre de la guerre relative à des Français déserteurs de l'armée d'Italie. Ces déserteurs, munis de feuilles de route, passent journellement par les montagnes qui avoisinent les pays de Pigna, Isola-Buona, etc.

Renvoyé à M. Dejean pour donner ordre au général Montchoisy de placer des détachements de troupes et de gendarmerie pour arrêter les déserteurs qui passent par ces pays.

NAPOLÉON.

---

590. — DÉCISION.

Saint-Cloud, 15 août 1806.

Le ministre de la guerre propose à l'Empereur d'envoyer à Mayence deux compagnies de canonniers de plus, tirées du dépôt du 5e régiment à pied qui est à Metz.

Y envoyer deux de celles qui sont à Wesel, en ayant soin, cependant, qu'il en reste au moins trois à Wesel.

NAPOLÉON.

---

591. — DÉCISION.

Saint-Cloud, 15 août 1806.

Le ministre de l'administration de la guerre demande l'autorisation d'envoyer à Juliers, pour les travaux de fortifications de cette place, deux compagnies de sapeurs du 5e bataillon et vingt mineurs de la 9e compagnie.

Approuvé.

NAPOLÉON.

592. — AU GÉNÉRAL DEJEAN.

Saint-Cloud, 15 août 1806.

J'ai l'honneur, Monsieur, d'adresser à Votre Excellence la répartition d'une somme de huit millions que Sa Majesté est disposée à affecter aux dépenses de votre département pour le service du mois de septembre prochain.

Hugues B. MARET.

ADMINISTRATION DE LA GUERRE

Demande de fonds pour le service du mois de septembre.

Chap. 1er. — Boulangerie :
- En France (Vanlerberghe)..... 1.000.000 »
- En Italie................ 200.000 »
- Istrie, Dalmatie et Albanie... 300.000 »
- Grains pour la Bavière (Vanlerberghe)............. 15.000 »

{ 1.515.000 »

Chap. 2. — Masse d'ordinaire et viande........ 600.000 »
Chap. 3. — Fournitures extraordinaires....... »
Chap. 4. — Fourrages en nature et indemnité de fourrages............................... 1.000.000 »
Chap. 5. — Masse d'habillement (1re portion)... 600.000 »
Chap. 6. — Idem. (2e portion)... 800.000 »
Chap. 7. — Fournitures extraordinaires d'habillement................................. 200.000 »
Chap. 8. — Lits militaires, indemnité de logement, gîte et géôlage .... 800.000 »
Chap. 9. — Chauffage...................... 200.000 »
Chap. 10. — Campement................... 30.000 »
Chap. 11. — Convois et transports..........
Chap. 12. — Indemnité de route et supplément d'étape.................................. } 800.000 »
Chap. 13. — Remonte...................... 385.000 »
Chap. 14. — Hôpitaux..................... 700.000 »
Chap. 15. — Invalides..................... 260.000 »
Chap. 16. — Frais d'administration intérieure.. 60.000 »
Chap. 17. — Idem extérieure.. 50.000 »

8.000.000 »

593. — AU GÉNÉRAL DEJEAN.

Saint-Cloud, 16 août 1806.

Monsieur Dejean, les chefs de bataillon des 3ᵉ et 4ᵉ bataillons des régiments de l'armée de Naples ne sont pas à leurs dépôts en Italie ; donnez-leur l'ordre de s'y rendre sur-le-champ.

NAPOLÉON.

594. — AU GÉNÉRAL DEJEAN.

Rambouillet, 20 août 1806.

Monsieur Dejean, vous donnerez ordre au 2ᵉ bataillon du régiment de La Tour d'Auvergne de se rendre à Sarzana, où il restera jusqu'à nouvel ordre.

NAPOLÉON.

595. — DÉCISIONS (1).

Les troupes campées sous Meudon toucheront-elles les cinq centimes de haute paye attribués à la garnison de Paris ? Il est proposé de leur allouer une indemnité de dix centimes par jour pour le vin.	Ces troupes n'ont pas droit aux cinq centimes. Il ne doit pas y avoir d'abonnement pour les liquides.
Faut-il passer un nouveau marché pour la viande, celui du sieur Delannoy expirant le 22 septembre ?	Présenter des données positives au prochain conseil.
Observations présentées à l'Empereur sur l'expiration du marché pour le chauffage du 1ᵉʳ corps de réserve pendant l'an XIV.	A présenter au prochain conseil d'administration.
Gratifications et secours qu'on propose d'accorder à des veuves d'employés des hôpitaux et d'infirmiers.	Faire des propositions individuelles.

(1) De la main de Maret; ni datées, ni signées, extraites du « Travail du ministre directeur avec l'Empereur, du 20 août 1806 ».

Le fonds à faire, pour assurer du 20 au 30 octobre le service des vivres pour la Grande Armée dans le cas de sa rentrée en France et pour les 50.000 conscrits, est évalué à 1.200.000 francs, en sus du service ordinaire. Le ministre prie Sa Majesté de vouloir bien donner les moyens pour faire face à cette dépense.

Les fonds nécessaires seront partis pour le mois d'octobre.

---

596. — AU GÉNÉRAL DEJEAN.

Rambouillet, 21 août 1806.

Monsieur Dejean, donnez ordre au 65e, qui avait quitté la Hollande pour prendre possession de différents pays au nord du duché de Clèves, de rentrer en Hollande.

NAPOLÉON.

---

597. — AU GÉNÉRAL DEJEAN.

Rambouillet, 21 août 1806.

Monsieur Dejean, le roi de Naples demande que les généraux Campredon et Dedon passent à son service, le premier pour commander l'arme du génie et le second l'arme de l'artillerie. Vous pouvez dire à ces deux généraux que je les autorise à accepter du service à Naples, si cela leur convient.

NAPOLÉON.

---

598. — DÉCISION.

Rambouillet, 21 août 1806.

Le ministre de l'administration de la guerre propose de transférer de Liège à Hesdin le dépôt du 11e régiment de dragons où règne une épidémie de morve.

Accordé.

NAPOLÉON.

599. — DÉCISION.

Rambouillet, 21 août 1806.

Le ministre de l'administration de la guerre expose qu'il ne reste plus au dépôt du 15ᵉ d'infanterie légère à Mayence que les officiers et sous-officiers de la 8ᵉ compagnie du 3ᵉ bataillon pour l'instruction et la police de 637 hommes, effectif en voie d'accroissement. Il demande que les cadres des quatre compagnies du 3ᵉ bataillon rejoignent le dépôt à Mayence après avoir versé les hommes dans les bataillons de guerre à Provins.

Donnez ordre à ce dépôt de se rendre à Provins.

NAPOLÉON.

600. — DÉCISION.

24 août 1806.

Le détachement du 67ᵉ régiment, destiné à tenir garnison sur le vaisseau *le Génois*, est composé de conscrits liguriens qui ne peuvent pas se rendre utiles à bord et qui servent au contraire à favoriser la désertion des marins. L'Empereur est prié d'ordonner que cette garnison soit prise dans tel corps qui pourra fournir des hommes robustes et éprouvés.

Donnez l'ordre au 67ᵉ de donner un bon détachement pour tenir garnison sur *le Génois*. Tous les soldats devront être à l'école de bataillon. Aucun ne doit être des départements au delà des Alpes, c'est-à-dire piémontais ou génois.

NAPOLÉON.

601. — DÉCISIONS (1).

Le général Dejean propose d'expédier de Grenoble sur l'île d'Elbe 148.000 balles de fer battu et 3.450 culots et couvercles.

Il suffit d'envoyer à l'île d'Elbe 34.000 balles et 2.000 culots ; on prendra ces objets à Antibes et à Nice.

---

(1) Ni datées ni signées, extraites du « Travail du maréchal Berthier, ministre de la guerre, avec l'Empereur, du 24 août 1806 ».

Le général Dejean prie Sa Majesté de faire connaître ses intentions à l'égard du général de division d'Hautpoul.

Il doit rentrer au Sénat.

---

602. — AU GÉNÉRAL DEJEAN.

Rambouillet, 25 août 1806.

Monsieur Dejean, faites-moi un rapport sur le traitement dont jouit le général Piston, commandant d'armes à Wesel. La situation et l'importance de cette place rendent convenable une amélioration dans son traitement.

NAPOLÉON.

---

603. — DÉCISION.

Saint-Cloud, 26 août 1806.

Avis du Conseil d'Etat sur la contestation qui s'est élevée entre les bureaux de l'artillerie et les héritiers du sieur Rolland, relativement au transport au dépôt de l'artillerie des modèles, plans et machines de guerre, ainsi que des mémoires sur cette partie, recueillis par ledit sieur Rolland, ancien commissaire de l'artillerie et secrétaire du général Gribeauval. Le Conseil d'Etat approuve le transport ordonné par le ministre de la guerre et propose que la quotité de l'indemnité due aux héritiers du sieur Rolland soit déterminée par un commissaire désigné à cet effet.

Approuvé.

NAPOLÉON.

---

604. — DÉCISION.

Saint-Cloud, 27 août 1806.

Le maréchal Berthier prie l'Empereur de donner des ordres pour faire verser dans la caisse du grand parc une somme de 75.000 francs destinée au paiement des charretiers de réquisition de la Grande Armée.

Accordé.

NAPOLÉON.

605. — DÉCISIONS (1).

Il est demandé à l'Empereur si le décret du 6 mai, portant qu'à dater du 1er mai il ne sera plus rien fourni du Trésor ni des magasins français à l'armée de Naples, n'est pas contraire aux ordres donnés depuis par Sa Majesté au prince Eugène.

Le ministre aura soin que ce soit une chose une fois faite et que ce qu'on envoie pour les conscrits soit gardé par les dépôts et qu'il ne soit fait aucun envoi ultérieur sans mon ordre.

Il est proposé à l'Empereur de ne pas faire porter en compte aux corps de la Grande Armée les effets qu'ils ont reçus des magasins autrichiens, attendu leur mauvaise qualité.

L'intention de l'Empereur est que les corps ne soient pas tenus à payer les mauvais effets reçus des magasins autrichiens.

Les 300 chevaux que doivent acheter les 4e et 7e bataillons du train d'artillerie qui sont sur le pied de guerre doivent-ils être payés par le ministère de la guerre ou par l'administration ?

Sa Majesté impériale a formellement décidé qu'il n'y aurait rien d'innové à l'égard de ces remontes qui continueraient à être faites sous la surveillance du ministère de la guerre et sur les fonds de ce ministère.

Le roi de Hollande refuse de payer une somme de 8.877 fr. 66 due aux courriers licenciés de l'armée du Nord.

La Hollande doit payer.

606. — AU GÉNÉRAL DEJEAN.

Saint-Cloud, 28 août 1806.

Monsieur Dejean, le roi de Naples s'intéresse trop au bon esprit des corps pour prendre deux compagnies de grenadiers dans un seul régiment. Il suffit qu'il prenne 600 hommes à pied dans toute son armée, à raison de 50 hommes par régiment, officiers, sous-

___

(1) Ni datées ni signées; extraites du « Travail du ministre directeur avec l'Empereur, du 27 août 1806 ».

officiers et soldats. Il peut prendre également pour sa garde à cheval 25 hommes par régiment de cavalerie. Au reste, pour terminer toutes les difficultés, j'ai pris un décret pour fixer le nombre d'hommes qui peuvent entrer dans la garde du roi de Naples.

NAPOLÉON.

607. — DÉCISION (1).

28 août 1806.

Le général Montchoisy, commandant la 28ᵉ division militaire, demande des fonds pour dépenses secrètes, afin de faciliter l'arrestation des brigands qui infestent le territoire de cette division.	Lui accorder 12.000 francs, dont il rendra compte.

608. — AU GÉNÉRAL DEJEAN.

Saint-Cloud, 29 août 1806.

Monsieur Dejean, donnez ordre aux dépôts et détachements des 15ᵉ et 58ᵉ qui se trouveraient encore à l'armée, en Alsace ou ailleurs, de rejoindre leurs régiments à Paris. Vous donnerez ordre aux bataillons d'élite de ces régiments qui sont à Neuchâtel de rejoindre également. Il ne restera à Neuchâtel que le bataillon d'élite du 28ᵉ. Le général Oudinot sera maître de revenir à Paris. Il laissera un colonel pour commander le bataillon restant et tout le pays. Vous donnerez avis de cette décision au prince de Neuchâtel.

NAPOLÉON.

609. — AU GÉNÉRAL DEJEAN.

Saint-Cloud, 31 août 1806.

Monsieur Dejean, je désire que le munitionnaire des vivres ait un magasin à Wesel pour nourrir la garnison de cette place et même les troupes qui sont dans le département de la Roër, et qui servît en cas d'événement de magasin de siège. Faites-moi con-

---

(1) Non signée.

naître ce que vous ordonnerez là-dessus sans faire de nouvelles dépenses, et quand cela sera exécuté.

NAPOLÉON.

---

610. — AU GÉNÉRAL DEJEAN.

Saint-Cloud, 31 août 1806.

Monsieur Dejean, donnez ordre que les hommes qui sont débarqués à Gênes provenant de la garnison de Reggio se rendent à Bologne d'où ils rejoindront les dépôts de leurs régiments qui sont dans le royaume d'Italie. Le détachement du 2e régiment d'artillerie se rendra à Vérone où il rejoindra son régiment. Vous ferez connaître à tous les hommes qu'ils sont échangés contre un pareil nombre d'hommes de la garnison de Gaëte.

NAPOLÉON.

---

611. — AU GÉNÉRAL DEJEAN.

Saint-Cloud, 31 août 1806.

Monsieur Dejean, j'ai besoin que vous me fassiez connaître sur quels bâtiments étaient embarqués les 3 officiers et les 54 sous-officiers et soldats du 93e de ligne prisonniers de guerre, pour que je juge s'ils doivent être effacés du contrôle.

NAPOLÉON.

---

612. — AU GÉNÉRAL DEJEAN.

Saint-Cloud, 31 août 1806.

Monsieur Dejean, écrivez au grand bailli du Valais qu'il est nécessaire qu'au 1er octobre le bataillon valaisan soit complété à Gênes.

NAPOLÉON.

---

613. — AU MINISTRE DE LA GUERRE.

Septembre 1806.

Donner ordre au général d'artillerie de mettre à la disposition de l'Electeur de Bavière les 500 fusils autrichiens qui sont à Brau-nau (1).

NAPOLÉON.

614. — AU GÉNÉRAL DEJEAN.

Saint-Cloud, 1er septembre 1806.

Sa Majesté me charge, Monsieur, de vous inviter à faire dresser le projet de budget des dépenses de votre département pour 1807, et à l'adresser au ministre des finances.

Le 1er novembre prochain est le jour fixé pour la séance du conseil d'administration où les divers budgets des ministères, remis par le ministre des finances pour former le budget général, seront mis sous les yeux de Sa Majesté.

Hugues B. MARET.

615. — DÉCISION.

Saint-Cloud, 2 septembre 1806.

Le ministre directeur de l'administration de la guerre demande les ordres de l'Empereur au sujet de la destination à donner à chacun des détachements de la garnison de Scilla, actuellement en quarantaine dans le port de la Ciotat, savoir :

23e régiment d'infanterie légère.	Joindra son dépôt à Bologne.
42e de ligne.	Idem.
1er régiment d'artillerie à pied. .	A La Fère.
2e régiment d'artillerie à pied. .	A Vérone.
6e bataillon du train d'artillerie.	A Bologne.
Génie.	A la disposition du ministre.
3e bataillon de sapeurs.	A Alexandrie.

NAPOLÉON.

---

(1) De la main de Maret; sans date de jour.

616. — AU GÉNÉRAL DEJEAN.

Saint-Cloud, 2 septembre 1806.

Monsieur Dejean, vous ordonnerez au général commandant le camp de l'île d'Oleron de faire embarquer 2.000 hommes à bord des bâtiments qui lui seront désignés par le ministre de la marine. Ces 2.000 hommes seront composés de la manière suivante : une compagnie de 300 hommes, officiers compris, choisis parmi ce qu'il y a de mieux dans le bataillon colonial qui est à l'île de Ré ; deux compagnies, forte chacune de 300 hommes, du 3ᵉ bataillon du 26ᵉ de ligne ; deux compagnies du 82ᵉ, également fortes de 300 hommes chacune ; une compagnie du 66ᵉ, également forte de 300 hommes. Ainsi, ces cinq compagnies feront 1.500 hommes, ce qui, avec 300 hommes du bataillon colonial, fera 1.800 hommes et avec (*sic*) la compagnie de canonniers de la légion du Midi qui sera complétée à 120 hommes avec des détachements de la légion du Midi. Les compagnies de 300 hommes seront composées d'un capitaine, un lieutenant, et un sous-lieutenant, un sergent-major, un caporal fourrier, quatre sergents, huit caporaux, deux tambours et le reste de soldats. Vous donnerez ordre que les hommes soient bien équipés, armés, et qu'on choisisse des hommes sains et en bon état.

NAPOLÉON.

617. — AU GÉNÉRAL DEJEAN.

Saint-Cloud, 3 septembre 1806.

Monsieur Dejean, donnez ordre au 3ᵉ bataillon du régiment de La Tour d'Auvergne de se rendre à Sarzana, et au 2ᵉ qui arrive le 4 septembre à Sarzana de se rendre à Naples pour rejoindre le 1ᵉʳ bataillon.

NAPOLÉON.

618. — DÉCISIONS (1).

| L'indemnité de logement accordée aux officiers de la garnison de | Décidé négativement pour Düsseldorf et les autres places. |

(1) De la main de Maret; ni datées, ni signées, extraites du « Travail du ministre directeur avec l'Empereur, du 3 septembre 1806 ».

Wesel sera-t-elle payée aux officiers des autres places du grand-duché de Berg ?	
Démissions offertes par des officiers de santé de la Grande Armée.	Accepter les démissions.
Réclamations relatives à l'exécution d'un ordre du jour de la Grande Armée de frimaire an XIV qui accorde un habillement aux lieutenants et sous-lieutenants à titre de gratification.	Cette faveur n'a été accordée que jusqu'à concurrence de ce qui était dans les magasins étrangers.
Le maréchal Augereau demande qu'on expédie à Francfort des ustensiles et outils de campement pour 15,000 hommes.	Décidé négativement.
Il est rendu compte d'une décision du vice-roi d'Italie, portant que les officiers campés ou baraqués dans les divisions de Dalmatie, Istrie et Albanie jouiront de l'indemnité de logement.	Approuvé pour cette année, mais au 1ᵉʳ janvier on rentrera dans l'ordonnance.

619. — DÉCISION (1).

Mesures proposées pour compléter le nombre des caissons nécessaires aux parcs d'artillerie de Vérone et de Palmanova.	Accordé ce mouvement de caissons qui appartiennent au 2ᵉ corps de la Grande Armée, ainsi que le mouvement des caissons sur l'armée d'Italie ; mais à exécuter seulement lorsque l'armée repassera le Rhin.

---

(1) Ni datée, ni signée, extraite du « Travail du maréchal Berthier, ministre de la guerre, avec l'Empereur, du 3 septembre 1806 ».

620. — DÉCISIONS (1).

Le général Dejean propose à l'Empereur, d'après ses ordres du 27 août, de réunir, à dater du 1ᵉʳ octobre prochain, en une seule division les 27ᵉ et 28ᵉ divisions militaires. Le projet de décret est joint au rapport (2).	Cela ne peut se faire ainsi. Cet ordonnateur serait un ministre non responsable. Il faut que le décompte des lits, celui de l'indemnité de logement, etc.,... soient faits dans chaque division, mais on peut déclarer qu'il y aura un ordonnateur en chef à la disposition du général ; que le trésor remettra les fonds qu'il fera passer aux autres ordonnateurs. Ceux-ci rendront toujours compte au ministre de l'administration de la guerre, lequel pourra ordonnancer en faveur des ordonnateurs de division ; mais les fonds seront envoyés à l'ordonnateur en chef.
Demande de l'ordonnateur en chef de l'armée de Dalmatie, tendant à ce que les fonds nécessaires pour cette armée lui soient faits directement.	On suivra la marche actuelle par laquelle en envoyant des fonds à l'ordonnateur en chef en Italie, on annote toujours ce qui est pour l'ordonnateur en chef de Dalmatie.

621 — AU MARÉCHAL BERTHIER.

Saint-Cloud, 4 septembre 1806.

Mon Cousin, faites-moi connaître où se trouvent les compagnies de grenadiers et de voltigeurs des 3ᵉˢ et 4ᵉˢ bataillons de tous les corps qui composent la Grande Armée.

NAPOLÉON.

---

(1) De la main de Maret ; ni datées, ni signées, extraites du « Travail du ministre directeur avec l'Empereur, du 3 septembre 1806 ».
(2) Ni le rapport du général Dejean, ni le projet de décret n'existent aux Archives historiques. — La 27ᵉ division militaire avait pour chef-lieu Turin, la 28ᵉ Gênes ; la réunion projetée n'eut pas lieu et ces deux divisions restèrent séparées pendant tout l'Empire.

622. — AU GÉNÉRAL DEJEAN.

Saint-Cloud, 4 septembre 1806.

Monsieur Dejean, il faut faire l'armement de la place de Wesel en règle par les commandants de l'artillerie et du génie. Il me semble que 10 pièces de 24 et 13 de 12 faisant 23 pièces de siège sont bien peu de chose pour Wesel. Il y a, il est vrai, une trentaine de pièces de 3, etc. ; mais qu'est-ce que c'est que des pièces de 3 ? Il est convenable d'avoir le rapport du génie sur le nombre de pièces nécessaires pour la défense de cette place. Après votre rapport du 3 septembre, ce qu'il y a ne me paraîtrait pas suffisant. On m'avait dit que la Prusse avait laissé son artillerie ; je ne conçois pas qu'elle en eût eu si peu. Il paraît qu'il n'y a pas de bouches de 11 pour 4 lignes. Cet objet est important. Chargez le premier inspecteur du génie et un inspecteur d'artillerie de s'entendre et présentez-moi un état d'armement de la place de Wesel sur les modèles des états d'artillerie. Je désire connaître ce qui est nécessaire, ce qui existe, ce qui est en état et ce qu'il faut envoyer. C'est celle des places de France dont l'artillerie doit être tenue dans le meilleur état dans les circonstances actuelles.

NAPOLÉON.

623. — AU GÉNÉRAL DEJEAN.

Saint-Cloud, 4 septembre 1806.

Monsieur Dejean, je vous envoie des revues du général Charpentier qui sont très importantes. Vous y verrez qu'un grand nombre d'hommes de l'armée de Dalmatie, qui sont aux dépôts à Vicence, sont encore habillés en bourgeois. Depuis la revue passée par le général Schauenburg, il y a beaucoup de monde rentré des hôpitaux, hors d'état de servir. J'attends avec quelque empressement la revue de ce général, pour savoir les corps qu'il a inspectés, le nombre d'hommes qu'il a proposés pour la retraite ou la réforme, s'ils sont partis et si l'on a nommé à toutes les places vacantes. Vous verrez dans le livret de la revue des dépôts de l'armée de Dalmatie que les dépôts des 8e et 18e d'infanterie légère et les 5e, 11e, 23e, 79e et 81e de ligne n'ont point leurs majors, que sur huit régiments il manque quatre 3es chefs de bataillon, cinq quartiers-maîtres et cinq adjudants majors aux dépôts. Ecrivez au général

Marmont pour lui faire sentir l'importance de renvoyer les cadres des 3⁰ˢ et 4⁰ˢ bataillons de ses régiments, ses majors, et les 3⁰ˢ et 4⁰ˢ chefs de bataillon aux dépôts en Italie, puisque c'est là qu'on va confectionner l'habillement et habiller les corps. Si cependant, vu les circonstances où se trouve l'armée de Dalmatie, les officiers et les chefs ouvriers tardaient à arriver, vous vous entendrez avec le vice-roi pour la réception des draps que vous enverrez aux dépôts des régiments pour les confectionner et les distribuer aux conscrits à mesure qu'ils arriveront. Pourquoi le major du 9ᵉ de ligne n'est-il pas à son dépôt dans le Frioul?

NAPOLÉON.

624. — DÉCISION.

Saint-Cloud, 5 septembre 1806.

Compte rendu de la réorganisation de la 1ʳᵉ légion du Midi.

Je ne sais si le major est bon. Toutefois, il faut donner la retraite ou la réforme à ceux qui en sont susceptibles et nommer à leur place de bons officiers.

NAPOLÉON.

625. — AU GÉNÉRAL DEJEAN.

Saint-Cloud, 5 septembre 1806.

Monsieur Dejean, donnez ordre que tout le matériel d'artillerie, les harnais, attelages, bagages et équipements des corps qui se trouvent aux dépôts et que les corps avaient demandés à la Grande Armée, et que j'avais ordonné antérieurement qu'on retînt à Strasbourg et à Mayence, continuent sans délai leur route et se rendent dans les lieux qui leur auront été indiqués par le maréchal Berthier. Donnez ordre à 1 capitaine, 1 lieutenant, 2 sous-lieutenants, 1 sergent-major, 4 sergents, 1 caporal fourrier et 8 caporaux et à 400 hommes du 3ᵉ bataillon du 13ᵉ légère, de partir sans délai pour rejoindre leur corps en Allemagne. A son arrivée, ce détachement sera incorporé dans les deux bataillons de guerre. Donnez ordre à un détachement du 3ᵉ bataillon du 48ᵉ, également composé de 400 hommes et organisé de même, de rejoindre en Allemagne ses deux premiers bataillons de guerre. A son arrivée, il y sera incorporé. Donnez le même ordre pour le 108°.

Donnez ordre à 1 capitaine, 1 lieutenant, 1 sous-lieutenant, 1 sergent-major, 1 caporal fourrier, 4 sergents, 8 caporaux et à 300 hommes du 3° bataillon du 25° de ligne, de partir de Boulogne pour rejoindre les deux premiers bataillons de guerre en Allemagne. Donnez le même ordre à un pareil détachement du 3° bataillon du 36°, à un pareil détachement du 43°, à un pareil détachement du 55°, à un pareil détachement du 28° de ligne, à un pareil détachement du 50°, à un pareil détachement du 75° et à un détachement du 46°, organisé de la même manière, mais de 450 hommes.

Donnez ordre aux deux premiers bataillons du 21° d'infanterie légère, complétés à 140 hommes par compagnie, si cela est possible, aux dépens du 3° bataillon, de partir pour se rendre à la division du général Gazan, à Würzburg.

Faites-moi connaître s'il existe d'autres ordres dont j'aurais suspendu l'exécution. Présentez-moi un rapport pour faire partir sans délai des généraux de cavalerie pour parcourir tous les dépôts des régiments de cavalerie de la Grande Armée et y envoyer les hommes et les chevaux disponibles, mon intention étant que chaque régiment de cavalerie ait à l'armée, au delà du Rhin, trois escadrons forts de 600 chevaux. Les cadres des 4° escadrons seront envoyés en France pour y recevoir de nouveaux chevaux.

Faites-moi connaître la situation des différents régiments de cavalerie en chevaux. Le 4° de dragons n'a que 459 chevaux; donnez-lui l'ordre sur-le-champ de passer des marchés et de se porter à 800 chevaux. Donnez ordre au 26° de chasseurs de se porter également à 800 chevaux.

Présentez-moi un projet pour que les 1°, 3°, 5°, 9° et 15° dragons se procurent chacun 200 chevaux de plus, de manière que ces cinq régiments, lors même qu'ils auraient fait partir tout ce qu'ils auraient de disponible pour l'armée, eussent d'ici à six semaines un corps de 1.000 chevaux prêt à se porter partout. J'ai 28.000 hommes de dragons, dont 26.000 présents sous les armes, et je n'ai que 18.000 chevaux : j'ai donc 8.000 hommes à pied. Mon intention est qu'il soit pris des mesures pour les monter sans délai, afin que, si les hostilités se rengageaient, ces hommes pussent me rendre tout le service dont ils sont capables. J'ai 16.000 chasseurs et 14.000 chevaux. Avec ce qui manque aux hussards, il faudrait faire une levée de 10.000 chevaux. Je désirerais un mémoire là-dessus, qui me fit connaître la situation actuelle des régiments de cavalerie, ce qu'il y a en France et en Italie, ce que chacun a à l'armée, au dépôt, la force de leurs masses, et ce qu'il faudrait pour les porter au grand complet de guerre.

Faites-moi aussi un rapport sur la compagnie Breidt, sur la quantité de chevaux qu'elle a en différents endroits, et sur les mesures qu'il y aurait à prendre, si je voulais lever de nouvelles brigades.

NAPOLÉON.

626. — AU MARÉCHAL BERTHIER.

Saint-Cloud, 5 septembre 1806.

Mon Cousin, le maréchal Augereau demande une permission de venir à Paris ; donnez-lui un congé de vingt jours. Il laissera ses chevaux, ses bagages et ses officiers à Francfort.

NAPOLÉON.

627. — AU GÉNÉRAL DEJEAN.

Saint-Cloud, 5 septembre 1806.

Monsieur Dejean, je vous envoie une note des changements que je désire faire dans la répartition des conscrits de la conscription de 1806. Faites-la imprimer sans délai, et envoyez-moi cette seconde édition.

NAPOLÉON.

NOTE ANNEXÉE A LA LETTRE PRÉCÉDENTE

En lisant avec attention la répartition des 50.000 conscrits de la conscription de 1806 entre les différents corps, on est porté à désirer quelques changements ; comme la conscription n'a pas encore été mise en mouvement, il est encore temps de les faire, sans produire de contre-mouvements.

Le département de la Seine ne fournira rien aux 42e et 52e de ligne, ni aux 1er et 5e légère. Les 658 hommes qu'il devait fournir à ces quatre régiments seront répartis entre le 17e et le 21e de ligne, savoir : 358 hommes au 17e, qui, par ce moyen, aura 852 hommes, et 300 hommes au 21e, qui se trouvera en avoir 791.

Le département de l'Aisne, au lieu de fournir 574 hommes au 2ᵉ de ligne, ne lui en fournira que 174. Les 400 autres seront donnés au 3ᵉ de ligne, qui aura par ce moyen 542 hommes.

Le département de l'Allier ne fournira rien au 56ᵉ et les 153 hommes qu'il devait recevoir seront donnés au 58ᵉ, qui aura alors 345 hommes.

Le département de Gênes, au lieu de fournir 176 hommes au 8ᵉ d'infanterie légère, les fournira au 10ᵉ légère, qui se trouvera par la avoir 470 hommes.

Le département de Marengo ne fournira rien à la 1ʳᵉ légère. Les 190 hommes qu'il devait lui fournir sont donnés au 24ᵉ de ligne, qui se trouvera avoir 785 hommes.

Le département de la Haute-Marne, au lieu de fournir 173 hommes au 93ᵉ, les donnera au 105ᵉ, qui se trouvera avoir 470 hommes.

Le département de Montenotte ne fournira rien au 37ᵉ de ligne. Les 290 hommes qu'il devait lui donner seront donnés au 8ᵉ de ligne, qui se trouvera avoir 595 hommes.

Le département de l'Orne ne fournira rien au 20ᵉ de ligne. Les 356 hommes qu'il devait lui fournir seront donnés au 34ᵉ de ligne, qui aura ainsi 559 hommes.

Le département du Pô, au lieu de fournir 153 hommes au 84ᵉ, les fournira au 95ᵉ, qui se trouvera avoir 203 hommes.

Le Haut-Rhin ne fournira rien au 23ᵉ de ligne ni au 35ᵉ. Les 275 hommes qu'il devait fournir à ces deux régiments seront donnés au 10ᵉ qui aura ainsi 427 hommes.

Le département de la Roër ne fournira rien au 79ᵉ ni au 86ᵉ. Les 20 hommes qu'il devait fournir au 79ᵉ seront donnés au 45ᵉ, et les 394 hommes qu'il devait fournir au 86ᵉ seront donnés au 43ᵉ. Ainsi, le 45ᵉ aura 403 hommes et le 43ᵉ 597 hommes.

Le département de Sambre-et-Meuse ne fournira rien au 53ᵉ. Les 171 hommes qu'il devait fournir à ce régiment seront donnés au 54ᵉ, qui aura ainsi 576 hommes.

Le département de Seine-et-Oise ne fournira rien au 62ᵉ. Les 94 hommes qu'il devait lui fournir seront donnés au 75ᵉ, qui ainsi aura 113 hommes.

Le département du Nord ne fournira rien au 5ᵉ de ligne, et les 449 hommes qu'il devait fournir à ce régiment seront donnés, savoir : 249 hommes au 69ᵉ et 200 hommes au 51ᵉ de ligne.

Napoléon.

628. — AU GÉNÉRAL DEJEAN.

Saint-Cloud, 7 septembre 1806.

Monsieur Dejean, le 17ᵉ de ligne n'a pas besoin d'envoyer de nouveaux détachements à l'armée. Faites partir le 5ᵉ bataillon de sapeurs, la moitié de la 14ᵉ compagnie d'ouvriers et la 9ᵉ compagnie du 4ᵉ bataillon de sapeurs pour l'armée. Je pense qu'il est convenable de diriger tous les détachements que vous faites partir de Boulogne pour la Grande Armée, sur Mayence, où le maréchal Berthier leur donnera des ordres, même ceux destinés pour le corps du maréchal Ney.

NAPOLÉON.

629. — AU GÉNÉRAL DEJEAN.

Saint-Cloud, 7 septembre 1806.

J'approuve le tracé général de Wesel. Comme l'hexagone, ou la place, ne doit être construit qu'après la citadelle, le premier inspecteur me remettra sous les yeux le tracé définitif de l'hexagone, après qu'il l'aura déterminé sur les lieux, ce qui sera, j'imagine, l'ouvrage de la campagne prochaine.

J'approuve le tracé des ouvrages de l'île de Büderich, celui de la citadelle et tous les mouvements de terre nécessaires pour l'exécution de ces deux travaux.

Quant à l'idée d'avoir un réduit dans la citadelle, l'aspect des localités décidera le premier inspecteur à le tracer d'une manière convenable. D'ailleurs, probablement, il ne se pressera pas cette année de rien faire du côté du Rhin.

NAPOLÉON.

630. — AU GÉNÉRAL DEJEAN.

Saint-Cloud, 8 septembre 1806.

Monsieur Dejean, j'approuve le travail de M. Lacuée, qui a pour but de se servir des officiers de recrutement, qui sont renvoyés définitivement, pour convoyer les conscrits. J'approuve que le général Pille se rende particulièrement à Chambéry pour passer une revue des conscrits à leur arrivée, et qu'il leur donne un, deux ou trois jours de repos, si cela est nécessaire, ce dernier terme pour maximum. S'il y a même quelques individus incapables de servir, il peut les retenir à Chambéry, en en rendant compte, afin que, lorsque toute la conscription sera passée, il fasse une revue particulière de tous ces hommes incapables, pour réformer ceux qui seront réellement dans ce cas. Mais je n'approuve pas qu'on envoie du 2ᵉ de ligne, des 7ᵉ, 16ᵉ, 37ᵉ, 56ᵉ, 67ᵉ et 93ᵉ, un aussi grand nombre d'officiers et de sous-officiers pour se rendre à Chambéry. Cela rendra ces corps non-disponibles ; je ne suis pas dans des circonstances où cela puisse avoir lieu. Mais les 2ᵉ, 37ᵉ 56ᵉ et 82ᵉ, peuvent chacun envoyer à Chambéry de leurs 3ᵉˢ et 4ᵉˢ bataillons, 1 capitaine, 2 lieutenants ou sous-lieutenants, 3 sergents et 6 caporaux pour servir à cette escorte ; et chacun des 3ᵉˢ bataillons des quatorze régiments de l'armée de Naples, qui forment deux divisions de réserve à Bologne, Rimini, etc., peuvent très bien envoyer au dépôt de Chambéry 1 capitaine et 2 lieutenants pour prendre eux-mêmes la conduite de leurs hommes.

La division de réserve de l'armée de Dalmatie et la division du Frioul, qui sont à Vérone et ailleurs, peuvent faire le même envoi.

Le 4ᵉ et le 2ᵉ d'artillerie peuvent faire le même envoi.

Enfin on pourrait accorder à tous ces officiers et sous-officiers pour se rendre une fois à Chambéry des indemnités qui leur serviraient à prendre des voitures ; ces indemnités ne peuvent pas être une dépense considérable ; et ils reviendraient à pied, en conduisant leurs conscrits. Cela est praticable, parce que les montagnes du mont Cenis et de la Savoie sont très fatigantes. Ces dispositions me laisseront disponibles tous mes régiments. Le général Pille, ayant la faculté de retenir jusqu'à trois jours les conscrits à Chambéry, et les organisant à leur arrivée, les fera partir en plus grand nombre. Il faut également qu'ils partent en grand nombre des départements. J'ai souvent rencontré sur ma route 15 hommes conduits par un officier ; c'est trop peu, à moins que ce ne soit un reste de contingent de la conscription. Mais la masse de la conscription doit marcher différemment. On doit faire partir à la fois 100, 150 et 200 hommes ; et alors un officier et un ou deux sous-officiers sont suffisants, l'officier devant avoir le droit de requérir la gendarmerie pour se faire aider. Si cela se fait ainsi, il faut joindre au général Pille deux adjoints aux commissaires des guerres pour faire les contrôles. Il faut aussi donner au général Pille deux chefs d'escadron de gendarmerie pour l'aider et six brigades de 5 gendarmes chacune pour mettre la police dans le grand nombre de conscrits qui arriveront. Le général Pille sera autorisé, lorsqu'un convoi de conscrits arrivant à Chambéry aura plus d'officiers et sous-officiers de recrutement que n'en comporte son nombre, à les retenir pour les faire servir à organiser et conduire d'autres convois.

NAPOLÉON.

631. — DÉCISION.

Saint-Cloud, 9 septembre 1806.

Le ministre directeur de l'administration de la guerre met sous les yeux de l'Empereur le tableau de la situation des différents régiments de cavalerie en chevaux. Il propose en même temps à Sa Majesté de confier aux généraux de cavalerie, en ce moment en tournée pour inspecter les dépôts de troupes à cheval de la Grande Armée, le soin d'envoyer à cette armée les hommes et les chevaux qu'ils auront jugés en état d'entrer en campagne.

Approuvé.

NAPOLÉON.

632. — DÉCISION.

Saint-Cloud, 10 septembre 1806.

Le ministre directeur de l'administration de la guerre fait connaître à l'Empereur que c'est la frégate *la Didon*, prise le 22 thermidor an XIII, qui portait le détachement du 93ᵉ de ligne, prisonnier de guerre depuis cette époque.

Il faut que ce détachement ne compte plus dans l'effectif du régiment et n'y soit plus porté que pour mémoire.

NAPOLÉON.

633. — DÉCISIONS (1).

Le ministre de la guerre prie

Le corps du Frioul fait partie

---

(1) Sans signature ni date, extraites du « Travail du maréchal Berthier, ministre de la guerre, avec l'Empereur, du 10 septembre 1806 ».

l'Empereur de faire connaître si le corps commandé par le général Marmont ne fait pas partie de la Grande Armée.

Le ministre de la guerre propose d'ordonner que les bois nécessaires à la construction du pont de radeaux de Borgoforte seront tirés des forêts royales d'Italie.

Réparation à faire au fort en bois en avant du port de Boulogne. La dépense monterait à la somme de 13.888 francs.

État comprenant le nombre de conscrits que chaque département doit fournir; désignation des corps sur lesquels ils doivent être dirigés.

Le ministre de la guerre propose la suppression définitive de la place de Parme et prie l'Empereur de vouloir bien statuer sur le sort de la citadelle.

de l'armée d'Italie ; il n'a plus de rapports avec le général Songis et avec la Grande Armée.

Ces bois seront achetés par l'artillerie italienne, après expérience ; les mettre en sûreté, les renfermer à Mantoue pour servir selon les besoins.

J'approuve la réparation de ce fort et la dépense.

J'adopte ce travail comme définitif. Ordonnez-en sur-le-champ l'exécution.

La ville de Parme ne sera plus considérée comme place forte ; la citadelle restera comme elle est sans y rien changer.

---

634. — DÉCISIONS (1).

Le ministre demande si les 7ᵉ et 30ᵉ dragons, qui faisaient partie de l'armée de Naples et qui sont aujourd'hui stationnés sur les côtes de l'Adriatique, recevront du Trésor de Naples les fonds nécessaires à la remonte de leurs trois escadrons de guerre ou si le gouvernement français y pourvoira.

Ils ne sont pas rendus à leur nouvelle destination.

---

(1) De la main de Maret; ni datées, ni signées, extraites du « Travail du ministre directeur avec l'Empereur, du 10 septembre 1806 ».

Les chemises bleues, fournies aux détachements qui s'embarquent à Rochefort, seront-elles payées par la marine ou par l'administration de la guerre ? Des ordres ont été donnés pour faire payer à ces troupes la solde et les masses pour six mois.	Tous les objets de cette nature que la guerre peut avoir doivent être remis à la marine. Ne payer que pour deux mois de solde.
Inconvénients qu'il y aurait à séparer de celle des corps la masse générale des compagnies détachées des dépôts de l'armée de Naples pour former à Imola et Rimini la réserve commandée par le général La Planche de Morthière.	Tous ces hommes sont rentrés dans leurs corps.
Proposition tendant à porter au complet en chevaux les 1er, 3e, 4e, 5e, 9e et 15e dragons et le 26e chasseurs.	A présenter avec le travail de mardi.
Secours demandé par la fille du commissaire des guerres Pâris.	A la disposition du ministre.
Il est proposé de payer quatre mois de solde aux employés des administrations de la Grande Armée.	Approuvé. Les faire payer comme l'armée.
On demande à Sa Majesté si les chemises bleues fournies aux détachements des 26e, 66e et 82e régiments de ligne, de la légion du Midi et du bataillon colonial de l'île de Ré, qui s'embarquent à Rochefort, seront payées par la marine ou par l'administration de la guerre.	Tous les objets de cette nature que la guerre peut avoir doivent être remis à la marine.
On a donné des ordres pour faire payer à ces troupes la solde et les masses pour six mois.	Ne payer que pour deux mois la solde.

635. — DÉCISION (1).

Le général Dejean soumet à l'Empereur un projet de décret qui porte création d'un parc de constructions d'équipages dans la ville de Plaisance, et ordonne que le dépôt des équipages militaires de Milan y sera réuni.

Le projet de décret ne dit rien, parce qu'il ne pose pas les bases de la dépense ; il faut donc entrer dans le détail d'une organisation telle qu'elle ne coûte que les deux tiers du parc de Sampigny. Il faut régler les fonds de premier établissement.

Il suffit d'avoir 100 caissons sous les hangars et 100 autres en pièces et à monter en peu de semaines. Le ministre fera connaître combien de caissons appartiennent à l'armée d'Italie, afin d'en compléter le nombre.

Il faut aussi s'occuper des harnais, avec cette différence qu'ils doivent être pour des mulets. On désirerait même que trois brigades ou soixante caissons fussent attelés de bœufs, vu la difficulté d'avoir en Italie des chevaux de trait.

Quant aux hangars, l'église doit suffire ainsi que les ateliers du parc.

Il ne faut donc que s'occuper du personnel.

En Italie, je ne me suis jamais servi de caissons ; Scherer en envoya une grande quantité : j'en ai envoyé depuis, de sorte qu'à la dernière guerre on en a trouvé dans le lazaret et ailleurs, mais en très mauvais

---

(1) De la main de Maret; ni datée, ni signée, extraite du « Travail du ministre directeur avec l'Empereur, du 10 septembre 1806 ».

état. C'est à cet abandon que je veux pourvoir.

S'il y a des caissons appartenant au royaume d'Italie, il ne faut pas les prendre. On peut employer à ce parc les individus qui furent retirés de Sampigny à cause de mésintelligence avec les autres, s'il n'y a d'ailleurs rien à leur reprocher.

Ainsi, on voudrait qu'il y eût à Plaisance de quoi mettre promptement 200 caissons en mouvement avec les harnais, savoir 600 pour des mulets et 200 pour des bœufs.

636. — DÉCISION.

Saint-Cloud, 12 septembre 1806.

Le ministre de la guerre présente à l'Empereur les noms des généraux Lacombe Saint-Michel, Drouas et du colonel Bourgeat, afin que Sa Majesté choisisse celui des trois qu'il conviendra d'envoyer à Wesel pour mettre la place en état de soutenir un siège.

Faire partir le général Lacombe Saint-Michel.

NAPOLÉON.

637. — AU GÉNÉRAL DEJEAN.

Saint-Cloud, 12 septembre 1806.

Monsieur Dejean, donnez ordre à 130 hommes à cheval du 10º régiment de dragons de se rendre à Mayence, où ils recevront des ordres du prince de Neuchâtel pour rejoindre leur corps.

NAPOLÉON.

638. — AU GÉNÉRAL DEJEAN.

Saint-Cloud, 13 septembre 1806.

Monsieur Dejean, donnez ordre au général Dorsenne de partir demain et de se rendre dans la 25° division militaire, de passer la revue des huit régiments de dragons à pied qui se trouvent dans cette division et d'en former deux bataillons composés chacun de quatre compagnies, chaque compagnie de 150 hommes, savoir : 1 capitaine, 1 lieutenant, 2 sous-lieutenants, 1 maréchal des logis chef, 4 maréchaux des logis, 8 brigadiers, 2 tambours et 130 dragons, total 150 hommes (1). Le 1er bataillon sera composé de quatre compagnies des 2°, 14°, 20° et 26° de dragons ; le second de quatre compagnies des 6°, 11°, 13° et 22°. Ces deux bataillons formant 1.200 hommes sous les armes, munis de leurs capotes, d'une double paire de souliers, bien armés, seront dirigés sur Mayence où ils seront sous les ordres du général Dorsenne.

Vous nommerez un capitaine de ma garde pris dans les bataillons de vélites et deux sergents de ma garde également pris parmi les vélites pour remplir près de ces deux bataillons les fonctions d'adjudant-major et d'adjudants sous-officiers.

Vous nommerez deux chefs de bataillon de la ligne, hommes fermes et distingués par leur instruction, pour commander chacun de ces deux bataillons. Chaque régiment continuera à recevoir son prêt et ses effets d'habillement de son dépôt, ne devant être considérés que comme détachés. Si ensuite ils passent le Rhin et s'éloignent trop de leurs dépôts, mon intention étant de les faire servir avec ma garde, les administrations de ma garde y pourvoiront.

Vous donnerez ordre au major Friederichs, de ma garde, de se rendre dans la 5° division militaire et de former de la même manière deux bataillons des huit régiments de dragons qui se trouvent dans cette division, pour servir, l'un comme troisième bataillon, composé de quatre compagnies des 8°, 12°, 16° et 21° de dragons, et l'autre comme quatrième bataillon, composé de quatre compagnies des 17°, 18°, 25° et 27°. Ce troisième et ce quatrième bataillon seront réunis à Strasbourg où ils seront exercés et tenus en bon état. Pour la solde et l'administration, ils correspondront avec leurs dépôts. Vous ferez faire l'état de situation de ces batail-

---

(1) Chiffre arrondi; en réalité 149 hommes.

lons. Mon intention est de les réunir aux deux premiers bataillons à Mayence. Vous leur ferez connaître qu'ils sont destinés à servir avec ma garde et que je leur donne en cela une preuve de l'estime que je leur porte. Vous nommerez également des chefs de bataillon de la ligne pour les deux derniers bataillons. Vous pourrez les prendre au camp de réserve de Boulogne. Il y a là pour un troisième bataillon un major et un chef de bataillon, ce qui est beaucoup trop d'officiers supérieurs. Ayez soin de prendre les chefs de bataillon parmi les corps qui auraient leur major présent au dépôt.

Vous ferez bien connaître que les détachements de ces régiments ne sont que des détachements de guerre, et que chacun doit continuer à tirer sa paye de son corps. Vous ferez également connaître que mon intention est de faire marcher deux des quatre bataillons avec les chasseurs à pied de ma garde, sous les ordres du général Soulès, et les deux autres avec les grenadiers à pied, sous les ordres du général Hulin. Vous me présenterez deux majors pour remplacer les deux majors de ma garde que je serai obligé de retirer après la formation de ces bataillons. Il faut qu'ils soient fermes dans le service, car ce corps a besoin d'être mené avec beaucoup de fermeté. Il ne vous échappera pas qu'en choisissant des chefs de bataillon et des adjudants-majors dans la ligne, mon but est de ne pas tirer trop d'officiers de dragons des dépôts. Vous aurez bien soin de recommander aux deux majors de ma garde d'employer tout le temps qu'ils resteront à Mayence et à Strasbourg à mettre leurs bataillons sur le meilleur pied, à les faire manœuvrer et à les fournir de tout. Ils correspondront pour cela avec les conseils d'administration des dépôts, qui devront leur envoyer tout ce qui sera nécessaire.

NAPOLÉON.

639. — AU MARÉCHAL BERTHIER.

Saint-Cloud, 13 septembre 1806.

Mon Cousin, ayez soin d'ordonner que, dans les états de situation qu'on m'envoie des régiments de la Grande Armée, on porte sur une colonne séparée ceux qui ont des compagnies de grenadiers et de voltigeurs des 3e et 4e bataillons, afin que je connaisse parfaitement la situation de l'armée.

NAPOLÉON.

640. — AU GÉNÉRAL DEJEAN.

Saint-Cloud, 14 septembre 1806.

Monsieur Dejean, donnez ordre aux généraux qui commandent dans les différentes divisions militaires où sont placés les 3ᶜˢ et 4ᵉˢ bataillons des régiments qui composent la Grande Armée, de faire passer une revue spéciale des grenadiers et voltigeurs présents aux 3ᵉˢ et 4ᵉˢ bataillons et de vous en adresser sur-le-champ un état indiquant le nombre d'officiers, sous-officiers, grenadiers ou voltigeurs manquant aux revues et de vous faire connaître si les 3ᶜˢ et 4ᵉˢ bataillons sont dans le cas de compléter ces compagnies à 80 hommes. Vous donnerez le même ordre au maréchal Brune, qui a onze de ces bataillons dans son corps de réserve.

NAPOLÉON.

641. — AU GÉNÉRAL DEJEAN.

Saint-Cloud, 15 septembre 1806.

Monsieur Dejean, donnez l'ordre au général Dupas de se rendre à Mayence, où il prendra le commandement du 14ᵉ régiment de ligne et du 28ᵉ d'infanterie légère qui ont ordre de se rendre dans cette place. D'autres régiments y seront incessamment réunis pour compléter cette division. Vous donnerez ordre au général de brigade Schramm de se rendre également à Mayence, pour servir sous les ordres du général Dupas.

NAPOLÉON.

642. — DÉCISION.

Saint-Cloud, 15 septembre 1806.

Le ministre directeur de l'administration de la guerre présente à l'Empereur le travail d'inspection des corps stationnés dans les 27ᵉ et 28ᵉ divisions militaires et en Italie.	Mettre sur-le-champ en exécution ce travail pour débarrasser les cadres de ce qu'ils ont d'inutile et nommer sur-le-champ aux places d'officiers vacantes. Le 37ᵉ ne se trouve pas là. Il n'y a pas non plus les quatorze dépôts de l'armée de

Naples, qui sont dans le royaume d'Italie ; me faire connaître ce qu'il faut pour ces quatorze régiments. Je sais qu'il y a beaucoup d'officiers à la retraite, de sous-officiers infirmes ; cela charge les états de situation, le Trésor, et diminue la force de l'armée.

NAPOLÉON.

643. — AU GÉNÉRAL DEJEAN.

Saint-Cloud, 17 septembre 1806.

Monsieur Dejean, il paraît qu'il y a à Anvers très peu d'artillerie. Il n'y a que 7 pièces de 18 en fer et 10 pièces de 12 en bronze, ce qui fait 17. Il y a ensuite 37 ou 40 pièces du calibre de 4 et de 8, une quinzaine de mortiers et obusiers.

On ne m'a pas envoyé l'armement tel qu'il a été fixé pour cette place. Mais il paraîtrait que 18 pièces de 24 seraient nécessaires pour défendre l'entrée des deux côtés de la rivière. On les répartirait en quatre batteries. Il faudrait encore au moins 18 pièces, soit de 12, soit de 16, soit de 18. Dès ce moment, cette place peut être considérée comme à l'abri d'un coup de main ; il faut donc y maintenir une artillerie convenable. Je m'en rapporte au reste à l'armement qui aura été proposé par les officiers des deux armes. Je demande qu'on m'en remette l'état, avec la colonne de ce qui manque. Il serait aussi nécessaire de m'envoyer l'état de l'artillerie que la marine a dans cette place et dont on pourrait se servir dans l'occasion.

Il doit y avoir un commandant d'armes de première classe pour la place, un commandant d'armes pour la citadelle. Il faut charger un adjudant-capitaine de se tenir à la Tête de Flandre et lui en donner le commandement, ainsi que des deux redoutes que l'on fera. Il faut aussi des gardes d'artillerie et du génie.

NAPOLÉON.

644. — DÉCISION (1).

Observations sur la comptabilité-finances des arsenaux et directeurs d'artillerie, conforme au nouveau mode suivi depuis le 1ᵉʳ janvier 1806.

Monsieur Dejean, je vous renvoie les comptes de l'artillerie. Je désirerais savoir ce qui a été construit dans les arsenaux en l'an XIII et en l'an XIV, et si les constructions sont en raison de l'argent dépensé. Je trouve qu'on commande beaucoup de mousquetons et d'armes de dragons ; proportion gardée, il me semble que ce sont les armes dont nous avons le plus.

645. — DÉCISIONS (2).

Le ministre directeur prie Sa Majesté de faire connaître si elle consent à ce que la quantité de biscuit qui a pu être emmagasinée à Palmanova soit déposée à Gradisca en attendant que les magasins de la première place soient en état de la recevoir.

Témoigner l'extrême mécontentement de Sa Majesté à l'ordonnateur de ce qu'on a placé les vivres hors de la place. Ordonner que dans les vingt-quatre heures tout soit rentré dans la place. Qu'on prenne une église pour cet objet, en n'en laissant qu'une aux habitants, ou qu'enfin on emploie tout autre édifice, casernes, ou maisons particulières. On peut mettre des vivres à Osoppo. Il serait très imprudent d'en mettre à Gradisca et hors de la ligne magistrale d'Osoppo à Palmanova.

Le ministre demande qui, du département de la marine ou de l'ad-

Ce biscuit restera à la marine.

---

(1) Ni datée, ni signée, extraite du « Travail du ministre de la guerre avec l'Empereur, du 17 septembre 1806 ».
(2) De la main de Maret; non datées et non signées, extraites du « Travail du ministre directeur avec l'Empereur, du 17 septembre 1806 ».

ministration de la guerre, supportera la perte de 1.483 quintaux de biscuit inemployés à l'île d'Aix.

Augmentation de la masse d'ordinaire demandée pour les troupes françaises stationnées à Venise, vu la cherté des denrées dans cette ville.

On peut donner quelque chose, si cela est payé par la ville.

Proposition tendant à accorder pour le lit d'officier inoccupé les deux tiers du prix intégral de loyer, au lieu de la moitié accordée pour le lit de soldat inoccupé.

Si c'est un oubli dans le marché, faire la réduction du blanchissage.

On prend les ordres de l'Empereur sur l'habillement des sous-lieutenants et cadets napolitains prisonniers de guerre à Nîmes.

Leur donner une gratification et en proposer l'état à l'approbation de Sa Majesté.

Proposition afin de lever dans les États de Raguse deux brigades de mulets pour le service de l'armée française.

Approuvé ; on autorisera le général à prendre, pour la conduite, des hommes hors d'état de servir.

Le ministre directeur demande l'autorisation de choisir dans les diverses classes de la conscription des officiers de santé pour compléter le nombre qui manque à la Grande Armée et aux armées de Naples et d'Italie.

Approuvé pour la Grande Armée.

646. — NOTE POUR S. E. LE MINISTRE DE L'ADMINISTRATION DE LA GUERRE (1).

17 septembre 1806.

1° Fournir un état qui fasse connaître toutes les inspections passées depuis le 1er vendémiaire an XIV.

---

(1) Titre et texte sont de la main de Maret.

2° Par quels officiers généraux et quels jours ?

3° Quel est le nombre d'hommes, par corps, admis aux Invalides, aux vétérans, à la retraite ou renvoyés chez eux ?

4° Désigner les *revues* ; ont-elles été *approuvées* (1) par le ministre, et les hommes partis des corps et ceux qui y seraient encore sont-ils ou ne sont-ils pas aux corps ?

Quelle est la date des ordres du ministre, soit pour ordonner les revues, soit pour les approuver, et des décrets de l'Empereur ?

5° Désigner quels sont les dépôts dont l'inspection n'a pas été passée cette année.

6° Tous les dépôts de la cavalerie ont eu des hommes venant de la Grande Armée et hors d'état de servir par blessures ou autrement. Me proposer de passer une nouvelle inspection au mois d'octobre afin de congédier tous les hommes qui ne peuvent pas servir.

7° Enfin, remettre un état par corps qui fera connaître les hommes renvoyés chez eux depuis le 1er vendémiaire, sans comprendre ceux qui auraient été renvoyés chez eux après le 1er vendémiaire, mais en exécution des revues de l'an XII.

647. — AU GÉNÉRAL DEJEAN.

Saint-Cloud, 17 septembre 1806.

Monsieur Dejean, on me mande de Strasbourg que, depuis la dernière inspection du général Schauenburg, il y a aux dépôts une grande quantité d'individus éclopés venant de la Grande Armée, qui ont passé la revue de l'inspection, et d'autres qui sont venus depuis, ce qui rend nécessaire d'en passer une nouvelle. Il n'est pas de régiment où l'on ne parviendrait à ôter une centaine d'individus qui gênent et qui coûtent sans rendre aucun service.

NAPOLÉON.

648. — AU GÉNÉRAL DEJEAN.

Saint-Cloud, 17 septembre 1806.

Monsieur Dejean, vous donnerez ordre au général de division Loison de se rendre dans la 25e division militaire, dont il prendra

---

(1) Les mots en italique sont soulignés dans le texte.

le commandement. Il habitera habituellement Wesel et il correspondra avec vous, afin de prendre toutes les mesures pour l'armement et la mise en état de cette place. Vous le chargerez de faire dans la 25ᵉ division militaire la même chose dont le général Rapp est chargé dans la 5ᵉ, et de vous en rendre compte.

NAPOLÉON.

649. — ORDRE.

Saint-Cloud, 17 septembre 1806.

Faire connaître tous les jeunes gens de l'école de Fontainebleau qui y sont depuis deux ans et qui sont à l'école de bataillon.

Le ministre me proposera de les placer dans les soixante régiments de la Grande Armée, à raison de un par régiment de cavalerie et de deux par régiment d'infanterie.

De même pour les corps du royaume d'Italie et de l'armée de Naples.

NAPOLÉON.

650. — AU GÉNÉRAL DEJEAN.

Saint-Cloud, 17 septembre 1806.

Monsieur Dejean, faites-moi connaître combien il faudrait de jours à des bateaux pour remonter de Mayence à Würzburg.

NAPOLÉON.

651. — DÉCISION.

Saint-Cloud, 17 septembre 1806.

| Rapport du ministre de la guerre indiquant les places d'où l'on peut tirer l'artillerie demandée par le général Couin, commandant l'artillerie de la garde. | Approuvé ce mouvement, hormis celui des forges du Hâvre, qui me paraissent prises bien loin, tandis qu'il doit y en avoir à Metz et dans les places du Nord. Toutefois, le faire si on le juge utile. |

NAPOLÉON.

652. — DÉCISION.

Saint-Cloud, 17 septembre 1806.

Le ministre directeur de l'administration de la guerre fait connaître à l'Empereur que le colonel du 6° régiment de chasseurs à cheval, autorisé par le général en chef de l'armée de Naples, a ordonné au dépôt de ce corps, stationné à Reggio, d'envoyer aux escadrons de guerre 60 chasseurs montés et 60 à pied.

Aucun détachement ne doit partir d'Italie sans mon ordre.

NAPOLÉON.

653. — DÉCISION.

17 septembre 1806.

Le ministre directeur de l'administration de la guerre soumet à l'Empereur une demande du général Songis tendant à ce que les deux compagnies du 9° bataillon du train d'artillerie restées à Metz soient réunies à celles qui sont à Augsburg.

Approuvé.

NAPOLÉON.

654. — AU GÉNÉRAL DEJEAN.

Saint-Cloud, 18 septembre 1806.

Sa Majesté me charge, Monsieur, de vous inviter à lui faire connaître par quel motif on a permis à une frégate anglaise de s'approcher jusque sous le canon des batteries de l'île de Ré, sous prétexte qu'elle venait en parlementaire.

Sa Majesté désire savoir, en même temps, qui est-ce qui a laissé la chaloupe débarquer et si l'on a puni cette désobéissance à ses ordres.

Hugues B. MARET.

655. — AU GÉNÉRAL DEJEAN.

Saint-Cloud, 18 septembre 1806.

Monsieur Dejean, je ne m'oppose point à ce que ceux de ces officiers qui sont à Naples entrent dans la garde du roi. Mon intention est que les régiments ne fournissent pas plus que ce que j'ai ordonné par mon décret. Tous ceux de ces officiers demandés par le roi de Naples qui sont en Italie ou en France, je me refuse à les accorder. Présentez-moi un décret dans ce sens, car aucun officier ne doit sortir de son corps sans mon ordre. Présentez-moi d'autres officiers pour remplacer ceux-ci. Plusieurs régiments ont éprouvé des réductions ; dans les bataillons qui sont en Piémont il y a des officiers à la suite ; on pourrait les nommer aux places vacantes.

NAPOLÉON.

656. — AU GÉNÉRAL DEJEAN.

Saint-Cloud, 19 septembre 1806.

Monsieur Dejean, faites-moi connaître où se trouvent aujourd'hui le bataillon d'élite du 58e de ligne et celui du 15e d'infanterie légère qui ont ordre de se rendre à Paris.

NAPOLÉON.

657. — AU GÉNÉRAL DEJEAN.

Saint-Cloud, 19 septembre 1806.

Monsieur Dejean, il faut songer sérieusement à l'approvisionnement de Wesel et même de Mayence, surtout en farines, biscuit et eau-de-vie. Ce sont là vraiment des objets importants. *Je suppose que, quant à l'artillerie et au génie, ces places sont parfaitement armées. Donnez ordre aux inspecteurs du génie et de l'artillerie de tenir ces places abondamment approvisionnées de tout* (1).

NAPOLÉON.

658. — AU GÉNÉRAL DEJEAN.

Saint-Cloud, 19 septembre 1806.

Monsieur Dejean, dirigez le 4e régiment de dragons du lieu où il

---

(1) Dans le texte du document, les mots en italique sont soulignés. Le document porte, en outre, l'apostille suivante du général Dejean : « Transmettre la partie soulignée au ministère de la guerre. »

est sur Mayence, au lieu de Strasbourg. Faites-le marcher sans séjours, afin qu'il arrive promptement. Laissez le général Menou maître de garder à Turin le 37ᵉ ou de l'envoyer à Alexandrie ou à Plaisance.

NAPOLÉON.

659. — AU MARÉCHAL BERTHIER.

Saint-Cloud, 20 septembre 1806.

Mon Cousin, je vous ai parlé de l'occupation de la place de Würzburg, de celles de Königshofen et Cronach, ainsi que de celle de Forchheim par les Bavarois ; *envoyez l'ordre au maréchal Augereau de faire reconnaître les petites places des environs, et de les faire occuper par de petits détachements de troupes de Hesse-Darmstadt, en les faisant approvisionner et garnir. Cela gardera nos derrières* (2). Le maréchal Kellermann part pour Mayence où il commandera 6.000 hommes de gardes nationales. Le général Rampon part pour Saint-Omer pour y réunir 6.000 autres gardes nationales (sic) pour protéger Boulogne. J'ai donné le commandement du génie au général Chasseloup. Marescot est trop utile dans l'intérieur pour les travaux des places. J'ai appelé à l'armée 20 officiers du génie ; il n'y en avait pas assez. Je compte remuer beaucoup de terre. La conscription marche à merveille. Des 50.000 hommes que j'ai appelés, 20.000 ont passé les Alpes, 30.000 restent de ce côté. Je vais bientôt appeler ma réserve qui est de 30.000 hommes.

NAPOLÉON.

660. — AU MARÉCHAL BERTHIER.

Saint-Cloud, 20 septembre 1806.

Mon Cousin, j'ai fait donner au général d'Hautpoul l'ordre de se rendre à sa division avant le 1ᵉʳ octobre, afin d'en prendre le commandement et de se rendre en droiture à Würzburg.

J'ai fait donner l'ordre au général de brigade Defrance de se rendre à la division du général Nansouty pour y prendre le com-

---

(2) Les mots en italique sont soulignés dans le texte.

mandement de la brigade de carabiniers ; enfin, j'ai fait ordonner au général de brigade Durosnel de se rendre à Francfort pour y commander la brigade de cavalerie du corps d'armée du maréchal Augereau. De votre côté, vous donnerez l'ordre au général de division Grouchy de prendre le commandement de la division de dragons que commande le général de brigade Beker, qui commandera lui-même la moitié de cette division, sous les ordres du général Grouchy.

Napoléon.

---

661. — AU GÉNÉRAL DEJEAN.

Saint-Cloud, 20 septembre 1806.

Monsieur Dejean, je vous renvoie l'état des hommes à réformer dans les régiments qui sont à Paris. Débarrassez-vous-en sur-le-champ.

Napoléon.

---

662. — AU MARÉCHAL BERTHIER.

Saint-Cloud, 20 septembre 1806.

Mon Cousin, j'ai pris un décret pour former une légion du Nord qui prendra le costume polonais. Le général Zayonchek la commande. Je vais nommer les cadres du premier bataillon, et aussitôt les officiers se rendront aux avant-postes avec une commission du général Zayonchek pour ramasser les déserteurs et les organiser. Quand le premier bataillon sera rempli, j'organiserai le second.

Napoléon.

---

663. — AU GÉNÉRAL DEJEAN.

Saint-Cloud, 20 septembre 1806.

Monsieur Dejean, j'ai lu la réponse que vous m'avez faite en date du 2 août sur les états de situation qu'on me remet. Comme ils me servent à connaître la situation des choses, je désire qu'on me les perfectionne en y insérant le nom de toutes les places en état de servir. Ainsi, une frontière étant menacée, je pourrai voir par ces états la quantité d'artillerie qui m'y est utile ou inutile.

Je vois avec étonnement que l'artillerie n'ait pas fait recette des armes autrichiennes que j'ai à Venise et à Palmanova. Ce sont des armes aussi bonnes que les autres, dont on a gaspillé 5 à 6.000 en Dalmatie. L'air de la mer les aura aussi gâtées : c'est une profusion du général Sorbier, qui est véritablement inconcevable.

NAPOLÉON.

664. — AU GÉNÉRAL DEJEAN (1).

Saint-Cloud, 20 septembre 1806.

Monsieur Dejean, il n'y a pas assez d'adjoints à l'état-major de la Grande Armée ; il y en a dans l'intérieur ; mon intention est qu'ils soient tous à la Grande Armée. Les officiers d'état-major sont nécessaires à la guerre. Un général qui commande un département a ses aides de camp : il n'a pas besoin d'autres officiers, d'ailleurs il a peu de troupes.

Je vois qu'il y a à Marseille 3 adjoints ; dans la 2ᵉ division militaire le capitaine adjoint Girod, dans la 3ᵉ le sieur Petitgrand, dans la 4ᵉ le sieur Terrier, dans le 5ᵉ le sieur Bochud, et plusieurs autres.

L'organisation comporte 120 adjoints d'état-major ; vous me ferez connaître combien ils sont, où ils se trouvent.

Par l'organisation, il doit exister 120 adjudants commandants ; combien sont-ils, où sont-ils employés ? Il faut donner la retraite ou la réforme à ceux qui, par leurs infirmités ou leur âge, seraient hors d'état de servir tant parmi les adjudants commandants que parmi les adjoints à l'état-major, et envoyer tous les autres à l'armée où ils prendront les ordres du major général.

NAPOLÉON.

665. — AU GÉNÉRAL DEJEAN.

Saint-Cloud, 20 septembre 1806.

Monsieur Dejean, donnez ordre au 112ᵉ régiment de ligne, qui

---

(1) Commandant P. Foucart, *Campagne de Prusse* (1806), Prenzlow-Lubeck, p. XI.

est à Bordeaux, de se diriger sur Grenoble. Ordonnez que tous les conscrits qui appartiennent à ce corps soient dirigés sur Grenoble au lieu de l'être sur Bordeaux. Donnez ordre au régiment italien qui est à Bayonne de se rendre à Blaye pour occuper cette place et servir à la défense du golfe et de la rivière. Donnez ordre au régiment italien qui est à Nantes de se diriger sur Orléans. Il sera remplacé par un bataillon du 31ᵉ d'infanterie légère. L'approche de l'hiver ne rend plus nécessaire une si grande quantité de troupes à l'île d'Aix et sur les côtes.

NAPOLÉON.

666. — AU GÉNÉRAL DEJEAN.

Saint-Cloud, 20 septembre 1806.

Monsieur Dejean, le major Pouchelon, du 33ᵉ régiment d'infanterie de ligne, sera employé pour commander les 1ᵉʳ et 2ᵉ bataillons de dragons à pied qui se réunissent à Strasbourg, et le major Jamin, du 12ᵉ régiment d'infanterie légère, pour commander les 3ᵉ et 4ᵉ bataillons. Il faut que ces deux officiers soient rendus à leur poste avant le 27 septembre, si cela est possible.

NAPOLÉON.

667. — AU GÉNÉRAL DEJEAN.

Saint-Cloud, 20 septembre 1806.

Monsieur Dejean, les 6.000 hommes de gardes nationales que je réunis à Saint-Omer ont besoin d'organisation : faites un règlement. Le général Rampon les commandera en chef. Il y a dans la 16ᵉ division militaire le général Girard *dit* Vieux, qui commandera 3.000 hommes de ces gardes ; et le général de brigade Moreau, qui est au camp de Boulogne et qui passera à Saint-Omer, commandera les 3.000 autres. Ces généraux s'appliqueront à exercer les hommes sous leurs ordres, à les faire tirer à la cible, à les accoutumer aux manœuvres, afin qu'en cas d'événement ils soient en état de défendre leurs foyers et de protéger Boulogne.

NAPOLÉON.

668. — AU GÉNÉRAL DEJEAN.

Saint-Cloud, 20 septembre 1806.

Monsieur Dejean, je vous renvoie les comptes de l'artillerie. Je désirerais savoir ce qui a été construit dans les arsenaux en l'an XIII et en l'an XIV et si les constructions sont en raison de l'argent dépensé. Je trouve qu'on commande beaucoup de mousquetons et d'armes de dragons ; proportion gardée, il me semble que ce sont les armes dont nous avons le plus.

NAPOLÉON.

669. — AU GÉNÉRAL DEJEAN.

Saint-Cloud, 20 septembre 1806.

Monsieur Dejean, le général Grouchy, auquel j'ai donné le commandement d'une division de cavalerie, n'est pas encore à l'armée. Faites-moi connaître s'il est parti ; il faut qu'il soit rendu à sa division avant le 1er octobre. Donnez l'ordre qu'avant le 1er octobre le général Cazals soit rendu à l'état-major de la Grande Armée, que le général Margaron ait rejoint sa brigade et que le général Saint-Sulpice soit également rendu à sa division pour la même époque. Donnez l'ordre au major du 5e régiment de chasseurs de se rendre à son régiment en l'absence du colonel ; aux majors des 8e et 19e régiments de dragons de se rendre à leurs corps pour remplacer leurs colonels qui ont été faits généraux, et au colonel du 3e régiment de cuirassiers d'être rendu à son régiment avant le 1er octobre.

NAPOLÉON.

670. — AU GÉNÉRAL DEJEAN.

Saint-Cloud, 20 septembre 1806.

Monsieur Dejean, vous ferez donner au maréchal Kellermann une somme de 12.000 francs pour gratification de campagne, en sa qualité de maréchal de l'Empire. Vous ferez donner 6.000 francs au général Rampon pour le même objet. Le décret ci-joint vous fera connaître que je l'ai nommé, comme l'année passée, pour commander les gardes nationales du Nord. Vous donnerez au maréchal Kellermann, pour aides de camp, le chef d'escadron Rebillot, du

8° d'hussards, le capitaine Delanne, l'adjudant commandant Duprat pour chef d'état-major. Il se servira des ordonnateurs des 5° et 26° divisions militaires, ainsi que des généraux de division et de brigade qui se trouvent dans ces divisions. Vous donnerez au général Rampon le général de brigade Moreau pour commander l'avant-garde de ses gardes nationales à Saint-Omer. Au lieu de trois brigades, la division Carra Saint-Cyr, qui est à Boulogne, ne sera composée que de deux brigades. A dater du 1ᵉʳ octobre, le maréchal Kellermann recevra 4.000 francs par mois et le général Rampon 2.000. Cela sera payé sur l'extraordinaire de la guerre. Ainsi donc, un corps de 6.000 hommes de gardes nationales sera réuni à Saint-Omer pour servir de réserve et défendre soit le camp de Boulogne, soit les côtes de Dunkerque, d'Ostende et Anvers. Vous autoriserez le maréchal Kellermann à mettre en réquisition et faire payer jusqu'à la concurrence de 6.000 hommes partie de la 5° et partie de la 26° division militaire. Ces 6.000 hommes seront réunis à Mayence. Défendez-lui de faire payer aucun homme qui ne serait pas présent à Mayence ; car je n'ai besoin de personne à Strasbourg. Les généraux qui se trouvent dans les 5° et 26° divisions militaires serviront, en cas d'événement, non seulement à organiser, mais à commander ces brigades de 6.000 hommes. Indépendamment du général de brigade Moreau, qui sera sous les ordres du général Rampon, il sera autorisé à prendre dans la 16° division militaire les officiers qui lui seraient utiles pour organiser son corps de gardes nationales, de manière qu'il y ait un général de brigade pour commander 3.000 hommes de gardes nationales.

NAPOLÉON.

671. — DÉCISION.

Saint-Cloud, 20 septembre 1806.

Le ministre de l'administration de la guerre fait connaître que le général Pouget demande s'il doit obtempérer aux ordres qu'il a reçus du vice-roi en ce qui concerne l'organisation et le mouvement des troupes sous ses ordres.

Le vice-roi ne commande pas à Parme ; le général Pouget doit prendre les ordres de ses supérieurs.

NAPOLÉON.

672. — DÉCISION.

Saint-Cloud, 20 septembre 1806.

Le ministre de l'administration de la guerre propose à l'Empereur de faire relever par un détachement du 66e de ligne celui du 2e de ligne qui se trouve à bord de la frégate *la Thémis*, en rade du Verdon, rivière de Bordeaux.

Mettre sur cette frégate un détachement du 112e et faire rejoindre le détachement du 2e à son corps (sic).

NAPOLÉON.

673. — DÉCISION.

Saint-Cloud, 20 septembre 1806.

Le ministre directeur de l'administration de la guerre transmet à l'Empereur la demande du colonel Dupont d'Erval, inspecteur de la compagnie des guides-interprètes de l'armée de Boulogne, qui sollicite pour cette compagnie la faveur d'être employée à l'armée.

Accordé, elle sera mise en marche pour Mayence.

NAPOLÉON.

674. — AU GÉNÉRAL DEJEAN.

20 septembre 1806.

Monsieur Dejean, donnez l'ordre à l'adjudant commandant Barbot, employé au 1er corps de réserve du camp de Boulogne, de se rendre à la Grande Armée. Il est nécessaire qu'il soit le 30 à Mayence.

NAPOLÉON.

675. — DÉCISION.

Saint-Cloud, 20 septembre 1806.

Le ministre directeur de l'administration de la guerre rend compte des dispositions prises pour le départ des grenadiers et chasseurs de la garde et pour leur arrivée en

Il faut faire partir les corps comme je l'ai ordonné. Si le mouvement de ces corps par des voitures est trop difficile, il n'est pas tellement urgent qu'ils

relais à Worms et à Bingen, ainsi que des mesures adoptées pour le transport des 2°, 4° et 12° d'infanterie légère.

ne puissent aller à pied. Il faut faire donner à ma garde tout ce dont elle a besoin. Je ne vois pas de quelle autorisation vous avez besoin pour ordonnancer cette somme selon le chapitre de votre budget.

Napoléon.

676. — DÉCISION.

Saint-Cloud, 20 septembre 1806.

Le ministre directeur de l'administration de la guerre rend compte à l'Empereur des ordres qu'il a donnés aux dépôts des corps de troupes italiens qui sont en France pour qu'ils se rendent en Italie, conformément aux intentions du vice-roi.

Vous avez eu tort de donner ordre aux détachements de rejoindre en Italie; j'ai plusieurs fois témoigné que je désirais être consulté sur le mouvement des troupes. Il ne faut point leur donner contre-ordre, mais leur envoyer l'ordre d'attendre où ils seront. Me faire connaître où mes ordres les trouveront et où ils doivent se rendre, mon intention étant de faire revenir ces régiments.

Napoléon.

677. — AU GÉNÉRAL DEJEAN.

Saint-Cloud, 21 septembre 1806.

Monsieur Dejean, le 9° bataillon principal du train est porté sur les états de situation du 1er septembre comme ayant 577 hommes présents et pas de chevaux. Les 1re, 2°, 4° et 6° compagnies sont portées comme se rendant à Augsburg; faites-moi connaître le jour où elles sont parties de Wesel et où vous supposez qu'elles se trouvent aujourd'hui. Les 3° et 5° sont portées sur l'état comme se trouvant à Metz, l'une et l'autre fortes de 100 hommes; si elles sont toujours dans cette garnison, faites lever sur-le-champ les chevaux dont elles ont besoin et ordonnez que ces compagnies se portent le plus rapidement sur Mayence où on les attellera à des convois d'artillerie ou de mineurs, selon qu'il sera nécessaire et que l'ordonnera le général Songis.

Le 10ᵉ bataillon principal du train est porté comme ayant 536 hommes présents à Alexandrie, mais il n'a point de chevaux ; faites faire les fonds pour qu'il se procure 910 mulets de trait : ce sera plus facile en Italie et ces bêtes sont d'un meilleur usage.

Le 11ᵉ bataillon principal est porté comme ayant 420 hommes présents à Douai, mais il n'a point de chevaux. Donnez-lui sur-le-champ les ordres de s'en procurer 800 et, au fur et mesure que les compagnies seront munies de chevaux, vous les dirigerez sur Mayence où le général Songis les emploiera pour le transport de ses convois.

Le 5ᵉ bataillon *bis* est porté comme ayant sa 3ᵉ compagnie à Strasbourg, ainsi que la 2ᵉ. Faites-moi connaître si elles y sont toujours ou si elles ont passé le Rhin. Comme Mayence devient le centre des opérations, peut-être faudrait-il plus d'activité à l'arsenal de cette place, du moins sous le point de vue des réparations des convois de l'armée qui y passent.

Le 5ᵉ bataillon de sapeurs a deux compagnies à Juliers. Ordonnez qu'il y en reste une, mais que l'autre parte pour la Grande Armée.

Je crois vous avoir déjà donné des ordres pour diriger sur Mayence la 9ᵉ compagnie du 4ᵉ bataillon, qui est à Ostende, la 5ᵉ qui est à Saint-Marcouf et la 3ᵉ qui est à Belle-Ile-en-mer.

Le 3ᵉ bataillon a trois compagnies à Alexandrie. Cela est suffisant. Faites-moi connaître s'il y aurait des inconvénients à diriger sur la Grande Armée les quatre compagnies du 1ᵉʳ bataillon de sapeurs qui sont à Alexandrie.

Quant aux compagnies de mineurs, il en faudrait faire entrer une à Wesel. Il paraît que ce devrait être la 9ᵉ, qui y a déjà un fort détachement.

Donnez ordre à la 8ᵉ compagnie de mineurs, qui est à Boulogne, de se rendre à Mayence, pour être attachée à la défense de la place.

Faites-moi connaître quels inconvénients il y aurait à faire partir la 3ᵉ compagnie, qui est à Metz, pour l'envoyer à la Grande Armée.

Faites-moi connaître aussi si ces compagnies sont munies de leurs équipages de mineurs pour servir en campagne, faire des fougasses et faire sauter les ponts. J'imagine que les hommes sont bien armés d'un fusil et qu'il y a dans chaque compagnie des ouvriers dont les outils doivent être avec les équipages des mineurs.

NAPOLÉON.

678. — AU MARÉCHAL BERTHIER.

Saint-Cloud, 21 septembre 1806.

Mon Cousin, je vous envoie une lettre pour le roi de Bavière dont vous pourrez prendre copie pour votre propre satisfaction. Vous pouvez aussi la communiquer à M. Otto. C'est juste l'état de la question. Vous engagerez le roi de Bavière à la tenir secrète encore quelques jours, jusqu'à ce que son contenu vienne d'ailleurs. Activez autant que possible tous les armements de la Bavière.

NAPOLÉON.

679. — AU GÉNÉRAL DEJEAN.

Saint-Cloud, 21 septembre 1806.

Monsieur Dejean, les 2e, 3e, 7e, 8e, 9e et 10e compagnies d'artillerie du 1er bataillon du 5e régiment sont moitié à la Grande Armée et moitié à Metz. Faites-moi connaître d'où cela vient. Le 7e régiment d'artillerie a quatre compagnies du 1er bataillon à Strasbourg et cinq du 2e bataillon également à Strasbourg. Vous pouvez tirer de ces régiments de quoi former quatre compagnies complètes que vous enverrez à Mayence, d'autant plus que la 2e compagnie s'y trouve déjà ; mais elle n'est forte que de 45 hommes. Le 8e régiment a trois compagnies à Wesel ; il faut en envoyer une quatrième et les compléter, car ces compagnies ne sont pas à 70 hommes.

Le 1er régiment d'artillerie à pied a déjà deux compagnies à Anvers. Il est nécessaire que, de celles qui se trouvent à La Fère, vous complétiez une compagnie de 100 hommes ou au moins de 80. Vous la dirigerez sur Mayence pour être attachée à la réserve du parc de la garde. Le 6e régiment d'artillerie à cheval a trois compagnies à La Fère. Faites-en compléter une de 80 à 90 hommes et du même nombre de chevaux et dirigez-la sur-le-champ sur Mayence où elle sera sous les ordres du général commandant l'artillerie de la garde, les canonniers de la garde étant insuffisants pour servir 36 pièces. Instruisez le maréchal Bessières de ces dispositions et du jour où ces hommes arriveront.

NAPOLÉON.

680. — AU GÉNÉRAL DEJEAN.

Saint-Cloud, 21 septembre 1806.

J'ai l'honneur, Monsieur, d'adresser à Votre Excellence l'extrait de la distribution de fonds pour le service de l'administration de la guerre pendant le mois d'octobre.

Sa Majesté me charge de vous faire connaître qu'elle désire que vous ayez délivré avant le 25 de ce mois les ordonnances pour les 1.500.000 francs accordés aux remontes. Le ministre du Trésor public a été invité à faire toutes les dispositions nécessaires pour que les paiements soient effectués le 30. L'accélération des remontes est pour Sa Majesté un objet d'une grande importance.

Hugues B. MARET.

681. — AU MARÉCHAL BERTHIER.

Saint-Cloud, 22 septembre 1806.

Mon Cousin, mettez à l'ordre de l'armée que j'ai organisé une légion du Nord commandée par le général Zayonchek dont les deux tiers des officiers sont Polonais, que tous les déserteurs arrivant des différents points de l'armée seront envoyés à Juliers où se réunit cette légion, que d'ici à peu de jours plusieurs officiers revêtus d'uniformes polonais se rendront près les différents corps de l'armée. Il sera nommé un officier d'état-major pour recevoir les déserteurs et les diriger sur Juliers où se rassemble la légion.

NAPOLÉON.

P.-S. — Il suffira d'écrire aux généraux ; vous ne mettrez que le 3 octobre à l'ordre la formation de ces légions.

682. — AU GÉNÉRAL DEJEAN.

Saint-Cloud, 22 septembre 1806.

Mon Cousin, j'ai formé un 8ᵉ corps de la Grande Armée. Je vous envoie copie de l'ordre que je donne à ce sujet à M. Dejean. Prévenez le général Songis, le commandant du génie et l'intendant général, afin que ce corps soit pourvu de tout ce qui lui est nécessaire. Il fait partie de la Grande Armée. Je le destine à protéger la ligne du Rhin, et il manœuvrera de manière à n'en être jamais coupé. Vous trouverez également l'ordre que je donne au roi de Hollande pour l'organisation de son corps d'armée. Il est nécessaire que vous m'en envoyiez un état de situation, afin que je l'aie toujours sous les yeux. Ce corps prendra le nom d'avant-garde de l'armée du Nord.

NAPOLÉON.

683. — AU MARÉCHAL BERTHIER.

Saint-Cloud, 22 septembre 1806.

Monsieur Dejean, il sera formé un 8ᵉ corps de la Grande Armée, composé de deux divisions. Ce corps se réunira à Mayence. Les deux généraux commandant ces divisions seront les généraux Lagrange et Dupas. L'adjudant commandant Cortez sera attaché à la division du général Dupas ; l'adjudant commandant d'Halancourt sera attaché à celle du général Lagrange. Les généraux de brigade Veaux, Laval et Désenfans seront sous les ordres du général Lagrange. Les généraux de brigade Buget et Schramm seront sous les ordres du général Dupas. La division du général Lagrange sera composée des 4ᵉ et 12ᵉ d'infanterie légère, du 1ᵉʳ régiment de ligne, et du 1ᵉʳ d'infanterie légère italiens. La division du général Dupas sera composée du 2ᵉ et du 28ᵉ d'infanterie légère et du 14ᵉ de ligne. Ce 8ᵉ corps sera sous les ordres d'un maréchal que je nommerai incessamment. Le 4ᵉ régiment de dragons sera attaché à ce 8ᵉ corps. Chacune de ces deux divisions aura 8 pièces d'artillerie. Faites partir des régiments d'artillerie à pied qui sont à Strasbourg, Metz et La Fère les hommes nécessaires pour servir cette artillerie, et une compagnie du train de 200 hommes. Nommez un colonel d'artillerie et deux chefs de bataillon d'artillerie pour commander l'artillerie de ce corps, et un major du génie avec deux officiers. Nommez un ordonnateur pour organiser toutes les administrations. Donnez ordre aux généraux de brigade Laroche, Ruby et Grandjean, de se rendre sans délai à Wesel, où ils prendront des (sic) ordres du général Michaud, commandant sous le roi de Hollande l'avant-garde de l'armée du Nord.

NAPOLÉON.

684. — AU MARÉCHAL BERTHIER (1).

Saint-Cloud, 22 septembre 1806.

Mon Cousin, le maréchal Augereau n'a pas d'artillerie légère. Il est nécessaire de lui en composer une compagnie. J'ai vu l'artillerie légère au parc : ce n'est pas là sa place.

NAPOLÉON.

685. — AU GÉNÉRAL DEJEAN.

Saint-Cloud, 22 septembre 1806.

Monsieur Dejean, donnez l'ordre au général Bisson de se rendre à Strasbourg pour y prendre le commandement de la 5ᵉ division militaire. La 6ᵉ division sera commandée par le général de brigade Valette.

NAPOLÉON.

686. — AU MARÉCHAL BERTHIER.

Saint-Cloud, 22 septembre 1806.

Mon Cousin, je reçois votre lettre du 17 septembre. Je vois par le rapport de l'intendant général qu'il y a au quartier général 117 caissons : cela est trop et ne serait qu'un objet d'embarras. 126 caissons sont suffisants pour en donner un par bataillon d'infanterie. Je désire qu'on en donne un tiers de plus, c'est-à-dire qu'à la suite de chaque corps d'armée, on en donne un par régiment d'infanterie. Ainsi, par exemple, on en donnera 6 au 6ᵉ corps d'armée, 14 au 3ᵉ, 14 au 4ᵉ, 10 au 5ᵉ, 12 au 6ᵉ, et 8 au 7ᵉ. La division

---

(1) Commandant P. Foucart, *Campagne de Prusse* (1806), Prenzlow-Lubeck, p. XII.

du général Dupont doit toujours être considérée comme faisant partie du 6ᵉ corps. Cela formera donc un emploi de 64 caissons. Il en resterait une cinquantaine à la suite du grand quartier général : c'est tout ce qu'il faut. Il est bien nécessaire que l'intendant général et le premier inspecteur d'artillerie se concertent pour les caissons nécessaires à l'artillerie légère. On ne doit compter que l'artillerie légère attachée à chaque corps d'armée ; le reste, à la réserve de cavalerie. L'endroit où elle peut se trouver momentanément n'y fait rien. Indépendamment d'un caisson par régiment, on doit mettre à la suite de la réserve de cavalerie quelques caissons de plus. Il ne faut pas employer les caissons de la compagnie Breidt à porter des souliers et des effets d'habillement. On doit pour cela employer les voitures du pays. Si l'on a fait de nouveaux caissons d'ambulance, il n'y a pas un moment à perdre pour les faire passer du côté de Würzburg. Ce n'est pas sur Donauwörth et Augsburg qu'il faut diriger nos moyens, mais sur Bamberg et Würzburg. Si la compagnie Breidt a 300 chevaux haut-le-pied, il serait absurde qu'on les laissât ainsi ; elle peut avec ces chevaux atteler 75 charrettes. L'artillerie doit avoir à Augsburg des voitures à prêter, ou le pays peut fournir des charrettes qu'on achèterait et dont on se servirait en attendant que les caissons arrivassent. Je n'approuve point qu'on fasse venir à l'armée les caissons de Bruxelles et de Sampigny ; il faut les réunir à Mayence attelés.

Les marmites qui partent de Strasbourg se rendront à Mayence sans doute, mais vous entendez bien qu'elles n'arriveront jamais à temps. Il faut que les soldats, en partant, en achètent de leurs hôtes et les payent ; cela ne fait point crier et ne fait tort à personne. Le 21ᵉ léger qui vient d'arriver n'a point de capotes ; envoyez-lui en 1.800 de celles qui sont à Augsburg.

Le génie ne sait où sont ses outils. Cette arme est mal organisée. Cependant le maréchal Davout me mande qu'il a dans l'arrondissement de son corps d'armée 5.000 outils appartenant au génie. Prenez des mesures pour qu'il y en ait à la suite de chaque corps d'armée.

Quant aux souliers, j'ai fait transporter à Mayence ceux qui étaient à Strasbourg et Paris : cela suffira ; je ne pense pas qu'il faille en faire des magasins. J'ai fait connaître que je donnais une paire de souliers en gratification à chaque soldat de la Grande Armée. Donnez l'ordre aux dépôts d'en faire confectionner et de les diriger sur Mayence. Ainsi chaque soldat doit être muni de trois paires de souliers, deux dans le sac et une aux pieds. Ordonnez que les conseils d'administration en fassent faire une quatrième qu'ils enverront sans délai à Mayence, où il sera donné des ordres pour leur direction ultérieure.

NAPOLÉON.

687. — AU GÉNÉRAL DEJEAN.

Saint-Cloud, 22 septembre 1806.

Monsieur Dejean, donnez l'ordre au général Baraguey-d'Hilliers de se rendre en Italie. Il commandera dans le Frioul le corps que le général Marmont commandait. Il sera sous les ordres directs du vice-roi commandant en chef de notre armée d'Italie.

NAPOLÉON.

688. — DÉCISION.

Saint-Cloud, 22 septembre 1806.

Le maréchal Berthier, major général, rend compte à l'Empereur que le général Songis a fait partir pour Vérone 28 caissons à munitions de 12 chargés. Ce mouvement va enlever au parc 50 chevaux qui pourraient être utiles si la Grande Armée était destinée à agir.

Cette disposition n'a pas de bon sens. Il avait été effectivement ordonné qu'on renverrait ces caissons en Italie, mais seulement lorsque la Grande Armée rentrerait. Si ces caissons n'ont pas encore passé la grande montagne, il faut les faire revenir sur Ulm.

NAPOLÉON.

689. — AU MARÉCHAL BERTHIER (1).

Saint-Cloud, 22 septembre 1806.

Mon Cousin, vous portez 28.000 chevaux pour la Grande Armée ; vous n'y comprenez ni le 4ᵉ de dragons, ni le 20ᵉ de chasseurs. Vous n'y portez pas non plus un millier d'hommes partis de Paris qui

---

(1) Commandant P. Foucart, *Campagne de Prusse* (1806), Prenzlow-Lubeck, p. XIII.

vont joindre, ce qui fera 30.000 hommes ; mais vous avez tort, si vous pensez que ce soit là tous chevaux de troupe : les chevaux d'officiers y sont compris. Vous savez qu'un lieutenant a deux chevaux, qu'un capitaine en a trois, un chef d'escadron et un colonel davantage, ce qui augmente de beaucoup le nombre des non-combattants. Il faut donc, pour distinguer cela avec plus de clarté, mettre dans une colonne les chevaux d'officiers et dans une autre les chevaux de troupe. Vous avez demandé 4.000 hommes à pied, cela n'est pas un mal, cependant c'est un peu fort ; le maximum aurait dû être de 80 hommes par régiment.

NAPOLÉON.

690. — AU GÉNÉRAL DEJEAN.

Saint-Cloud, 23 septembre 1806.

Monsieur Dejean, donnez l'ordre au général de division Oudinot, qui est à Paris, de se rendre à Mayence, où il devra être arrivé le 1er octobre. Donnez aussi ordre à l'adjudant commandant Jarry, qui est à Neuchâtel, de se rendre à Mayence le plus tôt possible.

NAPOLÉON.

691. — DÉCISIONS (1).

Le ministre directeur propose d'ordonner aux généraux commandant les 5e et 25e divisions militaires qu'aucun homme ne rejoigne l'armée sans être complètement habillé et équipé.	Approuvé.
Le ministre de la guerre demande pour les corps des effets de campement, des souliers et des capotes.	Envoyer à Mayence les souliers qui sont à Paris.
Le ministre directeur sollicite les ordres de l'Empereur au sujet	Faire connaître : 1° ce qui existe actuellement, 2° ce qui

(1) De la main de Maret; ni datées, ni signées, extraites du « Travail du ministre directeur avec l'Empereur, du 23 septembre 1806 ».

des remplacements à faire à l'île d'Elbe pour suppléer aux denrées dont la consommation a été ordonnée.	doit être mis en consommation, 3° ce qui restera, cette consommation effectuée.
Les fournitures dans les comtés de Bentheim, Steinfurt, Horstmar, depuis leur réunion au duché de Clèves, seront-elles à la charge de la France ?	Décidé négativement.
Le ministre propose de rappeler de Dalmatie l'ordonnateur Noury, qui a passé des marchés trop onéreux pour le gouvernement.	Approuvé.
Demande faite par S. A. I. Madame, mère de l'Empereur, d'une portion de terrain dépendant de la maison Saint-Joseph, pour y construire une chapelle.	Remis au ministre des finances.

692. — AU GÉNÉRAL DEJEAN.

Saint-Cloud, 23 septembre 1806.

Monsieur Dejean, je désire que vous fassiez mettre à jour ces livrets (1). Plusieurs généraux sont morts, d'autres ont été nommés depuis.

NAPOLÉON.

693. — DÉCISION.

23 septembre 1806.

Le ministre de la guerre propose à l'Empereur d'autoriser le colonel Détrès, employé à l'île d'Aix, de profiter de la retraite qui lui a été accordée.	Approuvé. NAPOLÉON.

---

(1) Il est sans doute question ici des livrets de situation de la Grande Armée.

694. — DÉCISION.

24 septembre 1806.

Le ministre de la guerre propose à l'Empereur d'envoyer à la Grande Armée les quatre compagnies du 1er bataillon de sapeurs qui sont à Alexandrie, et la 3e compagnie de mineurs qui est à Metz, et de réunir tout entière à Wesel la 9e compagnie de mineurs.

Approuvé ces mouvements.
NAPOLÉON.

695. — DÉCISION.

24 septembre 1806.

Le ministre de la guerre sollicite l'approbation de l'Empereur au sujet de l'envoi à la Grande Armée d'une compagnie du 8e bataillon *bis* du train, restée à Boulogne, et de 100 canonniers du 8e régiment à pied, également retenus à Boulogne et qui sont destinés à compléter les compagnies de ce régiment employées à l'armée.

Approuvé ces mouvements.
NAPOLÉON.

696. — AU GÉNÉRAL DEJEAN.

Saint-Cloud, 24 septembre 1806.

Monsieur Dejean, vous me présenterez parmi les officiers à la suite ayant rang de colonel six officiers à nommer adjudants commandants.

NAPOLÉON.

697. — AU GÉNÉRAL DEJEAN.

Saint-Cloud, 24 septembre 1806.

Monsieur Dejean, vous devez vous adresser, pour les différentes dispositions relatives à mon armée de Naples, au roi de Naples lui-même. Vous vous êtes adressé au maréchal Masséna, ce qui a été d'un mauvais effet. C'est le roi de Naples qui commande mon armée, c'est à lui que vous devez vous adresser.

NAPOLÉON.

698. — AU GÉNÉRAL DEJEAN.

Saint-Cloud, 24 septembre 1806.

Monsieur Dejean, je viens de nommer sous-lieutenants un grand nombre de jeunes gens de l'école militaire de Fontainebleau ; il est nécessaire que tous ceux dont les corps sont à la Grande Armée les aient rejoints avant le 31 octobre.

NAPOLÉON.

699. — AU GÉNÉRAL DEJEAN.

Saint-Cloud, 24 septembre 1806.

Monsieur Dejean, il sera accordé 20,000 francs de traitement extraordinaire au général Lacuée comme directeur général des revues.

NAPOLÉON.

700. — AU GÉNÉRAL DEJEAN.

Saint-Cloud, 24 septembre 1806.

Monsieur Dejean, le ministre de l'intérieur vous aura communiqué la circulaire qu'il a écrite aux préfets pour composer deux corps d'ordonnances, l'un à pied, l'autre à cheval. Envoyez des instructions sur cet objet au maréchal Kellermann et, si vous êtes instruit qu'effectivement un assez grand nombre d'individus se rend des départements à Mayence pour former deux corps à pied et à cheval, vous aurez soin d'y envoyer deux bons majors, l'un d'infanterie, l'autre de cavalerie pour les organiser.

NAPOLÉON.

701. — DÉCISION.

24 septembre 1806.

Rapport du ministre de la guerre à l'Empereur relatif aux mesures qui ont été prises pour compléter l'armement et l'approvisionnement des places de Mayence, Wesel et Anvers.

Approuvé. L'on tirera les pièces de Strasbourg.

NAPOLÉON.

702. — DÉCISIONS (1).

24 septembre 1806.

Le général Dejean propose d'évacuer sur Alexandrie l'artillerie existant au couvent de Saint-Augustin de Plaisance et d'évacuer les bois, partie sur Vérone et partie sur Alexandrie.

Évacuer tout sur Alexandrie et Mantoue, hormis ce qui peut être utile aux charrois.

Le général Lapoype demande à servir contre les puissances qui n'étaient pas alliées de l'Angleterre lorsqu'il a prêté le serment.

Approuvé, lorsqu'il y aura des places.

On demande si l'armement du fort de Bardi doit être limité aux sept pièces qui le composent actuellement.

Oui.

Proposition d'admettre à l'École militaire impériale de Fontainebleau 17 jeunes gens en qualité d'élèves du gouvernement et 106 jeunes gens en qualité d'élèves pensionnaires.

Accordé.

---

(1) Non signées; extraites du « Travail du ministre de la guerre avec l'Empereur, du 23 septembre 1806 ».

703. — AU GÉNÉRAL DEJEAN.

25 septembre 1806.

Monsieur Dejean, donnez ordre aux adjoints à l'état-major dont les noms suivent de se rendre à Mayence où ils recevront des ordres du major général pour leur destination à la Grande Armée, savoir : aux capitaines Petitgrand, Terrier, Bochud, Maupetit, Lelaivre, Michal, Baracan, Vulliod, Ferret, Noël, Gaillard, Murville, Collet, Didier, Ricquet, Bugniard, Villermé, Caignet, Siaud, Bichot, Lachaise, Marquessac, Delangle, Leroy, Biadelli, Lainé, Gaillard (1), Defferez, Couly, Labarthe, Hugues, Bedos, Bauduy, Escarbassière, Albert, Clerc, Blanc, Fitremann. L'adjudant commandant Bartier sera employé à l'armée d'Italie, l'adjudant commandant Courte à la Grande Armée : il se rendra sur-le-champ au quartier général ; l'adjudant commandant Ducasse à l'armée de Hollande ; l'adjudant commandant Desroches sera employé dans la 5ᵉ division militaire. L'adjudant commandant Hénin sera employé auprès du général Zayonchek pour la formation de la légion du Nord. L'adjudant commandant Peste-Turenne-Laval sera employé dans la 25ᵉ division militaire. L'adjudant commandant Martial Thomas sera employé auprès du général commandant la place de Wesel, et l'adjudant commandant Vergès auprès du commandant de la place de Mayence. Mon intention est qu'aucun adjoint à l'état-major ne reste dans l'intérieur, de même que les adjudants commandants, si ce n'est un petit nombre. Tous doivent être employés aux armées. Ces officiers sont là d'une très grande utilité.

NAPOLÉON.

704. — AU GÉNÉRAL DEJEAN.

Metz, 26 septembre 1806.

Je ne puis que vous témoigner mon mécontentement de ce que le colonel du 14ᵉ régiment est allé en recrutement ; un colonel doit toujours rester à son corps. Comme je fais partir le 14ᵉ et le 28ᵉ d'infanterie légère en poste, le colonel doit être rendu le 30 à Mayence.

NAPOLÉON.

---

(1) Déjà, plus haut, on a rencontré un officier de ce nom; le contrôle des adjoints, qui existe aux Archives administratives, en indique trois du même nom : Louis, Joseph-Félix, et un troisième qui est capitaine au 54ᵉ régiment de ligne.

705. — AU GÉNÉRAL DEJEAN.

Saint-Cloud, 28 septembre 1806.

Monsieur Dejean, faites partir sans délai 1 officier, 1 sergent-major, 2 sergents, 4 caporaux et 200 hommes du 32° pour Mayence où ils recevront des ordres pour rejoindre leur régiment. Faites partir également 100 hommes de chacun des 2°, 12° et 4° d'infanterie légère. Ce détachement de 500 hommes, vous le ferez partir sous les ordres d'un officier supérieur pour Mayence où ils recevront de nouveaux ordres. Donnez également l'ordre aux treize bataillons qui sont au camp de Boulogne ou sur les côtes de tenir prêt un détachement de 200 hommes par chaque corps, ce qui fera un total de 2.600 hommes pour les treize bataillons. Ces détachements se mettront en marche le 10 octobre pour se rendre à Mayence. J'ai fait connaître au général Lacuée mes idées sur la distribution des conscrits de la réserve. Il n'y a pas un moment à perdre ; vous trouverez ci-joint le décret que je viens de prendre. Le tableau sera celui que fera M. Lacuée. Je lui ai recommandé de donner beaucoup de conscrits à ceux qui n'en avaient pas reçu cette année. Moyennant ce décret, vous donnerez sans délai tous les ordres conformément au tableau qu'aura dressé M. Lacuée. Je désire seulement que vous ne le fassiez pas imprimer, non plus que le décret que vous communiquerez partiellement à chaque préfet. Vous me l'adresserez sur-le-champ et vous distinguerez les conscrits des départements de l'Ouest et du Midi, afin que je connaisse l'époque des départs.

NAPOLÉON.

706. — AU MARÉCHAL BERTHIER.

Mayence, 29 septembre 1806, à minuit.

Il ne faut plus compter dans la situation du 5° corps la division Oudinot ; cette division est fondue et n'existe plus (1).

NAPOLÉON.

---

(1) De la main du général Mathieu Dumas.

707. — NOTE.

[jointe à la dépêche du 29 septembre 1806, 10 heures du soir (1).]

Sur une carte que j'ai, je vois que de Königshofen il y a une route qui va droit à Coburg, en passant par Heldburg, et qui passe en deçà du versant des eaux, de manière qu'en masquant les hauteurs, on se trouverait à Coburg, sans déposter l'ennemi qui serait à Hildburghausen.

De Coburg à Cronach, je trouve une route qui joint la grande route de Lichtenfels à Zeuln. Il faudrait savoir si cette route est bonne.

NAPOLÉON.

708. — AU GÉNÉRAL DEJEAN.

Mayence, 29 septembre 1806.

Monsieur Dejean, je reçois votre lettre du 26 ; donnez l'ordre au général Bourcier de se rendre à Würzburg, où il reprendra le commandement de sa division de dragons.

NAPOLÉON.

709. — AU GÉNÉRAL DEJEAN.

Mayence, 30 septembre 1806.

Monsieur Dejean, mes décrets du 17 septembre sur les remontes, et du 24 sur les approvisionnements des places ne sont pas encore parvenus ici, et nous voici au 30. Je vous ai demandé de m'envoyer tous les huit jours le compte de la levée des chevaux, tant pour les équipages Breidt que pour ceux du train en Italie et à Douai. J'ai autorisé le général Songis à acheter 2.000 chevaux en Allemagne pour renforcer le train d'artillerie. Je ne sais si je vous ai mandé que je ne veux pas de chevaux qui aient moins de 5 ans et qui ne soient en état d'entrer en campagne au commencement de novembre ; que si les chasseurs et les hussards et même les dragons ne peuvent en trouver de la taille requise, il faut qu'ils en achètent au-dessous. Ils se monteront ainsi très facilement en

---

(1) Cette dépêche n'est autre que la lettre à Berthier publiée dans la *Correspondance* sous le numéro 10897.

France, tandis qu'autrement cela serait impossible. Ils auront des chevaux de 5 ans et d'un bon service, et ils feront même des économies, ce qui leur permettra d'en acheter davantage. Ecrivez donc une circulaire à tous les corps et mettez la plus grande activité à tout ceci. Ayez une correspondance suivie avec les dépôts, et tous les huit jours faites-moi connaître le nombre des chevaux arrivés. Si les dépôts ont plus d'hommes que l'argent que j'ai accordé ne leur produirait de chevaux, autorisez-les à en acheter de nouveaux pour se porter au grand pied de guerre. Je vous envoie un décret pour former le 5ᵉ escadron des carabiniers et des cuirassiers, conformément au décret du 31 août. Il est donc nécessaire qu'on se procure à toute force des chevaux, de manière que le 4ᵉ escadron, qui est au dépôt, puisse rejoindre l'armée dans le commencement de novembre. Il faut former les 5ᵐˢ escadrons en hommes choisis parmi les officiers qui sont en réforme. Il y en a encore de très bons. Ayez seulement soin de ne pas nommer des officiers qui reviennent de la Grande Armée ; cela l'affaiblit injustement.

NAPOLÉON.

710. — AU MARÉCHAL BERTHIER (1).

Mayence, 30 septembre 1806, à minuit.

Mon Cousin, j'ai ordonné que la légion que commande le général Zayonchek se réunisse à Landau, au lieu de se réunir à Juliers. Juliers me paraît trop au nord.

NAPOLÉON.

711. — AU GÉNÉRAL DEJEAN.

Mayence, 30 septembre 1806.

Monsieur Dejean, les troupes qui composent le 8ᵉ corps de la Grande Armée doivent recevoir les vivres de campagne. Les gardes nationales ne doivent recevoir que les vivres ordinaires et non la ration de campagne.

NAPOLÉON.

---

(1) Publié par Brotonne, *Dernières lettres inédites de Napoléon Iᵉʳ*, mais avec de légères variantes.

712. — AU GÉNÉRAL DEJEAN.

Mayence, 30 septembre 1806.

Monsieur Dejean, j'ai reçu votre rapport sur les réformes. Il en résulte que, depuis le 1er vendémiaire, il a été réformé et il est parti près de 9.000 hommes, et même plus de 11.500, en y comprenant ceux qui ont été admis à la retraite, aux vétérans et aux invalides. J'ai vu que vous vous conformez à mon décret du 23 de ce mois. Sa prompte exécution est de la plus grande nécessité. Il y a encore au moins 6.000 individus à réformer dans les corps. Les temps de guerre ne ressemblent pas aux temps de paix. Pendant ceux-ci, une inspection suffit ; pendant la guerre, il en faut plusieurs par année, selon les circonstances. J'ai reçu également l'état des grenadiers et voltigeurs qui sont au camp de Boulogne. Il est indispensable de les faire compléter aussitôt qu'il y aura de beaux hommes assez instruits à l'école de bataillon. Cela fera au maréchal Brune un corps d'élite de 2.000 hommes qui, dans l'occasion, rendra de bons services. Le général de division Clauzel se rendra en Italie, où il sera chargé, sous les ordres du vice-roi, du commandement de tous les dépôts de l'armée de Naples.

NAPOLÉON.

713. — NOTE.

Mayence, 30 septembre 1806.

Sa Majesté a donné ordre au ministre Dejean, le 21 septembre, que le 19e bataillon du train, qui est à Turin, achetât 800 mulets, et en a fait les fonds ; que les 4e et 7e bataillons du train, qui sont en Italie, en achetassent 600, et a pourvu à cette dépense ; que le 11e bataillon du train, qui est à Douai, se procurât 800 chevaux, et en a fait les fonds. Sa Majesté a donné ordre qu'à fur et mesure qu'une compagnie de ces bataillons du train aurait ses chevaux, elle se dirigeât sur Mayence. Ainsi, l'Empereur a donné des ordres et fait des fonds pour remonter tous les bataillons du train qui sont en France et en Italie. Le général Songis n'a donc plus à penser à acheter des chevaux que pour les bataillons du train qui sont en Allemagne ; et ce n'est pas trop que d'en acheter 2.000, lesquels peuvent être servis par les bataillons du train. Il est donc à propos que le général Songis fasse acheter 2.000 chevaux, lesquels, à raison de 300 francs, feraient 600.000 francs ; les 470.000 francs qu'il a de crédit seront soldés, et le major général peut lui donner 200.000 francs sur le million qu'il a à sa disposition. Il n'y a pas de dépense plus sacrée ni plus indispensable.

L'Empereur désire qu'on ne dispose point du 11ᵉ bataillon du train qui va arriver à Mayence, sans son ordre, non plus que des 250 caissons de la compagnie Breidt qui sont partis de Paris et vont se réunir à Mayence. Ce sont des moyens de précaution en cas d'événement. D'ailleurs, le major général, en mettant sous les yeux de l'Empereur l'état de ce qui serait arrivé à Mayence, prendra ses ordres. Autre observation : il ne doit pas y avoir d'artillerie à cheval au parc, elle doit être toute aux corps d'armée ; celui du maréchal Augereau entre autres en a besoin.

NAPOLÉON.

714. — DÉCISION (1).

Mayence, 30 septembre 1806.

Rapport sur le recrutement de la 1ʳᵉ légion du Midi : on propose de recruter ce corps par engagements volontaires, en n'y admettant que des hommes qui ne seraient point sujets à être appelés par la conscription.

Point de conscrits : continuer à recruter dans les 27ᵉ et 28ᵉ divisions militaires.

Accordé 10.000 francs.

715. — DÉCISION.

Mayence, 30 septembre 1806.

Le maréchal Berthier, major général, demande les ordres de l'Empereur au sujet de M. Berton (2), adjoint à l'état-major du maréchal Bernadotte, qui, depuis deux mois, est aux arrêts pour s'être permis d'écrire directement au Sénat de Nürnberg.

Le faire sortir.

NAPOLÉON.

---

(1) Non signée; extraite d'une « Feuille de différents rapports soumis à l'Empereur et Roi... le 24 septembre 1806 ».

(2) Il s'agit du futur général Berton (Jean-Baptiste), condamné à mort à la suite de la conspiration de Saumur en 1822.

716. — DÉCISION.

30 septembre 1806.

Par un rapport en date du 30 septembre 1806, le ministre directeur de l'administration de la guerre demande à l'Empereur l'autorisation de diriger sur le 4º corps de la Grande Armée un détachement du bataillon des tirailleurs corses resté à Nancy.

Le diriger sur Mayence.

NAPOLÉON.

717. — AU MARÉCHAL BERTHIER.

Mayence, 1er octobre 1806.

Mon Cousin, je vous envoie l'état de l'artillerie, partie de Mayence pour Würzburg sur cinq bateaux.

NAPOLÉON.

718. — AU GÉNÉRAL DEJEAN.

Mayence, 1er octobre 1806.

Monsieur Dejean, vous verrez par l'état ci-joint que le 25º régiment d'infanterie légère a besoin de beaucoup d'objets. Veillez à ce qu'il soit fourni à ce corps tout ce qui lui est nécessaire pour former beaucoup de recrues.

NAPOLÉON.

719. — AU GÉNÉRAL DEJEAN.

Mayence, 1er octobre 1806.

Monsieur Dejean, donnez l'ordre au 26º régiment de chasseurs de se former à trois escadrons en y faisant entrer tous les hommes à cheval et de se diriger sur Mayence par le plus court chemin.

NAPOLÉON.

720. — ORDRE DU JOUR (1).

Au quartier général impérial, à Würzburg, 3 octobre 1806.

L'Empereur est arrivé au quartier général de Würzburg. Sa Majesté a vu avec plaisir l'activité que les différents corps de la Grande Armée ont mise à se porter dans leurs positions.

L'Empereur ordonne les dispositions suivantes : chacun de MM. les maréchaux passera la revue de son corps d'armée ; il formera un dépôt des hommes convalescents ou fatigués ; il nommera un officier pour commander lesdits hommes de son corps d'armée, et il les dirigera pour les établir sur les places suivantes :

Ceux du 1er corps à Cronach ;
Ceux du 3e corps à Cronach ;
Ceux du 4e corps à Forchheim ;
Ceux du 5e corps à la citadelle de Würzburg ;
Ceux du 6e corps à Forchheim ;
Ceux du 7e corps à la citadelle de Würzburg ;
Ceux de la division du général Dupont à la citadelle de Würzburg.

Tous les petits dépôts de cavalerie, c'est-à-dire ce qui est écloppé et ne peut pas suivre, sera cantonné aux environs de Forchheim, et ira s'enfermer dans cette place s'il y avait (sic) lieu. Le grand-duc de Berg nommera un général pour les commander.

Une fois l'armée en mouvement, tout ce qui arrivera de France ou des hôpitaux de Bavière rejoindra directement la place où sont les petits dépôts de convalescence de leurs corps, et il est expressément défendu qu'aucun homme ne parte de ces places sans un ordre du major général, qui tracera et indiquera la route que l'on devra tenir. On en formera des détachements qui seront commandés par des officiers ou des sous-officiers.

Sa Majesté ordonne que tous les bagages qui ne sont pas de la plus stricte nécessité, tant des états-majors que des corps d'infanterie et de cavalerie, que les femmes et toutes espèces d'embarras soient dirigés sur les places désignées pour les petits dépôts des corps, de manière que l'armée soit mobile, légère et le moins possible embarrassée.

---

(1) Placard imprimé. V. capitaine P. Foucart, *Campagne de Prusse* (1806), Iéna, p. 270-273.

A mesure que nous avancerons dans le pays ennemi, on désignera à l'ordre de l'armée les nouvelles places fortes qui serviront de dépôt, et l'état-major général désignera le jour où les dépôts de première ligne, qui sont les trois indiqués ci-dessus, devront partir pour ceux de la nouvelle ligne. Les généraux et commandants des corps observeront que, les dépôts étant des places fortes, ce qu'ils y laissent ne court aucune chance.

Les registres des régiments, les papiers, les magasins, tout autre objet de cette nature, et enfin tout ce que le soldat ne porte pas dans son sac et l'officier dans son porte-manteau, doit être laissé dans ces dépôts.

Il est ordonné aux commandants des places de dépôts de Würzburg, Forchheim et Cronach de désigner autant de dépôts séparés qu'il y a de corps d'armée dont les convalescents sont dans sa place.

Il y a des corps qui traînent à leur suite des armes provenant des hommes aux hôpitaux ; il leur est ordonné de les laisser dans les dépôts de campagne.

Sa Majesté a vu avec peine que des régiments de cavalerie ont renvoyé en France, avec le cadre de leur 4e escadron, des caissons attelés qui auraient été si utiles à l'armée.

Il est ordonné à MM. les Maréchaux de faire passer par les généraux une revue pour s'assurer que chaque soldat a 50 cartouches et son épinglette ; les caporaux, leur tire-bourre ; que chaque soldat a deux paires de souliers dans le sac ; que les capotes, les marmites, gamelles, leurs outils de campement, sont distribués ; que ces objets ne sont plus dans les magasins ni traînés à la suite des corps. On s'assurera qu'il ne manque point de baïonnettes et qu'elles sont en état. Chaque corps d'armée doit se tenir en mesure de partir une heure après l'ordre reçu pour commencer la campagne. Chacun de MM. les maréchaux enverra au major général un officier pour lui apporter le compte de cette revue. On observera d'y faire connaître les absents et les motifs de leur absence, afin de faire venir les majors à l'armée.

Aucun officier ne quittera plus les bataillons de guerre, en conséquence d'avancement, soit pour des corps étrangers à l'armée, soit pour passer aux 3e et 4e bataillons, à moins que ce ne soit pour infirmité.

Il sera rendu compte du nombre d'outils qui se trouve dans chaque division ou en réserve dans chaque corps d'armée.

Pendant la marche de l'armée, tous les hommes hors d'état de continuer la marche seront renvoyés aux différents dépôts.

Le major général, prince de Neuchâtel et Valengin,
Maréchal Alex. BERTHIER.

721. — INSTRUCTION.

3 octobre 1806.

L'intention de Sa Majesté est que le 2ᵉ corps de la Grande Armée soit composé de deux divisions formées de la manière suivante :

La 1ʳᵉ, commandée par le général de division Seras, doit être composée :

De deux bataillons du 13ᵉ régiment de ligne ;
De 3 bataillons du 35ᵉ de ligne ;
De 2 bataillons du 53ᵉ de ligne.

La 2ᵉ, commandée par le général de division Broussier, doit être composée :

De 3 bataillons du 9ᵉ régiment de ligne ;
De 3 bataillons du 92ᵉ de ligne ;
De 2 bataillons du 84ᵉ de ligne.

Ces corps devront être complétés avec tout ce qui est disponible des 3ᵉˢ et 4ᵉˢ bataillons et former, avant la fin d'octobre, 14,000 hommes d'infanterie présents sous les armes.

Le général de division Lacoste commandera la cavalerie légère composée du 8ᵉ régiment de chasseurs et du 6ᵉ de hussards formant 1,200 hommes.

L'artillerie et tous les autres objets continueront à rester sur le même pied où ils sont à présent.

Ce corps, qui continuera à porter le nom de 2ᵉ corps de la Grande Armée, donnera ainsi une force de plus de 16.000 hommes.

Pour l'administration et le commandement, ce corps doit faire en tout partie de l'armée d'Italie et sera sous les ordres du vice-roi.

Il est nécessaire de préparer à Vérone pour le personnel et le matériel des attelages suffisants pour pouvoir atteler 40 pièces de canon qui, avec les 24 du Frioul, formeront 64 pièces d'artillerie. Il n'y a besoin que d'un simple approvisionnement.

Venise sera armée et mise dans le meilleur état de défense. Le général Miollis y commandera. Le commandant du génie y enverra quatre officiers du génie qui ne sortiront pas de la place. Le commandant de l'artillerie y enverra deux officiers d'artillerie, dont un général et un colonel, qui y seront également consignés. Toutes les mesures seront prises pour que cette place soit dans le meilleur état de défense.

Il faut approvisionner tout doucement et sans bruit, surtout de gros objets, les places de Palmanova, Osoppo, Porto-Legnago, Peschiera, Mantoue et Venise, les armer, donner aux travaux des fortifications la direction convenable pour qu'elles puissent servir de suite.

Les approvisionnements des places, hormis ceux d'Alexandrie, de Plaisance et de la citadelle de Turin, seront faits aux frais du royaume d'Italie.

Il importe d'évacuer ce qui est inutile entre l'Isonzo et l'Adda et de tout renfermer dans les places fortes.

La copie de ces ordres a été envoyée à S. A. I. le vice-roi d'Italie, chargé par Sa Majesté de donner toutes les instructions de détail au général d'artillerie et à l'ordonnateur.

DEJEAN (1).

722. — AU GÉNÉRAL DEJEAN.

Würzburg, 3 octobre 1806.

Monsieur Dejean, tout se fait avec un peu de lenteur dans vos bureaux. Les mesures que j'ai prescrites pour l'approvisionnement de Mayence ne s'exécutent pas. Les dépôts de cavalerie, de chasseurs, de hussards et de dragons ont beaucoup d'hommes à pied, mais point de chevaux. Mettez à tout un peu plus de mouvement. Les régiments de cavalerie, de chasseurs, hussards et dragons, ne sont qu'à 450 chevaux à l'armée.

---

(1) A la suite de cette instruction se trouve l'apostille suivante, de la main du général Dejean : « Extrait de la lettre de l'Empereur, qui ne se trouve pas compris dans l'extrait ci-dessus de l'instruction : « Il est convenable qu'on jette dans Mantoue tout ce qui embarrasserait à Vérone, hormis ce qui est mobile », 3 octobre 1806. — DEJEAN ».

J'imagine que les conscrits de la réserve ont été appelés et que cette opération est en bon train ; prenez des mesures promptes pour qu'il y ait en conséquence des habits.

Faites venir des places de l'intérieur une soixante (sic) de prolonges ou voitures d'artillerie à Mayence. Il n'y a pas assez de voitures de cette espèce dans cette place, et cela est cependant très important.

Donnez ordre aux grenadiers et voltigeurs du 3e bataillon du 14e de ligne de se rendre en toute diligence à Mayence, où ils recevront de nouveaux ordres.

NAPOLÉON.

723. — ORDRE DU JOUR (1).

Au quartier général impérial, à Würzburg, 3 octobre 1806.

MM. les Maréchaux sont prévenus que l'Empereur vient d'organiser une légion du Nord commandée par le général Zayonchek, dont les deux tiers des officiers sont Polonais.

En conséquence, tous les déserteurs arrivant sur les différents points de l'armée seront envoyés avec des feuilles de route à Landau pour s'y réunir et former cette légion.

Dans peu de jours, plusieurs officiers polonais se rendront aux différents corps d'armée.

Sa Majesté ordonne qu'il soit nommé dans chacun des corps de la Grande Armée un officier d'état-major qui recevra les déserteurs et les dirigera sur Landau.

Le 8e corps de la Grande Armée se forme à Mayence.

Un autre corps d'armée se forme à Wesel sous les ordres du roi de Hollande et prend le nom d'avant-garde de l'armée du Nord.

Le major général, prince de Neuchâtel et Valengin,
Maréchal BERTHIER.

724. — AU MARÉCHAL BERTHIER (2).

Würzburg, 4 octobre 1806.

Mon Cousin, par les états que m'envoie le général Rapp, je vois

---

(1) Placard imprimé.
(2) Capitaine P. Foucart, *Campagne de Prusse* (1806), Iéna, p 293-295.

que 730 hommes de différents détachements de cavalerie, de dragons, hussards et chasseurs, à pied, sont partis le 26 de Strasbourg pour Mannheim, où je suppose qu'ils sont arrivés le 29. De là, ils doivent être dirigés sur Würzburg. Je suis donc fondé à penser que ces détachements devraient arriver aujourd'hui. 350 hommes de différents détachements de dragons, chasseurs et hussards à pied sont partis de Strasgourg le 29. Ils ne devraient donc pas tarder à arriver ; cela fera donc plus de 1.000 hommes à pied de détachements de cavalerie sans chevaux. 150 hommes de différents détachements de cavalerie, mais à cheval, sont partis à peu près à la même époque. Enfin un bataillon d'infanterie légère et 3 bataillons de ligne qu'a formés provisoirement le général Rapp, faisant un total de 2.000 hommes, sont partis le 1er octobre et paraîtraient devoir arriver ici vers le 10 ; également 200 hommes du 9e bataillon du train et 200 hommes des 5e et 1er régiments de cuirassiers. Tout cela fait près de 4.000 hommes. Il faut ordonner que les 1.000 hommes à pied de cavalerie qui se composent des régiments suivants, savoir : 30 cuirassiers, 305 dragons et 613 hussards et chasseurs, soient passés en revue à leur arrivée à Würzburg ; que les 30 cuirassiers qui appartiennent au 11e régiment achètent 30 chevaux et 30 selles sur les 10.000 francs que j'ai accordés à chaque corps de cavalerie, afin de se monter et de s'équiper ici. Les 305 dragons seront dirigés sur Bamberg et Cronach où ils recevront ordre de rejoindre les détachements de leurs régiments qui font partie des quatre bataillons de dragons qui servent avec ma garde. Les 613 hussards et chasseurs formeront un bataillon qui servira à la défense de Würzburg, mais on ne perdra pas un moment pour acheter des chevaux même de petite taille, avec des selles, pour monter ces 613 hommes. Quant à tous les hommes montés, ils rejoindront leurs régiments par la route de Bamberg et de Cronach. Enfin les 200 hommes du train d'artillerie resteront à Würzburg où le général Songis leur fournira des chevaux. Il reste les quatre bataillons dont on passera la revue à leur arrivée à Würzburg où ils se reposeront un jour ; et de là ils rejoindront l'armée par Bamberg et Cronach. Pour les cuirassiers, le colonel du 11e y pensera. Quant aux hussards et chasseurs qui sont de plusieurs régiments, il faudra leur faire acheter des chevaux et des selles. On pourrait charger un sous-inspecteur aux revues de l'achat de ces chevaux : ce serait une somme d'à peu près 180.000 francs qu'on mettrait à la disposition de l'inspecteur aux revues. Dès que ces hommes seraient montés, ils rejoindraient leurs corps. Pour le 8ᵉ d'hussards qui a 125 hommes, le 9ᵉ qui en a 100 et le 10ᵉ qui en a 92, j'imagine que les détachements de ces régiments ont des officiers qui pourraient présider à l'achat et à la confection des selles. S'il en était autrement, quand on en aura reçu les revues, les colonels pourront envoyer des officiers pour surveiller l'organisation et l'équipement de ces hommes.

NAPOLÉON.

P.-S. — Comme il serait possible que vous ne comprissiez pas bien cette lettre à défaut d'états, je vous envoie le livret du général Rapp. Donnez des ordres en détail au commandant de Würzburg, prévenez les colonels des corps auxquels appartiennent les détachements et chargez un inspecteur aux revues de l'achat des chevaux. S'il arrivait que l'inspecteur aux revues pensât que 600 chevaux fussent trop difficiles à trouver ici, on pourrait diviser le détachement en deux, garder ici les chasseurs et envoyer les hussards à Forchheim. Le principal est de charger quelqu'un de cela.

725. — AU MARÉCHAL BERTHIER.

Würzburg, 4 octobre 1806.

Mon Cousin, vous trouverez ci-joint l'état des effets qui existent au magasin de Strasbourg. Vous y verrez qu'il y a 2.500 capotes, qu'il y a plusieurs objets qui sont inutiles. Donnez ordre que ces effets qui n'appartiennent à aucun corps soient dirigés sur Würzburg et soient placés au magasin d'habillement.

NAPOLÉON.

726. — AU MARÉCHAL BERTHIER.

Würzburg, 5 octobre 1806.

Mon Cousin, donnez ordre au colonel du 8ᵉ régiment de dragons de se rendre sur-le-champ à son régiment.

NAPOLÉON.

727. — DÉCISION.

6 octobre 1806.

Le ministre de la guerre propose de nommer aux emplois vacants dans la 1re légion du Nord des officiers, dont les uns sont Polonais, les autres Français.

Nommer les Polonais ; les autres sont à l'armée qu'il ne faut pas désorganiser aujourd'hui.

NAPOLÉON.

728. — DÉCISION.

6 octobre 1806.

Le ministre de la guerre soumet à l'Empereur les dispositions qui ont été faites en vue de l'établissement d'un pont de bateaux par les pontonniers sur le Rhin, vis-à-vis Wesel.

Il ne faut pas de pontonniers militaires pour jeter un pont à Wesel. Le bureau d'artillerie qui a fait cette proposition n'a pas de tact. Au lieu de tant écrire, le pont devrait être jeté.

NAPOLÉON.

729. — ORDRE DU JOUR (1).

Bamberg, 6 octobre 1806.

Sa Majesté ordonne à tous les officiers de cavalerie qui ont leur escadron ou leur compagnie à l'armée, de rejoindre sur-le-champ leurs drapeaux. Les ordres de l'Empereur, comme leur devoir, leur prescrivent d'être à leur régiment ; ils ne doivent en être absents par aucune cause de service étranger à celui de leur compagnie ou escadron. Tous ceux qui seraient employés comme aides de camp, officiers de correspondance ou autrement, rejoindront sur-le-champ leur compagnie ou escadron. L'honneur appelle chaque officier sous son drapeau.

Le major général, prince de Neuchâtel et Valengin,
Maréchal Alex. BERTHIER.

---

(1) Placard imprimé.

730. — DÉCISIONS (1).

Le ministre de la guerre propose d'accorder au général Rampon, commandant les gardes nationales du Nord, le général Ducos comme chef d'état-major ; d'autoriser 42 officiers d'infanterie à passer dans la garde du roi de Naples.

Accordé.

731. — AU GÉNÉRAL DEJEAN.

Bamberg, 7 octobre 1806.

Monsieur Dejean, je vois avec plaisir que vous avez envoyé des courriers pour appeler la conscription de la réserve. J'ai donné des ordres pour que les conscrits du dépôt général de Strasbourg ne soient plus envoyés en Italie, mais soient répartis entre les dépôts d'infanterie et de cavalerie qui sont sur le Rhin. Le maréchal Kellermann sera chargé de cette opération. Je vous recommande les remontes et les envois de draps pour l'habillement des conscrits. J'avais appelé à l'armée un grand nombre d'adjudants commandants et d'adjoints à l'état-major ; pressez leur départ. J'ai pris un décret pour la formation d'un cinquième escadron de cuirassiers ; organisez-le sans délai. La première légion du Nord doit se réunir à Landau, occupez-vous des régiments suisses, du bataillon valaisan. Donnez couleur à tout cela.

NAPOLÉON.

732. — DÉCISION.

Bamberg, 7 octobre 1806.

Le prince de Hohenzollern-Hechingen fait connaître à l'Empereur qu'il vient de mettre sur pied une compagnie pour prendre part dans l'armée de Sa Majesté à la campagne qui va s'ouvrir.

Le major général donnera ordre à cette compagnie de se rendre à Forchheim.

NAPOLÉON.

---

(1) Sans signature ni date; extraites du « Travail du ministre de la guerre avec l'Empereur, du 24 septembre 1806, renvoyé aux bureaux le 6 octobre ».

733. — ORDRE DU JOUR.

Au quartier général impérial, à Bamberg, 7 octobre 1806.

D'après les intentions de l'Empereur, le prince de Neuchâtel, ministre de la guerre, major général, ordonne :

Les maîtres des postes aux chevaux, dans toute l'étendue de l'Allemagne, étant dans le cas de rendre des services importants à l'armée, sont sous la protection spéciale de Sa Majesté.

Lorsque les troupes françaises occuperont un lieu de poste, le commandant enverra sur-le-champ un sous-officier d'infanterie ou de cavalerie en sauvegarde chez le maître de la poste aux chevaux, afin que sa maison, ses propriétés et ses chevaux soient respectés. Il sera exempt de tout logement militaire.

Le sous-officier en sauvegarde chez lui sera relevé aussitôt qu'il sera possible par un gendarme.

Le nombre des chevaux de la poste étant insuffisant pour le service, il y sera pourvu par les autorités du pays, qui devront compléter le nombre de 25 chevaux toujours prêts pour le service des courriers de Sa Majesté, de ceux de l'état-major et des officiers chargés de missions. Les chevaux supplémentaires seront payés, ainsi que ceux de la poste, suivant l'usage du pays, par toutes les personnes autorisées à en prendre.

Lorsque des maréchaux commandants en chef seront établis dans des lieux de poste, les maîtres de la poste aux chevaux ne pourront en délivrer sans leur ordre.

Lorsque le quartier impérial y sera établi, ils ne pourront plus en délivrer que sur les ordres du major général ou du grand écuyer.

MM. les maréchaux sont invités à tenir la main à l'exécution du présent ordre.

Le major général, prince de Neuchâtel et Valengin,
Maréchal Alex. BERTHIER.

---

734. — DÉCISIONS (1).

Le maréchal Berthier propose de décider si l'on doit faire expé-	Le roi de Naples n'a pas d'arsenal.

(1) Ni datées, ni signées, extraites du « Travail du maréchal Berthier, ministre de la guerre, avec l'Empereur, du 8 octobre 1806 ».

dier des arsenaux de l'Empire aux corps de troupes françaises qui sont à l'armée de Naples les objets d'armement qui leur sont nécessaires, ou si l'on doit inviter le roi de Naples à fournir ces armes, à charge de remplacement.

Les officiers d'ordonnance de l'Empereur recevront-ils la solde et les rations de fourrage attribuées aux capitaines de cavalerie de la garde ou celles fixées pour les capitaines de cavalerie de la ligne ?

Ils jouiront de la même solde et des mêmes rations que les capitaines de cavalerie de la garde.

Quatre lieutenants d'artillerie, appelés dans la garde, qui auraient été nommés capitaines dans leur corps, seront-ils néanmoins pourvus de ce grade ?

Le grade de lieutenant dans la garde équivaut à celui de capitaine dans la ligne.

735. — ORDRE (1).

Au quartier général impérial, Auma, 12 octobre 1806.

Dispositions générales pour les prisonniers de guerre.

Tous les prisonniers de guerre seront dirigés sur Cronach, où ils seront gardés dans le fort.

De Cronach, ils seront dirigés sur la place de Forchheim, par convoi de cinq cents. Quand il y aura à Forchheim mille prisonniers, on enverra ces mille prisonniers à Würzburg, où ils seront consignés dans la citadelle. Le commandant en fera prévenir le maréchal Mortier, qui est à Francfort, et qui fera prendre les prisonniers pour les conduire en France.

Un officier d'état-major placé à Cronach, Forchheim et Würzburg, sera chargé du détail des prisonniers et en rendra compte journellement au major général en envoyant des états très exacts. Cet officier d'état-major sera chargé de toutes les dispositions pour

---

(1) Placard imprimé.

que les prisonniers soient bien escortés et qu'aucun ne s'échappe. A Würzburg, ce sera l'adjudant commandant Duveyrier qui en sera chargé ; à Cronach et à Forchheim, les adjudants français qui s'y trouvent.

Le major général, prince de Neuchâtel et Valengin,
Maréchal Alex. BERTHIER.

---

736. — ORDRE.

Bamberg, 15 octobre 1806.

De par Sa Majesté, l'Empereur et Roi.

Sa Majesté a ordonné que les chevaux de poste seraient renvoyés sur-le-champ aux postes auxquelles ils appartiennent ;

Que les voitures à la suite de l'armée seraient renvoyées dans les communes et rendues à leurs propriétaires.

En conséquence, les maîtres des postes doivent se hâter d'assurer le service des malles et celui des courriers de Sa Majesté, à peine d'y être pourvu à leurs frais. Les régences, les baillis et bourgmestres exigeront que ce service si essentiel et si urgent soit organisé sans le moindre retard ; il est mis sous leur responsabilité.

Le prix des chevaux sera payé suivant la taxe du pays.

Les commissaires ordonnateurs et les commissaires des guerres placés dans les arrondissements régleront le service des transports dans chaque lieu d'étape, et notamment la formation des parcs nécessaires pour le transport des subsistances. Ils donneront leurs instructions à l'autorité administrative pour que des moyens de transport soient établis et qu'il n'en soit fourni qu'à ceux à qui il en est accordé par les lois et les règlements.

Messieurs les commandants français et ceux des Etats confédérés sont invités à employer leur autorité pour empêcher tous abus, établir et maintenir le bon ordre.

Pour l'intendant général :
L'inspecteur aux revues du 4e corps,
LAMBERT.

---

737. ORDRE DU JOUR (1).

Au quartier général impérial, à Weimar, 16 octobre 1806.

Conformément aux ordres précédemment donnés, les prisonniers

---

(1) Placard imprimé.

de guerre devaient être dirigés sur Cronach. D'après de nouvelles dispositions, l'Empereur ordonne que tous les prisonniers qui seront faits désormais soient envoyés à Erfurt, où il sera donné des ordres pour leur marche ultérieure sur Francfort par Fulda.

Le major général, prince de Neuchâtel et Valengin,
Maréchal Alex. BERTHIER.

738. — DÉCISION.

Naumburg, 18 octobre 1806.

Rapport du ministre sur une demande tendant à créer une compagnie de dépôt pour les bataillons des tirailleurs corses et des tirailleurs du Pô.

Approuvé.

NAPOLÉON.

739. — ORDRE DU JOUR (1).

Halle, 19 octobre 1806.

L'Empereur désirant donner à l'administration de la Grande Armée la même organisation qu'elle avait l'année dernière, et séparer les fonctions d'intendant général de celles d'inspecteur en chef aux revues qui se trouvent en ce moment réunies, a nommé par décret impérial daté de Halle, le 19 octobre, M. le conseiller d'État Daru intendant général de l'armée.

M. Villemanzy, inspecteur général en chef aux revues de l'armée, est chargé de la surveillance générale du travail des revues.

M. le général de division Chasseloup est arrivé à l'armée pour prendre le commandement de l'arme du génie.

Le major général, prince de Neuchâtel et Valengin,
Maréchal Alex. BERTHIER.

740. — ORDRE DU JOUR.

Quartier général impérial, à Merseburg, 19 octobre 1806.

L'Empereur témoigne son mécontentement au général de division Klein et au général de brigade La Salle, et Sa Majesté ordonne que cette marque de mécontentement envers ces généraux soit mise à l'ordre de l'armée, pour avoir laissé passer deux colonnes

---

(1) Placard imprimé, ainsi que la pièce suivante.

ennemies qui étaient coupées, ayant eu l'un et l'autre l'extrême simplicité de croire ce que le général ennemi Blücher leur a dit qu'il y avait un armistice de six semaines.

Depuis quand est-ce par le canal de l'ennemi que Sa Majesté fait passer ses ordres ?

L'Empereur se flatte que de pareilles erreurs ne seront plus commises. Les lois militaires prononcent les plus grandes peines contre les officiers dans un pareil cas ; mais la peine la plus sensible pour un officier de la Grande Armée est de n'avoir point concouru en tout point à l'entier succès des opérations.

Le major général, prince de Neuchâtel et Valengin,
Maréchal Alex. BERTHIER.

741. — DÉCISION (1).

Merseburg, 19 octobre 1806.

Le général en chef de l'armée de Dalmatie a fait délivrer aux troupes de son corps d'armée des sacs à coucher. Ces effets doivent-ils être donnés aux corps à titre de gratification ?

Approuvé.

742. — AU GÉNÉRAL DEJEAN.

Kropstädt, 24 octobre 1806.

Monsieur Dejean, le 4ᵉ escadron du 10ᵉ de dragons, qui est à Amiens, doit avoir aujourd'hui 200 chevaux. Il n'y a pas d'inconvénient à les mettre à la disposition du maréchal Brune pour la défense de la côte de Boulogne.

NAPOLÉON.

743. — AU GÉNÉRAL DEJEAN.

Potsdam, 25 octobre 1806.

Monsieur Dejean, faites partir au 6 novembre 120 hommes du 14ᵉ de ligne, 120 du 12ᵉ légère, 120 du 2ᵉ légère, 120 du 4ᵉ légère, 120 du 25ᵉ légère, 120 du 64ᵉ, 120 du 108ᵉ, 120 du 48ᵉ, 120 du 13ᵉ

---

(1) Non signée, de la main de Maret.

légère et 120 du 32ᵉ, commandés chaque détachement par un officier, deux sergents, deux caporaux avec deux tambours. Ces détachements se dirigeront sur Mayence, Erfurt, Wittenberg et Berlin. Faites partir 400 hommes d'artillerie, en les prenant dans les régiments d'artillerie à pied qui ont des compagnies à l'armée, pour réparer leurs pertes et les compléter à 120 hommes. Faites partir également quatre compagnies d'artillerie à cheval prises dans les régiments qui sont à la Grande Armée.

Napoléon.

744. — AU GÉNÉRAL DEJEAN.

Potsdam, 25 octobre 1806.

Monsieur Dejean, je n'ai point d'autre situation de l'intérieur que celle du 1ᵉʳ septembre. Envoyez-moi celle au 15 octobre.

Napoléon.

745. — DÉCISION.

Potsdam, 25 octobre 1806.

Un général major saxon, prisonnier de guerre, qui est malade, demande à être renvoyé chez lui sur parole.	Accordé. Renvoyé au major général.

Napoléon.

746. — AU MARÉCHAL BERTHIER.

Charlottenburg, 26 octobre 1806.

Erfurt et Wittenberg sont deux dépôts que j'ai déjà désignés pour l'armée. Spandau est le troisième. Vous ferez connaître à l'ordre, que tout ce qui sera dans cette place sera en sûreté, qu'on a désigné des locaux pour servir de dépôt à chacun des sept corps de la Grande Armée, qu'un adjoint à l'état-major commandera le dépôt de chacun des corps de l'armée, que les petits blessés, les hommes fatigués ou éclopés se dirigeront sur ce fort; que les régiments, au lieu de traîner avec eux leurs caisses, leurs bagages, leurs gros papiers, les laisseront à ce dépôt, également les officiers généraux; que tous les hommes venant joindre l'armée soit isolément, soit par petits détachements, se dirigeront sur les dépôts de Spandau et jamais sur Berlin, qu'ils s'inscriront chez l'adjoint, commandant le dépôt de leur corps d'armée ; celui-ci en rendra compte au commandant de la place qui en adressera tous les jours l'état au major général ; que tous les effets d'habillement et autres qui arriveront à l'armée se dirigeront sur ces dépôts, d'où ils ne rejoindront leurs corps que par l'ordre du major général ; qu'il y aura dans la ville un adjudant commandant, sous les ordres du général commandant la place, chargé d'inspecter tous les dépôts et de correspondre plus particulièrement avec le major général ; que tous les magasins tant de l'artillerie que de l'administration, soit vivres, soit habillement, soit hôpitaux, seront établis à Spandau ; que mon intention n'est point d'assujettir mes manœuvres à garder Berlin, mais que Spandau sera toujours en sûreté.

Napoléon.

747. — A MONSIEUR DARU.

Charlottenburg, 27 octobre 1806, 11 heures du matin.

L'Empereur, Monsieur l'Intendant général, fait son entrée aujourd'hui, à 2 h. 30, à Berlin. Faites prévenir que les bourgeois peuvent venir au-devant de Sa Majesté. Le général Hulin sera à leur tête pour recevoir Sa Majesté à la porte.

Maréchal Berthier.

748. — AU GÉNÉRAL HULIN.

Charlottenburg, 27 octobre 1806, 11 heures du matin.

L'Empereur, Général, fera son entrée à Berlin à 2 heures, 2 heures et demie. J'ai dit à M. Daru de prévenir les bourgeois qu'ils peuvent venir au-devant de l'Empereur, hors de la ville. L'intention de l'Empereur est que vous soyez à leur tête pour le recevoir.

Le major général,
Maréchal Alex. Berthier.

749. — DÉCISIONS (1).

Berlin, 27 octobre 1806.

Réclamation du maréchal Kellermann contre la décision qui refuse des vivres de campagne aux gardes nationales, ainsi qu'aux troupes de ligne employées sous ses ordres, comme faisant partie des 5ᵉ et 26ᵉ divisions militaires.	Se conformer aux règles existantes.
Le roi de Naples demande que le commissaire Lenoble, employé à la Grande Armée, soit nommé intendant militaire du gouvernement napolitain.	Sa Majesté n'a point approuvé.
Proposition relative à l'approvisionnement en blé des Invalides pendant un an.	Approuvé le marché.

750. — AU MARÉCHAL BERTHIER.

Berlin, 29 octobre 1806.

Mon Cousin, envoyez l'ordre par un courrier extraordinaire à tous les hommes de cavalerie à pied qui sont à Mayence de se diriger sur Berlin pour être employés à soigner la grande quantité de chevaux que nous avons pris à l'ennemi.

NAPOLÉON.

751. — AU GÉNÉRAL BERTHIER.

Berlin, 29 octobre 1806.

Mon Cousin, donnez ordre au maréchal Bessières d'envoyer demain à Spandau 50 grenadiers, 50 chasseurs et 10 canonniers, avec un officier supérieur, pour choisir, sur les 4.000 chevaux qui arrivent à Spandau, 150 chevaux de grenadiers, 150 de chasseurs et 30 pour les canonniers.

(1) Non signées.

Donnez l'ordre au général Nansouty d'envoyer pour chacun de ses six régiments un officier et 30 hommes à Spandau. Ils y seront rendus demain matin, iront à pied et là prendront 540 chevaux sellés et bridés, les plus propres à leur arme, parmi les 4.000 qui arrivent demain à Spandau.

Prévenez le général Bourcier, par un courrier extraordinaire, qu'il arrive demain à Spandau 4.000 chevaux sellés qui ont été pris au prince de Hohenlohe ; que j'ai ordonné que les 330 meilleurs soient donnés à la garde et que j'ai envoyé à cet effet des détachements pour les prendre ; que tous les dragons à pied qu'il a, il les envoie à Spandau et, s'il a plus de chevaux que d'hommes, qu'il charge un homme de 2 à 3 chevaux et envoie le plus d'hommes à pied qu'il pourra à Spandau ; que le général Nansouty doit en prendre 540 et envoie le tiers d'hommes ; qu'il faut que le général Bourcier fasse cette distribution et qu'il fasse au mieux pour que les chevaux ne dépérissent pas ; que nous avons 3.000 à 4.000 hommes à pied qui me joindront avant peu, et on les montera. Le meilleur moyen est de les mettre dans les écuries de Potsdam. Envoyez un courrier au général Le Marois pour qu'il envoie à Spandau les cavaliers à pied et surtout les dragons à pied. Ecrivez au maréchal Lefebvre que, s'il a encore des dragons à pied, il les fasse partir pour Spandau. Enfin donnez l'ordre que les dépôts de cavalerie, en route sur Wittenberg, hâtent leur marche, ainsi que les hommes à pied venant de Würzburg sur Erfurt, et que tout cela se réunisse à Potsdam pour avoir soin de ces chevaux.

Ecrivez à tous les régiments de cavalerie, chasseurs et hussards, de diriger leurs hommes à pied sur Spandau, en disant au général Bourcier qu'on leur remette les chevaux sellés pour monter ces hommes.

Ecrivez au général Songis qu'on a pris 60 pièces de canon attelées qui vont être dirigées sur Spandau. Il faut qu'il ait là des hommes qui prennent soin de ces chevaux.

NAPOLÉON.

752. — AU GÉNÉRAL DEJEAN.

Berlin, 30 octobre 1806.

Monsieur Dejean, donnez des ordres pour faire partir sur-le-champ de la 25e division militaire : 150 hommes du 3e bataillon du

21ᵉ d'infanterie légère, 150 hommes du 27ᵉ d'infanterie légère, 300 hommes du 21ᵉ de ligne, 200 hommes du 45ᵉ, 300 hommes du 54ᵉ, 250 hommes du 94ᵉ et 150 hommes du 95ᵉ, total 1.500 hommes. Ces détachements se dirigeront sans délai sur Erfurt d'où ils seront dirigés sur Wittenberg et de là sur Spandau. Faites partir le 4 novembre de Paris 200 hommes du 2ᵉ régiment d'infanterie légère, 400 hommes du 4ᵉ légère et 200 hommes du 12ᵉ légère. Vous ferez partir tous les hommes que les 1ᵉʳ, 3ᵉ, 5ᵉ, 9ᵉ et 15ᵉ de dragons ont de disponible en sus de 200 hommes. Par exemple, le 3ᵉ de dragons a 347 hommes, vous en ferez partir 140. Faites également partir 300 hommes du 3ᵉ bataillon du 32ᵉ, faites partir de Mézières 250 hommes du 10ᵉ de ligne, 250 hommes du 14ᵉ de ligne, 150 hommes du 25ᵉ d'infanterie légère et 150 hommes du 69ᵉ. Donnez ordre au maréchal Kellermann de faire partir également le 4 novembre une compagnie de 120 hommes de chacun des vingt-quatre régiments d'infanterie qui sont dans la 5ᵉ division militaire. Ils se réuniront à Strasbourg d'où ils partiront sous les ordres d'un adjudant commandant. Donnez-lui l'ordre de faire partir également 150 hommes de chacun des huit régiments d'infanterie qui sont dans la 26ᵉ division militaire. Ils se réuniront à Mayence d'où ils partiront en ordre pour l'armée. Donnez ordre à 150 hommes du 64ᵉ qui est à Besançon de rejoindre les bataillons de guerre. Quant à la cavalerie, écrivez au maréchal Kellermann et au commandant de la 25ᵉ division militaire et faites une circulaire aux commandants des quatrièmes escadrons pour qu'ils fassent partir au 5 novembre par Erfurt tous les hommes en état de faire partie des escadrons de guerre. Sont exemptés de cette disposition 200 hommes à cheval du 4ᵉ régiment de dragons, du 10ᵉ et des 1ᵉʳ, 3ᵉ, 5ᵉ, 9ᵉ et 15ᵉ que je laisse à Moulins, Amiens et Paris pour former une réserve de 1.400 à 1.500 chevaux pour mes côtes. Tout le reste doit être envoyé à l'armée. Demandez aux majors et commandants des 4ᵉˢ escadrons et des 3ᵉˢ bataillons un état qui constate le nombre de chevaux et d'hommes qu'ils envoient et leur situation après le départ.

NAPOLÉON.

753. — DÉCISION (1).

Il est rendu compte à l'Empereur que l'ordonnateur du 3ᵉ corps

La mesure prise n'est pas confirmée.

---

(1) De la main de Maret; non datée et non signée, extraite du « Travail du ministre directeur avec l'Empereur, du 30 octobre 1806 ».

d'armée a ordonné de distribuer le chauffage en nature aux troupes qui jusqu'ici n'avaient reçu que la masse de chauffage.

754. — AU GÉNÉRAL HULIN (1).

31 octobre 1806.

Détachement de 48 hommes du 10ᵉ de chasseurs à cheval à la disposition du commandant de la place à Berlin.

Les 274 hommes du 25ᵉ d'infanterie légère, les 99 hommes du 69ᵉ, les 103 hommes du 59ᵉ, les 314 hommes du 50ᵉ formeront un bataillon qui fera la garnison de Berlin jusqu'à nouvel ordre ; ils feront partie du corps du maréchal Ney, ils l'attendront à Berlin.

On nommera un chef de bataillon. Avoir soin de leur faire donner ce qui est nécessaire et les caserner dans un lieu qui sera appelé caserne du maréchal Ney.

Les 270 hommes du 55ᵉ, les 232 du 75ᵉ seront joints avec les autres détachements du maréchal Soult, désignés ce matin ; ils formeront un bataillon, caserné et désigné détachement du maréchal Soult, et rejoindront ce corps d'armée quand il passera à Berlin. Les 300 hommes du 25ᵉ de ligne partiront demain pour rejoindre à Francfort-sur-l'Oder le corps du maréchal Davout.

755. — AU GÉNÉRAL DEJEAN.

Berlin, 31 octobre 1806.

Monsieur Dejean, tous les colonels des régiments de grosse cavalerie me rendent compte qu'ils n'ont pas reçu d'ordres pour la formation de leurs 5ᵉˢ escadrons ; cela devient cependant bien pressant. Le bataillon du train qui est à Douai n'a plus besoin d'acheter des chevaux ; envoyez-moi les hommes sans chevaux. J'en ai autant que je veux ; il ne me manque que des hommes pour les conduire. Envoyez-moi le plus d'hommes de cavalerie à pied que vous pourrez, en laissant cependant quelques hommes aux dépôts pour recevoir les chevaux dont les marchés sont passés. J'ai fait

---

(1) Minute de la main de Berthier.

venir les quatre régiments de cuirassiers que j'ai en Italie, par Innsbruck, en laissant leur 4ᵉ escadron en Italie ; il faut que leur 5ᵉ escadron soit aussi formé à 797 chevaux. Les régiments de dragons doivent être portés au complet de 828 chevaux. Cela ne vous coûtera rien, car les dragons à pied que j'avais ici sont déjà montés et armés avec les chevaux, selles et sabres des Prussiens. Les chasseurs et hussards doivent être aussi complétés à 828 chevaux. Malgré la grande quantité de chevaux que j'ai, comme beaucoup meurent et qu'il s'en fait une grande consommation, je désire que les marchés qui ont été passés jusqu'à cette heure aient leur effet.

Napoléon.

756. — ORDRE DU JOUR.
Au quartier général impérial, à Berlin, 1ᵉʳ novembre 1806.

Sa Majesté accorde en gratification des capotes aux différents corps de l'armée dans la proportion suivante :

12.000 au 3ᵉ corps, dont 6.000 seront requises à Francfort-sur-l'Oder ; 2.000 seront prises sur celles qui existent en magasin à Berlin ; 2.000 sur celles que la municipalité de Berlin doit verser dans les magasins ; et 2.000 sur celles qui existent à Leipzig.

6.000 au 7ᵉ corps, dont 2.000 sur celles qui existent en magasin à Berlin ; 2.000 sur celles que la municipalité de Berlin doit fournir et 2.000 sur celles qui existent à Leipzig.

12.000 au 4ᵉ corps, dont 2.000 sur celles qui existent dans les magasins de Berlin ; 2.000 sur celles que la municipalité de Berlin doit fournir et 8.000 sur celles qui existent à Leipzig.

10.000 au 5ᵉ corps, dont 4.000 seront requises à Stettin ; 2.000 seront prises sur celles qui existent en magasin à Berlin ; 2.000 sur celles que la municipalité de Berlin doit fournir et 2.000 sur celles qui existent à Leipzig.

9.000 au 1ᵉʳ corps, dont 2.000 sur celles qui existent en magasin à Berlin ; 2.000 sur celles que la municipalité de Berlin doit fournir et 5.000 sur celles qui existent à Leipzig.

8.000 au 6ᵉ corps sur celles qui existent à Leipzig ; 1.200 au 28ᵉ régiment d'infanterie légère sur celles qui existent à Berlin.

Les maréchaux commandant les différents corps d'armée feront la distribution de ces capotes entre les différents régiments, et les régiments se pourvoiront auprès de l'intendant général de l'armée.

NAPOLÉON.

757. — ORDRE DU JOUR (1).

Au quartier général impérial, à Berlin, 1er novembre 1806.

Le corps du maréchal Lannes a fait mettre bas les armes à 1.500 hommes d'artillerie, à 200 dragons, s'est emparé de 30 pièces de canon, 60 caissons et chariots remplis de munitions et bien attelés.

Sa Majesté témoigne sa satisfaction au maréchal Lannes et aux braves qui composent son corps d'armée, sur leur activité à suivre la cavalerie par des marches forcées et après les fatigues qu'ils ont éprouvées.

La division du général Gazan tient garnison à Stettin ; celle du général Suchet est en marche pour achever de cerner la colonne du duc de Weimar.

Le major général, prince de Neuchâtel et Valengin,
Maréchal Alex. BERTHIER.

758. — AU MARÉCHAL BERTHIER.

Berlin, 2 novembre 1806.

Mon Cousin, donnez l'ordre au maréchal Kellermann de faire partir du 4 au 6 novembre 150 hommes de chacun des 3es bataillons des régiments d'infanterie qui sont dans les 5e et 26e divisions militaires et 1.500 hommes de cavalerie. Vous lui donnerez l'ordre de faire partir du 15 au 20 un égal nombre d'hommes qui se mettront en marche de Strasbourg et de Mayence pour l'armée, avant le 20 novembre, ce qui fera plus de 12.000 hommes. Donnez le même ordre dans la 25e division militaire et demandez au général qui commande cette division son état de situation. Enfin, envoyez le même ordre pour les treize troisièmes bataillons qui sont restés au camp de Boulogne, à Ostende et Anvers et pour ceux qui sont

---

(1) Placard imprimé.

restés dans l'intérieur ; qu'une partie parte le 5 novembre et l'autre partie le 10, chaque régiment fournissant au moins 150 hommes.

Napoléon.

759. — DÉCISION.

Berlin, 2 novembre 1806.

Le maréchal Ney, dans un rapport au maréchal Berthier, fait connaître les difficultés qu'il éprouve à assurer l'investissement de Magdeburg, ainsi que les dispositions qu'il a prises pour bombarder la ville.

Répondre au maréchal Ney que j'approuve fort les dispositions qu'il fait pour bombarder Magdeburg, mais qu'il faut plus de 4 mortiers.

Napoléon.

760. — ORDRE DU JOUR (1).

Au quartier général impérial à Berlin, 2 novembre 1806.

L'armée est instruite que Küstrin s'est rendu au maréchal Davout. Le général de division Gudin y est entré hier à 7 heures du soir. Sa Majesté a vu avec plaisir les corps de cette division, qui se sont tant distingués à la bataille d'Iéna, recueillir la plus belle récompense, en entrant les premiers dans cette belle et magnifique place forte.

Il y avait dans la place 4.000 hommes qui ont été faits prisonniers, quatre-vingt-dix pièces d'artillerie sur les remparts, parfaitement approvisionnées, et des magasins de subsistances considérables.

La colonne du général prussien de Bila a été faite prisonnière, le 31 octobre, sur les frontières de la Poméranie suédoise, après le combat d'Anklam. Le général de division Beker, à la tête de la brigade de dragons Boussard, a chargé vigoureusement l'ennemi, l'a fait prisonnier et l'a obligé à capituler. Sa Majesté témoigne sa satisfaction au général de division Beker et à la brigade de

---

(1) Placard imprimé.

dragons Boussard. Elle a déjà vu avec plaisir la conduite du général Beker aux combats de Zehdenick et de Vichmannsdorf.

Le major général, prince de Neuchâtel et Valengin,
Maréchal Alex. BERTHIER.

---

761. — AU MARÉCHAL BERTHIER.

Berlin, 2 novembre 1806.

Mon Cousin, je vous renvoie les états du commandant de Würzburg. Je vois que 350 hommes restent encore dans cette place parmi lesquels sont beaucoup d'ouvriers et des détachements d'artillerie et du génie. Donnez ordre que tout cela rentre à Erfurt pour fournir aux besoins de l'armée. Vous aurez, j'imagine, donné ordre que les hommes de cavalerie à pied arrivassent (*sic*) à Wittenberg (faites-moi connaître si les 1.000 hommes de Hesse Darmstadt qui sont arrivés le 23 à Würzburg ont continué leur route et sur quels points ils se sont dirigés) ; que tous les dépôts de Forchheim et de Bayreuth se rendissent du côté de Wittenberg et que le général Lefranc, qui commandait à Forchheim, et l'officier qui commandait à Cronach rejoignissent (*sic*) la Grande Armée.

NAPOLÉON.

---

762. — AU MARÉCHAL BERTHIER.

Berlin, 3 novembre 1806.

Mon Cousin, envoyez sur-le-champ un adjudant commandant d'état-major à Prenzlau qui sera chargé de recueillir les chevaux qui ont été confiés au bailli et qui sont au nombre de 1.000, et de les faire diriger sur-le-champ sur Spandau. Il sera aussi chargé de ramasser toutes les selles.

NAPOLÉON.

---

763. — ORDRE DU JOUR.

Berlin, 3 novembre 1806.

Les corps d'infanterie sont prévenus qu'il existe dans l'arsenal de Berlin une grande quantité de caisses de tambours ; qu'il y a également dans les magasins de Berlin 80.000 gibernes, des marmites et des petits bidons.

Les corps de cavalerie sont aussi informés qu'il existe beaucoup de baudriers à Berlin et une grande quantité d'objets de harnachement.

Les régiments ou détachements qui ont besoin des objets ci-dessus peuvent établir leur demande dans les formes exigées et l'adresser à M. l'intendant général de l'armée.

Le prince de Neuchâtel et de Valengin, major général de la Grande Armée,

Maréchal Alex. BERTHIER.

764. — DÉCISION.

Berlin, 3 novembre 1806.

Le ministre directeur soumet à l'Empereur les mesures prises pour assurer la subsistance d'une escadrille hollandaise destinée à la défense de la place de Mayence.

Approuvé la distribution des vivres à l'équipage hollandais. Approuvé.

NAPOLÉON.

765. — AU MARÉCHAL BERTHIER.

Berlin, 4 novembre 1806.

Mon Cousin, envoyez par un courrier extraordinaire l'ordre au vice-roi d'Italie de faire partir sans délai trois escadrons des 19° et 24° de chasseurs, avec le colonel. Ces trois escadrons seront complétés à 600 hommes. Il ne restera en Italie que les dépôts pour recevoir les conscrits et les remontes. Ces dépôts feront un mouvement en arrière et se rendront à Plaisance. Vous enverrez l'ordre au gouverneur de Parme de faire partir le 15° de chasseurs, en suivant le même principe ; le major restera aux dépôts pour recevoir les conscrits et les chevaux ; les deux chefs d'escadron marcheront avec le régiment. Le vice-roi nommera un général de brigade pour commander ces trois régiments, qui, par Brescia, se rendront à la Grande Armée, en se dirigeant sur Ulm.

Vous donnerez l'ordre au 106°, qui est à Venise, de se rendre dans le Frioul où il sera attaché à une des deux divisions du corps du Frioul.

Il sera formé deux divisions, l'une à Brescia et l'autre à Vérone. La division de Vérone sera formée de deux bataillons du 3ᵉ d'infanterie légère, complétés à 140 hommes par compagnie à l'effectif, de 3 bataillons du 93ᵉ, complétés de même, et de 3 bataillons du 56ᵉ, complétés de même. Si ce complément ne peut pas se faire de suite, il se fera insensiblement à mesure que les conscrits seront armés et habillés. La division de Brescia sera composée du 16ᵉ de ligne, du 67ᵉ de ligne, du 2ᵉ de ligne et du 37ᵉ de ligne. A fur et mesure que les troisièmes bataillons pourront le permettre, les deux premiers bataillons de chacun de ces régiments seront complétés à 140 hommes par compagnie.

Une troisième division de réserve sera organisée et réunie à Alexandrie. Elle sera formée de deux bataillons du 7ᵉ de ligne, de deux bataillons du 112ᵉ de ligne et d'un bataillon de réserve qui sera composé des deux compagnies de grenadiers et voltigeurs du 4ᵉ bataillon du 56ᵉ, des grenadiers et voltigeurs du 4ᵉ bataillon du 93ᵉ, des grenadiers et voltigeurs du 3ᵉ bataillon du 2ᵉ de ligne et des grenadiers et voltigeurs du 3ᵉ bataillon du 37ᵉ : total 8 compagnies qui, complétées à 100 hommes, formeront 800 hommes. Vous donnerez en conséquence l'ordre aux deux bataillons du 16ᵉ, qui est à Gênes, de se rendre à Brescia ; aux deux bataillons du 67ᵉ, qui est à Alexandrie, de se rendre à Brescia. Vous donnerez le même ordre aux deux bataillons du 2ᵉ de ligne et aux deux bataillons du 37ᵉ. Vous donnerez l'ordre aux deux bataillons du 3ᵉ d'infanterie légère, qui est à Parme, de se rendre à Vérone. Vous donnerez le même ordre aux trois bataillons du 93ᵉ, qui sont à Alexandrie, et aux trois bataillons du 56ᵉ. Vous donnerez l'ordre aux deux bataillons du 7ᵉ de ligne, qui est à Turin, et aux deux bataillons du 112ᵉ, qui est à Grenoble, de se rendre à Alexandrie.

Vous ordonnerez au général Menou d'organiser dans le Piémont douze pièces d'artillerie attelées, avec matériel, personnel, attelages, et de les réunir à Alexandrie, pour servir à la division de réserve d'Alexandrie. Vous ordonnerez au vice-roi d'organiser deux divisions d'artillerie de douze pièces chacune, attelées, pour être attachées aux divisions de Vérone et de Brescia. Il complètera douze pièces d'artillerie à chacune des deux divisions du Frioul, si déjà elles ne les ont. Il fera atteler, en outre, six pièces d'artillerie légère pour la division de dragons, et six autres pièces pour servir à l'avant-garde. Total 60 pièces d'artillerie.

Les quatre régiments de dragons que renvoie le roi de Naples seront réunis entre Padoue et Trévise, et leurs dépôts y seront joints : l'on tâchera d'avoir ainsi 2.400 chevaux. On les fera manœuvrer à pied et à cheval tous les jours. Ils formeront la division de réserve de l'armée.

La division de cavalerie légère sera composée du 3ᵉ et du 23ᵉ de chasseurs. On attachera à chacune des divisions de Vérone et Brescia deux escadrons des dépôts des régiments de cavalerie légère qui sont à Naples. On nommera un major pour commander deux escadrons. L'escadron du 5ᵉ, dépôt, sera attaché à la division de réserve d'Alexandrie. Les deux escadrons des dépôts de dragons de l'armée de Naples formeront également un régiment, ce qui portera le nombre des régiments de la réserve de dragons à cinq.

L'armée d'Italie aura donc 3.000 dragons, 1.200 hommes de cavalerie légère attachés au corps du Frioul, 1.200 hommes de la brigade de réserve, 1.000 hommes attachés aux trois divisions de Brescia, de Vérone et d'Alexandrie, total 6.400 hommes à cheval. A cela il faut joindre la cavalerie de ma garde italienne et celle des dépôts italiens, ce qui fera 7.000 chevaux : c'est beaucoup plus qu'il n'est nécessaire en Italie.

Chacune des deux divisions de Vérone et de Brescia sera sous les ordres d'un général de division et de deux généraux de brigade. Le général de division Pully commandera la réserve des dragons et aura sous lui deux généraux de brigade. Le général de brigade Bessières commandera la réserve de cavalerie légère. Le général de division Chabot commandera la division d'Alexandrie ; il aura sous lui deux généraux de brigade.

Places. — Les quatorze dépôts d'infanterie de l'armée de Naples doivent former, avant le mois de décembre, au moins 10.000 hommes. Deux de ces dépôts entiers seront placés dans Porto-Legnago, deux dans Peschiera. Dix seront placés dans Mantoue et formeront la garnison de cette place.

Les huit bataillons de dépôt de l'armée de Dalmatie entreront dans Venise. Ils doivent former au moins 8.000 hommes. Le général Miollis est gouverneur de cette ville : il aura sous lui deux généraux de brigade et un adjudant commandant.

Les dépôts des sept régiments du corps du Frioul seront placés : cinq dans Palmanova et deux dans Osoppo. Ces dispositions sont prises en supposant que la guerre ait lieu avant qu'on puisse retirer un service plus actif de ces dépôts ; car, passé le mois de janvier, mon intention est que chaque dépôt soit organisé de manière à pouvoir fournir chacun trois compagnies de 120 hommes, ce qui formerait des bataillons de dépôt de 720 hommes chacun. Les dépôts de Naples fourniraient donc sept bataillons ou plus de 5.000 hommes. Cela formerait une sixième division ; le reste tiendrait garnison.

Les autres dépôts pourraient fournir une septième division. Mais, pour cela, il faut que les conscrits aient été habillés, armés et disciplinés, car mettre en ligne des recrues, c'est les perdre et s'exposer à de mauvais événements. Il vaut mieux alors les mettre dans une place.

On activera les mesures pour approvisionner les places de Mantoue, Venise, Palmanova, Osoppo, Peschiera, Porto-Legnago et la Rocca d'Anfo. Tous ces approvisionnements se feront au compte de mon royaume d'Italie, puisqu'ils sont pour sa défense et lui appartiendront. Il faut que, dès ce moment, le vice-roi destine un officier supérieur d'artillerie et trois officiers en résidence pour chacune des places de Venise, de Palmanova et de Mantoue et en mette dans les autres places proportionnellement à leurs besoins. La place de Venise est en bonnes mains ; il faut confier celles de Palmanova et d'Osoppo à des officiers vigoureux. Mantoue aurait besoin d'un gouverneur ferme et intelligent ; mais surtout il faut des seconds, et, si ces places étaient dans le cas d'être assiégées, il faudrait y jeter les meilleurs généraux et officiers qu'on aurait. Quant à la citadelle d'Ancône, on redoublerait d'activité pour la mettre en bon état. Les 1.000 hommes du 4° régiment italien seraient suffisants pour Civita-Vecchia.

Il faut qu'au 1ᵉʳ décembre au plus tard les divisions de Vérone, de Brescia et d'Alexandrie soient prêtes à se porter partout où il serait nécessaire. Il sera inutile toutefois de diriger sur Alexandrie l'escadron de cavalerie du dépôt de l'armée de Naples, qui doit marcher avec cette division. On le lui donnerait lorsque cette division passerait l'Adige.

Ainsi mon armée d'Italie, sans avoir le secours de celle de Naples, serait forte de plus de 50.000 hommes. Le général Marmont combinerait ses mouvements avec ceux de cette armée. J'aurais ainsi une armée de plus de 60.000 hommes contre laquelle

100.000 Autrichiens ne seraient pas suffisants, et je leur donnerais tant d'occupation qu'ils n'auraient pas de troupes de reste. La grande affaire ici est l'approvisionnement des places et la prompte organisation de l'artillerie.

Il faut que toutes ces mesures s'exécutent sans précipitation, sans menaces contre l'Autriche et sans alarmer personne. Le vice-roi pourra retenir les généraux de l'armée de Naples avec ceux qu'il a et les placer convenablement. Il faut faire revenir le général Molitor de l'armée de Dalmatie et lui confier une de ces divisions. Quant aux divisions actuelles du Frioul, en général il faut que les corps qui ont quatre bataillons en fournissent trois de guerre et laissent le quatrième au dépôt, ce qui permettra d'augmenter le corps du Frioul d'un bataillon du 35° et d'un du 92°. On pourrait aussi l'augmenter de tous les troisièmes bataillons des corps de l'armée de Dalmatie qui ont quatre bataillons. Il faut porter une grande attention à l'armement, à l'habillement et à l'instruction des conscrits. Du moment qu'ils seront à l'école de peloton, il faut les faire tirer à la cible.

Donnez ordre que le roi de Naples envoie en Italie trois autres régiments de cavalerie, dragons et chasseurs, de manière qu'il ne reste dans le royaume de Naples, en cavalerie française, que quatre régiments qui, avec les trois de cavalerie italiens qu'il a, lui feront sept régiments et, avec le régiment polonais, huit : c'est encore plus de chevaux qu'il ne lui en faut.

Le dépôt du 3° bataillon du 3° d'infanterie légère tiendrait, en cas d'événement, garnison dans la citadelle de Plaisance. Les 4° bataillons du 56° et du 93° et les 3° bataillons des 2° et 37° tiendront garnison à Alexandrie. Le 3° bataillon du 7° tiendra garnison dans la citadelle de Turin, le 3° bataillon du 67° à Gênes, et le 3° bataillon du 16° restera à Toulon. Comme ces troisièmes bataillons ne peuvent avoir quelque importance que par les conscrits, il faut que le général Menou porte toute son attention à ce que ces conscrits soient promptement habillés, armés et instruits. Du moment qu'ils seront à l'école du bataillon, c'est-à-dire un mois après leur arrivée au dépôt, on commencera à les faire tirer à la cible.

NAPOLÉON.

766. — AU MARÉCHAL BERTHIER.

Berlin, 4 novembre 1806.

Mon Cousin, je passerai demain à la parade la revue de la cavalerie légère du général Milhaud.

Ordonnez qu'avant demain midi on lui paye un mois de solde.

Napoléon.

---

767. — AU MARÉCHAL BERTHIER.

Berlin, 4 novembre 1806.

Mon Cousin, il est arrivé d'autres détachements du 5ᵉ corps de la Grande Armée venant d'escorter des prisonniers. Faites-les partir demain avec le 28ᵉ d'infanterie légère pour Stettin.

Napoléon.

---

768. — ORDRE DU JOUR (1).

Au quartier général impérial à Berlin, 4 novembre 1806.

Sa Majesté réitère l'ordre pour que tous les petits dépôts de toutes les armes de cavalerie se réunissent à Potsdam, sous l'inspection du général de division Bourcier. Tous les chevaux blessés, tous les hommes à pied des armes de cavalerie, chasseurs, hussards et dragons, se rendront aussi à Potsdam. Là seront formés des ateliers par régiment, pour tout ce qui est relatif au rétablissement de la cavalerie. Les généraux, les colonels, les commandants de place, dirigeront tous les chevaux blessés et tous les hommes de cavalerie à pied à Potsdam. Ainsi tous les petits dépôts de cavalerie de Würzburg, Forchheim, Cronach, Bayreuth, Erfurt, Wittenberg et enfin de tout autre lieu, seront supprimés.

Désormais tous les dépôts d'infanterie restés à Cronach, à Erfurt, à Würzburg, à Wittenberg et à Forchheim, prendront la direction suivante :

Tout ce qui appartient aux 1ᵉʳ et 5ᵉ corps sera dirigé sur Stettin. Tout ce qui appartient aux 3ᵉ et 7ᵉ sera dirigé sur Küstrin. Tout ce qui appartient aux 4ᵉ et 6ᵉ sera dirigé sur Spandau.

---

(1) Imprimé.

Les généraux commandant les corps d'armée et les commandants des places donneront les ordres en conséquence.

Le dépôt général de l'artillerie sera à Spandau.

Les commandants qui, après la réception du présent ordre, continueraient à garder ces dépôts dans leurs places, seront mis à l'ordre de l'armée.

Les hommes isolés et les détachements seront dirigés sur le dépôt de leur corps d'armée.

L'Empereur ordonne qu'un mois de solde soit payé à l'armée.

Les payeurs des 1er et 5e corps et des divisions de la réserve de cavalerie d'Hautpoul, Klein, Sahuc et Grouchy, se présenteront à Stettin, où ils recevront des fonds.

Ceux du 3e corps recevront la solde à Küstrin.

Ceux des 4e et 7e corps et des divisions Nansouty et Beaumont la recevront à Berlin.

Le payeur du 6e corps la recevra à Erfurt.

Beaucoup d'officiers, sous-officiers ou soldats ont de l'argent dont ils sont embarrassés : le payeur les fait prévenir qu'il a des traites du caissier et de la Trésorerie sur lui-même ; ce sont des effets à vue et au porteur. Ceux qui voudront profiter de cette voie pour envoyer les fonds chez eux peuvent se présenter au payeur de leur corps d'armée.

Le major général, prince de Neuchâtel et Valengin,
Maréchal Alex. BERTHIER.

769. — DÉCISION.

Berlin, 4 novembre 1806.

Le ministre directeur de l'administration de la guerre rend compte qu'il a fait partir pour Mayence le 2e régiment d'infanterie légère italienne. Il demande l'autorisation d'envoyer aussi à Mayence la 4e compagnie de sapeurs italiens qui, seule de la division italienne, reste encore dans la 11e division militaire.

Approuvé.

NAPOLÉON.

770. — AU MARÉCHAL BERTHIER.

Berlin, 4 novembre 1806.

Mon Cousin, donnez l'ordre au maréchal Augereau de rappeler à Berlin le 7ᵉ d'infanterie légère qui est détaché sur la Havel.

NAPOLÉON.

---

771. — AU MARÉCHAL BERTHIER.

Berlin, 4 novembre 1806.

Mon Cousin, donnez ordre que les détachements des 34ᵉ, 64ᵉ, 40ᵉ, 88ᵉ, du 21ᵉ d'infanterie légère et des 100ᵉ et 103ᵉ qui se trouvent à Spandau en partent demain pour rejoindre leurs corps à Stettin, avec tous les bagages et autres objets. Donnez ordre également aux deux bataillons du 21ᵉ d'infanterie légère qui sont à Spandau où ils ont escorté des prisonniers de se rendre sans délai à Stettin.

NAPOLÉON.

---

772. — ORDRE.

Berlin, 5 novembre 1806.

Le général Sanson est autorisé à faire enlever le buste en marbre de Frédéric II qui est dans la salle de mes aides de camp pour être transporté à Paris et placé au Dépôt général de la guerre. Le général Sanson fera mettre une inscription qui rappellera l'époque où ce buste a été pris et donné au Dépôt par l'Empereur.

Le major général, prince de Neuchâtel et Valengin,
Maréchal Alex. BERTHIER.

---

773. — AU MARÉCHAL BERTHIER.

Berlin, 5 novembre 1806.

Donnez l'ordre aux 737 hommes du corps du maréchal Ney venant de France et qui sont à Berlin, de se rendre à Spandau où ils tiendront garnison.

Donnez ordre aux 1.008 hommes venant de France, qui sont à Berlin et qui appartiennent au corps du maréchal Soult, de partir pour Küstrin où ils tiendront garnison jusqu'au passage du maréchal Soult.

Donnez ordre au détachement du 10ᵉ de chasseurs, qui est à Berlin, de se rendre à Magdeburg pour y rejoindre son corps.

Donnez ordre aux bataillons d'élite du corps du maréchal Ney qui se trouvent à Erfurt de se rendre en toute diligence à Küstrin où il rejoindront l'armée.

NAPOLÉON.

774. — ORDRE.

Berlin, 5 novembre 1806.

Le prince de Neuchâtel fera donner 6,000 francs au baron de Winkler et écrira une lettre au roi de Bavière pour qu'il le place comme capitaine dans ses troupes.

NAPOLÉON.

775. — DÉCISION.

5 novembre 1806.

L'envoyé de Saxe-Weimar demande à Sa Majesté des passeports pour le duc régnant, le prince et la princesse héréditaires, qui désirent retourner des environs de Hambourg à Weimar.

Renvoyé au major général pour faire délivrer tous ces passeports.

NAPOLÉON.

776. — DÉCISION.

Berlin, 5 novembre 1806.

Le général de division M. de Beaumont (1) propose pour l'avancement le capitaine Cabanis et le lieutenant Bella, de l'état-major de sa division ; pour commandant de la Légion d'honneur, le général Latour-Maubourg, et pour officier dans le même ordre, l'adjudant commandant Devaux.

Renvoyé au maréchal Berthier pour proposer tout à la fois.

NAPOLÉON.

(1) Marc-Antoine de La Bonninière, comte de Beaumont, commandant la 3ᵉ division de dragons.

777. — AU MARÉCHAL BERTHIER.

Berlin, 6 novembre 1806, à (1) heures du soir.

Mon Cousin, envoyez un capitaine pour faire les fonctions de commandant d'armes à mi-chemin de Berlin à Küstrin et à Francfort. Donnez ordre que tout ce qui se trouve à Spandau appartenant au corps du maréchal Soult en parte pour se rendre à Küstrin. Donnez ordre par courrier extraordinaire au 28ᵉ régiment d'infanterie légère qui tient garnison à Leipzig d'en partir pour se rendre à Küstrin. Un piquet de 100 hommes dans lequel on placera les écloppés et les hommes légèrement blessés restera à Leipzig pour garder les magasins.

NAPOLÉON.

778. — AU MARÉCHAL BERTHIER.

Berlin, 6 novembre 1806, à (2) heures du soir.

Mon Cousin, envoyez un officier brave et d'un grade inférieur à celui de chef de bataillon pour commander au fort de Preuss et un adjudant commandant pour commander à Damm. L'un et l'autre seront sous le commandement du commandant de Stettin.

NAPOLÉON.

779. — AU MARÉCHAL BERTHIER.

Berlin, 6 novembre 1806, à (3) heures du soir.

Mon Cousin, donnez ordre au général Le Marois de laisser le commandement de Wittenberg à l'adjudant commandant Nivet et de rejoindre le quartier général à Berlin. Envoyez l'adjudant commandant Courte pour être employé auprès du prince Jérôme. Le général de brigade Lefranc passera au corps du maréchal Augereau en place du général de brigade Conroux qui est blessé. Rappelez au quartier général le général de brigade Rheinvald qui commande à Francfort. Si le colonel Axamitowski a l'intelligence nécessaire, faites-le partir sur-le-champ pour être commandant d'armes

---

(1) La minute des Archives nationales porte : 10 heures du soir.
(2) La minute des Archives nationales porte seulement : au soir.
(3) L'indication de l'heure manque.

à Posen. Le colonel Maucune pourra être employé comme commandant d'armes à Landsberg au delà de Küstrin.

NAPOLÉON.

780. — DÉCISION (1).

Par un rapport en date de Berlin, 7 novembre 1806, le maréchal Berthier, ministre de la guerre, rend compte de la condamnation à mort d'un soldat du 63° de ligne pour avoir déserté avec armes et bagages, et de la cassation illégale de ce jugement par le général Heudelet en raison des bons antécédents du soldat condamné.

Il propose à l'Empereur de désapprouver la conduite du général Heudelet, mais en même temps de gracier le soldat.

Approuvé.

NAPOLÉON.

781. — ORDRE DU JOUR (2).

Au quartier général impérial à Berlin, 7 novembre 1806.

Sa Majesté voit avec peine qu'il se commet des désordres sur les derrières de l'armée, notamment aux environs de Leipzig et de Wittenberg. Les commandants français sont d'autant moins pardonnables qu'indépendamment des forces françaises qui se trouvent dans leurs commandements, il y a de l'infanterie et de la cavalerie saxonnes. Ils doivent faire faire patrouille pour arrêter les traînards, en ayant soin d'y mettre un officier ou sous-officier français. Les mêmes dispositions doivent être prises pour Weimar, Erfurt, Gotha, Brunswick, etc. Les commandants français doivent employer les forces du pays pour faire respecter les propriétés des campagnes et réprimer sérieusement les désordres qui déshonorent l'armée.

Le major général, prince de Neuchâtel et Valengin,
Maréchal Alex. BERTHIER.

---

(1) Non datée.
(2) Imprimé.

782. — ORDRE DU JOUR (1).

Berlin, 8 novembre 1806.

L'Empereur témoigne sa satisfaction au général Savary, ainsi qu'au 1er régiment de hussards et au 7e de chasseurs sous ses ordres, qui ont pris à Wismar le général Usedom avec deux régiments de hussards, forts de 1.000 chevaux, deux bataillons de grenadiers et deux pièces de canon.

Le prince de Neuchâtel et Valengin, major général de la Grande Armée,
Maréchal Alex. BERTHIER.

783. — AU MARÉCHAL BERTHIER.

Berlin, 9 novembre 1806.

Mon Cousin, il y aura une cinquième division de dragons qui sera commandée par le général Beker ; elle sera composée des 13e, 22e, 15e et 25e régiments. Elle aura comme les autres trois pièces d'artillerie légère ; il est nécessaire qu'on y attache un commissaire des guerres et tout le nécessaire à l'administration. Le général de brigade Boussard sera attaché à cette division. Il faut y attacher un adjudant commandant. Jusqu'à ce que le général Songis puisse fournir les trois pièces d'artillerie, elles seront prises parmi celles de l'infanterie de ma garde. Vous donnerez donc l'ordre que deux pièces de huit et un obusier, qui ont été attachés à ma garde à pied, passent demain matin sous les ordres du général Beker et soient servis par l'artillerie à cheval. Le maréchal Lefebvre désignera le matériel et le personnel.

NAPOLÉON.

784. — AU MARÉCHAL BERTHIER.

Berlin, 9 novembre 1806.

Mon Cousin, vous donnerez l'ordre aux 28e et 21e légère qui sont restées à Stettin d'en partir le 13, époque à laquelle les troupes de Bade seront arrivées à Stettin.

NAPOLÉON.

---

(1) Placard imprimé.

785. — AU MARÉCHAL BERTHIER.

Berlin, 9 novembre 1806.

Mon Cousin, donnez ordre aux 35 hommes du 13ᵉ régiment de dragons qui se trouvent à Berlin, venant des dépôts de Potsdam, de rejoindre leur régiment qui est également ici avec la brigade du général Beker. Donnez ordre aux 80 hommes du 8ᵉ de dragons et aux 100 hommes du 12ᵉ qui se trouvent ici d'en partir demain, s'ils sont en état, ou au plus tard après-demain, pour se rendre par Francfort-sur-l'Oder à Posen où ils joindront leurs corps respectifs qui sont de la division Beaumont. Les 108 hommes du 17ᵉ, les 140 du 25ᵉ et les 95 du 27ᵉ resteront à Berlin jusqu'à ce que leurs régiments, qui sont de la division Salme, y passent.

NAPOLÉON.

786. — AU MARÉCHAL BERTHIER.

Berlin, 9 novembre 1806.

Mon Cousin, faites remettre 6.000 francs à M. Falkowski, officier polonais, pour acheter des chevaux.

NAPOLÉON.

787. —ORDRE DU JOUR (1).

Berlin, 9 novembre 1806.

L'Empereur témoigne sa satisfaction au grand-duc de Berg, au prince de Ponte-Corvo, au maréchal Soult et aux corps de troupes d'infanterie, cavalerie, artillerie et génie à leurs ordres, pour leur conduite brillante à Lübeck, et pour l'activité qu'ils ont mise dans leur marche à la poursuite de l'ennemi.

Vivement pressé, constamment débordé sur tous les points où il cherchait une retraite, enfin accablé de toute manière, le corps du général Blücher, fort de 16.000 hommes d'infanterie, 4.000 de cavalerie, 80 pièces de canon, a été obligé de capituler, et de se rendre prisonnier de guerre pour être conduit en France. Il avait perdu tous ses bagages et ses magasins.

Il ne reste plus aucune troupe ennemie en campagne en deçà de la Vistule.

Le prince de Neuchâtel, ministre de la guerre, major général,
Maréchal Alex. BERTHIER.

---

(1) Placard imprimé.

788. — DÉCISION (1).

Berlin, 9 novembre 1806.

Dispositions prises pour le transport du 15⁰ d'infanterie légère et du 28⁰ de ligne de Paris à Wesel. Un crédit extraordinaire de 113.000 francs est nécessaire pour la dépense de ce service.

Renvoyé au major général par ordre de l'Empereur.

789. — DÉCISION.

Berlin, 10 novembre 1806.

Rapport à S. M. l'Empereur et Roi,
9 novembre 1806.

L'Empereur m'ayant ordonné de faire payer trois mille francs à chacun de MM. les auditeurs du Conseil d'Etat qui sont venus à l'armée, j'ai l'honneur de rendre compte à Sa Majesté que ces auditeurs sont au nombre de seize. Je prie en conséquence Sa Majesté de m'autoriser à prendre pour cet objet une somme de quarante-huit mille francs sur les fonds mis à ma disposition.

Maréchal BERTHIER.

Approuvé par l'Empereur.
Le ministre de la guerre,
Maréchal Al. BERTHIER.

790. — DÉCISION.

Berlin, 10 novembre 1806.

Le prince de Neuchâtel, major général, demande à l'Empereur de mettre à la disposition du général Oudinot des bonnets pour sa division de grenadiers et carabiniers.

Accordé par l'Empereur par sa décision verbale du 9 novembre soir : cette dépense sera prise sur le million à ma disposition.

Maréchal BERTHIER.

---

(1) Non signée.

791. — AU MARÉCHAL BERTHIER.

Berlin, 10 novembre 1806.

Demandez au maréchal Kellermann d'envoyer deux fois par semaine les états de situation des troisièmes bataillons et quatrièmes escadrons.

Donnez ordre au général Desbureaux qui commande la 7ᵉ division militaire de se rendre en toute diligence à Strasbourg, pour y prendre le commandement de la 5ᵉ division militaire et y être sous les ordres du maréchal Kellermann.

NAPOLÉON.

792. — ORDRE DU JOUR (1).

Berlin, 10 novembre 1806.

Troupes des princes alliés.

Sa Majesté ordonne que tous les hommes isolés et les détachements faisant partie des contingents des princes alliés, qui arrivent à l'armée pour rejoindre leurs corps, se rendent directement dans les lieux ci-après désignés :

1° A Francfort-sur-l'Oder, tout ce qui appartient aux corps de troupes du roi de Bavière et du roi de Wurtemberg ;

2° A Erfurt, ce qui appartient aux corps du prince primat ;

3° A Stettin, tout ce qui appartient aux troupes du grand-duc de Bade ;

4° A Magdeburg, tout ce qui appartient aux troupes du grand-duc de Berg ;

5° A Spandau, tout ce qui appartient aux troupes de Hesse-Darmstadt et de Nassau-Usingen ;

6° A Magdeburg, tout ce qui appartient aux troupes de Hohenzollern-Hechingen, Hohenzollern-Sigmaringen, et à celles du prince d'Isenburg.

Il est ordonné aux commandants d'armes de faire rejoindre les détachements appartenant aux différents corps désignés ci-dessus, et de les diriger sur les places indiquées pour le dépôt de chacun de ces corps.

Les commissaires des guerres donneront des feuilles de route aux hommes isolés et aux détachements, pour suivre les mêmes directions.

---

(1) Placard imprimé.

Les détachements et les hommes isolés de tous les corps hollandais faisant partie du 8ᵉ corps de la Grande Armée, sous le commandement du maréchal Mortier, se réuniront à Rinteln.

Le prince de Neuchâtel, ministre de la guerre, major général.
Maréchal Alex. BERTHIER.

---

793. — AU GÉNÉRAL DEJEAN.

Berlin, 11 novembre 1806.

J'ai l'honneur de prévenir Votre Excellence qu'indépendamment des détachements que j'ai ordonné à M. le maréchal Kellermann de faire partir dans la première quinzaine de novembre, ainsi que je vous en ai informé par ma lettre du 2, je viens de lui adresser l'ordre de former huit bataillons provisoires conformément à l'état de composition que je joins ici.

Chaque bataillon sera composé de compagnies fournies par les troisièmes bataillons des corps de la Grande Armée, à raison d'une par bataillon, et chaque compagnie sera complétée à 140 hommes.

Le maréchal Kellermann nommera un chef de bataillon et un adjudant-major pour chaque bataillon et un major pour commander deux bataillons. Il aura soin de ne pas prendre les majors dans les mêmes corps où il prendra les chefs de bataillon ou adjudants-majors.

Je donne l'ordre aux généraux commandant les 25ᵉ et 2ᵉ divisions militaires de faire diriger de suite sur Mayence les compagnies que doivent fournir les bataillons qui ne sont pas stationnés dans les 5ᵉ et 26ᵉ divisions.

Pour accélérer la formation et le départ de ces bataillons il ne sera pas nécessaire que les conscrits soient dressés ; il suffira qu'ils aient huit ou dix jours d'instruction, qu'ils soient armés, qu'ils aient la veste, la culotte, les guêtres, le chapeau d'uniforme et une capote. Il ne faudra pas attendre qu'ils aient l'habit.

Sa Majesté espère que ces troupes seront réunies à Mayence le 25 et en partiront le même jour pour se rendre le plus promptement possible, conformément aux ordres que je donne à M. le maréchal Kellermann; savoir : les 5ᵉ et 6ᵉ bataillons à Cassel pour maintenir la tranquillité de cet électorat et les six autres à Magdeburg où ils achèveront leur instruction.

Je préviens le maréchal Kellermann qu'il ne doit pas perdre un moment pour former ces bataillons ; que, pourvu qu'ils soient armés, tout est bon ; qu'ils seront fournis à Magdeburg de tout ce qui leur sera nécessaire ; que Sa Majesté doit en tirer deux avantages, puisqu'ils ne coûteront rien en France et qu'ils garderont Magdeburg, ce qui rendra d'autres troupes disponibles.

Je donne aussi l'ordre à M. le maréchal Kellermann, au général commandant la 25e division militaire et au général Junot, de faire partir au 20 novembre tous les dragons à pied, chasseurs et hussards, excédant le nombre de chevaux qui sont aux dépôts. Votre Excellence doit avoir donné le même ordre aux dépôts de cavalerie qui se trouvent dans les 6e, 24e, 16e, 1re et 15e divisions. Tout doit donc venir à la Grande Armée. Il ne doit plus y avoir aux dépôts d'hommes à pied, excepté les invalides auxquels il faut donner leur retraite. Il n'y restera que les hommes qui ont des chevaux non encore dressés et encore *l'intention expresse de Sa Majesté est-elle que ces chevaux partent, à mesure qu'il y en a dix d'équipés* (1) et d'arrangés, pour venir rejoindre leurs régiments.

Votre Excellence remarquera l'avantage qu'il y aura pour l'économie des finances de Sa Majesté et le bien de son armée dans l'envoi de ces hommes. Ils tiendront garnison dans les grandes places de Magdeburg, Potsdam, Spandau, Küstrin, Stettin, etc., garderont les derrières de l'armée, s'instruiront plus vite parce qu'ils en sentiront le besoin et enfin ne coûteront rien à l'État. Je vous prie donc de veiller à l'exécution ponctuelle de ces dispositions.

J'ai l'honneur de prévenir aussi Votre Excellence que je charge le général commandant la 25e division militaire de ne laisser qu'une compagnie de sapeurs à Juliers et de faire partir l'autre pour Magdeburg. Je le charge aussi de n'en garder qu'une à Wesel et d'envoyer le reste à l'armée. Je préviens également M. le maréchal Kellermann qu'il n'est pas besoin de garder des sapeurs à Strasbourg, qu'il ne faut en conserver qu'une compagnie à Mayence et qu'il doit faire partir tout le surplus pour l'armée.

Je vous préviens enfin que l'Empereur a ordonné la formation d'une cinquième division de dragons, commandée par le général de division Beker, ayant sous ses ordres le général Boussard, un

---

(1) Souligné sur le document.

adjudant **commandant**. Cette division se compose des 13e et 22e régiments qui faisaient partie de la division Grouchy et des 15e et 25e qui faisaient partie de la division du général Sahuc. Il sera attaché à cette division trois pièces d'artillerie légère comme aux autres, un commissaire des guerres et ce qui est nécessaire pour son administration.

J'ai ordonné à M. le maréchal Kellermann d'envoyer à Spandau les cadres des compagnies de grenadiers et voltigeurs du 3e bataillon du 28e régiment d'infanterie légère, avec le nombre d'hommes nécessaires pour compléter ces compagnies à 100 hommes, en y comprenant 88 grenadiers et voltigeurs qu'elles ont précédemment fait partir pour escorter un convoi de fonds et qui se trouvent à Spandau.

Le ministre de la guerre, prince de Neuchâtel et Valengin,
Maréchal Alex. Berthier.

TABLEAU DE LA COMPOSITION DES HUIT BATAILLONS DONT SA MAJESTÉ ORDONNÉ LA FORMATION ET LE DÉPART.

1er bataillon.

1 compagnie du	3e régiment de ligne.......		
1	—	4e —	
1	—	18e —	
1	—	57e —	980 hommes.
1	—	10e d'infanterie légère......	
1	—	24e —	
1	—	26e —	

2e bataillon.

1 compagnie du	34e de ligne............		
1	—	40e —	
1	—	88e —	
1	—	100e —	840 hommes.
1	—	103e —	
1	—	17e d'infanterie légère.....	

3ᵉ bataillon.

1 compagnie du	24ᵉ de ligne.............	⎫	
1 —	44ᵉ —	⎪	
1 —	63ᵉ —	⎬ 840 hommes.	
1 —	105ᵉ —	⎪	
1 —	7ᵉ d'infanterie légère.....	⎪	
1 —	16ᵉ —	⎭	

4ᵉ bataillon.

1 compagnie du	39ᵉ de ligne.............	⎫	
1 —	76ᵉ —	⎪	
1 —	96ᵉ	⎬ 720 hommes.	
1 —	6ᵉ d'infanterie légère.....	⎪	
1 —	9ᵉ —	⎭	

5ᵉ bataillon.

1 compagnie du	27ᵉ régiment de ligne.......	⎫	
1 —	30ᵉ —	⎪	
1 —	33ᵉ —	⎬ 720 hommes.	
1 —	51ᵉ —	⎪	
1 —	61ᵉ —	⎭	

6ᵉ bataillon.

1 compagnie du	111ᵉ régiment de ligne.......	⎫	
1	28ᵉ rég. d'infanterie légère..	⎪	
1 —	12ᵉ régiment de ligne.......	⎬ 720 hommes.	
1 —	25ᵉ rég. d'infanterie légère..	⎪	
1 —	14ᵉ régiment de ligne.......	⎭	

7ᵉ bataillon.

1 compagnie du	21ᵉ rég. d'infanterie légère.	⎫	
1 —	22ᵉ régiment de ligne.......	⎪	
1 —	27ᵉ rég. d'infanterie légère.	⎬ 840 hommes.	
1 —	8ᵉ régiment de ligne.......	⎪	
1 —	65ᵉ —	⎪	
1 —	72ᵉ —	⎭	

8ᵉ bataillon.

1 compagnie	du	21ᵉ régiment de ligne	....	⎫
1	—	45ᵉ —	....	⎪
1	—	54ᵉ —	....	⎬ 720 hommes.
1	—	94ᵉ —	....	⎪
1	—	95ᵉ —	....	⎭

6.380 hommes.

794. — DÉCISION.

12 novembre 1806.

Le ministre de la guerre soumet à l'Empereur un nouveau mode de nomination et d'avancement aux emplois d'officiers dans les régiments de carabiniers et de cuirassiers.

Approuvé.

NAPOLÉON.

795. — DÉCISION (1).

Les officiers parmesans des États de Guastalla doivent-ils être payés par le Trésor d'Italie depuis la réunion de Guastalla au royaume d'Italie ?

Ils sont à la charge du royaume d'Italie.

796. — AU MARÉCHAL BERTHIER.

Berlin, 12 novembre 1806.

Mon Cousin, mettez 50.000 francs à la disposition du maréchal Davout pour dépenses secrètes.

NAPOLÉON.

---

(1) De la main de Maret; non datée et non signée, extraite du « Travail du ministre de la guerre avec S. M. l'Empereur et Roi, du 12 novembre 1806 ».

797. — DÉCISION.

12 novembre 1806.

Pour faciliter la formation des premières compagnies des 5ᵉˢ escadrons des régiments de carabiniers et de cuirassiers, le ministre propose de choisir les officiers parmi les officiers réformés de toutes les troupes à cheval, quelle que soit leur taille.

Approuvé.

NAPOLÉON.

798. — AU MARÉCHAL BERTHIER.

Berlin, 13 novembre 1806.

Mon Cousin, donnez ordre au général Lagrange, gouverneur de Cassel, de faire partir le 16 pour le blocus d'Hameln le 12ᵉ régiment d'infanterie légère, et de garder à Cassel le régiment italien qui doit y arriver le 15 pour en former la garnison.

NAPOLÉON.

799. — AU GÉNÉRAL LAGRANGE, A CASSEL.

Berlin, 13 novembre 1806.

L'intention de l'Empereur, Général, est de donner du service aux troupes de Hesse-Cassel, s'il leur convient d'en accepter. Sa Majesté porte un grand intérêt à cette mesure qu'elle confie à vos soins. La première disposition serait donc de faire connaître aux officiers, depuis le colonel jusqu'au sous-lieutenant, ainsi qu'aux sous-officiers et soldats, qu'ils continueront à porter leur même uniforme, mais que les nouveaux régiments seront organisés comme un régiment d'infanterie légère à trois bataillons ; qu'officiers, sous-officiers et soldats jouiront des mêmes appointements, de la même solde, des mêmes masses, indemnités et enfin seront en tout point traités comme le sont les troupes françaises, ce que vous aurez soin de faire connaître. Quant aux officiers généraux, sur votre rapport, il leur sera accordé des retraites proportionnées à leurs services et aux appointements dont ils jouissaient.

L'Empereur voudrait lever cinq régiments formés des troupes

de Hesse-Cassel, savoir : deux régiments au service de France, dont le premier se rendrait à Caen et le deuxième à Bordeaux ; un au service de Hollande qui se rendrait à Nimègue ; un au service du roi d'Italie qui se rendrait à Milan ; enfin, un au service du roi de Naples qui se rendrait à Naples. Les deux régiments au service de France et celui au service de Hollande se formeraient à Mayence, et ceux au service des rois d'Italie et de Naples se formeraient à Haguenau.

L'Empereur, Général, vous donne plein pouvoir et toute autorité suffisante pour organiser ces régiments, nommer les colonels, chefs de bataillon, majors et autres officiers en vous conformant à l'organisation française pour un régiment d'infanterie légère à trois bataillons. Aussitôt que vous aurez fait l'organisation de l'état-major et des compagnies de chaque régiment, vous les ferez bien habiller et équiper en buffleterie, gibernes, etc., avec les habits et effets d'équipement de Hesse-Cassel ; il en est de même de la coiffure, de manière qu'il faut qu'ils aient de tout ce qui existe. Vous donnerez une lettre à chaque officier qui lui servira de nomination provisoire pour le grade qu'il doit occuper et le régiment dont il doit faire partie. Vous ferez faire un contrôle de chaque compagnie en désignant le bataillon et le régiment dont elle fait partie.

Vous observerez d'employer chacun dans le grade qu'il a aujourd'hui. Vous n'êtes pas autorisé à donner des grades supérieurs à celui dont un officier est pourvu. Vous commencerez par organiser les deux régiments pour le service de France, et, à mesure que les officiers seront désignés et pourvus de vos lettres, et que les compagnies seront formées, et que le contrôle en sera dressé, et que vous les aurez fait bien habiller et bien équiper, vous leur ferez expédier les feuilles de route pour se rendre à Mayence où, là seulement, ils seront armés de fusils ; et, aussitôt qu'ils les auront et que le maréchal Kellermann aura passé un régiment en revue, il fera partir le premier pour Caen, et le second pour Bordeaux. Il en sera de même pour le régiment au service du roi de Hollande, qui se rendra à Nimègue. Vous suivrez la même marche à l'égard des deux régiments levés pour les rois d'Italie et de Naples, qui seront armés à leur arrivée à Haguenau, passés en revue par le général qui y commande, et qui recevront ensuite une feuille de route pour se rendre, l'un à Milan et l'autre à Naples.

Vous sentez, Général, l'importance de l'opération dont l'Empereur vous charge ; elle demande soin et adresse ; le succès n'en paraît pas douteux, puisque les officiers et soldats de Hesse-Cassel jouiront d'appointements et de traitements équivalents à près de trois quarts de plus que celui dont ils jouissaient au service de Hesse.

Ces nouveaux régiments se peuvent commander par leurs mêmes officiers, habiller, équiper, coiffer, comme ils l'étaient, ce qui donne l'avantage de ne faire aucune dépense et d'employer tout ce qui est dans les magasins de Hesse-Cassel. Ne perdez pas un moment pour remplir les vues de l'Empereur, et donnez-moi tous les jours de vos nouvelles.

Maréchal BERTHIER.

800. — AU MARÉCHAL BERTHIER.

Berlin, 14 novembre 1806.

Mon Cousin, donnez au général Le Marois, mon aide de camp, l'Ordre de Wurtemberg.

NAPOLÉON.

801. — DÉCISION (1).

Rapport à l'Empereur.

Posen, 14 novembre 1806.

J'ai l'honneur de proposer à Votre Majesté de faire payer aux élèves de l'École militaire faits officiers, avant leur départ pour les corps auxquels ils sont destinés, leur gratification de campagne, et cent francs à chacun des élèves du Prytanée, faits sous officiers. Quant aux élèves de l'Ecole militaire qui restent près des maré-	Accordé. NAPOLÉON.

---

(1) Non datée.

chaux, je propose à Votre Majesté de leur faire donner l'uniforme vert, le bouton de leur régiment et l'épaulette de leur grade.

    Le prince de Neuchâtel,
    maréchal Alex. BERTHIER.

802. — AU MARÉCHAL BERTHIER.

Berlin, 14 novembre 1806.

Mon Cousin, écrivez à Bayreuth au général Legrand d'envoyer de Cronach quelques pièces de canon au fort de Kulmbach, pour faire rendre enfin ce fort.

NAPOLÉON.

803. — AU MARÉCHAL BERTHIER.

Berlin, 14 novembre 1806, à cinq heures du matin.

Mon Cousin, donnez ordre que les chasseurs à pied de ma garde et les douze pièces d'artillerie qui devaient partir aujourd'hui ne partent pas. La cavalerie seule, dont j'ai ordonné le départ, partira avec ses douze pièces d'artillerie à cheval.

NAPOLÉON.

804. — AU MARÉCHAL BERTHIER.

Berlin, 16 novembre 1806.

Mon Cousin, donnez ordre au général Savary de se rendre sur-le-champ devant Hameln. Il y prendra le commandement des troupes qui bloquent cette forteresse, en ayant soin de faire retrancher par de bonnes redoutes tous les postes du blocus. Il fera prendre dans la place de Rinteln des obusiers et des canons pour bombarder la ville et y mettre le feu et en accélérer la reddition. Il fera garnir les redoutes de petites pièces de campagne, afin d'empêcher l'ennemi de faire lever le blocus et de suppléer au petit nombre de troupes qu'il a par ces retranchements et par un bon service. Il me fera passer l'état de l'organisation du blocus et correspondra avec vous. Il tirera ses vivres et tout ce dont il aura besoin du pays d'Hanovre. Le 12° régiment d'infanterie légère doit être parti aujourd'hui de Cassel pour Hameln ; s'il n'était pas arrivé, le général Savary écrira au général Lagrange de le faire venir sans délai ; et s'il a réellement besoin de troupes, il pourra se servir de quelques-uns des détachements de cavalerie que le général Lagrange a à Cassel. Il suppléera par de bonnes dispositions, de l'activité et de l'énergie au peu de troupes qu'il aura. Il sera commandant du blocus de Hameln par une commission spéciale. Il pourra accorder à la garnison une capitulation par laquelle elle sera prisonnière de guerre, les officiers sur parole, les soldats envoyés en France. Il aura soin que toutes les caisses des régiments et tout ce qui appartiendrait au roi de Prusse nous restent. Il vous fera un rapport sur la place de Rinteln.

NAPOLÉON.

805. — DÉCISION.

Berlin, 16 novembre 1806.

M. Denon fait connaître à l'Empereur qu'au nombre des statues laissées à Sans Souci, il s'en trouve d'antiques qui seraient dignes de décorer les palais impériaux ; que les militaires désirent voir transporter en France le quadrige de la Victoire qui est sur la porte de Brandebourg, et qu'enfin, dans le cabinet royal de Berlin, existe le petit modèle en bronze de la statue du Grand Electeur qui est placée sur le pont, près du palais. M. Denon sollicite des ordres pour l'enlèvement de ces divers objets et œuvres d'art.

L'Empereur approuve que tout cela soit enlevé.

Maréchal BERTHIER.

806. — NOTE (1).

Berlin, 18 novembre 1806.

Nous nous trouvions hier dans un café où l'on soutenait que

---

(1) De la main de Meneval. En marge et de la même main que le texte de la note figure l'annotation suivante : « A mettre dans le Journal des Débats. » — Publiée avec variantes dans le Journal des Débats du 26 novembre 1806.

l'évaluation des prisonniers faits dans la campagne, rapportée dans le 32ᵉ bulletin, était trop forte et l'on en donnait pour raison que, si l'armée prussienne n'était que de 145.000 hommes, on ne pouvait pas avoir fait 140.000 prisonniers. Sans entrer dans de grandes explications, il est essentiel de faire observer que les 3ᵉˢ bataillons qui composaient la garnison d'Erfurt, de Stettin, de Küstrin et autres places, une partie de celle de Magdeburg, ce qui tout ensemble formait près de 30,000 hommes qui ne sont pas compris dans l'état de l'armée prussienne, ont cependant été faits prisonniers. Il resterait donc encore 35.000 hommes pour les morts, les fuyards, etc. Les blessés sont compris dans la récapitulation des prisonniers.

---

807. — AU MARÉCHAL BERTHIER.

18 novembre 1806.

Le 7ᵉ de chasseurs partira demain pour se rendre à Küstrin d'où il continuera sa route pour rejoindre le corps du maréchal Augereau.

Le 1ᵉʳ d'hussards se rendra à Francfort-sur-l'Oder où il restera jusqu'à nouvel ordre.

Ecrire au général Sahuc que mon intention est que les officiers soient envoyés en France, puisqu'ils sont prisonniers de guerre; que par conséquent leurs chevaux doivent être pris comme les autres; que par conséquent il doit remettre 4.800 chevaux, près de 5.000. Ces prisonniers seront escortés à Spandau par 400 hommes de troupes alliées auxquels on les consignera dans la plus grande règle. La division Sahuc se portera à Berlin le 20 assez à bonne heure pour pouvoir passer ma revue.

Je verrai demain le 6ᵉ d'infanterie légère. Le major général donnera des ordres pour qu'on porte un soin particulier au dépôt du 1ᵉʳ d'hussards qui est très faible à l'armée et n'a que 300 hommes.

Ce dépôt est à Tongres. Il en fera passer une revue spéciale, hommes et chevaux; son effectif est de 250 hommes.

Le major général enverra aujourd'hui demander des renseignements au colonel sur sa situation. Ce régiment est porté sur mes états comme ayant 529 hommes et 524 chevaux à l'armée et comme ayant 107 chevaux et 214 hommes au dépôt.

NAPOLÉON.

808. — AU MARÉCHAL BERTHIER.

Berlin, 18 novembre 1806.

Mon Cousin, donnez ordre au régiment de Bade qui est resté à Küstrin de rejoindre le reste du corps à Stettin. Donnez ordre au général Le Marois de garder à Stettin tous les petits dépôts des corps des maréchaux Lannes et prince de Ponte-Corvo, et de faire des perquisitions pour savoir s'il est vrai qu'on ait vendu du drap, ainsi que de réunir tous les reçus signés du nommé David.

NAPOLÉON.

---

809. — AU MARÉCHAL BERTHIER.

Berlin, 19 novembre 1806.

Mon Cousin, donnez l'ordre au général Le Marois qui est à Stettin de se rendre à Danzig pour prendre le commandement de cette ville et de la province. Il se rendra d'abord à Bromberg d'où il partira avec les troupes qui doivent prendre possession de Danzig. Il sera également nécessaire que vous fassiez partir l'intendant pour cette ville.

NAPOLÉON.

---

810. — DÉCISIONS (1).

Berlin, 20 novembre 1806.

Le ministre de la guerre soumet à Sa Majesté la question de savoir si un enfant naturel reconnu par sa mère peut être admis en qualité de pensionnaire à l'Ecole militaire de Fontainebleau.	Il est inutile d'entrer dans cette question. L'extrait de baptême ne portant pas le nom de l'enfant qu'on présente, l'admission ne peut avoir lieu et les pièces ne sont pas en règle.
Le roi de Hollande a requis 110 gendarmes de la 17e légion.	Sa Majesté a ordonné qu'ils rentrassent dans leur légion.

---

(1) De la main de Maret, non signées.

811. — DÉCISION.

Berlin, 20 novembre 1806.

Le général Dejean, ministre directeur de l'administration de la guerre, propose à l'Empereur de prendre dans les 66e et 82e régiments d'infanterie de ligne le détachement de 45 hommes demandé par le ministre de la marine pour former la garnison de la frégate la *Pénélope*, en armement à Bordeaux.

Le ministre de la marine fournira des canonniers.

NAPOLÉON.

812. — AU MARÉCHAL BERTHIER.

Berlin, 22 novembre 1806.

Mon Cousin, le général de division d'Espagne commandera la 3e division de cuirassiers. Il ira à Leipzig à la rencontre des quatre régiments et les réunira là. Vous me ferez connaître le jour où ils sont arrivés. Il faut lui désigner deux généraux de brigade. Depuis Leipzig, ces régiments ne marchent plus par régiment, mais par division, le général à la tête.

NAPOLÉON.

P.-S. — Donnez ordre à la compagnie d'ordonnance qui arrive de Mayence, commandée par M. de Montmorency, de se rendre à Magdeburg.

813. — AU GÉNÉRAL DEJEAN.

Berlin, 23 novembre 1806.

Monsieur Dejean, le traitement des Prussiens était un projet que je proposais au roi de Prusse. Ce prince n'ayant pas voulu y adhérer, les prisonniers prussiens doivent être traités comme l'étaient les prisonniers autrichiens.

NAPOLÉON.

814. — DÉCISION (1).

Berlin, 23 novembre 1806.

Observations sur la subsistance des prisonniers de guerre prussiens.

Renvoyé au prince de Neuchâtel pour donner ordre que les Prussiens soient traités comme l'étaient les prisonniers autrichiens.

815. — DÉCISION.

Berlin, 24 novembre 1806.

Le général Bourcier rend compte à l'Empereur de la revue des chevaux de prise qu'il vient de passer.

Répondre qu'il ne faut donner des chevaux aux alliés que lorsque mes troupes seront montées et lorsque les alliés seront arrivés pour monter les chevaux ; demander un état général de la situation.

NAPOLÉON.

816. — RÉPONSE DE L'EMPEREUR
AUX DIFFÉRENTES DÉPUTATIONS POLONAISES.

Posen, 28 novembre 1806.

L'Empereur a répondu à chacun de ces harangueurs ; Sa Majesté a dit, entre autres choses :

« Que la France n'avait jamais reconnu le partage de la Pologne ; que les événements de la guerre l'ayant amené dans ce pays, il trouvait conforme à ses principes d'y recevoir les représentants de cet antique royaume ; que l'illustre nation polonaise avait rendu les plus grands services à l'Europe entière ; que ses malheurs avaient été le résultat de ses divisions intestines ; qu'il ne pouvait point leur promettre le rétablissement de leur indépendance, puisqu'il ne devait dépendre que d'eux ; que, lorsqu'une grande nation, que plusieurs millions d'hommes veulent être indépendants, ils réussissent toujours dans leur entreprise ; que, comme Empereur

---

(1) Non signée.

des Français, il verra toujours avec un vif intérêt le trône de Pologne se relever, et l'indépendance de cette grande nation assurer celle de ses voisins, menacée par l'ambition démesurée de la Russie ; que cela dépend plus d'eux que de lui ; que si les prêtres, les nobles, les bourgeois veulent faire cause commune, et prennent la ferme résolution de triompher ou de mourir, il leur présage qu'ils triompheront ; mais que des discours et des vœux stériles ne suffisent pas ; que ce qui a été renversé par la force ne peut être rétabli que par la force ; que ce qui a été détruit par le défaut d'union ne peut être rétabli que par l'union, et que, le principe politique qui a porté la France à désavouer le partage de la Pologne lui faisant désirer son rétablissement, les Polonais pouvaient toujours compter sur sa toute-puissante protection.

NAPOLÉON.

817. — AU MARÉCHAL BERTHIER.

Posen, 28 novembre 1806.

Mon Cousin, donnez l'ordre au commandant de Küstrin de faire partir sur-le-champ, sous escorte et par terre, 6.000 paires de souliers de Küstrin pour Posen. Mettez à l'ordre de l'armée que les commandants de place aient à prendre tous les moyens nécessaires pour faire partir tous les effets des corps qui sont dans leurs places et surtout les souliers dont l'armée commence à avoir besoin.

NAPOLÉON.

P.-S. — Mettre demain à l'ordre du jour la prise de Hameln.

818. — AU MARÉCHAL BERTHIER.

Posen, 29 novembre 1806.

Mon Cousin, donnez ordre à un des deux bataillons de Nassau qui sont à Magdeburg, à celui qui est le plus nombreux, de se rendre à Berlin pour y tenir garnison. Donnez ordre également au plus nombreux des deux bataillons de Würzburg qui sont à Wittenberg de se rendre à Berlin pour y tenir garnison. Ces deux bataillons formeront le fonds de la garnison de Berlin. Ils sont suffisants pour garder les magasins et servir à la police de la ville.

NAPOLÉON.

819. — AU GÉNÉRAL DEJEAN.

Posen, 29 novembre 1806.

Monsieur Dejean, on se plaint généralement que les conscrits manquent d'habits et de fusils. Pourvoyez à l'un et à l'autre. Je crois avoir déjà donné l'ordre que tous les souliers que vous avez à Strasbourg et Mayence soient dirigés sur Berlin.

NAPOLÉON.

---

820. — AU MARÉCHAL BERTHIER.

Posen, 30 novembre 1806.

Mon Cousin, mettez 50.000 francs à la disposition du général Bourcier pour les dépenses relatives aux réparations de selles et autres objets à faire aux dépôts de Potsdam.

NAPOLÉON.

---

821. — AU MARÉCHAL BERTHIER.

Posen, 30 novembre 1806.

Mon Cousin, envoyez l'ordre au régiment de fusiliers de ma garde de partir de Paris le 12 décembre pour se rendre à Berlin. Ce régiment est composé de deux bataillons de quatre compagnies chacun, chaque compagnie forte de 150 hommes, formant un total de 1.300 hommes ; mais comme j'ai demandé un plus grand nombre d'hommes qu'il ne fallait, il doit y avoir 1.800 hommes. Vous ordonnerez donc que chaque compagnie parte complétée à 180 hommes, ce qui fera 720 hommes par bataillon ou près de 1.500 hommes pour le régiment. Ce régiment partira en poste, de manière à être rendu à Mayence le 19 ou le 20 décembre et à Berlin le 8 janvier. Vous donnerez ordre que chaque homme parte de Paris avec 4 paires de souliers, une aux pieds et 3 dans le sac, et que tous aient leur capote. Ils prendront à Mayence leurs cinquante cartouches par homme et leurs pierres. Ils seront soldés en partant de Paris jusqu'au 1er février.

NAPOLÉON.

822. — AU MARÉCHAL BERTHIER.

Posen, 30 novembre 1806.

Mon Cousin, donnez ordre au 14° régiment d'infanterie de ligne bavarois et au 5° régiment d'infanterie légère bavarois ou bataillon Lamotte, formant ensemble un total de 2.500 hommes, de se rendre de Nürnberg à Berlin. Donnez ordre au 6° régiment d'infanterie de ligne bavarois, appelé « du duc Guillaume », qui est en ce moment dans le pays de Bayreuth, devant Plassenburg, de se rendre à Berlin, lorsque le fort sera pris, après l'avoir démoli et en avoir envoyé l'artillerie à Cronach et à Forchheim. Envoyez ces ordres par des courriers extraordinaires afin d'avoir réponse et de savoir promptement quand ces corps arriveront. Vous en instruirez le roi de Bavière, en lui faisant comprendre que ces régiments, sur les derrières, ne peuvent lui servir de rien ; au lieu qu'à l'armée, ils renforceront d'autant l'armée bavaroise. Vous lui direz que j'envoie d'ailleurs plusieurs bataillons français pour renforcer la garnison de Braunau.

NAPOLÉON.

---

823. — AU MARÉCHAL BERTHIER.

Posen, 30 novembre 1806.

Mon Cousin, donnez ordre à la compagnie de grenadiers et à celle de voltigeurs du 4° bataillon du 3° régiment de ligne, de partir de Strasbourg pour se rendre à Braunau pour rejoindre les 3 autres bataillons de ce régiment. Donnez ordre également aux 1°, 2°, 4° et 5° compagnies du 4° bataillon de ce régiment de partir avec les compagnies de grenadiers et de voltigeurs. Ces compagnies seront complétées, celles de grenadiers à 80 hommes, celles de voltigeurs et les 4 compagnies qui partent à 140 hommes, ce qui fera un détachement de 7 à 800 hommes. Le chef du 3° bataillon partira avec ces 6 compagnies et le major restera au dépôt avec ce qui restera du bataillon. Donnez ordre que l'on complète le 3° bataillon du 17° de ligne à 1.000 hommes et qu'on le fasse partir de Boulogne pour Mayence où il recevra de nouveaux ordres. Donnez ordre qu'on complète le 3° bataillon du 21° de ligne également à 1.000 hommes et que ce bataillon se rende à Mayence. Il suffira que les conscrits qu'on prendra pour compléter ces bataillons soient habillés et marchent au pas, ces bataillons étant destinés à rester dans des places fortes où ils pourront achever leur instruction. Vous me ferez connaître le jour où ces deux bataillons arriveront à Mayence.

NAPOLÉON.

824. — AU MARÉCHAL BERTHIER.

Posen, 1ᵉʳ décembre 1806.

Mon Cousin, il sera formé une troisième brigade de cavalerie légère qui sera attachée à la réserve de cavalerie que commande le grand-duc de Berg. Cette brigade sera commandée par le général de brigade Watier et sera composée du 11ᵉ régiment de chasseurs et du régiment bavarois chevau-légers du prince royal. Cette brigade sera réunie le plus tôt possible à Kutno. Par ce moyen, la réserve de cavalerie aura trois brigades de cavalerie légère formant six régiments, ce qui est nécessaire pour l'éclairer.

NAPOLÉON.

825. — DÉCISIONS (1).

Le ministre demande s'il faut conserver 381,896 litres de vin qui existent à Boulogne ou les remettre au domaine pour être vendus, afin d'éviter leur détérioration.

Il sera tenu chez M. l'archichancelier un conseil d'administration auquel seront appelés les ministres de l'administration de la guerre et de la marine et les conseillers d'État Defermon, Lacuée, Bérenger et Duchâtel. Sa Majesté approuve la résolution que prendra ce conseil.

Le ministre demande par qui devront être acquittées les fournitures en subsistance faites à l'armée de Hollande pendant le temps qu'elle a séjourné à Wesel, sur les États du grand-duc de Berg et de Clèves.

Il faut laisser cette dépense à la charge de ceux qui l'ont supportée.

(1) De la main de Maret; ni datées, ni signées, extraites du « Travail du ministre directeur avec l'Empereur, du 3 décembre 1806 ».

826. — AU MARÉCHAL BERTHIER.

Posen, 5 décembre 1806.

Mon Cousin, donnez ordre au général Le Marois de se rendre à Varsovie pour prendre le commandement de cette ville.

NAPOLÉON.

---

827. — AU GÉNÉRAL DEJEAN.

Posen, 8 décembre 1806.

Monsieur Dejean, les régiments de dragons qui étaient à Naples n'ont point été complétés en remontes ; le complet de la remonte de ces régiments était à 540 chevaux et à 200 chevaux pour les dépôts, total 740 chevaux. Les fonds qui leur étaient nécessaires pour avoir ces 540 chevaux n'ont point été faits parce que le royaume de Naples devait en fournir les fonds. Les fonds pour les 200 chevaux des dépôts doivent avoir été faits. Il faut porter les régiments de dragons qui sont en Italie au même pied que ceux de la Grande Armée, c'est-à-dire à 828 chevaux. Faites-en passer une revue pour savoir ce qui leur manque pour arriver au complet et proposez-moi des mesures. Même observation pour les régiments de chasseurs qui sont renvoyés de Naples en Italie, c'est-à-dire le 6e et le 14e.

NAPOLÉON.

---

828. — AU MARÉCHAL BERTHIER.

Posen, 8 décembre 1806.

Mon Cousin, donnez l'ordre qu'aussitôt que le 6e et le 14e régiments de chasseurs seront arrivés du royaume de Naples à Ancône pour entrer dans le royaume d'Italie, deux des anciens régiments de cavalerie qui se trouvent en Italie, au choix du vice-roi, en partent le même jour pour se rendre à la Grande Armée. Ils seront organisés de la même manière que les trois régiments de chasseurs qui en arrivent. Ils laisseront leurs chevaux, en ayant bien soin d'emporter leurs selles.

NAPOLÉON.

829. — ORDRE.

Au quartier impérial de Posen, 8 décembre 1806.

Article premier. — Notre ministre directeur de l'administration de la guerre prendra des mesures pour qu'il y ait au magasin, à Mayence, 50.000 paires de souliers sur lesquelles une paire sera donnée à chaque soldat isolé, ou faisant partie des détachements dont les dépôts sont dans l'intérieur, qui passerait par Mayence pour rejoindre la Grande Armée.

Art. 2. — Tous les détachements qui seront envoyés des dépôts de France à leur corps doivent être munis d'une paire de souliers aux pieds et de deux paires dans le sac. Ceux qui viendront de Boulogne et de l'intérieur recevront une paire de souliers à Mayence, en remplacement de celle qu'ils seront censés avoir usée en route.

Art. 3. — Tous les hommes isolés ou faisant partie de détachements venant de France recevront à Magdeburg une autre paire de souliers.

A cet effet, notre intendant général de la Grande Armée aura toujours 20.000 paires de souliers en magasin, à Magdeburg.

Ainsi, tout détachement ou homme isolé passera l'Elbe avec une paire de souliers aux pieds et deux paires dans le sac.

Art. 4. — Nous accordons une gratification de deux paires de souliers à toute l'armée. Les fonds d'une en seront fournis par notre ministre directeur de l'administration de la guerre aux dépôts des corps, qui les feront confectionner sans délai et les enverront à l'armée, l'autre sera fournie en nature par les soins de notre intendant général de l'armée.

Art. 5. — Indépendamment des deux paires de souliers que nous accordons en gratification, le major et le conseil d'administration des dépôts feront faire sur la masse de linge et chaussures deux nouvelles paires de souliers pour chaque homme qu'ils ont à l'armée, laquelle sera envoyée sans délai au corps par les soins dudit conseil d'administration, en suivant la route de l'armée. Il sera, en conséquence, payé par forme d'acompte sur la solde des mois arriérés de l'an 1806 au conseil d'administration une somme de 20.000 francs par corps d'infanterie.

Art. 6. — Notre intendant général de la Grande Armée tiendra toujours 10.000 paires de souliers à Küstrin, à la disposition du général commandant, lequel visitera à leur passage tous les hommes isolés ou faisant partie de détachements qui se rendraient à l'armée et, lorsqu'il le jugera nécessaire, leur donnera une paire de souliers.

Art. 7. — Il y aura à Magdeburg un adjudant commandant, spécialement chargé de passer en revue tous les hommes rejoignant l'armée, et de pourvoir à ce que leur habillement et leur armement soient en état.

Il leur fera délivrer, selon qu'ils en auront besoin, une paire de souliers, une capote, des cartouches, pierres à fusil, etc., et, après deux jours de repos, il leur fera donner une feuille de route pour se rendre à Küstrin. Le double de cette feuille de route et de la revue de départ seront adressés au major général par ledit adjudant commandant. La revue de départ fera connaître la situation de l'armement et de l'habillement du détachement.

Art. 8. — Ces détachements, en passant à Berlin, auront un jour de repos. Le gouverneur les passera en revue à midi la veille de leur départ pour vérifier leur situation et, dans des cas extraordinaires et non prévus par la présente ordonnance, il leur fera délivrer ce dont ils auraient besoin.

Art. 9. — Arrivés à Küstrin, ces détachements auront un séjour. Le général commandant les passera en revue, vérifiera leur ordre de route, instruira le major général de leur situation et leur fera délivrer une nouvelle route jusqu'à l'endroit où se trouveront leurs corps. Il leur fera donner des capotes si les circonstances l'exigent ; à Küstrin, il y aura à cet effet 5.000 capotes. Il y aura à Magdeburg 15.000 capotes pour le même objet.

Art. 10. — Indépendamment de tous ces moyens, notre intendant général de la Grande Armée est chargé de prendre des mesures pour munir les magasins de l'armée de souliers.

Art. 11. — Notre ministre de la guerre, major général de la Grande Armée, et notre ministre directeur de l'administration de la guerre sont chargés de l'exécution du présent ordre.

NAPOLÉON.

830. — DÉCISION.

Posen, 8 décembre 1806.

M. Daru sollicite un crédit de 6.000 francs pour faire payer à chacun des deux auditeurs qui viennent d'arriver à l'armée une somme de 3.000 francs, à l'instar des autres auditeurs arrivés avant eux.

Approuvé.

NAPOLÉON.

831. — DÉCISIONS (1).

Posen, 8 décembre 1806.

Le général de division Magallon La Morlière, de retour de l'Ile-de-France, demande de l'emploi.

Lui accorder avec son traitement d'activité un congé de six mois.

Le ministre de la guerre demande si les détachements des troupes confédérées qui se rendent dans l'Empire, soit pour escorter les prisonniers de guerre, soit autrement, seront payés par le Trésor de France ou si les avances qui leur seront faites seront remboursées par les différents Etats.

On tiendra un compte particulier de ces avances et je verrai ce qui sera fait.

832. — AU MARÉCHAL BERTHIER.

Posen, 9 décembre 1806.

Mon Cousin, donnez ordre au détachement du 1er régiment d'infanterie légère italienne qui est à Würzburg et à celui qui est à Eisenach de rejoindre leur corps. Donnez ordre aux 50 dragons à pied qui sont à Iéna de se rendre à Spandau. Le service de la place de Spandau sera fait par les troupes du duc de Saxe-Weimar. Faites partir de Berlin les 23 hommes de la compagnie d'élite du 4e régiment de dragons. Faites-moi connaître ce qu'on fait

---

(1) Non signées.

à Berlin de la 12ᵉ compagnie du 1ᵉʳ régiment d'artillerie, de la 14ᵉ compagnie du 6ᵉ d'artillerie, des 17 ouvriers et des 80 sapeurs du 2ᵉ bataillon. Donnez ordre au général qui commande à Küstrin de faire partir sur les 600 hommes du dépôt du 6ᵉ corps et sur les 460 hommes du 7ᵉ corps tout ce qui est armé et habillé, ayant une capote, deux paires de souliers dans le sac et étant dans le cas de rejoindre. Rappelez les 5 hommes de la gendarmerie d'élite qui sont à Meseritz. Donnez ordre à Spandau qu'on fasse partir les 10 hommes du 28ᵉ légère, les 20 hommes du 24ᵉ, les 6 hommes du 6ᵉ, les 35 hommes du 27ᵉ de ligne, les 396 hommes isolés et les 84 du 6ᵉ corps, après toutefois les avoir pourvus de fusils et de tout ce dont ils auront besoin. Vous les ferez diriger sur Küstrin et de là sur Posen.

NAPOLÉON.

833. — ORDRE DU JOUR.

Au quartier impérial à Posen, 9 décembre 1806.

La gendarmerie prussienne qui s'organise en vertu du décret impérial du 3 novembre dernier portera l'uniforme suivant :

Habit gris de fer boutonné sur la poitrine avec neuf boutons, sans poches ;
Collet rouge ;
Aiguillette blanche sur l'épaule gauche avec un trèfle de même couleur sur l'épaule droite ;
Gilet et pantalon gris de fer ;
Boutons blancs ;
Chapeau à cornes ;
Bottes prussiennes.
Elle sera armée et équipée ainsi qu'il suit :
Sabre de cavalerie ;
Pistolets ;
Giberne avec un baudrier noir ;
Ceinturon noir.
Les brigadiers seront distingués par un petit galon d'argent sur le collet.
Cette gendarmerie sera protégée dans l'exercice de ses fonctions par tous les postes de troupes françaises et alliées.

Le nommé Joseph Cheron, tambour de la 3ᵉ compagnie du 2ᵉ bataillon du 13ᵉ régiment d'infanterie légère, convaincu de tentative de meurtre à main armée envers un particulier, a été condamné, par jugement de la commission militaire formée à Leipzig, à la peine de vingt années de fers.

Le nommé Jean-Jacques Renaut, tambour de la 4ᵉ compagnie du même bataillon, convaincu de violences et voies de fait envers un particulier et une femme, a été condamné à la peine de deux années de fers par le même jugement.

Le prince de Neuchâtel, ministre de la guerre, major général,
Maréchal Alex. BERTHIER.

834. — AU MARÉCHAL BERTHIER.

Posen, 10 décembre 1806.

Mon Cousin, donnez ordre au général Ménard qu'aussitôt que les troupes de Hesse-Darmstadt seront arrivées, il en mette un petit bataillon à Landsberg pour y tenir garnison, garder les magasins et faire la police de la navigation.

NAPOLÉON.

835. — AU GÉNÉRAL DEJEAN.

Posen, 11 décembre 1806.

Monsieur Dejean, je vois par l'état des progrès des remontes au 25 novembre que le 1ᵉʳ de carabiniers aurait 797 chevaux. Cela supposerait qu'il en aurait beaucoup en France. La même observation doit être faite au sujet du second régiment. Les huit régiments de cuirassiers et les deux de carabiniers auraient ensemble 7.400 chevaux, ce qui suppose qu'ils en ont plus de 1.900 en France. Si cela est, faites partir ces chevaux. La même observation est à faire pour les dragons, les chasseurs et les hussards, en en déduisant, bien entendu, les chevaux des hommes à pied qui ont été montés en Allemagne, et indépendamment de ce qui a été pris ou donné pour remplacement des chevaux tués. Je vous prie donc de m'envoyer un contre-état qui établisse bien ce qu'il y aura au 15 décembre dans les différents dépôts, en mettant ce que les corps ont reçu et ce qu'ils doivent recevoir en conséquence des **marchés conclus**.

NAPOLÉON.

836. — DÉCISION.

Posen, 11 décembre 1806.

Le ministre rend compte qu'afin de pourvoir d'une caserne le régiment des chevau-légers belges en formation à Liège, il a ordonné aux dépôts des 6°, 13° et 22° régiments, établis dans cette ville, de se rendre à Namur.

Il ne faut jamais faire voyager les dépôts. Placer plutôt à Wesel le régiment d'Arenberg ; ou, à mesure qu'une compagnie est formée, l'envoyer à Munster.

NAPOLÉON.

837. — DÉCISION.

Posen, 11 décembre 1806.

Supplique d'un vieillard hanovrien à l'Empereur afin d'obtenir une indemnité pour trois chevaux qui lui ont été enlevés.

Renvoyé au major général pour faire payer les trois chevaux dont ce vieillard réclame le prix.

NAPOLÉON.

838. — DÉCISION.

Posen, 12 décembre 1806.

Le vice-roi d'Italie réclame contre l'insuffisance des 1.200 francs accordés par mois au chef de l'état-major général de l'armée pour frais de bureau.

L'Empereur a décidé que l'excédent des dépenses de l'état-major serait pris sur les 30.000 francs accordés par mois au général commandant en chef de l'armée d'Italie.

BERTHIER.

839. — AU MARÉCHAL BERTHIER.

Posen, 12 décembre 1806.

Donnez ordre au maréchal Soult de faire partir demain la division Leval pour Inowrazlaw, la division Saint-Hilaire pour Sompolno, la brigade de cavalerie légère pour Brest et Kovale, la division Legrand pour Konine, le parc pour Kletchev.

Prévenez de ce mouvement le prince de Ponte-Corvo qui en profitera pour donner plus d'aisance à ses cantonnements sans trop s'éloigner de la direction actuelle.

Envoyez l'ordre à Küstrin au général Ménard de faire partir toutes les troupes de Hesse-Darmstadt qui se trouvent à Küstrin et Landsberg, et de les diriger sur Bromberg. Envoyez un officier d'état-major au maréchal Ney, à Thorn, pour l'en prévenir.

Le général Ménard passera une revue de ces troupes avant leur départ, et enverra la revue à l'état (*sic*).

Elles prendront à Landsberg et à Driesen des vivres pour quatre jours (1).

NAPOLÉON.

---

840. — ORDRE.

Posen, 14 décembre 1806.

Toutes les compagnies qui ne feront pas nombre, le général Oudinot les placera comme il l'entendra, en les mettant cependant parmi les compagnies de leurs corps d'armée. A la première revue de la division que passera l'Empereur, il décidera ce qui conviendra.

L'ordre sera donné pour qu'il soit attaché à la division une brigade de 27 caissons de la compagnie Breidt, dont 18 seront destinés au service du pain et 9 au service de l'ambulance ; cela aidera d'autant l'administration de la garde auquel ce corps devra être réuni.

Le major général demandera pourquoi le 3° bataillon n'est fort que de 360 hommes. Le 7° bataillon est aussi bien faible. Je croyais avoir nommé un troisième général de brigade pour com-

---

(1) Sur le document, le texte de cette lettre est souligné.

mander la 3ᵉ brigade. On me fera connaître s'il y a moyen de former une quatrième brigade.

NAPOLÉON.

---

841. — DÉCISION.

Posen, 14 décembre 1806.

J'ai l'honneur de rendre compte à Votre Majesté que le bataillon irlandais, fort de quatre-vingts hommes, doit arriver à Mayence le 23 décembre.

Je propose à Votre Majesté de recruter ce bataillon pour le porter au complet en le formant de Polonais et autres étrangers et de le réunir à l'escadron des guides à cheval pour faire le service à pied à l'état-major général. Ces deux corps, faisant une espèce de légion, seraient sous les ordres d'un colonel, qui commanderait en même temps l'escadron des guides et le bataillon irlandais.

Maréchal Al. BERTHIER.

Accordé.

J'approuve que ce bataillon irlandais soit complété au grand complet de guerre avec des Polonais. Il se réunira à Landau. Il sera habillé avec les moyens d'habillement de la légion polonaise : lorsqu'il sera à 1.200 hommes je verrai ce que j'en ferai.

NAPOLÉON.

---

842. — AU MARÉCHAL BERTHIER.

Posen, 15 décembre 1806.

Mon Cousin, renvoyez au maréchal Mortier son aide de camp et remettez-lui la lettre ci-jointe. Tracez à cet aide de camp la route qu'il doit suivre : il faut que d'ici il aille droit à Stettin. Chargez-le d'une lettre au général Thouvenot pour lui réitérer l'ordre de renvoyer au corps du prince de Ponte-Corvo tous les détachements de ce corps, ainsi que tout ce qui appartient à l'armée. Faites connaître au général Thouvenot où sont les différents corps, afin qu'il puisse y diriger tous les détachements.

Le maréchal Mortier correspondra avec le quartier général par la voie de Stettin, et ses courriers prendront, en passant, les dépêches du général Thouvenot. Quand il sera dans le cas d'envoyer des courriers à Berlin, il pourra profiter de cette voie pour faire passer des rapports. Recommandez-lui de faire reposer ses troupes et de les tenir dans l'abondance, de faire faire du biscuit pour dix jours, de lever des chevaux et de faire exécuter mes ordres à la rigueur dans le Mecklenburg. Qu'il se tienne prêt à se porter partout. Je lui ferai connaître dans quelques jours où il doit se porter. Faites partir tout l'argent provenant de la contribution qui se trouve à Stettin pour la caisse du payeur, à Varsovie.

843. — AU GÉNÉRAL DEJEAN.

Posen, 15 décembre 1806.

Monsieur Dejean, vous ferez partir sans délai pour la Grande Armée 100 hommes à cheval, sous le commandement d'un officier, d'un maréchal des logis et de deux brigadiers, de chacun des 1er, 3e, 4e, 5e, 10e et 15e régiments de dragons, conformément au décret de ce jour, que vous recevrez. Vous ferez fournir des fonds et passer des marchés pour compléter les réserves de ces régiments à 200 chevaux, conformément aux dispositions que j'ai prescrites avant mon départ de Paris. Les hommes seront fournis par la conscription de l'année. Cette mesure devient indispensable, après les hommes à pied des autres régiments que j'ai montés ; ils se trouveraient les plus faibles ; il faut les mettre au niveau des autres. Faites aussi partir 100 hommes montés du 26e de chasseurs et prenez les mêmes mesures pour ce régiment, afin qu'il ait ses 200 hommes de réserve montés et qu'il puisse donner main-forte à la gendarmerie.

NAPOLÉON.

844. — AU GÉNÉRAL DEJEAN.

Posen, 15 décembre 1806.

Monsieur Dejean, le ministre de la guerre vous communique l'ordre de faire venir à l'armée les deux premiers bataillons du 31e d'infanterie légère et des 19e et 15e de ligne. Ecrivez pour savoir s'ils ont des capotes et des souliers. S'ils n'en ont pas, faites-leur en fournir à leur passage à Paris. Partie de ce qui revient au 15e de ligne de la conscription de 1807 se rendra à Brest pour entrer dans les 3e et 4e bataillons ; 240 hommes pris dans les départements voisins du Rhin se rendront à Mayence où ils seront habillés pour recruter les deux bataillons de guerre. A cet effet, il sera envoyé un capitaine du 15ᵉ à Mayence pour les recevoir et les former en dépôt. Vous sentez que Brest est trop loin pour pouvoir jamais servir de dépôt pour les deux régiments qui arriveront bientôt en Pologne. J'imagine que les officiers et sous-officiers de recrutement ont été remplacés aux corps, afin qu'ils soient toujours en sus. Recommandez au maréchal Brune que dans l'état de situation des corps qui sont à Boulogne on ait soin de mettre les régiments appartenant à la marine, ainsi que les hommes qui servent comme matelots et canonniers de marine. Écrivez au général Rampon que j'ai affaibli le camp de Boulogne d'un régiment, qu'il faut donc qu'il tienne ses gardes nationales toujours prêtes à se porter partout où les événements le rendraient nécessaires. Il me tarde d'apprendre que les 5ᵉˢ escadrons des régiments de cuirassiers sont formés, afin que je puisse appeler les 4ᵉˢ escadrons à l'armée.

NAPOLÉON.

845. — AU MARÉCHAL BERTHIER.

Posen, 15 décembre 1806.

Mon Cousin, donnez ordre au nommé Darewski, capitaine adjoint du 1ᵉʳ corps, de se rendre auprès du prince Sulkowski, commandant le 1ᵉʳ régiment polonais. Faites-moi connaître quels sont les officiers qui commandent à Skulsk, à Klodawa, et à Lovitch. Donnez ordre que la compagnie de sapeurs qui se trouve à Küstrin se rende à Thorn.

NAPOLÉON.

846. — DÉCISIONS (1).

Posen, 15 décembre 1806.

Le ministre de la guerre demande quelles sont les intentions de l'Empereur au sujet d'une somme de 24.000 francs accordée à titre de gratification aux officiers d'artillerie de l'armée de Naples par le maréchal Masséna.	Suivre les lois. Faire connaître si le conseil d'administration du parc a l'état des frais qui ont motivé ces gratifications.

(1) De la main de Maret, non signées.

Le colonel Miquel, du 26ᵉ de ligne, de retour des colonies, demande un congé de convalescence de trois mois.

Le faire remplacer dans la colonie par le major. Il commandera le dépôt pendant l'espace d'un an.

847. — ORDRE DU JOUR (1).

Au quartier général impérial à Posen, 15 décembre 1806.

L'intention de l'Empereur étant que le travail des revues soit continué, et exactement suivi dans chaque corps d'armée et dans les arrondissements territoriaux, Sa Majesté ordonne :

1° Que MM. les inspecteurs et sous-inspecteurs aux revues qui sont répartis dans les différents corps d'armée, s'occupent exclusivement des revues des états-majors, des régiments et détachements qui les composent ;

2° Que ceux de MM. les inspecteurs et sous-inspecteurs aux revues qui sont employés extraordinairement comme commissaires impériaux ou intendants des provinces et comme ordonnateurs, soient chargés de passer les revues de présence et de solde des états-majors, corps et détachements stationnés dans leurs intendances et arrondissements.

M. l'intendant général de l'armée et M. Villemanzy, inspecteur en chef aux revues, surveilleront l'exécution de ces dispositions.

Le prince de Neuchâtel, ministre de la guerre, major général,
Maréchal Alex. BERTHIER.

848. — DÉCISION.

Varsovie, 21 décembre 1806.

Le ministre de la guerre transmet une demande du préfet du département de la Seine, à l'effet d'obtenir que les compagnies de réserve de ce département, dont le service, très actif, exige un accroissement d'effectif, soient portées de la 3ᵉ classe à la 2ᵉ.

Approuvé.

NAPOLÉON.

---

(1) Placard imprimé.

849. — DÉCISION (1).

Rapport à l'Empereur sur la réclamation du sieur Chaize, ex-capitaine de canonniers volontaires, qui demande la levée de sa destitution et son admission à la retraite.

Rejeté. Il a été écrit au ministre de la police pour que cet homme soit renvoyé dans son département.

850. — DÉCISION (2).

Le ministre propose à l'Empereur de prendre pour base de la liquidation des loyers des militaires de Paris un nouveau recensement plus exact que le premier qui a été soumis à Sa Majesté.

Sa Majesté ne revient point sur ses premières déterminations.

851. — NOTE (3).

1° Appointements des officiers pour janvier, un mois.	124.000
2° Quinze jours aux officiers d'état-major qui, avec les quinze jours qu'ils ont reçus dans les commencements du mois, leur complèteront un mois de solde qui sera le mois de décembre.	72.000
3° Officiers du 3ᵉ corps, un mois qui sera le mois de décembre.	185.000
4° Un mois aux officiers du 4ᵉ corps, qui sera décembre.	205.000
Et dix jours de novembre.	68.000
5° 5ᵉ corps, quinze jours qui, avec les quinze jours reçus feront un mois, ce qui sera la paye de novembre.	140.000
6° 7ᵉ, novembre.	115.000
7° Réserve, Nansouty, Klein, Milhaud, Beker.	180.000
TOTAL	1.089.000

---

(1) De la main de Maret; ni datée, ni signée, extraite du « Travail du ministre de la guerre avec l'Empereur, du 24 décembre 1806 ».
(2) De la main de Maret; ni datée, ni signée, extraite du « Travail du ministre directeur avec l'Empereur, du 31 décembre 1806 ».
(3) De la main de Napoléon. Sans date, présumée du commencement de 1807.

852. — AU MARÉCHAL BERTHIER.

1ᵉʳ janvier 1807.

Mon Cousin, donnez ordre que les quatre bataillons de Nassau soient réunis à Stettin. A cet effet, vous enverrez l'ordre au bataillon qui est à Haguenau d'en partir pour se diriger sur cette ville.

NAPOLÉON.

853. — AU GÉNÉRAL DEJEAN.

Pultusk, 1ᵉʳ janvier 1807 (1).

Monsieur Dejean, j'ai reçu votre rapport du 18 sur les dépôts des régiments de cavalerie au 1ᵉʳ décembre, duquel il résulte qu'au 1ᵉʳ janvier il y aura 4.700 chevaux à ces dépôts, et à l'effectif 6.700 hommes, en supposant tous les conscrits rentrés. Je désire que vous me renvoyiez le même état avec une colonne de plus, qui fasse connaître la situation réelle au 1ᵉʳ janvier et le nombre des conscrits que doit recevoir chaque régiment sur la conscription de 1807. Je crois que j'ai destiné près de 10.000 hommes pour la cavalerie : ce serait donc 16.000 hommes qu'aurait la cavalerie dans le courant de l'année. Comme je n'en ai que 4.000 ou 5.000 ce serait 7.000 ou 8.000 à envoyer à l'armée. Je suis du reste très content de cet état qui me paraît clair. Dans la colonne des conscrits de 1806, je ne sais pas si la réserve de 1806 est comprise ; je suis porté à croire que non, puisqu'elle ne présente que 500 hommes pour toute la cavalerie : vous aurez soin de faire lever tout doute sur cet objet. On se plaint beaucoup de l'habillement. Les draps n'arrivent pas et les conscrits ne sont pas habillés. Cependant, par les renseignements que je reçois, il paraît que cette partie va mieux en Italie.

NAPOLÉON.

854. — DÉCISION (2).

Pultusk, 1ᵉʳ janvier 1807.

| Le ministre directeur sollicite les | On pourrait faire ces distribu- |

---

(1) A la suite de la date, cette lettre porte l'annotation suivante, de la même main que le texte de la lettre : « Partie de Varsovie le 3 janvier. »
(2) Non signée.

ordres de l'Empereur au sujet de l'emploi de l'approvisionnement de biscuit de l'armée des Côtes.

tions tous les trois jours. On pourrait en envoyer aussi pour être distribués de la même manière dans les garnisons de la 6° division militaire ; le pire de tous les partis c'est de vendre cela, parce que cela ne rendra rien.

855. — AU MARÉCHAL BERTHIER.

Varsovie, 4 janvier 1807.

Mon Cousin, dans l'état de situation de la place de Cassel du 16 décembre je vois que le 1er régiment d'infanterie légère italienne s'y trouve encore : réitérez l'ordre qu'il en parte pour se rendre à Berlin.

Donnez ordre aux guides-interprètes de se rendre à Varsovie.

Il y a à Erfurt 180 employés ou sous-employés, comme il résulte de l'état de cette place du 21 décembre. Donnez ordre que la plus grande partie de ces employés se dirige sur Varsovie.

Réitérez l'ordre que les commandants de places et de provinces ne gardent point de détachements ; tous sont nécessaires à l'armée. Le commandant de Küstrin a gardé un détachement du 82°. Donnez ordre à Küstrin que tous les détachements appartenant aux corps des maréchaux Ney et prince de Ponte-Corvo, aux divisions Sahuc, Grouchy et d'Hautpoul, soient dirigés sur Thorn, que ceux appartenant au corps du maréchal Soult soient dirigés sur Plotsk sur la Vistule, ceux du maréchal Augereau sur Wychogrod, ceux des maréchaux Davout et Lannes sur Varsovie, ainsi que ceux de ma garde, de la division Nansouty et trois des autres divisions de dragons.

Donnez l'ordre que désormais le dépôt du 1er corps soit à Stettin ; ainsi tous les détachements de ce corps qui passeront à Magdeburg et Berlin seront dirigés sur Stettin, ainsi que ceux destinés à la légion du Nord et aux Badois. Tous les autres détachements ou hommes isolés destinés aux autres corps de la Grande Armée seront dirigés sur Küstrin, hormis les Bavarois et les Wurtembergeois, qui doivent l'être sur Glogau, et tous les hommes appartenant aux troupes de Hesse-Darmstadt sur Thorn.

Faites connaître toutes ces dispositions au commandant de Posen.

Ecrivez au général Clarke de faire partir tous les détachements pour leurs corps, hormis ceux des corps suivants : les 3⁰ et 4⁰ régiments provisoires et le régiment du grand-duc de Berg formant la garnison de Magdeburg ; les 1ᵉʳ et 2⁰ régiments provisoires et les troupes du prince de Nassau-Orange formant la garnison de Berlin, un bataillon d'un régiment provisoire tenant garnison à Küstrin ; le régiment du grand-duc de Würzburg formant la garnison de Stettin. Donnez ordre que le régiment des fusiliers de ma garde séjourne deux jours à Magdeburg, qu'on répare là son armement et qu'on lui fasse délivrer des capotes ; de là il se rendra à Berlin où il restera jusqu'à nouvel ordre. Donnez ordre au corps du général Oudinot de se rendre à Kalich et de prendre ses cantonnements dans cette ville et autour de cette ville. Donnez ordre à la division des cuirassiers du général Espagne de se cantonner autour de Posen, en gagnant du côté de Varsovie et en laissant la route libre.

NAPOLÉON.

856. — ORDRE DU JOUR (1).

Varsovie, 5 janvier 1807.

D'après les ordres de l'Empereur, il vient d'être formé un 9⁰ et un 10⁰ corps d'armée.

S. A. I. le prince Jérôme est nommé commandant en chef du 9⁰ corps d'armée ; son quartier général est devant Breslau.

Le général de division Victor est nommé commandant en chef du 10⁰ corps d'armée : son quartier général est à Stettin.

L'intention expresse de Sa Majesté est que les détachements envoyés à l'armée ne soient point retenus en route ; il est, en conséquence, défendu à MM. les commandants ou gouverneurs de province et commandants d'armes de garder aucun détachement : tous sont nécessaires à l'armée et leur marche ne doit jamais être retardée sous quelque prétexte que ce soit.

Le prince de Neuchâtel, ministre de la guerre, major général,

Mᵃˡ Alex. BERTHIER.

---

(1) Placard imprimé.

857. — AU MARÉCHAL BERTHIER.

Varsovie, 6 janvier 1807.

Mon Cousin, donnez ordre aux 3e et 24e régiments de chasseurs de partir de l'armée d'Italie pour se rendre au dépôt de Potsdam. Ces régiments ont chacun 800 chevaux, ils en laisseront 500 à 600 en Italie aux régiments qui restent, mais ils emmèneront à peu près 200 ou 300 chevaux par régiment et leurs selles et brides. Mon intention est que la cavalerie de l'armée d'Italie soit définitivement fixée au 6e régiment de hussards, aux 8e, 6e et 14e de chasseurs, et aux 7e, 23e, 24e, 28e, 29e et 30e régiments de dragons. La cavalerie de l'armée de Naples sera fixée aux 4e, 9e et 25e régiments de chasseurs. Mais chacun de ces régiments sera complété à 1.000 chevaux. Donnez l'ordre qu'on fasse partir un détachement de tous les hommes montés et équipés qui sont disponibles dans les dépôts des trois régiments de cuirassiers qui viennent d'Italie à la Grande Armée et de celui qui vient de Parme, ainsi que des trois régiments de chasseurs qui viennent d'arriver, les 15e, 19e et 23e. Donnez des ordres au général Bourcier de prendre toutes les mesures convenables pour monter et équiper rapidement les 19e et 23e qui viennent d'arriver à Potsdam. Donnez également ordre au général Bourcier d'envoyer quelqu'un à Hanovre passer la revue du 15e de chasseurs qui vient d'arriver dans cette ville et leur faire donner des chevaux. Il écrira au commandant d'Hanovre de prendre toutes les mesures pour réussir ; l'éloignement de l'état-major empêche de donner des décisions. Le général Bourcier doit donc surmonter tous les obstacles.

NAPOLÉON.

---

858. — AU MARÉCHAL BERTHIER (1).

Varsovie, 6 janvier 1807.

Mon Cousin, je désire connaître ce qui est dû encore à ma garde pour gratifications d'entrée en campagne. Si vous avez les fonds nécessaires pour les payer, délivrez-en les ordonnances le plus tôt possible.

---

(1) Non signée, mais de la main de Meneval.

Donnez l'ordre au payeur général de verser demain, avant midi, 50.000 francs dans la caisse de ma garde pour payer la solde de décembre aux officiers. Faites connaître ces dispositions au maréchal qui la commande, afin que les officiers puissent établir le plus promptement possible leur ordinaire.

---

859. — A MONSIEUR DUFRESNE, sous-inspecteur aux revues.

Varsovie, 6 janvier 1807.

Faire une ordonnance de 50.000 francs en or, pour être mise à la disposition du général Bertrand et être distribuée aux blessés conformément aux ordres de Sa Majesté.

Maréchal Alex. Berthier.

---

860. — AU MARÉCHAL BERTHIER (1).

Varsovie, 7 janvier 1807.

Mon Cousin, donnez l'ordre à M. de Bouillé, chef de bataillon employé à l'état-major général, de se rendre au camp de Breslau pour y servir à l'état-major du général Hédouville.

Napoléon.

---

861. — ORDRE.

Dispositions générales pour les cantonnements définitifs de l'infanterie et de la cavalerie (2).

Varsovie, 7 janvier 1807.

Le corps du maréchal Bernadotte avec la division de dragons du général Sahuc prendra ses cantonnements à Osterode où sera le quartier général, à Elbing, à Marienwerder et dans les pays tenant à ces départements.

Le corps de M. le maréchal Ney aura ses manutentions, ses

---

(1) Publié par Brotonne, *Dernières lettres inédites de Napoléon I*, tome I, p. 238, mais par erreur sous la date du 6 janvier.
(2) Copie. — Capitaine P. Foucart, *Campagne de Pologne, Pultusk et Golymin*, t. II, pages 173-180.

dépôts et ses ateliers de réparation à Thorn ; il y aura également son parc. Son corps d'armée occupera Soldau, Mlava et Khorjelle, ayant des postes sur Willenberg ; il occupera les arrondissements dépendant de ces villes, se concertant avec les maréchaux Soult et Bernadotte pour la lisière de ses cantonnements.

Le corps du maréchal Soult aura ses dépôts, ses hôpitaux, ses ateliers de confection et de réparation et une grande manutention à Plotsk, sur la Vistule. Le corps d'armée occupera Prasnych, Makov, et le district de Plotsk.

La cavalerie légère du général La Salle cantonnera au delà de l'Orjitse, ainsi que la partie de la brigade de dragons du général Milhaud, à l'exception des deux régiments qui ont l'ordre de venir se refaire sur la Vistule. Le maréchal Soult se concertera avec les maréchaux Ney et Davout sur la limite des cantonnements. Sokhotsine doit rester au maréchal Soult.

Le corps du maréchal Augereau aura une grande manutention, ses hôpitaux et tous ses ateliers de confection et de réparation à Wychogrod ; il établira les cantonnements de son armée dans l'arrondissement de Wychogrod, jusqu'à la rive droite de la Vkra, en prenant pour ligne de sa gauche la petite rivière qui passe à Bodzanovo, depuis son embouchure dans la Vistule jusqu'à Rogovo, Skolatowo (1), Plonsk, Smarjevo, Dloujnievo, Zelekhy, Sscurow (sic) (2) jusqu'à l'Vkra, de manière que Sokhtsine et Novoïe-Miasto restent au maréchal Soult.

M. le maréchal Augereau, si ses cantonnements sont trop resserrés, pourra s'étendre sur la rive gauche de la Vistule, le long de la Bzoura, depuis son confluent jusqu'à Lovitch, en y plaçant seulement une de ses divisions.

M. le maréchal Davout occupera la rive gauche de la Vkra depuis son confluent jusqu'à la petite rivière de Zielyno (3) ; il suivra la rive gauche de cette rivière jusqu'à une lieue avant Golymine et de là par une ligne droite jusqu'à Pultusk, c'est-à-dire à une lieue de cette ville en remontant l'Orjitse, et ensuite toute la presqu'île entre la Narew et le Boug jusqu'à Ostrolenka, Serotsk et tous les villages à une lieue aux environs restant à la disposition

---

(1) Skolatowo n'existe pas sur la carte au 1/126.000° de l'état-major russe. Il est porté sur la carte au 1/125.000° de l'état-major polonais (1839).
(2) Sscurow n'existe ni sur le 1/126.000° russe, ni sur le 1/125.000° polonais.
(3) Zielyno paraît être le Tsiemnsvo du 1/126.000° russe et le Ciemniewko du 1/125.000° polonais.

du maréchal Lannes, ainsi que la rive droite du Boug, depuis l'embouchure de la Narew jusqu'à Brok. Le maréchal Davout s'étendra jusqu'à Ostrolenka, si l'ennemi l'a évacué ; il cantonnera dans cette partie sa cavalerie légère et la division de dragons du général Beker. Nasielsk et Zegrje se trouvent par ces dispositions dans les cantonnements du maréchal Davout. Le quartier général, la manutention, les ateliers de réparation et de confection seront établis à Pultusk.

Le corps de M. le maréchal Lannes occupera le point de Serotsk et une lieue aux environs. Sa cavalerie légère cantonnera dans les villages qui bordent la rive droite du Boug, depuis l'embouchure de la Narew, à Serotsk, jusqu'à Brok. Le reste de la division Gazan occupera la presqu'île entre le Boug, la Vistule et la frontière autrichienne, c'est-à-dire Nieporent, Jablouna, etc., etc. La division Suchet occupera Praga et les faubourgs de Varsovie. Le quartier général sera à Varsovie.

L'intendant général fera établir des hôpitaux à Marienwerder pour le 1ᵉʳ corps, à Thorn pour le maréchal Ney et la division d'Hautpoul, à Plotsk, sur la Vistule, pour le corps du maréchal Soult, à Wychogrod et à Lovitch, pour le corps du maréchal Augereau, à Pultusk pour le corps du maréchal Davout, à Varsovie pour celui du maréchal Lannes.

Tous les dépôts des différents corps d'armée seront établis dans chacun des chef-lieux ci-dessus désignés ; l'intendant général fera les dispositions nécessaires. Les commandants d'artillerie de chaque corps d'armée feront établir des ateliers de réparation d'armes, des ateliers pour la réparation de l'artillerie, ainsi que pour celle des harnais ; enfin, il sera établi des manutentions, de manière à ce que, indépendamment du pain nécessaire pour la subsistance journalière, on puisse y faire chaque jour environ 2.000 rations de biscuit, ce qui formera des magasins de plusieurs mille rations pour les opérations de la campagne prochaine.

Cependant les maréchaux Bernadotte et Ney pourront avoir de petites manutentions et de petits hôpitaux intermédiaires à 12 et 15 lieues de la Vistule, mais en observant que ces établissements ne peuvent point être regardés comme permanents, que ceux sur la Vistule doivent être établis avec soin.

Les parcs des différents corps d'armée seront également dans les chefs-lieux indiqués ci-dessus pour les dépôts de chaque corps ;

c'est dans ces lieux que les directeurs d'artillerie établiront les ateliers de réparation, que seront déposés tous les bagages, l'intention de l'Empereur étant de n'avoir aucune espèce d'embarras à la rive droite de la Vistule, afin que rien ne s'oppose à la prompte évacuation de ce pays, s'il convenait à Sa Majesté d'en donner l'ordre.

Les maréchaux et les ordonnateurs en chef des différents corps d'armée s'adresseront aux membres des différentes chambres de Plotsk et de Marienwerder pour demander ce qui sera nécessaire pour former, dans les différentes places de dépôts, indépendamment des vivres nécessaires pour la subsistance ordinaire, ce qu'il faudra pour la confection du biscuit, ainsi qu'on vient de le dire.

Indépendamment des grandes manutentions, il pourra en être établi de petites, par le maréchal Ney à Mlava, par le maréchal Soult à Prasnych, à Tsiékhanov et à Sokhotsine, ce qui sera utile pour le besoin des troupes cantonnées dans cette partie.

En cas de mouvement offensif de la part de l'ennemi, les maréchaux dont les corps sont le plus près de l'ennemi en préviendront les autres corps et l'état-major général.

Le corps du maréchal Ney se réunirait à Mlava, le corps du maréchal Soult à Golymine, celui du maréchal Davout à Pultusk, celui du maréchal Lannes à Serotsk, celui du maréchal Augereau à Plonsk. La cavalerie, comme on l'a déjà dit, se réunirait au chef-lieu de chaque brigade pour y attendre des ordres.

La brigade de hussards commandée par le général Latour-Maubourg, composée du 5e et du 7e régiment de hussards, recevra sur-le-champ des ordres pour prendre ses cantonnements sur les bords de la Vistule, à la rive droite entre Plotsk et Vychogrod, sans occuper ces deux villes ; le quartier général du général Latour-Maubourg pourra être à Bodzanovo. La brigade du général Latour-Maubourg prendra du repos pour se refaire dans ses cantonnements qu'elle étendra le moins possible.

Les deux régiments de dragons de la division du général Milhaud qui ont le plus souffert se rendront sur la rive droite de la Vistule, pour cantonner depuis Plotsk, qu'ils n'occuperont pas, jusqu'à Dobrjine et en remontant la petite rivière d'Harta jusqu'à Bolkowa (1).

---

(1) Ni la rivière d'Harta ni Bolkowa n'existent sur les cartes d'état-major russe ou polonais. On doit sans doute lire : la rivière de la Skrva jusqu'à Bondkovo.

La division Klein prendra ses cantonnements depuis Dobrjine jusqu'à Bobrovniki où sera le quartier général du général Klein. Ses cantonnements pourront s'étendre en descendant la Vistule jusqu'au confluent de la petite rivière qui vient de Gollub. Ils observeront cependant de ne s'étendre en descendant la Vistule qu'autant que cela sera nécessaire.

Au 15 février, la brigade du général Latour-Maubourg, composée des 5e et 7e de hussards, rejoindra les avant-postes au delà de la rivière de Vengerka, et la brigade composée du 1er de hussards et du 13e de chasseurs viendra reprendre les cantonnements sur la Vistule, entre Plotsk et Vychogrod, ainsi qu'ils étaient occupés par la brigade Latour-Maubourg. Cette disposition n'aura toutefois lieu que dans le cas où les circonstances militaires ne commanderont pas d'autres dispositions.

La division de grosse cavalerie du général Nansouty prendra ses cantonnements sur la Pilika, le centre des cantonnements se trouvant en avant de Rava où seront établis le quartier général du général Nansouty, ses manutentions et les ateliers de réparation, tant pour l'habillement et l'équipement que pour le harnachement.

La division de cuirassiers du général d'Hautpoul aura à Thorn son artillerie, ses ateliers de réparation pour l'habillement, le harnachement, etc. Les régiments occuperont Gollub, Rypin et Serpetse.

La 3e division de cuirassiers commandée par le général Espagne se rendra de Posen à Petrokov où sera le quartier général ; les cantonnements seront établis sur la Pilika.

La cavalerie de la garde impériale, excepté les 4 escadrons qui sont à Varsovie, l'artillerie et même les ambulances prendront leurs cantonnements depuis Varsovie jusqu'à Biala, en s'étendant sur la rive gauche de la Vistule et sur la Pilika.

Tous les petits dépôts des troupes à cheval se rendront à Lientchutsa. Ces petits dépôts sont ceux qui sont indépendants des dépôts de cavalerie de Potsdam et de Breslau.

Le parc d'artillerie de l'armée prendra ses cantonnements à Lientchutsa, où seront établis ses ateliers de réparation.

En cas de mouvement offensif et improviste (sic) de la part de l'ennemi, les généraux resserreront les cantonnements au chef-lieu de chaque brigade pour être prêts à y attendre les ordres de mouvement.

La division du général Grouchy reste dans l'arrondissement du corps d'armée de M. le maréchal Ney qui lui désignera ses cantonnements dans les lieux qui présenteront le plus de ressources pour les fourrages.

862. — AU MARÉCHAL BERTHIER.

Varsovie, 7 janvier 1807.

Il y aura à Breslau un dépôt général de cavalerie. Le général de division Fauconnet s'y rendra pour en prendre le commandement. Il lui sera donné deux officiers à la suite ou ayant leur retraite pour le seconder.

Il y aura à Breslau deux garde-magasins d'habillement et d'effets de sellerie et d'harnachement.

Le général d'artillerie y enverra un garde-magasin pour garder et faire confectionner les harnais et équipages de trait pour l'artillerie.

NAPOLÉON.

863. — AU GÉNÉRAL DEJEAN.

Varsovie, 7 janvier 1807.

Monsieur Dejean, donnez ordre au 3ᵉ bataillon du régiment de La Tour d'Auvergne, qui est à Gênes, de se rendre à Naples pour y rejoindre ses deux autres bataillons.

NAPOLÉON.

864. — DÉCISION.

Varsovie, 8 janvier 1807.

Le général Songis, premier inspecteur général, commandant en chef l'artillerie de la Grande Armée, soumet à l'Empereur une proposition tendant à monter, avec les chevaux levés à Breslau, le 10ᵉ bataillon du train d'artillerie, qui doit se rendre à Magdeburg.

Renvoyé au prince de Neuchâtel pour donner ledit ordre.

NAPOLÉON.

865. — AU MARÉCHAL BERTHIER.

Varsovie, 10 janvier 1807.

Vous donnerez ordre que les 1.400 capotes existant le 9 au magasin soient distribuées de la manière suivante :

200 au 64ᵉ ;
200 au 40ᵉ ;
200 au 34ᵉ ;
200 au 21ᵉ légère ;
100 au 100ᵉ ;
100 au 103ᵉ ;
100 au 28ᵉ légère ;
150 au 88ᵉ ;
150 au 17ᵉ légère.

Ces capotes seront distribuées dans la journée et données à ces régiments qui n'en ont pas, par les colonels dans la journée de demain aux hommes nouvellement arrivés de France et à ceux qui n'en ont pas, de manière que l'Empereur ne rencontre aucun soldat qui n'ait de capotes.

NAPOLÉON.

866. — DÉCISION.

Varsovie, 11 janvier 1807.

Le baron de Hügel annonce au maréchal Berthier que le roi de Wurtemberg vient d'envoyer au général de brigade Montbrun la croix de commandant de l'ordre du Mérite militaire, comme marque de reconnaissance pour les bons services rendus par ce général à la cavalerie wurtembergeoise, et il le prie de solliciter l'approbation de l'Empereur.

Accordé.

NAPOLÉON.

867. — DÉCISION.

Varsovie, 11 janvier 1807.

Le général Chasseloup, commandant en chef le génie à la Grande Armée, écrit au major gé-

Accordé pour le service des bateaux les matelots de la garde.

NAPOLÉON.

néral pour demander que deux compagnies de pontonniers soient mises à la disposition du chef de bataillon Ardent, chargé de la construction du pont sur pilotis qui doit être établi à Serotsk.

868. — AU MARÉCHAL BERTHIER (1).

Varsovie, 12 janvier 1807.

Donner l'ordre qu'il soit distribué dans la journée du 15, 1.500 capotes toutes faites des magasins de Varsovie, au corps du maréchal Augereau, savoir :
300 au 16° d'infanterie légère ;
200 au 14° ;
150 au 105° ;
200 au 44° ;
300 au 7° légère ;
150 au 63° ;
200 au 24° de ligne.

Donner l'ordre au maréchal Augereau de faire en sorte que les officiers d'habillement de ces corps soient rendus le 15 à Varsovie, et que ces capotes soient délivrées sans retard aux hommes de ces différents corps qui n'en auraient point.

869. — AU MARÉCHAL BERTHIER.

12 janvier 1807.

Mon Cousin, donnez ordre au général de brigade Sarrut, qui est malade, de se rendre à Berlin pour y être employé au commandement des régiments provisoires.

NAPOLÉON.

870. — AU MARÉCHAL BERTHIER.

12 janvier 1807.

Mon Cousin, donnez ordre à tous les commandants de place de vous instruire exactement, dans leurs états, du passage des convois de fusils, de souliers et autres effets d'habillement, et des convois

(1) Non signé; de la main de Meneval.

d'argent qui traversent leurs places pour se rendre à l'armée. Donnez ordre à tous les détachements des 5ᵉ et 7ᵉ corps d'armée qui se trouvent à Bromberg et à Thorn de rejoindre ces corps. Le parc ne doit pas être à Varsovie ; toutefois il ne doit y avoir aucuns chevaux d'artillerie, dans l'impossibilité où l'on est de les faire vivre.

NAPOLÉON.

871. — DÉCISION.

Varsovie, 12 janvier 1807.

M. Daru propose d'accorder aux auditeurs du Conseil d'Etat employés au quartier général une indemnité de 500 francs par mois.

S. M. a approuvé cette proposition.

DARU.

872. — AU MARÉCHAL BERTHIER (1).

Varsovie, 12 janvier 1807.

Ecrire au général Verrières que j'ai appris avec plaisir que le 5ᵉ convoi de farines est parti. Qu'il presse les envois, qu'on en a ici grand besoin, qu'il demande au prince Jérôme des escortes et tous les moyens dont il a besoin pour protéger et accélérer ces envois.

Les 25 chevaux reçus par l'adjudant commandant Requin seront donnés au détachement de cavalerie qui est parti de Potsdam et qui ne tardera pas à arriver.

Donner ordre au général Bisson de faire partir les détachements du 88ᵉ et du 1ᵉʳ d'hussards pour Berlin, aussitôt que les troupes du prince primat lui seront arrivées.

873. — AU MARÉCHAL BERTHIER.

Varsovie, 13 janvier 1807.

Mon Cousin, au 22 janvier, la division Gudin, composée des 12ᵉ, 25ᵉ, 85ᵉ et 21ᵉ de ligne, sera logée à Varsovie dans les casernes dont l'état est ci-joint. Vous enverrez cet état au général Gudin pour qu'il reconnaisse ces casernes et qu'il prenne ses dispositions, de

---

(1) Non signé; de la main de Meneval.

manière que les brigades et les régiments soient réunis le plus possible. Vous mettrez 20.000 francs à la disposition du directeur du génie pour qu'il fasse fournir les meubles nécessaires sans aucun retard et que ces troupes, au 22, se trouvent convenablement casernées. On peut très bien établir des fourneaux sous les hangars, dans les cours, pour faire la soupe.

NAPOLÉON.

874. — AU MARÉCHAL BERTHIER.

Varsovie, 13 janvier 1807.

Mon Cousin, donnez ordre au payeur de verser dans la caisse de la garde les sommes nécessaires pour compléter le prêt de décembre et donner aux officiers les quinze jours de solde de décembre, de payer à la division Suchet les sommes nécessaires pour compléter le prêt de décembre et donner aux officiers quinze jours de solde, de verser les sommes nécessaires pour payer dix jours de prêt aux 3e, 4e et 7e corps d'armée et à la réserve de cavalerie, de payer à ma garde le quart de la somme que je lui ai accordée par mon décret pour se procurer différents objets, et un huitième de la gratification que j'ai accordée aux masses des différents régiments de cavalerie. Donnez-lui l'ordre également de payer 20.000 francs pour acquitter les ordonnances du général Chasseloup. Donnez l'ordre à l'intendant général de faire verser directement de Berlin sur Thorn, dans la caisse du corps du prince de Ponte-Corvo et du maréchal Ney, les sommes nécessaires pour payer les mois de novembre, décembre et janvier à la troupe.

NAPOLÉON.

875. — AU GÉNÉRAL DEJEAN.

Varsovie, 13 janvier 1807.

Mon intention est que les deux premiers bataillons du 31e d'infanterie légère s'arrêtent à Mayence et y attendent de nouveaux ordres et que les deux bataillons du 15e de ligne restent à Paris. Donnez des ordres pour que les régiments suisses aient des compagnies de voltigeurs.

Les dépôts de Boulogne manquent de tout ; ils ne reçoivent point leur habillement. Tout ce qui m'arrive ici est dans le plus pitoyable état.

NAPOLÉON.

876. — AU GÉNÉRAL DEJEAN.

Varsovie, 13 janvier 1807.

J'ai reçu votre rapport sur la composition des divisions d'artillerie de Lorient, de Pontivy, de Cherbourg, de Saint-Malo, de Brest et de Boulogne. Il est très urgent que vous ne perdiez pas de vue cet objet important.

NAPOLÉON.

877. — DÉCISION.

Varsovie, 13 janvier 1807.

Le général Guérin, commandant le dépôt général de l'infanterie de la Grande Armée, écrit de Lovitch, le 12 janvier, au major général, pour lui envoyer la situation de ce dépôt et lui proposer d'attacher aux dépôts des corps d'armée des officiers et sous-officiers qui seraient chargés de la conduite des détachements.	Répondre au général Guérin qu'il continue à garder tous ces hommes, qu'il établisse autant de dépôts qu'il y a de corps d'armée, que vous allez lui envoyer des officiers de réforme pour commander ces dépôts, que, dans la situation qu'il enverra de ces dépôts au 15 janvier, il fasse connaître l'état de l'armement et habillement. Ont-ils des capotes, des souliers, des gibernes ?

NAPOLÉON.

878. — AU MARÉCHAL BERTHIER.

Varsovie, 14 janvier 1807.

Faites connaître au maréchal Davout qu'au 20 janvier j'aurai, dans les magasins de Varsovie, 2.000 capotes prêtes à distribuer à son corps d'armée, et qu'il désigne les régiments qui en ont le plus besoin. Vous me soumettrez sa réponse le 17, afin que je fasse ces distributions par corps. Faites connaître également au maréchal Soult qu'au 25 janvier j'aurai 2.000 autres capotes toutes prêtes, et qu'il vous indique les régiments de son corps d'armée qui en ont le plus besoin.

NAPOLÉON.

879. — AU GÉNÉRAL DEJEAN.

Varsovie, 15 janvier 1807.

Monsieur Dejean, l'habillement du 64° est tout à son dépôt. Donnez ordre que 300 hommes bien armés et en bon état partent du dépôt de ce régiment à Besançon, pour se rendre à Varsovie et escorter l'habillement complet de leur régiment.

NAPOLÉON.

880. — AU GÉNÉRAL DEJEAN.

Varsovie, 15 janvier 1807.

Monsieur Dejean, je vous envoie un état de situation qui m'est envoyé de Boulogne, duquel il résulterait qu'il y a 3.061 hommes de ce corps d'armée malades, réformés ou détachés. Faites m'en faire le détail ; faites-moi connaître combien il y a d'hommes à réformer, et prenez des mesures pour que cette réforme ait lieu sans retard.

Prenez des mesures pour que le fort Penthièvre de la presqu'île de Quiberon soit mis en état et garni des hommes nécessaires. Donnez ordre au 2° bataillon d'Isenburg qui est dans la 8° division militaire de se rendre à Gênes.

NAPOLÉON.

881. — AU MARÉCHAL BERTHIER (1).

15 janvier 1807.

Donnez ordre que, sur les 1.500 capotes que j'ai destinées au corps du maréchal Augereau et qui doivent être délivrées aujourd'hui,

    4 soient données au détachement du 24° de ligne,
et 35 au détachement du 63°.

TOTAL. 39.

---

(1) Non signé; de la main de Meneval.

Que, sur les 2.000 que je vous ai fait connaître vouloir donner au corps du maréchal Davout, il en soit délivré :

      96 au 13ᵉ d'infanterie légère,
      26 au 33ᵉ de ligne,
    107 au 48ᵉ,
      42 au 51ᵉ,
       2 au 61ᵉ,
      51 au 85ᵉ,
    130 au 108ᵉ,
et   40 au 111ᵉ,

TOTAL. 494.

Qu'il en soit donné :

    126 au détachement du 8ᵉ de ligne,
    136 au détachement du 45ᵉ,
et 170 au détachement du 54ᵉ,

TOTAL. 432. Ces trois régiments appartiennent au corps du prince de Ponte-Corvo.

Donnez ordre qu'il soit délivré des magasins de Varsovie :

20 paires de souliers au	7ᵉ d'infanterie légère,
96 — au	13ᵉ	id.
24 — au	24ᵉ	id.
127 — au	8ᵉ de ligne,
118 — au	21ᵉ	id.
20 — au	30ᵉ	id.
15 — au	33ᵉ	id.
80 — au	44ᵉ	id.
50 — au	45ᵉ	id.
107 — au	48ᵉ	id.
42 — au	51ᵉ	id.
170 — au	54ᵉ	id.
36 — au	61ᵉ	id.
35 — au	63ᵉ	id.
49 — au	85ᵉ	id.
100 — au	108ᵉ	id.
40 — au	111ᵉ	id.

TOTAL. 1.129 paires

Donnez ordre que les détachements du 21ᵉ de ligne et du 85ᵉ qui appartiennent à la division du général Gudin restent à Varsovie. L'un et l'autre seront placés dans les casernes qui ont été mises à la disposition du général Gudin pour caserner sa division.

Tous les autres détachements partiront demain, ceux du corps du maréchal Davout pour Pultusk, ceux du corps du maréchal Augereau pour ce corps.

Quant aux détachements appartenant au corps du prince de Ponte-Corvo, c'est-à-dire les 126 hommes du 8ᵉ de ligne, les 136 hommes du 45ᵉ et les 170 hommes du 54ᵉ, ils resteront sous les ordres du général Jordy, qui les établira dans une caserne. Le prêt leur sera donné pour qu'ils puissent vivre ici. Tout ce qui arrivera appartenant au corps du prince de Ponte-Corvo sera placé dans cette caserne sous les ordres du général Jordy. Vous me présenterez le 20 l'état de ces détachements pour que je voie l'ordre qu'il convient de leur donner. Donnez ordre que, dans la journée de demain, il soit fait à cette caserne les avances nécessaires pour solder dix jours de prêt aux soldats et payer leur ordinaire.

Donnez ordre qu'il soit désigné à Praga un hangar où les régiments cantonnés à Praga feront exercer deux fois par jour les hommes qui ne sont point à l'école de bataillon.

Faites désigner à Varsovie trois locaux : un pour la garde (vélites), un pour la division Suchet, l'autre pour la division Gudin, où les corps puissent exercer leurs conscrits.

Mettez à l'ordre que l'Empereur recommande aux chefs de corps de choisir dans leurs cantonnements une grange pour y exercer leurs conscrits et les hommes qui ne sont pas à l'école de bataillon.

---

882. — AU GÉNÉRAL DEJEAN (1).

Varsovie, 16 janvier 1807.

Monsieur Dejean, j'ai reçu votre rapport du 24 relatif à l'exécution du décret qui porte à 828 chevaux les régiments de chasseurs et de dragons qui sont en Italie. Vous pensez que cette dépense montera à 1.600.000 francs, mais il faut diminuer sur cette somme :

---

(1) Non signé; de la main de Meneval.

1° les fonds que j'ai accordés pour porter les dépôts à 200 chevaux. Par exemple, le 7ᵉ régiment de dragons était dans le royaume de Naples ; j'ai fait des fonds pour qu'il ait à son dépôt 200 chevaux. Il est rentré dans le royaume d'Italie avec 300 chevaux ; il en a donc 500 ; et il ne lui en faut pas 428 comme vous le demandez. 2° Il faut diminuer les chevaux appartenant aux 15ᵉ, 23ᵉ, 19ᵉ, 3ᵉ et 24ᵉ de chasseurs que j'ai appelés à la Grande Armée, et que (sic) j'ai autorisé ces régiments à laisser aux corps qui restent en Italie, en emmenant seulement 250 chevaux. Il résulte de l'état joint à votre rapport du 24 décembre qu'il y avait aux dépôts 4.600 chevaux au 1ᵉʳ décembre, qu'il devait y en avoir 6.800 au 1ᵉʳ janvier, et qu'il y en aura 7.500 au 1ᵉʳ février. Il faut ôter de ce nombre ce qui en décembre et janvier s'est rendu et se rendra à la Grande Armée. Tenez la main à ce que, dès que les cavaliers sont armés et les chevaux équipés, ils partent : ne fût-ce que pour se réunir à Potsdam ou à Magdeburg, j'aurai le double avantage de faire des économies pour mon trésor de France, et d'augmenter ma force sur le derrière. Il y aura 1.100 chevaux aux dépôts des quatre régiments de cuirassiers qui sont dans le royaume d'Italie. J'ai donné ordre de les faire partir. Réitérez l'ordre qu'au fur et à mesure qu'un dépôt aura 200 hommes disponibles, on les fasse partir. Il faut que les dépôts du 4ᵉ, du 25ᵉ et du 9ᵉ de chasseurs qui sont en Italie envoient au 1ᵉʳ février tous les hommes à cheval disponibles aux escadrons de guerre dans le royaume de Naples. Puisque le roi de Naples n'a conservé ces trois régiments français, il faut les maintenir le plus complet possible. J'ai appelé les 3ᵉ et 24ᵉ de chasseurs à la Grande Armée. Il faut faire partir des dépôts des 15ᵉ, 19ᵉ et 23ᵉ tout ce qui sera disponible. Ce sera un objet d'économie et cela grossira mes ressources à la Grande Armée.

NAPOLÉON.

883. — AU MARÉCHAL BERTHIER.

Varsovie, 16 janvier 1807.

Mon Cousin, donnez ordre que les détachements du 12ᵉ et du 85ᵉ soient placés dans les casernes destinées à la division Gudin. Donnez également l'ordre au payeur d'assurer le prêt pour dix jours à ces détachements. Vous ferez donner au détachement des tirailleurs du Pô 59 capotes, au détachement du 12ᵉ de ligne 19 capotes et

25 paires de souliers, et à celui du 85e 30 capotes et 35 paires de souliers.

Écrire au maréchal Augereau que ses 1.500 capotes sont prêtes, que nous sommes au 16, et que personne n'est venu les chercher, qu'il envoie les prendre sans délai. Demandez la situation des régiments de son corps en capotes.

NAPOLÉON.

884. — AU MARÉCHAL BERTHIER.

Varsovie, 16 janvier 1807.

Faire mettre à l'ordre les deux circulaires ci-jointes avec ce préambule :

Plusieurs corps s'étant plaints que le ministre directeur de l'administration de la guerre avait donné l'ordre qu'il ne leur fût rien envoyé des dépôts, Sa Majesté a jugé à propos de faire mettre les deux circulaires suivantes à l'ordre (1).

NAPOLÉON.

885. — DÉCISION.

Varsovie, 16 janvier 1807.

Le grand écuyer Caulaincourt renouvelle à l'Empereur la demande du paiement par la caisse de l'armée d'une avance de 87.000 francs faite aux aides de camp de Sa Majesté et officiers de son état-major chargés de mission en 1806.

Il sollicite, en outre, un crédit de 20.000 francs par mois sur la même caisse pour faire face aux mêmes dépenses pendant l'année 1807.

Renvoyé au prince de Neuchâtel pour faire solder ces dépenses.

NAPOLÉON.

---

(1) Il s'agit des deux circulaires adressées par le général Dejean aux conseils d'administration des dépôts des corps de la Grande Armée en date du 16, publiées à l'ordre du 17 janvier 1807.

886. — AU MARÉCHAL BERTHIER (1).

Varsovie, 17 janvier 1807.

Donnez ordre à la compagnie du 17ᵉ d'infanterie légère, à celle du 88ᵉ et à celle du 34ᵉ qui font partie du 1ᵉʳ régiment provisoire de partir de Magdeburg pour se rendre à Berlin, et de Berlin à Varsovie. Avant leur départ, on s'assurera que l'armement de ces compagnies est en bon état, que les hommes ont deux paires de souliers dans le sac, de bonnes capotes et de bonnes gibernes, sans quoi on les retiendra à Magdeburg et à Berlin le temps nécessaire pour les mettre dans le meilleur état. Le général Clarke en passera l'inspection à Berlin, et ne les laissera partir que lorsqu'elles seront pourvues de tout.

Donnez ordre à la compagnie du 40ᵉ de ligne qui fait partie du second bataillon du 1ᵉʳ régiment provisoire de partir de Küstrin pour Varsovie, après qu'il lui aura été fourni des capotes, des souliers et tout ce qui lui est nécessaire.

Donnez ordre au colonel du 1ᵉʳ régiment de chasseurs d'envoyer un détachement de 20 hommes au dépôt de Breslau pour y recevoir 60 chevaux. Donnez un ordre à cet effet à Breslau.

---

887. — AU MARÉCHAL BERTHIER.

Varsovie, 18 janvier 1807.

Je vois dans l'état de la place de Berlin du 12 janvier que les troupes de Nassau sont sorties de Berlin. Où ont-elles été ?

Ecrivez en France pour qu'on y laisse le général Vabre.

NAPOLÉON.

---

888. — DÉCISION.

Varsovie, 18 janvier 1807.

Par un rapport daté de Varsovie, 18 janvier 1807, le major général soumet à l'Empereur une proposition du prince Eugène, tendant à	J'ai déjà donné l'ordre de faire partir le 3ᵉ et le 24ᵉ de chasseurs : réitérez cet ordre. NAPOLÉON.

---

(1) Non signée; de la main de Meneval.

faite partir pour la Grande Armée, à la place des 3ᵉ et 24ᵉ régiments de chasseurs, qui n'ont que trois escadrons disponibles, divers autres régiments de chasseurs et dragons de l'armée d'Italie.

889. — ORDRE.

Varsovie, 19 janvier 1807.

Toute la Silésie sera sous le commandement et sous les ordres d'un gouverneur général qui résidera à Breslau.

Chaque arrondissement sera commandé par un général de brigade ou par un adjudant commandant. Chaque place de guerre sera commandée par un officier supérieur.

Il y aura dans la Silésie un administrateur général chargé de toute l'administration et des finances du pays ; il correspondra avec l'intendant général et il aura avec lui deux auditeurs du conseil d'État.

L'administrateur général aura sous ses ordres autant d'intendants qu'il y aura de chambres ou d'arrondissements dans l'organisation actuelle du pays.

L'intendant général nommera des commissaires dans toutes les places fortes, à mesure qu'elles seront rendues. Il en nommera également dans chaque arrondissement.

Le gouverneur correspondra tous les jours avec le major général.

L'administrateur général correspondra également tous les jours avec l'intendant général. Le gouverneur général de la Silésie et l'administrateur jouiront des mêmes traitements accordés au gouverneur et à l'administrateur de Berlin.

NAPOLÉON.

890. — ORDRE.

Varsovie, 19 janvier 1807.

Le général de division du Muy est nommé gouverneur général de la Silésie : il résidera à Breslau.

M. Lesperut, membre du Corps législatif, est nommé administrateur général des finances. Les intendants des finances de la Haute Silésie et de Glogau correspondront avec lui.

Le général de brigade Rheinvald est nommé commandant de la place et de l'arrondissement de Brieg.

NAPOLÉON.

891. — AU MARÉCHAL BERTHIER.

Varsovie, 20 janvier 1807.

Mon Cousin, les dépôts de cavalerie légère de la division La Salle seront placés à Plotsk. Il y aura un petit dépôt à Blonie que commandera le général Roget. Donnez l'ordre au détachement de 230 hommes du 5ᵉ et du 7ᵉ d'hussards de partir demain pour Plotsk; aux 617 hommes de la division de dragons de Klein de partir demain pour Plotsk pour y rejoindre les régiments respectifs; aux 171 hommes de la division Grouchy de se rendre à Thorn ; aux 248 hommes de la division Sahuc de se rendre à Thorn ; aux 646 hommes de la division Milhaud et aux 253 hommes de la division Beker de rejoindre leurs régiments respectifs. Il n'y a que les détachements de la division... (1) qui passeront la Vistule à Varsovie, les autres passeront par la rive gauche. Les hommes écloppés de ces détachements appartenant aux divisions Beker et Milhaud resteront au petit dépôt de Blonie. Faites donner au 2ᵉ régiment de dragons 86 manteaux, en remplacement de 86 capotes qu'il a reçues ; au 14ᵉ, 131 manteaux ; au 26ᵉ, 72 manteaux, ce qui fera 375 manteaux à donner à la division Klein. Il faut, s'il est possible, que ces distributions de manteaux aient lieu, vu que ces détachements vont rejoindre leurs corps. Faites donner 60 manteaux au 12ᵉ de dragons et 60 au 5ᵉ, de la division Milhaud, ce qui fait 120 manteaux pour la division Milhaud. Faites en donner 60 au 13ᵉ de dragons, de la division Beker, en tout 555 manteaux. Je vous envoie le rapport du général Belliard.

NAPOLÉON.

---

(1) Mot laissé en blanc.

892. — AU MARÉCHAL BERTHIER.

Varsovie, 20 janvier 1807.

Mon Cousin, je vous envoie l'état du contingent saxon. M. Thiard assure qu'il est prêt. Demandez où se trouve chaque bataillon, afin d'épargner de fausses marches aux soldats. Faites-moi connaître pour quel temps je l'ai demandé.

NAPOLÉON.

893. — AU MARÉCHAL BERTHIER.

Varsovie, 20 janvier 1807.

Mon Cousin, je vous envoie un rapport du général Chasseloup sur Glogau. Le principal est que cette place soit tenue en bon état, ainsi que son armement.

NAPOLÉON.

894. — DÉCISION.

Varsovie, 21 janvier 1807.

Par un rapport au major général, M. Daru sollicite en faveur de M. Caire, sous-inspecteur aux revues, chargé de mission à Lübeck, un traitement de 500 francs par mois à titre de dédommagement pour dépenses extraordinaires.	Approuvé. NAPOLÉON.

895. — AU MARÉCHAL BERTHIER.

Varsovie, 22 janvier 1807.

Mon Cousin, 5.300.000 francs existent dans la caisse du payeur général, en argent. 600.000 francs arrivent de Breslau, ce qui fait 5.900.000 francs, indépendamment de 3.000.000 de traites ou lettres de change qui sont en caisse. Mon intention est d'employer 3.500.000 francs en argent pour payer la solde, lesquels seront distribués de la manière suivante. Indépendamment de ces 3.500.000

francs en argent, je désire aussi répartir entre les différents corps 1 million de mandats du caissier du Trésor public sur lui-même.

	En argent.	En traites.
À la garde impériale............fr.	300.000	100.000
A l'état-major général................	200.000	50.000
Au 3ᵉ corps........................	600.000	150.000
Au 4ᵉ —	700.000	175.000
Au 5ᵉ —	500.000	125.000
Au 7ᵉ —	450.000	112.500
A la réserve de cavalerie............	400.000	100.000
Aux employés d'administration et officiers de santé................	300.000	75.000
Total................	3.450.000	887.500

Par ce moyen, chacun sera payé jusqu'au 1ᵉʳ janvier, hormis la réserve de cavalerie qui ne le sera que jusqu'au 1ᵉʳ décembre. Les traites du caissier du Trésor seront données à compte pour la solde des mois d'octobre, novembre, décembre ou janvier aux quartiers-maîtres des régiments ou officiers de l'état-major qui en voudront prendre.

2.700.000 francs seront versés directement de la caisse de Berlin dans celles des 1ᵉʳ et 6ᵉ corps et des divisions d'Hautpoul, Sahuc et Grouchy pour payer la solde jusqu'au 1ᵉʳ février.

400.000 francs seront payés sur-le-champ pour secours accordés aux masses, en conséquence du décret du 6 janvier.

Désignez-moi ce que vous jugez devoir être payé sur-le-champ des ordonnances des 800.000 francs affectés pour l'administration.

Veillez à ce que les fonds pour le traitement de table du mois de janvier soient payés exactement à la fin du mois.

Vous ferez mettre à l'ordre les dispositions suivantes : Sa Majesté l'Empereur a ordonné que 3.500.000 francs en argent soient versés dans la caisse des corps ci-dessus nommés, et 1 million en traites pour payer la solde jusqu'au 1ᵉʳ janvier ; que 2.700.000 francs et 500.000 francs en traites fussent expédiés de Berlin sur les caisses des 1ᵉʳ et 6ᵉ corps et des divisions d'Hautpoul, Sahuc et Grouchy pour solder ce qui est dû à ces corps pour les mois d'octobre, novembre, décembre et janvier ; qu'un acompte fût payé sur les secours accordés aux masses par le décret du 6 janvier ; et que la gratification extraordinaire accordée aux officiers fût payée pour le mois de janvier ; que la solde jusqu'au 1ᵉʳ janvier fût payée sans délai à tous les officiers de l'état-major général ; que 400.000 francs fussent versés avant six jours dans la caisse de la garde pour la solde de janvier ; et que ces versements devront être faits entre les mains des payeurs des différents corps d'armée avant le 6 février. Le payeur général prendra des mesures pour que les secours accordés à chaque régiment pour les masses, en vertu du décret du 6 janvier, soient payés dans le mois et que toutes les sommes nécessaires pour payer le traitement extraordinaire du mois de janvier soient soldées avant la fin du mois, également à chaque corps et officier.

NAPOLÉON.

896. — AU MAJOR GÉNÉRAL (1).

Varsovie, 22 janvier 1807.

Le colonel Blein est bien nécessaire en Silésie ; je ne sais pourquoi on veut l'envoyer au 10ᵉ corps.

Nommez un autre commandant à Landsberg pour remplacer le colonel Maucune et donnez ordre au général Ménard, qui commande à Küstrin, de vous faire connaître ce que ce colonel a exigé de la ville de Landsberg pour dépenses de table.

Donnez ordre aux détachements du 1ᵉʳ corps qui sont à Lovitch, du moment que leur habillement et armement sera en état et qu'ils seront reposés, de se diriger sur Thorn pour rejoindre leur corps d'armée.

Donnez ordre à ceux du 4ᵉ corps qui se dirigeront sur Plotsk ;

A ceux du 3ᵉ corps qui se dirigeront sur Varsovie, pour de là se rendre à Pultusk ;

A ceux du 6ᵉ corps qui se dirigeront sur Thorn avec ceux du 1ᵉʳ corps.

Par ce moyen, le dépôt de Lovitch sera promptement débarrassé.

Donnez ordre au général Clarke de faire partir 800 hommes de cavalerie des deux régiments de chasseurs nouvellement arrivés d'Italie à Potsdam. Ces 800 hommes seront dirigés, sous les ordres du général de brigade qui les a amenés d'Italie, sur Stettin, où ils seront employés à nettoyer le pays des partis de la garnison de Kolberg. Ils recevront de nouveaux ordres à Stettin.

---

(1) Non signé, a été expédié le 23.

Donnez ordre que la gendarmerie attachée au grand-duc de Berg et celle attachée à la division Gudin soient mises à la disposition du général Savary pour le service.

Témoignez mon mécontentement au colonel du 85° de ce qu'il a laissé piller un magasin de paille.

897. — DÉCISION.

Varsovie, 23 janvier 1807.

Rapport du ministre de l'administration de la guerre pour soumettre une demande de M. de Maillardoz, tendant à obtenir l'autorisation d'admettre un quart d'étrangers dans les régiments suisses.

Refusé ; ce sont des Suisses que je veux et non des étrangers.

NAPOLÉON.

898. — AU MARÉCHAL BERTHIER.

Varsovie, 23 janvier 1807.

Mon Cousin, donnez ordre au 15° régiment de chasseurs, qui est à Hanovre, de se rendre à Potsdam, du moment qu'il sera complété en chevaux.

NAPOLÉON.

899. — AU MARÉCHAL BERTHIER.

Varsovie, 23 janvier 1807.

Mon Cousin, il y a ici 600 hommes du 1er corps. Faites-les partir demain, pour se rendre, par la rive gauche, vis-à-vis Graudenz ; ils passeront la Vistule et rejoindront leurs corps.

NAPOLÉON.

900. — AU GÉNÉRAL DEJEAN.

Varsovie, 24 janvier 1807.

Monsieur Dejean, les 2.000 chevaux d'artillerie qui existent, les 450 qui ont souffert et qui se rétabliront en leur donnant du repos sont suffisants. Le royaume d'Italie doit aussi fournir les attelages. Il peut très bien aussi fournir 600 chevaux, ce qui ferait les 3,000 demandés. Je n'ai donc point de dépenses à faire pour cela. Il n'y a que trop de chevaux d'artillerie dans le royaume de Naples. Peut-être, en écrivant au roi, en laisserait-il revenir quelques-uns.

NAPOLÉON.

901. — AU GÉNÉRAL SAVARY (1).

Varsovie, 26 janvier 1807.

265 voitures contenant 3.400 quintaux de farine sont parties le 16 janvier de Breslau pour Petrikau et de là pour Varsovie.
Le 17 : 2.913 quintaux sur 227 voitures.
Le 19 : 1.569 quintaux sur 122 voitures.
Ce qui fait 614 voitures et 7.882 quintaux.
Envoyez quelques personnes sur la route pour vérifier les quantités et accélérer l'arrivage.

902. — DÉCISION.

Varsovie, 26 janvier 1807.

| Rapport de l'adjudant commandant Fabre à l'Empereur sur l'état de l'armement d'un détachement arrivé à Varsovie le 22 janvier, d'après les ordres de Sa Majesté transmis par le général Mouton. | Renvoyé au major général pour faire distribuer à ce détachement ce qui lui manque, et notamment les fusils, et le faire partir pour les corps d'armée. |

NAPOLÉON.

903. — AU MARÉCHAL BERTHIER.

Varsovie, 27 janvier 1807.

Il sera distribué au 30 janvier :

    400 capotes au 36ᵉ de ligne ;
    300 — au 43ᵉ d°
    300 — au 55ᵉ d°

---

(1) Non signé; de la main de Méneval.

       20 capotes au 24ᵉ légère ;
      400   —   au 4ᵉ de ligne ;
      400   —   au 28ᵉ   dᵒ
      100   —   au 46ᵉ   dᵒ
      100   —   aux tirailleurs corses ;
      100   —   aux tirailleurs du Pô ;
      400   —   au 18ᵉ de ligne ;
      300   —   au 75ᵉ   dᵒ

Total. 2.820 capotes.

Ainsi, au lieu de 2.000 capotes qui avaient été destinées pour ces corps, on leur en donnera 2.820.

Il résulte d'un rapport du général Chasseloup qu'une des raisons qui fait rompre les ponts est qu'on fait payer le passage, parce qu'alors on passe en barque en payant.

Donnez ordre que tous les détachements de cavalerie, entre autres celui du 5ᵉ de chasseurs, passent le pont demain et rejoignent leurs corps.

NAPOLÉON.

904. — AU MARÉCHAL BERTHIER.

Varsovie, 27 janvier 1807.

Mon Cousin, donnez ordre au 19ᵉ régiment de ligne qui doit se trouver à Magdeburg, ou à Minden, ou à Munster, ou à Wesel, de se rendre à Berlin. Donnez l'ordre au régiment de fusiliers de ma garde qui est à Berlin de se rendre à Stettin. Donnez le même ordre à la 1ʳᵉ compagnie des gendarmes d'ordonnance qui est arrivée à Berlin depuis un mois. Donnez également l'ordre aux deux régiments italiens qui sont à Berlin de se rendre à Stettin avec les 12 pièces d'artillerie attachées à cette division. Donnez l'ordre au 31ᵉ régiment d'infanterie légère qui doit être arrivé à Mayence, si elle (sic) est inutile à Cassel, de se rendre à Magdeburg où il recevra de nouveaux ordres.

Donnez l'ordre aux deux bataillons du 15ᵉ de ligne qui doivent être arrivés à Paris, aussitôt qu'ils seront bien reposés et que leur habillement et armement sera complet et en bon état, de partir en poste pour se rendre à Mayence. Donnez ordre au 15ᵉ régiment de chasseurs qui est à Hanovre de se rendre à Potsdam aussitôt qu'il sera monté et en état.

NAPOLÉON.

905. — AU MARÉCHAL BERTHIER.

Varsovie, 27 janvier 1807.

Mon Cousin, donnez ordre à M. de Thiard de se rendre au quartier général.

NAPOLÉON.

906. — AU MARÉCHAL BERTHIER.

Varsovie, 28 janvier 1807, à minuit.

Mon Cousin, donnez ordre à Posen que tous les hommes isolés ou des détachements destinés pour l'armée, des 1er, 6e, 7e et 4e corps restent à Posen. Le général commandant en passera la revue, pourvoira à leur parfait armement et approvisionnement de cartouches, leur fera donner des souliers et capotes, s'ils en ont besoin, et, quand ces détachements formeront une colonne de 1.200 hommes, il les mettra en marche sur Thorn où ils attendront de nouveaux ordres. Ceux au contraire des 5e et 3e corps continueront leur mouvement sur Varsovie.

NAPOLÉON.

907. — DÉCISION (1).

Projet de décret relatif à la fixation de la masse et des indemnités de fourrage.

Renvoyé au Conseil d'État.

908. — AU MARÉCHAL BERTHIER (2).

1er février 1807.

Ordre au général Dombrowski d'envoyer du côté de la rive droite de la Wartha entre Küstrin et Posen 300 ou 400 chevaux pour courir le pays et chasser les coureurs prussiens.

---

(1) De la main de Maret; ni datée ni signée, extraite du « Travail du ministre directeur avec l'Empereur, du 28 janvier 1807 ».
(2) Minute.

909. — DÉCISION.

Eylau, 12 février 1807.

Rapport sur le pillage d'un convoi de vin par les paysans d'Alt-Küstrin.

Renvoyé au major général pour ordonner qu'il soit mis sur cette ville une contribution équivalente au prix des vins qui ont été pillés et qu'il y soit envoyé une colonne qui y vive à discrétion jusqu'à ce que cette contribution ait été payée.

NAPOLÉON.

910. — DÉCISION.

14 février 1807.

Itinéraire de Preussisch-Eylau à Thorn :

Eylau, Bartenstein : le capitaine adj^t Zimmern, commandant.
Heilsberg, Guttstadt : le capitaine adj^t Dommanget, commandant.
Liebstadt, Mohrungen : le capitaine adj^t Pépin, commandant.
Osterode, Löbau : le colonel Desnoyers, commandant.
Neumark, Strasburg : le capitaine adj^t Caignet, commandant.
Gollub : le capitaine adj^t Marteville, commandant.
Thorn : le général Jordy, commandant.

Changer cette route en ôtant Bartenstein.

NAPOLÉON.

911. — AU MARÉCHAL BERTHIER.

Eylau, (1) février 1807.

Mon Cousin, donnez l'ordre au maréchal Kellermann de faire

---

(1) Sans date, expédié le 14 février.

partir les 5ᵉ, 6ᵉ, 7ᵉ et 8ᵉ régiments provisoires de la réserve pour se rendre à fur et mesure de leur formation à Magdeburg.

Écrivez à l'intendant de faire évacuer les hôpitaux et les dépôts de Plotsk et de Wychogrod sur la rive gauche et sur Posen.

NAPOLÉON.

912. — DÉCISION (1).

Preussisch-Eylau, 16 février 1807.

Le ministre propose à l'Empereur de faire verser à la caisse d'amortissement un fonds de 50,000 francs provenant de contributions de guerre et qui est affecté à l'entretien des monuments érigés sur la frontière du Rhin en l'honneur de plusieurs généraux français.

Approuvé le versement à la caisse d'amortissement.

913. — ORDRE.

17 février 1807.

Dispositions générales pour les hôpitaux.

Thorn devant être le point central de l'armée, il sera établi des hôpitaux d'évacuation le long de la route, depuis Osterode jusqu'à Thorn, savoir Löbau, Neumark, Strasburg, Gollub.

Il sera établi de forts hôpitaux à Thorn, Bromberg, Fordon, Schwetz, et autres points de la rive gauche de la Vistule.

NAPOLÉON.

914. — DÉCISION.

Freystadt, 18 février 1807.

Afin d'arrêter la désertion dans le régiment d'Isenburg, le général Clarke propose de faire partir pour la France un bataillon ou même un demi-bataillon dès qu'il sera organisé.

Renvoyé au major général pour donner les ordres conformément à cette lettre.

NAPOLÉON.

---

(1) De la main de Maret, non signée.

915. — DÉCISION.

Liebstadt, 20 février 1807.

Le maréchal Kellermann, commandant en chef l'armée de réserve, demande les ordres de l'Empereur pour la destination du bataillon irlandais qui est fort de 900 hommes et qui ne tardera pas d'être complet.

Envoyer ce bataillon irlandais au camp de Boulogne où il achèvera de se former.

NAPOLÉON.

916. — AU MARÉCHAL BERTHIER (1).

Osterode, 23 février 1807.

Donnez ordre au régiment des fusiliers de ma garde de se rendre de Stettin à Thorn;

Au 31e régiment d'infanterie légère qui doit être arrivé à Mayence de se rendre à Berlin;

Au 1er régiment de chevau-légers d'Arenberg qui arrivera le 10 mars à Munster de se diriger sur Potsdam.

Faites retirer les commandants de place que vous avez nommés à Guttstadt, à Allenstein, à Willenberg, à Prasnych, et mettez-en à Löbau, à Gollub sur la route de Thorn. Envoyez à Löbau, Gollub, Strasburg quelques brigades de gendarmerie pour y maintenir la police.

Un convoi d'eau-de-vie très considérable doit être arrivé à Neumark; faites-le reconnaître. C'est un des convois dirigés de Varsovie sur l'armée et qui a changé de direction à Prasnych. Un convoi de 12.000 rations de pain qui était destiné pour le corps du maréchal Lefebvre est parti de Marienwerder pour Osterode. On m'assure que le pays de Marienwerder a beaucoup de ressources.

Remettez-moi une note qui me fasse connaître quels sont les ordres que j'ai donnés au 31e régiment d'infanterie légère, aux 15e, 19e et 65e de ligne, aux trois régiments italiens, au régiment de Paris, aux fusiliers de la garde et au 15e régiment de chasseurs.

Mal Al. BERTHIER.

(1) On remarquera que cet ordre porte la signature de Berthier et non celle de Napoléon.

917. — AU MARÉCHAL BERTHIER.

Osterode, 24 février 1807.

Donnez ordre au général de brigade Laroche de se rendre à Kulm pour y commander le dépôt de cavalerie, et au général Saint-Laurent de se rendre à Posen pour y commander le dépôt d'infanterie.

Il y a dans toutes les places de la Prusse beaucoup de détachements appartenant à l'armée, que les commandants de place retiennent sans ordre, entre autres 150 hommes du 100ᵉ régiment. Faites-les partir pour rejoindre leurs corps.

Il y a dans la Saxe beaucoup de commandants d'armes qui sont inutiles. Il faut les rappeler tous au quartier général à Thorn.

Donnez ordre au 31ᵉ régiment d'infanterie légère de séjourner deux jours à Berlin, où le général Clarke s'occupera de faire réparer son habillement, son armement, lui fera donner des souliers, etc. Immédiatement après, ce régiment partira pour se rendre à Thorn.

Donnez ordre au 15ᵉ régiment de ligne de partir de Mayence pour se rendre à Berlin, au 19ᵉ de ligne de se rendre à Thorn. Si le général Lagrange n'a plus besoin du régiment de Paris et du régiment italien, qu'il les envoie à Berlin. S'il n'a pas assez de forces, ces troupes lui seront remplacées par des régiments provisoires.

Donnez ordre aux fusiliers de la garde, ainsi qu'au 15ᵉ régiment de chasseurs, de se rendre à Thorn.

Donnez ordre au 65ᵉ et au 22ᵉ ligne, qui font partie du corps du maréchal Mortier, de se rendre à Thorn, ainsi qu'au 26ᵉ régiment de chasseurs à cheval. Faites comprendre à ce maréchal que les événements qui se passent ici font que j'ai besoin de troupes. Dites-lui que, s'il peut rester quelque temps avec trois régiments, il m'envoie aussi le 2ᵉ d'infanterie légère, mais que je le laisse le maître pour ce dernier régiment ; que ces troupes lui seront remplacées à la belle saison par des régiments venant de France ; qu'en attendant, s'il n'a point assez de troupes, il pourra être renforcé par 3.000 Hollandais que le maréchal Brune lui enverra. Vous lui ferez sentir que la bataille et les mouvements de l'ennemi rendent ces dispositions nécessaires.

Donnez l'ordre au général Carra Saint-Cyr de se rendre à Thorn pour être employé dans le corps du maréchal Soult, en remplacement du général Leval.

Napoléon.

918. — ORDRE (1).

Varsovie, 25 février 1807.

L'Empereur désire que, désormais, les portefeuilles du travail des ministres et du Conseil d'État soient apportés au ministre secrétaire d'État, au quartier général impérial, par des officiers d'état-major, lesquels auront, en même temps, la mission d'observer ce qui se passe sur les derrières de l'armée pour en faire le rapport à l'Empereur.

Ils recevront, à cet effet, des instructions du ministre de la guerre et, en passant, ils en prendront de M. le maréchal Kellermann à Mayence et de M. le général Clarke à Berlin.

919. — AU MARÉCHAL BERTHIER (2).

Osterode, 25 février 1807.

Donnez ordre à un des Polonais qui sont ici, près de moi, de se rendre à Posen, avec l'autorisation d'y recevoir 1.000 carabines, 800 sabres et 800 pistolets pour les régiments qui sont ici.

Donnez un ordre pour que les moyens de transport soient fournis par la chambre de Posen et que ces armes arrivent sans délai. Écrivez au général Liébert d'en favoriser la translation qui devra se faire par des relais continus.

920. — DÉCISION (3).

| Le maréchal Berthier demande à l'Empereur un fonds extraordi- | Sa Majesté fournit des fonds de la Grande Armée pour le ser- |

---

(1) Copie conforme.
(2) Non signé.
(3) De la main de Maret; non datée, extraite du « Travail du ministre de la guerre avec l'Empereur, du 25 février 1807 ».

naire de 320.000 francs pour achat de plomb.

vice de l'artillerie en Allemagne. Il doit être possible de prendre cette somme sur celles qui sont accordées par le budget.

921. — AU MARÉCHAL BERTHIER (1).

Osterode, 27 février 1807.

Réitérez l'ordre au général Songis de faire partir dans la nuit un officier de son état-major pour faire construire un pont à Marienwerder. Si cela est nécessaire, l'équipage de pont, qui avait reçu l'ordre de se rendre à Thorn, retournera à Marienwerder.

Donnez-lui l'ordre également de faire descendre les 40 bateaux qui sont à Graudenz ; ils passeront dans la nuit derrière la citadelle ; ils serviront à construire un pont à Marienburg.

Il est nécessaire que le pont de Marienwerder soit construit avant le 2 mars. L'officier du général Songis fera un rapport toutes les vingt-quatre heures par une estafette pour faire connaître où en est cette construction.

Envoyez, par un officier qui partira sur-le-champ, l'ordre au maréchal Lefebvre de faire passer soit à Marienwerder, soit à Marienburg, tous les Polonais à cheval qui se trouvent sous les ordres du général Dombrowski. Cet officier se dirigera sur Marienwerder, de là sur Mewe, d'où il joindra le maréchal Lefebvre. Cet officier, qui sera instruit de notre position, instruira le maréchal Lefebvre. Vous recommanderez à ce maréchal de faire occuper toute l'île du Nogat et de donner fréquemment de ses nouvelles.

922. — ORDRE (2).

Osterode, 28 février 1807.

L'ordonnateur Joinville fera donner à l'état-major de la garde 3.000 bouteilles de vin et 1.500 à l'état-major du corps du général Oudinot, et fera connaître que ce vin est uniquement destiné aux officiers de la garde et du corps du général Oudinot, ce qui doit assurer leur vin pour une dizaine de jours.

Il remettra également 150 pintes d'eau-de-vie à l'état-major de la garde et 100 à celui du corps du général Oudinot. Cette eau-de-vie doit également fournir à la consommation d'une quinzaine de jours.

---

(1) Non signé, expédié le même jour à 8 heures du soir.
(2) Non signé.

923. — ORDRE.

Mars 1807.

Donnez l'ordre qu'il soit délivré ce soir 50 fusils et 30 baïonnettes de rechange pour compléter l'armement de la garde et du régiment des fusiliers de la garde.

NAPOLÉON.

924. — AU MARÉCHAL BERTHIER (1).

Osterode, 1" mars 1807.

Il sera établi d'ici à Graudenz cinq postes de Polonais, de manière à pouvoir communiquer rapidement avec le commandant de ce siège.

Si le général Rouyer est hors d'état de continuer ce commandement, le major général le remplacera par un général français qui correspondra tous les jours avec l'état-major général.

925. — DÉCISION (2).

Osterode, 1" mars 1807.

Le général Le Marois rend compte au major général de la force des détachements qu'il a fait partir pour rejoindre les divers corps de la Grande Armée.

Je prie le major général de faire connaître où se trouvent ces détachements.

926. — DÉCISION.

2 mars 1807.

Le maréchal Berthier, ministre de la guerre, major général, a pris des informations sur les titres des officiers de santé proposés par MM. Lombart et Percy pour la Légion d'honneur ou pour des gratifications. Toutes les informations

Approuvé.

NAPOLÉON.

---

(1) Non signé. expédié le même jour.
(2) Non signée.

qu'il a recueillies sont en faveur de ces officiers de santé, dont M. Larrey fait d'ailleurs le plus grand éloge.

Si l'Empereur approuve les demandes qui lui sont présentées, le maréchal Berthier propose de lui soumettre un projet de décret en conséquence.

927. — DÉCISION.

Osterode, 4 mars 1807.

Le général Chasseloup, commandant en chef du génie à la Grande Armée, donne un état des outils existant dans les magasins d'Elbing et qu'il demande l'autorisation de faire transporter à Marienburg. Il demande également l'autorisation d'y faire construire deux forges de campagne.

Approuvé.

NAPOLÉON.

928. — DÉCISION.

Osterode, 4 mars 1807.

Le général Songis, premier inspecteur général, commandant en chef l'artillerie de la Grande Armée, écrit au major général qu'il n'existe, à portée de l'armée, aucune pièce de canon dont il puisse disposer pour l'armement de Marienburg.

On peut diriger sur Marienburg les pièces prises à Braunsberg.

NAPOLÉON.

929. — DÉCISION.

Osterode, 4 mars 1807.

Rapport du général Savary,

Répondre au maréchal Massé-

commandant le 5ᵉ corps, au maréchal Berthier, relatif à la position et aux mouvements de l'ennemi, à l'insuffisance des moyens de transport dont il dispose pour l'évacuation des malades sur les hôpitaux et enfin à la situation critique où il se trouve par rapport aux subsistances.

na (1) qu'il approche ses troupes de ses magasins de manière qu'elles vivent parfaitement.

NAPOLÉON.

930. — AU MARÉCHAL BERTHIER (2).

Osterode, 5 mars 1807.

Faites connaître au général Bourcier que le 3ᵉ et le 24ᵉ régiments de chasseurs à cheval sont partis d'Italie, le 1ᵉʳ février, pour se rendre à Potsdam, qu'ainsi ils ne doivent pas tarder à y arriver, que ces deux régiments ont besoin ensemble de 700 chevaux, et qu'ils portent leurs selles et leurs brides.

931. — DÉCISION.

7 mars 1807.

Le major général demande confirmation de l'indemnité que le général Gardanne dit avoir été accordée par l'Empereur au colonel Lafitte, du 18ᵉ régiment de dragons.

Accordé.

NAPOLÉON.

932. — DÉCISION.

Osterode, 10 mars 1807.

Le ministre directeur de l'administration de la guerre soumet à l'Empereur une demande du conseil d'administration du 20ᵉ chasseurs à cheval, tendant à obtenir le transfert de Cologne à Bonn du dépôt de ce régiment.

Approuvé.

NAPOLÉON.

(1) Désigné pour prendre le commandement du 5ᵉ corps à la place du général Savary.
(2) Non signé.

933. — DÉCISION.

Osterode, 10 mars 1807.

Demande du préfet de l'Hérault tendant à faire porter de la 5ᵉ classe à la 3ᵉ classe la compagnie de réserve de ce département, dont l'effectif est insuffisant pour les besoins du service.

Accordé.

NAPOLÉON.

---

934. — DÉCISION.

Osterode, 10 mars 1807.

Le maréchal Bernadotte demande que le montant de la vente des bâtiments anglais pris sur la Trave par le 1ᵉʳ corps d'armée soit employé à indemniser les officiers blessés à Lübeck, les officiers généraux et autres qui ont perdu leurs effets et chevaux pendant la campagne.

Accordé pour indemnité à ceux qui ont fait des pertes d'équipages à Mohrungen.

NAPOLÉON.

---

935. — AU MARÉCHAL BERTHIER.

Osterode, 12 mars 1807.

Envoyez sur-le-champ l'ordre par un courrier extraordinaire au prince Jérôme de faire partir pour Varsovie le 4ᵉ et le 14ᵉ de ligne bavarois, le bataillon de chasseurs de Braun et 6 pièces d'artillerie.
Vous ferez part de ces dispositions au maréchal Masséna, et vous lui ferez connaître que mon intention est que la division bavaroise soit divisée en trois brigades : la 1ʳᵉ composée des 2ᵉ et 3ᵉ de ligne et du 4ᵉ bataillon d'infanterie légère, ayant six pièces de canon ; la 2ᵉ brigade composée des 7ᵉ et 13ᵉ de ligne et du 3ᵉ régiment d'infanterie légère, avec 6 pièces d'artillerie ; la 3ᵉ brigade composée des 4ᵉ et 14ᵉ régiments de ligne et bataillon des chasseurs de Braun, avec 6 pièces d'artillerie.
Chacune de ces brigades aura au moins 6 pièces d'artillerie ; et

indépendamment de ce, il y aura 3 pièces d'artillerie bavaroises attachées à la division.

NAPOLÉON.

Chaque brigade sera commandée par un général de brigade.

---

936. — DÉCISION.

Osterode, 12 mars 1807.

Rapport sur les dispositions proposées pour assurer les subsistances de l'armée.

Renvoyé au major général pour faire exécuter ces dispositions qui me paraissent sages.

NAPOLÉON.

---

937. — AU MARÉCHAL BERTHIER (1).

Osterode, 13 mars 1807.

Il faudrait avoir ici une petite presse, de quoi imprimer l'ordre du jour ; cela est de la plus grande importance.

Ordonner aux corps d'armée de ne plus envoyer les petits malades sur les derrières, mais d'avoir de petits hôpitaux ou ambulances, savoir :

Le 4ᵉ corps à Saalfeld,
Le 1ᵉʳ corps à Christburg,
Le général Oudinot et la garde à Strasburg,
Le 3ᵉ à Gilgenburg,
Le 6ᵉ à Deppen.

Les médecins du corps d'armée auront soin de ces malades auxquels on procurera une meilleure nourriture. C'est le moyen de retenir beaucoup de monde.

Indépendamment des économes que l'on mettra à la tête de ces hôpitaux, il faut que les maréchaux y nomment un commandant militaire ferme pour y maintenir la discipline et y commander militairement.

---

(1) Non signée.

938. — AU MARÉCHAL BERTHIER (1).

Donnez l'ordre au général Noirot de se rendre à Mayence pour y servir, sous les ordres du maréchal Kellermann, à l'inspection et à l'organisation des régiments provisoires de cavalerie.

---

939. — AU GÉNÉRAL DEJEAN.

Osterode, 15 mars 1807.

Le 56ᵉ et le 93ᵉ de ligne, le 3ᵉ légère, le 2ᵉ de ligne, le 37ᵉ et le 67ᵉ ont leurs 3ᵉˢ et 4ᵉˢ bataillons en Piémont et dans les Etats de Parme, et leurs bataillons de guerre à l'armée d'Italie, aux camps de Brescia et de Vérone.

Donnez des ordres pour qu'au 10 avril il parte de chacun de ces 3ᵉ et 4ᵉ bataillons des détachements pour renforcer les bataillons de guerre, de manière que le complet des bataillons de guerre soit de 140 hommes par compagnie, et, si cela n'est pas possible, à 130 hommes. Les généraux Menou, Montchoisy et Pérignon peuvent désirer de garder des bataillons forts, mais veillez à l'exécution de mon ordre, car je veux positivement que les bataillons de guerre soient au grand complet. Les deux bataillons du 7ᵉ de ligne sont à Braunau, et son 3ᵉ bataillon est en Piémont. Les deux premiers bataillons qui sont à Braunau ne sont que de 1.200 hommes. Donnez ordre qu'au 1ᵉʳ avril un détachement de 500 hommes, commandé par 1 capitaine, 2 lieutenants et sous-lieutenants, 1 sergent-major, 4 sergents, 8 caporaux, parte du 3ᵉ bataillon pour se rendre à Augsburg et de là à Braunau pour fortifier les deux premiers bataillons.

NAPOLÉON.

---

940. — ORDRE DU JOUR.

Au quartier général impérial, Osterode, 15 mars 1807.

Sa Majesté voit avec peine qu'un grand nombre d'officiers de santé, d'employés des hôpitaux, d'agents d'administration sont encore restés à Wittenberg, Erfurt, Würzburg, Bamberg et autres

---

(1) Sans signature ni date; expédié le 15 mars 1807.

points sur les derrières, de sorte que l'armée active est privée des services d'employés qui continuent à rester dans les lieux où ils ne sont plus utiles.

L'Empereur ordonne en conséquence à l'intendant général, au médecin en chef, au chirurgien en chef, aux différents chefs de service d'administration et enfin aux commandants de province, commandants de département et d'arrondissement, de veiller, à la réception du présent ordre, à ce que les officiers de santé et employés des différentes administrations qui ne sont pas utiles dans les résidences où ils se trouvent, dans la situation actuelle, aient à être dirigés sur le quartier général à Thorn. Chaque commandant d'armes, en envoyant ses états de situation, fera connaître le nombre d'employés qu'il a fait partir et justifiera de ceux qu'il a retenus.

Le présent ordre sera imprimé et envoyé à tous les commandants d'armes.

Le prince de Neuchâtel, major général,
Maréchal Alex. BERTHIER.

941. — AU MARÉCHAL BERTHIER.

Osterode, 16 mars 1807.

Faire donner demain une ration de rhum à la garde ;
1,000 bouteilles de vin pour les officiers de la garde ;
100 bouteilles pour l'état-major de l'artillerie ;
100 bouteilles pour l'état-major général ;
1,000 bouteilles pour les officiers du corps du général Oudinot ;
500 bouteilles pour les officiers de la division Nansouty ;
400 bouteilles pour les officiers de la division d'Hautpoul ;
1,000 bouteilles pour l'état-major et les officiers du corps du maréchal Ney ;
1,000 bouteilles pour ceux du maréchal Davout.

Ecrire à l'ordonnateur Faviers qu'il m'expédie ici 30,000 bouteilles de vin.

NAPOLÉON.

942. — AU MARÉCHAL BERTHIER.

Osterode, 16 mars 1807.

Faire donner 400 pintes de rhum aux officiers du corps du maréchal Ney ;

400 pintes pour ceux du corps Davout ;
200 pour les officiers de la garde ;
200 pour les officiers du corps du général Oudinot ;
200 pour les officiers de la division Nansouty ;
200 pour les officiers de la division Beaumont ;
150 pour les officiers de la division Milhaud.

Ecrire à l'ordonnateur Faviers de m'expédier 20.000 pintes de rhum.

NAPOLÉON.

943. — DÉCISION.

Osterode, 16 mars 1807.

Le maréchal Berthier, major général, demande confirmation de la gratification accordée par l'Empereur à M. de Belleville, intendant de Hanovre.

Accordé.

NAPOLÉON.

944. — DÉCISION.

Osterode, 16 mars 1807.

Le Conseil d'Etat, qui, d'après le renvoi ordonné par Sa Majesté l'Empereur et Roi, a entendu le rapport de la section de l'intérieur sur celui du ministre de ce département, relatif à l'établissement d'une garde soldée à Montauban,

Considérant que cette dépense s'élèverait pour la solde à 9.915 francs, à quoi il faudrait joindre les frais de premier établissement de casernement, de solde, de retraite, etc. ;

Que la compagnie de réserve peut et doit suffire au service du département du Lot, sauf à en augmenter la force, s'il est nécessaire,

Approuvé.

NAPOLÉON.

Est d'avis :

1° Qu'il n'y a lieu à établir ladite garde ;

2° Qu'il convient de renvoyer le rapport du ministre de l'intérieur et les pièces y jointes au conseiller d'Etat, directeur de la conscription, pour augmenter, s'il y a lieu, la compagnie de réserve, en faisant, s'il faut un nombre d'hommes plus considérable à Montauban, une nouvelle répartition des soldats de cette compagnie après son accroissement.

945. — DÉCISION.

Osterode, 17 mars 1807.

Le maréchal Berthier demande l'autorisation de donner les ordres nécessaires pour faire payer à chacun des anciens bataillons du train une somme de 20.000 francs et à ceux nouvellement dédoublés celle de 40.000 francs, acompte sur leurs masses d'entretien, conformément aux dispositions du décret du 6 janvier 1807.

Accordé.

NAPOLÉON.

946. — AU MARÉCHAL BERTHIER.

Osterode, 17 mars 1807.

Me faire connaître ce que chaque prince de la confédération doit fournir pour contingent et ce qui manque.

NAPOLÉON.

947. — AU MARÉCHAL BERTHIER.

Osterode, 17 mars 1807.

Le général Montbrun commandant la cavalerie légère du 5°

corps, le général Debelle sera employé à une division de dragons.

Donnez l'ordre au général Desenfans de se rendre au 6ᵉ corps pour servir dans la division Marchand ;

Au général Sarrut de se rendre au 1ᵉʳ corps d'armée où il servira dans la division Lapisse ;

Au général Guérin de se rendre au 4ᵉ corps où il servira dans la division Leval.

Vous prendrez des renseignements sur l'adjudant commandant Coëhorn et le général de brigade Marulaz (ces deux officiers sont malades ou blessés), afin que, s'ils doivent rester longtemps absents de leurs corps, on avise aux moyens de les remplacer.

NAPOLÉON.

948. — AU MARÉCHAL BERTHIER.

Osterode, 17 mars 1807.

Donnez l'ordre que le dépôt du 1ᵉʳ régiment de hussards, du 5ᵉ id., du 7ᵉ id., du 5ᵉ de chasseurs, du 7ᵉ id., du 13ᵉ id., du 11ᵉ de chasseurs qui sont à Kulm, se dirigent sur Elbing. Faites connaître au gouverneur de Thorn et au commandant du dépôt à Kulm que, ces régiments se trouvant à Elbing pour se refaire, je donne l'ordre d'y envoyer leurs dépôts.

Donnez l'ordre que tous les hommes disponibles du 1ᵉʳ, du 2ᵉ et du 12ᵉ chasseurs rejoignent à Allenstein et que les dépôts se rendent à Wloclawek pour être avec le dépôt du 3ᵉ corps.

Donnez des ordres que les dépôts du 3ᵉ de hussards, du 10ᵉ et du 15ᵉ de chasseurs se rendent à Fordon pour être avec les dépôts du 6ᵉ corps auxquels ces 3 régiments appartiennent.

Donnez l'ordre que les dépôts du 8ᵉ de hussards et du 16ᵉ de chasseurs se rendent à Bromberg après avoir fait partir tous les hommes disponibles pour rejoindre le corps du maréchal Soult auquel ces régiments sont attachés.

Le 2ᵉ de hussards, 4ᵉ de hussards et 8ᵉ de chasseurs auront leurs dépôts à Schwetz avec celui du 2ᵉ corps ; le 9ᵉ de hussards étant attaché à la division Oudinot, son dépôt doit se réunir à Inowrazlaw à ceux de la garde.

NAPOLÉON.

949. — AU MARÉCHAL BERTHIER.

Osterode, 17 mars 1807.

Mon Cousin, le dépôt du 3ᵉ corps se trouvant mal à Thorn, donnez l'ordre qu'il soit transféré à Wloclawek sur la Vistule et faites connaître cette disposition au maréchal Davout et au gouverneur de Thorn pour y diriger tous les hommes appartenant à ce corps.

NAPOLÉON.

950. — AU MARÉCHAL BERTHIER.

Osterode, 17 mars 1807.

Donnez l'ordre que les dépôts des trois divisions de cuirassiers partent de Kulm pour se rendre Marienwerder ; par ce moyen, il ne restera plus à Kulm que les dépôts des régiments de dragons. Le grand-duc de Berg nommera un officier pour commander les dépôts de ces 3 divisions.

Recommandez au grand-duc de Berg que j'ai mis les dépôts des cuirassiers à Marienwerder, qu'il y a dans l'île de Nogat des chevaux, que les corps doivent chercher à en acheter pour se remonter.

NAPOLÉON.

951. — AU DIRECTEUR GÉNÉRAL DES REVUES ET DE LA CONSCRIPTION MILITAIRE (1)

Osterode, 18 mars 1807.

Le 17ᵉ régiment de ligne a quatre bataillons ; deux sont à la Grande Armée, le 3ᵉ arrive à Magdeburg, le 4ᵉ est à Boulogne avec le dépôt. Tous les conscrits désignés pour ce corps sont dirigés sur Boulogne et je crois que ce 4ᵉ bataillon ne sera pas très fort, puisqu'il ne sera que de 700 hommes. Voici la mesure que j'ai ordonnée : j'ai donné l'ordre que tous les hommes du 3ᵉ bataillon se rendissent à l'armée sous le commandement d'un capitaine, de 2 lieutenants, de 2 sous-lieutenants et de quelques sous-officiers, et que les autres officiers et sous-officiers se rendissent à Mayence

---

(1) Extrait.

pour former le cadre de ce 3° bataillon. Je désire que vous fassiez un appel à la conscription de la réserve de 1.000 conscrits pour former ce bataillon et que vous le dirigiez sur Mayence ; entendez-vous avec M. Dejean pour qu'il fasse fournir des moyens extraordinaires pour leur habillement.

NAPOLÉON.

952. — AU GÉNÉRAL DEJEAN.

Osterode, 19 mars 1807.

Monsieur Dejean, dans votre lettre du 6, vous me rendez compte que vous avez fait partir 1.500 hommes à pied, chasseurs et hussards. Le 3° et le 24° régiment de chasseurs qui arrivent d'Italie ont besoin de 800 chevaux. Les circonstances de la guerre ont mis beaucoup d'hommes à pied ; la consommation de chevaux est énorme. Gardez donc les hommes à pied et ne les envoyez que bien montés et bien harnachés. Ordonnez à tous les dépôts d'envoyer à leurs corps, en les dirigeant sur Magdeburg, des effets d'équipement et d'harnachement ; la cavalerie en a le plus grand besoin. Ce qui en a été usé dans cette campagne est inconcevable et nous sommes dans un pays sans ressources. Le maréchal Kellermann se plaint que les conscrits qui arrivent en foule trouvent les dépôts dégarnis de moyens. C'est le plus grand malheur qui puisse nous arriver. Prenez toutes les mesures pour qu'ils soient promptement habillés. Comment les corps n'ont-ils pas encore reçu leur drap ? Faites-leur payer de forts acomptes sur leurs masses.

NAPOLÉON.

953. — DÉCISION.

Osterode, 19 mars 1807.

Le général Picard, que sa blessure met hors d'état de faire campagne, demande l'autorisation d'aller se faire soigner en France, avec un traitement d'activité payable à Strasbourg.

L'employer auprès du maréchal Kellermann pour inspecter les dépôts de cavalerie.

NAPOLÉON.

954. — ORDRE (1).

19 mars 1807.

Mettre à l'ordre du jour qu'aucun homme malade ne doit aller directement par la Vistule.

Que les hommes malades du 1ᵉʳ corps doivent aller à Chrisburg ;

Du 4ᵉ, à Mohrungen et Saalfeld ;

Du 6ᵉ, à Osterode ;

Du 3ᵉ à Gilgenburg.

Les hommes qui ne seraient que fatigués seront retenus le temps nécessaire pour les rétablir.

Ceux qui auraient des maladies graves seraient évacués régulièrement sur la rive gauche de la Vistule par les voitures de retour.

Ceux du 1ᵉʳ corps sur l'hôpital de Mewe ;

Du 3ᵉ, de Wloclavek ;

Du 4ᵉ, de Bromberg ;

Du 6ᵉ, de Fordon ;

Ceux de la garde et Oudinot, sur Inowrazlaw.

A cet effet, il sera établi dans la journée de demain, à Osterode, un hôpital de 300 lits.

La gendarmerie ne laissera passer cette ligne à aucun malade, à moins qu'il n'ait un certificat du commissaire des guerres et qu'il ne soit sur une voiture.

Comme il est possible que le nombre des convalescents soit plus considérable que le nombre de lits à Osterode, il sera établi un hôpital à Strasburg.

Les malades de la cavalerie seront envoyés à Kulm. Il y aura dans les quatre hôpitaux de Gilgenburg les gendarmes appartenant aux différents corps d'armée.

955. — ORDRE.

Osterode, 20 mars 1807.

La solde pour le 4ᵉ trimestre de 1806, c'est-à-dire pour octobre, novembre et décembre, ainsi que tout le mois de janvier, sera payée à toute l'armée.

---

(1) Minute non signée.

Le payeur général versera dans la caisse de chaque corps d'armée les fonds nécessaires pour payer la solde de ces quatre mois, de sorte que la solde soit parfaitement au courant jusqu'au 1ᵉʳ février, ainsi que l'indemnité accordée aux troupes en Pologne.

NAPOLÉON.

956. — AU MARÉCHAL BERTHIER.

Osterode, 20 mars 1807.

Le 26ᵉ de chasseurs fera partie de la cavalerie légère du maréchal Soult, en place du 22ᵉ de chasseurs qui cessera de faire partie de ce corps d'armée et sera attaché à la brigade du général Durosnel.

Demandez aux maréchaux Bernadotte, Soult, Davout et Ney qu'ils vous fassent connaître combien ils ont d'hommes présents aux corps, qui ne sont pas armés, combien il leur manque de fusils, de baïonnettes, de gibernes. Qu'ils vous en envoient l'état exact, parce que vous n'avez à Osterode qu'un millier de fusils à distribuer.

Les 3 bataillons du 7ᵉ régiment d'infanterie légère qui sont à l'armée seront réduits à 2 bataillons. Tous les soldats appartenant au 3ᵉ bataillon seront incorporés dans les deux premiers. Le cadre du 3ᵉ bataillon retournera joindre le 4ᵉ bataillon.

Même chose pour le 16ᵉ légère, pour le 24ᵉ de ligne, pour le 25ᵉ légère.

NAPOLÉON.

957. — DÉCISION (1).

Le général de division Canuel, gouverneur général du premier gouvernement des pays conquis, rend compte au major général, le 7 mars 1807, qu'il ne reste à Munster que les deux compagnies désignées pour la garde du gouverneur : celle fournie par le 22ᵉ de ligne, qui est complète, et celle du 5ᵉ chasseurs à cheval, qui ne l'est pas.	Faire partir cette compagnie du 22ᵉ, qui sera remplacée, et la compagnie du 5ᵉ de chasseurs avec tous les chevaux pour Potsdam. NAPOLÉON.

(1) Non datée; expédiée le 21 mars 1807.

Napoléon, t. I.

958. — A MONSIEUR DE THIARD (1).

Osterode, 21 mars 1807.

L'Empereur, Monsieur de Thiard, m'ordonne de vous témoigner son mécontentement sur ce qu'il est instruit que vous avez eu pendant votre séjour à Dresde des relations secrètes et que vous avez reçu sans son autorisation des sommes d'argent.

Sa Majesté regrette surtout d'avoir mis sa confiance dans un officier qui, au moment où l'honneur commande à tout militaire de rester à son poste et où Elle aurait eu le plus besoin de ses services, offre sa démission et demande du repos.

L'Empereur me commande, Monsieur, d'accepter votre démission, et dès ce moment vous vous trouvez rayé du tableau de l'armée et vous ne pouvez plus porter les distinctions militaires.

Sa Majesté me charge de vous prévenir qu'Elle vous ordonne de partir sans délai pour vous rendre dans votre terre du département de Saône-et-Loire où son intention est que vous soyez rendu le 10 avril, et où vous resterez. J'en préviens le ministre de la police générale parce que, dès ce moment, vous n'avez plus de relations avec le ministre de la guerre, comme militaire.

Le major général de la Grande Armée, ministre de la guerre,
Signé : Maréchal Alex. Berthier.

---

959. — AU GÉNÉRAL DEJEAN.

Osterode, 22 mars 1807.

Le 19ᵉ de ligne est faible. Donnez ordre que l'on fasse partir du camp de Boulogne un détachement de 600 hommes du 3ᵉ bataillon de ce régiment, commandé par 1 capitaine, 2 lieutenants, 2 sous-lieutenants, 1 sergent-major, 4 sergents, 8 caporaux avec 3 tambours. Ce détachement se dirigera par la route la plus courte sur Magdeburg, bien habillé et bien équipé. Donnez l'ordre en Italie que 1.200 chevaux, tirés des dépôts des quatre régiments de cuirassiers et des cinq régiments de chasseurs qui sont venus à l'armée, partent pour se diriger par Augsburg sur Potsdam. Faites-moi connaître tout ce qu'il peut partir de détachements de

---

(1) Copie.

dragons, de hussards et de carabiniers. Tout ce qui est monté et bien équipé doit partir. Le maréchal Kellermann les fera entrer dans la formation de ses régiments de cavalerie provisoires. Je n'ai pas besoin de vous dire que les régiments provisoires ne doivent vous concerner en rien pour la comptabilité. Ce n'est qu'une manière de les faire arriver avec ordre à l'armée. Faites partir de Paris et du camp de Boulogne les détachements que je vous ai demandés. Vous trouverez ci-joint un décret que vous mettrez sur-le-champ à exécution. Faites partir des dépôts des tirailleurs corses et des tirailleurs du Pô 400 hommes pour recruter ces bataillons.

NAPOLÉON.

960. — AU MARÉCHAL BERTHIER.

Osterode, 22 mars 1807.

Ecrire au maréchal Ney que, puisqu'il n'y a plus de fourrage à Peitschendorf, de (sic) diriger son parc à une journée en arrière d'Osterode.

Vous écrirez au maréchal Bessières de choisir un lieu où il puisse vivre une quinzaine de jours.

Donnez ordre au maréchal Soult d'envoyer à Elbing un 3ᵉ régiment de la division Klein ; aussitôt que le 26ᵉ de chasseurs sera arrivé, il pourra également envoyer sur les derrières le 22ᵉ de chasseurs et le 8ᵉ de hussards.

Mander au maréchal Ney qu'il va recevoir le 15ᵉ de chasseurs et qu'il pourra alors renvoyer un de ses deux régiments de cavalerie légère sur les derrières pour se refaire.

Mander au maréchal Davout qu'il faut qu'il retire des ressources de Plotsk, qu'il peut étendre davantage ses cantonnements du côté de Gilgenburg.

NAPOLÉON.

961. — DÉCISION.

22 mars 1807.

Le prince Jérôme Napoléon rend compte que, sur les 400 hommes que le général Bourcier a envoyés à Glogau, 150 sont déjà montés.	Répondre qu'il faut les diriger sur-le-champ sur Thorn ; que les 250 autres restent ; que les cavaliers ont dû arriver avec

Toutefois, pour les armer, il faudra faire monter à Breslau des lames de sabre dans le cas où ils n'en auraient point.

leurs sabres; ainsi que Sa Majesté suppose qu'ils n'en ont pas besoin; si cependant ils en avaient besoin, tâcher de leur en procurer, mais ne pas retarder leur départ pour cela, vu qu'ils en trouveraient à Posen.

NAPOLÉON.

962. — ORDRE DU JOUR.

Osterode, 22 mars 1807.

Sa Majesté a ordonné que les 1ᵉʳ, 2ᵉ, 3ᵉ et 4ᵉ régiments provisoires, à leur arrivée à Thorn, seraient dissous; que les majors, chefs de bataillon et adjudants-majors retourneraient en France en poste pour rejoindre leurs dépôts, et que les compagnies qui composaient ces régiments seraient dirigées sur les corps d'armée auxquels elles appartiennent. Du moment que ces compagnies seront arrivées à leur régiment, elles seront réparties par les soins des généraux de division entre les corps qui en ont le plus besoin, et les officiers seront gardés aux régiments en remplacement d'officiers qui auraient été blessés dans la campagne et qui seront dirigés sur les 3ᵉˢ bataillons. Une décision du colonel opérera cette translation. Dans le cas où il n'y aurait dans les bataillons de guerre aucun officier dans ce cas, les officiers retourneront à leurs compagnies et il leur sera donné le moyen de faire la route en poste. On fera la même chose pour les sous-officiers.

NAPOLÉON.

963. — DÉCISION.

22 mars 1807.

Le prince Jérôme Napoléon
au prince de Neuchâtel.

Breslau, 18 mars 1807.

« Sa Majesté l'Empereur avait accordé au roi de Wurtemberg les drapeaux de Glogau. On ne les y

Accordé.

NAPOLÉON.

a pas trouvés. Le roi de Wurtemberg désirerait avoir ceux de Schweidnitz. Il y en a quatre ici.

» Si Sa Majesté veut m'y autoriser, je les lui enverrai.

» Agréez, Monsieur le Maréchal, prince de Neuchâtel, l'assurance de mon attachement.

» Jérôme NAPOLÉON. »

964. — AU MARÉCHAL BERTHIER.

Osterode, 22 mars 1807.

Mon Cousin, je vous prie de faire connaître à l'ordre que les corps ne doivent point porter dans l'effectif des bataillons de guerre les compagnies et voltigeurs des 3ᵉ et 4ᵉ bataillons qui font partie de la réserve du général Oudinot.

NAPOLÉON.

965. — DÉCISION (1).

Le prince Jérôme Napoléon transmet, le 17 mars 1807, au maréchal Berthier, une demande du prince de Hohenzollern, son aide de camp, à l'effet d'être autorisé à lever un bataillon en Silésie.	Accordé. NAPOLÉON.

966. — DÉCISION.

23 mars 1807.

Le major général demande l'autorisation de diriger d'Augsburg sur Potsdam le régiment de hussards polonais qui vient de Capoue et qui doit arriver le 16 avril à Augsburg.	Les faire diriger par le plus court chemin sur Posen. NAPOLÉON.

---

(1) Non datée; expédiée le 22 mars 1807.

967. — AU GÉNÉRAL DEJEAN.

Osterode, 23 mars 1807.

Monsieur Dejean, j'ai nommé le général Ferino gouverneur d'Anvers et le général d'Aboville gouverneur de Brest. Mon intention est que le général d'Aboville ait trois aides de camp officiers de marine, et trois aides de camp officiers de terre. Aidez-le à trouver des hommes conciliants et actifs. Le général Ferino n'a pas besoin d'aides de camp de marine, mais de quatre aides de camp officiers de terre. Les aides de camp de ces deux sénateurs seront traités comme ceux des généraux en activité. Vous accorderez, sous le titre de dépenses extraordinaires et secrètes, 4.000 francs par mois à chacun de ces généraux. Vous correspondrez avec eux pour mettre ces places dans le meilleur état de défense, sans cependant rien déranger aux travaux ni à l'administration ordinaire de la marine.

NAPOLÉON.

968. — AU GÉNÉRAL DEJEAN.

Osterode, 23 mars 1807.

Monsieur Dejean, il y a un dépôt des bataillons corses à Antibes qui est mal organisé. Il faut en destituer le commandant et le remplacer par un bon officier. Pourvoyez aux besoins de ce dépôt afin qu'on habille les conscrits qui vont arriver et qu'on les mette promptement dans le cas d'entrer en ligne.

NAPOLÉON.

969. — AU GÉNÉRAL DEJEAN.

Osterode, 23 mars 1807.

Monsieur Dejean, je reçois votre compte des remontes, daté du 4 mars. Il en résulte qu'il faut des marchés pour 11.000 chevaux. Vous ne dites pas quand ils seront faits. Je vous ai déjà demandé de joindre aux états le compte en argent.

NAPOLÉON.

970. — AU MARÉCHAL BERTHIER.

Osterode, 23 mars 1807.

Mon Cousin, je viens de lire dans les états de Klodawa que le 18e de dragons a des hommes et des chevaux cantonnés dans ce village. Je suppose qu'ils en sont partis. Toutefois donnez-en l'ordre.

NAPOLÉON.

971. — DÉCISION.

Osterode, 23 mars 1807.

On demande les ordres de l'Empereur pour savoir si les troupes précédemment à la solde de la Hollande et faisant aujourd'hui partie du 8e corps de la Grande Armée, seront entretenues sur le produit des contributions des pays conquis ou resteront à la charge de la Hollande.

La solde doit être fournie par le roi de Hollande.

NAPOLÉON.

972. — DÉCISION.

Osterode, 23 mars 1807.

Le général Dejean rend compte du départ d'un nouveau convoi de souliers expédié de Mayence le 14 février.

Renvoyé à M. Daru pour me faire connaître si ces souliers appartiennent au magasin général ou sont au compte des corps.

NAPOLÉON.

973. — AU MARÉCHAL BERTHIER.

Osterode, 24 mars 1807.

Mon Cousin, témoignez mon mécontentement au gouverneur de Fulde de ce qu'il n'a pas fourni au dépôt de Potsdam les 300 chevaux que son gouvernement devait fournir. Témoignez également mon mécontentement au gouverneur du Mecklenburg de ce qu'il n'a point fourni ses 500 chevaux.

Donnez ordre à la brigade Watier de se rendre à Elbing.

NAPOLÉON.

974. — AU MARÉCHAL BERTHIER.

Osterode, 24 mars 1807.

Mon Cousin, il y a à Francfort-sur-l'Oder un détachement de 76 hommes du 88°, un détachement de 43 hommes du 1ᵉʳ de hussards, un de 25 hommes du 22° de chasseurs, un de 32 hommes du 3° de hussards. Donnez ordre que tous ces détachements partent pour rejoindre leurs corps par Thorn. Donnez ordre que tous les détachements du régiment de Westphalie se mettent en marche sur Aix-la-Chapelle pour se réunir à ce régiment. Donnez ordre que les 132 hommes de cavalerie qui sont montés à Glogau en partent pour rejoindre leur régiment.

NAPOLÉON.

---

975. — DÉCISION.

Osterode, 24 mars 1807.

Sire, Son Altesse le grand-duc de Berg m'ayant dit que Votre Majesté lui accorde un homme monté par régiment, pris dans les dépôts qui sont en France, pour former le fond d'un régiment que Votre Majesté l'a autorisé à lever, je la prie de vouloir bien mettre son approuvé au présent rapport.

Accordé.

NAPOLÉON.

---

976. — DÉCISION.

Osterode, 24 mars 1807.

Le général de brigade Amey, commandant à Elbing, fait connaître au maréchal Berthier les renseignements qu'il a reçus au sujet des mouvements de l'ennemi. Il demande des fonds pour pouvoir faire face aux dépenses nécessitées par le fonctionnement du service de l'espionnage.

Renvoyé au major général, pour lui faire donner 3.000 francs.

NAPOLÉON.

977. — AU GÉNÉRAL DEJEAN.

Osterode, 25 mars 1807.

Monsieur Dejean, les officiers et sous-officiers de recrutement doivent être remplacés. Pourquoi y en a-t-il donc encore dans les six bataillons qui forment le camp de Saint-Lô ? Ne perdez pas une heure à pourvoir à leur remplacement et à toutes les places vacantes. Cela est de la plus grande urgence. Faites compléter les six compagnies de chacun de ces six bataillons à 150 hommes ; et aussitôt que vous aurez pourvu au remplacement des officiers et sous-officiers en recrutement, envoyez-les au camp. Mon intention est que ces six bataillons forment au mois de mai un présent sous les armes de 7.200 hommes. Pour cela, il faut que le gouverneur de Paris s'en occupe jour et nuit, et soit sans cesse à les voir.

NAPOLÉON.

978. — DÉCISIONS (1).

Dépenses faites par le régiment d'Isenburg qui excèdent de 164.278 francs 61 centimes le fonds de première mise.	Renvoyé au Conseil d'État.
M. Chizeau, chirurgien sous-aide, employé à l'armée de Naples, sollicite l'autorisation de passer au service du roi de Naples.	Accordé.
Pension de 900 francs demandée pour M. Duranty, ancien directeur des hôpitaux militaires, qui compte 41 ans de service.	Accordé.

979. — A MONSIEUR DEJEAN.

Osterode, 26 mars 1807.

Monsieur Dejean, il résulte du décret de distribution, que vous avez eu pour les remontes les crédits de mois ci-après :

---

(1) De la main de Maret; ni signées ni datées, extraites du « Travail du ministre directeur avec l'Empereur, du 25 mars 1807 ».

Septembre 1806...............	385.000 francs.
Octobre 1806.................	1.500.000 —
Novembre 1806................	1.700.000 —
Décembre 1806................	1.800.000 —
Janvier 1807.................	1.800.000 —
Février 1807.................	1.600.000 —
Mars 1807....................	1.100.000 —

Total pour ces sept mois.... 9.885.000 francs.

Ce qui, à 400 francs par cheval, a dû vous donner le moyen d'acheter 24.712 chevaux ; et cependant vous n'en avez acheté que 10.971. Vous devez donc avoir de l'argent de reste. Et comment se fait-il que j'aie tant d'hommes à pied dans les dépôts ?

Napoléon.

980. — DÉCISION.

Rapport à l'Empereur.

Osterode, 28 mars.

M. le grand-maréchal m'a dit que l'intention de Votre Majesté était que j'envoyasse 50.000 francs en or à M. l'ordonnateur Mathieu Faviers. Je prie donc Votre Majesté de m'autoriser à faire cet envoi.

Le prince de Neuchâtel,
Maréchal Alex. Berthier.

28 mars 1807.

L'intention de l'Empereur est d'envoyer *cinquante mille francs* en or à M. Mathieu Faviers pour transports dont il rendra compte.

Le m^{al} Al. Berthier.

981. — AU MARÉCHAL BERTHIER.

Osterode, 28 mars 1807.

Mon Cousin, le général Lariboisière partira dans la nuit pour se rendre devant Danzig. Il y prendra le commandement tant de l'artillerie de siège que de l'artillerie de campagne qui est devant cette place.

Indépendamment des comptes que le général Lariboisière rendra au général Songis, tous les jours il en rendra au major général sur les progrès de l'investissement et du siège de Danzig.

NAPOLÉON.

982. — AU MARÉCHAL BERTHIER.

Osterode, 28 mars 1807.

Mon Cousin, le maréchal Davout étendra demain ses cantonnements du côté d'Osterwein et de Döhringen ; la brigade de la garde et des grenadiers d'Oudinot, qui sont de ce côté, se replieront du côté de Deutsch-Eylau, Rosenberg et Riesenburg.

NAPOLÉON.

983. — AU MARÉCHAL BERTHIER (1).

Mon Cousin, le 22º de ligne se rendra au 4º corps où il fera partie de la division Saint-Hilaire ; le 3º de ligne se rendra au 4º corps où il fera partie de la division Legrand ; le 65º se rendra au 3º corps où il fera partie de la division Morand ; le 31º d'infanterie légère se rendra au 6º corps où il formera une 3º division avec le 19º et le 15º de ligne. Vous me présenterez deux généraux de brigade et un général de division et tout ce qui est nécessaire pour la formation de cette division. Vous pourvoirez à ce que cette division ait 10 pièces d'artillerie, qui sont indispensables, le maréchal Ney n'ayant d'artillerie que pour deux divisions. Les gendarmes d'ordonnance seront sous les ordres du maréchal Bessières et resteront jusqu'à nouvel ordre à Marienwerder.

984. — AU MARÉCHAL BERTHIER.

Osterode, 28 mars 1807.

Mon Cousin, les divisions Grouchy et Milhaud ne sont plus attachées à un corps d'armée ; elles recevront directement des ordres du grand-duc de Berg.

NAPOLÉON.

---

(1) Original non signé, non daté; a été expédié le 28 mars 1807.

985. — AU MARÉCHAL BERTHIER.

Osterode, 28 mars 1807.

La division de cuirassiers du général Espagne ne fait plus partie du 4ᵉ corps ; elle rentrera sous les ordres du grand-duc de Berg qui lui fera choisir des cantonnements entre Christburg et Elbing.

Il ne restera au 4ᵉ corps que deux régiments de dragons. Le 3ᵉ rejoindra les trois autres à Elbing. Le maréchal Soult placera les deux régiments qui lui restent, de manière à ce qu'ils aient du fourrage et le général Klein qui est à Elbing fera en sorte de leur envoyer de l'avoine.

NAPOLÉON.

986. — AU MARÉCHAL BERTHIER.

Osterode, 28 mars 1807.

Mon Cousin, la division de cavalerie légère, attachée à la réserve du grand-duc de Berg, sera composée de quatre brigades :

1ʳᵉ brigade, commandée par le général Latour-Maubourg, les 5ᵉ et 7ᵉ de hussards et le 3ᵉ de chasseurs ;

2ᵉ brigade, commandée par le général Watier, le 11ᵉ de chasseurs, les chevau-légers bavarois et un autre régiment bavarois, qui va arriver de Silésie ;

3ᵉ brigade, commandée par le général Bruyère, le 1ᵉʳ régiment de hussards, le 13ᵉ et le 24ᵉ de chasseurs ;

4ᵉ brigade, commandée par le général Durosnel, les 7ᵉ, 20ᵉ et 22ᵉ de chasseurs.

Ce qui fera douze régiments de cavalerie légère attachés à la réserve, et ils auront d'ici à quinze jours, j'espère, au moins 4.000 hommes à cheval.

Le général de division La Salle commandera toute cette cavalerie légère.

NAPOLÉON.

987. — AU MARÉCHAL BERTHIER.

Osterode, 28 mars 1807.

Donnez ordre que les 400 fusils qui viennent d'arriver à Osterode partent demain à la pointe du jour pour les 3°, 4° et 6° corps, auxquels je les ai accordés. Il est inutile que l'artillerie les décharge et les mette en magasin. Faites-moi connaître s'il en est arrivé un plus grand nombre et s'il est arrivé aussi des baïonnettes, afin de les faire distribuer sur-le-champ.

NAPOLÉON.

988. — AU GÉNÉRAL DEJEAN.

Osterode, 28 mars 1807.

Monsieur Dejean, faites connaître aux colonels des trois régiments suisses que mon intention est qu'au 1er mai le régiment qui est à Rennes puisse fournir deux bataillons au camp de Pontivy, que celui qui est à Lille puisse fournir deux bataillons au camp de Boulogne, et celui qui est à Avignon deux bataillons à Toulon, pour la défense de ces différents points. Dans votre rapport du 16 mars, vous me dites qu'il y a 5.000 recrues dans ces régiments. Ce serait bien beau s'il n'y avait la moitié de prisonniers de guerre prussiens qu'il faudra renvoyer.

NAPOLÉON.

989. — AU MARÉCHAL BERTHIER (1).

Osterode, 29 mars 1807.

Donnez ordre que des 1.500 baïonnettes qui se trouvent à Osterode, il en soit donné 400 au 4° corps, 500 au 3° et 200 au 6°.

990. — AU MARÉCHAL BERTHIER (2).

Osterode, 29 mars 1807.

Écrivez au maréchal Mortier d'envoyer tous les détachements des 65°, 22° et 12° d'infanterie légère. Il y en a qui sont embarqués et qu'il faut faire venir.

(1) Non signé, expédié le même jour, 29 mars.
(2) Non signé; a été expédié le même jour, 29 mars.

991. — DÉCISION.

Osterode, 29 mars 1807.

Rapport du général de brigade du génie Cazas sur les travaux de fortification faits ou à faire à la tête de pont de Praga.	On aimerait à avoir une contrescarpe de 13 pieds ; ou l'on préfère une contrescarpe de 10 pieds et un chemin couvert, si l'on est obligé de choisir ; mais on estime qu'une contrescarpe de 6 pieds n'est d'aucune valeur.

NAPOLÉON.

992. — AU MARÉCHAL BERTHIER.

Osterode, 30 mars 1807.

Donnez ordre au grand-duc héréditaire de Bade de passer la revue de son corps d'armée devant Danzig, de constater l'état de situation de chaque régiment, infanterie, artillerie, cavalerie, et de m'envoyer un rapport sur ce qui manque.

NAPOLÉON.

993. — AU GÉNÉRAL DEJEAN.

Osterode, 30 mars 1807.

Monsieur Dejean, pour dégarnir moins la ligne et rendre plus facile la levée des cinq légions, j'ai nommé 12 chefs de bataillon, 7 lieutenants et 15 sous-lieutenants de ma garde pour y être employés. Ce sera autant d'hommes de moins à tirer de la ligne. Ce sont tous de vieux soldats qui porteront dans les légions un bon esprit et de l'instruction. Vous recevrez probablement le décret demain. Je les ai distribués dans les cinq légions, et les ai fait diriger en droite ligne sur le lieu où se réunit chaque légion.

NAPOLÉON.

994. — DÉCISION.

Osterode, 30 mars 1807.

Rapport du maréchal Davout au	Écrire au maréchal Davout

major général pour rendre compte que le 3ᵉ corps dispose de ressources insuffisantes en ce qui concerne les subsistances.

qu'il peut étendre les cantonnements jusqu'à Osterode, la garde, artillerie, infanterie, cavalerie, ainsi que la division Oudinot ayant quitté ces cantonnements ; qu'il y a encore des ressources, qu'entre autres il y a un endroit dans des marais où se trouve une grande quantité de foins.

Qu'en conséquence de cette disposition, écrire au maréchal Ney qu'il lui cède beaucoup de villages et le laisse gagner.

NAPOLÉON.

995. — AU MARÉCHAL BERTHIER.

Osterode, 31 mars 1807.

Mon Cousin, donnez des ordres pour qu'il soit délivré des magasins de Posen 800 paires de pistolets, 800 carabines et 800 sabres pour le régiment de Krasinski.

NAPOLÉON.

996. — NOTE POUR M. LE MAJOR GÉNÉRAL (1).

31 mars 1807, au matin.

Envoyer sur la route de Thorn un officier d'état-major ou aide de camp de confiance avec un inspecteur des vivres et un des transports, pour se mettre à la recherche de ce que les convois expédiés auront laissé en route ou même des convois en retard. Partout où ils rencontreront quelque chose, ils en tiendront note et le feront expédier.

Ils écriront tous les jours au grand maréchal du palais Duroc, pour lui annoncer ce qu'ils auront rencontré et sur quoi on peut espérer.

---

(1) Non signée, de la main de Duroc.

Envoyer de même un inspecteur et un officier polonais sur la route de Varsovie, pour prendre les mêmes informations.

Le maréchal Soult continuera à tirer de Marienwerder les 8.000 rations qu'il en a tirées jusqu'à présent, et cela jusqu'à ce que les magasins et la manutention de Finkenstein soient en état de les lui fournir. Il ne les tirera pas d'Osterode.

997. — ORDRE.

Osterode, 31 mars 1807.

De par l'Empereur,

Sur la demande de M. le colonel Krasinski, M. le comte de Sottau, fait prisonnier sous Willenberg, est autorisé à rester sous sa parole d'honneur à Varsovie auprès de sa famille et sous la surveillance des autorités militaires françaises. La présente-autorisation sera signée par le général Gouvion.

Le prince de Neuchâtel, major général de l'armée,
Maréchal Alex. BERTHIER.

998. — DÉCISION (1).

On présente à l'Empereur un projet de formation d'une 4ᵉ brigade pour la division de grenadiers du général Oudinot.

Approuvé.

NAPOLÉON.

999. — AU MARÉCHAL BERTHIER (2).

Osterode, 1ᵉʳ avril 1807.

Le dépôt de Marienwerder était composé de 588 hommes et 284 chevaux. Mais, moyennant le départ de l'escadron provisoire, il n'y reste plus que 348 hommes, dont 341 sous-officiers et soldats.

Il reste au dépôt 243 chevaux de troupes. La 3ᵉ division de cuirassiers y a 138 sous-officiers et soldats et 106 chevaux. Il y a donc 349 chevaux au dépôt de Marienwerder.

---

(1) Sans date. Le document porte l'annotation suivante : « Expédié le 1ᵉʳ avril 1807 à Osterode. »

(2) Non signé, a été expédié le 2 avril.

Il faut que la revue en soit passée le 3 avril et qu'elle me fasse connaître quels sont les chevaux qui pourront servir d'ici à six semaines et ceux dont le rétablissement exige un plus long espace de temps.

Le dépôt de Kulm a 3.200 chevaux, sur lesquels il en part 700 pour les régiments provisoires. Il n'y restera donc que 2.500 hommes et 1.500 chevaux. Ainsi, il y aura 1.000 hommes de plus que de chevaux. Il faut donner des ordres pour que le 3 avril on passe une revue de rigueur de ce dépôt qui me fera connaître quels sont les chevaux qui pourront servir d'ici à six semaines et quels sont ceux qui exigent un plus long espace de temps pour leur rétablissement.

Le grand-duc de Berg me rendra compte de cela le 15 avril.

Il faut que les colonels prennent des mesures pour acheter des chevaux et remonter les 160 cuirassiers et les 1.000 dragons qui se trouvent sans chevaux.

Après le rapport que le grand-duc de Berg me fera le 15, je donnerai des ordres pour que ces dépôts soient divisés en deux et que les chevaux qui ne pourraient pas servir d'ici à six semaines soient envoyés sur les derrières, afin de ménager les fourrages.

Le major général donnera des ordres au détachement de l'escadron provisoire des cuirassiers des 1er et 5e régiments, qui couchera aujourd'hui à Neuenburg, de se diriger en droite ligne sur Potsdam, et au détachement des 10e et 11e de se diriger sur Posen et, de là, sur Breslau ; et, par ce moyen, ces 240 cuirassiers seront montés 120 à Potsdam et 120 en Silésie.

Le 1er escadron provisoire de dragons, fort de 200 hommes, se dirigera en droite ligne sur Potsdam, et, par ce moyen, il n'y aura que les 2e et 3e escadrons, c'est-à-dire 500 dragons, qui se dirigeront sur la Silésie.

Par ce moyen, au lieu de 1.400 chevaux, il n'en ira en Silésie que 1.080 et le reste ira droit à Potsdam.

1000. — DÉCISION.

Osterode, 1er avril 1807.

M. Daru, intendant général, présente une requête par laquelle le

Accordé.

NAPOLÉON.

directeur général du parc de campagne demande des souliers pour les charretiers français faisant le service au parc d'artillerie.

L'intendant général estime qu'il est juste de faire bénéficier ces hommes des dispositions du décret du 8 décembre 1806 qui accorde, à titre de gratification, deux paires de souliers à chaque soldat de la Grande Armée.

1001. — DÉCISIONS (1).

Compte rendu des mesures prises pour l'organisation d'un bataillon d'équipages militaires.

Cet objet sera pris en considération dans la distribution du service de mai.

Demandes de fonds pour l'habillement et pour les acomptes à payer aux corps sur leurs masses.

Cet objet sera pris en considération dans la distribution du service de mai.

Le sieur Beretta, entrepreneur des vivres en Italie, demande des fonds.

Idem.

Supplément de fonds demandé par le ministre pour le service des hôpitaux pendant le 1er trimestre.

Cet objet sera pris en considération dans la distribution du service de mai.

1002. — DÉCISION (2).

Sa Majesté est priée d'accorder un million pour solder les entrepreneurs des manufactures d'armes jusqu'au 1er avril et 500.000 francs pour les mois suivants.

Renvoyé à la distribution de mai.

(1) De la main de Maret; ni datées ni signées, extraites du « Travail du ministre directeur avec l'Empereur, du 1er avril 1807 ».
(2) De la main de Maret; ni datée ni signée, extraite du « Travail du ministre de la guerre avec l'Empereur, du 1er avril 1807 ».

1003. — DÉCISION.

Finkenstein, 3 avril 1807.

Le prince Joseph Poniatowski soumet à l'Empereur les propositions suivantes, relativement à l'organisation d'une compagnie de gardes d'honneur polonaise pour Son Altesse Impériale le grand-duc de Berg :

1° Cette garde sera formée en partie avec les levées de la noblesse polonaise ; 2° un fonds sera assigné par le grand-duc de Berg pour pourvoir aux frais d'habillement, d'équipement et à l'achat des chevaux ; 3° M. Miaczinski est nommé capitaine de la compagnie ; MM. Soltyk et Mecinski, lieutenants ; 4° la compagnie sera soldée et recevra les premières mises de ses masses sur le pied des grenadiers à cheval de la garde impériale.

Accordé.

NAPOLÉON.

1004. — AU MARÉCHAL BERTHIER.

3 avril 1807.

Le dépôt de Blonie, composé des 21° régiment de chasseurs, 10° de hussards, 15°, 13°, 22° et 25° dragons, se rendra à Rawa ; il sera commandé par le major Royer. Vous ferez connaître à ce major que je le rends responsable de la bonne tenue de ce dépôt, que j'ordonne que 2.000 francs soient accordés à chacun de ces dépôts ; cette somme sera en acompte des 20,000 francs que j'ai accordés à chaque régiment. Il aura soin de veiller à ce qu'ils soient employés sans délai pour mettre en état ces dépôts.

Il est autorisé à passer des marchés pour acheter des chevaux et faire tout ce qu'il sera possible pour mettre un plus grand nombre d'hommes en état d'entrer en campagne.

NAPOLÉON.

1005. — DÉCISION.

Finkenstein, 3 avril 1807.

Le ministre rend compte à l'Empereur d'une décision du vice-roi d'Italie, relative à une distribution journalière de vin aux troupes stationnées à Venise et dans les lagunes.

Ne tenir aucune troupe française en garnison à Venise.

NAPOLÉON.

1006. — ORDRE (1).

4 avril 1807.

Il faudra faire diriger tous les jours 100 quintaux de farine sur Osterode et 50 quintaux sur Willenberg, 50 quintaux à Gilgenburg à la disposition de Davout.

1007. — AU MARÉCHAL BERTHIER.

Finkenstein, 4 avril 1807

Mon Cousin, vous ordonnerez que les 180 chevaux dont il est question dans la lettre ci-incluse du général Laroche, ainsi que tous les autres qui ne pourraient servir d'ici à six semaines, passent la Vistule et soient envoyés à Bromberg. De Bromberg, l'intendant général les dirigera le long du canal, dans les villes où il y a du fourrage. Ces chevaux seront sous les ordres d'un major de cavalerie, qui correspondra avec le major général et avec le général Laroche, commandant en chef le dépôt de Kulm, qui conservera l'inspection sur ces chevaux. Par ce moyen, il ne restera au dépôt de Kulm que des chevaux qui pourront servir d'ici à six semaines. Donnez ordre au général Belair de porter un corps de 200 à 300 hommes à Konitz et de faire parcourir la forêt qui s'étend de Konitz à Marienwerder, pour la nettoyer des brigands. Ce point servira d'intermédiaire avec Marienwerder et Stettin.

---

(1) L'ordre ci-dessus, dicté par l'Empereur à Maret, se trouve en marge d'un rapport de Maret sur les opérations de M. Dubicki, chargé de mission à Plotsk pour le ravitaillement en vivres de l'armée.

Le général Belair y fera construire quatre fours, y réunira des magasins de blés et de farine et étendra ses réquisitions sur tout le pays qui est entre Konitz, Stettin et Kolberg. Le général Belair, après avoir visité et établi cet entrepôt de Konitz, en laissera le commandement à un officier supérieur. Il pourra employer au service de Konitz des hommes provenant du contingent des Saxons ou de celui de Saxe-Weimar, mais il y placera un officier français qui sera chargé de correspondre avec lui, avec le major général, le commandant de Stettin et le commandant des troupes sous Danzig.

Napoléon.

1008. — AU MARÉCHAL BERTHIER.

Finkenstein, 5 avril 1807.

Mon Cousin, donnez ordre au général Songis d'envoyer sur-le-champ, en poste, au général Lariboisière, 30.000 francs, qui devront être à sa disposition devant Danzig au plus tard le 7 avril. Donnez aussi des ordres pour qu'on envoie sans aucun délai 100.000 francs au commandant du génie devant Danzig en quatre convois de 25.000 francs chaque. Le premier convoi doit partir dans la journée et être arrivé avant le 7 avril.

Napoléon.

1009. — AU GÉNÉRAL DEJEAN.

Finkenstein, 5 avril 1807.

Monsieur Dejean, je reçois votre lettre du 25 mars. Faites passer la revue des trois camps des côtes, au 15 avril, afin de connaître la force de tous les bataillons de ces camps et les généraux présents. Pourquoi le bataillon valaisan n'est-il qu'à 190 hommes ? Écrivez dans le Valais qu'il soit porté sur-le-champ au complet.

Napoléon.

1010. — AU MARÉCHAL BERTHIER.

Finkenstein, 5 avril 1807.

Mon Cousin, dirigez le régiment des lanciers polonais et la légion polonaise qui viennent d'Italie, sur Breslau ; dirigez aussi les dépôts sur ce point. Vous verrez que c'est nécessaire pour l'exécution du décret ci-joint.

NAPOLÉON.

1011. — AU MARÉCHAL BERTHIER.

Finkenstein, 5 avril 1807.

Mon Cousin, vous aurez vu par mon décret que j'ai changé la destination des hulans polonais. Au lieu de Posen, il faut qu'ils se rendent à Breslau. Dans les états que vous m'avez remis, vous ne faites pas connaître quand la légion polonaise qui vient d'Italie, que nous appellerons polacco-italienne, arrivera. Le 15° régiment de ligne a dû recevoir l'ordre de passer par Posen ou Glogau. Comme il ne tardera pas à y arriver, rendez m'en compte, afin que je lui envoie des ordres à temps.

Donnez ordre au général Roget de se rendre à la 2° division de dragons, pour y être employé sous les ordres du général Klein. Proposez-moi deux généraux de brigade pour envoyer à cette division.

NAPOLÉON.

1012. — DÉCISION.

Finkenstein, 5 avril 1807.

Le prince Jérôme Napoléon adresse au maréchal Berthier différentes questions que lui a soumises le prince de Hohenzollern, son aide de camp, relativement à l'organisation d'un bataillon léger que l'Empereur l'a autorisé à lever.	Il sera organisé et payé comme un bataillon bavarois. NAPOLÉON.

1013. — DÉCISION.

Finkenstein, 5 avril 1807.

D'après le désir témoigné par le roi de Bavière, le prince Jérôme Napoléon demande l'autorisation de faire remettre à ce souverain cinq pièces de canon aux armes de Bavière trouvées dans Brieg, ainsi que les drapeaux pris à Breslau.	Accordé. NAPOLÉON.

1014. — AU MARÉCHAL BERTHIER (1).

Ge avril 1807.

Mon Cousin, le 12ᵉ régiment d'infanterie légère, qui doit être arrivé aujourd'hui à Marienwerder, s'y reposera demain. L'état de situation m'en sera envoyé et je déciderai où il doit se rendre. Vous demanderez au général Oudinot la situation de ses brigades. Mon intention est de mettre ce régiment sous ses ordres.

1015. — AU GÉNÉRAL DEJEAN.

Finkenstein, 6 avril 1807.

Monsieur Dejean, le régiment de Westphalie et le 1ᵉʳ régiment prussien au service de France sont partis l'un de Leipzig, l'autre de Munster pour se rendre, le régiment prussien à Valenciennes, et celui de Westphalie à Aix-la-Chapelle. Ces régiments ont été habillés avec des habits du pays et sont en bon état. Faites-en passer la revue à leur arrivée. Si vous préférez placer celui d'Aix-la-Chapelle à Maestricht, où il y a des casernes, faites-le. Du moment que vous m'aurez fait connaître s'il peut fournir deux bataillons, je les destinerai pour le camp de Boulogne ou pour celui de Saint-Lô.

NAPOLÉON.

1016. — NOTE (2).

Finkenstein, 6 avril 1807.

Les dragons de la garde sont partis le 1ᵉʳ avril pour Thorn. Ils auront été le 2 au soir à Francfort, y auront séjourné le 3.

Le 3ᵉ provisoire était le 31 mars à Berlin.

Le 6ᵉ est arrivé à Stettin le 1ᵉʳ avril ;

Le 7ᵉ, le 26 mars.

Le 8ᵉ est à Küstrin.

Voilà les renseignements du maréchal Berthier.

Le général Clarke me mande du 27 mars que le 6ᵉ provisoire

---

(1) Pas de signature; la lettre est de la main de Meneval.
(2) Non signée; de la main de Meneval.

se dirige de Küstrin sur Stettin. Il paraît qu'il en est parti le 28, et qu'il est arrivé à Stettin le 1er avril :

Que le 7e provisoire sera retenu à Stettin et que le 8e restera à Küstrin.

1017. — DÉCISION (1).

Par lettre, en date du 6 avril 1807, adressée au major général, le général Songis, premier inspecteur général, commandant en chef l'artillerie de la Grande Armée, sollicite pour les remontes de cette arme une somme de 150.000 francs afin de remplacer les pertes qui ont eu lieu pendant le cours de la dernière campagne.

Accordé.

1018. — NOTE (2).

Le régiment de la garde de Paris, fort de 930 hommes, est parti le 25 mars pour Stettin, savoir : un bataillon par Oranienburg, et l'autre par Bernau.

De Stettin, il se rendra à Danzig, conformément à l'ordre du major général.

Les dragons de la garde, forts de 301 hommes et de 354 chevaux, dont 65 d'officiers, sont partis le 1er avril pour Thorn, par Köpenick, Fürstenswalde et Francfort-sur-l'Oder où ils auront séjour.

Ils emmèneront avec eux 120 chevaux de remonte pour les grenadiers à cheval.

1019. — AU MARÉCHAL BERTHIER.

Finkenstein, 7 avril 1807.

Mon Cousin, le 31e d'infanterie légère doit être arrivé au corps

---

(1) Non datée et non signée, expédiée le 7 avril 1807.
(2) Non signée; de la main de Meneval.

du maréchal Ney. Vous donnerez ordre au maréchal de renvoyer les compagnies des grenadiers et voltigeurs des 25ᵉ et 50ᵉ régiments au corps du général Oudinot. Le maréchal Ney donnera le commandement de cette 3ᵉ division à un général de brigade et commencera à la former.

NAPOLÉON.

1020. — AU MARÉCHAL BERTHIER.

Finkenstein, 9 avril 1807.

Donnez l'ordre que le pont de Zegrz soit levé et que les bateaux qui en font partie soient employés à établir un pont sur la Vistule vis-à-vis Modlin. Donnez l'ordre que le 1ᵉʳ bataillon du 1ᵉʳ régiment de la 1ʳᵉ légion polonaise incorpore tous les hommes disponibles du 2ᵉ bataillon du même régiment, et que les officiers et sous-officiers se rendent à Varsovie pour prendre des recrues et les convalescents qui appartiennent au corps, et reformer ce bataillon, car il n'est plus qu'à 144 hommes présents.

NAPOLÉON.

1021. — AU GÉNÉRAL GOUVION (1).

Finkenstein, 9 avril 1807.

Je ne puis que vous témoigner mon mécontentement de ce que des prisonniers russes, entre autres un chef d'escadron russe qui a été prisonnier à Willenberg, restent à Varsovie. Mon intention est que, sous quelque prétexte que ce soit, aucun prisonnier russe ne reste à Varsovie. Faites-les partir dans les vingt-quatre heures.

1022. — DÉCISION.

Finkenstein, 9 avril 1807.

Le maréchal Berthier, major général, propose à l'Empereur d'ajouter au décret du 26 mars 1807 relatif à la formation des bataillons

Approuvé.

NAPOLÉON.

---

(1) Non signé; de la main de Meneval.

des équipages militaires, les dispositions suivantes :

« Les huit chevaux haut-le-pied se trouvant sans soldats pour les panser, il en sera affecté quatre pour ce service et quatre pour remplacer les hommes malades. Le nombre de soldats sera porté à 80 par compagnie au lieu de 72.

» Il y aura également un trompette-maître par bataillon et un trompette par compagnie. »

1023. — DÉCISION.

Par analogie avec les dispositions du décret du 6 janvier 1807, qui accorde aux régiments d'infanterie et de cavalerie une somme de 20.000 francs à titre de secours aux masses, le maréchal Berthier propose d'assigner à chaque compagnie d'artillerie une somme de 1.100 francs.

Finkenstein, 10 avril 1807.

Accordé.

NAPOLÉON.

1024. — DÉCISION.

Le maréchal Berthier propose d'accorder à M. Pradel, sous-inspecteur aux revues, faisant fonctions de commissaire ordonnateur à Varsovie, une gratification de 6.000 francs pour l'indemniser de ses frais de table et de bureau.

Finkenstein, 10 avril 1807.

Accordé.

NAPOLÉON.

1025. — DÉCISION.

Finkenstein, 10 avril 1807.

Malgré le règlement qui n'accorde aucune indemnité pour les chevaux tombés au pouvoir de l'ennemi, le chef d'escadrons Lamarche, du 2° régiment de hussards, sollicite une indemnité pour la perte de deux chevaux, eu égard aux circonstances dans lesquelles ceux-ci lui ont été pris : au cours d'une mission, il a été attaqué et poursuivi par un détachement de cavalerie auquel il n'a échappé qu'en traversant la Saale à la nage, après avoir reçu onze coups de sabre.

Accordé.

NAPOLÉON.

1026. — AU MARÉCHAL BERTHIER (1).

Finkenstein, 11 avril 1807.

Ecrire au maréchal Lefebvre de faire partir le lendemain de la réception de son ordre un de ses quatre régiments polonais, mais un qui ait au moins 1.200 hommes sous les armes, pour le diriger par la route la plus courte sur Kolberg où il sera sous les ordres du général Loison.

Ce régiment sera remplacé au siège de Danzig par le régiment français de Paris que le maréchal Lefebvre retiendra à son passage. Il instruira le général Loison de l'arrivée à Kolberg du régiment polonais et de son itinéraire jour par jour. Il le fera accompagner par un officier de son état-major avec une bonne reconnaissance de cavalerie pour éclairer la route.

1027. — AU GÉNÉRAL RAPP (2).

11 avril 1807.

Monsieur le général Rapp, je reçois votre lettre, ainsi que celle

---

(1) Non signé; de la main de Meneval.
(2) Copie, de la main du général Rapp, du commencement d'une lettre dont la minute existe en entier aux Archives nationales.

du général Thouvenot, du 7 avril, à 2 heures du soir. Ecrivez à ce général que le 3ᵉ de ligne, fort de 3.000 hommes, se rend à Stettin pour se ranger sous les ordres du maréchal Mortier. Moyennant ce renfort, le 15ᵉ de ligne et le 3ᵉ provisoire, il ne devra pas avoir moins de 18.000 hommes. Avec ces forces, je ne doute pas qu'il pousse les Suédois fort loin.

1028. — ORDRE DU JOUR.

Finkenstein, 12 avril 1807.

Sa Majesté accorde en gratification :

- 20.000 chemises au 1ᵉʳ corps ;
- 25.000 » au 3ᵉ ;
- 25.000 » au 4ᵉ ;
- 18.000 » au 6ᵉ ;
- 25.000 » au 5ᵉ ;
- 20.000 » au 9ᵉ ;
- 9.000 à la garde ;
- 7.000 au corps du général Oudinot ;
- 20.000 à la réserve de cavalerie ;
- 12.000 à la disposition du général Songis, commandant l'artillerie ;
- 3.000 à la disposition du général Chasseloup, commandant le génie.

TOTAL.... 184.000.

L'intendant général donnera des mandats aux ordonnateurs des différents corps d'armée sur les magasins de Breslau et de Glogau pour ce nombre de chemises ; et les maréchaux et commandants des corps en feront faire la distribution aux différents régiments d'infanterie, de cavalerie et d'artillerie qui composent les corps.

NAPOLÉON.

1029. — AU MARÉCHAL BERTHIER.

Finkenstein, 12 avril 1807.

Mon Cousin, envoyez par un courrier l'ordre à Küstrin de retenir les 120 cuirassiers et les 240 dragons qui étaient dirigés sur

Potsdam, et de les diriger sur Glogau, le prince Jérôme m'annonçant qu'il a des chevaux pour les monter.

NAPOLÉON.

1030. — AU MARÉCHAL BERTHIER.

Finkenstein, 14 avril 1807.

Mon Cousin, il est parti le 12 avril 26.230 paires de souliers de Thorn pour Marienwerder. Donnez des ordres pour qu'il soit pris, sur ces 26.000 paires, 13.000 paires pour la garde, conformément à mon ordre du 3 avril. Il en restera 13.000 paires. Vous me ferez connaître quels sont les corps qui en ont le plus besoin.

NAPOLÉON.

1031. — DÉCISION.

Finkenstein, 14 avril 1807.

Sur la demande du maire de la ville de Tongres, le ministre de l'administration de la guerre propose de retirer de cette ville l'escadron de dépôt du 1er régiment de hussards et de l'envoyer à Liège, vu qu'il n'existe point de casernes à Tongres et que les habitants sont, en conséquence, obligés de fournir aux troupes le logement.

Approuvé.

NAPOLÉON.

1032. — AU MARÉCHAL BERTHIER.

Finkenstein, 15 avril 1807.

Mon Cousin, donnez avis au prince de Ponte-Corvo que je l'autorise à former une compagnie provisoire commandée par un officier, deux maréchaux des logis, deux brigadiers et composée au plus de 60 hommes des 2e et 4e d'hussards et 5e de chasseurs ; il vous enverra l'état nominatif de cette compagnie et leur donnera l'ordre de partir sur-le-champ à pied pour se rendre par Posen à Breslau où ils seront fournis de chevaux, de fusils et de carabines. Ils s'adresseront au prince Jérôme ou au général Hédouville. Vous donnerez autorisation pareille au maréchal Soult pour les trois régiments de cavalerie légère qui sont dans son corps d'armée ; vous donnerez la même autorisation aux maréchaux Ney et Davout ; de sorte que si ces quatre maréchaux profitent de cette autorisation, il y aurait (*sic*) 240 hommes qui se rendraient en remontes à Breslau. Pour ne pas perdre de temps, il faut que les maréchaux leur donnent leur ordre de route jusqu'au point où ils doivent passer la Vistule et vous enverrez sur ce point la continuation de leur ordre de route depuis la Vistule jusqu'à Breslau. Vous leur expliquerez que ceci n'est que facultatif ; que je n'ai pas assez présent l'état de leurs régiments pour prescrire cette remonte d'une manière positive. Ils vous feront connaître aussi s'ils ont plus d'hommes à pied de leur cavalerie légère que vous ne leur prescrivez d'en envoyer l'état (1), afin que je puisse donner des ordres ultérieurs. Ces compagnies provisoires seront connues sous le nom de compagnies provisoires de cavalerie légère à pied des 1er, 3e, 4e et 6e corps d'armée. Vous donnerez l'ordre au grand-duc de Berg de former un escadron provisoire de cavalerie légère, commandé par 1 capitaine, 1 lieutenant, 1 sous-lieutenant, 4 maréchaux des logis, 8 brigadiers et 40 hommes du 5e de hussards, 80 hommes du 7e de hussards, 20 hommes du 13e de chasseurs, 10 hommes du 22e de chasseurs, 30 hommes du 9e de hussards. Le grand-duc formera un escadron provisoire de cuirassiers, commandé également par 1 capitaine et formé de 20 hommes du 1er de carabiniers ; de 20 hommes du 2e ; de 40 hommes du 2e de cuirassiers ; de 40 hommes du 9e de cuirassiers ; de 40 hommes du 3e id. ; de 40 hommes du 12e ; de 20 hommes du 1er ; de 30 hommes du 5e ; de 30 hommes du 10e ; de 5 hommes du 11e. Total, 285 hommes. Cet escadron sera formé sous le nom de 2e escadron provisoire de cuirassiers. Le grand-duc formera un second régiment de dragons, sous le titre de second régiment provisoire de dragons ; il sera composé de 5 escadrons. Le 1er escadron sera formé de 200 hommes de la division Klein ; le 2e escadron, de 100 hommes de la division Grouchy ; le 3e escadron, de 250 hommes de la division Milhaud ; le 4e escadron, de 100 hommes de la division Sahuc ; le 5e escadron, de 100 hommes de la division Beker.

L'escadron provisoire de chasseurs de la réserve, le 2e escadron des cuirassiers réunis et le second régiment provisoire de dragons

---

(1) Mot ajouté de la main de l'Empereur.

partiront pour se rendre à Breslau ; ils n'apporteront avec eux que leur sabre, et pourront laisser au corps leur fusil ou carabine. Il leur en sera donné en Silésie, où le prince Jérôme leur fera donner des selles, des chevaux et des effets d'équipement. Vous correspondrez, pour ces différents objets, avec le général Fauconnet et vous recommanderez au prince Jérôme de prendre tous les moyens pour la prompte remonte et le prompt équipement de ces 1.470 hommes.

NAPOLÉON.

1033. — AU MARÉCHAL BERTHIER (1).

15 avril 1807.

L'état de la place de Stettin porte un grand nombre d'hommes appartenant à différents corps d'armée présents dans la place. Il y a des capitaines et beaucoup d'officiers. Il est cependant urgent que tout cela rejoigne. Il y a aussi quelques invalides qui passeront la revue du général Meynier et retourneront en France. Pourquoi l'adjudant commandant Petit-Pressigny va-t-il à Elbing ?

Les états de situation de quinzaine du 3ᵉ corps sont mal faits. Ils ne parlent pas des bataillons qui sont à l'armée, mais de tout le régiment. Dans les détachés ils portent ce qui fait partie des régiments provisoires non incorporés ainsi que de la division Oudinot, ce qui fait une grande confusion. La meilleure forme d'état de situation paraît être celle du 4ᵉ corps. C'est la plus claire.

1034. — DÉCISION.

Finkenstein, 15 avril 1807.

Le maréchal Berthier rend compte à l'Empereur que l'adjudant commandant Petit-Pressigny se trouve à Elbing, parce qu'il a donné à cet officier l'ordre d'aller à l'avant-garde pour s'y battre.	Elbing n'est pas à l'avant-garde. Me faire un rapport sur cet individu. Où a-t-il servi ? Pourquoi m'a-t-il fait un rapport que le territoire avait été violé par les Autrichiens à... (2).

NAPOLÉON.

(1) Non signé; de la main de Meneval.
(2) On lit *Scherf* ou *Schenf*. Aucun nom approchant ne se trouve sur les cartes d'état-major allemande et autrichienne, non plus que dans les dictionnaires des communes de ces deux pays. Le dictionnaire des communes d'Allemagne indique bien Scherfhausen; mais ce village est situé dans le cercle de Neuss (province rhénane), par conséquent loin des frontières austro-allemandes.

1035. — DÉCISION.

Finkenstein, 16 avril 1807.

Pour combler, dans la 7ᵉ demi-brigade de grenadiers, le vide résultant de l'absence de la compagnie de grenadiers et de la compagnie de voltigeurs du 3ᵉ bataillon du 50ᵉ régiment, restées à Boulogne, le maréchal Berthier propose de faire venir de Juliers les compagnies de grenadiers et voltigeurs du 3ᵉ bataillon du 21ᵉ de ligne.

Approuvé.

NAPOLÉON.

1036. — DÉCISION.

Finkenstein, 16 avril 1807.

Proposition tendant à faire venir à Minden 50 hommes à pied du dépôt du 12ᵉ régiment de chasseurs, qui est à Maëstricht, afin de remplacer les 40 chasseurs de ce corps que le général Gobert, gouverneur de Minden, a fait partir pour Thorn.

Au lieu de 50, en faire venir 100 à pied.

NAPOLÉON.

1037. — AU MARÉCHAL BERTHIER.

Finkenstein, 16 avril 1807.

Mon Cousin, 26.000 paires de souliers sont arrivées à Marienwerder ; 13.000 ont été données à la garde : 13.000 restent donc à distribuer. Vous les distribuerez de la manière suivante : 4.000 au 1ᵉʳ corps, ce qui, avec les 10.000 qu'il a reçues, lui fera 14.000 ; 5.000 au 4ᵉ corps, ce qui, avec les 15.000 qu'il a reçues, lui fera 20.000 paires ; 2.000 au 6ᵉ corps, ce qui, avec les 10.000 qu'il a reçues, fera 12.000 ; les 2.000 restant seront distribuées, savoir : 400 au 44ᵉ régiment, 600 au 19ᵉ, 500 au 2ᵉ d'infanterie légère, 500 aux régiments de Paris. Vous aurez soin de faire cette distribution par régiment, afin de savoir toujours ce que chaque régiment a reçu.

NAPOLÉON.

1038. — AU MARÉCHAL BERTHIER.

Finkenstein, 16 avril 1807.

Mon Cousin, je désire que vous demandiez aux maréchaux s'ils ont reçu leur distribution de 2.050 fusils avec 2 baïonnettes par fusil, si tous sont distribués et combien ils ont encore par régiment d'hommes mal armés.

NAPOLÉON.

1039. — DÉCISION (1).

Finkenstein, 16 avril 1807.

Réquisition datée de Varsovie, 11 avril 1807, et signée : « de Pierron, colonel et brigadier », par laquelle les autorités de chaque localité sont invitées à faciliter à l'officier porteur de la présente la saisie de tous les fourrages de dix à quinze lieues à la ronde et leur transport à Varsovie.

Renvoyé au major général pour faire mettre cet officier aux arrêts pendant huit jours, et écrire au gouverneur qu'il ait à réprimer de pareils abus.

1040. — QUESTION POSÉE PAR L'EMPEREUR (2).

17 avril 1807.

Le général Rapp annonce l'embarquement et le départ de 40 milliers de poudre pour Danzig.

Sa Majesté demande s'il y a eu un premier convoi de 38 milliers de poudre, s'il y en a eu un second de 40 milliers et si celui-ci, annoncé par le général Rapp, est un troisième ?

---

(1) Non signée.
(2) Note émanant du cabinet du major général, non signée.

1041. — DÉCISION.

Finkenstein, 18 avril 1807.

Le maréchal Berthier soumet à l'approbation de l'Empereur deux marchés, le premier pour une fourniture, par semaine, de 6 tonnes d'eau-de-vie et de 20 tonnes de bière, le second pour une fourniture de 300 scheffels (1) d'avoine.

Approuvé.

NAPOLÉON.

1042. — DÉCISION.

Finkenstein, 18 avril 1807.

Le major général propose de faire diriger sur Marienwerder la 3ᵉ compagnie de gendarmes d'ordonnance pour la réunir aux deux autres compagnies.

La laisser séjourner à Berlin jusqu'à nouvel ordre.

NAPOLÉON.

1043. — AU GÉNÉRAL DEJEAN.

Finkenstein, 18 avril 1807.

Monsieur Dejean, je reçois votre lettre du 8 avril. J'ai pris le décret que vous désirez relativement aux places vacantes dans les 3ᵉˢ bataillons. Je trouve exorbitante la somme de 500.000 francs pour les équipages d'artillerie des camps volants. Je trouve aussi la somme de 500.000 francs pour la mise en état des places maritimes d'autant plus forte que j'ai fait des fonds pour Anvers et Boulogne.

NAPOLÉON.

1044. — DÉCISION.

Finkenstein, 18 avril 1807.

Le maréchal Berthier propose à l'Empereur de décider que les bataillons de dépôt des 12ᵉ, 59ᵉ et 69ᵉ de ligne seront sous les ordres du maréchal Kellermann, et qu'en vertu du décret du 21 mars 1807, ils lui adresseront périodiquement leurs situations.

Accordé.

NAPOLÉON.

---

(1) Mesure de capacité usitée en Allemagne, variable suivant les régions.

1045. — DÉCISION.

Finkenstein, 18 avril 1807.

Le maréchal Berthier propose de délivrer, au profit du maréchal Lefebvre, une ordonnance de 12.000 francs qui serait versée dans la caisse de l'armée, en remplacement d'une égale somme que ce maréchal a tirée des caisses des contributions et qu'il a employée à divers objets de service.

Accordé.

NAPOLÉON.

1046. — AU MARÉCHAL BERTHIER.

Finkenstein, 19 avril 1807.

Mon Cousin, envoyez l'ordre à Dirschau, au 12⁰ régiment d'infanterie légère, de partir demain à la pointe du jour pour se rendre au camp devant Danzig. Le colonel enverra un officier prendre les ordres du maréchal Lefebvre.

NAPOLÉON.

1047. — AU GÉNÉRAL DEJEAN.

Finkenstein, 19 avril 1807.

Monsieur Dejean, vous ne m'envoyez pas d'état de situation de mes troupes en France. Envoyez-m'en promptement un au 1ᵉʳ avril. Je ne puis concevoir une telle négligence.

NAPOLÉON.

1048. — AU MARÉCHAL BERTHIER.

Finkenstein, 19 avril 1807.

Mon Cousin, réunissez tous les contingents de Saxe ducale dans l'endroit où se trouve celui de Saxe-Weimar qui, je crois, est au siège de Kolberg. Sur les 1.000 fusils existant au dépôt d'Osterode au 10 avril, vous en ferez donner :

Au 3ᵉ corps.	400
Au 6ᵉ corps.	200
Au 4ᵉ corps.	400

Vous ferez demander aux maréchaux la note des distributions qui en seront faites par corps. Ecrivez au général Songis de diriger sur Marienwerder 1.000 fusils, sur lesquels il en sera donné au corps du général Oudinot et au 1ᵉʳ corps, selon les besoins qu'ils en auront.

Napoléon.

1049. — DÉCISION.

Finkenstein, 19 avril 1807.

Le prince Jérôme Napoléon expose qu'il n'a ni officiers ni sous-officiers français pour assurer le service du dépôt de Breslau.

Le major général donnera l'ordre à un colonel, 2 chefs de bataillon, 4 capitaines et 8 lieutenants, de ceux dont j'ai signé dernièrement la retraite, de se rendre à Breslau, pour commander ce dépôt. Ils toucheront leur traitement d'activité par extraordinaire et seront attachés au dépôt.

Napoléon.

1050. — ORDRE DU JOUR (1).

Au quartier général impérial de Finkenstein, 19 avril 1807.

Article premier. — Les colonels proposeront directement à notre major général les avancements et les remplacements pour les places vacantes dans les bataillons qui sont à la Grande Armée et en deçà du Rhin.

Art. 2. — Pour les 3ᵉ et 4ᵉ bataillons, qui sont au delà du Rhin, les majors, en leur absence les chefs de bataillon commandant lesdits bataillons, adresseront leurs propositions au ministre de l'administration de la guerre, faisant fonctions de ministre de la guerre.

Art. 3. — Nos ministres de la guerre et de l'administration de la guerre sont chargés de l'exécution du présent décret.

Napoléon.

---

(1) Placard imprimé.

1051. — DÉCISION.

Finkenstein, 20 avril 1807.

Le major général met sous les yeux de l'Empereur une lettre par laquelle le général de division Moulin, commandant à Elbing, fait connaître qu'en raison du nombre déjà considérable des troupes logées dans cette ville, il a été obligé de placer, dans deux villages des environs, la moitié du 7º régiment de grenadiers réunis.	Il faut que tous les grenadiers soient logés dans la ville. Il faut bien que la ville d'Elbing serve à reposer l'armée. NAPOLÉON.

1052. — AU GÉNÉRAL DEJEAN.

Finkenstein, 20 avril 1807.

Monsieur Dejean, faites partir sans délai et en poste le bataillon de marins de ma garde qui est à Boulogne. Il se rendra à Danzig par Wesel et Stettin.

NAPOLÉON.

1053. — AU MARÉCHAL KELLERMANN.

Finkenstein, 20 avril 1807.

Mon Cousin, je reçois votre lettre du 12, j'approuve que vous envoyiez aux gouverneurs de Munster, de Brunswick, de Minden, de Cassel, de Fulda, 100 à 150 chasseurs ou hussards à pied chacun, qu'ils auront soin de monter et d'habiller, hormis à Fulda, où vous n'en enverrez que 50. Cela fera 650 chasseurs ou hussards. Envoyez-en aussi 150 au gouverneur de Hanovre, 150 au gouverneur de Bayreuth, et 150 au gouverneur d'Erfurt, ce qui fera 1,000 chasseurs ou hussards. Lorsque ces 1.000 hommes seront montés, on les fera venir à l'armée et on les remplacera par des dragons. Je suis fâché même que vous n'ayez pas exécuté cette mesure qui offrait évidemment trop d'avantages pour s'y refuser.

NAPOLÉON.

1054. — AU GÉNÉRAL DEJEAN.

Finkenstein, 21 avril 1807.

Monsieur Dejean, j'ai donné ordre au général Junot de passer la revue du camp de Saint-Lô. Ordonnez qu'il porte une attention particulière au 5ᵉ d'infanterie légère. Mon intention est d'appeler les deux premiers bataillons de ce régiment, complétés à 2.400 hommes, à la Grande Armée, aussitôt que je verrai que les Anglais auront fait une opération sur quelque point. Voyez donc que le régiment ait ses caissons, etc., selon les règlements, et se mette en état de pouvoir partir promptement.

NAPOLÉON.

1055. — AU GÉNÉRAL DEJEAN.

Finkenstein, 21 avril 1807.

Monsieur Dejean, donnez l'ordre au 1ᵉʳ bataillon du 2ᵉ régiment suisse, qui se trouve à Avignon, de se rendre à Toulon. Donnez l'ordre au 1ᵉʳ et au 3ᵉ bataillon du régiment d'Isenburg, qui sont à Toulon, de se rendre à Gênes. Donnez ordre au 2ᵉ bataillon de ce régiment qui est à Gênes de se rendre à Civita-Vecchia. Quand les deux bataillons qui sont à Toulon seront rendus à Gênes, vous donnerez l'ordre au 1ᵉʳ bataillon, après qu'il se sera reposé deux jours, de continuer sa route sur Civita-Vecchia, de sorte que les deux premiers bataillons de ce régiment, commandés par le colonel, seront réunis dans cette ville. Vous donnerez l'ordre au prince Eugène, du moment que ces deux bataillons seront arrivés à Civita-Vecchia, de faire rentrer en Italie le bataillon brescian et les chasseurs à cheval de la légion hanovrienne.

NAPOLÉON.

1056. — AU GÉNÉRAL DEJEAN

Finkenstein, 21 avril 1807.

Monsieur Dejean, j'ai fait connaître à M. Lacuée que mon intention était que, sur les 60.000 hommes en activité de la conscription de 1808, on appelât d'abord 18 à 20.000 hommes pour les légions, c'est-à-dire 3.500 hommes à peu près par légion. Un plus grand nombre d'hommes arrivant à la fois ne pourraient que vous embarrasser et ne pourraient pas être instruits. Mon intention est que vous n'organisiez d'abord que 4 bataillons par légion, ce qui porterait ces bataillons à 900 hommes par l'appel de la conscription. Lorsque j'appellerai la réserve, j'ordonnerai la formation des 5e et 6e bataillons. Vous sentez facilement l'avantage de marcher ainsi.

NAPOLÉON.

1057. — ORDRE DU JOUR (1).

Au quartier général impérial de Finkenstein, 21 avril 1807.

Article premier. — La taille des chevaux de chasseurs et hussards, mesurés sous potence, sera, à l'avenir, de 1 mètre 461 millimètres ou 4 pieds 6 pouces au plus, et de 1 mètre 407 millimètres ou 4 pieds 4 pouces au moins.

Art. 2. — Nul conscrit ou enrôlé volontaire ne sera admis à l'avenir dans les chasseurs ou les hussards s'il a plus de 1 mètre 651 millimètres ou 5 pieds 1 pouce ; ils pourront y être admis à 1 mètre 597 millimètres ou 4 pieds 11 pouces.

Art. 3. — Les dragons recevront les enrôlés volontaires et les conscrits de toutes tailles ; ils ne pourront refuser ceux qui auront atteint celle de 1 mètre 624 ou 5 pieds.

Art. 4. — Nos ministres de la guerre et de l'administration de la guerre sont chargés de l'exécution du présent décret.

NAPOLÉON.

1058. — DÉCISION.

Finkenstein, 22 avril 1807.

Le major général met sous les yeux de l'Empereur une lettre par laquelle le maréchal Davout fait connaître l'existence à Wloclawek, de magasins particuliers contenant 9450 scheffels de froment et 5.750 scheffels de seigle, dont il propose l'achat ou la réquisition.

Renvoyé au major général pour prendre des mesures pour s'emparer de ce magasin, qui se trouve bien placé pour notre usage.

NAPOLÉON.

(1) Placard imprimé.

1059. — DÉCISION.

Finkenstein, 22 avril 1807.

L'article 12 du décret du 20 mars 1807 sur les légions de réserve porte que leur uniforme sera le même que celui de l'infanterie de ligne. Or, d'après les derniers décrets, celle-ci doit être successivement habillée en blanc ; mais une grande partie étant encore habillée en bleu, le ministre de la guerre pense que cette couleur doit être attribuée aux légions de réserve.

Habillez les légions de la manière qui sera la plus économique et la plus expéditive.

NAPOLÉON.

1060. — DÉCISION (1).

Le ministre rend compte que les places de Brest et d'Anvers, mises en état de siège par décret du 26 mars, ne sont pas approvisionnées pour le cas de siège. Le munitionnaire a reçu l'ordre de tenir, à Anvers, un approvisionnement pour 1.500 hommes pendant trois mois ; il y a à Brest des grains pour 5.500 hommes pendant trois mois.

Cela est suffisant. Quant à Brest, il faut parler au ministre de la marine qui doit avoir de quoi faire face aux événements extraordinaires et inattendus.

1061. — DÉCISION.

Finkenstein, 23 avril 1807.

Le ministre de la guerre propose d'accorder le traitement de réforme au capitaine d'artillerie Braissoud, jusqu'au moment où l'état de sa santé permettra à cet officier d'être remis en activité.

Accordé.

NAPOLÉON.

---

(1) De la main de Maret; non datée et non signée, extraite du « Travail du ministre directeur avec l'Empereur, du 22 avril 1807 ».

1062. — DÉCISION (1).

Finkenstein, 23 avril 1807.

Le maréchal Berthier prie Sa Majesté de vouloir bien prononcer sur la position du colonel Schreiber, ex-commandant d'armes de la place de Parme, de 2ᵉ classe.

Cet officier sera-t-il maintenu provisoirement à Parme avec le traitement d'activité, ou doit-il jouir du traitement de réforme de général de brigade jusqu'à ce qu'il puisse être pourvu d'un commandement d'armes de 2ᵉ classe ?

Il sera maintenu provisoirement à Parme, où il touchera son traitement.

1063. — AU MARÉCHAL BERTHIER.

Finkenstein, 24 avril 1807.

Mon Cousin, donnez ordre au général Clarke de garder pour la garnison de Berlin le 12ᵉ provisoire, et d'envoyer au 8ᵉ corps les troupes de Nassau, hormis un dépôt qui sera composé d'une compagnie des hommes non valides qu'il gardera à Berlin. Donnez ordre que le 11ᵉ régiment provisoire tienne garnison à Stettin et que le corps entier de Würzburg fasse partie du 8ᵉ corps. Donnez ordre que les 13ᵉ et 14ᵉ régiments provisoires tiennent garnison à Magdeburg, et que le régiment du grand-duc de Berg, hormis un dépôt, se rende au 8ᵉ corps. Par ce moyen, le maréchal Mortier aura 6.000 hommes de plus et mes conscrits se formeront dans les places.

NAPOLÉON.

1064. — AU GÉNÉRAL DEJEAN.

Finkenstein, 24 avril 1807.

Monsieur Dejean, faites diriger sur Saint-Omer le régiment de Westphalie qui doit être arrivé à Aix-la-Chapelle ; et de là, faites

---

(1) Non signée.

passer au camp de Boulogne tout ce qui peut être en état de servir. Envoyez également au camp de Boulogne deux bataillons du 1er régiment de Prusse qui doit être à Valenciennes.

NAPOLÉON.

1065. — AU MARÉCHAL KELLERMANN (1).

Finkenstein, 24 avril 1807.

Un individu se nommant le baron de Busch et son secrétaire, nommé Rossi, Monsieur le Maréchal, ont été arrêtés à Bayreuth comme soupçonnés d'espionnage ; Sa Majesté a ordonné que ces individus soient transférés à Mayence où vous formerez une commission militaire pour les juger ; vous trouverez ci-joint la lettre du général Legrand et l'état des 13 liasses de papiers qui font présumer ces deux individus comme espions à la suite de l'armée.

1066. — AU GÉNÉRAL LEGRAND (2).

Finkenstein, 24 avril 1807.

L'Empereur, Général, ordonne que vous fassiez partir pour Mayence, sous bonne escorte, M. le baron de Busch et son secrétaire Rossi ; vous les adresserez au maréchal Kellermann qui a les ordres de l'Empereur à leur égard. Je pense que vous devez les faire accompagner par un de vos aides de camp, sous l'escorte de deux gendarmes.

1067. — DÉCISION.

Finkenstein, 24 avril 1807.

Le maréchal Davout au major général.

Osterode, 21 avril 1807.

« Dans la persuasion où je suis que les armes des hommes entrant aux hôpitaux seront suffisantes

C'est une mauvaise disposition ; il vaut mieux laisser les fusils à Osterode. On lui fournira des fusils des dépôts.

NAPOLÉON.

---

(1) Lettre du maréchal Berthier; copie non signée.
(2) Lettre du maréchal Berthier; copie non signée.

pour remplir les besoins de fusils qui pourraient survenir aux régiments du corps d'armée, j'envoie au dépôt de Wloclawek, pour armer les hommes qui y arrivent désarmés, 300 fusils pris sur les 400 en dépôt à Osterode, que Votre Altesse met à ma disposition. »

1068. — ORDRE DU JOUR.

Finkenstein, 24 avril 1807.

Il est ordonné aux commandants d'armes, à la gendarmerie et aux commandants des différents postes de l'armée française et des troupes alliées, de faire arrêter partout où il se trouvera le prince Jean Sulkowski, qui était colonel d'un régiment de cavalerie polonaise, et qui, après avoir commis plusieurs désordres dans le cercle de Beuthen et sur les frontières de la Haute-Silésie, a abandonné son corps et s'est évadé.

Le prince de Neuchâtel, major général,
Maréchal Alex. Berthier.

1069. — DÉCISION.

Finkenstein, 25 avril 1807.

Le général Clarke fait connaître à l'Empereur que le général Tauenzien, prisonnier de guerre, en ce moment à Berlin, va se rendre à Posen où il attendra les ordres du major général.

Renvoyé au prince de Neuchâtel pour l'envoyer sous bonne escorte en France, mon intention n'étant pas de l'échanger.

Napoléon.

1070. — ORDRE (1).

On propose pour aller au secours des corps des maréchaux Ney et Soult d'ordonner à la division Nansouty de réunir dans ses can-

---

(1) Non signé; de la main de Duroc; non daté, mais expédié le 28 avril 1807.

tonnements 100 voitures et plus, de les conduire à Dollstädt pour y charger des farines et de les conduire jusqu'à Mohrungen ;

A la division Espagne, de réunir dans ses cantonnements 100 voitures et plus, de les charger d'avoine à Marienburg et de les conduire à Mohrungen.

Recommander aux chefs des cantonnements de faire prendre du fourrage aux paysans pour leurs chevaux.

On préviendrait les maréchaux Ney et Soult d'envoyer des détachements à Mohrungen pour prendre ces convois et les conduire où ils en auraient besoin et de renvoyer les voitures.

La moitié des farines et de l'avoine appartiendront au maréchal Soult, l'autre moitié au maréchal Ney.

1071. — AU GÉNÉRAL DEJEAN.

Finkenstein, 29 avril 1807.

Monsieur Dejean, vous ne me parlez pas du bataillon provisoire que j'avais ordonné qu'on formât au camp de Boulogne.

J'espère qu'à l'heure qu'il est, les troupes espagnoles sont arrivées sur nos frontières et qu'elles marchent en toute diligence.

NAPOLÉON.

1072. — DÉCISION.

Finkenstein, 29 avril 1807.

Le maréchal Berthier, major général, propose à l'Empereur de fixer le prix auquel les chemises seront précomptées aux corps sur la masse de linge et chaussure à 4 fr. 50 pour les 12.000 confectionnées à Berlin et à 2 fr. 50 pour celles provenant des toiles de la Silésie.	Approuvé. NAPOLÉON.

1073. — AU GÉNÉRAL DEJEAN.

Finkenstein, 29 avril 1807.

Monsieur Dejean, j'ai nommé le sénateur Latour-Maubourg pour remplacer le sénateur Demont dans le commandement des gardes nationales de la Manche. Donnez-lui l'ordre de se rendre sans délai à Cherbourg.

NAPOLÉON.

P.-S. — Ci-joint des duplicatas de lettres qui ont été volées au courrier du cabinet parti le 22 de Finkenstein.

1074. — AU GÉNÉRAL DEJEAN.

Finkenstein, 29 avril 1807.

Monsieur Dejean, je vois avec plaisir que le 2ᵉ régiment de fusiliers de la garde est parti le 21 avril. Formez un bataillon provisoire des hommes disponibles des 59ᵉ et 69ᵉ. Formez ce bataillon à 1.200 hommes, en faisant fournir 600 hommes par chacun des deux régiments et en détachant de chacun quatre compagnies complétées chacune à 160 hommes. Nommez un des deux chefs de bataillon pour commander ce bataillon provisoire et dirigez-le par le plus court chemin sur Berlin. Si les grenadiers et voltigeurs de ces deux troisièmes bataillons ne sont pas à la Grande Armée, faites-les-y comprendre.

Je ne suis pas étonné que les 59ᵉ et 69ᵉ aient été oubliés à Luxembourg : je ne reçois pas d'état de situation. Le dernier que j'ai est du 1ᵉʳ février, c'est-à-dire de trois mois. C'est, en vérité, d'une paresse bien condamnable.

Je n'ai jamais eu plus besoin d'avoir sous la main tous les éléments qui servent à me faire connaître la situation de mes forces. Les bureaux de la guerre dorment. Ils connaissent cependant toute l'importance que j'y attache. Que je sois sur la Vistule ou sur la Seine, qu'est-ce que cela leur fait ? Ils doivent m'envoyer régulièrement tous les états.

Je suis fâché d'avoir à répéter cela si souvent.

NAPOLÉON.

1075. — DÉCISION.

Finkenstein, 29 avril 1807.

Le maréchal Berthier soumet à l'Empereur une demande du maréchal Ney, à l'effet d'obtenir que le dépôt du 31ᵉ régiment d'infanterie légère, stationné à Napoléon (Vendée), soit rapproché du Rhin et établi à Landau.

Refusé.

NAPOLÉON.

1076. — DÉCISION.

Finkenstein, 29 avril 1807.

Le général Songis demande l'autorisation de faire briser un grand nombre de fusils d'un modèle très ancien et hors de service qui encombrent la salle d'armes de l'arsenal de Magdeburg.

Approuvé.

NAPOLÉON.

1077. — AU GÉNÉRAL DEJEAN.

Finkenstein, 30 avril 1807.

Monsieur Dejean, donnez ordre que le payeur de la 26e division militaire tienne à la disposition du maréchal Kellermann une somme de 50.000 francs pour être employée à payer les frais de poste des officiers qu'il enverra en mission, et même à des acomptes qu'il jugerait convenable de donner sur des dépenses pressées.

NAPOLÉON.

1078. — DÉCISION.

30 avril 1807.

Le maréchal Berthier propose de faire délivrer au maréchal Bessières, suivant sa demande, 60 chevaux pour les chasseurs de la garde et 20 pour les grenadiers.

Accordé.

NAPOLÉON.

1079. — AU MARÉCHAL BERTHIER.

Finkenstein, 30 avril 1807.

Mon Cousin, donnez ordre au général Rostollan de se rendre auprès du maréchal Brune.

NAPOLÉON.

1080. — AU GÉNÉRAL DEJEAN.

Finkenstein, 30 avril 1807.

Monsieur Dejean, j'ai fait sur les états de situation au 1ᵉʳ avril les observations suivantes : je vois dans l'état de situation du camp de Boulogne, au 8 mars, qu'il y a 822 hommes des 17ᵉ, 25ᵉ et 43ᵉ régiments de ligne destinés à se rendre à la Grande Armée : je vous prie de les faire partir sans délai ; que le régiment suisse n'a qu'un bataillon de 391 hommes au camp de Boulogne : faites-le compléter le plus tôt possible à 1.000 hommes ; que les 28ᵉ, 36ᵉ, 46ᵉ, 50ᵉ, 55ᵉ, 75ᵉ doivent être aussi dans le cas d'envoyer des détachements à la Grande Armée. Mais ayez soin que l'on envoie les conscrits les plus anciens et qui sont déjà à l'école de bataillon. J'ai ordonné que l'on conservât toujours pour la défense de Boulogne 600 hommes à chacun de ces bataillons et que l'on fît partir ce qui excède ce nombre ; mais ce serait très mal entendre cet ordre que de faire partir les hommes qui arrivent : ce sont, au contraire, les plus instruits qu'il faut nous envoyer. Ainsi non seulement avant que les conscrits soient habillés, mais même lorsqu'on est prévenu qu'ils vont arriver, il faut aussitôt prendre, parmi les hommes les plus instruits, ceux qui se trouveront surpasser le nombre de 600 et en former de bons détachements pour la Grande Armée. Pourquoi les deux bataillons du 47ᵉ, qui sont au camp de Pontivy, n'avaient-ils que 996 hommes au 1ᵉʳ avril ? Pourquoi le second bataillon du 86ᵉ, qui est au camp de Pontivy, n'avait-il que 581 hommes ? Pourquoi les 3ᵉˢ et 4ᵉˢ bataillons du 15ᵉ de ligne, qui sont à Pontivy, n'avaient-ils que 850 hommes ? Pourquoi le bataillon du 4ᵉ régiment suisse, qui est à Pontivy, n'était-il qu'à 524 hommes ? Ayez soin que tout cela soit complété et que les 3ᵉˢ bataillons envoient tous les hommes nécessaires pour mettre ces bataillons au complet. Faites compléter le plus tôt possible à 100 hommes les compagnies de dragons qui sont au camp de Saint-Lô. Le 3ᵉ bataillon du 12ᵉ de ligne est à 879 hommes et celui du 14ᵉ à 672. Je ne sais pas si les compagnies de grenadiers et de voltigeurs de ces 3ᵉˢ bataillons sont à la Grande Armée. Si elles n'y sont pas, faites partir trois compagnies du 12ᵉ et deux du 14ᵉ complétées à 200 hommes ; mettez ces 1.000 hommes sous le commandement d'un chef de bataillon et envoyez-les sur-le-champ à Berlin. J'ai prescrit de pareilles dispositions pour le 59ᵉ et le 69ᵉ par mon courrier d'hier. Le 2ᵉ régiment de cuirassiers a 316 chevaux dans la 3ᵉ division ; le 3ᵉ en a

298 dans la même division : faites partir ces 614 chevaux pour la Grande Armée. J'ai besoin de chevaux et cela épargne d'autant les fourrages dans l'intérieur. Le 1er régiment de carabiniers en a 118 dans la 4e division, le 2e 200 et le 1er de cuirassiers 238 dans la même division : faites donc partir ces 556 chevaux sans retard. Le 64e régiment a 489 hommes : faites-en partir une compagnie complétée à 200 hommes. Le 5e de cuirassiers a 389 chevaux dans la 6e division : faites-les partir sans délai. Les tirailleurs corses ont 159 hommes à Antibes : faites-les partir pour Strasbourg où, après qu'on leur aura fourni tout ce qui peut leur être nécessaire, on les dirigera sur la Grande Armée. Il y a à Abbeville 136 chevaux du 10e de dragons, indépendamment de l'escadron qui est à Boulogne : faites-les partir avec un officier, un maréchal des logis et deux brigadiers, pour se rendre à la Grande Armée. Le 13e régiment d'infanterie légère a 892 hommes à Ostende. Faites-en partir 300 sous la conduite de trois officiers pour la Grande Armée et gardez le reste pour la défense d'Ostende. Le 11e de dragons a 106 chevaux dans la 16e division : faites-les partir sans délai. Le 3e régiment suisse est bien faible. Il n'est porté à Lille que pour 193 hommes. Donnez ordre au général de brigade Vouillemont de se rendre dans la 12e division militaire pour y commander la division comme général de brigade en l'absence du général de division. Le 4e régiment de dragons a 104 chevaux à Moulins : faites-les partir sur-le-champ. Il y a encore 23 hommes de la 9e compagnie d'ouvriers d'artillerie en Corse : laissez-en 6 et faites-en revenir 17. Il y a aussi en Corse une compagnie du 4e régiment d'artillerie à pied : faites-en revenir trois escouades. Ces troupes se rendront à Livourne. Le 48e de ligne a 989 hommes à Anvers et le 108e 941 dans la même ville. Faites partir de chacun de ces régiments deux compagnies formées chacune à 200 hommes et 3 officiers. Formez de ces quatre compagnies un bataillon de 800 hommes que vous dirigerez par le plus court chemin sur Berlin. Ayez soin que les gouverneurs, dont ce bataillon doit traverser les arrondissements, soient prévenus de son passage. Informez-en aussi le général Clarke, à Berlin, et le major général.

Le 1er de chasseurs a 217 chevaux à Gand, le 2e en a 124 à Tournai, le 4e de hussards en a 161 à Malines : faites partir sur-le-champ ces 502 chevaux pour la Grande Armée. Je vois avec peine que le bataillon valaisan n'a à Gênes que 243 hommes. Ecrivez pour qu'il soit complété promptement, car mon intention n'est pas d'entretenir des officiers sans soldats. Le 6° de cuirassiers a à Plaisance 205 chevaux ; le 15° de chasseurs en a à Parme 124 ; le 19° en a 113 à Plaisance et le 23° 86 à Plaisance ; donnez des ordres pour que ces 528 chevaux partent sans délai. Faites parcourir les dépôts de cavalerie et ôtez-en tous les chevaux disponibles pour les envoyer à leurs escadrons de guerre à la Grande Armée. Les régiments suisses n'avancent pas autant que je le croyais. Le 2° n'a que 1.615 hommes, le 3° 835 hommes, le 4° 1.164 hommes Pressez autant que vous le pourrez leur complétement. Faites-moi connaître combien il y a, dans le bataillon irlandais, de Polonais et d'Allemands et si ce corps est en bon état. Qu'est-ce que c'est que le bataillon étranger qui est à Ajaccio ? et celui qui est au fort impérial ? Faites-moi aussi connaître ce que c'est que les quatre bataillons coloniaux. Peut-on se fier à ces gens-là et les faire venir à l'armée ? ou doit-on craindre qu'ils ne désertent en route ? Vous avez oublié de faire mention du 1er régiment prussien parmi les corps de troupes irrégulières. Je viens de faire ce travail, au moment même où j'ai reçu les états de situation du 1er avril. Je suppose que ceux du 15 sont déjà partis et que, quand vous recevrez cette lettre, vous serez occupé à m'envoyer ceux du 1er de mai.

NAPOLÉON.

1081. — AU MARÉCHAL BERTHIER.

Finkenstein, 1er mai 1807.

Mon Cousin, donnez ordre au général de brigade Rigau de se rendre à Marienburg où il aura le commandement de la place. Le général Vedel sera employé dans la division de la réserve qui va être formée sous les ordres du maréchal Lannes.

NAPOLÉON.

1082. — AU GÉNÉRAL DEJEAN.

Finkenstein, 1er mai 1807.

Monsieur Dejean, j'ai reçu la lettre par laquelle vous me rendez compte des différents mouvements d'artillerie sur la Grande Armée.

NAPOLÉON.

1083. — DÉCISION.

Finkenstein, 1" mai 1807.

Le maréchal Berthier rappelle à l'Empereur l'intention qu'il a manifestée d'attacher deux pièces de canon aux deux bataillons de Hesse-Darmstadt, actuellement réunis à Marienwerder.

Me faire connaître l'état de situation de l'artillerie de Hesse, pour que j'en distraie une partie pour cette brigade.

NAPOLÉON.

1084. — DÉCISION.

Finkenstein, 1" mai 1807.

Le maréchal Berthier fait connaître à l'Empereur que le maréchal Bessières demande pour la garde 2.000 boisseaux d'avoine sur les 15.000 qui sont à Marienwerder.

Renvoyé au maréchal Duroc (1).
Accordé.

NAPOLÉON.

1085. — DÉCISION.

1" mai 1807.

Lettre par laquelle le général Songis, premier inspecteur général, commandant en chef l'artillerie de l'armée, demande à connaître la répartition des 19.000 fusils expédiés le 23 de Thorn pour Marienwerder.

Me faire connaître la répartition que j'ai déjà faite des fusils.

NAPOLÉON.

1086. — AU MARÉCHAL BERTHIER.

Finkenstein, 2 mai 1807.

Mon Cousin, donnez l'ordre au maréchal Lefebvre qu'à mesure que les détachements du 6° régiment provisoire escortent les con-

---

(1) Le document porte l'annotation suivante, de la main de Duroc : « J'ai l'honneur d'observer à Son Altesse que dès que ces 15.000 boisseaux sont arrivés, il en a été accordé à la garde; mais son commissaire ordonnateur a eu l'adresse de s'en faire donner 7.750 boisseaux. »

vois à Danzig, il les retienne et ne les renvoie pas à Stettin, mon intention étant de le réunir à Dirschau.

NAPOLÉON.

1087. — DÉCISION.

Finkenstein, 2 mai 1807.

Le général Songis propose, pour l'emploi de commandant de l'artillerie de la division de grenadiers du général Oudinot, le chef de bataillon Lignim, en remplacement du chef d'escadron Boulart, passé dans la garde impériale.

Approuvé.

NAPOLÉON.

1088. — DÉCISION.

Finkenstein, 2 mai 1807.

Le général La Salle demande que le régiment de chevau-légers bavarois, qui fait partie de la brigade Watier, jouisse de la même faveur que le régiment wurtembergeois qui vient d'arriver à sa division et auquel l'Empereur a accordé une somme de 20.000 francs pour remontes, achats de fers et réparations au harnachement.

Cela a été accordé.

NAPOLÉON.

1089. — AU GÉNÉRAL DEJEAN.

Finkenstein, 3 mai 1807.

Monsieur Dejean, je reçois votre lettre du 23 avec un tableau des régiments des troupes à cheval qui sont à la Grande Armée. Je n'y vois pas les quatre régiments de cuirassiers qui sont venus à la Grande Armée et dont les dépôts sont en Italie, ni les cinq régiments de chasseurs dont les dépôts sont également en Italie. Il en résulte qu'il y a aux dépôts 10.000 hommes et seulement 5.500 chevaux, et qu'ainsi il faut encore 5.000 chevaux pour que tous les hommes soient montés. Je suppose que dans le courant de mai tous ces hommes seront montés, conformément à mes dernières dispositions.

NAPOLÉON.

1090. — A MONSIEUR DARU.

3 mai 1807.

Monsieur Daru, vous avez reçu le décret qui forme un bataillon provisoire de garnison à Magdeburg, un bataillon de garnison d'Hameln, un de Küstrin, un de Stettin, un de Spandau, un de Glogau, ce qui forme huit bataillons faisant à peu près 10 à 12.000 hommes. Ces hommes arrivent nus.

Vous avez 20.000 chapeaux prussiens que vous pourriez leur faire donner sur-le-champ. Vous avez à Berlin, à Glogau, des moyens d'habillement. Les moyens que vous avez à Hamburg et à Leipzig pourraient fournir à l'habillement du régiment de Magdeburg.

Vous avez suffisamment de capotes pour leur en faire distribuer sur-le-champ. Il faut également leur faire distribuer des chemises et autres objets.

Vous ne manquez pas de gibernes. Voyez tout ce que vous avez dans les magasins qui peut servir à l'habillement de ces hommes et faites-le leur donner. Enfin, donnez toutes les instructions et prenez des mesures pour que ces troupes soient promptement habillées.

J'avais ordonné, à Posen, qu'avec les tentes il fût fait des chemises et des matelas, je n'en vois plus sur l'état de situation. Il faut supposer que mes ordres ont été exécutés. Faites-moi connaître ce qui en est.

Puisque nous ne voulons pas donner les marmites en cuivre aux troupes, vendez-les.

Il y a 3.000 sacs à peau qui peuvent être utiles à ces nouveaux régiments.

Je suis surpris que l'état de situation général de l'habillement soit signé par un commissaire des guerres, qui ne peut pas être comptable. Il devrait l'être par l'agent de l'habillement, et visé par un commissaire des guerres.

Ayez soin qu'il y ait aussi à Varsovie une certaine quantité de souliers.

Les souliers que j'ai demandés à Marienwerder ne sont pas encore arrivés.

NAPOLÉON.

1091. — AU MARÉCHAL BERTHIER.

Finkenstein, 3 mai 1807.

Mon Cousin, donnez ordre au détachement du 13ᵉ d'infanterie légère, qui est à Leipzig, d'en partir sans délai pour se rendre à Thorn. Donnez l'ordre au 7ᵉ régiment provisoire qui est à Marienwerder de se rendre demain à Riesenburg et après-demain, à midi, à Finkenstein, où il passera ma revue. Là, ce régiment sera dissous et chaque détachement sera dirigé sur son corps.

P.-S. — Il n'y a à Thorn d'autre garnison qu'un bataillon du 4ᵉ régiment provisoire. Mon intention est que ce bataillon soit dissous et que chaque détachement rejoigne son corps. Donnez ordre qu'un régiment de Hesse-Darmstadt, fort de 6 à 800 hommes, se rende du siège de Graudenz à Thorn, pour en former la garnison.

NAPOLÉON.

1092. — AU MARÉCHAL BERTHIER (1).

3 mai 1807.

1 000 fusils viennent d'arriver à Marienwerder, faites-en donner :

162 au 1ᵉʳ corps ;

40 à la division Oudinot ;

69 à la garde.

Le reste en dépôt dans un magasin de la rive gauche de la Vistule, dans le village vis-à-vis Marienwerder.

Quant aux 400 fusils que le maréchal Ney demande pour son dépôt, les besoins sont plus considérables que cela. Ordonner à un officier d'artillerie d'aller passer la revue de l'armement des dépôts du 1ᵉʳ corps et faire préparer l'armement complet nécessaire pour ces dépôts.

---

(1) Minute de la main de Duroc, non signée.

1093. — DÉCISION (1).

Finkenstein, 3 mai 1807.

Le ministre de la guerre demande l'autorisation d'acheter des bâtiments particuliers pour renfermer des objets d'artillerie dans la place d'Alexandrie et de fixer à 150.000 francs la dépense pour construction de hangars.

Sa Majesté trouve cette dépense très juste, mais elle ne la juge pas convenable pour cette année. Le temps de la faire sera celui où la place aura été mise en état de défense. Il paraît que les escarpes et contre-escarpes des couronnes ne seront pas finies cette année. Par conséquent, la place ne peut être considérée comme en état de défense. Lorsque ces travaux seront finis, on fera un établissement en grand pour l'artillerie. On n'a aucun intérêt à en former dans une place ouverte ; il n'en manque pas à Turin. On peut d'ailleurs placer beaucoup de choses dans les premiers étages des ouvrages de la citadelle.

1094. — AU MARÉCHAL BERTHIER (2).

3 mai 1807.

Sur les 4.000 boisseaux d'avoine que M. de Caulaincourt a pris, il en donnera 2.000 au garde-magasin de Finkenstein pour être distribués à l'état-major, selon l'état qu'en arrêtera le major général.

1095. — DÉCISION.

Finkenstein, 4 mai 1807.

Le grand-duc de Hesse-Darmstadt demande l'autorisation d'incorporer dans ses troupes le contingent supplémentaire de 800 hommes qu'il doit fournir, au lieu d'en former un corps séparé.

Accordé.

NAPOLÉON.

---

(1) Non signée.
(2) Minute de la main de Duroc.

1096. — ORDRE (1).

Il y aura toujours dans le même lieu où se trouvera le major général : un ordonnateur en chef, qui sera sous les ordres immédiats de l'intendant général, et quatre ordonnateurs ou commissaires des guerres de 1re classe, qui seront sous les ordres de l'ordonnateur en chef. L'un sera chargé des subsistances ; le second, des hôpitaux ; le troisième, du détail des transports ; le quatrième, des fourrages et de l'habillement.

Il y aura un chef à chaque administration correspondant avec celui qui se trouve auprès de l'intendant général.

L'ordonnateur en chef correspondra avec l'intendant général et pourra recevoir directement des ordres du major général pour tous les mouvements pressés de l'armée active.

Tout ce qui est relatif aux approvisionnements, subsistances et à l'administration de l'armée active, sera sous la direction immédiate de cet ordonnateur en chef qui sera lui-même sous les ordres de l'intendant général.

L'ordonnateur Mathieu Faviers est nommé ordonnateur en chef de la Grande Armée. Il désignera un ordonnateur en chef pour le remplacer à Elbing.

Il sera nommé un commissaire des guerres pour faire les fonctions d'ordonnateur près la réserve de cavalerie, en remplacement de M. Faviers.

Le commissaire-ordonnateur Duprat sera chargé des subsistances.

Le commissaire-ordonnateur Joinville sera chargé des hôpitaux.

Les deux autres seront désignés par l'intendant général.

NAPOLÉON.

1097. — AU MARÉCHAL BERTHIER.

Finkenstein, 3 mai 1807.

Mon Cousin, donnez l'ordre au vice-roi d'Italie de faire partir, indépendamment de 40 hommes de sapeurs pour compléter la pre-

---

(1) Cet ordre n'est pas daté; mais on lit en marge l'annotation suivante : *Reçu le 5 mai.*

mière compagnie, une 2ᵉ compagnie de sapeurs italiens complétée à 120 hommes ; de faire partir une compagnie d'artillerie à cheval italienne à 120 hommes et une autre d'artillerie à pied à 120 hommes, indépendamment du personnel de l'artillerie nécessaire pour servir les 9 pièces que j'ai demandées ; de faire partir pour les 4 régiments d'infanterie qui sont à la Grande Armée un bataillon de 8 compagnies, savoir : 4 de grenadiers et 4 de voltigeurs des 3ᵉˢ bataillons de ces 4 régiments, chaque compagnie complétée à 140 hommes. Si, du 2ᵉ régiment de ligne napolitain, on peut en faire partir quelques compagnies de 100 hommes, il faut les faire partir ; cela débarrassera l'Italie et cela pourra être utile à la Grande Armée. Faites partir une compagnie de pontonniers italienne. Vous ne manquerez pas de leur faire comprendre que c'est plutôt pour former l'artillerie italienne que pour les besoins de la Grande Armée.

NAPOLÉON.

1098. — AU MARÉCHAL BERTHIER.

Finkenstein, 5 mai 1807.

Mon Cousin, je désire que vous fassiez faire le relevé, par chacun des corps d'armée, des malades qu'ils accusent avoir eus à la date du 15 mars, pour le confronter avec l'état général que vient de me remettre M. Daru. Cet état porte, depuis Francfort-sur-le-Main, Würzburg, Erfurt, Hameln, Wittenberg, Berlin, Küstrin, Lübeck, jusqu'à Elbing, et depuis Elbing, Bromberg, Thorn, Gnesen, Nakel, Dricsen, Landsberg jusqu'à Glogau, Breslau et Braunau, 19.000 malades français. Il me semble que les corps d'armée en portent un plus grand nombre.

NAPOLÉON.

1099. — AU MARÉCHAL BERTHIER.

Finkenstein, 5 mai 1807.

Mon Cousin, donnez ordre que les 12.000 paires de souliers qui se trouvent à Marienwerder soient distribuées de la manière suivante, savoir :

3.000 au 1ᵉʳ corps ;
2.000 au 4ᵉ ;
2.000 au 6ᵉ ;
500 au 2ᵉ d'infanterie légère ;
1.000 au 12ᵉ.   — ;
500 au 19ᵉ de ligne ;
400 au régiment de Paris ;
400 au 44ᵉ de ligne.

Total. 9.800

NAPOLÉON.

1100. — APOSTILLE (1).

6 mai 1807.

Il faut des hommes qui se battent.

1101. — DÉCISION.

6 mai 1807.

Le major des équipages militaires demande qu'il lui soit assigné un cantonnement où il puisse envoyer 500 à 600 chevaux qui ont besoin d'être refaits.

Sur la rive gauche, du côté de Nakel.

NAPOLÉON.

1102. — DÉCISION (2).

Le sieur Maës réclame le paiement d'une partie de ce qui lui est dû, afin d'être à même de soutenir le service des hôpitaux temporaires des 5ᵉ, 26ᵉ divisions militaires et du 1ᵉʳ corps de réserve. Le ministre propose de lui payer 370.000 francs.

Approuvé.

---

(1) Cette apostille, autographe de l'Empereur, figure en marge d'une lettre déchirée dont le sens n'a pu être rétabli.
(2) De la main de Maret; ni datée ni signée, extraite du « Travail du ministre directeur avec l'Empereur, du 6 mai 1807 ».

1103. — AU MARÉCHAL BERTHIER (1).

Mai 1807.

Mon Cousin, le régiment de chasseurs royaux italiens fera partie de la réserve du grand-duc de Berg et de la division du général La Salle. Le 4ᵉ régiment de ligne italien se rendra à Kolberg pour faire partie de la division italienne.

Donnez ordre que tous les détachements de cuirassiers et de chasseurs qui viennent avec la division Molitor se rendent à Potsdam.

NAPOLÉON.

1104. — AU GÉNÉRAL DEJEAN.

Finkenstein, 7 mai 1807.

Monsieur Dejean, je reçois votre rapport du 18 avril, relativement aux dépenses de l'habillement. Je ne puis asseoir mon jugement, puisque vous ne m'avez envoyé aucun état à l'appui. Je vois bien : 1° que les fabricants manquent de fonds ; 2° que l'infanterie légère et la cavalerie n'ont pas reçu ce qui leur revenait ; 3° que l'infanterie de ligne n'a pas ce qui lui est nécessaire pour ses dépenses de confection et de petit équipement. Voilà le mal que j'aperçois. Si vous aviez joint des états à l'appui de votre rapport je pourrais me faire une juste idée du remède, car les fonds ne manquent pas. Cependant, comme avant tout il faut ne pas porter de retards au service dans des objets si importants, je donne ordre à la caisse d'amortissement de vous prêter 3,500,000 francs que vous rembourserez à dater de juin, à raison de 500,000 francs par mois, sur les fonds de la masse d'habillement, à moins qu'après avoir reçu vos états je ne sois en mesure de vous ouvrir un crédit définitif sur le Trésor.

NAPOLÉON.

1105. — ORDRE.

Au camp impérial de Finkenstein, 7 mai 1807.

1° Il sera formé par les soins du prince Eugène, notre vice-roi

---

(1) Cette lettre, non datée, a été expédiée le 7 mai.

et commandant en chef de notre armée d'Italie, un régiment provisoire de cavalerie qui portera le nom de régiment provisoire de cavalerie des dépôts de l'armée d'Italie.

2° Ce régiment sera composé de 4 compagnies, deux de chasseurs et deux de cuirassiers, chaque compagnie forte de 160 à 200 hommes, savoir : la 1re compagnie sera composée de détachements des 3e et 24e régiments de chasseurs et d'un détachement des chasseurs royaux italiens. La 2e compagnie sera composée de détachements du 19e, du 15e et du 23e de chasseurs. La 3e compagnie sera composée de détachements du 4e et du 6e régiment de cuirassiers ; et la 4e sera composée de détachements du 7e et du 8e régiment de cuirassiers.

3° Ce régiment se réunira à Brescia. Du moment qu'il aura de six à sept cents hommes présents, il se mettra en marche pour se rendre à Augsburg où il recevra de nouveaux ordres.

4° Ce régiment sera commandé par le major d'un des sept régiments. Chaque compagnie sera commandée par un capitaine.

5° Le général de brigade Bessières sera chargé de former ce régiment, sous les ordres du vice-roi. Il parcourra sur-le-champ les dépôts et prendra tous les moyens pour activer sa formation.

NAPOLÉON.

1106. — ORDRE (1).

Elbing, 9 mai 1807.

Le major général frappera une réquisition de 2.000 chevaux sur la partie de la chambre de Marienburg qui dépend de M. Stassart, savoir :

Chevaux de trait. 1.000 chevaux.
Chevaux de cavalerie. . . . .   1.000   »

dont 600 de cavalerie légère et 400 de cuirassiers et dragons.

Les 1.000 chevaux de trait seront donnés 400 à l'artillerie et 600 aux transports.

Les 400 de l'artillerie seront donnés 100 à la garde, 100 à la division Oudinot, 100 à l'artillerie de la cavalerie et 100 au 6e corps.

M. Thévenin répartira les chevaux destinés aux transports.

---

(1) Non signé; a été expédié le 10 mai.

Ceux destinés à la cavalerie seront donnés à la cavalerie qui est ici.

Le major général autorisera l'intendant à abonner les contributions à la chambre qui prendra les mesures nécessaires pour les faire rentrer depuis le 1er février.

Le major général donnera les ordres :

1° Pour qu'un général de brigade de cavalerie soit chargé de tout le commandement depuis l'embouchure de la Nogat jusqu'à celle de la Vistule, de manière qu'il y ait des postes partout où peut débarquer l'ennemi ;

2° Pour qu'il y ait un pont gardé par une brigade de dragons, de manière qu'on puisse passer des troupes dans la presqu'île qui communique de Pillau avec Danzig, vers Karlsberg, sans cependant établir aucun poste, à moins que cela ne devienne indispensable. Il faudrait pour cela cantonner dans cet endroit une brigade de dragons avec ses 3 pièces d'artillerie.

Le major général donnera ordre au commandant des marins de la garde de garder les bâtiments qu'il a actuellement où ils sont et d'avoir des bâtiments légers sur la Nogat et sur la Vistule, de manière à intercepter les petits bâtiments qui viennent à terre et tâcher de prendre quelques agents sortant de Danzig ou s'y introduisant.

Il faut également demander une levée de 2.000 chevaux à l'intendance de Marienwerder.

1107. — DÉCISION.

11 mai 1807.

Le maréchal Berthier rend compte que le général Rapp demande des ordres au sujet de la destination ultérieure d'un détachement de hussards fuldois qui vient d'arriver à Thorn.

Je n'ai jamais su que des hussards fuldois fussent levés et qu'on leur ait donné l'ordre de se rendre à Thorn ; mais puisqu'ils y sont, il faut les laisser à la disposition du commandant de la place ; quelques hommes de cavalerie seront utiles au service.

NAPOLÉON.

1108. — DÉCISION.

11 mai 1807.

Le maréchal Berthier demande des ordres pour la destination ultérieure du 5ᵉ régiment provisoire d'infanterie, qui doit arriver le 14 à Thorn.

Lui donner l'ordre de se rendre à Finkenstein.

NAPOLÉON.

1109. — DÉCISION.

11 mai 1807.

Le 3ᵉ de ligne, qui doit arriver aujourd'hui à Thorn, était destiné à faire partie du corps de réserve du maréchal Lannes et devait en conséquence se rendre à Marienwerder ; mais le maréchal a ajourné le départ de l'ordre de mouvement. Le 72ᵉ, qui doit arriver le 16 devant Danzig, a la même destination. Le maréchal Lannes a aussi ajourné le départ de l'ordre qui avait été préparé pour le faire diriger sur Marienwerder.

Donner l'ordre au 3ᵉ de ligne de se rendre à Finkenstein.

M'envoyer l'itinéraire du 72ᵉ.

NAPOLÉON.

1110. ORDRE (1).

Finkenstein, 11 mai 1807.

Les divisions Boudet et Molitor seront soldées sur le pied de guerre à compter du 1ᵉʳ avril.

L'intendant général fera payer sans délai, à chaque régiment d'infanterie de ces divisions, 15,000 francs, acompte de la masse d'habillement de 1807, sur ce qui pourrait leur être dû. Il faudra écrire au ministre Dejean pour qu'il leur en soit tenu compte. Ils emploieront cette somme à mettre en état leur habillement. La solde d'avril de ces corps sera mise au courant, ainsi que celle de mai.

---

(1) Non signé; expédié le 11 mai.

La division Boudet restera cantonnée à Halle et autour de Halle, en ayant soin de ne rien mettre dans la Saxe.

La division Molitor sera cantonnée à Magdeburg et autour de Magdeburg, de manière que les soldats soient bien nourris et bien traités chez les paysans, et se refassent un peu.

Si ces régiments n'ont pas leurs caissons comme le prescrit l'ordonnance, on donnera ordre de les faire faire sans délai.

On donnera ordre qu'un des deux 6es bataillons du train, qui sont dans le royaume de Naples soit renvoyé en Italie ; et on donnera l'ordre en Italie de faire partir pour Magdeburg le reste du 4e bataillon du train avec 400 chevaux ou mulets bien harnachés. Par ce moyen, il ne restera plus en Italie que trois bataillons du train qui, avec celui qui doit s'y rendre de Naples, en portera le nombre à quatre.

1111. — DÉCISION.

Finkenstein, 11 mai 1807.

Le ministre de l'administration de la guerre propose de confirmer dans le grade de capitaine le lieutenant d'artillerie Ragot, promu provisoirement le 1er avril 1806, par le vice-amiral Villaret, capitaine général de la Martinique.	Accordé. NAPOLÉON.

1112. — DÉCISION.

11 mai 1807.

Le maréchal Berthier rend compte que les régiments composant la division espagnole arriveront à Augsburg du 20 mai au 2 juin, et il demande des ordres pour la destination ultérieure de ces troupes.	Les diriger sur Hanovre. NAPOLÉON.

1113. — DÉCISION.

Finkenstein, 11 mai 1807.

Le général Songis, premier ins- Renvoyé au maréchal Ber-

pecteur général, commandant en chef l'artillerie de la Grande Armée, propose d'employer au siège de Danzig la 18° compagnie du 7° régiment à pied, attachée au parc de la garde.

thier pour me faire connaître si cette compagnie est nécessaire pour le service de l'artillerie de la garde.

NAPOLÉON.

1114. — DÉCISION.

Finkenstein, 11 mai 1807.

Le ministre directeur de l'administration de la guerre propose à l'Empereur de décider que les corps qui, en 1807, ont reçu le remplacement de leur habillement en drap bleu continueront de le recevoir en bleu pour l'année 1808.

Je laisse le ministre maître de faire ce qu'il jugera là-dessus.

NAPOLÉON.

1115. — DÉCISION.(1).

Finkenstein, 11 mai 1807.

Le ministre de la guerre demande les ordres de l'Empereur sur différentes propositions relatives à l'armement de Piombino.

Envoyer sur-le-champ, pour activer l'armement, 4 pièces de 24 en fer, 4 pièces de 6, avec 250 boulets par pièce.

1116. — DÉCISION (2).

Finkenstein, 11 mai 1807.

Compte rendu des mesures prises pour porter promptement le bataillon valaisan au complet.

Réitérer les ordres, écrire que l'on ait à établir une espèce de complet. Il faut que les bataillons soient complets au... (3).

---

(1) Non signée.
(2) Non signée.
(3) Date restée en blanc.

1117. — AU MARÉCHAL BERTHIER.

Finkenstein, 14 mai 1807.

Mon Cousin, donnez ordre au 1ᵉʳ régiment provisoire de cavalerie qui doit arriver le 19 à Thorn, d'y séjourner le 20 pour se reposer et de se mettre en marche le lendemain pour Finkenstein. Le 5ᵉ provisoire se rendra à Finkenstein, hormis les détachements des 34ᵉ, 40ᵉ, 88ᵉ, 100ᵉ, 103ᵉ, et du 17ᵉ légère qui se rendront en droite ligne sur Willenberg.

Donnez ordre que le 6ᵉ provisoire envoie les troupes qu'il a au 44ᵉ, à ce corps, devant Danzig ; et que le reste du régiment parte avant le jour pour se rendre à Finkenstein. Donnez ordre au 8ᵉ régiment qui est à Marienwerder d'en partir demain pour se rendre à Marienburg, hormis la compagnie du 21ᵉ légère qui se rendra en droite ligne à Willenberg. Donnez ordre au 11ᵉ provisoire, du moment qu'il sera arrivé à Thorn, de se rendre à Finkenstein après avoir séjourné un jour à Thorn. Donnez le même ordre au 10ᵉ provisoire. Vous ferez passer la revue du 8ᵉ régiment provisoire qui va à Marienburg.

Napoléon.

1118. — AU MARÉCHAL BERTHIER.

Finkenstein, 14 mai 1807.

Mon Cousin, vous donnerez l'ordre au général de division Latour-Maubourg de prendre le commandement de la première division de dragons ; au général Lahoussaye de prendre le commandement de la 4ᵉ division de dragons ; au général Beaumont de prendre le commandement de la cavalerie légère du 1ᵉʳ corps d'armée et au prince Borghèse de se rendre près de moi.

Napoléon.

1119. — AU MARÉCHAL BERTHIER.

Finkenstein, 15 mai 1807.

Mon Cousin, faites connaître au général de division Leval, qui est à Thorn, que je le nomme gouverneur de Thorn en remplacement du général Rapp ; qu'il doit étendre sa surveillance sur les dépôts des 1ᵉʳ, 3ᵉ, 4ᵉ et 6ᵉ corps ; et que mon intention est qu'il profite du passage de tous mes courriers pour écrire tous les jours en détail.

NAPOLÉON.

1120. — AU GÉNÉRAL DEJEAN.

Finkenstein, 15 mai 1807.

Monsieur Dejean, je vous ai envoyé le 6 mai l'ordre de faire partir le 5ᵉ régiment d'infanterie légère du camp de Saint-Lô pour Paris. Vous avez dû recevoir ma lettre le 15 mai ; le régiment se sera mis en marche le 17 et, le 24 mai, il arrivera à Paris.

Vous recevrez le présent ordre le 24. Vous ferez partir le régiment le 25 de Paris, après l'avoir passé en revue, et vous le dirigerez sur Thorn par le plus court chemin. Par ce moyen, il arrivera le 2 juin à Mayence, et, le 12 juin, à Berlin. Donnez les ordres en conséquence.

NAPOLÉON.

1121. — AU MARÉCHAL BERTHIER.

Finkenstein, 16 mai 1807.

Mon Cousin, donnez l'ordre que le 8ᵉ régiment provisoire soit dissous. Le détachement du 22ᵉ de ligne se rendra au corps du maréchal Soult, celui du 65ᵉ et celui du 21ᵉ de ligne au corps du maréchal Davout. Les détachements des 8ᵉ de ligne, 27ᵉ légère, 45ᵉ, 54ᵉ, 94ᵉ et 95ᵉ de ligne formeront un bataillon qui restera sous les ordres du meilleur chef de bataillon, sous le titre de bataillon provisoire du 8ᵉ, et partira demain pour se rendre à Elbing où il restera jusqu'à nouvel ordre.

Vous ferez connaître au général Moulin que je lui envoie ce bataillon, composé de détachements appartenant au 1ᵉʳ corps et composé de près de 700 hommes, pour ne point laisser Elbing sans infanterie.

NAPOLÉON.

1122. — DÉCISION.

Finkenstein, 16 mai 1807.

Le général Songis, premier inspecteur général, commandant en chef l'artillerie de la Grande Armée, fait connaître que les compagnies des régiments d'artillerie à cheval employées à l'armée sont extrêmement affaiblies par les pertes qu'elles ont éprouvées pendant les deux dernières campagnes, et il sollicite l'autorisation de faire venir à l'armée les conscrits que ces régiments ont à leur dépôt.

Renvoyé à M. Dejean pour faire venir tout ce qui est disponible au dépôt.

NAPOLÉON.

1123. — ORDRE (1).

17 mai 1807.

Sa Majesté désire que le ministre fasse faire un état détaillé des 3.016.607 francs, montant des ordonnances délivrées jusqu'au 12 avril sur le chapitre 7.

1124. — AU GÉNÉRAL DEJEAN.

Finkenstein, 18 mai 1807.

Monsieur Dejean, je reçois votre lettre du 8 mai par laquelle vous m'instruisez qu'un détachement de 200 hommes du 2ᵉ régiment des fusiliers de la garde part le 11 mai.

J'imagine que vous l'aurez fait partir en poste. Ordonnez qu'il continue la route en poste jusqu'à Thorn.

NAPOLÉON.

---

(1) Non signé.

1125. — DÉCISION.

Finkenstein, 18 mai 1807.

Le maréchal Berthier demande l'autorisation de passer des marchés pour l'habillement neuf que l'Empereur, à la revue de la division La Salle, le 2 mai, a accordé au régiment bavarois qui fait partie de la brigade Watier, indépendamment d'un secours de 20.000 francs pour ses remontes.

Accordé.

NAPOLÉON.

1126. — DÉCISION.

Finkenstein, 18 mai 1807.

Le général Clarke, gouverneur de Berlin, qui a fait fournir à des détachements de passage dans cette place des effets d'habillement, propose d'ordonner que les corps tiendront compte de ces fournitures sur la somme de 20.000 francs allouée comme secours aux masses par le décret du 6 janvier.

Approuvé.

NAPOLÉON.

1127. — DÉCISION.

18 mai 1807.

Le maréchal Berthier propose de nommer gouverneur d'Erfurt le général de brigade Brouard, que ses blessures empêchent de servir activement.

Accordé par l'Empereur, le 18 mai.

Le maréchal BERTHIER.

1128. — ORDRE DU JOUR.

Finkenstein, 19 mai 1807.

Sa Majesté étant instruite qu'un grand nombre de commandants d'armes, dans la vue de ménager les habitants des villes où ils font leur demeure, fatiguent les troupes par des marches inutiles en les disséminant dans les villages voisins, fait ressouvenir les commandants d'armes que leurs premiers devoirs sont envers l'armée, et leur ordonne expressément de loger les troupes d'abord dans la ville d'étape, en leur donnant les meilleurs logements et de ne se servir des villages que dans le cas d'insuffisance de la ville et d'indispensable nécessité.

Sa Majesté ne veut pas revenir sur les plaintes qui lui ont été portées, mais Elle se fera rendre compte rigoureusement par les commandants des détachements et punira sévèrement les commandants d'armes qui oublieraient leurs premiers devoirs envers ses braves soldats.

Sa Majesté sera d'autant plus sévère qu'il lui est revenu que quelques commandants d'armes, en très petit nombre sans doute, recevaient des gratifications des villes pour les ménager ainsi au détriment de l'armée.

M^{al} Alex. BERTHIER.

1129. — AU MARÉCHAL BERTHIER.

Finkenstein, 19 mai 1807.

Mon Cousin, vous recevrez un décret qui a pour objet de faire venir 700 hommes des dépôts de cavalerie d'Italie pour être montés à Potsdam. Ecrivez au prince Eugène et au maréchal Pérignon pour qu'ils aient à les faire partir à mesure qu'ils seront habillés et équipés et par détachements de 100 hommes par semaine.

NAPOLÉON.

1130. — AU GÉNÉRAL DEJEAN.

Finkenstein, 19 mai 1807.

Monsieur Dejean, je reçois votre rapport du 29 avril sur les remontes. J'ai remarqué au tableau n° 2, que la colonne *reçus ou à recevoir*, d'après les marchés passés, ou d'officiers en remonte, peut contenir un double emploi avec la précédente portant pour titre : *reçus au 1er avril*, déduction faite des chevaux des officiers. Ainsi, il est dit que le 1er de carabiniers avait reçu 108 chevaux au 1er avril et qu'il avait reçu, ou à recevoir, 177 chevaux : vous en concluez que ce régiment aura 285 chevaux ; cette conclusion n'est peut-être pas bonne ; car si, dans les 177 chevaux reçus ou à recevoir, étaient compris les 108 reçus au 1er avril, ce régiment aurait toujours, au total, 177 chevaux au lieu de 285. Cela peut avoir beaucoup d'influence sur la récapitulation générale. Vous portez reçus au 1er avril 13.025 chevaux, reçus ou à recevoir 12.997, et vous en concluez un total de 26.022 chevaux ; vous tirez de cette conclusion la conséquence qu'il manque 7.073 chevaux. Il est évident que je ne puis être certain de ce nombre 7.073 ; et que, si sur les chevaux reçus ou à recevoir il y en avait 5.000 qui fissent nombre dans la colonne précédente, il me manquerait 12.000 chevaux au lieu de 7.000.

Je vois que le 3e de chasseurs, qui avait 509 hommes à son dépôt, n'avait que 20 chevaux au 1er avril ; qu'il n'était pas porté à la colonne des chevaux reçus ou à recevoir, et qu'ainsi, il lui manquait 489 chevaux. Je fournirai à ce régiment 300 chevaux en Allemagne. J'en fournirai aussi au 15e, au 19e, aux 23e, 24e, au 6e de cuirassiers et au 7e suivant le décret que je vous envoie. Vous pourrez calculer là-dessus.

NAPOLÉON.

1131. — ORDRE DU JOUR.

Finkenstein, 19 mai 1807.

Un grand nombre de régiments ont reçu une grande partie de l'habillement qui a été accordé aux corps par le décret du 18 janvier 1807.

Sa Majesté ordonne que cet habillement soit distribué et qu'aucun régiment ne l'envoie en France ou ne le tienne en réserve sous de vains prétextes d'économie. La vraie économie est d'habiller le soldat le mieux possible et le plus promptement.

Maréchal Alex. BERTHIER.

1132. — AU MARÉCHAL BERTHIER.

Finkenstein, 19 mai 1807.

Mon Cousin, donnez ordre à Elbing que le bataillon du 8e régiment provisoire, qui est composé des détachements des 8e, 45e, 54e,

94ᵉ, 95ᵉ de ligne et 27ᵉ légère, soit dissous, et que les détachements rejoignent leurs corps respectifs qui font partie du 1ᵉʳ corps d'armée.

NAPOLÉON.

1133. — DÉCISION.

19 mai 1807.

Le maréchal Berthier demande si le 1ᵉʳ bataillon du 5ᵉ régiment provisoire, qui arrivera demain à Finkenstein, venant de Riesenburg, devra assister à la parade.

Je le verrai demain à la parade.

NAPOLÉON.

1134. — DÉCISION.

19 mai 1807.

Le maréchal Berthier rend compte que l'artillerie française, qui était attachée à la division italienne et qui doit faire partie de la division Verdier (2ᵉ du corps de réserve), est arrivée le 17 à Marienwerder ; il demande, en outre, s'il faut envoyer cette artillerie à Marienburg, où se trouve déjà l'un des régiments de la division.

Envoyer cette artillerie à Marienburg. La 2ᵉ division du corps de réserve sera provisoirement commandée par le général Vedel. Cette artillerie sera dès lors sous ses ordres.

NAPOLÉON.

1135. — AU GÉNÉRAL DEJEAN.

Finkenstein, 19 mai 1807.

Monsieur Dejean, faites réunir le bataillon de la légion hanovrienne à pied, qui est en Provence, et dirigez-le sur l'île d'Aix, afin de pouvoir retirer autant de troupes françaises de cette île pour renforcer le camp de Napoléon.

NAPOLÉON.

1136. — DÉCISIONS (1).

Rapport sur les dépenses qu'occasionnera l'habillement des légions.

Sa Majesté pense qu'il faut leur donner leur première mise et que cet ordre devait être compris dans le compte général de l'habillement.

Le ministre propose à l'Empereur d'accorder une pension à la veuve de M. Lombart, chargé, comme ordonnateur en chef, de la direction supérieure du service des hôpitaux à la Grande Armée, mort dans l'exercice de ses fonctions, à Riensenburg, le 20 avril 1807.

Sa Majesté a accordé une pension de 1.200 francs.

1137. — DÉCISION.

21 mai 1807.

Le bataillon provisoire de dragons à pied, parti ce matin de Graudenz pour Posen, doit y arriver le 27 et y attendre de nouveaux ordres pour sa destination ultérieure.

L'envoyer en remonte à Breslau.

NAPOLÉON.

1138. — AU GÉNÉRAL DEJEAN.

Finkenstein, 21 mai 1807.

Monsieur Dejean nous voici au 20 mai et je n'ai pas encore les états de situation de mes armées au 1er mai.

NAPOLÉON.

---

(1) De la main de Maret: ni datées ni signées, extraites du « Travail du ministre directeur avec l'Empereur, du 20 mai 1807 ».

1139. — DÉCISION.

21 mai 1807.

Le maréchal Berthier demande les ordres de l'Empereur sur la destination ultérieure du 2ᵉ régiment provisoire de cavalerie qui, parti de Berlin le 13 mai, arrivera le 21 à Posen et vers le 28 à Thorn.

Le faire venir au quartier général pour le passer en revue.

NAPOLÉON.

1140. — AU GÉNÉRAL DEJEAN.

Finkenstein, 21 mai 1807.

Monsieur Dejean, j'ai reçu votre lettre du 6 mai avec le rapport et les états qui y étaient joints. Il en résulte que la dépense des remontes s'élève à. . . . .   15.104.774 francs.
et que les crédits qui vous ont été accordés par les distributions depuis septembre 1805 jusque et y compris mai 1806 s'élèvent à. . . . .   15.285.000 francs.

Excédant des crédits sur les dépenses. . . .   180.226 francs.

Ainsi, je vous ai accordé au delà de vos besoins. Je pourrais donc, au mois de juin, ne plus vous rien donner pour la masse des remontes. Il restera probablement une somme de 3.600.000 francs, qui se trouvera inutile sur le crédit définitif fixé par le décret du 22 avril dernier. Mais il ne faut pas presser de se décider à cet égard, parce que, dans le courant de l'année, on peut être dans le cas de faire de nouveaux achats de chevaux. La dépense du harnachement s'élève, selon les mêmes états, à 3.671.611 francs. Je vous ai accordé par la distribution de mai 600.000 francs pour le harnachement ; et cet article doit être compris pour une certaine somme dans les crédits qui vous ont été ouverts par les distributions depuis le mois de septembre jusqu'à ce jour sur les chapitres 5 et 6 de votre budget, pour masses d'habillement, d'harnachement et de ferrage. Comme je ne sais pas quel est (sic) sur les fonds de ces chapitres les sommes que vous avez employées à l'harnachement, je ne puis connaître la véritable situation de ce service, mais je vous ai fait prêter par la caisse d'amortissement 3.000.000 pour la masse d'habillement ; et le harnachement se trouvant confondu dans les crédits de cette masse, vous pouvez vous aider sur cette somme.

Quant aux transports et équipages militaires, je vous ai donné, par les distributions des cinq premiers mois de cette année, des crédits montant à 1.606.000 francs, y compris 600.000 francs pour les deux 1ers bataillons des équipages militaires portés dans la dernière distribution. Mais vous avez eu à couvrir sur ce fonds les dépenses ordinaires de ce chapitre.

Ainsi, je vous donnerai encore un crédit sur la première mise des trois bataillons des équipages, dans la distribution du mois de juin.

NAPOLÉON.

1141. — AU MARÉCHAL BERTHIER.

Finkenstein, 23 mai 1807.

Mon Cousin, donnez l'ordre au général Lorge de prendre le commandement de la 5e division de dragons, en remplacement du général Beker.

NAPOLÉON.

1142. — DÉCISION.

23 mai 1807.

| Le maréchal Berthier demande les ordres de l'Empereur au sujet de la destination ultérieure du contingent de cavalerie légère du duc d'Arenberg qui est parti de Munster le 6 mai pour se rendre à Potsdam où il arrivera vers le 24 mai. | Lui donner ordre de se réunir aux chevau-légers d'Arenberg.

NAPOLÉON. |

1143. — AU MARÉCHAL BERTHIER.

Finkenstein, 23 mai 1807.

Mon Cousin, donnez ordre au général de brigade Razout de se rendre à la division Friant, du 3e corps, où il aura le commandement d'une brigade. Donnez ordre au général de brigade Thiébault de se rendre à la division Gudin, également du 3e corps, où il aura le commandement d'une brigade. Faites-moi connaître dans quelle situation se trouve le général Legendre, qui est à Posen ; s'il est dans le cas de faire campagne.

NAPOLÉON.

1144. — DÉCISION.

Le maréchal Berthier demande les ordres de l'Empereur pour la destination à assigner aux 17ᵉ et 18ᵉ régiments provisoires d'infanterie.

23 mai 1807.

Les diriger sur Thorn.

NAPOLÉON.

1145. — DÉCISION.

Le maréchal Berthier soumet à l'Empereur un devis de 3.199 thalers, 16 gros (11.838 fr. 77), pour la réparation des écluses de l'Oder et il propose de porter cette dépense au budget du mois de juin.

Finkenstein, 23 mai 1807.

Accordé.

NAPOLÉON.

1146. — DÉCISION.

Pour mettre fin à une contestation survenue entre les ministres saxons et l'intendant de l'armée au sujet des magasins de subsistance saisis en Saxe, le maréchal Berthier propose, de la part de M. Daru, d'ordonner : 1° que tous les magasins saisis antérieurement au traité de Posen seront remis à l'armée française ; 2° que les magasins dont la saisie n'a été constatée que par la reconnaissance qu'en avait faite l'intendant seront rendus au gouvernement saxon.

Finkenstein, 23 mai 1807.

Approuvé.

NAPOLÉON.

1147. — AU MARÉCHAL BERTHIER.

Finkenstein, 25 mai 1807.

Mon Cousin, donnez ordre au régiment du grand-duc de Berg

de se rendre devant Graudenz pour faire partie du corps qui assiège cette place.

Napoléon.

1148. — AU GÉNÉRAL DEJEAN.

Finkenstein, 27 mai 1807.

Monsieur Dejean, je vous envoie une lettre que m'écrit le prince Eugène. Mon intention est que vous suspendiez le général Malet de ses fonctions ; que toutes les charges contre lui vous soient envoyées et soient transmises au Conseil d'État pour procéder ensuite à sa destitution, s'il y a lieu.

Napoléon.

1149. — DÉCISION.

27 mai 1807.

Le général Clarke rend compte qu'il a fait partir de Berlin le 9ᵉ régiment d'infanterie légère pour Posen, d'où les compagnies de ce régiment provenant du 17ᵉ légère, des 34ᵉ, 40ᵉ, 88ᵉ, 100ᵉ et 163ᵉ de ligne, se dirigeront sur Varsovie; tandis que celles appartenant aux 10ᵉ légère, 3ᵉ, 4ᵉ, 18ᵉ, 57ᵉ et 59ᵉ de ligne se dirigeront sur Thorn. Il demande quelle sera la destination ultérieure de ces six dernières compagnies.

Faire venir à Finkenstein la partie de ce régiment qui arrive à Thorn.

Napoléon.

1150. — AU MARÉCHAL BERTHIER.

27 mai 1807.

Mon Cousin, envoyez par un courrier extraordinaire au maréchal Brune l'ordre de diriger sa division de gauche, composée au moins de 5.000 hommes, tous Hollandais, sur Coevorden, d'où elle sera en mesure de se porter en Hollande, si les Anglais y débarquaient, ou de retourner à Hamburg, si l'ennemi débarquait à l'embouchure de l'Eider. Ce mouvement est très pressé, parce qu'il serait possible que les Anglais, voyant la Hollande dégarnie, tentassent quelque chose sur ce pays. La division espagnole, qui doit arriver sous peu de jours à Hanovre venant d'Étrurie, remédiera à l'éloignement de cette division hollandaise. Écrivez au maréchal Brune de vous instruire et d'instruire le roi de Hollande de la force de la division qu'il enverra à Coevorden, du jour qu'elle y arrivera, et sous les ordres de qui elle sera. Elle continuera de faire partie de son commandement. Cependant, elle obtempèrera aux ordres du roi de Hollande qui ne la fera agir qu'en cas d'absolue nécessité.

NAPOLÉON.

1151. — AU MARÉCHAL BERTHIER.

Finkenstein, 27 mai 1807.

Mon Cousin, donnez ordre que, sur les 90.000 paires de souliers qui sont à Marienwerder, il en soit donné :

    8.000 paires au 1er corps ;
    8.000 — au 3e ;
    8.000 — au 4e ;
    6.000 — au 6e ;
et 2.000 — aux Hessois.

TOTAL. 32.000 paires.

Donnez ordre au général Boivin de se rendre au siège de Graudenz sous les ordres du général Victor.

NAPOLÉON.

1152. — DÉCISION.

Finkenstein, 27 mai 1807.

Le maréchal Berthier demande des ordres au sujet de la destination ultérieure des compagnies qui composent le 9e régiment provisoire d'infanterie, lequel doit arriver le 28 à Marienwerder.

Donner ordre que la compagnie du 3e de ligne se rende à Marienburg, que les autres se rendent à Finkenstein.

NAPOLÉON.

1153. — AU MARÉCHAL BERTHIER (1).

27 mai 1807.

Le général Grouchy enverra chercher à Thorn 20.000 rations de biscuit qu'il tiendra avec lui, afin qu'en cas de mouvement il y ait du pain pour dix jours. Il fera également prendre à Thorn 500 pintes d'eau-de-vie.

Le prince de Ponte-Corvo enverra prendre 100.000 rations de biscuit à Marienwerder qu'il tiendra à Holland et Mühlhausen, afin qu'en cas de mouvement il y ait des vivres pour quatre jours.

Le maréchal Soult fera transporter de Marienwerder à Liebstadt 100.000 rations de biscuit, afin qu'en cas de départ il y ait des vivres pour quatre jours.

De Marienwerder, on enverra au corps du maréchal Lannes, à Marienburg, 100.000 rations de biscuit, afin qu'en cas de départ il puisse transporter sur ses caissons ou sur des voitures du pays des vivres pour plusieurs jours. Comme le biscuit de Marienwerder est emmagasiné, on enverra le 1er qui arrivera de Thorn ou de Varsovie.

1154. — NOTE POUR LE MARÉCHAL BERTHIER (2).

27 mai 1807.

Donner l'ordre au général Ménard de prendre le commandement de la place de Danzig.

Donner au général de division Gardanne l'autorisation de se rendre en France, où il sera employé dans une division militaire ;

Aux généraux Solignac, Dufour et Désenfans de se rendre à Graudenz, sous les ordres du général Victor, pour le siège de la place ;

Au colonel Aymé de se rendre à Graudenz pour y servir comme officier du génie ;

Au général d'Anthouard de se rendre à Graudenz pour y commander l'artillerie du siège et de s'entendre avant son départ avec le général Lariboisière pour tout ce qui concerne l'équipage de siège et les moyens de le transporter promptement ;

---

(1) Non signé. En marge est un ordre d'expédition de la main du maréchal Berthier.
(2) De la main du général Bertrand.

D'envoyer à Danzig le général Pannetier pour passer la revue de la légion du Nord, connaître la situation de son habillement, si les masses sont formées, ce qui a déjà été payé jusqu'à ce jour, s'il y a des places vacantes, enfin tout ce qui a rapport à l'organisation de ce corps qui mérite qu'on y porte de l'attention.

Le général Pannetier s'assurera aussi de la situation de la division polonaise qui est devant Danzig, tant infanterie que cavalerie.

1155. — ORDRE (1).

Finkenstein, 27 mai 1807.

Tracer la route de Danzig à Graudenz ainsi qu'il suit : à Dirschau, à Mewe ; passer le pont de Marienwerder ; à Gardensee, et, le 4ᵉ jour, devant Graudenz.

1156. — DÉCISION (2).

Les équipages militaires organisés en Italie et confiés au sieur Gayde à titre d'entreprise se trouvant, par le départ pour la Grande Armée des divisions Boudet et Molitor, réduits de 60 caissons à 44 et de 240 chevaux à 168, on demande à Sa Majesté si cette entreprise doit subsister telle qu'elle est.

Sa Majesté ne veut point de compagnies parce qu'elles servent mal. Son intention est que l'on applique au service de l'armée d'Italie l'organisation faite pour celui de la Grande Armée.

1157. — AU GÉNÉRAL DEJEAN.

Finkenstein, 28 mai 1807.

Monsieur Dejean, je vois dans l'état de situation de l'intérieur au 1ᵉʳ mai, que vous m'avez envoyé, que le 12ᵉ de ligne a 800 hommes à son dépôt ; faites-en partir tout ce qu'il y a de disponible pour les bataillons de guerre. Faites partir du 59ᵉ, qui est porté comme ayant 380 hommes, 150 hommes ; du 69ᵉ, qui est porté

---

(1) Non signé.
(2) Ni datée ni signée; extraite du « Travail du ministre directeur avec l'Empereur, du 27 mai 1807 ».

pour 400 hommes, 200 hommes. Le 2ᵉ et le 3ᵉ régiments de cuirassiers ont chacun près de 180 chevaux ; faites-les partir sans retard. Le 1ᵉʳ et 2ᵉ régiments de carabiniers ont chacun 200 chevaux, ainsi que le 1ᵉʳ de cuirassiers ; faites partir sans retard ces 600 chevaux. Le 5ᵉ régiment de cuirassiers a 200 chevaux ; qu'ils partent sans délai. Le 1ᵉʳ et le 2ᵉ régiments de chasseurs et le 4ᵉ de hussards ont aussi beaucoup de chevaux à leurs dépôts ; faites-les partir.

NAPOLÉON.

P.-S. — J'ai appris avec peine que vous étiez malade.

1158. — AU MARÉCHAL BERTHIER.

Finkenstein, 28 mai 1807.

Mon Cousin, écrivez au chef de bataillon Delorme pour lui témoigner ma satisfaction de sa bonne conduite.

Faites-moi connaître le grade qu'il a dans la Légion d'honneur, mon intention étant de lui donner de l'avancement.

NAPOLÉON.

1159. — AU GÉNÉRAL DEJEAN.

Finkenstein, 28 mai 1807.

Monsieur Dejean, je vous envoie une lettre que je reçois par le maréchal Kellermann. Je vous prie de prendre des mesures pour que tout ce qui est nécessaire soit fourni aux différents dépôts. Vous laissez échapper de France les prisonniers prussiens ; il en arrive un grand nombre en Allemagne. Portez la plus grande attention sur cet objet. Les Espagnols n'arrivent-ils donc pas encore ?

Vous me faisiez espérer qu'ils arriveraient sur nos frontières le 10 mai. Nous sommes le 20, et vous ne m'en dites rien. Faites passer un corps de 6.000 Espagnols, en poste, à Mayence, afin qu'ils y arrivent, le tiers moins de temps qu'il leur en faudrait pour y arriver par les moyens ordinaires.

NAPOLÉON.

1160. — AU GÉNÉRAL DEJEAN.

Finkenstein, 29 mai 1807.

Monsieur Dejean, le premier bataillon de Cassel doit être arrivé à Landau. Aussitôt que ce premier bataillon sera formé à 600 ou 700 hommes, vous le dirigerez sur le camp de Boulogne. Le second bataillon restera à Landau pour le compléter ; et, aussitôt qu'il le sera, vous le dirigerez également sur le camp de Boulogne.

NAPOLÉON.

1161. — 77ᵉ BULLETIN (1).

29 mai 1807.

Le maréchal Lefebvre a été très content de l'activité, du zèle et du courage qu'a déployés le grand-duc héréditaire de Bade dans les différentes occasions.

On a trouvé à Danzig et au fort de Weischelmünde 700 pièces de canon, dont 400 en bronze. Ci-joint l'inventaire de l'artillerie. On y a trouvé 600 bâtiments de commerce, parmi lesquels plusieurs corvettes et beaux bâtiments de guerre.

On a trouvé 3.000.000 de bouteilles de vin de Bordeaux, une grande quantité de marchandises anglaises et plusieurs centaines de milliers de pintes de rhum.

1162. — DÉCISION.

29 mai 1807.

Le maréchal Berthier demande l'autorisation de faire payer par la caisse de l'armée une somme de 150.000 francs au général Gardane (2), à titre d'avance consentie par l'Empereur.

L'Empereur approuve que M. Roguin en fasse l'avance ; il se fera rembourser par le ministre du Trésor public, ce qui ne change rien à la comptabilité.

Le maréchal Al. BERTHIER.

---

(1) Non signé. — Ces trois paragraphes ne figurent pas à la *Correspondance* dans le 77ᵉ Bulletin.

(2) Il s'agit du général de brigade Gardane (Mathieu-Claude), chargé d'une mission en Perse en 1807-1808.

1163. — AU GÉNÉRAL DEJEAN.

Finkenstein, 30 mai 1807.

Monsieur Dejean, donnez ordre au général de division Souham de se rendre en Italie pour prendre le commandement de la division que lui confiera le vice-roi. Donnez ordre au général Dallemagne de se rendre au quartier général de la Grande Armée, pour y être employé au commandement d'une division.

NAPOLÉON.

1164. — NOTES
POUR LA RÉDACTION D'UN RAPPORT DEMANDÉ A M. DARU.

Finkenstein, 30 mai 1807.

Il résulte de l'état A (les états seront joints au rapport) que le receveur général des contributions était comptable, à la date du... (1), dernier, de la somme de 82.000.000.

Il résulte de l'état B que le payeur général avait reçu du directeur général des contributions, à la date du..... dernier, la somme de 28.000.000.

En conséquence, le receveur général des contributions avait en caisse, à la date ci-dessus, la somme de 54.000.000.

Il résulte de l'état C que le payeur général avait reçu du Trésor public, à la date du..... dernier, la somme de 16.000.000.

En conséquence, le payeur général était comptable, à la date ci-dessus, de la somme de 44.000.000.

EMPLOI DES 44.000.000.

La somme de 44.000.000 a été employée, par le payeur général, de la manière suivante :

1° Pour le compte du Trésor public, c'est-à-dire pour la solde des quatre premiers mois de 1806 et pour les ordonnances du ministre de la guerre à acquitter par les fonds faits sur le Trésor public, la somme de 2.300.000 francs, suivant l'état D ;

2° Pour la solde d'octobre, novembre et décembre, qui doit être provisoirement supportée par les fonds de la Grande Armée, la somme de..... suivant l'état E ; et, pour la solde de janvier, février et mars, la somme de....., suivant l'état F.

---

(1) Ces points suspensifs et les suivants existent sur le document.

On pourra mettre les détails dans le tableau, en distinguant la solde, l'indemnité de table et les masses ordinaires. On fera connaître, par le même état, ce qui sera nécessaire pour acquitter en entier ces dépenses dans les trois mois dont le payement est commencé ;

3° Pour dépenses telles que traitement des administrations et frais de table des officiers de santé, la somme de 900,000 francs, suivant l'état G ;

4° Pour secours extraordinaires aux masses, qui est payé sans qu'il soit ouvert un crédit spécial au ministre, la somme de 3.000.000 de francs, suivant l'état H. Cet état fera connaître, non seulement ce qui a été payé pour chaque mois, mais encore ce qui est dû pour les mois dont le payement a été commencé ;

5° Sur les 17.300.000 francs, mis à la disposition du ministre par neuf décrets, la somme de....., suivant l'état I. Cette somme ne doit pas être celle de 17.300.000 francs, parce qu'il y a probablement des articles qui sont payés par le Trésor public. Cet état fera connaître quelle est la portion des 17.300.000 francs qui est encore à payer et sur quel chapitre.

Le dernier état de cette partie du rapport sera l'état J, qui fera connaître le montant et la composition du restant en caisse.

Toutes ces choses ayant été posées, il résulte que, suivant les divers états, il faut, pour conduire le service au 1er mai :

1° Pour compléter la solde des trois premiers mois de 1807 et pour payer celle d'avril, la somme de..... ;

2° Pour compléter le payement des dépenses telles que traitement des administrations et frais de table des officiers de santé, et pour le payement du mois d'avril, la somme de..... ;

3° Pour compléter le payement du secours extraordinaire aux masses et pour le payement du mois d'avril, la somme de..... ;

4° Pour compléter le payement des 17.300.000 francs, mis à la disposition du ministre, par neuf décrets, la somme de.....

En conséquence, il faut, pour acquitter la totalité du service jusqu'au 1er mai, la somme de..... Le restant en caisse étant de..... le déficit est de..... Le receveur général des contributions aura donc à verser, pour égaler la recette à la dépense, la somme ci-dessus de..... Sa Majesté désire que M. Daru distingue, dans ce qui a été employé sur les fonds mis à la disposition du ministre, les sommes qui ne sont qu'à régulariser et qui, dès lors, ne doivent pas figurer dans les dépenses du payeur général.

Ainsi, depuis l'entrée en campagne jusqu'au 1ᵉʳ mai, on aura dépensé, pour acquitter la solde, l'indemnité de table et les masses ordinaires, pour le traitement des administrations et frais de table des officiers de santé, pour le secours extraordinaire aux masses et pour les dépenses faites sur les fonds mis à la disposition du ministre, la somme de.....

Sur cette somme, celle de 16.000.000 appartient au Trésor public.

On avait, pour faire le service jusqu'au 1ᵉʳ mai :

1° La somme ci-dessus, venant du Trésor public.	16.000.000	»
2° Provenant de la caisse des contributions.....	82.000.000	»
Total.............	98.000.000	»

On a dépensé jusqu'au 1ᵉʳ mai................

Il reste.................................

Ce restant est la somme assurée pour faire le service à dater du 1ᵉʳ mai.

Mais il y a à faire plusieurs observations :

1° Le Trésor public continuera à fournir, parce que cela est connu de l'armée et que, d'ailleurs, cela a l'avantage de faire rentrer de l'argent en France. Il faut donc évaluer ce que le Trésor public doit envoyer par mois pour cet objet ;

2° Sur les 82.000.000 de la caisse générale des contributions, une portion ne pourra être immédiatement réalisée. Il est convenable de faire connaître, par l'état K, la partie de ces 82.000.000 qui n'est pas prochainement réalisable ;

3° L'état des recettes du receveur général des contributions, montant à la somme de 82.000.000, est à la date du 1ᵉʳ avril dernier ; il faudra y ajouter les recettes du mois d'avril et du mois de mai et celles des mois suivants. Il est convenable d'établir à combien ces recettes peuvent être évaluées par mois ;

4° Sur ces 82.000.000, il y a la somme de....., provenant des contributions extraordinaires. Le capital de la contribution extraordinaire étant de 200.000.000, il restait à recevoir 118.000.000, sur lesquels on peut espérer, en argent, la somme de..... par mois. Pour connaître ce qui est disponible sur la contribution foncière, il faut savoir ce qui a été payé en objets de réquisition, dont le montant est imputable sur elle. Ainsi, par exemple, la Silésie devait 30.000.000 de contributions extraordinaires ; elle a payé 8.000.000, elle devrait donc encore 22.000.000 ; mais il lui a été fait des réquisitions, sur lesquelles il y a eu tant de fourni et il reste tant à fournir, ce qui réduit ce qu'elle doit à la somme de...... ;

5° Enfin, il y a à ajouter aux recettes le produit des marchandises anglaises qui est estimé à la somme de.....

Tous les calculs ayant été établis d'après les bases et suivant les formes qui viennent d'être exposées, les résultats du rapport seront ce qui suit :

Le service étant entièrement soldé au 1ᵉʳ mai, on a, pour le service du mois de mai et des mois postérieurs :

1° Un restant en caisse de...... ;

2° Sur les sommes rentrées...... ;

Ou à rentrer, la somme de......

NAPOLÉON.

1165. — AU MARÉCHAL BERTHIER.

Finkenstein, 30 mai 1807.

Mon Cousin, donnez ordre au régiment des dragons de la Reine italien de se diriger de Posen sur Thorn, et de Thorn sur Strasburg, où il fera partie de la division Grouchy.

NAPOLÉON.

1166. — AU MARÉCHAL BERTHIER.

Finkenstein, 30 mai 1807.

Mon Cousin, remettez-moi sous les yeux le décret que j'ai pris il y a un ou deux ans sur les caissons des corps. Faites-moi connaître ce que je leur ai accordé l'année passée pour cet objet, pourquoi les corps n'ont pas les caissons de transports et d'ambulance qu'ils doivent avoir, et ce qu'il faut faire pour qu'ils aient le nombre prescrit.

NAPOLÉON.

1167. — AU MARÉCHAL BERTHIER (1).

30 mai 1807.

J'ai ordonné que 500.000 pintes de vin fussent envoyées de Danzig à Elbing.

Vous en ferez distribuer aux officiers, savoir :

Du 1er corps.	16.000
» 3e »	16.000
» 4e »	17.000
» 6e »	10.000
» 8e »	9.000
Réserve d'infanterie.	9.000
Réserve de cavalerie.	17.000
Garde impériale.	16.000
Quartier général.	16.000
Parc d'artillerie.	2.000

Vous donnerez l'ordre aux maréchaux commandant de faire distribuer ce vin à raison de 15 pintes pour chaque officier, ce qui assurera le vin pour tout le mois de juin.

Vous leur ferez remettre, pour être distribuées aux officiers, les quantités de rhum ci-après qu'ils prendront également à Elbing, savoir :

1er corps.	3.000
3e »	3.000
4e »	3.000
6e »	3.000
8e »	2.500
Réserve d'infanterie.	2.500
Réserve de cavalerie.	3.000
Garde impériale.	3.000
Quartier général.	1.000
Parc d'artillerie.	500

Ce rhum sera distribué aux officiers à raison de 3 pintes pour chacun, ce qui assurera la subsistance en rhum pour chaque officier, pour le mois de juin.

---

(1) Non signé; de la main de Duroc.

1168. — AU MARÉCHAL BERTHIER (1).

30 mai 1807.

J'ai ordonné que 40.000 pintes d'eau-de-vie : 20.000 de France, 20.000 du pays, fussent transportées de Danzig à Elbing. Vous ordonnerez que 15.000 pintes soient données au 1er corps, 18.000 au 4e, 6.000 au 6e, ce qui, joint aux distributions qui se font journellement à Elbing, assurera les distributions pendant tout le mois de juin, à raison d'une demi-ration par jour.

Vous donnerez l'ordre qu'il soit donné tous les jours, pendant le mois de juin, une ration de bière à la réserve de cavalerie, ainsi qu'une ration à la réserve d'infanterie. Cette bière sera tirée d'Elbing.

Il en sera également donné une ration par jour au 8e corps et à la garnison de Danzig ; la bière, pour cette distribution, sera tirée de Danzig.

1169. — ORDRE.

Finkenstein, 30 mai 1807.

Le dépôt du 6e corps, qui est à Nakel, se rendra sans délai à Danzig. Le dépôt du 1er corps, qui est à Schwedt, se rendra sans délai à Danzig.

Le dépôt de la division Dupas, du 8e corps, sera réuni à Danzig : tout ce qui existerait en arrière sera rappelé et dirigé sur cette place.

Le gouverneur leur désignera des casernes.

Ces dépôts d'infanterie des corps d'armée seront sous l'inspection immédiate du général Michaud.

NAPOLÉON.

1170. — DÉCISION.

Finkenstein, 30 mai 1807.

| Le maréchal Lannes demande la réunion de deux compagnies de | Cela a déjà été ordonné (2). |

---

(1) Non signé; de la main de Duroc.
(2) Décision de la main de Berthier.

grenadiers et voltigeurs du 4ᵉ bataillon du 3ᵉ de ligne, qui fait partie de la division Oudinot, aux quatre compagnies du même bataillon qui se trouvent déjà sous ses ordres.

Le maréchal Berthier sollicite les ordres de l'Empereur, en rappelant qu'il a déjà proposé à Sa Majesté de faire incorporer ces quatre compagnies dans les trois premiers bataillons et de renvoyer les officiers et sous-officiers au dépôt en France pour y recevoir des conscrits et amener des détachements à l'armée.

1171. — DÉCISION (1).

Finkenstein, 31 mai 1807.

Le maréchal Berthier propose à Sa Majesté d'approuver la nomination des généraux de brigade :
Jacopin, pour la 1ʳᵉ légion ;
Duranteau, pour la 2ᵉ légion ;
Gaulois, pour la 3ᵉ légion ;
Vaufreland, pour la 4ᵉ légion ;
Danglars, pour la 5ᵉ légion.

Sa Majesté désire qu'au lieu de MM. Vaufreland et Danglars on lui présente des généraux de la brigade en activité pour la 4ᵉ et la 5ᵉ légions.

1172. — DÉCISION.

Finkenstein, 31 mai 1807.

Nominations aux emplois de majors, chefs de bataillon et quartiers-maîtres dans les cinq légions de réserve.

Sa Majesté désire qu'au lieu de M. Fernig, qui doit rester à son corps, on lui présente un autre major pour la 5ᵉ légion.

(1) De la main de Maret, non signée; de même pour la suivante.

1173. — NOTES (1).

Juin 1807.

1° Pour arriver au 1ᵉʳ juillet, il faut............... des crédits ouverts et non soldés.	5.000.000
2° Dû au Trésor de Paris........................	18.000.000
3° Solde pour arriver au 1ᵉʳ juillet..............	7.000.000
	30.000.000

Ainsi, avec 30.000.000, j'arriverai au 1ᵉʳ juillet.
J'ai 10.000.000 de Danzig.
    8.000.000 de Königsberg.
    27.000.000 que la Recette dit avoir en caisse.

L'état de M. Daru porte qu'au 1ᵉʳ juillet les contributions auraient rendu 122.000.000, dont 54.000.000 ont été versés au payeur ; il resterait donc 68.000.000. Ainsi, le Trésor de Paris, reprise et toutes les dépenses ci-dessus faites, il resterait 38.000.000.

L'on peut espérer :
18.000.000 des villes hanséatiques.
 9.000.000 de Königsberg.
 1.000.000 rentrées diverses.
76.000.000 dus par la Prusse sur les contributions.
 1.000.000 divers.
 2.400.000 de Pologne.
 2.000.000 de bois qui sont à Strasbourg.

1174. — AU MARÉCHAL BERTHIER.

Danzig, 1ᵉʳ juin 1807.

1.

Le général Puthod continuera à rester comme inspecteur de la légion du Nord, et prendra toutes les mesures :

1° Pour qu'il y ait, par compagnie, un officier et au moins deux sergents polonais ;

2° Pendant tout le temps qu'il y aura dans ce corps des officiers français, le commandement sera toujours répété en polonais par

---

(1) Minute de la main de l'Empereur.

l'un des deux sergents polonais ou l'officier polonais qui se trouvent dans chaque compagnie.

2.

Le major général fera venir de Varsovie des officiers polonais qui ont servi dans les légions, afin d'en attacher dans chaque compagnie.

NAPOLÉON.

1175. — DÉCISION.

Camp impérial de Danzig, 1er juin 1807.

Avis du Conseil d'Etat relatif au mode d'emploi des garnisaires à placer chez les père et mère des conscrits réfractaires.

Approuvé.

NAPOLÉON.

1176. — AU MARÉCHAL BERTHIER.

Danzig, 1er juin 1807.

On fait suivre aux corps une direction ridicule. La 2e colonne de grenadiers et de voltigeurs arrive le 27 mai à Posen, d'où elle va à Thorn et, de là, à Marienburg.

On fait aller le détachement du 19e de ligne de Posen à Thorn, et, de là, on le fait venir à Danzig. Il serait plus convenable de le faire rejoindre de Thorn ou de l'envoyer à Posen, pour qu'il se dirige directement sur Danzig.

Il n'y a point d'inconvénient d'envoyer l'adjudant commandant Gastine pour commander à Marienwerder.

Il faut donner l'ordre au 14e régiment provisoire d'infanterie, qui est arrivé hier à Stettin, de se rendre à Danzig, où il restera jusqu'à nouvel ordre.

Il faut donner ordre aux 17e et 18e provisoires de se rendre également à Danzig. Ces trois régiments resteront jusqu'à nouvel ordre dans cette place.

Il faut donner ordre que le 15e et le 16e provisoires soient dirigés sur Danzig, s'ils n'ont pas dépassé l'Oder ; s'ils l'ont dépassé, de se diriger sur Thorn.

Il faut donner l'ordre au général Clarke de diriger sur Danzig tous les régiments provisoires qui partiront, même ceux de cavalerie, sans cependant faire rétrograder aucun de ceux qui, de Berlin, auraient été dirigés sur Finkenstein. Le général Clarke aura soin, à Berlin, d'en distraire les compagnies appartenant à des régiments du 5ᵉ corps, qu'il dirigerait sur Varsovie.

NAPOLÉON.

1177. — AU MARÉCHAL BERTHIER.
ORDRE.

Danzig, 1ᵉʳ juin 1807.

1.

Il sera confectionné 20.000 habits, 20.000 vestes, 20.000 culottes, avec le drap provenant de la contribution de Danzig.

2.

Un grand atelier de confection d'habillement sera de suite établi.

3.

Ces 20.000 habillements seront faits, savoir : 10.000 dans le mois de juin et 10.000 dans le mois de juillet. Je me réserve de les distribuer au fur et à mesure qu'ils seront confectionnés.

4.

Sur cette quantité, il en sera donné : 2.000 habits, 2.000 vestes, 2.000 culottes à la légion du Nord. Ce corps sera chargé lui-même de sa confection et prendra des mesures telles qu'il soit entièrement habillé dans le mois de juin.

NAPOLÉON.

1178. — DÉCISION (1).

Danzig, 1ᵉʳ juin 1807.

Le chargé d'affaires du roi de Hollande demande la mise en liberté du nommé Carel, sujet hollandais, pris sur un bâtiment anglais.

Refusé.

---

(1) Non signée, de la main de Maret; de même pour les deux suivantes.

1179. — DÉCISION.

Danzig, 1ᵉʳ juin 1807.

Nomination de M. Lejosne, commandant d'armes de 4ᵉ classe à Bellegarde, à l'emploi de commandant d'armes de la citadelle de Perpignan, et du colonel Viennet, ex-commandant d'armes de 4ᵉ classe, à l'emploi de commandant d'armes de la place de Bellegarde.

Sa Majesté n'a point approuvé ces nominations. Elle désire que l'on nomme au commandement de la citadelle de Perpignan un officier de la Grande Armée.

1180. — DÉCISION.

Danzig, 1ᵉʳ juin 1807.

Compte rendu de la situation des dépenses de la garde impériale sur l'exercice an XIV et 1806.

Demande d'un fort acompte sur le restant dû des masses et indemnités de l'exercice 1806, lequel monte à 1.144.552 fr. 54.

Remis. Cet article sera compris dans la prochaine distribution.

1181. — AU MARÉCHAL BERTHIER.

Danzig, 2 juin 1807.

Mon Cousin, donnez ordre au général de division Gardanne (1) de se rendre en Silésie, où le prince Jérôme l'emploiera de la manière la plus utile à mon service.

Présentez-moi un décret pour nommer le général Fresia général de division ; et envoyez-le au 8ᵉ corps pour commander la cavalerie de ce corps.

NAPOLÉON.

1182. — DÉCISIONS (2).

Le maréchal Berthier demande si le régiment de Westphalie aura des drapeaux ou des aigles.

Il doit avoir des drapeaux.

---

(1) Gaspard-Amédée, mort en août 1807.
(2) De la main de Maret ; ni datées ni signées, extraites du « Travail du ministre de la guerre avec l'Empereur, du 3 juin 1807 ».

Demande d'indemnité en faveur de l'entrepreneur chargé des travaux de maçonnerie exécutés pendant l'hiver à Boulogne. Le ministre propose de la fixer à 12.000 francs.	Accordé.

1183. — DÉCISIONS (1).

Le ministre propose d'accorder à un ancien employé des hôpitaux, âgé de 80 ans, un secours annuel de 900 francs, en récompense de soixante années de service.	Accordé.
Le général Reynier, commandant dans les Calabres, demande l'admission dans la Légion d'honneur du sieur Delpech, chirurgien principal de son corps d'armée, qui compte d'anciens services et qui a reçu deux blessures sur le champ de bataille.	Accordé.

1184. — AU MARÉCHAL BERTHIER (2).

4 juin 1807.

Donnez l'ordre que l'on donne une paire de souliers par homme au régiment de Würzburg. Ils seront pris sur ceux qui sont à Thorn.

Donner l'ordre que l'on donne 3.000 paires de souliers aux troupes saxonnes. Ceux-ci seront pris à Marienwerder.

Pourquoi les marins de la garde ont-ils quitté Graudenz ? qui en a donné l'ordre, de manière que l'on ne peut plus rien faire passer ?

Ecrire au général Victor qu'il arrête à Graudenz les vivres destinés pour l'armée, que déjà Marienwerder et les dépôts de l'armée sont dépourvus.

---

(1) De la main de Maret; ni datées ni signées, extraites du « Travail du ministre directeur avec l'Empereur, du 3 juin 1807 ».
(2) Non signé; de la main de Duroc.

Ecrire au général Grouchy pour savoir s'il a fait venir de Thorn sa réserve de vivres, composée de 20.000 rations de biscuit et 20.000 d'eau-de-vie.

Ecrire au général Milhaud pour lui donner l'ordre de se former une réserve semblable, en l'envoyant chercher à Thorn.

1185. — AU MARÉCHAL BERTHIER (1).

4 juin 1807.

Du fer qui est à Danzig il sera donné de quoi faire :

8.000 fers à la division Grouchy ;
8.000 fers à la division Milhaud ;
8.000 fers à la division St-Sulpice ;

Total. 24.000 fers.

Ces 24.000 fers, avec les clous, forment 400 quintaux de fer ou la 6e partie de ce qu'il y a à Danzig.

---

(1) Non signé; de la main de Duroc.

1186. — A M. DARU.

a) ORDRE DE SA MAJESTÉ POUR LA RÉPARTITION DE L'EAU-DE-VIE ET DU RIZ EN DATE DU 4 JUIN 1807.

Pour le maréchal Lannes..	190.000 rations d'eau-de-vie, de Marienwerder à Marienburg..........	Elles seront transportés par eau.
	190.000 rations de riz, de Riesenburg à Marienburg..	Il les enverra prendre.
Pour le maréchal Mortier...	160.000 — d'eau-de-vie : 60.000 de Marienwerder et 100.000 de Mewe.............	Les 60.000 de Marienwerder transportées par eau.
	160.000 rations de riz, de Marienwerder.........	Transportées par eau, moitié à Dirschau, moitié à Mewe.
Pour les divisions La Salle, Nansouty et Latour-Maubourg.. ,............	150.000 — d'eau-de-vie, de Marienwerder...... 100.000 — de riz, de Marienwerder...........	} Transportées à Marienburg par eau.
Pour le général Espagne....	20.000 — d'eau-de-vie, de Marienwerder........ 20.000 — de riz, de Marienwerder...........	} Transportées à Elbing par eau.
Pour le prince de Ponte-Corvo.............	200.000 — d'eau-de-vie, de Marienwerder,..... 150.000 — de riz, de Marienwerder.........	} Transportées par eau de Marienwerder à Marienburg, où il les enverra chercher.
Pour le maréchal Soult....	200.000 — d'eau-de-vie, de Marienwerder..... 150.000 — de riz, de Marienwerder........	} Transportées de Marienwerder à Saalfeld pour la division Nansouty (35 voitures).
Pour le maréchal Ney......	100.000 — d'eau-de-vie, de Marienwerder..... 100.000 — de riz, de Deutsch-Eylau............	} Transportées à Guttstadt par la division La Salle (35 voitures). Il les enverra chercher.
Pour le maréchal Davout....	190.000 — d'eau-de-vie, à Osterode......... 190.000 — de riz, à Osterode.................	} Elles y existent.
Pour chacun des généraux Grouchy, Milbaud et Saint-Sulpice..................	20.000 — d'eau-de-vie, à Thorn, où ils les enverront prendre. 20.000 rations de riz, à Thorn, où ils les enverront prendre.	
Pour la garde...............	100.000 rations d'eau-de-vie, à Finkenstein........... 160.000 — de riz, à Finkenstein.............	} Elles y existent.

Du 20 avril.	A la garde...............	80.000	rations	de Marienwerder sur Finkenstein.....	73.857 arrivées.
Du 17 mai..	A l'ordonnateur............	200.000	—	de Marienwerder sur Saalfeld......	88.512 arrivées à Dollstadt.
Du 20 mai..	A la garde.................	80.000	—	de Marienwerder sur Finkenstein..	84.574 arrivées.
Du 23 mai..	A la garde.................	80.000	—	de Marienwerder sur Finkenstein..	Rien.
Du 23 mai..	Au général Nansouty........	100.000	—	de Marienwerder sur Riesenburg...	Rien.
Du 27 mai..	Le général Grouchy.........	20.000	—	de Thorn sur Strasburg...........	Cela doit être fait.
Du 27 mai..	Le prince de Ponte-Corvo...	100.000	—	de Marienwerder sur Holland......	Expédié sur Marienburg où elles seront prises.
Du 27 mai..	Le maréchal Soult...........	100.000	—	de Marienwerder sur Lippstadt....	Rien.
Du 27 mai..	Le maréchal Lannes.........	100.000	—	de Marienwerder sur Marienburg..	On attend des convois de Thorn ou de Varsovie pour les expédier.

c) NOUVEL ORDRE DE SA MAJESTÉ POUR LA RÉPARTITION.

Du 4 juin...	Pour le maréchal Lannes...	130.000	rations	de Neuenburg sur Marienburg....	
	Pour le maréchal Lannes...	60.000	—	de Mewe sur Marienburg.........	
	Pour le maréchal Mortier...	60.000	—	à Mewe où elles existent.........	
	Pour le maréchal Mortier...	40.000	—	à Dirschau où elles existent......	
	Pour le maréchal Mortier..	60.000	—	à Marienwerder..................	
	Pour les divisions Nansouty, La Salle, Latour-Maubourg.................	130.000	—	à Elbing où elles existent........	
	Pour le général Espagne...	20.000	—	de Marienwerder sur Marienburg..	
	Pour le prince de Ponte-Corvo.................	200.000	—	de Marienwerder sur Marienburg..	D'où il les fera venir à Holland (445 voitures).
	Pour le maréchal Soult.....	200.000	—	de Marienwerder sur Saalfeld.....	Transporté par le général Nansouty (445 voitures).
	Pour le maréchal Ney......	80.000	—	de Dollstadt sur Guttstadt........	Transporté par le général La Salle (180 voitures).
	Pour le maréchal Ney......	20.000	—	à Osterode où elles existent......	Où il les enverra prendre.
	Pour le général Grouchy..	20.000	—	à Thorn.........................	Ordre donné (45 voitures).
	Pour le maréchal Davout...	190.000	—	à Osterode où elles existent......	
	Pour le général Milhaud....	20.000	—	à Thorn.........................	Ordre donné (45 voitures).
	Pour le général Saint-Sulpice...................	20.000	—	à Thorn.........................	(45 voitures.)
	Pour la garde...............	100.000	—	à Finkenstein où elles existent....	

1187. — AU MARÉCHAL BERTHIER.

Finkenstein, 4 juin 1807.

Mon Cousin, le maréchal Kellermann a envoyé au gouverneur de Munster 165 chasseurs, hussards et dragons à pied ; à celui de Cassel 150 ; à celui de Brunswick 142 ; à celui d'Erfurt 164 ; à celui de Minden 170 ; à celui de Hanovre 172 ; à celui de Bayreuth 145. Ecrivez à ces gouverneurs pour qu'ils aient à prendre toutes les mesures nécessaires pour que ces 1.100 hommes soient montés dans l'espace de quelques jours, et qu'ils aient leur harnachement et équipement complets.

Napoléon.

1188. — AU GÉNÉRAL DEJEAN.

Finkenstein, 4 juin 1807.

Monsieur Dejean, j'approuve fort que vous renvoyiez en Italie les 119 hommes de service, et que vous les mettiez sous le commandement de M. Coste, lieutenant du 1er de ligne italien.

Je reçois votre lettre du 25 mai. J'y vois que le 3 juin le 5e régiment d'infanterie légère a dû partir de Paris et arriver le 12 juin à Mayence, il arrivera le 20 juin à Berlin et le 25 à Thorn. Mon intention est que ce régiment voyage en poste. Donnez, en conséquence, des ordres au maréchal Kellermann.

Il paraît que les bataillons du camp de Saint-Lô manquent d'officiers. Comme je vous ai autorisé à nommer, sur la proposition des majors, les officiers des 3es bataillons, voyez à y pourvoir.

Napoléon.

1189. — AU MARÉCHAL BERTHIER.

Finkenstein, 5 juin 1807.

Les 12 pièces d'artillerie de campagne qui étaient attachées au 10e corps, seront partagées de la manière suivante : 6 pièces seront données à la division Verdier, corps de réserve d'infanterie, de sorte que cette division aura 18 pièces, savoir 9 pièces par brigade. 3 pièces seront attachées à la division Oudinot, de manière que cette division ait 18 pièces, savoir 4 pièces par brigade. La plus forte brigade en aura 6. Trois autres pièces seront attachées à la garde et données pour marcher avec la brigade des fusiliers de la garde. Il est nécessaire que la 3° division d'artillerie du maréchal Ney parte sans délai de Thorn et se rende à Guttstadt. Il faut donner un général ou colonel pour commander l'artillerie du maréchal Lannes, et me faire connaître la situation de son parc, et surtout des cartouches, à laquelle (1) j'ai ordonné qu'il fût remis l'artillerie de la réserve du 10° corps.

NAPOLÉON.

1190. — AU MARÉCHAL BERTHIER.

Finkenstein, 5 juin 1807.

Mon Cousin, mon intention est que le 3° bataillon du 21° de ligne ne soit pas incorporé et reste à Thorn, pour faire la garnison de cette place. Comme il arrive le 7 à Thorn, il n'y a pas un moment à perdre pour donner cet ordre. Recommandez au gouverneur de faire faire à ce bataillon le moins de service possible et de mettre tous ses soins à le faire exercer.

NAPOLÉON.

1191. — AU MARÉCHAL BERTHIER (2).

5 juin 1807.

Le major général écrira aux maréchaux commandant les différents corps de l'armée qu'il faut se tenir prêt, le 10, à faire un mouvement et, dès lors, s'occuper d'avoir des cartouches, réparer les armes et faire les dispositions convenables.

Que chaque corps d'armée devra avoir avec lui pour dix jours de vivres en biscuit, eau-de-vie et riz ; et, indépendamment de cela, faire distribuer du pain pour quatre jours au moment du départ.

Le 1er corps aura 200.000 rations de biscuit, 200.000 d'eau-de-vie, 150.000 de riz, qui seront mises à sa disposition à Marienburg, où il devra les faire prendre.

---

(1) Le texte portait primitivement : « de son artillerie à laquelle j'ai ordonné ». L'Empereur a, de sa main, remplacé « de son artillerie » par « de son parc et surtout des cartouches » et laissé subsister « à laquelle ».
(2) Non signé; de la main de Duroc.

Le 4ᵉ corps aura 200.000 rations de biscuit, 200.000 d'eau-de-vie, 150.000 de riz, qui seront mis à sa disposition à Saalfeld, où elles seront transportées par les voitures que fournira le général Nansouty. On lui témoignera mon mécontentement pour n'avoir pas exécuté l'ordre qu'il avait reçu de transporter 100.000 rations à Riesenburg. Cet ordre est annulé par le présent qu'il devra exécuter sans délai.

Le 6ᵉ corps aura 80.000 rations de biscuit, 100.000 d'eau-de-vie, qui seront mises à sa disposition à Guttstadt, où elles seront transportées par les voitures que devra fournir, sans délai, la division La Salle.

Indépendamment de cela il aura à sa disposition 20.000 rations de biscuit à Osterode et 100.000 rations de riz à Deutsch-Eylau, où il les enverra prendre.

Le 3ᵉ corps aura 190.000 rations de biscuit, 190.000 d'eau-de-vie, 190.000 de riz, à sa disposition, à Osterode.

Le maréchal Lannes aura 190.000 rations de biscuit, à sa disposition, à Marienburg. Pour cela, on lui en enverra 130.000 de Neuenburg et 60.000 de Mewe, plus 190.000 rations d'eau-de-vie, qu'on lui enverra de Marienwerder, et 190.000 rations de riz qu'il enverra chercher à Riesenburg.

Le maréchal Mortier aura 160.000 rations de biscuit à sa disposition, savoir : 60.000 à Mewe, 40.000 à Dirschau, où elles existent, 60.000 qui seront envoyées de Marienwerder à Dirschau, plus 160.000 rations d'eau-de-vie, savoir : 100.000 qui existent à Mewe, 60.000 qui seront envoyées de Marienwerder à Dirschau et, enfin, 160.000 rations de riz qui seront envoyées en proportion à Mewe et à Dirschau.

La division Nansouty aura 40.000 rations de biscuit à sa disposition à Elbing.

Il lui sera envoyé de Marienwerder 30.000 rations de riz et 40.000 d'eau-de-vie.

La division La Salle aura 60.000 rations de biscuit à sa disposition, à Elbing.

Il lui sera envoyé de Marienwerder 60.000 rations d'eau-de-vie et 40.000 de riz.

La division Latour-Maubourg aura 30.000 rations de biscuit à sa disposition à Elbing.

Il lui sera envoyé de Marienwerder 30.000 rations d'eau-de-vie et 30.000 de riz.

Pour la division Espagne, il sera envoyé de Marienwerder à Marienburg, pour y être à sa disposition : 20.000 rations de biscuit, 20.000 d'eau-de-vie, 20.000 de riz.

Les divisions Milhaud, Grouchy et Saint-Sulpice feront venir chacune de Thorn, où cela sera mis à leur disposition, 20.000 rations de biscuit, 20.000 d'eau-de-vie, 20.000 de riz.

La garde aura à sa disposition à Finkenstein 100.000 rations de biscuit, 100.000 d'eau-de-vie, 100.000 de riz.

Ces approvisionnements en biscuit, riz et eau-de-vie, seront transportés dans les mêmes endroits et conservés sous la surveillance des administrations du corps auquel ils appartiennent, afin que, dans le cas où il ne se ferait pas de mouvement, ils puissent rester toujours en réserve.

Indépendamment de cela, l'intendant général fera approvisionner Marienburg, Marienwerder et Graudenz, de 500.000 rations de biscuit chacun et autant d'eau-de-vie, afin que de chacun de ces trois points il puisse partir des convois pour l'armée.

Faire sentir aux différents commandants des corps l'importance de ces dispositions qui devront être exécutées le 10 du courant.

L'intendant général prendra des mesures pour qu'Osterode continue à être approvisionné en farine, de manière à pouvoir fournir par jour 30.000 rations de pain, et que des convois de pain partent journellement, pour l'avenir, dans les proportions suivantes : 8.000 rations de Finkenstein, 15.000 de Riesenburg, 20.000 de Marienwerder, 5.000 de Dirschau, 5.000 de Mewe, 5.000 de Neuenburg, 30.000 d'Elbing.

Continuez les convois de farine sur Lippstadt, pour alimenter le 4ᵉ corps.

Faire filer également de Plotsk des vivres sur Osterode.

1192. — NOTE (1).

Widdin, 5 juin 1807.

La colonne russe, qui devait faire sa jonction avec les Serviens, a pénétré enfin par la petite Valachie et, arrivée sur le Danube, a tenté de passer ce fleuve et de s'emparer de l'île d'Ostrow, mais

---

(1) De la main de Meneval. Cette note est le résumé, fait au cabinet de l'Empereur, des nouvelles données par l'agent français de Widdin, en Valachie; elle était destinée à être reproduite dans les journaux.

elle a échoué complètement dans cette opération. Les batteries établies depuis peu dans cette position et les chaloupes canonnières envoyées de Widdin ont secondé la division turque. Le capitaine français Bigex a contribué à ce succès par la bonne direction qu'il a su donner à l'artillerie. La colonne russe s'est mise en retraite en toute hâte par la montagne, pour gagner promptement Rimnik et suivre la retraite de Michelson. Les Serviens sont toujours cernés par Hidris-Pacha. Ils se retiraient en Servie, lorsque le canon tiré sur le Danube les arrêta. Sur ces entrefaites, l'armée ottomane a passé le Danube, le 1er juin.

Michelson, ayant eu avis de ces dispositions, a écrit une lettre à Mustafa. Il lui dit que la Russie n'est point en guerre avec la Porte, et qu'il évacuera Bucharest sous peu de jours. On lui a répondu dans les termes suivants : « Tu n'es pas en guerre avec la Sublime-Porte et tu as envahi ses États ; tu n'es pas en guerre avec la Sublime-Porte et tu assièges ses places fortes ; tu as pris Choczim, Bender, égorgé les Musulmans qui s'y trouvaient renfermés. Nous savions que les Russes étaient nos ennemis ; nous les savions braves, mais pas hypocrites à ce point. Cesse de feindre, fuis ; mais ne te déshonore pas par de vils mensonges et par des subterfuges inutiles. Au reste, si tu n'es pas notre ennemi, retourne au delà du Dniester, rends-nous nos places fortes, et cesse de susciter des rebellions dans notre pays ». Et en faisant cette réponse, l'armée a doublé de marche.

1193. — NOTE (1).

6 juin 1807.

Le maréchal Ney, à Deppen.
Le maréchal Soult, en avant de Liebstadt.
Le prince de Ponte-Corvo, à Spanden et à Braunsberg.
Le maréchal Ney peut être le 7 à Mohrungen et le 8 à Liebmühl.
Le maréchal Soult peut être le 7 à Mohrungen et le 8 entre Saalfeld et Mohrungen.
Le maréchal Bernadotte peut être le 7 à Holland.

(1) De la main de Berthier, ne portant pas de signature.

1194. — DÉCISION (1).

Finkenstein, 6 juin 1807.

Les généraux Paris d'Hillins et Duverger remplacent, aux camps de Pontivy et de Saint-Lô, les généraux Préval et Schwarz, hors d'état de servir en ce moment et forcés de rester dans leurs foyers pour le rétablissement de leur santé.

Sa Majesté n'a pas approuvé la destination donnée au général Duverger. Elle juge convenable que le général Paris soit employé au camp de Boulogne.

1195. — DÉCISION.

Finkenstein, 6 juin 1807.

Le maréchal Berthier sollicite les ordres de l'Empereur au sujet de la destination ultérieure du 1er escadron provisoire de la 2e division de cuirassiers, qui, arrivé le 4 juin à Thorn, en est parti le 5, pour rejoindre cette division à Bischoffswerder.

Ce détachement continuera sa marche à grande journée et se dirigera sur Saalfeld.

1196. — DÉCISION.

7 juin 1807.

Le maréchal Berthier demande les ordres de l'Empereur pour la destination ultérieure du 1er bataillon du 13e régiment provisoire, qui doit arriver le 9 à Riesenburg.

Le diriger sur Elbing ; il servira à la police de la ville et des magasins.

Maréchal BERTHIER.

1197. — DÉCISIONS (2).

Le service des vivres pour l'intérieur de la France sera-t-il continué au sieur Vanlerberghe à partir du 1er octobre prochain ?

Ajourné au retour de Sa Majesté à Paris.

---

(1) Non signée, ainsi que la suivante.
(2) De la main de Maret; ni datées ni signées, extraites du « Travail du ministre directeur avec l'Empereur, du 10 juin 1807 ».

Conséquences du retard apporté dans les liquidations soumises à la sanction de l'Empereur.

Remis. La distribution des bons de la caisse d'amortissement est ajournée au retour de Sa Majesté à Paris.

Rapport sur l'effectif du 6° bataillon des équipages, qui est en route pour Magdeburg. Les nominations des officiers de ce bataillon sont soumises à l'approbation de l'Empereur.

Remis le rapport. Décret signé.

1198. — DÉCISION (1).

Finkenstein, 15 juin 1807.

Le maréchal Berthier prend les ordres de l'Empereur sur la proposition du ministre des cultes, d'accorder un secours de 600 francs, sur les fonds des travaux d'Alexandrie, au sieur Casabassa, ancien curé de cette place, desservant gratuitement l'église de la citadelle.

Accordé le paiement de cette gratification sur les fonds de la guerre.

1199. — DÉCISION.

Finkenstein, 15 juin 1807.

Rapport sur l'inutilité du dépôt d'artillerie dans la place de Valence.

Approuvé la remise au domaine des bâtiments de la fonderie, en conservant le dépôt dans les emplacements disponibles de la citadelle.

1200. — DÉCISIONS (2).

Le ministre propose de décider

Renvoyé au Conseil d'État.

---

(1) Non signée, ainsi que la suivante.
(2) De la main de Maret; ni datées ni signées, extraites du « Travail du ministre directeur avec l'Empereur, du 17 juin 1807 ».

qu'il ne sera exercé aucune poursuite contre les maires des communes reconnus reliquataires, par suite des liquidations des services des étapes et convois militaires exécutés pendant l'an IX. Leurs reliquats ne s'élèvent ensemble qu'à 1.618 fr. 52, et l'on ne pense pas qu'ils doivent être assimilés à des entrepreneurs ni traités comme eux.

Nouveau compte rendu de la situation du munitionnaire général des Invalides.

La distribution de juillet a accordé pour les invalides 350.000 francs.

1201. — DÉCISION.

Tilsit, 23 juin 1807.

L'Empereur ayant décidé que le 6ᵉ régiment de chasseurs passerait de l'armée de Naples à celle d'Italie, le général Charpentier, chef de l'état-major général de l'armée d'Italie, sollicite des ordres en conséquence ; l'exécution de ce mouvement est d'autant plus urgente que le dépôt du régiment, qui est à l'armée d'Italie, compte 600 hommes et manque d'instructeurs.

Il demande, en outre, si les 200 hommes montés qui existaient dans chaque dépôt de troupes à cheval de l'armée de Naples et qui ont été destinés à être attachés aux divisions d'infanterie de l'armée d'Italie, seront versés aux escadrons de guerre de l'armée de Naples, lesquels doivent être complétés à 1.000 hommes par régiment.

Donnez l'ordre que les escadrons de guerre du 6ᵉ régiment de chasseurs passent de Naples en Italie, et que d'Italie on envoie d'équivalents renforts aux régiments de cavalerie qui restent à Naples.

NAPOLÉON.

1202. — DÉCISION.

23 juin 1807.

L'Anglais Seymour demande l'autorisation d'aller passer deux mois en Angleterre, sur parole. L'Impératrice s'intéresse à cette demande.

Refusé (1).

1203. — DÉCISIONS.

24 juin 1807.

1 compagnie de sapeurs italiens, 1 compagnie d'artillerie à pied, 1 compagnie d'artillerie à cheval, 1 compagnie de pontonniers, avec 9 pièces d'artillerie italienne, venant d'Italie, arriveront le 7 juillet à Berlin.

Devant Kolberg, à la division italienne.

Le régiment italien des dragons Napoléon, venant d'Italie, arrivera le 9 juillet à Potsdam.

A la division italienne.

Le 14ᵉ régiment de chasseurs, venant d'Italie, arrivera le 10 juillet à Potsdam.

Au corps du maréchal Brune.

NAPOLÉON.

Le maréchal Berthier demande les ordres de l'Empereur pour la destination ultérieure de ces troupes.

1204. — DÉCISIONS (2).

24 juin 1807.

La 4ᵉ compagnie de gendarmes d'ordonnance, composée de 53 hommes montés, est partie de Berlin le 15 juin pour arriver le 29 à Thorn.

Lui donner l'ordre de se rendre à Königsberg.

---

(1) Non signé.
(2) De la main de l'Empereur, non signées.

183 hommes montés du régiment provisoire de hussards sont partis de Breslau, le 9 juin, pour arriver le 18 à Thorn.	Joindre le corps.
La compagnie de grenadiers et celle de voltigeurs du 3ᵉ bataillon du 12ᵉ régiment de ligne, destinées pour la division Oudinot, fortes ensemble de 200 hommes, sont arrivées le 19 juin à Stettin, d'où elles se rendront, par Marienburg, à Königsberg.	Idem.
328 hommes et 335 chevaux des 19ᵉ et 23ᵉ de chasseurs et des quatre régiments de cuirassiers de la division Espagne, venant de Potsdam, sont arrivés le 20 juin à Stettin et se rendent de là à Danzig.	Idem.
Le 5ᵉ régiment d'infanterie légère, venant de Paris, est parti de Mayence les 11 et 12 juin. Le 1ᵉʳ bataillon, fort de 952 hommes, arrivera le 1ᵉʳ juillet à Berlin. Le 2ᵉ bataillon, fort de 939 hommes, arrivera le 2 juillet à Berlin. Le régiment provisoire d'infanterie italienne, composé de 12 compagnies de 120 hommes chacune, de grenadiers, voltigeurs et fusiliers des quatre régiments de la division Teulié, est en marche venant d'Italie ; il arrivera le 5 juillet à Augsburg et le 28 à Berlin.	Restera à Berlin jusqu'à nouvel ordre.
Conformément aux ordres de l'Empereur, les quatre compagnies du 4ᵉ bataillon principal du train, venant d'Italie et passant par Vérone et Augsburg, arriveront le 28 juillet à Magdeburg.	A la disposition de Songis.

1205. — DÉCISION (1).

Tilsit, 27 juin 1807.

Le maréchal Berthier prie l'Empereur de faire connaître si son intention est que le gouverneur de Thorn fasse diriger sur Königsberg tout ce qui arrive à Thorn destiné pour l'armée, en ne conservant que le 3ᵉ bataillon du 21ᵉ régiment de ligne, le régiment de Hesse et les troupes d'artillerie et du génie composant la garnison de cette place.

Oui.

1206. — NOTE (2).

Tilsit, 28 juin 1807.

Le 27, à 3 heures après-midi, Sa Majesté l'Empereur s'est rendu chez l'empereur de Russie.

Ces deux souverains sont restés pendant trois heures ensemble.

A 6 heures, ils sont montés à cheval pour aller voir manœuvrer la garde impériale. L'empereur Alexandre a montré qu'il connaît très bien toutes nos manœuvres et qu'il entend parfaitement tous les détails de la tactique militaire.

A 8 heures, les Empereurs sont revenus au palais de l'Empereur Napoléon. Ils ont dîné comme la veille avec le grand-duc Constantin et le grand-duc de Berg.

Après le dîner, l'Empereur Napoléon a présenté LL. EE. le ministre des relations extérieures et le ministre secrétaire d'Etat à l'empereur Alexandre qui, de son côté, lui a présenté S. E. M. de Budberg, ministre des affaires étrangères, et M. Popoff, conseiller privé.

Les deux Empereurs sont ensuite restés seuls jusqu'à 11 heures du soir.

Aujourd'hui 28, le roi de Prusse a passé le Niémen et a occupé à Tilsit le palais qui lui avait été préparé. Il a été reçu à la des-

---

(1) Non signée, mais de la main de l'Empereur.
(2) Non signée, publiée avec variantes dans les Œuvres de Napoléon Bonaparte, Panckoucke, 1821, t. IV, p. 245-246.

cente de son bateau par le maréchal Bessières. Le grand-duc de Berg est ensuite allé lui rendre visite.

A 1 heure après-midi, l'empereur Alexandre est venu faire visite à l'Empereur Napoléon qui l'a reçu et qui l'a reconduit à la porte de son palais. A 2 heures, le roi de Prusse s'est rendu chez l'Empereur Napoléon, qui l'a reçu au bas de l'escalier de son appartement.

A 4 heures, l'Empereur a rendu sa visite à l'empereur Alexandre. A 5 heures, ils sont montés à cheval et sont allés voir manœuvrer le corps du maréchal Davout.

1207. — DÉCISION.

Tilsit, 29 juin 1807.

Le maréchal Berthier demande si le 14ᵉ régiment provisoire d'infanterie et le 5ᵉ régiment provisoire de cavalerie, qui doivent arriver le 2 juillet à Königsberg, seront dissous dans cette ville et les compagnies et détachements qui les composent envoyés à leurs corps.

Oui, après deux jours de séjour à Königsberg.

NAPOLÉON.

1208. — DÉCISION (1).

Tilsit, 29 juin 1807.

Le maréchal Berthier demande si le 1ᵉʳ bataillon du 12ᵉ régiment provisoire d'infanterie, qui a dû arriver le 23 à Thorn, venant de Küstrin, devra être dirigé sur Königsberg, comme les autres troupes qui avaient été arrêtées à Thorn.

Oui.

1209. — DÉCISION (2).

Tilsit, 29 juin 1807.

Le maréchal Berthier prie Sa

Oui.

---

(1) Non signée.
(2) Non signée.

Majesté de faire connaître si son intention est que le 1er bataillon du 13e régiment provisoire d'infanterie, arrivé aujourd'hui à Königsberg, soit dissous et les compagnies envoyées à leurs corps respectifs.

1210. — NOTE (1).

Tilsit, 1er juillet 1807.

Le 29 et le 30 juin, les choses se sont passées entre les trois souverains comme les jours précédents.

Le 29, à 6 heures du soir, ils sont allés voir manœuvrer l'artillerie de la garde. Le lendemain, à la même heure, ils ont vu manœuvrer les grenadiers à cheval. La plus grande amitié paraît régner entre ces Princes.

A l'un des dîners, qui ont toujours lieu chez l'Empereur Napoléon, Sa Majesté a porté la santé de l'impératrice de Russie et de l'impératrice mère. Le lendemain, l'empereur Alexandre a porté la santé de l'impératrice des Français.

La première fois que le roi de Prusse a dîné chez l'Empereur Napoléon, Sa Majesté a porté la santé de la reine de Prusse.

Le 29, le prince Alexandre Kourakine, ambassadeur et ministre plénipotentiaire de l'empereur Alexandre, a été présenté à l'Empereur Napoléon.

Le 30, la garde impériale a donné un dîner de corps à la garde impériale russe. Les choses se sont passées avec beaucoup d'ordre. Cette réunion a produit beaucoup de gaieté dans la ville.

La place de Glatz a capitulé.

Le fort de Silberberg est la seule place de la Silésie qui tienne encore.

1211. — DÉCISION (2).

Tilsit, 1er juillet 1807.

Le général Bourcier demande si les chevaux qui doivent être fournis | Ils ne doivent pas être comptés parmi la réquisition faite.

---

(1) Sans signature, publiée dans les *Œuvres de Napoléon Bonaparte*, Panckoucke, 1821, t. IV, pp. 246-247.
(2) Non signée, de la main de Maret.

pour monter les 17 détachements envoyés par M. le maréchal Kellermann dans les chefs-lieux des gouvernements de Munster, Cassel, Brunswick, Erfurt, Minden, Hanovre et Bayreuth, formant un total de 1 108, sont indépendants des 2.000 dont la levée a été ordonnée dans ces gouvernements par le décret impérial du 19 mai dernier.

1212. — DÉCISION (1).

La garnison de Reggio n'a pu être échangée contre celle de Gaëte à cause de la différence des deux capitulations.

Compte rendu à ce sujet pour obtenir une nouvelle décision.

Considérer l'échange de la garnison de Reggio comme effectué.

1213. — NOTE (2).

Tilsit, 5 juillet 1807.

Depuis le 1er de ce mois, les choses se sont passées entre les trois souverains de la même manière que les jours précédents. Ils ont vu manœuvrer, le 1er juillet, la cavalerie de la garde impériale ; le 2, l'artillerie ; et le 3, les dragons du même corps. Le 4, ils sont allés visiter les camps du 3e corps, que commande M. le maréchal Davout. Le même jour, le roi de Prusse a présenté le prince Henri, son frère, à l'Empereur Napoléon. Sa Majesté la reine de Prusse est arrivée à Baubeln, à deux lieues de Tilsit.

1214. — NOTE (3).

Tilsit, 7 juillet 1807.

La reine de Prusse est arrivée ici hier à midi. A midi et demi, l'Empereur Napoléon est allé lui rendre visite.

---

(1) Ni datée ni signée, extraite du « Travail du ministre de la guerre avec l'Empereur, du 1er juillet 1807 ».
(2) Non signée.
(3) Non signée, publiée dans les Œuvres de Napoléon Bonaparte, t. IV, p. 247, et dans le Moniteur du 19 juillet 1807.

Les trois souverains ont fait chaque jour, à 6 heures du soir, leurs promenades accoutumées. Ils ont ensuite dîné chez l'Empereur Napoléon avec la reine de Prusse, le grand-duc de Berg et le prince royal de Bavière.

1215. — NOTE (1).

Tilsit, 9 juillet 1807.

L'échange des ratifications du traité de paix entre la France et la Russie a eu lieu aujourd'hui à 9 heures du matin. A 11 heures, l'Empereur Napoléon, portant le grand cordon de l'ordre de Saint-André, s'est rendu chez l'empereur Alexandre, qui l'a reçu à la tête de sa garde et ayant la grande décoration de la Légion d'honneur. L'Empereur a demandé à voir le soldat de la garde russe qui s'était le plus distingué. Il lui a été présenté. Sa Majesté, en témoignage de son estime pour la garde impériale russe, a donné à ce brave l'aigle d'or de la Légion d'honneur.

Les Empereurs sont restés ensemble pendant trois heures et sont ensuite montés à cheval. Ils se sont rendus au bord du Niémen, où l'empereur Alexandre s'est embarqué. L'Empereur Napoléon est demeuré sur le rivage jusqu'à ce que l'empereur Alexandre fût arrivé à l'autre bord. Les marques d'affection que ces princes se sont données en se séparant ont excité la plus vive émotion parmi les nombreux spectateurs qui s'étaient rassemblés pour voir les plus grands souverains du monde offrir, dans les témoignages de leur union et de leur amitié, un solide garant du repos de la terre.

L'Empereur Napoléon a fait remettre le grand cordon de la Légion d'honneur au grand-duc Constantin, au prince Kourakine, au prince Labanoff et à M. de Budberg.

L'empereur Alexandre a donné le grand ordre de Saint-André au prince Jérôme Napoléon, roi de Westphalie, au grand-duc de Berg et de Clèves, au prince de Neuchâtel et au prince de Bénévent.

A 3 heures après-midi, le roi de Prusse est venu voir l'Empereur Napoléon. Ces deux souverains se sont entretenus pendant une demi-heure.

---

(1) Non signée, publiée dans les *Œuvres de Napoléon Bonaparte*, t. IV, pp. 248-249

Immédiatement après, l'Empereur Napoléon a rendu au roi de Prusse sa visite. Il est ensuite parti pour Königsberg.

Ainsi, les trois souverains ont séjourné pendant vingt jours à Tilsit. Cette petite ville était le point de réunion des deux armées. Ces soldats qui, naguère, étaient ennemis, se donnaient des témoignages réciproques d'amitié qui n'ont pas été troublés par le plus léger désordre.

Hier, l'empereur Alexandre avait fait passer le Niémen à une dizaine de Baskirs qui ont donné à l'Empereur Napoléon un concert à la manière de leur pays.

L'Empereur, en témoignage de son estime pour le général Platov, hetman des cosaques, lui a fait cadeau de son portrait.

Les Russes ont remarqué que le 27 juin (style russe, 9 juillet du calendrier grégorien), jour de la ratification du traité de paix, est l'anniversaire de la bataille de Pultava, qui fut si glorieuse et qui assura tant d'avantages à l'empire de Russie. Ils en tirent un augure favorable pour la durée de la paix et de l'amitié qui viennent de s'établir entre ces deux grands empires.

1216. — NOTE (1).

Tilsit, 9 juillet 1807.

Deux officiers russes doivent être porteurs, par duplicata, des ordres de l'empereur Alexandre à l'amiral qui commande son escadre dans l'Adriatique ; un de ces officiers partira, avec un officier français, pour se rendre à Zara, par la route la plus courte et de là, à Cattaro ; du moment qu'il sera arrivé à Zara, s'il y a un bâtiment russe de croisière, il remettra au commandant la dépêche de l'Empereur au lieu de la porter à Cattaro ; s'il n'y en a pas, il continuera sa route jusqu'à Cattaro, où il trouvera des frégates russes et, immédiatement, une frégate russe mettra à la voile pour porter à l'amiral les ordres de l'empereur, en quelque lieu qu'il se trouve ; indépendamment de ce, le même officier aura des ordres de l'empereur pour la remise de Cattaro aux troupes françaises.

L'officier français qui accompagnera l'officier russe prendra les ordres du major général de l'armée française pour que le général Marmont se concerte avec le commandant russe pour prendre possession de la forteresse de Cattaro.

Il sera nécessaire que M. Budberg donne des ordres aux agents

---

(1) Original signé et revêtu des cachets des deux signataires.

russes, qui seront près des Monténégrins, pour le maintien de la bonne harmonie.

Il paraît aussi convenable que l'officier russe soit porteur de dépêches au consul russe, à Trieste, pour notifier aux bâtiments russes le rétablissement de la paix et leur faire connaître qu'ils peuvent relâcher dans les ports français, italiens et napolitains.

Il est convenu avec l'empereur Alexandre que la garnison de Cattaro se rendra, soit par terre, soit par mer, à Venise, où elle sera placée dans une ville de terre ferme et convenablement traitée ; elle pourrait être très bien placée à Trévise ou à Padoue.

Il est nécessaire que le major général donne des ordres au général Marmont et au vice-roi d'Italie, sur la manière dont ces troupes doivent être traitées, l'intention de l'Empereur étant qu'elles le soient comme les troupes françaises, en suivant leurs usages. On tiendra un compte particulier de l'argent qu'on leur avancera pour la solde.

Le même officier doit être porteur d'ordres pour faire recevoir les troupes françaises dans la citadelle de Corfou.

Les troupes russes pourront rester à Corfou, ou, selon ce qui leur paraîtra préférable, se rendre par terre ou par mer à Venise, et ainsi on réunirait toute la division russe de l'Adriatique.

Le général César Berthier est le général qui prendra possession de Corfou ; il s'embarquera à Otrante, avec les troupes qui sont cantonnées à Tarente pour cet objet.

La partie des troupes russes, que le général commandant à Corfou jugerait convenable de laisser encore quelque temps dans cette île, y feraient le service avec les troupes françaises et la défendraient envers et contre tous.

Le consul français à Janina sera prévenu par le général César Berthier, mais seulement quand les troupes françaises seront entrées dans la citadelle de Corfou. Il sera invité à y envoyer des vivres. Même recommandation sera faite au roi de Naples et au vice-roi d'Italie.

Les magasins de vivres qui resteraient à Corfou seront remis, sur procès-verbal, aux commissaires français, pour en tenir compte comme de droit. Même observation pour les magasins de vivres de Cattaro.

Ce qui appartiendra à l'artillerie et à la marine russe y restera en dépôt, entre les mains des gardiens qu'il conviendra aux officiers russes d'y laisser.

S'il est des troupes russes de la garnison de Corfou qui préfèrent débarquer à Otrante ou sur un point quelconque de la Dalmatie, pour éviter la mer et faire la route à pied, on leur donnera toute facilité.

Le deuxième officier russe doit être expédié avec un autre officier français, pour se rendre à Otrante ; ils seront dirigés sur Corfou ; ils seront tous deux porteurs de duplicata, afin que, l'un manquant, l'autre arrive ; ils seront porteurs de trois ordres, l'un au commandant de Cattaro, un autre au commandant de Corfou, le troisième relativement à l'escadre russe.

L'intention de l'empereur Alexandre est que toute son escadre de l'Adriatique se rende à Cadix et s'adresse à l'amiral français qui est dans ce port, lequel a ordre de lui faire fournir tous les vivres dont il aura besoin et de ne pas l'arrêter plus de deux ou trois jours ; de là, elle continuera sa route sur Copenhague, avec l'avertissement que, s'il lui arrive des accidents ou qu'elle manque de quelque chose, elle peut relâcher à Rochefort, à Lorient ou à Brest, les ordres ayant déjà été donnés au ministre de la marine de France pour que l'escadre russe arrivant dans l'un de ces ports, on lui donne tous les vivres et autres objets dont elle aura besoin, sans la retenir plus de deux ou trois jours.

Les vaisseaux russes qui ne pourraient point suivre l'escadre seraient laissés à Cadix, ou envoyés à Toulon pour y être réparés et mis en état ; les ordres sont déjà donnés, de la part de la France, pour ces deux objets.

Les vaisseaux de la mer Noire doivent rester à Corfou, à moins que le commandant ne préfère, par des raisons particulières, soit d'entrer à Venise, soit dans un port de Naples ; ils doivent attendre là une lettre de l'ambassadeur de France à Constantinople, qui fasse connaître si on a pu obtenir le passage dans la mer Noire ; dans quelque endroit que cette escadre se mette, elle doit toujours se tenir à la portée des batteries de côte et à l'abri d'une surprise de mer, soit de la part des Turcs, soit de la part des Anglais.

L'adjudant commandant français Guilleminot, accompagné d'un officier russe, doit se rendre au quartier général du général Michelson ; il doit être porteur de lettres du prince de Bénévent au grand-vizir et à l'ambassadeur de France à Constantinople, selon les ordres qui ont été donnés ce matin.

Le général Michelson doit être prévenu des mêmes dispositions, toute hostilité devant cesser, si la Porte adhère au traité et accepte la médiation de la France.

Le général Michelson recevra des ordres pour conclure sa suspension d'armes avec le grand-vizir, conformément aux termes du traité.

Si, au contraire, la Porte voulait rester en guerre avec la Russie et refusait la médiation de la France, ce qui n'est pas à présumer, le général Michelson restera maître de ses opérations.

Le général Suchet sera nommé pour, conjointement avec un officier russe que nommera le prince Labanoff de Rostov, marquer les poteaux de limite des frontières de la Russie et de la Saxe ; les poteaux devront être placés pour huit jours et, vingt-quatre heures après, les troupes russes prendront possession de la partie qui leur est cédée, de manière que le 20 juillet tout cela soit fait.

Les soussignés plénipotentiaires sont convenus de donner des ordres conformes aux dispositions ci-dessus, convenues entre Leurs MM. l'Empereur des Français et l'Empereur de toutes les Russies, en foi de quoi nous l'avons signée et munie du sceau de nos armes.

Le prince de Neuchâtel,
Maréchal Alex. BERTHIER.

Le prince DMITRI LABANOFF DE ROSTOV.

1217. — DISPOSITIONS
POUR LA RENTRÉE DES PRISONNIERS DE GUERRE (1).

Königsberg, 12 juillet 1807

1° Tous les prisonniers russes qui se trouvent en échelons, de Königsberg à Mayence, ont ordre de rétrograder et de suivre la route de l'armée, de Berlin sur Marienburg et Königsberg, d'où ils continueront leur route sur Tilsit. D'après les états, leur nombre connu est de..... A mesure que ceux qui sont dans les hôpitaux seront en état de partir, ils seront successivement dirigés sur Tilsit. Un commissaire russe pourrait les recevoir à Königsberg, d'où il les ferait filer, soit par terre, soit par eau.

Quant aux prisonniers russes qui sont en France, et qu'on estime

---

(1) Copie non signée, de la main de Leduc, secrétaire du major général.

être au nombre de....., ils seront envoyés de France en masse ; un commissaire russe pourrait les recevoir à Mayence.

2° Quant aux prisonniers français, on désire qu'ils soient dirigés, le plus tôt possible, par Tilsit, sur Königsberg et Marienburg, d'où ils se rendront à Danzig pour y être habillés de l'uniforme de leurs régiments et, de là, les rejoindre.

Si l'armée avait évacué Berlin, ils y seront adressés à un commissaire français chargé de les recevoir.

Les prisonniers seront remis où l'on rencontrera les premiers postes français, sur la route ci-dessus indiquée.

1218. — AU MARÉCHAL BERTHIER (1).

Königsberg, 12 juillet 1807.

Le major général me remettra sur une feuille de papier le nom des généraux de brigade et adjudants commandants de chacun des cinq corps d'armée, afin que je voie ce qui manque.

1219. — ORDRE DU JOUR.

Königsberg, 12 juillet 1807.

A dater du 1er août, il ne sera plus accordé de gratifications aux officiers employés à la Grande Armée, pour leur séjour en Pologne.

NAPOLÉON.

1220. — AU GÉNÉRAL DEJEAN.

Königsberg, 12 juillet 1807.

L'Empereur me charge de faire connaître à Votre Excellence que son intention est que tous les prisonniers russes qui sont en France soient sur-le-champ formés en bataillons provisoires, et que M. le baron Muller-Zakomelski, général major, auquel l'empereur de Russie donne le commandement de ces troupes, soit chargé de désigner les officiers russes qui seront attachés à chaque compagnie des bataillons provisoires.

---

(1) Non signé; le document porte en marge le mot « expédié ».

Sa Majesté me charge de vous faire connaître que sa volonté est que tous les prisonniers russes qui sont en France soient sur-le-champ habillés à neuf, suivant l'uniforme de leur nation. Vous leur ferez fournir la buffleterie, la coiffure, sacs, redingotes. Vous leur ferez donner des fusils neufs ; et, enfin, ils seront arrangés de manière à ce que ces prisonniers, formés en bataillons provisoires, puissent servir et entrer en campagne, si le cas l'exigeait.

Quant aux prisonniers russes qui seront encore à la rive droite du Rhin quand mes ordres parviendront, ils doivent rétrograder pour se rendre en Russie, dans l'état où ils seront. Je pense qu'il n'y a pas plus de 10.000 Russes en France. Prenez, Général, les mesures les plus promptes pour l'exécution de ces ordres auxquels Sa Majesté porte une grande importance.

Faites parvenir à M. le baron Muller-Zakomelski, prisonnier en France, la lettre ci-jointe de l'empereur de Russie, et celle que je lui écris.

Le major général, prince de Neuchâtel,
M^{al} Alex. BERTHIER.

1221. — NOTE (1).

Königsberg, 13 juillet 1807.

L'Empereur a passé hier la revue du 4e corps d'armée. Arrivé au 26e régiment d'infanterie légère, on lui présenta le capitaine de grenadiers Roussel. Ce brave soldat, fait prisonnier à l'affaire de Hof, avait été remis aux Prussiens. Il se trouva dans un appartement où un insolent officier se livrait à toute espèce d'invectives contre l'Empereur. Roussel supporta d'abord patiemment ces injures, mais enfin il se leva fièrement en disant : « Il n'y a que des lâches qui puissent tenir de pareils propos contre l'Empereur Napoléon devant un de ses soldats. Si je suis contraint d'entendre de pareilles infamies, je suis à votre discrétion, donnez-moi la mort. » Plusieurs autres officiers prussiens, qui étaient présents, ayant autant de jactance que peu de mérite et d'honneur, voulurent se porter contre ce brave militaire à des voies de fait. Roussel, seul contre sept ou huit personnes, aurait passé un mauvais quart d'heure, si un officier russe, survenant à l'instant, ne se fût jeté au-devant de lui, le sabre à la main. « C'est notre prisonnier, dit-il,

---

(1) Publiée dans les *Œuvres de Napoléon Bonaparte*, t. IV, p. 251-252.

et non le vôtre ; il a raison, et vous outragez lâchement le premier capitaine de l'Europe ; avant de frapper ce brave homme, il vous faudra passer sur mon corps. »

En général, autant les prisonniers français se louent des Russes, autant ils se plaignent des Prussiens, surtout du général Rüchel, aussi méchant et fanfaron qu'il est inepte et ignorant sur le champ de bataille. Des corps prussiens qui se trouvaient à la journée d'Iena, le sien est celui qui s'est le moins bravement comporté.

En entrant à Königsberg on a trouvé aux galères un caporal français qui y avait été jeté parce que, entendant les sectateurs de Rüchel parler mal de l'Empereur, il s'était emporté et avait déclaré ne pas vouloir le souffrir en sa présence.

Le général Victor, qui fut fait prisonnier dans une chaise de poste par un guet-apens, a eu aussi à se plaindre du traitement qu'il a reçu du général Rüchel, qui était gouverneur de Königsberg.

C'est cependant ce Rüchel qui, blessé grièvement à la bataille d'Iena, fut accablé de bons traitements par les Français ; c'est lui qu'on laissa libre et à qui, au lieu d'envoyer des gardes comme on devait le faire, on envoya des chirurgiens.

Heureusement que le nombre des hommes auxquels il faut se repentir d'avoir fait du bien n'est pas grand. Quoi qu'en disent les misanthropes, les ingrats et les pervers forment une exception dans l'espèce humaine.

1222. — NOTE (1).

Dresde, 18 juillet 1807.

Sa Majesté est partie de Königsberg le 13, à 6 heures du soir ; Elle est arrivée le 14, à midi, à Marienwerder, où Elle s'est arrêtée pendant une heure.

Elle a passé à Posen le 14, à 10 heures du soir ; Elle s'y est reposée deux heures. Elle y a reçu les autorités du gouvernement polonais. Elle est arrivée à Glogau le 16 à midi, et le 17, à 7 heures du matin, à Bautzen, première ville du royaume de Saxe, où Elle a été reçue par le roi.

Ces deux souverains se sont entretenus un moment dans la

---

(1) De la main de Duroc, avec corrections de la main de Maret. — Publiée dans les Œuvres de Napoléon Bonaparte, t. IV, p. 352-353.

maison de l'évêché. Le roi est monté dans la voiture de l'Empereur ; ils sont arrivés ensemble à Dresde et sont descendus au palais.

Aujourd'hui, à 6 heures du matin, l'Empereur est monté à cheval pour parcourir les environs de Dresde.

Les sentiments que Sa Majesté a trouvés en Saxe sont semblables à ceux qui lui ont été exprimés sur toute sa route en Pologne. Un immense concours de peuple était partout sur son passage.

1223. — DÉCISION.

Dresde, 22 juillet 1807.

Le ministre de la guerre rend compte que le régiment d'Almanza-dragons est entré en France le 2 juillet, du côté de Perpignan, et qu'il se dirige sur Mayence, où il arrivera le 23 août. Ce régiment marche avec un détachement du régiment d'Algarve, qui va rejoindre son corps.

Il ne reste plus en ce moment en arrière que le régiment de dragons de Lusitania, qui est attendu à Perpignan du 20 au 25 juillet pour être dirigé également sur Mayence.

Renvoyé à M. Dejean pour arrêter la marche de ce dernier régiment dans l'endroit où il se trouve.

Napoléon.

1224. — AU MARÉCHAL BERTHIER.

Dresde, 22 juillet 1807.

Mon Cousin, dirigez en droite ligne sur Mayence le 22ᵉ et le 10ᵉ régiment de chasseurs. Ces régiments ont besoin de se refaire. Donnez ordre que tous les détachements appartenant à ces deux régiments, qui seraient dans des régiments provisoires ou ailleurs, les rejoignent à Mayence. Je donnerai des ordres pour le lieu où doivent se rendre ces régiments.

Napoléon.

1225. — DÉCISION (1).

Les Suisses dont les engagements sont expirés obtiendront-ils des congés absolus en temps de guerre ?

Décidé affirmativement.

1226. — DÉCISIONS (2).

Situation des quatre régiments suisses au 16 juillet :
Le nombre d'hommes admis dans les différents dépôts jusqu'à cette époque est de 10.573 hommes ;
Celui des hommes partis pour les régiments est de 10.287.

Ce compte n'est point suffisant ; il faut désigner le nombre des bataillons à former et leur force afin de présenter la différence de l'effectif au complet.

On prie Sa Majesté de faire connaître ses intentions sur la demande faite par les préfets de la Vienne, des Vosges et du Calvados, de porter à une classe supérieure la compagnie de réserve de leurs départements.

Leur écrire, pour savoir si les circonstances de la paix ne changent point l'état des choses ; s'ils ont les fonds suffisants, etc.

Compte rendu des mesures prises pour la formation en régiments provisoires des 6.267 prisonniers de guerre russes, qui se trouvent en France, dont Sa Majesté a ordonné le renvoi dans leur patrie.
Le nombre des prisonniers prussiens existant dans les dépôts établis en France est de 15.897.
On propose à Sa Majesté de faire mettre à la disposition des diverses puissances, auxquelles les provinces cédées sont échues en partage, ceux de ces prisonniers qui sont nés dans les pays auxquels le roi de Prusse a renoncé.

Faire les états de ces prisonniers, pour être présentés à l'Empereur.

---

(1) De la main de Maret; non datée, extraite du « Travail du ministre de la guerre avec l'Empereur, du 22 juillet 1807 ».
(2) De la main du général Dejean; ni datées ni signées, extraites du « Travail du ministre de la guerre avec l'Empereur, du 30 juillet 1807 ».

Compte de l'emploi des fonds versés par le royaume de Hollande pour fourniture d'armes autorisée par Sa Majesté.	Attendre, pour les armes, que tout soit payé. Déposer les fonds à la caisse d'amortissement. Lorsque tout sera payé, l'Empereur prononcera.
	Quant au produit des cuirasses, il doit servir à solder le fournisseur.
État nominatif des officiers qui ont été attachés, en sus du complet des cadres, dans différents régiments de troupes à cheval et qui ont été envoyés aux dépôts desdits régiments ou au camp volant de Saint-Lô, en qualité d'officiers supplémentaires, conformément à l'autorisation de Sa Majesté en date du 23 mars dernier.	Cet objet n'ayant pas été autorisé par un décret, il en sera présenté un pour la suppression de ces officiers et pour leur cessation de paiement au 1er janvier prochain.

1227. — DÉCISIONS (1).

Bordereaux de liquidation soumis à l'Empereur.	Approuvé.
État des habillements accordés depuis le 1er mai pour 1806 et 1807 aux corps d'infanterie de ligne et des fonds faits pour les autres corps, soit pour ceux de nouvelle formation, soit pour le harnachement.	Sa Majesté Impériale a arrêté qu'il y aurait, lundi prochain, un conseil pour tous les objets relatifs au service de l'habillement.
	Qu'on appellerait à ce conseil M. le général Lacuée, le conseiller d'État Gau et M. le sous-inspecteur aux revues Julien.
	Que l'on apporterait, pour les consulter au besoin, les lois, règlements, décisions, circulaires, etc., existant sur cette matière.

---

(1) De la main du général Dejean; ni datées ni signées, extraites du « Travail du ministre directeur avec l'Empereur, du 30 juillet 1807 ».

	Le travail doit porter sur tout l'exercice 1806, ainsi que sur celui 1807, et embrasser toutes les parties de ce service. L'heure du conseil sera déterminée.
L'intention de l'Empereur est-elle de laisser le sieur Vanlerberghe continuer le service des vivres pour l'intérieur ?	On traitera cet objet dans un conseil particulier dont Sa Majesté Impériale fixera l'époque.
Situation au 1er juin des dépôts des corps de cavalerie, tant en hommes qu'en chevaux, et état des dépenses relatives aux remontes depuis le 1er septembre dernier.	*Idem* que pour le rapport précédent.
Projet de décret pour former un 9e bataillon d'équipages.	Ajourné pour être représenté dans quinze jours.
Il est demandé des ordres pour le départ du 8e bataillon des équipages et le transport d'un approvisionnement de selles et de bottes confectionnées à Paris pour la Grande Armée.	Ce bataillon est destiné pour le corps de Bayonne. Mettre ces selles et ces bottes en magasin et apporter le plus grand soin à leur conservation. Inviter M. le général Ordener à visiter ces selles et bottes.
Impossibilité d'arrêter le 7e bataillon des équipages avant qu'il ait passé à Mayence.	Compte rendu. L'arrêter à Magdeburg.
Destination à donner à cent et quelques hommes qui excèdent le complet du 8e bataillon des équipages.	Les diriger sur la Grande Armée.
On propose d'appliquer aux dépenses des prisons les dispositions en vigueur, en ce qui concerne les dépenses du casernement des trou-	Faire un abonnement avec le ministre de la guerre : la dépense en sera payée par la France sur les fonds de la subvention.

pes françaises en Italie, lesquelles sont supportées par le gouvernement italien.

La nomination de M. Biron, ex-médecin en chef du 4° corps de la Grande Armée, à l'emploi d'inspecteur des eaux minérales, est soumise à l'approbation de l'Empereur.

Approuvé.

1228. — DÉCISION.

Saint-Cloud, 31 juillet 1807.

Le ministre de la guerre rend compte que le général Lamarque, chef de l'état-major général de l'armée de Naples, a donné l'ordre au 2ᵉ régiment de chasseurs napolitains de partir de Nola le 23 juillet pour être rendu le 15 août à Bologne, d'où il doit continuer sa route sur la Grande Armée.

Il faut les arrêter.

NAPOLÉON.

1229. — DÉCISION (1).

Saint-Cloud, 2 août 1807.

Le ministre directeur soumet à l'Empereur les nominations de commissaires ordonnateurs et de commissaires des guerres qu'il a faites pour l'armée qui doit se former à Bayonne.

Approuvé ces dispositions.

1230. — AU GÉNÉRAL DEJEAN.

Saint-Cloud, 4 août 1807.

Monsieur Dejean, faites-moi connaître où se trouvent les prison-

---

(1) Non signée.

niers prussiens. Ceux qui appartiennent à des Etats de la Confédération du Rhin ou au royaume de Westphalie doivent être renvoyés à ces princes, ceux qui appartiennent à la Prusse doivent être renvoyés en Prusse. Envoyez copie de l'ordre ci-joint, en l'absence du major général, à l'intendant général qui le transmettra aux différents maréchaux.

NAPOLÉON.

1231. — DÉCISION.

Saint-Cloud, 4 août 1807.

Le ministre propose à l'Empereur de porter à une classe supérieure les compagnies de réserve des Etats de Parme et de Plaisance et du département de la Charente, dont le service est très chargé.

Non.

NAPOLÉON.

1232. — DÉCISIONS.

Saint-Cloud, 4 août 1807.

Le ministre directeur de l'administration de la guerre soumet à l'Empereur différentes questions, avant de renvoyer dans leur patrie les prisonniers russes qui sont en France :

1° Les officiers généraux et supérieurs russes peuvent-ils prendre leur uniforme et s'armer ?

Oui.

2° Peuvent-ils se mettre en route de suite, et à leur volonté, pour retourner en Russie ?

Oui, du moment qu'on saura que nos prisonniers arrivent.

3° Dois-je faire habiller et armer tous les officiers qui seront répartis dans les dix bataillons ?

Oui.

4° Peuvent-ils de suite porter leur uniforme et l'épée ?

Oui.

5° A mesure qu'un bataillon sera organisé et armé, pourra-t-il être mis en marche de suite, ou l'Empereur veut-il que leurs dix bataillons partent ensemble, à quelques jours d'intervalle ?

Tâcher qu'ils soient habillés le même jour.

6° Les frais de route ou de solde de ces bataillons seront-ils au compte de l'Empereur jusqu'à leur entrée sur le territoire de Russie, ou seulement jusqu'à leur sortie de France ?

Jusqu'à leur sortie de France.
NAPOLÉON.

1233. — DÉCISIONS (1).

Sa Majesté est priée de donner de nouveaux ordres explicatifs sur son décret du 29 juillet dernier, qui ordonne qu'il y aura à Mayence une école et un arsenal d'artillerie et que l'école de La Fère sera destinée à l'artillerie de la garde.

L'artillerie conservera les arsenaux de La Fère.

On prie Sa Majesté de faire connaître si l'on doit donner suite aux marchés passés pour achat de 500 mulets et de 500 chevaux d'artillerie en Italie.

Contremander les achats.

On propose de suspendre les envois de cuirasses à la Grande Armée et de les envoyer actuellement aux dépôts des régiments de cuirassiers suivant l'ancien mode de distribution.

Il ne faut plus rien envoyer. Suivre le mode ordinaire.

Sa Majesté est priée de faire connaître ses ordres sur la coiffure qui sera définitivement affectée au train d'artillerie.

Leur donner les shakos.

---

(1) Ni datées ni signées; extraites du « Travail du ministre de la guerre avec l'Empereur, du 5 août 1807 ». D'après une note, ces décisions n'ont été remises aux bureaux que le 20 août.

Le ministre demande le mode qui devra être suivi pour la punition des sous-officiers et soldats de la garde, déserteurs.

Traiter les fusiliers comme les autres corps de l'armée.

1234. — DÉCISIONS (1).

Il n'y a plus en magasin que 50.516 paires de souliers, dont 39.473 à Mayence et 11.043 à Paris. Le ministre demande si les souliers de Paris doivent être envoyés à Mayence et si l'approvisionnement actuel suffit ou devra être augmenté.

N'envoyer que les souliers pour le compte des corps.

Les 2.000 gardes nationales qui vont se rendre à l'île d'Aix jouiront-elles des vivres de campagne et du chauffage en nature ?

Approuvé.

1235. — DÉCISION.

Saint-Cloud, 6 août 1807.

Le général Dejean à l'Empereur.

5 août 1807.

Sire, j'ai l'honneur de rendre compte à Votre Majesté que, pour faciliter le passage des troupes de la Grande Armée et pour soulager les habitants de Mayence qui sont obligés de loger une partie des soldats de la garnison, M. le maréchal Kellermann demande l'autorisation de faire camper près de Mayence, sur la rive gauche du Rhin, toutes les troupes qui se trouvent dans cette place.

Il ne faut point qu'on campe.

NAPOLÉON.

---

(1) De la main de Maret; ni datées ni signées, extraites du « Travail du ministre directeur avec l'Empereur, du 5 août 1807 ».

M. le maréchal Kellermann observe que tous les effets de campement sont dans les magasins, que la dépense sera peu considérable et que la santé, ainsi que l'instruction du soldat, ne pourront que s'améliorer.

Je demande à cet égard les ordres de Votre Majesté.

DEJEAN.

1236. — DÉCISION.

Saint-Cloud, 7 août 1807.

Le ministre de l'administration de la guerre soumet à l'Empereur une demande du lieutenant-colonel de Benneville, commandant le 1er bataillon du 1er régiment de ligne hessois au service de France, tendant à ce que les soldats hessois, déportés en France à la suite de l'insurrection qui a éclaté dans la Hesse, soient incorporés dans le bataillon.

Savoir le nombre de ces soldats et savoir pourquoi ils ont été déportés ; je ne veux point de mauvais sujets.

NAPOLÉON.

1237. — AU GÉNÉRAL DEJEAN.

Saint-Cloud, 9 août 1807.

Monsieur Dejean, donnez l'ordre au général Hulin de se rendre sur-le-champ à Paris pour en prendre le commandement.

NAPOLÉON.

1238. — AU GÉNÉRAL DEJEAN.

Saint-Cloud, 9 août 1807.

Monsieur Dejean, il n'y a pas de doute que l'artillerie nécessaire à la défense de Stettin doit rester dans cette place et ne doit être évacuée que lorsque la garnison française l'évacuera.

NAPOLÉON.

1239. — DÉCISION.

Saint-Cloud, 9 août 1807.

Le maréchal Kellermann propose à l'Empereur d'attacher à la personne du roi de Westphalie le corps des gendarmes d'ordonnance qui rentre en France.

L'arrêter à Cassel. Mais ce corps n'a pas d'ordre de venir en France ; je n'ai point donné cet ordre.

NAPOLÉON.

1240. — DÉCISION.

Saint-Cloud, 9 août 1807.

Le ministre directeur de l'administration de la guerre rend compte de l'organisation de l'artillerie du corps d'observation de la Gironde à l'aide du personnel et du matériel tirés des camps volants de Napoléon, Pontivy et Saint-Lô et du matériel tiré de l'arsenal de Bayonne.

Approuvé.

NAPOLÉON.

1241. — DÉCISIONS (1).

On prie Sa Majesté de faire connaître si les frais de recrutement du 1er régiment suisse, passé définitivement au service du royaume de Naples et dont le dépôt est à Turin, doivent être supportés par la France.

Le dépôt sera aux frais du roi de Naples.

Le prince Jérôme, aujourd'hui roi de Westphalie, fait réclamer le décompte des sommes qui lui sont dues comme général de division.
On prend à ce sujet les ordres de Sa Majesté.

Payer jusqu'à ce qu'il soit proclamé.

---

(1) De la main de Maret; ni datées ni signées, extraites du « Travail du ministre de la guerre avec l'Empereur, du 12 août 1807 ».

On prie Sa Majesté de faire connaître :

1° Quelle sera la destination des officiers, sous-officiers et gendarmes d'ordonnance à pied ;

Les licencier.

2° Si les 3ᵉ et 4ᵉ compagnies de gendarmes d'ordonnances à cheval doivent continuer à recevoir la solde et les masses de la ligne ;

Sa Majesté attend un rapport du maréchal Berthier sur l'état actuel de ce corps.

3° Si les dépenses des deux premières compagnies d'ordonnance doivent faire partie de celles de la garde impériale.

Le ministre de l'intérieur demande 20.000 kilogrammes de bronze pour la statue du général Desaix.

Accordé.

Indemnité demandée pour les commissaires des guerres chargés des fonctions de sous-inspecteurs aux revues.

Accordé.

Le capitaine Pasquier, du 6ᵉ de ligne, sollicite l'autorisation de passer au service du roi de Naples.

Accordé.

Congés demandés par le général Picard et les adjudants commandants Pascalis et Porson.

On ne peut regarder ce silence que comme un refus (1).

Le général-major russe baron de Zakomelski et le général baron de Korff désireraient obtenir la faveur d'être présentés à Sa Majesté Impériale et Royale.

Ils s'adresseront au maréchal du Palais.

---

(1) Apostille du ministre afin d'expliquer pourquoi l'Empereur n'a mis aucune décision en regard de ces demandes de congé.

Plusieurs officiers prussiens sollicitent l'autorisation de venir à Paris.	Savoir de quels États ils sont. Il n'y a pas d'inconvénient pour le parent du prince d'Anhalt-Dessau.

1242. — DÉCISIONS (1).

Les 3,500,000 francs avancés par la caisse d'amortissement pour le service de l'habillement seront-ils remboursés sur les crédits ordinaires, ou Sa Majesté accordera-t-elle à cet effet un crédit spécial ?	Voir au compte définitif de l'habillement.
Situation du munitionnaire général des vivres au 1er août 1807.	Ajourné à un conseil spécial : avoir soin de porter ce qui a été arrêté l'année dernière.
On présente de nouveau à l'Empereur un projet de décret pour la formation d'un 9e bataillon d'équipages destiné à l'armée d'Italie.	Ajourné à quinzaine.
Le ministre demande des ordres au sujet de l'emploi de quelques denrées, biscuits, légumes secs et liquides provenant des approvisionnements de réserve formés en Italie et restés en magasin.	Vendre ces objets au royaume d'Italie.
Demande adressée par le chirurgien-major de la garde du roi de Naples pour faire passer 8 chirurgiens français au service du roi dans sa garde.	Accordé.

(1) De la main de Maret; ni datées ni signées, extraites du « Travail du ministre directeur avec l'Empereur, du 12 août 1807 ».

1243. — DÉCISION (1).

Le munitionnaire général des vivres demande un acompte d'un million sur son service courant.

Sa Majesté a paru décidée à accorder un million.

1244. — DÉCISION (2).

13 août 1807.

Le ministre propose à l'Empereur de donner des vestes de tricot aux conscrits destinés à l'infanterie de ligne de l'armée d'Italie.

L'Empereur a approuvé au Conseil d'administration du 13 août.

1245. — DÉCISION (3).

13 août 1807.

Projet de répartition des effets et étoffes de l'approvisionnement d'Alexandrie entre les corps d'infanterie légère de l'armée d'Italie.

Dans le Conseil du 13 août, l'Empereur a approuvé que l'on fournît extraordinairement aux corps d'infanterie légère les draps, étoffes et grand équipement nécessaires à l'habillement des conscrits, afin que cet objet n'éprouvât aucun retard.

Faire cette fourniture conformément à l'état ci-joint. Même observation à l'égard des effets de grand équipement que pour les régiments d'infanterie de ligne.

1246. — DÉCISION (4).

13 août 1807.

Projet de répartition des effets de

Donner de suite les ordres né

---

(1) De la main du général Dejean; non datée, extraite du « Travail du ministre directeur avec l'Empereur, du 12 août 1807 ».
(2) Non signée.
(3) Libellée par le ministre directeur de l'administration de la guerre.
(4) Non signée.

l'approvisionnement d'Alexandrie entre les corps d'infanterie de ligne de l'armée d'Italie.

cessaires pour répartir les draps et étoffes portés en l'état ci-joint.

Il n'en est pas de même des gibernes, porte-gibernes et bretelles de fusil. Je ne puis croire que tous les corps aient besoin d'un nombre égal à celui des hommes qu'ils doivent recevoir. On examinera cet objet et on me proposera des mesures raisonnables et combinées.

1247. — AU MARÉCHAL BERTHIER.

Saint-Cloud, 14 août 1807.

Mon Cousin, envoyez un courrier extraordinaire à Hamburg, par lequel vous manderez à M. Bourrienne qu'il ait à traiter de la vente des marchandises anglaises, que j'en veux 18 millions, qu'à défaut de quoi il en fasse la saisie. Ecrivez, en même temps, au prince de Ponte-Corvo, gouverneur des villes hanséatiques, de seconder M. Bourrienne dans cette opération, et recommandez qu'ils veillent, l'un et l'autre, à ce que mon décret sur le blocus soit strictement exécuté et qu'aucune lettre anglaise ne passe à la poste.

NAPOLÉON.

1248. — AU MARÉCHAL BERTHIER.

Saint-Cloud, 16 août 1807.

Mon Cousin, vous devez continuer à garder le portefeuille de la guerre jusqu'à ce que le général Clarke soit arrivé ; et même, quand il sera arrivé, vous devez continuer à remplir près de moi les fonctions de major général.

NAPOLÉON.

1249. — DÉCISION.

Paris, 16 août 1807.

M. Daru rend compte à l'Empereur qu'il a confié à l'intendant Brémond, dont les fonctions cessent

Renvoyé au major général. J'approuve ces dispositions.

NAPOLÉON.

dans le Mecklenburg par suite de la restitution de cette province à la Prusse, l'administration de la Poméranie suédoise.

1250. — DÉCISION.

Paris, 16 août 1807.

M. Daru, intendant général, rend compte à l'Empereur des obstacles que va éprouver la rentrée des contributions qui restent dues dans le royaume de Westphalie. Il attribue ces obstacles à M. Morio, aide de camp du roi de Westphalie, qui parcourt les provinces de ce royaume et fait tout pour en séparer les intérêts de ceux de l'Empereur.

Renvoyé au major général pour faire connaître, que le royaume de Westphalie doit payer les contributions comme les autres provinces, et que M. Daru a bien fait de faire rentrer M. Morio dans l'ordre. Témoignez mon mécontentement à M. Morio de tout ce qu'il prend sur lui.

NAPOLÉON.

1251. — DÉCISION.

Paris, 17 août 1807.

Le maréchal Soult, commandant le 4ᵉ corps de la Grande Armée, fait connaître le vœu exprimé par les officiers du 46ᵉ régiment d'infanterie de ligne, pour que le cœur de La Tour-d'Auvergne soit déposé dans le monument que l'Empereur a donné l'ordre d'élever à la gloire de ses armées.

Approuvé.

NAPOLÉON.

1252. — DÉCISION.

Paris, 17 août 1807.

Le ministre de l'administration de la guerre propose de nommer le

Accordé.

NAPOLÉON.

colonel **Lamogère** commandant de l'Ecole de l'artillerie et du génie à Metz, pour remplacer le colonel Demarçay, actuellement en mission en Hollande.

1253. — DÉCISION.

Paris, 17 août 1807.

Le ministre de l'administration de la guerre soumet à l'Empereur une demande du colonel commandant le 81ᵉ régiment de ligne, en garnison à Zara, tendant à obtenir que les sept compagnies de ce régiment, retenues dans le royaume de Naples, soient réunies à leur dépôt à Venise.

Renvoyé au ministre de la guerre pour donner ordre à ce bataillon de rentrer.

NAPOLÉON.

1254. — DÉCISION.

Paris, 17 août 1807.

Rapport du général Dejean tendant à obtenir l'envoi d'une compagnie d'artillerie à Fenestrelle pour y assurer le service de la place.

Accordé.

NAPOLÉON.

1255. — DÉCISION.

Paris, 17 août 1807.

Le prince Michel Radziwill demande que la légion du Nord, dont il est colonel, ne soit pas employée hors de la Pologne, ceux qui la composent étant propriétaires et presque tous mariés.

Cette légion, à dater du 1ᵉʳ septembre, cessera d'être à ma solde, et sera envoyée à Varsovie pour faire partie de l'armée polonaise.

NAPOLÉON.

1256. — DÉCISION (1).

Paris, 17 août 1807.

Projet d'un envoi, à Perpignan et à Bayonne, de 15.000 fusils tirés de Grenoble.

Refusé. Les faire passer de Tulle.

1257. — DÉCISION.

Paris, le 17 août 1807.

On prie Sa Majesté de faire connaître si les frais de recrutement du 1ᵉʳ régiment suisse, passé définitivement au service du royaume de Naples et dont le dépôt est à Turin, doivent être supportés par la France.

La France ne doit plus rien payer.

1258. — DÉCISIONS (2).

Le ministre de la guerre propose d'attribuer aux commandants d'armes employés en Italie, en Albanie et en Dalmatie le traitement extraordinaire dont jouissent les commandants d'armes de l'Empire français.

Refusé.

L'état des pertes éprouvées par le 6ᵉ corps de la Grande Armée dans les journées des 5 et 6 juin 1807 n'étant qu'en forme de récapitulation générale qu'on ne peut vérifier, le ministre vient de demander les états particuliers à l'appui.

Exiger les formes voulues par les lois.

BERTHIER.

---

(1) Non signée, ainsi que la suivante.
(2) De la main de Berthier; non datées, extraites du « Travail du ministre de la guerre avec l'Empereur, du 19 août 1807 ».

Les officiers napolitains du génie et de l'artillerie, employés à la Grande Armée, à l'armée de Dalmatie et à celle d'Italie, sont payés à titre d'avance par le Trésor français.

Le ministre demande si ces paiements doivent continuer d'avoir lieu de cette manière et si l'on doit en opérer le recouvrement sur le Trésor royal napolitain.

On opérera le recouvrement sur le Trésor royal napolitain.

BERTHIER.

1259. — DÉCISION (1).

Le nombre de souliers envoyés par les dépôts des corps et expédiés de Mayence à Berlin est de 285.213 paires.

Arrêter à Mayence toute nouvelle expédition et écrire aux corps de ne plus diriger des souliers sur Mayence.

1260. — RAPPORT.

LE MARÉCHAL BRUNE AU MINISTRE DE LA GUERRE (2).

Stralsund, 20 août 1807.

Nous sommes entrés ce soir dans Stralsund, après cinq jours de tranchée ouverte : dans ce court espace de temps, les travaux ont été poussés avec une vigueur telle que je me promettais d'emporter la place en peu de jours. Il y a eu un accord parfait dans toutes les armes. Le roi de Suède voyant les progrès de nos travaux, l'inutilité de ses feux contre nos tirailleurs et nos nombreuses batteries prêtes à foudroyer la place, a jugé convenable de s'embarquer avec ses troupes. Il est allé à Rügen, laissant à Stralsund, pour commandant, un de ses aides de camp, M. Peyron, qui est venu aujourd'hui avec deux des principaux magistrats proposer une capitulation.

J'ai dû me refuser à une telle demande et, en même temps que je rassurais les magistrats effrayés de l'abandon auquel les livrait

---

(1) De la main du général Dejean; ni datée ni signée, extraite du « Travail du ministre directeur avec l'Empereur, du 19 août 1807 ».
(2) Cette lettre était originairement adressée à l'Empereur. Après y avoir apporté les changements indiqués ci-après, Napoléon la fit insérer dans le *Moniteur* du 29 août 1807 en la donnant comme un rapport adressé au ministre de la guerre.

leur ci-devant (1) souverain, je faisais placer trois compagnies de grenadiers à chaque porte. Je suis entré dans la place, j'ai nommé le général Thouvenot pour y commander. L'effroi des habitants était extrême ; mais j'ai prononcé le nom de Sa Majesté et, sûr de la sagesse des soldats, j'ai fait subitement succéder le calme à l'épouvante.

On nous a appris que le roi s'était trouvé très exposé (2) à l'affaire du 6, quand nous repoussions ses postes dans la place, et à celle du 15 pour l'ouverture de la tranchée.

Il a emmené quelques canons, et en a encloué un grand nombre. Nous avons trouvé un grand désordre de transports. Je rendrai à Sa Majesté un compte particulier de cet événement (3), mais je ne dois pas différer à lui exprimer la vive satisfaction que je ressens de la conduite parfaite des troupes françaises et alliées dont elle m'a confié le commandement.

Sa Majesté me donnerait en ce moment un témoignage bien précieux de sa bienveillance si elle daignait honorer de la croix de sa Légion : M. Bourgoin, capitaine du génie ; M. Tillier, sous-lieutenant, et M. Canavassi, capitaine de cavalerie, tous trois mes aides de camp. Je désirerais aussi que mes deux anciens aides de camp, M. Guillemet, colonel de cavalerie, et M. Roubaud, chef d'escadron, fussent honorés de la croix d'officier. Je demande pardon à Sa Majesté de lui parler d'abord des officiers qui m'entourent ; mais leur conduite m'autorise à solliciter pour eux cette distinction ; et je me propose bien de désigner scrupuleusement à Sa Majesté les officiers et soldats qui se sont rendus dignes de ses faveurs (4).

BRUNE.

P.-S. — Je crois avoir oublié de dire à Votre Excellence dans ma précédente dépêche, que le roi de Suède avait envoyé il y a quatre jours un aide de camp pour réitérer la proposition de neutraliser Stralsund (5).

BRUNE.

(1) Le mot « ci-devant » a été barré par Napoléon et remplacé de sa main par « ridicule ».
(2) Les mots « s'était trouvé très exposé » ont été de même remplacés par « avait été épouvanté des dangers qu'il avait courus ».
(3) L'Empereur a ajouté de sa main : « aussi déshonorant pour le roi de Suède comme général que comme souverain ».
(4) Tout ce paragraphe, depuis : « Sa Majesté me donnerait... », ainsi que la formule de salutation à l'Empereur qui terminait la lettre, a été barré par Napoléon.
(5) Napoléon a barré les mots « de neutraliser Stralsund » et les a remplacés par

1261. — DÉCISIONS (1).

Le ministre de l'intérieur du grand-duché de Berg réclame le remboursement d'une somme de 11.264 francs, représentant les effets de literie que l'administration de la guerre a cru devoir reprendre pour monter le service de la place de Wesel.

Sa Majesté n'a pas jugé à propos de statuer.

Le ministre directeur demande si le produit des ventes des fourrages laissés en magasin par les fournisseurs doit être versé à la caisse d'amortissement ou rester à la disposition de l'administration.

Sa Majesté a décidé qu'on verserait dans la caisse d'amortissement.

Le prince de Hohenzollern, colonel du régiment de Westphalie, sollicite la jouissance en France de dix rations de fourrage par jour.

Sa Majesté n'a pas jugé à propos de statuer.

1262. — AU MARÉCHAL BERTHIER.

Paris, 24 août 1807.

Mon Cousin, donnez l'ordre qu'un bataillon provisoire fort de 600 hommes se rende à Düsseldorf, pour y être à la disposition du grand-duc de Berg.

NAPOLÉON.

1263. — DÉCISION.

Paris, 24 août 1807.

Le major général consulte l'Em- | C'est au gouvernement polo-

---

ce qui suit : « la plus ridicule. On est à plaindre d'avoir à traiter avec un pareil extravagant. Mais les peuples de Suède sont bien plus à plaindre encore. Officiers, soldats, citoyens, tous gémissent des travers de leur prince; tous aiment la France et admirent Sa Majesté. Le roi de Suède est seul de son parti en Suède; il faut cependant y joindre douze ou quinze misérables comme Persen et Armfeld ».

(1) De la main de Maret; ni datées ni signées, extraites du « Travail du ministre directeur avec l'Empereur », sans date (les décisions ci-dessus ont été communiquées aux bureaux le 29 août 1807).

pereur au sujet de la continuation des travaux de Thorn, Praga, Serotsk et Modlin, que le général Chasseloup avait reçu l'ordre de suspendre.

nais à faire continuer ces travaux. Je ne puis donner de l'argent pour cela.

NAPOLÉON.

1264. — AU MARÉCHAL BERTHIER.

Saint-Cloud, 26 août 1807.

Mon Cousin, faites partir, après en avoir passé la revue, et en règle, 1.200 hommes de cavalerie des 1er, 3e, 4e, 5e, 9e, 15e régiments de dragons et du 26e de chasseurs, qui se trouvent aux dépôts de ces régiments. Ces 1.200 hommes se rendront au camp de Bayonne, de manière que chacun de ces sept escadrons sera fort de 300 à 400 hommes. Vous nommerez des majors pour commander deux de ces escadrons, qui formeront des régiments provisoires de 600 chevaux.

NAPOLÉON.

1265. — NOTE
dictée par Sa Majesté.

26 août 1807.

Sa Majesté charge le ministre des finances de lui mettre sous les yeux le compte exact de ce qui est dû dans chaque ministère sur les exercices an IX, an X, an XI, an XII et an XIII. Pour se procurer des éléments certains pour la formation de ce compte, il réunira chez lui les chefs de comptabilité des différents ministères; il fera tenir un procès-verbal des séances qu'il ouvrira pour recueillir, discuter et approfondir les déclarations qui lui seront faites sur la situation réelle de chaque ministère. Le ministre des finances tiendra chaque semaine une pareille séance jusqu'à ce qu'il soit parvenu à bien connaître ce qui est effectivement dû à chaque ministère, pour chaque année, jusqu'à l'an XIV exclusivement, ce qui est définitivement liquidé, ce qui peut être encore à régulariser, ce qui reste à liquider, ce que les atténuations sur les liquidations à faire peuvent promettre et, tout cela, par article de budget ministériel.

1266. — DÉCISIONS (1).

M. le marquis de La Romana, commandant les troupes espagnoles employées à la Grande Armée, demande l'affranchissement des lettres pour les troupes espagnoles au service de France.

Ils seront traités comme les Italiens.

Projet de décret tendant à affecter au service de la guerre, à Lyon, deux églises avec un terrain et un emplacement formant dépendances.

A communiquer au ministre des finances.

Le ministre propose de nommer à des emplois de chef de bataillon, de capitaine, de lieutenant et de sous-lieutenant dans le régiment de Westphalie.

Le ministre de la guerre réduira le cadre de ce régiment à deux bataillons au lieu de quatre et présentera son travail à l'approbation. C'est en vertu de cette décision que cette proposition n'a point été prise en considération.

Mouton (2).

Le ministre propose de nommer à des emplois de divers grades vacants dans la gendarmerie.

L'Empereur a décidé que l'avancement se ferait dans la gendarmerie comme dans l'artillerie et le génie et ajouté que dans la gendarmerie, les candidats seraient au nombre de 20, dont 10 parmi les plus anciens et 10 autres parmi les plus méritants; les états de services détaillés seront toujours présentés à l'appui des propositions. Cette méthode est de rigueur.

Mouton.

---

(1) Ni datées ni signées; extraites du « Travail du ministre de la guerre avec l'Empereur, du 26 août 1807 ».
(2) Le général Mouton, futur comte de Lobau, aide de camp de l'Empereur.

1267. — DÉCISIONS (1).

Le ministre propose d'ordonner que, dans le nouveau marché à passer pour la fourniture et l'entretien des lits militaires, il ne sera stipulé qu'un prix uniforme de loyer pour tous les lits occupés ou non.

Compte rendu. Je dois ajouter que l'Empereur s'est formellement prononcé sur le mode proposé, et qu'il a insisté pour qu'il fût stipulé deux prix, un prix général d'inoccupation pour tous les lits en service et un prix d'occupation pour ceux réellement occupés.

Les prix des marchés passés dans l'Etat romain paraissent exagérés.

Compte rendu. Faire, sur la cherté des prix, un mémoire à M. Alquier.

Il est demandé à l'Empereur : 1° si les régiments étrangers qui, d'après sa décision du 20 juin dernier, doivent avoir des drapeaux sans aigles, les auront de l'ancien ou du nouveau modèle ; 2° dans le premier cas, quels en seront les ornements, la légende, la coupe ; 3° si cette décision sera applicable aux régiments suisses, irlandais, de La Tour d'Auvergne et d'Isenburg et au bataillon valaisan, qui ont reçu depuis longtemps des drapeaux surmontés d'aigles.

Donner des drapeaux dans l'ancienne forme à ceux qui n'en ont pas. Laisser les aigles à ceux qui en ont reçu.

1268. — AU MARÉCHAL BERTHIER.

Saint-Cloud, 28 août 1807.

Mon Cousin, par mon décret du 26 mai j'ai mis à votre disposition 1.000.000 en bons de la caisse d'amortissement, pour la solde arriérée. Vous n'avez encore disposé de rien. Vous avez encore un

---

(1) De la main de Maret, sauf la première, qui est de la main du général Dejean, ni datées ni signées, extraites du « Travail du ministre directeur avec l'Empereur, du 26 août 1807 ».

crédit de 80.000 francs sur le million que j'avais mis pour l'artillerie, 300.000 francs sur les fonds du génie et 55.000 sur les fonds de la garde impériale. Faites-moi savoir si ces crédits vous sont nécessaires.

Vous avez également 625.000 francs à ordonnancer sur le crédit de 1.400.000 francs que je vous ai ouvert par mon décret du 19 septembre.

NAPOLÉON.

1269. — NOTE (1).

30 août 1807.

Il y aura un conseil d'administration pour l'examen de ce qui concerne le service des vivres de terre et de mer, pour l'exercice an XIV et 1806 et pour 1807. On fera d'abord connaître la dépense de la boulangerie et l'état des consommateurs par divisions militaires. On aura soin, pour les approvisionnements de siège, de distinguer, dans les états, les denrées qui existaient antérieurement. Les ministres auront soint de rejeter toute demande d'intérêt, en observant qu'il y a un compte d'intérêts réciproques à faire avec le Trésor public.

1270. — DÉCISION.

Paris, 31 août 1807.

Le préfet du Mont-Blanc sollicite, pour la commodité du service, la réunion, au chef-lieu du département, du détachement de la compagnie de réserve de ce département qui est stationné à Lans-le-Bourg.	L'observation du préfet est ridicule : les ordres de l'Empereur doivent être ponctuellement exécutés. M^{al} Al. BERTHIER.

---

(1) Cette note, adressée au ministre directeur de l'administration de la guerre, était jointe à une lettre de Maret du 30 août 1807, dont la teneur suit : « J'ai l'honneur de vous envoyer, Monsieur, la feuille de votre dernier travail.

» Quant à ce qui concerne les vivres et le conseil que Sa Majesté est disposée à accorder pour cet objet, l'Empereur a donné des indications très succinctes que je croyais que vous aviez recueillies. Votre Excellence trouvera ci-joint la note qui les contient. »

1271. — DÉCISIONS (1).

On demande à Sa Majesté si les traitements du général Caffarelli, des aides de camp et de l'inspecteur aux revues qui lui sont attachés, doivent continuer d'être payés par la France.

Faire connaître en détail quel est son traitement en Italie et quel est celui qu'il touche en France, ainsi que ses aides de camp et l'inspecteur aux revues.

On prend les ordres de Sa Majesté sur un projet d'amélioration des fortifications de la place de Maëstricht.

Que l'inspecteur général comprenne cet objet dans la distribution du crédit pour le génie.

Le détachement d'artillerie stationné à Livourne sera-t-il soldé, nourri et entretenu par la France ou par la Toscane ?

Faire connaître le mouvement qui a été ordonné.

Le général de brigade Bache est proposé pour l'emploi de colonel de la 2ᵉ demi-brigade de vétérans.

L'Empereur a déclaré qu'il voulait qu'on suspendît les nominations de la nature de celle-ci.

La commune de Haguenau étant la seule commune de l'Empire qui soit chargée des lits militaires et se trouvant assujettie, en raison de sa position, à loger fréquemment des troupes de passage, le ministre propose de lui accorder, pour les années XII, XIII et suivantes, la faveur d'être payée du loyer de 421 lits qu'elle entretient, comme ayant tous été occupés.

La traiter comme la compagnie.

Le ministre demande si l'infanterie de ligne pourvoira directement à son habillement en 1808, conformément au décret du 25 avril 1806.

Continuer à l'habiller et ajourner l'exécution du décret à un an.

---

(1) De la main de Maret ; non datées, extraites du « Travail du ministre de la guerre avec l'Empereur, du 2 septembre 1807 ».

1272. — DÉCISION (1).

4 septembre 1807.

Le ministre demande l'autorisation d'organiser deux nouvelles compagnies de pionniers, dont l'une serait placée à Wesel et l'autre à Alexandrie.

Approuvé.

1273. — DÉCISION.

Saint-Cloud, 5 septembre 1807.

Rapport du ministre de la guerre à l'Empereur.

2 septembre 1807.

Le 22º régiment de chasseurs, qui faisait partie de la brigade Durosnel (division La Salle), arrivera le 9 septembre à Mayence. Ce régiment attendra des ordres à Mayence pour la destination ultérieure que Sa Majesté jugera convenable de lui assigner.

Renvoyé au ministre de la guerre pour savoir où est son dépôt.

NAPOLÉON.

1274. — DÉCISION.

Saint-Cloud, 5 septembre 1807.

Le ministre de la guerre sollicite les ordres de l'Empereur au sujet de la destination ultérieure de deux détachements venant de Corse et stationnés à Livourne ; l'un de ces détachements provient de la 9ª compagnie d'ouvriers d'artillerie, l'autre du 4ª régiment d'artillerie à pied.

Ces troupes seront jointes à la division que commande le général Miollis qui va prendre possession de Livourne.

NAPOLÉON.

1275. — AU MARÉCHAL BERTHIER.

Saint-Cloud, 6 septembre 1806.

Mon Cousin, vous trouverez ci-joint des lettres du maréchal

---

(1) Non signée.

Soult, relatives à une lettre qu'il a écrite à l'Empereur de Russie. Témoignez-lui mon mécontentement d'avoir pris cela sur lui.

Il aurait été bien plus convenable qu'il écrivît au général Savary, qui aurait communiqué le contenu de sa lettre à l'Empereur, si les circonstances l'avaient rendu nécessaire ; mais, en vérité, cela n'en valait pas la peine.

NAPOLÉON.

1276. — ORDRE (1).

Saint-Cloud, 6 septembre 1807.

Monsieur le général Clarke, les troupes françaises et italiennes qui sont à Corfou doivent faire partie de l'armée de Naples jusqu'à nouvel ordre. Elles seront nourries et payées par la caisse militaire du royaume de Naples.

1277. — DÉCISIONS (2).

Rambouillet, 7 septembre 1807.

Plusieurs prisonniers de guerre russes demandent l'autorisation de se fixer en France.	Accordé ; tout ce qui veut se fixer en France, non seulement doit y être autorisé, mais l'on doit même les y engager.
Le commandement de la 13ᵉ division militaire sera-t-il confié au général Demont, sénateur, ou à l'un des généraux de brigade qui y sont employés ?	Envoyer à Rennes, pour commander la 13ᵉ division, le général Malher.
On demande les ordres de l'Empereur au sujet du renvoi des officiers hessois à Brunswick.	Attendre les ordres de l'Empereur.
Un officier prussien demande l'autorisation de passer deux mois à Paris.	Accordé.

---

(1) Non signé, extrait certifié conforme.
(2) Extraites du « Travail du ministre de la guerre avec S. M. l'Empereur et Roi du 26 août 1807 ». — Non signées.

Effets d'artillerie laissés à La Nouvelle-Orléans et cédés au gouvernement américain moyennant paiement, si Sa Majesté veut bien approuver cette transaction.	Approuvé.
Le ministre de la guerre soumet à l'Empereur un plan et une note sur la place de Magdeburg.	Approuvé.

1278. — ORDRE (1).

Rambouillet, 7 septembre 1807.

Monsieur le général Clarke, il est convenable que vous me présentiez au prochain travail un état qui m'indique le nombre des généraux en activité, etc...

Vous me présenterez aussi la situation des divisions militaires...

NAPOLÉON.

1279. — AU GÉNÉRAL CLARKE.

Rambouillet, 7 septembre 1807.

Monsieur le général Clarke, répondez au général Marmont que j'ai reçu sa lettre, et faites-lui connaître mes instructions relativement à la conduite à tenir envers les Bocchais (2).

Le prince de Neuchâtel est toujours major général ; c'est donc à lui que vous devez toujours adresser ce que vous auriez à transmettre pour la Grande Armée.

NAPOLÉON.

1280. — DÉCISION.

Rambouillet, 7 septembre 1807.

Le ministre de la guerre propose de faire compléter, par des conscrits tirés du dépôt du 6ᵉ régiment	Approuvé. NAPOLÉON.

(1) Extrait.
(2) Habitants des Bouches de Cattaro.

d'artillerie à pied, qui est à Rennes, les 10ᵉ, 13ᵉ, 18ᵉ et 19ᵉ compagnies de ce régiment, stationnées la première aux îles Saint-Marcouf, la deuxième à Granville, la troisième à Cherbourg et la quatrième à Noirmoutiers.

1281. — DÉCISION.

Rambouillet, 7 septembre 1807.

Le général de division César Berthier, gouverneur général des Sept-Iles, rend compte de l'occupation de la citadelle et de l'île de Corfou par les troupes du corps expéditionnaire sous ses ordres.

Renvoyé au ministre de la guerre, qui fera connaître que les îles de Corfou doivent continuer à être gouvernées selon leur constitution autant que possible, sous le commandement du général César Berthier, qui recevra des ordres du prince Joseph, non comme roi de Naples, mais comme commandant en chef de mon armée; que le général Berthier doit donc s'adresser à lui pour tout ce dont il aura besoin, et qu'il doit aussi écrire fréquemment au ministre de la guerre.

Pour ce qu'il est convenable de donner de traitement au général Berthier, comme gouverneur des îles Ioniennes, si je n'ai rien décidé, le ministre me proposera des ordres. Il veillera à ce que Corfou soit approvisionné de munitions de guerre et surtout de munitions de bouche. Il chargera le prince Eugène d'expédier, des magasins de Venise et de Palmanova, du blé et du biscuit à Corfou.

NAPOLÉON.

1282. — DÉCISION.

Rambouillet, 7 septembre 1807.

Le ministre de la guerre annonce l'arrivée à Perpignan du régiment espagnol Lusitania-dragons, ainsi que les mouvements de détachements de divers autres corps espagnols en marche sur Mayence. Il sollicite les ordres de l'Empereur sur la destination définitive de ces troupes.

Il faut laisser à Perpignan le régiment entier qui y est et écrire à M. de Beauharnais que, si le roi d'Espagne veut le rappeler pour le comprendre dans l'organisation de l'armée contre le Portugal, il peut le faire. Quant aux autres détachements, il faut les laisser filer sur Hamburg.

NAPOLÉON.

1283. — DÉCISION.

Rambouillet, 7 septembre 1807.

Le ministre de la guerre propose de transférer à La Rochelle le dépôt du 82° régiment, que ce corps, parti pour Bayonne, a laissé à Luçon.

Renvoyé au ministre de la guerre pour me faire connaître pourquoi le dépôt de ce régiment a été déplacé. Il faut prendre des mesures pour que les dépôts ne bougent jamais, à moins d'ordres particuliers. Le ministre me mettra sous les yeux la dépense que coûtera le nouveau déplacement de ce dépôt.

NAPOLÉON.

1284. — DÉCISION.

Rambouillet, 8 septembre 1807.

Le maréchal Davout rend compte à l'Empereur de l'organisation du régiment des chevau-légers polonais, qui est retardée faute de fonds.

Renvoyé au major général pour donner l'ordre à M. Daru d'envoyer 200.000 francs à la caisse du payeur pour être à la disposition du major de ce régiment.

NAPOLÉON.

1285. — DÉCISION (1).

Rambouillet, 8 septembre 1807.

Le maréchal Davout rend compte à l'Empereur que, le roi de Prusse ayant congédié tous les officiers polonais à son service, on doit craindre qu'ils n'aillent servir à l'étranger.

Le maréchal propose de les employer dans les corps polonais à la solde de la France.

La légion polacco-italienne qui se réunit en Silésie, ainsi que le régiment de lanciers, ne sont pas complets en officiers ; on peut même mettre un officier de plus par compagnie, les compagnies étant très fortes. Mais il faut s'attacher à choisir de bons officiers.

1286. — DÉCISION (2).

Rambouillet, 8 septembre 1807.

Rapport du maréchal Davout sur le fonctionnement de l'administration du grand-duché de Varsovie et des divers services administratifs de l'armée.

Renvoyé au major général pour répondre à cette lettre du maréchal Davout et lui faire connaître que j'ai donné l'ordre que la solde soit tenue au courant et les services assurés.

1287. — DÉCISION.

9 septembre 1807.

Le ministre de la guerre rend compte à l'Empereur que le dépôt du 22ᵉ régiment de chasseurs, qui doit arriver à Mayence le 21 septembre, est établi à Namur, et que le dépôt du 10ᵉ régiment de chasseurs, qui doit arriver à Mayence le 21 septembre, venant également de la Grande Armée, est établi à Maëstricht.

Le 22ᵉ se rendra à Namur et le 10ᵉ se rendra à Maëstricht.

NAPOLÉON.

---

(1) Non signée.
(2) Non signée.

1288. — DÉCISIONS (1).

Le ministre de la guerre propose à l'Empereur de décider que les bases qui servent à la fixation des soldes de retraite resteront les mêmes jusqu'à la rédaction du code militaire.

Proposer un projet en forme de lettre ou instruction pour lui servir de règle dans les propositions qu'il fera à Sa Majesté.

Demande d'avancement faite par le maréchal Victor en faveur de plusieurs officiers du 1ᵉʳ corps d'armée.

Cette demande a été envoyée à une autre époque, l'Empereur regardant comme terminé l'avancement extraordinaire que méritait la Grande Armée.

1289. — DÉCISIONS (2).

Les effets d'hôpitaux qui doivent être transportés au camp de Bayonne par les voitures du 8ᵉ bataillon des équipages étant tous emballés et prêts à être expédiés, le ministre prend les ordres de l'Empereur sur le départ de ce bataillon.

Faire partir et prévenir le ministre de la guerre.

L'intention de l'Empereur est-elle de licencier les équipages de la compagnie Gayde, en Italie, ou d'en former un 9ᵉ bataillon d'équipages militaires ?

Approuvé (3). Prendre les mesures.

Etat des fonds demandés par l'administration de la guerre pour le service du mois d'août.

Remettre au major général.

---

(1) La première de la main de Maret, la deuxième signée du général Mouton, non datées; extraites du « Travail du ministre de la guerre avec l'Empereur, du 9 septembre 1807 ».
(2) De la main de Maret, ni datées ni signées; extraites du « Travail du ministre directeur avec l'Empereur, du 9 septembre 1807 ».
(3) C'est-à-dire la formation d'un 9ᵉ bataillon.

1290. — AU MARÉCHAL BERTHIER.

Rambouillet, 10 septembre 1807.

Mon Cousin, répondez à M. Malakowski que la légion polacco-italienne doit passer au service de France et que la légion du Nord doit passer au service de Pologne. Mon intention n'est pas de dépenser 500.000 ou 600.000 francs pour les Espagnols, parce que le gouvernement espagnol ne me les rendrait pas. Mais vous leur ferez donner une paire de souliers et une capote par homme, en indemnité, mais sans que j'aie aucun déboursé à faire pour cet objet. Vous ferez parvenir cet ordre à M. Daru et au prince de Ponte-Corvo, pour qu'il ne soit donné aux Espagnols aucun autre objet.

La difficulté que fait la régence du royaume de Westphalie est ridicule. Hanau, Schmalkalden et Katzenelnbogen ne sont pas compris dans les pays que la régence doit administrer, tandis que Göttingen et Grupenhagen y sont compris. Instruisez le gouverneur de Hanovre de ce qui est relatif à Göttingen.

NAPOLÉON.

1291. — DÉCISION (1).

Rambouillet, 10 septembre 1807.

Le maréchal Berthier, major général, rend compte que le maréchal Kellermann, qui avait reçu l'ordre de diriger un bataillon provisoire sur Düsseldorf, l'a envoyé à Dillenburg, le grand-duc de Berg lui ayant fait connaître que ce bataillon était destiné à réprimer des troubles dans cette ville.

Approuvé.

1292. — DÉCISION.

Rambouillet, 11 septembre 1807.

Le ministre de la guerre rend compte des motifs pour lesquels le

Accordé.

NAPOLÉON.

---

(1) Non signée.

dépôt du 82e régiment d'infanterie a été déplacé, ainsi que des dépenses qu'entraînerait le nouveau déplacement de ce dépôt de Luçon à La Rochelle, et il demande si ce mouvement devra être ordonné.

1293. — DÉCISION.

11 septembre 1807.

Le général Musnier, commandant la 15e division militaire, propose de faire relever la compagnie de vétérans qui se trouve au château de Ham par celle qui est à Dieppe, la première ayant « contracté des liaisons et des habitudes qui compromettent journellement le service et la sûreté des prisonniers ».

Approuvé.

NAPOLÉON.

1294. — AU MARÉCHAL BERTHIER (1).

15 septembre 1807.

Mon Cousin, les 5e et 7e régiments de chasseurs et les 3e et 11e de hussards formeront la brigade du général Pajol. Le général de brigade Watier et le général de division La Salle pourront se rendre en France et vous leur donnerez, à cet effet, un congé d'un mois.

Faites-moi connaître quand la division bavaroise du général Deroy et la division wurtembergeoise arrivent dans les environs de Berlin. Donnez ordre au 44e régiment de ligne de se rendre à Hameln, si je ne lui ai pas donné d'autre ordre depuis Stettin. Envoyez-moi la situation des bataillons provisoires de Hameln, de Cassel, d'Erfurt, de Minden et de Bayreuth, ainsi que l'état de l'habillement, de l'armement et de l'instruction, afin que je dispose de ces bataillons. Donnez ordre à M. Daru de faire faire les fonds pour la solde jusqu'au 1er décembre aux corps qui sont en Pologne et à Danzig.

---

(1) Cette lettre, non signée, porte en marge la mention : « Expédié le 16 septembre. »

1295. — DÉCISION (1).

Rambouillet, 15 septembre 1807.

Le maréchal Berthier propose à l'Empereur de décider que les fournitures accordées par le maréchal Brune aux troupes hollandaises seront considérées comme celles faites à la Grande Armée et qu'elles seront payées par les mêmes moyens.

Le maréchal Brune étant sous mes ordres, ne devait rien donner aux troupes hollandaises faisant partie de la Grande Armée. Il ne doit être fait aucune fourniture aux troupes hollandaises.

1296. — DÉCISION (2).

Rambouillet, 15 septembre 1807.

Rapport du maréchal Victor à l'Empereur.

Berlin, 2 septembre 1807.

Sire, la commission plénipotentiaire du roi de Prusse m'a témoigné, par une note, le désir de voir bientôt s'éloigner des États prussiens le dépôt de cavalerie de la Grande Armée établi à Potsdam. Je lui ai répondu qu'il n'est pas en mon pouvoir de disposer de cette cavalerie, attendu que son établissement à Potsdam a été ordonné par Sa Majesté l'Empereur et Roi;

Que la Poméranie suédoise, proposée par la commission comme propre à recevoir cette cavalerie, est déjà trop surchargée de troupes et que ses ressources sont insuffisantes pour subvenir à leurs besoins ;

Que d'ailleurs l'armée française devant incessamment quitter la Moyenne Marche, selon la conven-

Renvoyé au prince de Neuchâtel pour faire connaître au maréchal Victor qu'il a très bien répondu, et qu'il doit engager les plénipotentiaires prussiens d'envoyer un courrier extraordinaire à leur roi, pour qu'on en finisse promptement, et que toutes ces affaires soient définitivement arrangées.

---

(1) Non signée.
(2) Non signée; l'expédition est du 17 septembre.

lion du 12 juillet dernier, si les articles qui concernent la Prusse en sont exécutés, et le dépôt dont il s'agit devant, en conséquence, suivre le mouvement de l'armée, celui que la commission propose l'éloignerait sans nécessité de la destination qui lui est assignée.

1297. — DÉCISION.

Rambouillet, 15 septembre 1807.

Rapport du général Lauriston à l'Empereur sur la remise de la province de Castelnovo et sur la prise de possession des Bouches-de-Cattaro.

Renvoyé au ministre de la guerre pour faire une réponse.

Napoléon.

1298. — DÉCISIONS (1).

M. de Metternich réclame, *en son nom*, le renvoi en Autriche de deux soldats du 4ᵉ bataillon colonial.

Aucun étranger n'a rien à voir aux hommes qui sont dans les troupes françaises. Si ceux dont il s'agit désirent retourner, il n'y a pas d'inconvénients à les accorder à la demande de M. de Metternich.

Le général Gouvion Saint-Cyr demande l'autorisation de s'absenter pour quelques jours de son quartier général.

Il est en présence de l'ennemi, un congé ne peut lui être accordé.

Le roi de Naples désire donner au colonel Laffon, du 6ᵉ régiment de chasseurs, la retraite de général de brigade, et le remplacer par M. Steenhaudt, colonel surnuméraire du 4ᵉ régiment de même arme.

La proposition n'est pas conforme à la loi.

---

(1) De la main de Maret, ni datées ni signées; extraites du « Travail du ministre de la guerre avec l'Empereur, du 16 septembre 1807 ».

M. de Zakomelski, général-major russe, demande que les bataillons russes reçoivent le traitement sur le même pied que les troupes françaises, à compter de la formation de chaque bataillon.	Quand ils seront réunis, ils seront payés comme les vétérans, c'est-à-dire qu'ils n'auront pas la masse d'ordinaire.
Proposition de n'armer les prisonniers russes qu'au moment de leur départ, ou même sur la frontière, attendu le peu de subordination qui paraît régner dans ces troupes.	Quand ils seront formés on en remettra le contrôle à Sa Majesté qui donnera ses ordres. Il faut avoir soin qu'ils ne soient dans aucune place forte.
Mesures proposées pour empêcher les corps de la Grande Armée de soustraire une partie de l'armement dont ils sont comptables.	Approuvé, à condition que les armes seront mises en séquestre.
Le ministre prend de nouveau les ordres de l'Empereur sur le projet de réduit à construire près de la batterie Napoléon, au centre de la ville de Cherbourg.	Sa Majesté désire que la construction ne soit pas en bois.
Projet de règlement concernant l'entretien du train des sapeurs, créé par décret du 1ᵉʳ octobre dernier.	Renvoyé au Conseil d'Etat.
On propose de faire rentrer la totalité ou au moins la moitié des affûts en batterie dans les places frontières du Rhin et de la Meuse.	De la Meuse tous, du Rhin ajourné.
On propose d'accorder un secours mensuel à M. de Montmorin-Saint-Hérem, capitaine honoraire aux Invalides.	A la disposition du ministre.
Des armes de guerre ont été fabriquées à Liège, non dans la manufacture impériale, pour l'armement des troupes du grand-duché de Berg.	Laisser passer si c'est pour le grand-duc.

On propose d'approuver la distribution des sommes restées libres en bons de la caisse d'amortissement.	S'entendre avec M. Mollien.
Fixation du traitement du général César Berthier, comme gouverneur des îles Ioniennes, à 50.000 francs par an.	Approuvé.
Traitement de non-activité demandé pour le colonel Auvray, préfet du département de la Sarthe.	Lui donner sa retraite.
Les maréchaux d'Empire qui se sont rendus à Paris en vertu des ordres de Sa Majesté réclament le paiement des appointements de généraux en chef qui leur étaient accordés à la Grande Armée.	Remettre au major général. On les fera payer sur les fonds de la Grande Armée.
Les officiers de la Grande Armée qui se rendent à Paris en vertu de congés seront-ils payés de leur traitement à Paris ou soldés à la caisse de la Grande Armée.	Ils se feront payer à la Grande Armée, en traites du caissier.
Faux commis dans la nomination de M. Canuel à un emploi d'aide de camp.	Renvoyé à une commission du Conseil.

1299. — DÉCISIONS (1).

Rapport à l'Empereur au sujet des dépenses qu'occasionneraient les remontes et le harnachement des régiments de cavalerie qui sont en Italie et dans le royaume de Naples si on les portait au complet. Le total de ces dépenses s'élèverait à la somme de 1.317.918 fr. 63.	Approuvé cette dépense. Donner l'ordre à ces régiments de se mettre au complet de guerre.

(1) Ni datées ni signées; extraites du « Travail du ministre de la guerre avec l'Empereur, du 17 septembre 1807 ».

Rapport à l'Empereur relativement aux ordres donnés pour l'arrestation d'un capitaine d'habillement du 75ᵉ de ligne, et aux mesures prises pour l'examen des malversations dont le conseil d'administration de ce corps est accusé.	Remettre, mercredi prochain, un rapport sur toutes les dilapidations des corps.
Le 9ᵉ bataillon des équipages doit-il être porté au complet ?	Former d'abord les trois compagnies.
Le ministre demande s'il doit être organisé un service de poste militaire près le corps d'observation de la Gironde.	Ecrire à M. La Vallette pour chercher les moyens les plus économiques.
Dispositions relatives à la déchéance des communes du royaume d'Italie, qui avaient fait des fournitures aux troupes françaises et n'avaient pas remis leurs pièces dans les délais prescrits.	Accordé.
Le ministre propose d'accorder un secours de 1.000 francs à la veuve du sieur Jagon, décédé, chirurgien en chef de la succursale de Louvain, après 25 ans de service.	Accordé.

1300. — DÉCISION.

Saint-Cloud, 18 septembre 1807.

Proposition tendant à appliquer à la légion hanovrienne la décision de l'Empereur, portant que les emplois d'officiers vacants, dans les régiments d'Isenburg et de La Tour d'Auvergne, seront à la nomination de Sa Majesté.	Approuvé. NAPOLÉON.

1301. — DÉCISION.

Saint-Cloud, 18 septembre 1807.

Le grand bailli du Valais propose à l'Empereur de décider, qu'à l'exemple du mode de nomination en usage dans les régiments d'Isenburg et de La Tour d'Auvergne, il sera pourvu par Sa Majesté elle-même à tous les emplois qui viendront à vaquer dans le bataillon valaisan, le mode d'avancement à l'ancienneté pouvant présenter des inconvénients, en raison du manque d'instruction et d'éducation des sous-officiers de ce corps.

Approuvé.

Napoléon.

1302. — DÉCISION.

Fontainebleau, le (1) septembre 1807.

Rapport du maréchal Davout, en date du 19 septembre 1807, sur la composition actuelle de la légion polacco-italienne, sur l'état de son armement, habillement, équipement.

Le major général s'entendra là-dessus avec le prince Jérôme, cette légion d'infanterie et cavalerie devant être au service du roi de Westphalie. Mais le major général écrira au maréchal Davout pour qu'on recrute cette légion et qu'on la complète.

Napoléon.

1303. — DÉCISION.

22 septembre 1807.

Le maréchal Kellermann ayant reçu l'ordre de ne plus rien envoyer aux bataillons de garnison, le mi-

Le laisser jusqu'à nouvel ordre à Mayence.

Napoléon.

---

(1) La date du jour manque. — L'Empereur est arrivé à Fontainebleau le 21 au soir.

nistre de la guerre propose de renvoyer à Verdun un détachement du 25ᵉ d'infanterie légère, qui était destiné à faire partie d'un de ces bataillons de garnison et qui vient d'arriver à Mayence.

1304. — AU MARÉCHAL BERTHIER.

Fontainebleau, 22 septembre 1807.

Mon Cousin, donnez l'ordre au maréchal Soult de retirer les troupes de l'île du Nogat qui paraît malsaine. Il peut envoyer la grosse cavalerie sur l'Oder.

NAPOLÉON.

1305. — DÉCISION.

Fontainebleau, le (1) septembre 1807.

Rapport de M. Daru à l'Empereur, en date du 12 septembre 1807, par lequel il rend compte de la comptabilité du service des transports dans le grand-duché de Varsovie et des mesures prises en vue de l'augmentation des équipages réguliers à la suite du 3ᵉ corps.

Le major général communiquera cela au maréchal Davout.

NAPOLÉON.

1306. — DÉCISION (2).

Le maréchal Berthier rend compte à l'Empereur de l'évacuation de la Silésie par les divisions bavaroise et wurtembergeoise faisant partie du 9ᵉ corps d'armée et par quelques autres troupes. Il demande ensuite les ordres de Sa Majesté en prévision de l'évacuation des places de Glogau et de Hesse.

Faire connaître au maréchal Mortier que l'Empereur se réserve de répondre quand il y aura lieu.

---

(1) La date a été omise. L'ordre de l'Empereur a été exécuté le 24.
(2) Sans date ni signature. Elle a été expédiée le 24 septembre 1807.

1307. — DÉCISION.

Fontainebleau, 24 septembre 1807.

Rapport du maréchal Berthier à l'Empereur.

Sire, le prince de Ponte-Corvo m'annonce, par une lettre du 7 septembre, que le général Dumonceau a reçu l'ordre du roi de Hollande de diriger de suite et le plus promptement possible, vers la Hollande, les 2e et 3e régiments de hussards hollandais.

Le prince de Ponte-Corvo expose que l'ordre de S. M. le roi de Hollande étant positif et pressant, il n'a pas cru devoir retenir ces deux régiments qui, en conséquence, filent vers la Hollande.

Le prince de Ponte-Corvo a eu tort de laisser filer ces troupes. Désormais, il ne doit exécuter aucun mouvement de troupes qu'il ne vous en rende compte avant et qu'il n'ait reçu vos ordres.

NAPOLÉON.

1308. — DÉCISION.

Fontainebleau, 24 septembre 1807.

Le maréchal Berthier rend compte à l'Empereur que le général Grabinski manifeste, au nom de la légion polacco-italienne, le desir de rester en Pologne.

Renvoyé au major général. La Pologne n'a pas de quoi les payer. Donner ordre au maréchal Mortier, du moment que ces troupes sont organisées, de les diriger sur Berlin, en faisant marcher d'abord le régiment de lanciers.

NAPOLÉON.

1309. — DÉCISION.

Fontainebleau, 24 septembre 1807.

Le ministre de la guerre soumet à l'Empereur la répartition des bataillons provisoires formés avec les prisonniers de guerre russes.

Qui empêche de diriger ces prisonniers du côté d'Aix-la-Chapelle et Cologne ?

Il ne faut point les garder

dans les places fortes, et ne les armer qu'à leur sortie de France.

NAPOLÉON.

1310. — DÉCISION.

Fontainebleau, 24 septembre 1807.

Le ministre de la guerre propose à l'Empereur de retirer de la Dalmatie 9 capitaines en 2ᵉ excédants, d'en rappeler 4 en France et d'envoyer les 5 autres à Corfou.

On me fera cette proposition au mois de janvier 1808.

NAPOLÉON.

1311. — AU GÉNÉRAL CLARKE.

Fontainebleau, 25 septembre 1807.

Monsieur le général Clarke, donnez ordre aux trois bataillons du régiment d'Isenburg de partir du lieu où ils se trouvent pour se diriger sur Naples, où ils feront partie de cette armée.

NAPOLÉON.

1312. — DÉCISION.

27 septembre 1807.

Le ministre directeur de l'administration de la guerre rend compte des mesures qui ont été prises à l'effet de remédier à la difficulté que les troupes à cheval de l'armée d'observation éprouvent pour nourrir leurs chevaux.

Les placer à cinq à six marches de distance (1).

---

(1) Cette décision, non signée, est de la main du secrétaire d'État.

1313. — DÉCISIONS (1).

On demande à Sa Majesté si les 6.000 fusils qu'elle a permis au bey de Tunis de faire venir de France doivent être fournis par les magasins de l'Etat.

Les fusils seront achetés pour le bey dans les magasins particuliers.

On prie Sa Majesté de faire connaître si elle approuve qu'il ne soit plus donné de sabres-briquets aux voltigeurs et aux basses compagnies de l'infanterie légère et étrangère.

Faire un règlement pour en ordonner la suppression.

Sa Majesté est priée de faire connaître si son intention est que les vélites qui ont fait la dernière campagne soient dispensés de payer la pension, et, dans ce cas, de fixer au 1er janvier 1808 l'époque à laquelle ils seront dispensés de payer.

Il n'y a pas de motifs pour rien changer.

Le général Maurin ira-t-il à Hamburg ou au corps d'observation de la Gironde ?

La destination au corps d'observation de la Gironde est ajournée.

1314. — DÉCISIONS (2).

Le 40e régiment d'infanterie réclame une indemnité pour perte d'effets pris par l'ennemi. Il évalue cette perte à 66.615 francs.

Renvoyé à l'intendant général pour faire connaître ce qui lui a été fourni à la Grande Armée en remplacement de ce qui avait été pris par l'ennemi.

---

(1) De la main de Maret, ni datées ni signées; extraites du « Travail du ministre de la guerre avec l'Empereur, du 27 septembre 1807 ».
(2) De la main de Maret, ni datées ni signées; extraites du « Travail du ministre directeur avec l'Empereur, du 27 septembre 1807 ».

Le ministre propose d'ajouter un second officier par compagnie dans les équipages militaires.	Sa Majesté ne change rien à ce qui est établi.
Extensions qu'on a été obligé de donner à l'allocation de l'indemnité représentative du cheval de selle en faveur des officiers âgés de moins de 50 ans, revenant de l'armée avec des blessures qui les mettent hors d'état de faire route ni à pied ni à cheval.	A la disposition du ministre.
Les concierges des prisons seront dispensés, jusqu'au 1er octobre prochain, de fournir les pièces justificatives de leurs dépenses.	Approuvé.
L'habillement, les journées d'hôpitaux et les frais de route d'un dépôt à l'autre des déserteurs condamnés aux travaux publics sont-ils à la charge de l'administration de la guerre ou à celle des ponts et chaussées ?	Décision affirmative, à la charge de l'administration de la guerre.
Les 800 marins qui sont à l'île d'Elbe doivent-ils être à la charge du ministère de la marine ou de l'administration de la guerre ?	La marine doit payer.

1315. — DÉCISION.

27 septembre 1807.

Le ministre directeur propose d'accorder aux officiers russes prisonniers de guerre une gratification individuelle comme en reçoivent les officiers napolitains.	Accordé 200 francs. NAPOLÉON.

1316. — DÉCISION (1).

28 septembre 1807.

Le général russe Zakomelski sollicite la permission de venir passer quinze jours à Paris avec ses aides de camp.

Accordé.

1317. — AU GÉNÉRAL CLARKE.

Fontainebleau, 30 septembre 1807.

Monsieur le général Clarke, donnez l'ordre au 1er régiment de Prusse de se rendre à Flessingue. Envoyez-y également le bataillon irlandais. Donnez ordre aux généraux Harty et Clément de se rendre dans l'île de Walcheren, pour servir sous les ordres du général Monnet.

Donnez ordre à la 17e compagnie du 1er régiment d'artillerie à pied, qui est à Anvers, de se rendre à Flessingue. Faites-moi connaître combien il y a d'officiers du génie dans cette île. Le général Férino pourra quitter son gouvernement au 15 octobre et rentrer au Sénat. Vous me ferez un rapport pour dissoudre le corps d'observation de l'Escaut.

NAPOLÉON.

1318. — DÉCISION.

30 septembre 1807.

Le ministre de la guerre soumet à l'approbation de l'Empereur les dispositions relatives aux honneurs militaires à rendre aux ambassadeurs et ministres plénipotentiaires français.

Approuvé.

NAPOLÉON.

---

(1) Non signée; extraite du « Travail du ministre de la guerre avec S. M. l'Empereur et Roi, du 27 septembre 1807 ».

1319. — DÉCISIONS (1).

30 septembre 1807.

En raison de la formation provisoire des compagnies de grenadiers et voltigeurs, constituées dans les 25° et 27° divisions militaires, le ministre propose de ne pas changer l'armement de ces compagnies.

Approuvé.

Difficultés qui existent entre le général de division Piston et le général de brigade Laurent, relativement au commandement de la 25° division, dont le général Laurent est chargé par intérim.

Y envoyer un général de division.

Le général de division Duhesme, employé à l'armée d'Italie, demande un congé d'un mois pour aller aux eaux d'Aix, en Savoie.

Accordé.

Le général de brigade Vergez est proposé pour faire partie du corps d'observation de la Gironde.

L'envoyer en Italie.

Le ministre propose d'accorder le traitement d'activité au général de brigade Thomières, jusqu'à ce qu'il puisse être employé.

L'envoyer à l'armée de la Gironde.

Le général Darmaignac et l'inspecteur aux revues Chadelas continueront-ils à exercer leurs fonctions près la garde municipale de Paris ?

Oui.

Observations du directeur des fortifications d'Anvers sur la né-

L'Empereur s'en tient au budget.

---

(1) Non signées; extraites du « Travail du ministre de la guerre avec S. M. l'Empereur et Roi, du 27 septembre 1807 ».

cessité d'accorder au moins un fonds supplémentaire de 200.000 francs pour pouvoir achever divers travaux avant l'hiver.

1320. — DÉCISION.

Fontainebleau, le (1) septembre 1807.

Le général Clarke, ministre de la guerre, expose à l'Empereur que le général Maurin, affecté par Sa Majesté au corps d'observation de la Gironde, a été envoyé à Hamburg par le prince de Neuchâtel.

Renvoyé au prince de Neuchâtel pour lui témoigner mon mécontentement de ce que, sans ordre, il a employé cet officier à Hamburg ; l'envoyer sur-le-champ au corps de la Gironde pour y prendre le commandement d'une brigade de cavalerie.

NAPOLÉON.

1321. — AU GÉNÉRAL CLARKE.

Fontainebleau, 1ᵉʳ octobre 1807.

Monsieur le général Clarke, donnez ordre que tous les détachements du 22ᵉ et du 10ᵉ régiment de chasseurs qui seraient en Allemagne, rentrent en France et viennent rejoindre leurs corps ; au 22ᵉ de se rendre, avec son dépôt, à Gand, et au 10ᵉ de se rendre, avec son dépôt, à Bruxelles. Donnez ordre à tous les détachements que ces régiments auraient à l'armée, soit en Allemagne, soit ailleurs, de rejoindre dans ces deux endroits. Donnez ordre également qu'un inspecteur aux revues sévère et intelligent passe la revue de ces régiments en octobre, pour prendre connaissance des chevaux à réformer, de la situation des magasins de selles, d'habillement, des masses de remontes, etc.

NAPOLÉON.

(1) Présumé le 30.

1322. — AU GÉNÉRAL CLARKE.

Fontainebleau, 1er octobre 1807.

Monsieur le général Clarke, donnez ordre que le corps de troupes à cheval, qui avait été formé à Maëstricht pour être en mesure de se porter à la défense de l'Escaut, soit dissous, et que chaque détachement rejoigne son régiment.

NAPOLÉON.

1323. — DÉCISION.

Fontainebleau, 1er octobre 1807.

Le commissaire général de la marine, à Anvers, demande un détachement de 45 hommes d'infanterie, commandé par un officier, pour former la garnison de la frégate *La Caroline*, en armement dans le bassin de Flessingue, et qui doit être mise en état de tenir la mer.

Prendre ces hommes dans le 3e bataillon du 48e.

NAPOLÉON.

1324. — DÉCISIONS (1).

On prie Sa Majesté de donner ses ordres sur le désarmement des places des frontières de la Suisse et des Alpes.

Désarmer Alexandrie, Fenestrelle, Gavi et tout le Dauphiné.

Désordres et malversations qui ont eu lieu dans la comptabilité du 19e régiment d'infanterie de ligne. Le colonel commandant ce corps a été désigné, par une commission spéciale, comme le principal auteur de ces désordres.

Le ministre suspendra le colonel; il lui ordonnera de se rendre à Boulogne devant la commission. Le major prendra le commandement du régiment. Faire arrêter le quartier-maître.

---

(1) De la main de Maret; ni datées ni signées, extraites du « Travail du ministre de la guerre avec l'Empereur, du 4 octobre 1807 ».

	Préparer un rapport sur les faits et les motifs de la suspension, lequel sera destiné à être imprimé, après avoir reçu la décision de Sa Majesté.
	Il en sera de même du rapport que fera, de son côté, le ministre de l'administration de la guerre, sur ce qui concerne son département.
Abus de pouvoirs et concussions dont le général Guillet s'est rendu coupable pendant une expédition dont il avait été chargé, dans les îles de Brazza et de Solta, par le général Marmont, commandant en chef l'armée de Dalmatie.	Suspendre le général Guillet et le mander pour rendre compte de sa conduite.
Demandes du gouvernement de Bade sur différents objets relatifs au fort de Kehl et à son territoire.	Renvoyé au ministre de la guerre par ordre de Sa Majesté.
Le colonel O'Maony, ancien colonel irlandais au service de France, demande l'autorisation de se rendre en Portugal, étant maintenant au service de cette puissance.	Refusé.
Un major suédois, prisonnier de guerre, demande l'autorisation de retourner, sur parole, dans sa patrie.	Refusé.
Le ministre devra-t-il soumettre à l'approbation de l'Empereur les démissions offertes par des officiers des grades de lieutenant et de sous-lieutenant ?	Présenter les démissions à l'approbation de Sa Majesté.

1325. — DÉCISIONS (1).

Le ministre demande si l'Empereur a l'intention de faire baraquer les 2.050 hommes de la garnison de l'île d'Aix.

La garnison de l'île d'Aix devant être incessamment réduite, il n'y a rien à faire.

Le général Miollis expose que l'habillement des troupes stationnées en Toscane et dans l'État romain serait mieux assuré au moyen d'un abonnement conclu avec les gouvernements de ces deux États qu'à l'aide de fournitures faites par le pays.

L'intention de l'Empereur est qu'on continue à habiller à l'ordinaire.

Le major du 2ᵉ d'infanterie légère demande 60 bonnets d'oursin pour la compagnie de carabiniers du 3ᵉ bataillon, employée à l'armée de la Gironde.

L'Empereur a refusé.

Il est proposé à l'Empereur de faire délivrer aux corps de cavalerie, en Italie et à Naples, qui ont ordre de se porter au complet de guerre, les 2.166 selles neuves restant à Paris et provenant de l'approvisionnement destiné pour la Grande Armée.

Faire connaître par un rapport ce qu'on leur doit.

Le ministre a autorisé le conseil d'administration du dépôt du 3ᵉ régiment de chasseurs, en Italie, à employer les 32.000 francs qu'il a en caisse pour le service de ses remontes.

Approuvé.

Les deux individus arrêtés et conduits au fort de Fenestrelle par

Ils seront nourris par l'administration de la guerre.

---

(1) Ni datées ni signées; extraites du « Travail du ministre directeur avec l'Empereur, du 4 octobre 1807 ».

ordre du général Menou devront-ils, quoique non militaires, être traités comme les militaires conduits par la gendarmerie ?

Il est rendu compte à l'Empereur des mesures prises pour charger provisoirement du service des vivres une administration centrale composée des mêmes personnes qui la dirigeaient sous l'entreprise Vanlerberghe ; au moyen de cette administration, on gagnera le temps nécessaire pour organiser le service d'une manière définitive. Il serait important de payer comptant, en ce moment, tous les achats et frais de manutention. On a fait directement aux ordonnateurs la répartition des fonds accordés par Sa Majesté pour octobre ; mais un supplément de 500.000 francs est indispensable. On ajoute que l'année étant favorable aux achats, il serait à désirer qu'on pût porter l'approvisionnement au moins à six mois. En calculant l'armée sur le pied de 200.000 hommes, il faudrait pour cet approvisionnement 7.257.588 francs.

Cette affaire va s'embrouiller. Sa Majesté a donné un million pour le mois d'octobre, ce qui fait 160.000 rations. Il n'y a pas 160.000 consommateurs en France en ce moment. Le munitionnaire a 100.000 rations en magasin : on prendra là-dessus pour vivre. Sa Majesté autorise à prendre sur les approvisionnements de siège. Quant à la nécessité des achats, l'observation du ministre est sensée. La saison est favorable et l'année prochaine sera mauvaise. Sur le million donné au ministre, quelle somme a été employée en achats, quelle somme pour la manutention ?

Il n'y a pas de difficulté à donner 3 ou 4 millions pour approvisionnement. Mais il faut faire connaître : 1° la quantité nécessaire sur les différents points, celle qui y est et celle qu'il faut acheter ?

2° Quel sera l'individu qui sera conservateur et au profit de qui l'argent sera ordonnancé ?

3° Quelle sera l'organisation de chaque magasin ?

4° Sous quelle surveillance ?

5° Qui entretiendra ? A quel prix ?

Il est rappelé une demande de fonds pour le service des hôpitaux.

Le directeur général des postes annonce qu'il ne peut proposer de moyen économique pour organiser à l'étranger le service des postes de l'armée réunie à Bayonne.

Quant au courant, la quantité nécessaire à chaque division sera versée, sur le visa du commissaire ordonnateur, des magasins de la division, de sorte que le ministre ne payerait que pour la manutention, c'est-à-dire 20.000 francs par mois.

Il y a donc à dépenser 4 ou 5 millions en achats et 200.000 francs par mois de manutention.

A la prochaine distribution.

Le ministre est autorisé à faire suivant l'usage.

1326. — DECISIONS (1).

4 octobre 1807.

On soumet à Sa Majesté les discussions élevées avec le gouvernement italien relativement au projet d'abonnement pour le service des vivres. Elles roulent principalement sur ce que :

1° Le ministre italien insiste, comme condition nécessaire, pour que les fonds destinés à acquitter la dépense soient prélevés sur le subside, tandis que le ministre du Trésor français désire qu'ils soient ordonnancés par le ministre directeur et payés par le Trésor ;

Compte rendu. Le marché est approuvé.

---

(1) De la main de Maret; ni datées ni signées; extraites du « Travail du ministre directeur avec l'Empereur, du 4 octobre 1807 ».

2° Le gouvernement italien réclame des frais d'administration et de bureau qui ne paraissent pas devoir être alloués ;	Refusé.
3° Il se refuse à ce que les agents français inspectent les magasins. Les prix sont : Pain, 18 c. 1/2 la ration ; Vin, 30 c. le litre ; Vinaigre, 30 c. id. ; Eau-de-vie, 1 fr. 25 le litre. On prie Sa Majesté de décider :	L'inspection des agents français pourra avoir lieu, lorsque la qualité du pain serait mauvaise.
1° Si le gouvernement napolitain devra acquitter le prix des farines expédiées d'Ancône pour l'approvisionnement de Corfou, ou si cette dépense restera à la charge de la France ;	A la charge de la France.
2° Si le gouvernement napolitain remboursera au gouvernement français la valeur des biscuits expédiés de Palmanova sur la même place de Corfou.	Id.

1327. — AU GÉNÉRAL CLARKE (1).

Fontainebleau, 6 octobre 1807.

Monsieur le général Clarke, vous trouverez ci-joint des lettres de Corfou. Envoyez un officier au général César Berthier. Vous lui témoignerez tout mon mécontentement de ce bavardage. Il n'était pas chargé de faire placer les armes de l'Empire et ce n'était pas à lui à préjuger la question. Écrivez-lui qu'il ait à ne rien innover dans la constitution, qu'il rende compte avec exactitude de la situation des choses et qu'il marche avec prudence.

NAPOLÉON.

---

(1) Extrait.

1328. — DÉCISION (1).

Fontainebleau, 6 octobre 1807.

Indemnité demandée par le général de brigade Roguet pour les effets et chevaux qu'il a perdus à l'affaire de Guttstadt.

Accordé.

1329. — DÉCISION.

Fontainebleau, 6 octobre 1807.

Le ministre de la guerre propose d'envoyer au corps d'observation de la Gironde une escouade d'ouvriers qui serait tirée de la 9ᵉ compagnie, stationnée à Toulouse.

Approuvé.

NAPOLÉON.

1330. — DÉCISION (2).

Le ministre de la guerre présente à l'Empereur le tableau des officiers de tous grades nommés à des emplois dans le régiment de Westphalie.

Le ministre de la guerre réduira le cadre de ce régiment à deux bataillons au lieu de quatre et présentera son travail à l'approbation.

1331. — DÉCISION.

Fontainebleau, 7 octobre 1807.

Le maréchal Berthier rend compte que toutes les dispositions sont prises pour faire démolir sans délai les fortifications de Küstrin et Glogau.

Il ne faut pas faire sauter les places avant qu'il ne soit décidé que nous devions les abandonner. Je demande seulement un compte, pour savoir où cela en est.

NAPOLÉON.

---

(1) Extraite du « Travail du ministre de la guerre avec S. M. l'Empereur et Roi, du 4 octobre 1807 ».

(2) Ni datée ni signée. Le rapport du ministre est du 26 août, l'ordre d'exécution de la décision de l'Empereur du 6 octobre.

1332. — DÉCISION (1).

Le ministre de la guerre rend compte à l'Empereur des mesures prises pour la dissolution du corps d'observation de l'Escaut.

Les troupes doivent rentrer sur le pied de paix, en supposant qu'elles aient reçu le traitement de guerre.

NAPOLÉON.

1333. — DÉCISION.

Fontainebleau, 7 octobre 1807.

Le général Dejean rend compte à l'Empereur des prévarications dont s'est rendu coupable le sieur Martin Tisson, chargé des fournitures d'habillement pour le 75e régiment d'infanterie, avec la complicité d'un capitaine de ce régiment.

Renvoyé à notre grand juge, ministre de la justice, pour faire poursuivre le sieur Martin Tisson, conformément aux lois de l'Etat.

NAPOLÉON.

1334. — AU MARÉCHAL BERTHIER.

Fontainebleau, 8 octobre 1807.

Mon Cousin, je vous envoie une lettre de M. Daru. Il est ridicule de dire qu'on a employé, de Küstrin à Bromberg, 538.000 boisseaux d'avoine ; du moins si on les a expédiés, doit-on les retrouver encore, car rien n'a été consommé ; d'autant plus que les premiers versements ont eu lieu au 7 juin, c'est-à-dire quelques jours avant Friedland. Ecrivez-en à M. Daru. Demandez-lui si les magasins d'habillement, de souliers, de capotes, dont j'ai ordonné la formation, existent actuellement et où ils se trouvent.

NAPOLÉON.

1335. — AU GÉNÉRAL CLARKE.

Fontainebleau, 9 octobre 1807.

Monsieur le général Clarke, témoignez au général César Ber-

---

(1) Non datée; l'ordre d'exécution de cette décision est du 7 octobre.

thier mon mécontentement sur sa correspondance. Il ne me parle de l'arrivée de l'amiral Siniavine qu'à l'occasion de quelques discussions d'étiquette qu'il a eues avec cet amiral, sans faire connaître la force de l'escadre, ni celle des troupes. Donnez-lui l'ordre de faire tous les jours un journal de ce qui se passe et de vous l'envoyer exactement. Donnez ordre au vice-roi d'Italie de faire envoyer à Corfou du biscuit et du blé d'Ancône et de Venise. Ecrivez au ministre de la guerre du royaume de Naples d'en envoyer de Naples, mon intention étant que la citadelle de Corfou ait un approvisionnement de siège pour un an. Réitérez bien les ordres au gouverneur de Corfou, pour que toutes les troupes françaises soient placées à Corfou, à Sainte-Maure et à Parga et pour que les îles de Céphalonie et de Zante ne soient gardées que par des troupes albanaises. J'ai donné l'ordre au général Donzelot de se rendre à Sainte-Maure et de mettre cette île en bon état de défense.

Napoléon.

1336. — AU GÉNÉRAL DEJEAN.

Fontainebleau, 9 octobre 1807.

Sa Majesté désire, Monsieur, que vous lui envoyiez une petite note qui lui fasse connaître combien coûtent les gardes nationales en réquisition depuis l'Escaut jusqu'aux Pyrénées. Cette note présenterait la dépense d'un mois, en y comprenant la solde et tous les services.

Hugues B. Maret.

1337. — DÉCISION.

Fontainebleau, 9 octobre 1807.

Le maréchal Victor rend compte à l'Empereur des dispositions qu'il a prises afin d'ajourner l'exécution des ordres donnés par le général Chasseloup pour la démolition immédiate de plusieurs places du royaume de Prusse.

Renvoyé au prince de Neuchâtel pour écrire au maréchal Victor de ne point laisser démolir ces places que, comme le portent mes ordres, huit jours avant l'évacuation.

Napoléon.

1338. — AU GÉNÉRAL CLARKE.

Fontainebleau, 10 octobre 1807.

Donnez l'ordre que des inspecteurs aux revues soient envoyés à toutes les divisions de la Grande Armée et qu'on passe sans délai des revues, de manière à effacer de l'effectif des corps tout ce qui serait mort ou ne devrait pas y être, de manière à avoir au mois de décembre les revues de toute la Grande Armée, infanterie, cavalerie, artillerie.

Donnez ordre au 3ᵉ bataillon du 112ᵉ et à son dépôt, de rejoindre ses deux premiers bataillons à Alexandrie, où ses trois bataillons se trouveront ainsi réunis.

Faites-moi connaître les troupes qui sont sur le pied de guerre, soit dans l'intérieur de la France, soit en Italie, afin que je donne des ordres qui puissent économiser les dépenses.

NAPOLÉON.

1339. — DÉCISION (1).

Le duc d'Arenberg, colonel du régiment des chevau-légers, demande qu'il soit envoyé, aux escadrons de guerre de son régiment, 50 hommes tirés du dépôt de ce corps pour monter les chevaux des hommes qui sont aux hôpitaux.

Accordé.

NAPOLÉON.

1340. — DÉCISION.

10 octobre 1807.

Le ministre de la guerre rend compte à l'Empereur des dispositions qu'il a prises pour la formation du détachement de gendarmerie qui sera attaché, comme force publique, au corps d'observation de la Gironde. Son effectif est de 41 hommes, officiers compris.

Cela est suffisant.

NAPOLÉON.

(1) Non datée. L'ordre d'exécution de cette décision est du 10 octobre.

1341. — AU GÉNÉRAL DEJEAN.

Fontainebleau, 10 octobre 1807.

Monsieur Dejean, vous avez donné l'ordre de suspendre l'achat des chevaux. Cependant, il y a des régiments qui se trouvent bien faibles. Je désire que vous m'apportiez, au prochain travail, un rapport raisonné là-dessus, afin que je voie les régiments auxquels il faut laisser continuer les achats de chevaux. Par exemple, le 10ᵉ de chasseurs, qui vient d'arriver en France, n'a que 550 chevaux, sur lesquels il y en aura probablement à réformer ; cela n'est pas suffisant.

NAPOLÉON.

1342. — DÉCISION.

Fontainebleau, 10 octobre 1807.

Le maréchal Davout prie le maréchal Bessières de faire régulariser les avances effectuées et envoyer de nouveaux fonds pour pouvoir continuer l'organisation du régiment des chevau-légers polonais du colonel Krasinski.	Renvoyé au major général pour demander à M. Daru s'il a fourni des fonds pour organiser ce régiment. NAPOLÉON.

1343. — AU GÉNÉRAL CLARKE.

Fontainebleau, 12 octobre 1807.

Monsieur le général Clarke, donnez ordre qu'il soit formé demain, par le général Hulin, un bataillon provisoire, composé d'une compagnie du 2ᵉ régiment d'infanterie légère, une du 4ᵉ idem, une du 12ᵉ, une du 15ᵉ, une du 32ᵉ, une du 58ᵉ. Vous nommerez un chef de bataillon de ces corps pour commander ce bataillon provisoire. Chaque compagnie sera composée de 1 capitaine, 1 lieutenant, 2 sous-lieutenants, 1 sergent-major, 2 sergents, 4 caporaux, 2 tambours et 200 hommes. On pourra prendre, s'il est nécessaire, des conscrits de 1808. Ces hommes seront bien habillés et bien armés : vous en passerez vous-même la revue ; ils se mettront en marche le 15 pour se rendre à Bayonne, où ils renforceront leurs 3ᵉˢ bataillons de guerre. Vous donnerez ordre également que, dans la journée de demain, il soit formé un régiment provisoire de tout ce qu'il y a de disponible des 1ᵉʳ, 3ᵉ, 5ᵉ, 9ᵉ et 15ᵉ régiments de dragons. Vous nommerez un officier de cavalerie pour former ce régiment provisoire et vous le ferez mettre en marche le 15 pour Bayonne. Vous donnerez l'ordre au général qui commande à Moulins que tout ce qui est disponible du 4ᵉ de dragons et du dépôt du 26ᵉ de chasseurs se mette également en marche pour renforcer les escadrons de guerre. Donnez l'ordre que deux bataillons de la garnison de Paris, chacun de quatre compagnies et chaque compagnie formée à 140 hommes, soient réunis dans la journée de demain par le général Darmaignac et partent le 15 pour se rendre à Bayonne. Donnez ordre que deux bataillons de réserve de la légion de réserve qui est à Versailles, que deux bataillons de la légion qui est à Rennes, que deux bataillons de celle qui est à Grenoble, que deux bataillons de celle qui est à Lille, et deux de celle qui est à Metz, formant en tout dix bataillons, soient, sur-le-champ, mis en marche pour se rendre à Bayonne.

Chaque bataillon sera de huit compagnies ; chaque compagnie sera complétée à un effectif de 140 hommes, de manière que ces dix bataillons fassent de 10.000 à 12.000 hommes. Vous aurez soin de recommander que ces hommes soient bien habillés, bien armés et munis de tout ce qui est nécessaire. Vous donnerez l'ordre sans délai, aux chefs des cinq légions, de préparer sur-le-champ leurs 3ᵉˢ bataillons, dont ils vous enverront la revue, de manière que je puisse en disposer le plus tôt possible. Les deux bataillons partiront vingt-quatre heures après la réception de votre ordre, qui sera envoyé par courrier extraordinaire. Donnez l'ordre au 4ᵉ régiment suisse, qui est à Rennes, de faire partir sur-le-champ un bataillon pour l'armée de la Gironde. Ce bataillon devra être complété à 140 hommes par compagnie.

Donnez l'ordre au 2ᵉ régiment suisse, qui est à Grenoble, de faire partir également pour Bayonne un second bataillon, qui sera complété de même à 140 hommes par compagnie. Donnez ordre que deux bataillons du régiment suisse qui est à Lille et Boulogne se rendent en toute diligence à l'armée de la Gironde. Donnez ordre qu'il soit formé à Bordeaux un bataillon provisoire, qui sera composé d'une compagnie tirée du dépôt du 26ᵉ, d'une du 66ᵉ, d'une du 82ᵉ et d'une du 31ᵉ légère ; chaque compagnie sera complétée à 200 hommes. Le général commandant la division passera la revue de ce bataillon provisoire et, du moment qu'il sera formé, le dirigera sur l'Espagne pour renforcer les corps. Faites former également à Nantes un bataillon provisoire, qui sera composé d'une compagnie du 3ᵉ bataillon du 47ᵉ, idem du 70ᵉ, idem du 86ᵉ, idem du 15ᵉ. Ces quatre compagnies seront complétées à 200 hommes chacune et, du moment qu'elles seront réunies, le commandant de la division militaire les dirigera sur l'Espagne, où elles iront renforcer leurs corps. Il est bien entendu que l'on pourra prendre, pour toutes les mesures, des conscrits de 1808. Mais recommandez qu'ils soient bien armés, bien habillés et qu'on vous instruise en détail de la situation de leur habillement.

NAPOLÉON.

1344. — DÉCISION (1).

Fontainebleau, 12 octobre 1807.

Mesures prises pour connaître l'emploi d'un fonds de 500,000 francs mis, par mois, pour la solde, à la disposition de l'armée de Naples.

J'approuve l'enquête que veut faire le ministre de la guerre. Il doit enjoindre au payeur de payer exactement la solde. Il doit témoigner mon mécontentement sur la mauvaise situation de mon armée de Naples, écrire d'une manière mesurée au roi, mais fortement au ministre de la guerre de Naples. Comment est-il possible que, avec une petite armée et tout l'argent que j'y ai envoyé, l'administration soit en si mauvais ordre? C'est surtout au ministre de la guerre du royaume de Naples qu'il faut écrire et au payeur.

1345. — AU MARÉCHAL BERTHIER.

Fontainebleau, 13 octobre 1807.

Mon Cousin, l'équipage de siège qui était destiné pour Stralsund doit être dirigé sur Magdeburg.

---

(1) Non signée, extraite du « Travail du ministre de la guerre avec S. M. l'Empereur et Roi, du 4 octobre 1807 ».

Donnez ordre au général Buget de se rendre à Paris, près le ministre de la guerre ; je le placerai convenablement.

Ecrivez au maréchal Mortier que la fonderie de Breslau appartient à la France, comme ayant été conquise ; qu'il faut donc emporter tout ce qu'on pourra et faire exécuter les ordres du général Songis ; qu'il doit répondre aux commissaires prussiens qu'il est ridicule qu'ils prétendent avoir des droits sur des objets conquis.

Donnez ordre au maréchal Soult de prendre encore plus d'espace, en mettant tout à fait sur l'Oder, et dans la situation la plus avantageuse, les cuirassiers, et plaçant les dragons à la place des cuirassiers.

NAPOLÉON.

1346. — DÉCISIONS (1).

On prie Sa Majesté de vouloir bien faire connaître s'il ne serait pas convenable de porter les bataillons du régiment de Westphalie à neuf compagnies chacun, comme les autres bataillons de l'armée.	Les autres officiers, le roi de Westphalie les emploiera.
Proposition de maintenir le général Jomard dans le commandement du département du Rhône (19e division militaire).	Proposition qui déshonore le général pour qui elle est faite.
En vue de perfectionner l'instruction pratique des élèves de l'Ecole polytechnique, le ministre propose d'y envoyer une compagnie de mineurs, une de sapeurs, une demi-compagnie du train d'artillerie, et enfin de porter à 25 le nombre des chevaux d'équitation.	Approuvé.
Le ministre propose d'employer le général de brigade Chabert dans la 15e, la 16e ou la 26e division militaire.	L'envoyer à l'armée de la Gironde.

(1) De la main de Maret; ni datées ni signées, extraites du « Travail du ministre de la guerre avec l'Empereur, du 14 octobre 1807 ».

Dispositions proposées pour le placement des officiers surnuméraires.	Approuvé, mais il faut les laisser dans les corps où ils sont ; la revue des officiers blessés fera beaucoup de place.
Le colonel Lacour, du 5e dragons, demande de rester au dépôt jusqu'au rétablissement de sa santé.	S'il est hors d'état de servir, lui donner sa retraite.

1347. — AU GÉNÉRAL CLARKE.

Fontainebleau, 15 octobre 1807.

Monsieur le général Clarke, je reçois l'état de situation du corps de la Gironde au 15 septembre. Je vois que les deux premières divisions sont organisées conformément à mes ordres, mais que la troisième, celle que commande le général Travot, est organisée tout différemment. Le 31e légère n'a que 472 hommes. Donnez ordre au dépôt de ce régiment d'envoyer tout ce qui est nécessaire pour compléter ce bataillon. Je ne sais pourquoi le 26e de ligne a deux détachements de deux bataillons, le 3e et le 4e. J'avais ordonné que ce régiment fournît 600 hommes du même bataillon. Même observation pour le 66e et le 82e. Faites-moi connaître les ordres que j'ai donnés et pourquoi ils n'ont pas été exécutés.

Réitérez les ordres pour que les généraux de cavalerie, les ordonnateurs, les officiers du génie, d'artillerie, et d'état-major, qui sont employés au corps de la Gironde, s'y rendent sans délai et soient présents à Burgos au 1er novembre. Il serait convenable d'y envoyer un général d'artillerie. Il me semble qu'il manque des généraux de brigade. Il faut qu'il y en ait au moins six pour l'infanterie. Faites-moi connaître les ordres que j'ai donnés là-dessus. On pourrait en envoyer de ceux qui n'ont pas fait la dernière campagne.

Les bataillons suisses du 2e et du 4e régiments que je vous ai ordonné, par ma lettre d'hier, de faire marcher à l'armée de la Gironde, tous les détachements que l'on pourra y envoyer de tous les dépôts des corps qui composent cette armée, doivent rejoindre leurs corps à Burgos ou en Portugal. J'approuve que vous donniez ordre aux 200 chevaux de la compagnie Julien, qui sont à Anvers, de se diriger sans délai sur Bayonne.

NAPOLÉON.

1348. — AU GÉNÉRAL CLARKE.

Fontainebleau, 16 octobre 1807.

Monsieur le général Clarke, vous donnerez ordre au 4ᵉ escadron du 10ᵉ régiment de dragons, qui est à Boulogne et que vous ferez renforcer du dépôt de ce régiment, de manière qu'il soit fort de 3 à 400 chevaux, de se mettre sur-le-champ en marche pour se diriger sur Bayonne.

Vous donnerez ordre au 3ᵉ bataillon du 5ᵉ légère, qui est à Cherbourg, de former un bataillon de six compagnies, chaque compagnie composée de 200 hommes, et de le faire partir sans délai pour Bayonne. Ce bataillon fera partie du second corps d'observation de la Gironde.

Vous chargerez un des généraux qui se trouvent à Cherbourg de passer la revue de ce bataillon et de s'assurer qu'il est en état de faire campagne. L'effectif de ce bataillon est porté, sur les états, à 1.800 hommes : en en formant six compagnies de 1.200 hommes, il resterait encore trois compagnies qui feraient 600 hommes. Le major restera avec le dépôt à Cherbourg, et le chef de bataillon partira avec les 1.200 hommes. Si cependant, pour compléter le nombre de 1.200 hommes, il ne se trouvait pas assez d'hommes bien habillés, bien équipés et en bon état, on ne ferait partir d'abord que 900 hommes, c'est-à-dire les compagnies à 150 hommes, sauf à faire partir, quinze jours après, les 300 autres.

Je crois qu'il n'y a pas assez de personnel d'artillerie au 1ᵉʳ corps d'observation de la Gironde ; il serait nécessaire de l'augmenter de deux compagnies complètes. Donnez ordre au général Taviel de se rendre à Bayonne pour commander l'artillerie du 1ᵉʳ corps d'observation de la Gironde. Donnez le même ordre au général Faultrier ; il commandera l'artillerie du 2ᵉ corps d'observation. J'aurai besoin de joindre à ce corps de l'artillerie à cheval. La 7ᵉ compagnie du 3ᵉ régiment, qui est à Strasbourg, est portée sur les états comme ayant 150 hommes et 100 chevaux. Faites-moi connaître si elle pourrait fournir 100 chevaux montés. Le 5ᵉ régiment, qui est à Besançon, est porté pour 180 hommes et 82 chevaux. Le 6ᵉ régiment, qui est à La Fère, est porté pour 190 hommes et 87 chevaux. Il me semble que l'on pourrait tirer de ces trois régiments trois compagnies organisées, au moins de 100 hommes chacune.

Faites-moi connaître combien les bataillons du train d'artillerie de France ont à leurs dépôts en hommes et en chevaux.

NAPOLÉON.

1349. — AU MARÉCHAL BERTHIER.

Fontainebleau, 16 octobre 1807.

Mon Cousin, je suppose que M. Daru aura envoyé un intendant dans la Poméranie suédoise et l'île de Rügen, pour veiller à la levée des contributions et régler l'administration des affaires de cette province d'une manière convenable.

NAPOLÉON.

1350. — DÉCISION.

Fontainebleau, 16 octobre 1807.

Le maréchal Berthier soumet à l'Empereur : 1° la demande d'un congé de deux mois, faite par le colonel Corbineau, du 20ᵉ régiment de dragons ; 2° la demande d'un congé de quatre mois, faite par le colonel Chamorin, du 2ᵉ régiment de dragons.

Accordé, à condition que les colonels ne quitteront que lorsqu'ils seront remplacés par les majors.

NAPOLÉON.

1351. — DÉCISION.

16 octobre 1807.

Le maréchal Berthier rend compte à l'Empereur qu'un navire hollandais, saisi à Brême sous pavillon prussien, est réclamé par le chargé d'affaires de S. M. le roi de Hollande.

Puisqu'ils avaient pavillon prussien, ils étaient ennemis.

NAPOLÉON.

1352. — DÉCISION.

Fontainebleau, 16 octobre 1807.

Le colonel commandant le 4ᵉ régiment d'infanterie légère demande des congés de convalescence pour

Accordé pour ceux qui ont été blessés, refusé pour les autres.

NAPOLÉON.

six officiers·de son régiment qui, en raison des maladies dont ils sont atteints ou des blessures qu'ils ont reçues à la bataille de Friedland, ont besoin de faire usage des eaux thermales.

1353. — DÉCISIONS (1).

16 octobre 1807.

Les dépôts des corps employés à la Grande Armée doivent-ils continuer d'envoyer aux bataillons de guerre les effets d'habillement et d'équipement dont les bataillons peuvent avoir besoin ?	A la disposition du ministre.
Comment le régiment de Lusitania, réuni en entier à Perpignan, doit-il être traité en ce qui concerne les services administratifs ?	Il doit être parti.

1354. — AU MARÉCHAL BERTHIER.

Fontainebleau, 16 octobre 1807.

Mon Cousin, donnez l'ordre que le détachement des 272 hommes du 27° légère, qui fait partie du bataillon de garnison d'Hameln, parte sans délai de cette place pour rejoindre les deux bataillons de guerre, y être incorporé et, immédiatement après, les officiers et sous-officiers rentrer au 3° bataillon. Donnez ordre que le détachement de 69 hommes du 16° légère, qui fait partie du bataillon de garnison à Minden, rejoigne son corps pour être incorporé dans les bataillons de guerre. Donnez également l'ordre que les 110 hommes du 8° de ligne, les 500 hommes du 45° et les 166 hommes du 54°, les 177 hommes du 21° et les 21 hommes du 22°, du bataillon de

---

(1) Non signées; extraites du « Travail du ministre directeur de l'administration de la guerre avec S. M. l'Empereur et Roi, du 14 octobre 1807 ».

garnison de Munster, soient renvoyés à leurs corps pour y être incorporés. Ce bataillon se trouvera ainsi dissous.

NAPOLÉON.

1355. — AU GÉNÉRAL CLARKE.

Fontainebleau, 16 octobre 1807.

Monsieur le général Clarke, préparez un second bataillon provisoire, composé d'une compagnie de chacun des six régiments qui sont à Paris, chaque compagnie formée à 200 hommes. Vous en passerez la revue le 20, et vous me ferez connaître quand ce bataillon sera prêt à partir et en état de faire campagne.

NAPOLÉON.

Je désirerais qu'il pût partir le 20.

1356. — DÉCISION.

Fontainebleau, 17 octobre 1807.

| Le ministre de la guerre propose de faire rentrer au 3ᵉ régiment suisse un détachement de 300 hommes, qui est employé aux travaux du canal de Saint-Quentin, de manière à permettre de compléter les deux bataillons de ce régiment à 140 hommes par compagnie. | Le ministre fera d'abord partir un bataillon, puisque l'on ne peut pas en faire partir deux. On le complétera à 140 hommes par compagnie. Ce bataillon parti, on verra si l'on peut en faire partir un second. Il faut presser le recrutement de ce régiment. |

NAPOLÉON.

1357. — DÉCISIONS (1).

| Le maréchal Berthier sollicite : | |
| 1° Le maintien de l'indemnité ex- | Accordé par l'Empereur pour |

---

(1) Sans date; l'ordre d'exécution est du 17 octobre 1807.

traordinaire de 10.000 francs pour la table des maréchaux ;

2° Le maintien du traitement de table accordé aux officiers du 3ᵉ corps par l'ordre de l'Empereur du 4 janvier dernier.

les 10.000 francs. Expédier les ordres.

Le prince ALEXANDRE.

Faire un nouveau rapport sur le traitement de table des officiers du 3ᵉ corps en Pologne.

B.

1358. — DÉCISION (1).

Le maréchal Berthier demande si l'Empereur a l'intention d'accorder aux régiments de la division Oudinot, comme au 10ᵉ corps d'armée, la gratification de 10 francs par homme présent au siège de Dantzig.

Accordé par l'Empereur. Donner les ordres en conséquence.

Le prince ALEXANDRE.

1359. — AU GÉNÉRAL DEJEAN.

Fontainebleau, 18 octobre 1807.

Monsieur Dejean, j'ai lu votre état des remontes. J'ai peine à croire à la réalité de son résultat. Je suis fondé à penser que les détachements que j'ai envoyés aux gouverneurs des provinces conquises en Allemagne ne sont pas compris dans cet état, et qu'il est de beaucoup inférieur à la situation réelle.

NAPOLÉON.

1360. — DÉCISION.

Fontainebleau, 18 octobre 1807.

Le ministre de la guerre propose de faire remplacer sur le vaisseau le *Génois*, armé à Toulon, le détachement du 67ᵉ régiment de ligne, qui y est embarqué, par un détachement de 2 officiers et 100 hommes tirés du 16ᵉ régiment de ligne.

Approuvé.

NAPOLÉON.

---

(1) Non datée; l'ordre d'exécution de la décision est du 17 octobre 1807.

1361. — DÉCISION.

Fontainebleau, 18 octobre 1807.

Le ministre de la guerre propose de retirer de la légion hanovrienne tous les Français qui s'y trouvent et de les incorporer dans un régiment de cavalerie légère française.

Nul doute qu'il faut en faire sortir tous les Français. C'est d'ailleurs un corps à incorporer, lors de la rentrée de l'armée en France, dans les différents régiments de chasseurs.

NAPOLÉON

1362. — AU GÉNÉRAL CLARKE (1).

Fontainebleau, 18 octobre 1807.

Monsieur le général Clarke, je vois dans l'état de situation de l'armée de la Gironde au 10 octobre que le bataillon du 31e légère n'a que 592 hommes à l'effectif ; que les deux bataillons du 26e n'ont que 628 hommes ; que les deux bataillons du 66e n'ont que 1.100 hommes ; que les deux bataillons du 82e n'ont que 800 hommes. Donnez des ordres, sans délai, pour que des dépôts de ces bataillons il soit envoyé les hommes nécessaires pour porter ces corps au complet, que j'ai fixé par mon ordre, c'est-à-dire à 140 hommes par compagnie.

Je vois qu'il y a à la même armée une compagnie d'artillerie du 4e régiment, trois du 3e et deux du 6e. Ces six compagnies seraient suffisantes, si elles étaient à l'effectif de 120 hommes chacune, ce qui ferait 720 hommes, mais l'effectif actuel n'est que de 509. Il manque donc plus de 200 hommes. Faites-les partir sans délai ; alors, il y aura suffisamment d'artillerie.

Le général Kellermann et le général Schwarz ne sont pas encore arrivés à l'armée de la Gironde. Cependant, cette armée est en marche. Réitérez-leur l'ordre de s'y rendre sans délai. Le major du 4e régiment de dragons, qui doit commander un régiment provisoire au 1er corps de la Gironde, n'y est pas non plus arrivé : faites-m'en connaître la raison.

Les généraux Harispe et Graindorge se rendront au 1er corps de

---

(1) Non signé, copie certifiée.

la Gironde et y seront employés. Les adjudants commandants Arnauld, Pillet, Desroches et Chameau s'y rendront également. Il y en aura un attaché à chacune des trois divisions et un autre à l'état-major général.

1363. — AU GÉNÉRAL CLARKE.

Fontainebleau, 18 octobre 1807.

Monsieur le général Clarke, je vous envoie un ordre que vous voudrez bien exécuter. Faites-moi faire un état qui me présente l'effectif des troupes de l'armée de Naples, au 1er octobre, et le nombre d'hommes qu'il faut que les dépôts envoient pour mettre les régiments de cette armée au complet de 140 hommes par compagnie.

NAPOLÉON.

1364. — DÉCISION.

Fontainebleau, 18 octobre 1807.

Le ministre de la guerre sollicite les instructions de l'Empereur au sujet du recomplétement de la légion du Midi, laquelle présente un incomplet de 512 hommes.	Me faire connaître l'organisation de cette légion et la réduire insensiblement. Si les deux bataillons sont composés chacun de neuf compagnies, les réduire à six, et les réduire tous les ans, jusqu'à ce que cette légion soit dissoute.

NAPOLÉON.

1365. — DÉCISION (1).

Le ministre de la guerre propose de tirer des dépôts des 1er, 3e et 6e régiments d'artillerie à pied 221 hommes, pour compléter à 120 chacune des six compagnies de ces régiments, employées au corps d'observation de la Gironde.	Approuvé.

NAPOLÉON.

---

(1) Non datée; l'ordre d'exécution de la décision est du 19 octobre 1807.

1366. — DÉCISION (1).

Dispositions proposées par le ministre de la guerre pour placer les officiers surnuméraires qui sont à la suite des corps de troupes à cheval.

Approuvé, mais il les faut laisser dans les corps où ils sont. La revue des officiers blessés fait beaucoup de place.

NAPOLÉON.

1367. — DÉCISION (2).

Le ministre de la guerre rend compte à l'Empereur de l'instruction pratique des élèves d'artillerie de l'École d'application ; il propose d'en faire sortir 40, à la fin de l'année, et d'en recevoir 50 de l'École polytechnique ; d'envoyer à cette école, pour le complément de l'instruction pratique, une compagnie de mineurs, une de sapeurs, une demi du train d'artillerie, et de porter à 25 le nombre des chevaux d'équitation.

Approuvé.

NAPOLÉON.

1368. — AU GÉNÉRAL CLARKE.

Fontainebleau, 19 octobre 1807.

Monsieur le général Clarke, j'approuve toutes les propositions que vous me faites par votre rapport ci-joint, pour le matériel et le personnel. La seule chose que j'excepte est le retirement de trois chefs de bataillon de la Grande Armée. Je désire que, sous quelque prétexte que ce soit, il ne soit rien retiré de la Grande Armée. Vous me proposez de faire faire l'achat des mulets et des chevaux par une compagnie, et de les faire venir tout harnachés : je crains bien qu'on n'achète de très mauvais chevaux et, surtout, qu'on ne confectionne de très mauvais harnais. Il me semble que la garde impériale doit avoir à Paris des harnais qu'on pourrait transporter

---

(1) Non datée; l'ordre d'exécution de la décision est du 19 octobre 1807.
(2) Non datée; l'ordre d'exécution de la décision est du 19 octobre 1807.

Quant à l'achat, il faut préposer aux réceptions quelqu'un d'intelligent et de très sévère. Il n'y aura pas de difficulté pour l'argent : cette dépense sera portée dans les distributions du mois.

Napoléon.

1369. — AU MARÉCHAL BERTHIER.

Fontainebleau, 19 octobre 1807.

Mon Cousin, donnez ordre que le régiment des chevau-légers bavarois, qui faisait partie de la cavalerie de réserve de la Grande Armée et qui porte le n° 1, retourne en Bavière. Ce régiment a, en effet, besoin de se remettre.

Napoléon.

1370. — AU GÉNÉRAL CLARKE.

Fontainebleau, 20 octobre 1807.

Monsieur le général Clarke, je vois par votre lettre que vous ne pouvez pas faire partir le 2e bataillon provisoire pour Bayonne ; mais je vois avec peine que vous avez 820 hommes proposés pour la réforme. Que font ces hommes-là ? Ils mangent beaucoup et coûtent beaucoup d'argent. Je ne vois pas d'inconvénient que ce bataillon provisoire soit disposé de manière à partir le 1er novembre, et, pendant le temps qui s'écoulera jusqu'à cette époque, les détachements feront le service de Paris. Donnez l'ordre au 3e bataillon de la réserve de Versailles de se rendre à Paris ; les compagnies de ce bataillon seront portées à 80 hommes au moins ; ils aideront à faire le service de la place de Paris, jusqu'à ce que les troupes de Paris soient arrivées. Quant au bataillon du train d'artillerie de la garde, attachez-y, soit des canonniers, soit des officiers de gendarmerie, soit des officiers des autres corps de la garde ; quelques officiers seulement pour le conduire, et ordonnez au train de la garde, qui est à Hanovre, d'envoyer les officiers nécessaires pour le commander. Ces officiers, allant en poste, rattraperont le bataillon avant son arrivée à Bayonne.

Napoléon.

1371. — DÉCISION (1).

Le ministre de la guerre soumet à l'Empereur un projet d'organisation du génie du second corps d'observation de la Gironde.

Approuvé, mais il ne faut rien retirer de la Grande Armée.

NAPOLÉON.

1372. — AU GÉNÉRAL DEJEAN.

Fontainebleau, 21 octobre 1807.

Monsieur Dejean, le roi de Naples me mande qu'il dépense, pour l'armée française qui est dans son royaume, plus de 3,000.000 par mois. Faites-moi connaître combien l'armée française, telle qu'elle est aujourd'hui à Naples, doit lui coûter.

NAPOLÉON.

1373. — DÉCISION (2).

Par lettre en date du 16 octobre, le maréchal Berthier expose que le général Puthod, actuellement à Danzig sans emploi, désirerait être employé comme chef d'état-major du corps de réserve que commande actuellement le général Oudinot.

Approuvé.

NAPOLÉON.

1374. — AU MARÉCHAL BERTHIER.

Fontainebleau, 22 octobre 1807.

Mon Cousin, du moment que la légion polacco-italienne sera en état de partir, vous la dirigerez sur Cassel, devant passer au service du roi de Westphalie. Vous donnerez le même ordre tant à l'infanterie qu'à la cavalerie.

Donnez ordre que les troupes badoises se réunissent toutes dans

---

(1) Non datée; l'ordre d'exécution de la décision est du 21 octobre 1807.
(2) Non datée; l'ordre d'exécution de la décision est du 22 octobre 1807.

le pays de Bayreuth. Donnez ordre que les Bavarois qui sont dans la province de Berlin se réunissent également à Bayreuth.

Donnez ordre que la grosse cavalerie soit cantonnée le long de l'Oder et entre l'Oder et l'Elbe. Le maréchal Soult peut faire filer une partie de son infanterie et de sa cavalerie pour occuper le pays prussien entre la Vistule et l'Oder.

Je désire avoir un état par régiment des prisonniers qui ont été rendus.

Ecrivez à Davout qu'il place une division à Plotsk et Varsovie, une autre à Thorn et Posen, une troisième à Kalich : alors il ne manquera de rien (1).

NAPOLÉON.

1375. — DÉCISION.

Fontainebleau, 22 octobre 1807.

Le général Berthier, gouverneur général des Sept-Iles, propose de prendre à la solde de l'Empereur : 1° un corps de 3.000 Albanais qui vient d'être licencié par les Russes et qui se trouve distribué par détachements dans les Sept-Iles ; 2° de conserver également en activité une garde soldée, très belle et bien organisée, composée d'environ 500 hommes, qui est à Corfou.

J'approuve que ces troupes soient prises à ma solde et qu'il y soit attaché un colonel français pour les commander.

NAPOLÉON.

1376. — AU GÉNÉRAL CLARKE.

Fontainebleau, 22 octobre 1807.

Monsieur le général Clarke, les 3es bataillons des cinq légions de réserve ne doivent partir au 1er novembre qu'autant que les compagnies seront complétées à l'effectif de 140 hommes, et qu'elles seront habillées, armées et en bon état. Autrement, vous en retarderez le départ et vous vous ferez rendre compte du moment où ils seront en état de partir : car je ne veux pas envoyer à l'armée

---

(1) Ce dernier paragraphe, commençant par les mots « Ecrivez à Davout », est de la main de l'Empereur, ainsi que ci-dessus les mots « prussien » et « Soult ».

de la Gironde des hommes mal habillés et des cadres incomplets. L'urgence n'est pas assez grande pour cela.

NAPOLÉON.

1377. — AU MARÉCHAL BERTHIER (1).

Fontainebleau, 22 octobre 1807.

L'Empereur désire avoir les derniers états de situation de la Grande Armée, soit des corps, soit des détachements, bataillons de réserve provisoires employés dans les gouvernements, au 1er octobre.

Sa Majesté désire avoir ces états demain matin.

1378. — AU GÉNÉRAL CLARKE.

Fontainebleau, 22 octobre 1807.

Monsieur le général Clarke, le général Barbou commandera la 1re division du 2e corps de la Gironde, et, pendant le temps que ce corps restera dans la 11e division militaire, le général Barbou conservera le commandement de cette division militaire. Remettez-moi un tableau des mouvements que j'ai ordonnés pour l'armée de la Gironde, afin que je sache, tous les jours du mois, où se trouvent tous les corps.

NAPOLÉON.

1379. — AU GÉNÉRAL CLARKE (2).

Monsieur le général Clarke, je vous envoie une note que je désire que vous fassiez passer au général César Berthier, gouverneur de Corfou.

NAPOLÉON.

1380. — AU GÉNÉRAL CLARKE.

Fontainebleau, 23 octobre 1807.

Monsieur le général Clarke, mon intention est que le 1er, le 3e, le

---

(1) Non signé; de la main de Meneval.
(2) Non daté; l'exécution de l'ordre de l'Empereur a eu lieu le 23 octobre 1807.

4°, le 5°, le 9°, le 10° et le 15° régiments de dragons, et le 26° de chasseurs, versent tous les hommes disponibles de leur 3° escadron dans les deux 1ers escadrons qui sont à la Grande Armée et que le cadre de ce 3° escadron parte de l'armée pour rejoindre le dépôt en France.

NAPOLÉON.

1381. — AU GÉNÉRAL DEJEAN.

Fontainebleau, 23 octobre 1807.

Monsieur Dejean, vous trouverez ci-joint l'état des approvisionnements qui sont à Cattaro. Faites-les évaluer ce qu'ils valent, puisque je dois les payer aux Russes et que je devrai les porter dans le compte que j'aurai avec cette puissance.

NAPOLÉON.

1382. — DÉCISION.

Fontainebleau, 23 octobre 1807.

| Le colonel du 10° régiment d'infanterie légère propose d'envoyer, non habillés, les 300 conscrits qui doivent rejoindre les bataillons de guerre, ceux-ci disposant d'effets d'habillement en suffisante quantité pour habiller et équiper ces 300 hommes. | Refusé cette mesure. Il est plus naturel de faire marcher les habits ; d'ailleurs, si les bataillons de guerre n'ont besoin de rien, le corps doit avoir assez de moyens pour se procurer ces habillements. |

NAPOLÉON.

1383. — DÉCISION.

Fontainebleau, 23 octobre 1807.

| Le maréchal Davout ayant décidé que les officiers de son corps d'armée recevraient, à leur retour des prisons de Russie, une gratification de six aunes de drap, l'intendant général fait observer qu'il faut s'attendre à voir les officiers des autres corps d'armée réclamer la même gratification, et il demande qu'une décision générale soit prise à ce sujet. | Ordonner la même chose pour tous les prisonniers rentrés. |

NAPOLÉON.

1384. — DÉCISION.

Fontainebleau, 23 octobre 1807.

L'intendant général de la Grande Armée propose de fixer à 2.500 francs par mois le traitement du général Lagrange et des conseillers d'État composant la régence du royaume de Westphalie.

Je leur accorde 2.500 francs par mois.

NAPOLÉON.

1385. — DÉCISION.

Fontainebleau, 23 octobre 1807.

Le maréchal Berthier soumet à l'Empereur une demande d'éclaircissements formée par la régence de Westphalie au sujet de l'interprétation des décisions de Sa Majesté relatives aux magasins existant dans le royaume de Westphalie, et au produit des usines, salines, etc. La régence demande si ces décisions portent sur ce qui n'est ni revenu, ni produit, sur ce qui forme capital.

Le royaume de Westphalie ne doit pas être compris dans ces mesures, puisque nous ne l'évacuons pas.

NAPOLÉON.

1386. — DÉCISION.

Fontainebleau, 23 octobre 1807.

Le maréchal Davout demande que le traitement de table, qui avait été accordé pendant la guerre de Pologne, soit continué aux officiers du 3ᵉ corps d'armée, parce que les vivres sont d'une cherté excessive dans le duché de Varsovie et que les officiers n'y jouissent point, comme en Allemagne, de l'avantage de vivre à la table de leurs hôtes.

Faire connaître ce que cela coûterait.

NAPOLÉON.

1387. — DÉCISION.

Fontainebleau, 23 octobre 1807.

L'intendant général de la Grande Armée rend compte que le maréchal Davout a ordonné qu'il serait délivré 2.000 chemises et 2.000 paires de souliers aux régiments du 3e corps, pour être données en gratification comme prix de tir.

Le maréchal Berthier soumet l'ordre du maréchal Davout à l'approbation de l'Empereur.

Approuvé.

NAPOLÉON.

1388. — DÉCISION.

Fontainebleau, 23 octobre 1807.

Le maréchal Berthier rend compte que la régence du royaume de Westphalie fait connaître l'arrêt des travaux de la saline de Schönebeck, faute de fonds ; en outre, les traitements des administrations et les pensions ne sont pas payés dans plusieurs provinces pour la même raison.

L'intendant doit faire marcher cette saline, en prenant sur le produit de quoi la faire marcher.

NAPOLÉON.

1389. — DÉCISION (1).

Le ministre de la guerre soumet à l'Empereur la liste des compagnies d'artillerie qu'il a désignées pour rejoindre à Bayonne le 2e corps d'observation de la Gironde, entre autres une compagnie du 3e et une du 6e régiments à cheval.

Approuvé tous ces mouvements, hormis celui du 3e régiment d'artillerie à cheval qui est inutile. La 8e compagnie du 6e régiment à cheval restera à La Fère et se tiendra prête à joindre la réserve de cavalerie lorsque j'en donnerai l'ordre.

NAPOLÉON.

---

(1) Non datée; l'ordre d'exécution de la décision est du 24 octobre 1807.

1390. — AU GÉNÉRAL CLARKE.

Fontainebleau, 25 octobre 1807.

Monsieur le général Clarke, donnez ordre qu'il soit détaché, sans délai, au bataillon irlandais, un bataillon de six compagnies, officiers, sous-officiers et soldats les plus en état de marcher, complété à 140 hommes par compagnie, et ce bataillon de 840 hommes partira quarante-huit heures après la réception de votre ordre, pour se rendre de Flessingue à Versailles. Donnez ordre à un bataillon de guerre du régiment prussien, organisé de la même manière, de se rendre également à Versailles. Donnez le même ordre au régiment de Westphalie, s'il peut fournir ce nombre d'hommes. Arrivés à Versailles, vous en ferez passer la revue et vous (sic) assurerez qu'ils sont d'un bon service. Vous m'en rendrez compte, mon intention étant de les employer au 2ᵉ corps de la Gironde.

NAPOLÉON.

1391. — AU MARÉCHAL BERTHIER.

Fontainebleau, 25 octobre 1807.

Mon Cousin, quand votre bataillon de Neuchâtel sera-t-il organisé et prêt à marcher ? Mon intention serait qu'il fît partie du 2ᵉ corps de la Gironde.

NAPOLÉON.

1392. — AU GÉNÉRAL CLARKE.

Fontainebleau, 25 octobre 1807.

Monsieur le général Clarke, donnez des ordres pour que du dépôt du 3ᵉ régiment d'artillerie à cheval, qui est à Strasbourg, il soit formé, sans délai, une compagnie, complétée à 140 hommes et 140 chevaux, avec ses officiers et sous-officiers.

Donnez le même ordre pour le dépôt du 5ᵉ régiment d'artillerie à cheval, qui est à Besançon, et pour le dépôt du 6ᵉ régiment, qui est à La Fère. Ces trois compagnies se tiendront prêtes à partir au premier ordre, et procès-verbal de leur formation sera dressé sans délai. Chaque compagnie servira deux divisions d'artillerie à cheval de 6 pièces de canon, savoir : 2 pièces de 4, 2 pièces de 8 et 2 obusiers, avec approvisionnement et demi. Prenez des mesures pour qu'il soit acheté, sans délai, à Strasbourg, La Fère et Besançon, 200 chevaux pour chacune de ces divisions et pour confectionner les harnais nécessaires.

Ces 200 chevaux seront achetés par le conseil d'administration de la compagnie et seront servis, pour la compagnie du 3ᵉ régiment, par une compagnie provisoire formée du dépôt du 5ᵉ et du 5ᵉ bis bataillons du train, et forte de 190 (1) hommes présents sous les armes ; pour la compagnie du 5ᵉ d'artillerie à cheval, par une compagnie provisoire formée des dépôts du 8ᵉ principal et 8ᵉ bis et du 2ᵉ bis bataillons du train, de la même force que la première ; pour la compagnie du 6ᵉ d'artillerie, par une compagnie provisoire formée des dépôts du 11ᵉ principal et 11ᵉ bis et des 1ᵉʳ principal et 1ᵉʳ bis bataillons du train. Des officiers d'artillerie seront chargés de former ces compagnies d'artillerie qui porteront le nom des régiments auxquels elles appartiennent, la 1ʳᵉ du 3ᵉ d'artillerie légère, la 2ᵉ du 5ᵉ et la 3ᵉ du 6ᵉ. Vous recommanderez aux directeurs d'artillerie et aux préfets d'activer la levée des chevaux et le confectionnement des harnais, de manière à pouvoir mettre en marche, au 15 ou 20 novembre, 12 divisions d'artillerie ou 36 pièces servies par l'artillerie légère, avec approvisionnement et demi. Le matériel se préparera, en attendant, à Strasbourg, à Besançon et à La Fère.

NAPOLÉON.

1393. — DÉCISIONS (2).

On propose à Sa Majesté de dispenser la dame veuve Grimaud, mère de cinq enfants, dont la fortune est modique, du payement de la pension d'un de ses fils, vélite, chasseur à pied ; cette dame a un autre fils qui s'est enrôlé volontairement, à l'âge de 17 ans, dans le 32ᵉ de ligne.	L'incorporer dans la garde.

---

(1) Une note du bureau de l'artillerie dit qu'il faut lire 100 hommes.
(2) Ni datées ni signées; extraites du « Travail du ministre de la guerre avec l'Empereur, du 25 octobre ».

Déserteurs de la Grande Armée qui se sont présentés à Braunau pour bénéficier de l'amnistie du 20 juin dernier.

En ce cas, le ministre ordonne ce que de droit.

On demande les ordres de Sa Majesté pour l'échange de 572 prisonniers français contre un pareil nombre de Suédois, pris parmi ceux qui sont en France.

D'après une convention conclue par ordre du maréchal Brune, ces prisonniers français sont arrivés à Stralsund.

Je n'ai pas approuvé cette convention.

1394. — DÉCISIONS (1).

Projet d'organisation du service de santé du corps d'observation de la Gironde.

Approuvé.

Rapport sur l'examen de la comptabilité du 75e régiment d'infanterie. La culpabilité du major, du capitaine d'habillement et du maître-tailleur étant prouvée par les faits, le ministre demande l'autorisation de les traduire devant un conseil de guerre.

Mettre en accusation le major, le capitaine et le maître-tailleur. Pour le surplus, laisser faire la justice.

Le ministre demande sur quelles bases doit être calculée la dépense de l'armée de Naples ; il demande, en outre, si le régiment de La Tour d'Auvergne, le régiment suisse et plusieurs corps italiens au service du roi de Naples doivent être compris dans le compte.

Faire le calcul d'après les bases du royaume d'Italie.
Les corps dont il s'agit dans le rapport doivent entrer dans le compte.

A partir de quelle époque doit dater le compte séparé des fournitures faites aux prisonniers russes.

Dès le premier moment.

---

(1) Ni datées ni signées; extraites du « Travail du ministre directeur avec l'Empereur, du 25 octobre 1807 ».

Compte rendu de la quantité d'eau-de-vie existante au 1ᵉʳ octobre dans les magasins du service des vivres à Boulogne et à Ambleteuse.	Approuvé la consommation.
Le conseil d'administration du 2ᵉ régiment suisse ayant acheté pour les grenadiers des bonnets sans y avoir été autorisé par l'Empereur, ordre a été donné à l'inspecteur aux revues de rayer cet article dans les comptes de dépenses du corps.	L'Empereur donnera des bonnets lorsqu'ils se seront battus (1).

1395. — AU GÉNÉRAL DEJEAN.

Fontainebleau, 26 octobre 1807.

Sa Majesté, Monsieur, ayant fait des changements seulement en ce qui concerne le ministère de la marine à son décret du 19 de ce mois, relatif au solde du service de la compagnie Vanlerberghe, j'ai l'honneur de vous envoyer une nouvelle expédition de ce décret, conforme à la dernière rédaction arrêtée par Sa Majesté, et vous prie de me renvoyer, pour être annulée, celle qui vous en avait été d'abord adressée.

Hugues B. MARET.

1396. — AU MARÉCHAL BERTHIER.

Fontainebleau, 27 octobre 1807.

Mon Cousin, la régence de Westphalie doit continuer à faire verser les revenus du royaume dans la caisse de l'armée, comme par le passé, en en tenant un compte particulier. Il sera, après, statué définitivement sur ce qui devra en être fait. Ecrivez-lui de vous envoyer la note de ce qui est rentré depuis le 1ᵉʳ octobre.

NAPOLÉON.

1397. — AU GÉNÉRAL CLARKE.

Fontainebleau, 27 octobre 1807.

Monsieur le général Clarke, donnez l'ordre qu'à dater du 1ᵉʳ no-

---

(1) De la main du ministre directeur.

vembre prochain, le 1ᵉʳ régiment suisse cesse d'être à mon service et passe à celui du roi de Naples. Vous donnerez l'ordre au 2ᵉ bataillon étranger, qui est en Corse, de se rendre à l'île d'Elbe, et au 2ᵉ bataillon du 1ᵉʳ régiment suisse, qui est à l'île d'Elbe, de débarquer à Piombino et de se rendre à Naples, pour rejoindre les autres bataillons. Donnez également ordre qu'on tienne prêtes à marcher, comme détachement, six compagnies, complétées chacune à 140 hommes et tirées du 1ᵉʳ bataillon du 67ᵉ, qui est à Gênes. Donnez le même ordre pour le 3ᵉ bataillon du 16ᵉ, qui est à Toulon.

NAPOLÉON.

1398. — AU MARÉCHAL BERTHIER.

Fontainebleau, 27 octobre 1807.

Mon Cousin, vous répondrez au maréchal Soult que j'ai reçu sa lettre, avec la convention qui y était jointe : que je l'ai envoyée au ministre des relations extérieures, qui lui répondra ; qu'il n'y a point de difficulté qu'il décharge la rive droite de la Vistule d'une partie de ses troupes, qu'il peut faire marcher plus bas. Donnez ordre au 43ᵉ de ligne de se rendre à Boulogne. Donnez le même ordre à tous les détachements des régiments provisoires et autres que ce régiment aurait en Allemagne.

Donnez ordre à toutes les troupes alliées quelconques qui se trouveraient dans la Poméranie suédoise de se diriger sur le pays de Bayreuth. Par ce moyen, il ne restera plus dans la Poméranie suédoise que la division Molitor et la division italienne. Donnez ordre au 44ᵉ de ligne, qui est à Hameln, de se rendre à Valenciennes.

NAPOLÉON.

1399. — DÉCISION.

Fontainebleau, 27 octobre 1807.

Le maréchal Davout exprime le désir de connaître les intentions de l'Empereur au sujet du 1ᵉʳ régiment de hussards polonais qui, levé par le prince Jean Sulkowski, sous le titre de chevau-légers, et

De ce régiment, en prendre tout ce qui est disponible et l'envoyer rejoindre le régiment de lanciers polonais qui se rend en Westphalie. Du reste, dissoudre

admis à la solde de Sa Majesté par décret du 12 mars 1807, se trouve actuellement dans le plus grand délabrement.

ce régiment que je n'ai jamais entendu prendre à ma solde.

NAPOLÉON.

1400. — DÉCISION (1).

Le maréchal Berthier rend compte à l'Empereur que, pour subvenir aux besoins des 3e et 4e corps de la Grande Armée, l'intendant général demande à la régence du royaume de Westphalie de frapper sur le royaume une réquisition de 3.000 quintaux de viande sur pied. La régence demande si cette réquisition sera imputable sur les contributions extraordinaires qui sont en retard.

L'Empereur a répondu qu'il fallait fournir ce que l'on pourrait, mais sans épuiser le pays. Les dépenses seront à compte des contributions extraordinaires encore arriérées.

A.

Prévenir M. Daru.

1401. — DÉCISION.

Fontainebleau, 29 octobre 1807.

Le maréchal Berthier présente à l'Empereur l'état des fonds nécessaires, pendant le mois de septembre 1807, pour le paiement de dépenses prévues aux chapitres 4 (artillerie) et 7 (dépenses diverses) du budget, et qui se montent au total à la somme de 1.973.000 francs.

Approuvé.

NAPOLÉON.

1402. — AU GÉNÉRAL CLARKE.

Fontainebleau, 30 octobre 1807.

Monsieur le général Clarke, je vous avais donné des ordres pour la formation d'un bataillon provisoire, tiré des dépôts de Paris,

---

(1) Non datée; le rapport du maréchal Berthier est du 28 octobre 1807.

destiné à recruter le corps de la Gironde. Cela n'a pu avoir lieu. L'arrivée à Paris de deux régiments (sic) de guerre de la garde de Paris ayant augmenté la garnison, je désire que vous fassiez procéder sans délai à la formation de ce bataillon provisoire, qui sera composé d'un lieutenant, d'un sergent, de deux caporaux et de 60 hommes du 32e, de 100 hommes du 58e, de 60 hommes du 2e, de 160 hommes du 4e, de 150 hommes du 12e et de 60 hommes du 15e ; ce bataillon provisoire, commandé par un capitaine, se mettra en marche le 4 novembre. Vous chargerez le général de division Mouton de former ce bataillon et d'en passer une revue de rigueur. Vous chargerez le général Mouton de se rendre à Nancy et à Sedan, le 15 novembre, et de passer dans le plus grand détail la revue des deux brigades d'infanterie provisoire qui s'y trouvent. Il s'assurera que les commandants et les officiers sont instruits, que les soldats sont à l'école de bataillon, et prendra note de la situation de l'habillement, linge et chaussure et souliers. Chaque jour, il verra un régiment, le fera manœuvrer, vous en enverra la revue, et s'étudiera à le bien organiser et former. Il pourra correspondre avec les dépôts des régiments pour faire fournir aux hommes ce qui leur manquerait, afin que cette division puisse entrer en campagne avant le 1er décembre. Je désire que vous me proposiez deux généraux de brigade pour commander ces deux brigades.

Proposez-moi également quatre généraux de brigade pour commander les quatre brigades provisoires de cavalerie. Ces quatre brigades seront sous les ordres du général de division Grouchy, qui sera chargé de se rendre à Compiègne, Tours, Orléans et Chartres, pour en passer la revue en détail et vous faire part de tous leurs besoins.

NAPOLÉON.

1403. — AU GÉNÉRAL CLARKE.

Fontainebleau, 30 octobre 1807.

Monsieur le général Clarke, mon intention est que les bataillons de guerre soient maintenus, en Dalmatie et dans l'armée d'Italie, constamment à un effectif de 140 hommes par compagnie ; que les bataillons de guerre qui sont à Corfou soient constamment maintenus à un effectif de 150 hommes par compagnie ; que les bataillons de guerre de l'armée de Naples soient maintenus, comme ceux de l'armée d'Italie, à un effectif de 140 hommes par compagnie. Vous me ferez connaître la force de ces bataillons à leur effectif actuel et ce qui leur manque. Dans l'effectif, je comprends les hommes aux hôpitaux du lieu ; en Dalmatie, par exemple, pour l'armée de Dalmatie ; à Corfou, pour les corps qui sont à Corfou ; à Naples, pour l'armée de Naples.

Napoléon.

1404. — AU MARÉCHAL BERTHIER.

Fontainebleau, 31 octobre 1807.

Mon Cousin, donnez ordre que le régiment du grand-duc de Berg reste dans la Poméranie suédoise et fasse partie de la division Molitor. Les contingents de Nassau et de Hesse-Darmstadt resteront dans la Prusse.

Napoléon.

1405. — DÉCISION.

Fontainebleau, 31 octobre 1807.

| Le maréchal Berthier soumet à l'Empereur une proposition du général Songis, tendant à faire rentrer en France 580 paysans qui conduisent 1.000 chevaux de réquisition et à les remplacer par une remonte de 1.280 chevaux au profit des bataillons du train. | Approuvé par l'Empereur.
Le prince Alexandre. |

1406. — DÉCISION (1).

Fontainebleau, 31 octobre 1807.

| Le ministre soumet à l'approbation de l'Empereur un projet d'organisation du personnel des administrations du corps d'observation de la Gironde. | Le personnel doit être divisé en deux : 1er corps et 2e corps ; ces personnels doivent être égaux ; le 1er corps est de trois divisions d'infanterie et d'une de |

---

(1) Non signée; extraite du « Travail du ministre directeur de l'administration de la guerre avec S. M. l'Empereur, du 25 octobre 1807 ».

cavalerie ; 2ᵉ corps idem. Il n'y a pas de temps à perdre pour organiser le 1ᵉʳ corps qui est déjà entré en campagne.

1407. — AU GÉNÉRAL CLARKE (1).

Fontainebleau, 2 novembre 1807.

Monsieur le général Clarke, j'avais ordonné que les 3ᵉˢ bataillons des légions de réserve partissent au 1ᵉʳ novembre ; mais, puisqu'aucun ne peut être complété à 1.125 hommes, mon intention est que vous fassiez partir sur-le-champ, de ces 3ᵉˢ bataillons, seulement six compagnies, complétées à l'effectif de 140 hommes, ou un bataillon de 840 hommes. On fera partir les 7ᵉˢ et 8ᵉˢ compagnies aussitôt que les conscrits seront formés et que les malades seront guéris. Ainsi chaque légion de la réserve aura trois bataillons, ce qui fera quinze bataillons pour les cinq légions. Il est nécessaire que chaque légion envoie un major pour commander ces trois bataillons.

NAPOLÉON.

P.-S. — La légion de la réserve qui est à Rouen n'enverra pas de 3ᵉ bataillon à Bayonne, mais enverra quatre compagnies, chacune complétée à 140 hommes, à Belle-Ile, pour y relever le bataillon du 47ᵉ qui se rendra à Lorient. Arrivé à Lorient, le 1ᵉʳ bataillon du 47ᵉ sera complété à 1.260 hommes ; il en sera passé une revue et, lorsqu'on sera assuré que la chaussure, l'armement et l'habillement seront en bon état, il se mettra en marche pour Bayonne.

1408. — AU MARÉCHAL BERTHIER.

Fontainebleau, 2 novembre 1807.

Mon Cousin, vous donnerez l'ordre que tous les régiments provisoires de la Grande Armée soient dissous. Les détachements qui appartiennent à des régiments du 1ᵉʳ corps, des divisions Dupas et Boudet, qui sont à Hamburg, et du 3ᵉ corps, qui est à Varsovie, iront directement rejoindre leurs corps. Ceux qui appartiennent au

---

(1) Non signé, copie conforme.

4º corps se dirigeront sur Stettin, où ils seront réunis, et recevront là les ordres du maréchal Soult. Ceux qui appartiennent aux 6º et 5º corps se dirigeront sur Küstrin, où ils attendront de nouveaux ordres des maréchaux qui commandent ces corps. Le général Verdier attendra de nouveaux ordres, à Stettin, avec les deux régiments de sa division, son parc et son état-major. Le 51º de ligne, qui appartient au 3º corps, rentrera en France : il se dirigera d'abord sur Magdeburg, où il attendra de nouveaux ordres. Les détachements des régiments provisoires qui appartiennent à ce régiment l'attendront à Magdeburg.

Le 43º de ligne se rendra en France, en se dirigeant sur Magdeburg, où il attendra de nouveaux ordres. Les détachements qui appartiennent à ce corps l'attendront également à Magdeburg.

Les 2º et 12º d'infanterie légère et tous les détachements des régiments provisoires qui leur appartiennent se dirigeront sur Erfurt, où ils recevront de nouveaux ordres. Je crois avoir donné l'ordre que le 44º rentre en France. Ainsi, cinq régiments seraient en mouvement pour rentrer en France. Faites-moi connaître si j'ai donné des ordres pour faire rentrer des régiments de dragons. Si je ne l'ai pas donné, présentez-moi un projet d'ordre pour faire rentrer les régiments de dragons qui ont leur 4º escadron à l'armée de la Gironde.

NAPOLÉON.

1409. — DÉCISION (1).

Etat de ce qui est dû aux agents de la compagnie Vanlerberghe.	Avoir le rapport du conseiller d'Etat, directeur général.

1410. — DÉCISION.

Fontainebleau, 3 novembre 1807.

Le général Bourcier expose qu'il a eu ce moment, à Potsdam, trois détachements des 14º, 20º et 26º dragons, venus à pied de l'armée,	Il ne doit pas renvoyer ces détachements à leurs corps (car à quoi servent des hommes à pied?), mais aussitôt qu'il sera sûr qu'il

---

(1) De la main de Maret; ni datée ni signée, extraite du « Travail du ministre directeur avec l'Empereur, du 2 novembre 1807 ».

mais qu'il n'a plus de chevaux de dragons disponibles.

Il propose de donner à ces détachements des chevaux de cuirassiers et de chasseurs, ou de les renvoyer à pied à leur corps.

n'y a plus d'hommes à pied dans les chasseurs et les cuirassiers, il donnera ces chevaux aux dragons.

NAPOLÉON.

1411. — AU GÉNÉRAL DEJEAN.

Fontainebleau, 3 novembre 1807.

Monsieur Dejean, j'ai reçu avec votre rapport du 15 octobre la situation des remontes qui y était jointe. Il en résulterait que j'ai 55.000 chevaux : ce serait encore 18.000 qui manqueraient pour arriver au complet de guerre.

Faites-moi connaître combien j'ai d'hommes au dépôt de chaque régiment, combien il y a de chevaux, ce qu'ils ont d'argent pour faire les achats, ce qu'il faudrait encore leur donner pour que tous les hommes pussent être montés.

Je vous ai dernièrement donné ordre de tenir, pour chaque régiment, 120 hommes prêts à partir. Précédemment, j'avais demandé des détachements d'un grand nombre de régiments pour former les quatre brigades de la réserve que je rassemble.

J'ai besoin de toute ma cavalerie et que tous les hommes que j'ai dans les dépôts soient montés. Faites-moi là-dessus un rapport qui comprenne tous les renseignements dont j'ai besoin, afin que je puisse sur-le-champ vous donner des ordres pour qu'on achète des chevaux.

Il résulterait de votre état que j'ai 15.000 chevaux dans les dépôts.

Combien y ai-je d'hommes en état de servir ?

NAPOLÉON.

1412. — DÉCISION.

Fontainebleau, 3 novembre 1807.

Les officiers français faisant partie de la première légion du Nord, qui est passée à la solde du roi de Saxe, demandent à rester au service de Sa Majesté l'Empereur et Roi, et à être placés dans des régiments français.

Cette demande me paraît juste : avoir des rapports sur chacun d'eux.

NAPOLÉON.

1413. — AU GÉNÉRAL CLARKE.

Fontainebleau, 3 novembre 1807.

Monsieur le général Clarke, vous donnerez ordre que le corps de gardes nationales qui est à Cherbourg soit renforcé de 500 hommes du corps de gardes nationales qui est au Havre, à Dieppe et sur la côte. Vous donnerez également l'ordre que le 3ᵉ bataillon du 15ᵉ de ligne, le 3ᵉ bataillon du 70ᵉ, le 3ᵉ bataillon du 86ᵉ et le 3ᵉ bataillon du 47ᵉ, formés chacun à 6 compagnies, une de grenadiers, une de voltigeurs et 4 basses compagnies, à un effectif de 140 hommes et au moins à 110 hommes présents par compagnie, se tiennent prêts à marcher. Vous ferez passer la revue de ces bataillons par le général Malher, et, du moment que leur armement, leur habillement seront en état, vous m'en rendrez compte.

NAPOLÉON.

1414. — AU GÉNÉRAL CLARKE.

Fontainebleau, 3 novembre 1807.

Au général Clarke, donnez ordre que le 1ᵉʳ bataillon du 3ᵉ régiment suisse soit complété à 1.200 hommes et se rende à Perpignan. Donnez également ordre que le 2ᵉ bataillon du 3ᵉ soit complété à 1.200 hommes et se rende à Rennes.

NAPOLÉON.

Donnez ordre qu'il soit formé un bataillon de six compagnies du 16ᵉ de ligne, chaque compagnie à 140 hommes, et qu'il soit dirigé sur Perpignan.

NAPOLÉON.

1415. — DÉCISION.

Fontainebleau, 3 novembre 1807.

| Le ministre de la guerre propose d'ajourner le projet de réduction de la légion du Midi, qui se trouve d'ailleurs actuellement moins forte en compagnies que Sa Majesté ne l'avait pensé. | On peut ajourner la réduction des bataillons provisoires pour lorsqu'il y aura réduction dans le nombre d'hommes. NAPOLÉON. |

1416. — DÉCISION.

Fontainebleau, 3 novembre 1807.

Le ministre de la guerre propose de nommer à l'emploi de colonel du corps de 3.000 Albanais stationné dans les Sept-Iles M. de Bruges, chef de bataillon au régiment d'Isenburg. Cet officier a servi en Autriche pendant la révolution et est rentré en France à l'époque de l'amnistie générale.

Ne proposer aucun avancement hors des régiments d'Isenburg et de la Tour d'Auvergne. Nommer des hommes qui aient toujours servi avec nous.

NAPOLÉON.

1417. — DÉCISION.

Fontainebleau, 3 novembre 1807.

Le maréchal Bernadotte demande au maréchal Berthier l'autorisation d'établir l'armée hollandaise en totalité sur la rive gauche du Weser, dans le pays d'Oldenburg et jusqu'aux confins de l'Ost-Frise. Cette extension, en contribuant au bien-être des troupes, donnerait aussi plus de moyens de surveillance pour l'exécution du décret impérial relatif au blocus des Iles Britanniques.

Il n'y a pas d'inconvénient à autoriser le prince de Ponte-Corvo à étendre les Hollandais comme il le désire.

NAPOLÉON.

1418. — DÉCISIONS (1).

Fontainebleau, 3 novembre 1807.

Rapport sur la situation actuelle du corps de vétérans bourgeois de Paris, gardes d'honneur non soldés du Sénat.

Les hommes turbulents de ce corps de vétérans bourgeois ayant été éloignés du corps et n'en faisant plus partie, les choses resteront comme elles sont.

(1) Non signées; extraites du « Travail du ministre de la guerre avec l'Empereur, du 25 octobre 1807 ».

Proposition d'organiser un bataillon du train avec les chevaux de l'entrepreneur Julien, ou de continuer l'entreprise au prix réduit de 1 fr. 50 par jour et par cheval.

Il faut donner l'ordre que, du moment que l'armée sera à Lisbonne, cet équipage forme un bataillon, à prendre tous à mon compte sur estimation, d'autant plus que les chevaux seront remplacés par les chevaux qu'on trouvera en Portugal.

On prend les ordres de Sa Majesté pour l'établissement d'un chasse-marée et d'une embarcation, vis-à-vis la batterie Napoléon de Cherbourg, pour le cas où les établissements militaires de cette batterie viendraient à être entraînés et détruits par un ouragan.

Il faudrait charger de cette opération la marine.

On prie Sa Majesté de faire connaître si les généraux de brigade d'Agoult et Jordy, qui vont rentrer en France et qui demandent une nouvelle destination, doivent être considérés comme en activité dans leurs grades, ou s'ils doivent être replacés comme commandants d'armes.

Renvoyer le général Jordy à son commandement d'armes. Quant au général d'Agoult, lui donner sa retraite avec appointements en attendant qu'on le place quelque part.

1419. — DÉCISIONS (1).

Fontainebleau, 3 novembre 1807.

Tableau des différentes propositions faites par les propriétaires des lits militaires et de celles faites par le ministre pour le service dans toutes les divisions, la Corse et l'île d'Elbe exceptées.

La proposition me paraît encore trop avantageuse à ces fournisseurs.

NAPOLÉON.

Mémoire justificatif présenté par le sieur Breidt, ex-entrepreneur

Il faut attendre le retour de l'armée et des commissaires

---

(1) Extraites du « Travail du ministre de l'administration de la guerre avec S. M. l'Empereur et Roi, du 25 octobre 1807 ». La seconde n'est pas signée.

des équipages militaires à la Grande Armée.

pour pouvoir tenir un conseil d'administration sur cette compagnie.

1420. — DÉCISION (1).

Fontainebleau, 3 novembre 1807.

Le ministre soumet à l'approbation de l'Empereur une dépense de 7.900.000 francs pour achats d'armes en 1808.

Jusqu'à ce que j'aie un million d'armes en dépôt dans mes arsenaux, il faut commander autant d'armes que possible.

1421. — DÉCISIONS (2).

Fontainebleau, 3 novembre 1807.

M. le maréchal duc de Danzig demande, pendant son séjour à Paris, le paiement du traitement dont il jouissait à la Grande Armée. On supplie Sa Majesté de vouloir bien donner ses ordres sur cette demande.

Le duc de Danzig a quitté l'armée pour rentrer au Sénat. Il n'a plus rien de commun avec la guerre.

On propose à Sa Majesté d'accorder le grade de chef de bataillon à MM. Hulot, capitaine d'artillerie, et Leclerc, capitaine du génie, employés à l'Ecole militaire de Fontainebleau, et on rend compte à Sa Majesté, d'après ses ordres, du service de ces officiers.

Je ne fais point de difficulté d'accorder de l'avancement à ces officiers, mais alors, il faudra qu'ils quittent l'Ecole militaire pour être employés dans les armées, mon intention étant qu'aucun grade ne puisse s'obtenir à l'Ecole militaire, en restant à l'Ecole militaire.

On prie Sa Majesté de faire connaître si les officiers généraux em-

La gratification de campagne leur sera payée en Portugal, sur

---

(1) Non signée; extraite du « Travail du ministre de la guerre avec S. M. l'Empereur et Roi, du 25 octobre 1807 ».
(2) Non signées; extraites du « Travail du ministre de la guerre avec l'Empereur, du 1ᵉʳ novembre 1807 ».

ployés au corps d'observation de la Gironde doivent jouir du traitement extraordinaire à compter du jour où ils quittent la frontière, et si les officiers de la même armée doivent toucher la gratification de campagne que le général en chef réclame en leur faveur.

les fonds du Portugal. Les officiers généraux n'auront de traitement extraordinaire qu'à compter de leur arrivée en Portugal.

1422. — DÉCISIONS (1).

Fontainebleau, 3 novembre 1807.

Compte rendu de l'exécution des ordres de l'Empereur relatifs au passage du 1er régiment suisse au service du roi de Naples.

Il est demandé où seront envoyés le dépôt de ce régiment, qui est à Turin, et sa compagnie d'artillerie, qui est à Cherbourg.

La compagnie d'artillerie qui est à Cherbourg n'a jamais fait partie de ce régiment.

Le dépôt de ce régiment doit, comme de raison, être au compte du roi de Naples.

1423. — DÉCISION (2).

Fontainebleau, 3 novembre 1807.

Le ministre demande si les 124 chevaux du dépôt de Potsdam, appartenant à des officiers français et qui ont été incorporés dans divers régiments de cavalerie, seront payés aux officiers propriétaires sur les fonds de l'armée ou sur les fonds des remontes.

Sur les fonds des remontes de ces régiments.

1424. — AU GÉNÉRAL CLARKE.

Fontainebleau, 4 novembre 1807.

Monsieur le général Clarke, la brigade de dragons de la réserve,

---

(1) Non signées; extraites du « Travail du ministre de la guerre avec S. M. l'Empereur et Roi, du 1er novembre 1807 ».

(2) Non signée; extraite du « Travail du ministre directeur de l'administration de la guerre, avec S. M. l'Empereur et Roi, du 2 novembre 1807 ».

composée de deux régiments provisoires, est faible ; le 1ᵉʳ régiment n'a que 480 hommes, de quatre détachements. Joignez-y une compagnie de 140 hommes du 22ᵉ de dragons et une du 13ᵉ de 120 hommes, ce qui portera le 1ᵉʳ régiment à 740 hommes. Joignez au second régiment une compagnie du 8ᵉ de dragons, de 100 hommes, et une du 12ᵉ, de 120 hommes, ce qui portera ce second régiment à 720 hommes et la brigade à 1.460 hommes. Ordonnez que le 2ᵉ, le 6ᵉ, le 16ᵉ, le 17ᵉ et le 27ᵉ de dragons préparent chacun 120 hommes. Aussitôt qu'ils pourront les fournir, vous m'en préviendrez. Ces détachements formeraient 600 hommes qui pourraient faire un nouveau régiment provisoire.

NAPOLÉON.

1425. — AU GÉNÉRAL DEJEAN.

Fontainebleau, 4 novembre 1807.

Monsieur Dejean, je reçois votre rapport sur la situation des remontes au 22 octobre. Cet état s'approche plus de la vérité que le dernier que vous m'avez remis, mais il est encore loin d'être exact. Ainsi, par exemple, le 1ᵉʳ de carabiniers est porté comme ayant 662 chevaux aux escadrons de guerre ; mais, si l'on y comprend les détachements que ce régiment a aux dépôts de Potsdam et de Silésie, il est de fait qu'il a 720 chevaux à la Grande Armée. Le 2ᵉ de carabiniers est porté comme ayant 675 chevaux ; il est constant qu'il en a 769, ainsi de suite. Ainsi, vous portez 40.000 chevaux à la Grande Armée. Dans les états que j'ai, il y en a 42.700. Ces différences viennent de ce que les corps ne portent pas ce qu'ils ont aux dépôts de Potsdam, de Silésie et dans les différents gouvernements. Dans ce résultat de 42.000 chevaux n'est pas comprise l'artillerie légère qui est de 3.000 chevaux. Il y a donc, entre vos états et la réalité, une différence de 5.000 chevaux en moins.

NAPOLÉON.

1426. — AU GÉNÉRAL DEJEAN.

Fontainebleau, 4 novembre 1807.

Monsieur Dejean, faites-moi connaître le nombre de bataillons qu'il faut lever pour fournir des caissons au corps d'observation des côtes de l'Océan et au 2ᵉ corps de la Gironde. Je pense que deux caissons par 1.000 hommes seront suffisants. Le 1ᵉʳ corps de la Gironde doit en avoir beaucoup trop.

NAPOLÉON.

1427. — DÉCISION.

Fontainebleau, 5 novembre 1807.

Le bataillon de marins de la garde n'étant plus nécessaire à Stralsund depuis l'occupation de l'île de Rügen, le maréchal Berthier demande si ce corps doit être envoyé à Hamburg, comme l'Empereur l'a décidé le 31 août dernier.

Faire venir ces marins à Wesel, où on leur enverra de nouveaux ordres.

NAPOLÉON.

1428. — DÉCISION (1).

Le maréchal Berthier rend compte à l'Empereur que la légion polacco-italienne a quitté la Silésie pour se rendre à Berlin, où elle arrivera du 2 au 6 novembre.

Avez-vous donné l'ordre de diriger cette légion sur Cassel ?

NAPOLÉON.

1429. — AU GÉNÉRAL CLARKE.

Fontainebleau, 6 novembre 1807.

Monsieur le général Clarke, à la suite de l'état de situation, vous me remettrez un petit état de la force des régiments provisoires dont j'ai ordonné le départ pour Bayonne, destinés à renforcer le corps de la Gironde ; vous y indiquerez le jour où ils arriveront à Bayonne, mon intention étant que les corps soient réunis, forment une colonne de 3 ou 4.000 hommes et marchent ensemble, pour se porter où il sera nécessaire.

NAPOLÉON.

---

(1) Non datée; le rapport du maréchal Berthier est du 5 novembre 1807.

1430. — DÉCISION.

Fontainebleau, 6 novembre 1807.

Le maréchal Berthier sollicite la décision de l'Empereur au sujet du rapport qu'il lui a adressé, le 16 septembre dernier, sur la liquidation des frais de recrutement du régiment d'Isenburg.

Ceci est une affaire contentieuse qu'il faut envoyer au Conseil d'Etat.

NAPOLÉON.

1431. — DÉCISION.

Fontainebleau, 6 novembre 1807.

Lettre de M. Billiot au général Liébert, gouverneur de la Poméranie, en date du 23 octobre 1807, pour lui dénoncer la circulation de navires chargés de marchandises anglaises et munis de passeports, au mépris des dispositions du décret du 21 novembre 1806.

Renvoyé au prince de Neuchâtel pour écrire dans ce sens au général Molitor et lui témoigner mon mécontentement. Il ne faut pas lui dire que c'est le consul qui écrit cela.

NAPOLÉON.

1432. — AU GÉNÉRAL DEJEAN.

Fontainebleau, 7 novembre 1807.

Monsieur Dejean, le premier corps de la Gironde a un bataillon entier d'équipages militaires ; c'est beaucoup trop. Deux caissons par 1.000 hommes sont suffisants. Donnez l'ordre au général Junot de ne garder que 50 caissons et de laisser les autres pour le second corps de la Gironde.

NAPOLÉON.

1433. — AU MARÉCHAL BERTHIER.

Fontainebleau, 8 novembre 1807.

Mon Cousin, répondez au maréchal Soult par un officier d'état-major.

Faites-lui connaître que vous m'avez mis sous les yeux sa lettre du 22 octobre, que je suis surpris que la division Verdier se trouve encore sur la Vistule, qu'elle devrait être à Stettin, et que les 2e et 12e régiments devraient même être en marche pour Erfurt.

Envoyez-lui l'ordre de placer la réserve de cavalerie entre l'Oder et l'Elbe.

Ecrivez-lui qu'il peut diriger deux de ses trois divisions sur Stettin et qu'aussitôt que les conventions seront signées, il peut évacuer le pays jusqu'à la Vistule, en laissant une de ses divisions sur la gauche de la Vistule, à Marienburg, Mewe, Neuenburg et gardant sa cavalerie dans l'île de Nogat, jusqu'à ce que tous les arrangements soient définitivement terminés : cette division se trouvera appuyée par le corps qui est à Danzig ; que je n'entends pas que la droite de la Vistule soit remise à l'armée prussienne avant que les affaires soient mieux éclaircies.

Vous ferez connaître au maréchal Soult que, lorsque ces conventions seront signées, il pourra porter son quartier général d'abord à Danzig et ensuite à Stettin ; que ses deux divisions occuperont Stettin et les environs, jusqu'à ce que j'aie donné de nouveaux ordres ; et qu'aussitôt que je verrai les affaires s'éclaircir, son corps d'armée sera chargé de la garde de Stettin et de la Poméranie suédoise ; qu'il faut donc que je sache bien le jour où les deux régiments de la division Verdier arriveront à Stettin, et le jour où les deux divisions du corps du maréchal Soult y arriveront également.

Vous enverrez l'ordre à la division italienne, cavalerie et infanterie, de se diriger sur Würzburg ; vous me ferez connaître le jour où elle arrivera dans cette place.

Vous donnerez l'ordre au régiment des chevau-légers d'Arenberg de se rendre à Hamburg, pour être sous les ordres du prince de Ponte-Corvo.

Mes ordres ne parviennent pas. Il me semble que j'avais ordonné qu'il n'y aurait plus, du côté de Berlin, de Wurtembergeois ni de Bavarois. Je vous ai également ordonné de réunir tout le parc du génie à Erfurt.

Il résulte de la lettre de M. Daru, du 29 octobre, que le mois de septembre est payé aux officiers de l'armée : il faut leur faire payer sur-le-champ octobre et novembre ; que le mois de mai est payé aux soldats : il faut leur faire payer juin et juillet, en se débarrassant de la mauvaise monnaie.

Ecrivez à l'intendant général de faire évacuer sur Magdeburg les 23.000 capotes qui se trouvent à Breslau, les 2.000 qui sont à Posen et les 16.000 qui se trouvent à Thorn ; de faire également évacuer sur Magdeburg tous les effets d'habillement qui se trouvent à Breslau et Glogau, en laissant ce qui est nécessaire pour la division Oudinot à Danzig, et quelque chose à Thorn et à Varsovie pour le 3ᵉ corps.

Je vois qu'il y a à Posen 91.000 paires de souliers ; à Bromberg, 137.000 ; à Thorn, 105.000 ; à Danzig, 110.000, etc. Il faut faire évacuer tout cela sur Magdeburg. Cela est très important.

Donnez l'ordre à l'artillerie de ma garde, et à tous les caissons des corps qui lui appartiennent, de partir du Hanovre pour se rendre à La Fère.

Donnez ordre au bataillon des marins de ma garde de se rendre à Paris.

Donnez ordre au parc général d'artillerie de se rendre à Erfurt.

NAPOLÉON.

1434. — AU GÉNÉRAL DEJEAN.

Fontainebleau, 8 novembre 1807.

Monsieur Dejean, je vous envoie l'état des effets d'habillement qui se trouvent dans les Etats prussiens. Ordonnez qu'on laisse à Varsovie ce qui est nécessaire pour le 3ᵉ corps ; à Danzig ce qui est nécessaire pour le corps de 8.000 hommes du général Oudinot ; et que tous les effets qui se trouvent dans les magasins, sur la rive droite de l'Elbe, de la Vistule et de l'Oder, soient concentrés dans Magdeburg, de sorte qu'on aura là des magasins considérables de souliers et d'effets d'habillement.

NAPOLÉON.

1435. — AU GÉNÉRAL CLARKE.

Fontainebleau, 9 novembre 1807.

Monsieur le général Clarke, les trois généraux de division qui commanderont le corps d'observation des côtes de l'Océan seront les généraux Morlot, Musnier et Gobert. Vous donnerez, en conséquence, l'ordre à ce dernier de quitter la Grande Armée pour se rendre à son nouveau poste. Les généraux de brigade seront les généraux Brun, Lefranc, Lefèvre, et le prince d'Isenburg. Les trois adjudants commandants seront ceux que vous me proposez : Peste-Turenne-Laval, d'Halancourt et Chalus. J'approuve également le choix des officiers d'état-major dont les noms suivent : le chef d'escadron Niou, le chef de bataillon Passelac et les capitaines Courtois, Thibault, Six, Marteville, Dommanget, Goedorp, Lefaivre, Rapin, Lalobe et Fontenille.

NAPOLÉON.

1436. -- DÉCISION.

Fontainebleau, 9 novembre 1807.

Les trois membres de l'ancienne régence du Hanovre, envoyés à la forteresse de Hameln par l'ordre de l'Empereur, sollicitent leur élargissement ou, du moins, la faveur d'être renvoyés en surveillance à Hanovre.	Accordé. NAPOLÉON.

1437. — DÉCISION (1).

Demande de fonds pour le service du chauffage.	Préparer le travail pour les conseils d'administration qui seront tenus en décembre.

1438. — AU MARÉCHAL BERTHIER.

Fontainebleau, 10 novembre 1807.

Mon Cousin, donnez l'ordre au maréchal Victor et aux autres commandants de mes troupes, à Hamburg, dans le Mecklenburg et dans la Poméranie suédoise, d'empêcher toute communication entre le continent et la Suède et d'intercepter toutes les lettres.

NAPOLÉON.

(1) De la main de Maret; ni datée ni signée, extraite du « Travail du ministre directeur avec l'Empereur, du 9 novembre 1807 ».

1439. — DÉCISION.

Fontainebleau, 10 novembre 1807.

Etat contenant le tarif fixé par l'ordre du jour du 4 janvier 1807, du traitement de table accordé aux officiers stationnés en Pologne, et celui du même traitement proposé en faveur des officiers généraux, d'état-major et des régiments employés dans le duché de Varsovie.

DÉSIGNATION DES GRADES.	TARIFS DU TRAITEMENT DE TABLE		OBSERVATIONS.
	Accordé par l'ordre du jour du 4 janvier 1807, aux officiers stationnés en Pologne.	Proposé en faveur des officiers employés dans le duché de Varsovie.	
	fr.	fr.	
Généraux de divis., command^{ts}.	3.000	1.500	Les inspecteurs et sous-inspecteurs aux revues, les commissaires-ordonnateurs et ordinaires des guerres et les adjoints, ainsi que les officiers de santé, doivent jouir du traitement de table accordé à chacun des grades auxquels ils sont assimilés par les lois et règlements militaires.
— non command^{ts}.	1.000	500	
Généraux de brig., command^{ts}.	1.500	750	
— non command^{ts}.	500	250	
Colonels, commandants........	500	250	
Colonels non commandants....	250	125	
Chefs de bataillon ou d'escadron.	150	100	
Capitaines..................	120	75	
Lieutenants et sous-lieutenants.	100	60	

Approuvé :
NAPOLÉON.

1440. — DÉCISION (1).

Fontainebleau, 10 novembre 1807.

Le ministre propose de confirmer, dans le grade de lieutenant, pour être aide de camp du général de division Clauzel, M. Castel, lieutenant provisoire au 15e dragons.

A-t-il fait la guerre ?

---

(1) Non signée; extraite du « Travail du ministre de la guerre avec S. M. l'Empereur et Roi, du 27 septembre 1807 ».

1441. — DÉCISION (1).

Fontainebleau, 10 novembre 1807.

Proposition à l'effet de nommer le sous-lieutenant d'Aguesseau, du 10ᵉ régiment de chasseurs, lieutenant aide de camp du maréchal Masséna.

Il n'a pas assez de grade.

1442. — DÉCISIONS (2).

Fontainebleau, 10 novembre 1807.

Le chef d'escadron Borel demande la retraite de colonel.

Si Sa Majesté eût accordé la retraite de colonel, l'ordre eût été donné à la même époque qu'elle a accordé la retraite.

On propose de placer dans la 5ᵉ division militaire l'adjudant commandant Levasseur, qui a été blessé à la Grande Armée.

Approuvé.

Le ministre présente à l'Empereur l'état des services de M. P. de Ségur, ex-chef d'escadron au 13ᵉ de chasseurs, et demande si cet officier est susceptible d'avancement.

Le faire major et l'envoyer à un corps.

Le ministre de la guerre propose de nommer le général de division Pernety à la place vacante d'inspecteur général d'artillerie.

Les nominations proposées sont renvoyées à l'époque du travail général sur l'artillerie.

1443. — AU GÉNÉRAL CLARKE.

Fontainebleau, 11 novembre 1807.

Monsieur le général Clarke, vous pouvez faire délivrer des fusils

---

(1) Non signée; extraite du « Travail du ministre de la guerre avec S. M. l'Empereur et Roi, du 14 octobre 1807 ».
(2) Non signées; extraites du « Travail du ministre de la guerre avec S. M. l'Empereur et Roi, du 25 octobre 1807 ».

aux prisonniers russes : mon intention, c'est qu'ils quittent la France le 16 novembre. Vous les dirigerez par Bamberg, la Saxe et la Silésie. Ils ne passeront pas par Varsovie, mais par Plotsk, d'où ils gagneront Bialystok. Vous donnerez également l'ordre que les troupes russes qui sont à Padoue se tiennent prêtes à partir pour rejoindre l'armée du **général Michelson**, en passant par Graz et Laibach.

NAPOLÉON.

1444. — AU MARÉCHAL BERTHIER.

Fontainebleau, 13 novembre 1807.

Mon Cousin, faites-moi connaître quand le 43ᵉ et le 51ᵉ seront rendus à Magdeburg, les 2ᵉ et 12ᵉ légère à Erfurt, le 14ᵉ à Sedan, et le 55ᵉ à Wesel. Il n'y a pas de difficulté que le 19ᵉ de chasseurs fasse partie de la brigade du général Bruyère.

NAPOLÉON.

1445. — AU GÉNÉRAL CLARKE.

Fontainebleau, 13 novembre 1807.

Monsieur le général Clarke, écrivez aux sénateurs commandant les légions de la réserve que j'ai été satisfait de leurs services ; que, quand les 3ᵉˢ bataillons seront partis, ils peuvent laisser le commandement aux majors et revenir au Sénat ; ils conserveront l'inspection des légions et ils pourront aller les commander lorsqu'ils le jugeront convenable.

NAPOLÉON.

1446. — AU GÉNÉRAL CLARKE.

Fontainebleau, 13 novembre 1807.

Monsieur le général Clarke, les forteresses qu'il faut armer sont : Bellegarde, Villefranche, Prats-de-Mollo et le Fort-les-Bains. Il ne faut rien faire aux autres. Je vois avec peine que vous avez ordonné la confection d'un million de cartouches pour remplacer celles envoyées à Cattaro. Il y a en Italie plus de cartouches qu'il n'en faut.

Quant à la poudre, les places de Palmanova et de Venise en regorgent. Il faut bien se garder d'envoyer en Italie des poudres françaises. Toutes celles provenant du Piémont doivent être gardées à Alexandrie, Gênes, etc. Les poudreries d'Italie en fournissent beaucoup, surtout depuis plusieurs années qu'il n'y a point de guerre, indépendamment de ce qu'il y en avait déjà, provenant de ce que nous ont laissé les Autrichiens et de ce que nous y avons envoyé depuis, provenant de l'Autriche.

NAPOLÉON.

1447. — DÉCISION.

Fontainebleau, 14 novembre 1807.

Le ministre de la guerre, s'occupant de la rédaction des tableaux qui doivent être joints au projet de décret relatif à la nouvelle organisation de l'infanterie, demande si l'intention de l'Empereur est que les dépôts des corps soient établis dans les départements d'où ces corps tirent la majorité de leurs conscrits, ou bien si l'on doit faire en sorte de les placer loin des départements où ils se recrutent.

Le recrutement ne fait rien ; il faut les placer le plus près de l'endroit où ils se trouvent aujourd'hui.

NAPOLÉON.

1448. — DÉCISION.

Fontainebleau, 14 novembre 1807.

Le ministre de la guerre demande si les régiments suisses doivent être constamment entretenus au complet.

Avant de répondre à cette question, il faut que les régiments aient d'abord 4.000 hommes. Ils sont encore loin de ce complet.

NAPOLÉON.

1449. — AU MARÉCHAL BERTHIER.

Fontainebleau, 14 novembre 1807.

Mon Cousin, donnez ordre au 4ᵉ d'infanterie légère et au 15ᵉ de ligne, qui font partie de la division Dupas, de se rendre à Wesel. Tous les détachements que ces deux régiments auraient en Allemagne les rejoindront dans cette ville. Vous me ferez connaître le jour où ils arriveront, afin qu'à leur arrivée je puisse lui (*sic*) envoyer de nouveaux ordres.

Donnez ordre au général de brigade Watier de se rendre à Bordeaux, pour y être employé dans la division de cavalerie du général Grouchy.

NAPOLÉON.

1450. — AU GÉNÉRAL CLARKE.

Fontainebleau, 14 novembre 1807.

Monsieur le général Clarke, donnez ordre aux 3es bataillons du 65e et du 72e, qui sont en Hollande, de se rendre à Anvers, où ils tiendront garnison.

NAPOLÉON.

1451. — AU GÉNÉRAL CLARKE (1).

Fontainebleau, 14 novembre 1807.

Monsieur le général Clarke, je reçois votre lettre du 12. Je pense que vous devez exécuter les ordres que j'ai donnés relativement au corps d'observation des côtes de l'Océan ; mais, au lieu de faire partir ces troupes en poste, vous leur ferez suivre les journées d'étapes ordinaires.

Quant aux quatre brigades de cavalerie, aux trois divisions d'artillerie légère et aux quatre bataillons de la 13e division militaire, vous devez accélérer leur départ autant que possible.

Faites-moi connaître quand les différents régiments qui appartiennent à ce corps arriveront, soit à Bordeaux, soit à Orléans.

1452. — DÉCISION (2).

14 novembre 1807.

| Le maréchal Berthier soumet à | Refusé au colonel du génie |

---

(1) Non signé, copie conforme.
(2) Non signée.

l'Empereur trois demandes de congés, dont l'une de deux mois pour le major du génie Rouziès.

Rouziès et accordé aux deux autres.

1453. — DÉCISION.

Fontainebleau, 14 novembre 1807.

Le général de division Bourcier demandé, pour le capitaine Guichard, du 3ᵉ régiment de cuirassiers, muni d'un certificat des officiers de santé, l'autorisation de rentrer au grand dépôt de son régiment en France.

Accordé.

NAPOLÉON.

1454. — DÉCISION.

Fontainebleau, 14 novembre 1807.

On prie Sa Majesté de faire connaître si Elle persiste dans l'intention que l'on assèche les marais de Monbach.

L'inondation de Monbach sera détendue, mais il ne sera fait aucune opération pour dessécher les marais.

1455. — AU MARÉCHAL BERTHIER.

Fontainebleau, (1) novembre 1807.

Mon Cousin, donnez ordre au général Leval, qui est dans le pays de Mecklenburg, de se rendre à Bordeaux ; mon intention est que tout ce pays soit évacué par nos troupes, à l'exception d'un adjudant commandant, qui restera à Rostock, avec un bataillon au plus, pour veiller à ce que les marchandises anglaises n'entrent pas sur ce territoire.

NAPOLÉON.

---

(1) Sans date de jour; l'ordre d'exécution de la décision est du 15 novembre.

1456. — DÉCISION.

Fontainebleau, 15 novembre 1807.

Le conseil d'administration de la légion hanovrienne demande à être autorisé à délivrer des congés aux soldats qui ont atteint le terme de leur engagement.

Accordé.

NAPOLÉON.

1457. — DÉCISIONS (1).

Composition de la ration de vivres conforme aux ordres du général Junot, commandant en chef l'armée de Portugal.

Ne donner pour le pain que la ration ordinaire.

Le ministre demande si les indemnités de fourrage et de logement doivent encore être payées aux grands dignitaires de l'Empire.

Ils n'auront que le traitement

Il est rendu compte à l'Empereur de la décision du roi de Hollande, portant que les fournitures faites aux troupes stationnées à Flessingue doivent être considérées comme des avances dont ce souverain se réserve de réclamer le remboursement.

Flessingue et ses environs, à 1.500 mètres environ de distance, sont cédés à la France. Ainsi, à dater de l'époque qui sera déterminée, tout y sera au compte du gouvernement français.

Le ministre propose d'autoriser le 2ᵉ de ligne à acheter, sur sa masse, des bonnets de grenadiers.

Accordé.

---

(1) Non datées et non signées; extraites du « Travail du ministre directeur avec l'Empereur, du 15 novembre 1807 ».

1458. — DÉCISION.

Le chef d'escadron Bauduy, aide de camp du général Mouton, ayant fait l'avance d'une somme de 600 francs à divers officiers prussiens prisonniers de guerre, dont il n'a pu obtenir le remboursement, le maréchal Berthier propose, de lui accorder comme dédommagement une indemnité représentative de 1.000 francs.

Fontainebleau, 16 novembre 1807.

Accordé.

NAPOLÉON.

1459. — DÉCISION (1).

Le ministre de la guerre rend compte de l'effectif du bataillon provisoire irlandais, du 1er bataillon du 1er régiment de Prusse, et du 1er bataillon du régiment de Westphalie qui sont partis, les deux premiers de Flessingue, le troisième de Malines pour se rendre à Versailles.

A leur arrivée, faire passer la revue de ces corps et les faire partir pour Bordeaux.

NAPOLÉON.

1460. — DÉCISION (2).

Le général Demont, commandant provisoirement la 13e division militaire, propose de faire relever par des hommes tirés de la 3e légion de réserve les détachements des 15e, 47e, 70e et 86e de ligne, qui sont stationnés dans les îles de Batz, Groix, Ouessant, Molènes, Brehat, aux Sept-Iles et au fort Cigogne.

Approuvé.

NAPOLÉON.

---

(1) Non datée; l'ordre d'exécution de la décision est du 17 novembre 1807.
(2) Non datée; l'ordre d'exécution de la décision est du 17 novembre 1807.

1461. — DÉCISION (1).

Le ministre de la marine et des colonies demande qu'un détachement de 45 hommes, commandés par un officier, soit mis à la disposition de la marine, à Gênes, pour former la garnison de la frégate *la Danaé*, en armement dans ce port.

Accordé 67 hommes du 67e régiment de ligne.

NAPOLÉON.

1462. — AU MARÉCHAL BERTHIER.

Milan, 24 novembre 1807.

Mon Cousin, donnez l'ordre, par un courrier extraordinaire, au sieur Otto, que j'ai nommé mon commissaire pour la remise de la place de Braunau, de remettre cette place le 10 décembre.

Toute l'artillerie, toutes les munitions de guerre, de bouche, sans exception, seront transportées sur le territoire bavarois. Lorsque l'inventaire en aura été dressé, je déciderai ce qui devra en être fait.

NAPOLÉON.

1463. — AU MARÉCHAL BERTHIER.

Milan, 24 novembre 1807.

Mon Cousin, vous donnerez l'ordre qu'il soit formé à Turin une brigade de cavalerie sous les ordres du général de brigade Bessières. Cette brigade sera composée de la manière suivante : d'un régiment provisoire de chasseurs, formé d'une compagnie de chacun des 15e, 19e, 14e, 23e et 24e de chasseurs. (Ces compagnies seront les plus fortes que pourra le permettre la situation des 4es escadrons, sans cependant qu'aucune puisse dépasser 200 hommes ni être moindre de 100 hommes. Un major et un des chefs d'escadron de ces régiments seront attachés à ce régiment provisoire, qui se réunira le plus tôt possible à Turin) ; d'un second régiment provisoire, qui sera formé de quatre compagnies de cuirassiers, chaque compagnie fournie par les 4es escadrons des 4e, 6e, 7e et 8e régi-

---

(1) Non datée; l'ordre d'exécution de la décision est du 17 novembre 1807.

ments. Ces compagnies seront aussi fortes que possible, sans dépasser le maximum et le minimum mentionnés ci-dessus. Vous me ferez connaître quand cette brigade, qui sera d'environ 1.200 hommes, sera arrivée à Turin, pour que je vous fasse connaître mes intentions ultérieures.

NAPOLÉON.

1464. — AU GÉNÉRAL CLARKE.

Milan, 24 novembre 1807.

Monsieur le général Clarke, mon intention est de réunir à Avignon une division que commandera le général Lechi, qui sera composée de quatre bataillons italiens et d'un régiment provisoire de cavalerie italienne. Le ministre de la guerre de mon royaume d'Italie vous en enverra l'état.

Cette brigade se met en marche demain pour se rendre à Avignon. Le régiment napolitain, qui arrive à Grenoble et qui doit se rendre à Avignon, en fait partie, ce qui portera cette division à environ 5.000 hommes. Cette brigade provisoire de cavalerie se réunit à Turin, sous le commandement du général de brigade Bessières. Les compagnies qui la composent se mettent en marche du royaume d'Italie pour cette destination. Mon intention est que cette brigade, qui sera d'environ 1.200 hommes, se rende également de Turin à Avignon.

NAPOLÉON.

1465. — AU GÉNÉRAL CLARKE.

Milan, 24 novembre 1807.

Monsieur le général Clarke, un régiment d'infanterie et un de chasseurs napolitains doivent être arrivés à Grenoble et à Chambéry. Donnez-leur l'ordre de continuer leur route pour Avignon, où ils tiendront garnison jusqu'à nouvel ordre. Entendez-vous avec le ministre Dejean, pour faire fournir 200 chevaux et 200 selles au régiment de chasseurs. Donnez des ordres pour qu'il soit passé une revue de ces régiments à Avignon, afin qu'ils soient mis en état d'entrer le plus tôt possible en campagne. Le ministre Dejean fera passer des marchés, pour l'achat des chevaux, avec des marchands français, le plus près possible d'Avignon.

NAPOLÉON.

1466. — AU GÉNÉRAL CLARKE.

Milan, 24 novembre 1807.

Monsieur le général Clarke, donnez des ordres pour que le camp de l'île d'Aix soit définitivement levé.

NAPOLÉON.

1467. — DÉCISION.

Milan, 24 novembre 1807.

Le prince de Ponte-Corvo expose que ses troupes, jusqu'à présent maintenues concentrées autant que possible, auraient besoin de quartiers d'hiver pour se refaire.	Donnez ordre que les troupes entrent en quartiers d'hiver. NAPOLÉON.

1468. — AU MARÉCHAL BERTHIER.

Milan, 25 novembre 1807.

Mon Cousin, donnez ordre au corps bavarois, qui arrive le 9 décembre à Bayreuth, de se rendre à Nürnberg, où il sera mis à la disposition de son gouvernement. Donnez ordre à la division wurtembergeoise de rentrer à Stuttgart, et au corps badois de rentrer dans le grand-duché de Bade, où ils seront également à la disposition de leurs gouvernements. Les bataillons de la Saxe ducale rentreront également chez eux. Je désire que vous me remettiez un état qui me fasse connaître les troupes qui, au 1er décembre, resteront à Bayreuth, après le présent ordre, afin que je puisse leur donner une destination ultérieure.

NAPOLÉON.

1469. — DÉCISION (1).

Sire, le ministre de la guerre vient de me renvoyer un état de 572 prisonniers français, renvoyés de Suède à Stralsund, le 4 octobre, pour être échangés contre un pareil nombre de prisonniers suédois, en vertu d'une convention conclue d'après l'autorisation de M. le maréchal Brune, mais que Votre Majesté paraît n'avoir pas approuvée.

Je prie Votre Majesté de me faire connaître si la non-approbation de cette convention doit être considérée comme une défense formelle de faire opérer l'échange et quelle destination ultérieure on doit donner à ces prisonniers français arrivés à Stralsund qui, par conséquent, ne sont pas échangés.

Prince ALEXANDRE.

Les prisonniers arrivés à Stralsund doivent rejoindre leur dépôt en France ou en Italie ; je ne veux point d'échange avec la Suède.

NAPOLÉON.

1470. — DÉCISION.

Venise, 30 novembre 1807.

Le ministre de la guerre sollicite les ordres de l'Empereur au sujet de la destination à donner aux 4ᵉ d'infanterie légère et 15ᵉ d'infanterie de ligne, qui doivent arriver à Wesel les 28 et 29 novembre, venant de Lübeck.

Ils rejoindront leur dépôt.

NAPOLÉON.

1471. — DÉCISION.

Venise, 30 novembre 1807.

Le ministre de la guerre propose à l'Empereur de retirer de l'île de

Accepté.

NAPOLÉON.

---

(1) Non datée; l'ordre d'expédition de la décision est du 30 novembre 1807.

Kadzand la compagnie d'artillerie qui y faisait le service. Il y a, dans cette île, une compagnie de canonniers garde-côtes composée de gens du pays et, par conséquent, mieux acclimatés, qui suffit à assurer le service.

1472. — DÉCISION.

Venise, 30 novembre 1807.

En raison de la difficulté que les dépôts des 12ᵉ et 14ᵉ régiments d'infanterie de ligne et 25ᵉ régiment d'infanterie légère éprouvent à compléter les quatre compagnies de 150 hommes qu'ils ont ordre de fournir chacun au corps d'observation de la Gironde, le général commandant la 2ᵉ division militaire propose d'utiliser les compagnies de ces régiments employés aux travaux du canal de Saint-Quentin.

Approuvé.

NAPOLÉON.

1473. — DÉCISION (1).

Le maréchal Berthier demande quelle sera la destination de la garnison de Braunau, devenue disponible par suite de la remise de la place.

Le 7ᵉ de ligne se rendra à Munich rejoindre son dépôt. L'artillerie rejoindra à Ulm, où elle attendra les ordres de Songis.

NAPOLÉON.

1474. — DÉCISION.

Venise, 5 décembre 1807.

Le maréchal Mortier demande si

Ils ne doivent rien recevoir de

---

(1) Non datée; expédiée le 1ᵉʳ décembre 1807.

le règlement établi en Silésie pour les frais de table des généraux employés dans cette province doit continuer d'avoir son exécution, puisque leur séjour s'y prolonge au delà du terme primitivement fixé.

Ce règlement alloue, par mois, 3.600 francs aux généraux de division, et 2.250 aux généraux de brigade.

Si l'intention de l'Empereur n'est pas d'assimiler les officiers généraux employés en Silésie à ceux qui le sont dans les autres provinces prussiennes (lesquels ne reçoivent aucune indemnité de table), le maréchal Berthier propose de leur accorder le traitement que Sa Majesté a réglé, par sa décision du 11 novembre dernier, en faveur des généraux employés en Pologne, c'est-à-dire : 1.500 francs par mois pour les généraux de division et 750 francs par mois pour les généraux de brigade.

la caisse, pas plus que les troupes qui sont en Prusse.

NAPOLÉON.

1475. — AU MARÉCHAL BERTHIER.

Venise, 6 décembre 1807.

Mon Cousin, donnez l'ordre aux troupes italiennes qui arrivent à Würzburg de s'y reposer deux jours, et, ensuite, de se rendre à Ulm. Donnez ordre aux troupes du prince primat de se rendre à Ratisbonne ; à la division bavaroise, que commande le général Wrede, de se diriger sur Nürnberg, où elle sera à la disposition du roi de Bavière ; aux troupes de Würzburg, de se diriger sur Würzburg.

NAPOLÉON.

1476. — DÉCISION.

Venise, 6 décembre 1807.

Le général Clarke propose la création d'une direction du génie dans les îles Ioniennes.

Approuvé.

NAPOLÉON.

1477. — DÉCISION.

Venise, 6 décembre 1807.

Le ministre de la guerre rend compte d'une demande du ministre de la marine à l'effet d'obtenir un détachement de 60 hommes d'infanterie pour former la garnison de la frégate *l'Uranie*, en armement à Toulon.

Il n'y a, dans la 8e division militaire, que le 3e bataillon du 32e d'infanterie légère et le dépôt du 16e de ligne.

Le ministre prendra des canonniers de la marine.

NAPOLÉON.

1478. — ORDRE (1).

6 décembre 1807.

L'Empereur ordonne de faire réunir, à Saint-Jean-Pied-de-Port, les troupes ci-après, pour former la division d'observation des Pyrénées occidentales, sous les ordres du général Mouton :

Le 4e bataillon du 15e régiment de ligne ;
Les 1er et 3e bataillons du 47e id. ;
Le 3e bataillon du 70e id. ;
Le 3e bataillon du 86e id. ;
Et un bataillon suisse.
Il sera attaché à cette division 12 pièces d'artillerie.

1479. — DÉCISION.

Venise, 7 décembre 1807.

Le ministre de la guerre rend compte que les compagnies des 15e, 19e, 23e chasseurs et 6e cuirassiers sont en marche pour se rendre à Turin, où elles doivent entrer dans la composition de la brigade Bessières.

Donnez ordre à la brigade de cavalerie qui se réunit à Turin de se rendre à Avignon.

NAPOLÉON.

---

(1) Copie non signée.

1480. — AU MARÉCHAL BERTHIER.

Venise, 7 décembre 1807.

Mon Cousin, donnez ordre à la division bavaroise du général Deroy, qui est à Bayreuth, de se rendre à Nürnberg, où elle sera à la disposition du roi de Bavière ; à la division de Hesse-Darmstadt de se rendre à Darmstadt, où elle sera à la disposition du grand-duc.

Donnez également l'ordre, aux troupes de Nassau, de se rendre dans les Etats de leurs princes. Par ce moyen, il ne restera plus rien, je crois, à Bayreuth. Donnez ordre aux troupes italiennes de continuer leur route d'Ulm sur Vérone pour rentrer dans le royaume d'Italie, après avoir séjourné trois jours à Ulm.

NAPOLÉON.

1481. — DÉCISION.

Milan, 16 décembre 1807.

Le ministre de la guerre sollicite les ordres de l'Empereur sur la destination ultérieure du 43° régiment d'infanterie, qui doit arriver le 14 décembre à Magdeburg.

Le diriger sur Boulogne.

NAPOLÉON.

1482. — DÉCISION.

Milan, 16 décembre 1807.

Le général Songis expose l'insuffisance, en quantité et qualité, des bois existant à Magdeburg et susceptibles d'être utilisés pour les réparations et constructions du matériel d'artillerie de siège, de place et de campagne.

Il demande l'autorisation de faire couper, dans les forêts du royaume de Westphalie et dans celles à portée, trois mille pieds d'arbres.

En faire couper dans le Hanovre et dans la partie de la Prusse occupée par nos troupes. Quant au royaume de Westphalie, s'entendre avec les ministres du roi pour y faire lesdites coupes.

NAPOLÉON.

1483. — DÉCISION.

Milan, 16 décembre 1807.

Au nom du maréchal Davout, le maréchal Berthier prie l'Empereur de vouloir bien statuer sur le sort des officiers français de la légion du Nord qui ont demandé à rester au service de France.

Les autoriser à rentrer en France.

NAPOLÉON.

1484. — DÉCISION.

Milan, 17 décembre 1807.

Les compagnies provisoires du train attachées aux trois compagnies d'artillerie à cheval qui se rendent à Bordeaux n'étant pas complètes, leurs dépôts et la conscription ne pouvant fournir des hommes pour les compléter, le ministre de la guerre propose à l'Empereur de les porter au complet à l'aide de soldats tirés des corps d'infanterie.

Je n'approuve point ces mesures. Je préfère que le ministre ne fasse que deux compagnies des trois, et faire diriger sur Bordeaux une ou deux compagnies du 3ᵉ bataillon qui est en marche sur Avignon.

NAPOLÉON.

1485. — AU GÉNÉRAL CLARKE.

Milan, 17 décembre 1807.

Je désire beaucoup avoir un livret qui présente les deux corps de la Gironde, le corps d'observation de l'Océan, la division d'observation des Pyrénées et, enfin, tous les ordres que j'ai donnés pour l'organisation de ces corps et pour tous les mouvements sur les Pyrénées, afin que je puisse voir dans ce livret tout ce qui est relatif au génie, à l'artillerie et à l'état-major des différents corps et bien connaître tous les ordres que j'ai donnés.

NAPOLÉON.

1486. — DÉCISION (1).

Le maréchal Berthier, major-général, demande l'autorisation de porter, dans le premier budget, un crédit d'ordre de 100.000 francs, pour régulariser le paiement de même somme que l'intendant général a fait distribuer à des établissements de pauvres et d'orphelins de Berlin et de Potsdam.

Accordé.

NAPOLÉON.

1487. — DÉCISION (2).

Pension demandée par M. Perreau, qui compte 37 ans de service, dont sept campagnes, dans les hôpitaux militaires.

Renvoyé au Conseil d'Etat.

1488. — DÉCISION.

Milan, 22 décembre 1807.

Le général Pino demande que les souliers reçus par la division italienne, à son passage à Berlin, lui soient abandonnés à titre de gratification, en considération des marches pénibles qu'elle a faites dans la Poméranie suédoise et de la longue marche qui lui reste à faire pour se rendre à Vérone.

Accordé la gratification demandée par le général Pino.

NAPOLÉON.

1489. — AU MARÉCHAL BERTHIER.

Milan, 23 décembre 1807.

Mon Cousin, donnez ordre au 51ᵉ régiment d'infanterie de ligne qui arrive à Magdeburg, de se rendre à Mayence.

---

(1) Non datée; le rapport du maréchal Berthier est du 21 décembre 1807.
(2) De la main de Maret; non datée, extraite du « Travail du ministre directeur avec l'Empereur, du 21 décembre 1807 ».

Donnez ordre au bataillon d'Hohenzollern, qui est à Küstrin, de se rendre à Cassel, où il fera partie de l'armée du roi de Westphalie.

NAPOLÉON.

1490. — ORDRE (1).

23 décembre 1807.

L'Empereur ordonne que la division d'observation des Pyrénées orientales, qui doit se former à Perpignan, sera ainsi composée :

La 1re brigade, des bataillons des 2e, 4e et 5e régiments d'infanterie italienne et du bataillon des vélites royaux italiens ;

La 2e brigade, du bataillon suisse, du bataillon français du 16e régiment de ligne et du 1er régiment d'infanterie napolitaine.

La cavalerie sera composée : d'un régiment provisoire de chasseurs, qui se réunit à Milan ; d'un régiment provisoire de cavalerie italienne, auquel sera joint un escadron napolitain, et de la brigade de chasseurs et cuirassiers, commandée par le général Bessières.

Il sera attaché à cette division 12 pièces d'artillerie à pied et 6 pièces d'artillerie à cheval, qui seront attelées par la compagnie du train italienne et par la 6e compagnie du 6e bataillon *bis* du train.

1491. — AU GÉNÉRAL CLARKE.

Milan, 23 décembre 1807.

Monsieur le général Clarke, donnez ordre au 4e d'infanterie légère et au 15° de ligne, qui sont arrivés le 16 décembre à Wesel, de se rendre à Paris ; aux 2e et 12e d'infanterie légère, qui arrivent à Mayence le 8 janvier, de continuer leur route sur Paris. Le 14e de ligne doit arriver le 17 janvier à Mayence. Donnez-lui l'ordre de se rendre à Sedan, pour y rejoindre son dépôt ; donnez l'ordre au 55°, qui arrive le 18 janvier à Wesel, de se rendre au camp de Boulogne.

NAPOLÉON.

---

(1) Copie non signée.

1492. — AU GÉNÉRAL CLARKE.

Milan, 23 décembre 1807.

Monsieur le général Clarke, 930 chevaux d'artillerie, appartenant à ma garde, doivent arriver le 4 janvier à La Fère. Faites-en partir 600, après les avoir fait convenablement reposer, pour se réunir à Bayonne. Vous pouvez les faire servir par 300 hommes du train de ma garde, en choisissant ceux qui n'ont point fait la campagne, et laissant les hommes de l'ancien train de la garde. Quant aux hommes à pied, ils serviront à former le complément d'artillerie du corps d'observation des côtes de l'Océan.

Je vous laisse le maître d'envoyer les chevaux nus, sauf à prendre ensuite le matériel à Bayonne, ou bien de le prendre à La Fère. Cela dépendra des états de situation et des rapports que vous font les bureaux d'artillerie. En général, vous devez laisser au 2ᵉ corps de la Gironde l'artillerie du 1ᵉʳ corps qui ne l'aurait pas rejoint ; le général Junot, ayant fait la conquête du Portugal sans coup férir, ne manquera pas de matériel.

NAPOLÉON.

1493. — AU MARÉCHAL BERTHIER.

Turin, 27 décembre 1807.

Mon Cousin, donnez l'ordre au sieur Victor Perron, sous-lieutenant au 21ᵉ régiment de dragons, que je viens de nommer au même grade de sous-lieutenant dans le 5ᵉ régiment de dragons, de se rendre à Lisbonne, où se trouve son nouveau régiment.

NAPOLÉON.

1494. — DÉCISIONS (1).

| Il est proposé à l'Empereur de décider que les voitures fournies aux troupes à titre de convois militaires ne seront pas nécessairement à jantes larges. | Communiqué au ministre de l'intérieur. |

---

(1) Ni datées ni signées; extraites du « Travail du ministre directeur avec l'Empereur, du 28 décembre 1807 ».

Le roi de Westphalie demande que le commissaire des guerres Ducrot soit affecté au service des troupes à la solde de ce royaume. — Approuvé.

TABLE DES NOMS DE PERSONNES [1]

A

AARON, garde-magasin, 128.
ABOVILLE (Augustin-Marie D'), colonel d'artillerie, 273.
ABOVILLE (Marie-François D'), général de division, sénateur, 34, 168, 223.
ABRIAL, sénateur, 34.
AGOULT (D'), général de brigade, 681.
AGUESSEAU (D'), sous-lieutenant au 15e régiment de chasseurs, 691.
AICHBERGER (D'), commissaire pour la répartition d'indemnités en Bavière, 152.
ALBERT, capitaine adjoint, 347.
ALBERT (Régiment autrichien des cuirassiers D'), 111.
ALDINI, ministre secrétaire d'Etat du royaume d'Italie, 271.
ALEXANDRE Ier, empereur de Russie, 578, 579, 580, 582, 583, 584, 585, 586, 588.
ALMÉRAS, général de brigade, 79.
ALOMBERT, contrôleur de l'administration de l'armée, auteur de la *Campagne de 1805*, 87, 89, 96, 99, 100, 101, 103, 104, 105, 118, 120.
ALQUIER, ministre de France près le Saint-Siège, 612.
AMEY, général de brigade, 480.
ANDRÉOSSY, général de division, aide-major général, 95, 97, 143.
ANHALT-DESSAU (Prince D'), 601.
ANTHOUARD (D'), général de brigade, 549.
ARCAMBAL, ordonnateur, 155, 247.
ARDENT, chef de bataillon, 435.
ARENBERG (Duc D'), colonel du régiment de ce nom, 647.
ARENBERG (Régiment du duc D'), 417, 456, 545, 687.
ARENS. (*Voir* AARON.)
ARGENTEAU (Charles D'), élève à l'Ecole militaire de Fontainebleau, 235.

ARMFELD (Gustave-Maurice, baron D'), général et homme d'Etat suédois, 609.
ARNAULD (Pierre-Louis), adjudant commandant, 659.
ARRIGHI (Jean-Toussaint), colonel du 1er dragons, 133.
ASSAS (Chevalier D'), 12.
AUBERNON, commissaire ordonnateur, 214.
AUBRÉE, général de brigade, 270.
AUGEREAU (Maréchal), 43, 146, 157, 158, 159, 200, 201, 303, 308, 327, 328, 339, 352, 385, 387, 403, 425, 429, 430, 431, 435, 440, 441, 443.
AUGIER, commissaire des guerres, 219, 220.
AUGUSTIN-THIERRY (Gilbert), historien, 6.
AUPICH, général de division, sénateur, V, VI.
AUVRAY, colonel, préfet de la Sarthe, 627.
AUZOU, agent du payeur Mesny, 219, 220.
AXAMITOWSKI, colonel polonais, 387.
AYMÉ, colonel du génie, 549.

B

BACHE, général de brigade, 614.
BACIOCCHI (Félix), prince de Lucques et de Piombino, 51.
BADE (Electeur, puis grand-duc de), 87, 88, 91, 107, 120, 125, 138, 392, 486, 552.
BAILLY-MONTHION, chef d'escadron, 58, 109.
BARACAN, capitaine adjoint, 347.
BARAGUEY-D'HILLIERS, général de division, 31, 49, 103, 104, 122, 133, 140, 248, 254, 341.
BARBOT, adjudant commandant, 333.
BARBOU, général de division, 249, 664.

---

[1] Les noms de *Napoléon, Berthier, Dejean*, qui reviennent presque à chaque page, n'ont pas été mentionnés dans cette table.

BARCO (Hussards de), 112.
BARRIN, capitaine du génie, 258.
BARTIER, adjudant commandant, 75, 209, 347.
BAUDART, lieutenant d'artillerie, 258.
BAUDUY, capitaine, puis chef d'escadron, 347, 697.
BAVIÈRE (Le prince royal de), 582.
BAVIÈRE (Le roi de). (Voir MAXIMILIEN-JOSEPH.)
BEAUHARNAIS (François, Marquis DE), ambassadeur en Espagne, 619.
BEAUHARNAIS, colonel général des chasseurs. (Voir EUGÈNE NAPOLÉON.)
BEAULIEU, capitaine de vaisseau, 68.
BEAUMONT (Marc-Antoine DE LA BONNINIÈRE, comte DE), général de division, 99, 103, 126, 133, 199, 201, 384, 386, 390, 467, 536.
BEDOS, capitaine adjoint, 347.
BEKER, général de division, 328, 376, 377, 389, 390, 394, 423, 430, 446, 502, 545.
BELAIR. (Voir LIGER-BELAIR.)
BELLA, lieutenant, attaché à l'état-major de la division de cavalerie Beaumont, 386.
BELL, Anglais, de séjour à Paris, 9.
BELLEVILLE, intendant de Hanovre, 467.
BELLIARD, général de division, 446.
BENNEVILLE (DE), lieutenant-colonel, 598.
BÉRENGER, conseiller d'Etat, 174, 410.
BERETTA, entrepreneur du service des vivres, 490.
BERG (Grand-duc de). (Voir MURAT.)
BERG (Régiment du grand-duc de), 675.
BERNADOTTE (Maréchal), 9, 35, 39, 40, 105, 112, 119, 136, 146, 200, 201, 215, 258, 264, 265, 352, 390, 418, 419, 425, 428, 429, 430, 437, 440, 441, 463, 473, 501, 549, 566, 567, 572, 603, 622, 631, 680, 687, 700.
BERQUEN, chef de bataillon, 285.
BERTHELMY, chef d'escadron, 58.
BERTHIER (César), général de division, 584, 618, 627, 643, 645, 663, 664.
BERTHOLLET, sénateur, 34.
BERTON (Jean-Baptiste), adjoint d'état-major, 352.
BERTRAND, général de brigade, puis de division, 428, 549.
BESSE, général de brigade, 133.
BESSIÈRES, général de brigade, 255, 380, 518, 531, 698, 699, 704, 708.
BESSIÈRES (Maréchal), 100, 101, 113, 337, 370, 475, 483, 522, 579, 648.
BEYRÈS, ex-colonel d'infanterie, 16.
BIADELLI, capitaine adjoint, 347.
BIAGI (C.) [F. MASSON et], Napoléon, Manuscrits inédits, XXI.
BICHOT, capitaine adjoint, 347.
BIGEX, capitaine adjoint, 572.

BILA, général prussien, 376.
BILLIOT, consul de France à Stettin, 686.
BINGHAM, éditeur de A selection from the letters and despatches from the first Napoleon, XXI.
BIRON, ex-médecin en chef du 4e corps de la Grande Armée, 594.
BISSON, général de division, 200, 290, 339, 436.
BLANC, capitaine adjoint, 347.
BLEIN, chef de bataillon, 109, 449.
BLOCQUEVILLE (Marquise DE), auteur de l'ouvrage intitulé : Le maréchal Davout, XXI.
BLÜCHER, général prussien, 367, 390.
BOCCHAIS (Les), habitants des Bouches de Cattaro, 617.
BOCHUD, adjoint d'état-major, 329, 347.
BOIVIN (Jacques-Denis), général de brigade, 548.
BOLESTA, capitaine, attaché à l'état-major général, 110.
BONNARD, général de division, 48.
BONNARIE, munitionnaire pour le vin, 61, 62.
BONTEMS, capitaine du génie, 258.
BOREL, chef d'escadron, 691.
BORGHESE (Le prince), 209, 536.
BOUCHARD, chef de bataillon, attaché à l'état-major général, 110.
BOUDET, général de division, 533, 534, 550, 676.
BOUILLÉ (DE), chef de bataillon, employé à l'état-major général, 428.
BOULART, chef d'escadron d'artillerie, 523.
BOULAY DE LA MEURTHE, sénateur, membre de la commission chargée de publier la correspondance de Napoléon Ier, V, VI, VII, XXII.
BOURCIER, général de division, 126, 156, 193, 201, 239, 265, 349, 371, 383, 406, 408, 427, 462, 475, 580, 677.
BOURGEAT, colonel d'artillerie, 273, 316.
BOURGOIN, capitaine du génie, 608.
BOURRIENNE (Fauvelet DE), chargé d'affaires de France à Hamburg, 603.
BOUSSARD, général de brigade, 376, 389, 394.
BRAISSOUD, capitaine d'artillerie, 512.
BREIDT, entrepreneur des équipages militaires, 137, 143, 145, 174, 192, 202, 233, 271, 308, 340, 349, 352, 418, 681.
BRÉMOND, inspecteur aux revues, 604.
BRÉSARD, ancien officier de gendarmerie, 173.
BRET, garde-magasin, 219, 220.

BROTONNE (Léonce DE), éditeur des *Lettres inédites de Napoléon Ier*, V, X, XI, XII, XIX, XXI, 350, 428.
BROUARD, général de brigade, 133, 539.
BROUSSIER, général de division, 158, 159, 356.
BRUGES (DE), chef de bataillon au régiment d'Isenburg, 680.
BRUN, général de brigade, 689.
BRUNE (Maréchal), 319, 351, 367, 421, 457, 518, 547, 548, 576, 607, 608, 624, 670, 701.
BRUYÈRE, général de brigade, 484, 692.
BUDBERG (DE), ministre des affaires étrangères de Russie, 578, 582, 583.
BUGET, général de brigade, 338, 651.
BUGNIARD, capitaine adjoint, 347.
BUQUET, général de brigade, 21.
BUSCH (Baron DE), prévenu d'espionnage, 514.
BUTTAFUOCO, patriote corse, IX.

C

CABANIS, capitaine adjoint, 386.
CAFFARELLI, général de division, 139, 163, 614.
CAIGNET, capitaine adjoint, 347, 454.
CAIRE, sous-inspecteur aux revues, 447.
CAMBIÉ, lieutenant piémontais, 15.
CAMPREDON, général de division, 288, 295.
CAÑAVASSI, capitaine de cavalerie, 608.
CANUEL, général de division, 83, 473.
CANUEL, aide de camp, 627.
CAREL, sujet hollandais pris sur un navire anglais, 562.
Carnot (*Correspondance de Napoléon Bonaparte avec le comte*), XX.
CARRA SAINT-CYR, général de division, 332, 457.
CARTE, capitaine, 209.
CASABIANCA, sénateur, 34.
CASALTA, général de brigade, 73.
CASTEL, lieutenant provisoire au 15e dragons, 690.
CASTELLA, général de brigade, 79.
CASTILLON, capitaine attaché à l'état-major général, 110.
CATHELIN, capitaine attaché à l'état-major général, 110.
CAULAINCOURT, général de division, 100, 443, 526.
CAZALS, général de brigade, 331.
CAZAS, général de brigade, 486.
CERVONI, général de division, 49.
CHABERT, général de brigade, 651.
CHABOT, général de division, 57, 380.
CHABRAN, général de division, 83.
CHABRIER (DE), directeur général des archives de l'Empire, V, VI.

CHADELAS, inspecteur aux revues, 636.
CHAIZE, ex-capitaine de canonniers volontaires, 423.
CHALUS, adjudant commandant, 689.
CHAMBARLHAC, général de division, 83.
CHAMBARLHIAC, général de brigade du génie, 180.
CHAMEAU, adjudant commandant, 659.
CHAMORIN, colonel du 2e dragons, 654.
CHARLES IV, roi d'Espagne, 619.
CHARPENTIER, général de division, 218, 305, 575.
CHASSELOUP, général du génie, 72, 76, 144, 188, 207, 253, 327, 366, 434, 437, 447, 452, 461, 500, 610, 646.
CHASSÉRIAU, maître des requêtes au Conseil d'Etat, V, VI.
CHASSET, sénateur, 34.
CHAVARDÈS, adjudant commandant, 219.
CHÉPY, commandant, attaché au dépôt de la guerre, VI.
CHÉRON (Joseph), tambour au 13e d'infanterie légère, 416.
CHIEUSSE, sous-lieutenant au 12e de ligne, 209.
CHIZEAU, chirurgien, 481.
CHUQUET (Arthur), historien, XXI.
CLARKE, général de division, puis ministre de la guerre, XVII, 426, 444, 449, 455, 457, 458, 495, 513, 515, 520, 539, 547, 562, 603, 616, 617, 632, 635, 637, 638, 643, 645, 647, 648, 652, 653, 656, 658, 659, 660, 661, 663, 664, 668, 671, 673, 674, 676, 679, 683, 685, 688, 691, 692, 694, 699, 700, 703, 706, 708, 709.
CLARY, lieutenant, aide de camp du maréchal Bernadotte, 258.
CLAUZEL, général de division, 351, 690.
CLAVERING (Sir), prisonnier anglais, 79.
CLÉMENT (Gabriel-Joseph), général de brigade, 635.
CLERC, capitaine adjoint, 347.
CLERMONT-TONNERRE (Duc DE), 118.
COCHOIS, colonel de cavalerie, 116.
COËHORN, adjudant commandant, 469.
COELLO, colonel, géographe, XIX.
COLAUD, général de division, 169.
COLBERT, commissaire ordonnateur, 155.
COLBERT, général de brigade, 265.
COLIN (Capitaine), auteur de la *Campagne de 1805*, 87, 89, 96, 99, 100, 101, 103, 104, 105, 118, 120.
COLLET, capitaine, 347.
COLLI-RICCI, général de division, 73.
COMBIS, général de brigade, 68, 69, 70.
COMPANS, général de brigade, 133.
CONROUX, général de brigade, 387.

CONSTANTIN (Grand-duc), 578, 582.
CONTADES, élève à l'Ecole militaire de Fontainebleau, 206.
CORBINEAU, colonel du 20e dragons, 654.
CORNUDET, sénateur, 34.
CORTEZ, adjudant commandant, 338.
COSTE, lieutenant au 1er de ligne italien, 568.
COSTON (Baron DE), auteur de la *Biographie des premières années de Bonaparte*, XXI.
COUIN, général de brigade, 324.
COULY, capitaine adjoint, 347.
COURTE, adjudant commandant, 347, 387.
COURTOIS, capitaine, 689.
CUCHEVAL-CLARIGNY, membre de la commission de publication de la *Correspondance de Napoléon Ier*, V, VI.
CURIAL, chef d'escadron, 79.

D

DAHLMANN, colonel de la garde impériale, 198.
DALBERG (Ch.), prince primat, archevêque de Mayence, président de la Confédération du Rhin, 392.
DALLEMAGNE, général de division, 553.
DANGLARS, général de brigade, 559.
DANLOUP-VERDUN, capitaine attaché à l'état-major général, 110.
DAREWSKI, capitaine adjoint, 421.
DARMAIGNAC, général de brigade, 231, 257, 636, 649.
DARNAUDAT, général de brigade, 281.
DARRICAU, colonel du 32e de ligne, 262.
DARU, conseiller d'Etat, intendant général de la Grande Armée, 366, 369, 414, 436, 447, 479, 489, 524, 528, 546, 553, 554, 560, 603, 604, 619, 622, 623, 630, 645, 648, 654, 673, 687.
DAVOUT (Maréchal), 90, 94, 105, 106, 112, 118, 119, 122, 126, 135, 139, 146, 200, 201, 245, 265, 340, 373, 376, 397, 425, 429, 430, 431, 439, 440, 441, 466, 467, 470, 473, 475, 483, 486, 492, 502, 511, 514, 537, 566, 567, 579, 581, 619, 620, 629, 648, 663, 665, 666, 667, 672, 706.
DAZÉMAR, général de brigade, 281.
DEBELLE (César-Alexandre), général de brigade, 48, 57, 469.
DEDON, général de brigade d'artillerie, 181, 295.
DEFERMON, conseiller d'Etat, 410.
DEFFEREZ, capitaine adjoint, 347.
DETRANCE, général de brigade, 290, 327.
DEGIOVANNI, adjudant commandant, 46.

DEJEAN, capitaine commandant, fils du ministre directeur de l'administration de la guerre, 79.
DELABORDE, général de division, 236.
DELANGLE, capitaine adjoint, 347.
DELANNE, capitaine, attaché à l'état-major du maréchal Kellermann, 332.
DELANNOY, fournisseur des vivres-viande, 186, 294.
DELEGORGUE, général de brigade, 188.
DELORME, chef de bataillon, 551.
DELORT, adjudant commandant, 220, 243.
DELPECH, chirurgien principal du corps d'armée des Calabres, 564.
DEMARÇAY, colonel d'artillerie, 605.
DEMONT, général de division, sénateur, 133, 516, 616, 697.
DENNIÉE, secrétaire général du ministère de la guerre, 37, 153, 155, 203, 210.
DENON, directeur général des musées, 402.
DEROY, général bavarois, 623, 705.
DERVILLE-MALECHARD, chargé d'affaires près la République de Lucques, 45.
DESAIX, général de division, tué à Marengo, 256, 600.
DESBUREAUX, général de division, 83, 237, 392.
DÉSENFANS, général de brigade, 338, 469, 549.
DESMEUNIERS, sénateur, 34.
DESNOYERS, colonel, 454.
DESPERRIÈRES (Gabriel-Adrien-Marie POISSONNIER), général de brigade, 11.
DESPREZ, lieutenant du génie, 258.
DESROCHES, adjudant commandant, 347, 659.
DESSOLLE, général de division, 232.
DÉTRÈS, colonel, 343.
DEVAUX, adjudant commandant, 386.
DEVIAU-SAINT-SAUVEUR, général de brigade, 281.
DEVISME, payeur, 220.
DEYSSAUTIER, colonel d'artillerie, 243.
DIDIER, capitaine adjoint, 347.
DIENY, capitaine attaché à l'état-major général, 110.
DOMBROWSKI, général de division, 453, 459.
DOMMANGET, capitaine adjoint d'état-major, 454, 689.
DONZELOT, général de brigade, 646.
DORSENNE, général de brigade, colonel des grenadiers à pied de la garde, 198, 317.
DORSNER, général de division, 56.
DRECHSEL (Baron DE), commissaire pour la répartition d'indemnités en Bavière, 152.

DROUAS, général de brigade, 273, 316.
DROUET D'ERLON, général de division, 197.
DUBICKI, chargé de mission à Plotsk pour le ravitaillement de l'armée, 492.
DUBOIS-DUBAIS, sénateur, 34.
DUBRETON, colonel du 5e léger, 79.
DUCASSE, adjudant commandant, 347.
DU CASSE, éditeur du *Supplément à la Correspondance de Napoléon Ier*, etc., XI, XIX, XX, XXI.
DUCHATEL, conseiller d'Etat, 410.
DUCOS, général de brigade, 362.
DUCROT, commissaire des guerres, 710.
DUFOUR (François-Bertrand), général de brigade, 549.
DUFOUR, neveu du général, 65.
DUFRESNE, sous-inspecteur aux revues, 428.
DUHESME, général de division, 16, 636.
DULAULOY, général de division, 51, 165.
DULÉDO, adjoint aux commissaires des guerres, 189, 220.
DUMAS (Mathieu), général de division, 5, 95, 118, 119, 348.
DUMONCEAU, général de brigade, 631.
DUMOULIN (Charles), général de brigade, 274, 276.
DU MUY, général de division, 445.
DUPAS, général de division, 68, 198, 319, 338, 558, 676, 694.
DUPIN (Ch.), sénateur, membre de l'Institut, V, VI, VII, VIII, IX.
DUPONT, général de division, 29, 140, 146, 148, 157, 158, 159, 200, 239, 279, 340.
DUPONT D'ERVAL, colonel, 333.
DUPRAT, adjudant commandant, 332.
DUPRAT, commissaire ordonnateur, 527.
DUPRÉ, général de brigade, 255.
DURAGET, capitaine au 4e d'artillerie à cheval, 44.
DURANTEAU, général de brigade, 559.
DURANTY, ancien directeur des hôpitaux militaires, 481.
DUROC, grand maréchal du palais, 212, 487, 515, 522, 525, 526, 557, 558, 564, 569, 589.
DUROSNEL, général de brigade, 290, 328, 484, 615.
DURUTTE, général de division, 233.
DU TAILLIS, général de brigade, 198.
DUTRUY, général de brigade, 281.
DUVERGER, général de brigade, 573.
DUVEYRIER, adjudant commandant, 365.

E

ELBLING (D'), commissaire pour la répartition d'indemnités en Bavière, 152.
EPPLER, général de brigade, 68.
ESCARBASSIÈRE, capitaine adjoint, 347.
ESPAGNE, général de division, 405, 426, 432, 484, 516, 566, 567, 571, 577.
ETIER (François), ancien infirmier-major de l'hôpital de Metz, 77.
EUGÈNE NAPOLÉON (Le prince), colonel général des chasseurs, vice-roi d'Italie, 1; 122, 144, 171, 191, 193, 199, 208, 216, 220, 249, 357, 378, 379, 381, 382, 411, 417, 445, 492, 510, 527, 530, 540, 547, 553, 584, 618, 646.
EVAIN (Le général), ex-chef de la division de l'artillerie au ministère de la guerre, XIII, XVII.

F

FABRE, adjudant commandant, 451.
FABVIER, lieutenant d'artillerie, 258.
FALKOWSKI, officier polonais, 390.
FAUCONNET, général de division, 124, 133, 433, 503.
FAULTRIER, général d'artillerie, 653.
FAVÉ (Général), membre de la commission de publication de la *Correspondance de Napoléon Ier*, V.
FAVIERS (Mathieu), ordonnateur, 466, 467, 482, 527.
FELTRE (Duc de). (*Voir* CLARKE.)
FERDINAND (L'archiduc), 116.
FERINO, général de brigade, 478, 635.
FERNIG, major d'infanterie, 559.
FERRET, capitaine adjoint, 347.
FERSEN (Axel DE), général et homme d'Etat suédois, 609.
FITREMANN, capitaine adjoint, 347.
FLAHAUT (Comte), général de division, V.
FLEURIEU (DE), sénateur, gouverneur des Tuileries, 26.
FONTENILLE, capitaine adjoint, 689.
FOUCART (Capitaine P.), auteur de la *Campagne de Prusse* (1806), 329, 339, 341, 354, 358, 428.
FOUCHER, général commandant l'Ecole de Metz, 291.
FOURNEAU DE CRAQUEMBOURG, aspirant officier, 57.
FRANCESCHI, général de brigade, 220.
FRANÇOIS DE NEUFCHATEAU, sénateur, 34.
FRÉDÉRIC II, roi de Prusse, 385.
FRÉDÉRIC II (Guillaume-Charles), électeur de Wurtemberg, puis roi, 120, 125, 135, 138, 392, 434, 477.

TABLE DES NOMS DE PERSONNES

FRÉDÉRIC-AUGUSTE, roi de Saxe, 589, 590, 678.
FRÉDÉRIC-GUILLAUME III, roi de Prusse, 402, 405, 578, 579, 580, 581, 582, 583, 620, 624.
FRÉSIA, général de division, 37, 563.
FRIANT, général de division, 134, 200.
FRIEDERICHS, major de la garde impériale, 317.

G

GAILLARD, capitaine au 54e de ligne, attaché à l'état-major général, 347.
GAILLARD (Joseph-Félix), adjoint d'état-major, 347.
GAILLARD (Louis), adjoint d'état-major, 347.
GARDANE (Mathieu-Claude), général de brigade, 552.
GARBANNE (Gaspard-Amédée), général de division, 462, 549, 563.
GARNIER-LABOISSIÈRE, général de division, sénateur, 34.
GARRAN-COULON, sénateur, 34.
GASSENDI, général de division, chef de la division de l'artillerie au ministère de la guerre, XVII, 38, 39, 52, 56, 222.
GASTINE, adjudant commandant, 561.
GAU, conseiller d'Etat, 62, 592.
GAULOIS, général de brigade, 559.
GAYDE, entrepreneur des équipages militaires, 550, 621.
GAZAN, général de division, 63, 69, 89, 101, 102, 140, 146, 148, 200, 307, 375, 430.
GEITHER, major au 15e d'infanterie légère, 276.
GENTIL, capitaine au 2e d'infanterie légère, 276.
GÉRARD, adjudant commandant, 198.
GÉRARD, chef du bureau du mouvement au ministère de la guerre, 45, 47.
GÉVAUDAN, inspecteur des vivres, 220.
GHIZZONI, adjudicataire de la fourniture des fourrages en Italie, 41.
GIRARD dit VIEUX, général de division, 83, 330.
GIRARDON, général de division, 83.
GIROD, capitaine, adjoint d'état-major, 329.
GOBERT, général de division, 167, 504, 688.
GOEDORP, capitaine, 689.
GOSCHLER, chef de la section du secrétariat aux archives de l'Empire, V.
GOSSUIN, entrepreneur de la manufacture d'armes de Liège, 5.
GOUVION, général de division, sénateur, 87, 118, 163, 179, 488, 497.

GOUVION-SAINT-CYR, général de division, 129, 625.
GRABINSKI, général de brigade, 631.
GRAINDORGE, général de brigade, 658.
GRANDJEAN, général de brigade, 339.
GRIBEAUVAL, lieutenant général, 297.
GRIMAUD (Veuve), mère d'un vélite, 669.
GROBERT, commissaire des guerres, 220.
GROS, colonel de la garde impériale, 198.
GROUCHY, général de division, 225, 328, 331, 384, 395, 425, 433, 446, 448, 483, 502, 549, 556, 565, 566, 567, 571, 674, 694.
GROUCHY (Vicomte DE), éditeur des *Lettres, ordres et décrets de Napoléon Ier*, XIX, XXI.
GRUMIAU, employé à la Trésorerie, 135.
GUDIN, général de division, 134, 200, 376, 437, 441, 443, 450, 545.
GUÉRIN, général de brigade, 438, 469.
GUÉRIN frères, ex-commissaires du Directoire de l'habillement, 64.
GUIBERT, fille du lieutenant général de ce nom, 183.
GUICHARD, capitaine au 3e cuirassiers, 695.
GUILLAUME (Duc), dénomination du 6e de ligne bavarois, 409.
GUILLEMET, colonel de cavalerie, 608.
GUILLEMINOT, adjudant commandant, 585.
GUILLEMOT, ancien chef de Chouans, 4.
GUILLET, général de brigade, 639.
GYULAI (Ignace, comte DE), général autrichien, 147.

H

HAACK (Comte DE), prisonnier prussien, 6.
HALANCOURT, adjudant commandant, 338, 689.
HAMELIN, capitaine de vaisseau, 68.
HARISPE, général de brigade, 658.
HARTY, général. (*Voir* PIERREBOURG.)
HARVILLE, sénateur, 34.
HAUTPOUL, général de division, 89, 94, 95, 102, 199, 201, 265, 297, 327, 384, 425, 430, 432, 448, 466.
HÉDOUVILLE, général de division, 133, 428, 501.
HÉNIN, adjudant commandant, 270, 347.
HENRI (Le prince), frère du roi de Prusse, 581.
HESSE-CASSEL (Troupes de), 398, 399, 400.
HESSE-DARMSTADT (Le landgrave DE), 105, 526, 705.
HESSE-DARMSTADT (Troupes de), 392, 416, 418, 425, 522, 525, 675.

TABLE DES NOMS DE PERSONNES

HEUDELET, général de division, 388.
HIDRIS-PACHA, général turc, 572.
HOHENLOHE (Prince DE), 371.
HOHENZOLLERN (Bataillon du prince DE), 708.
HOHENZOLLERN (Prince DE), aide de camp du prince Jérôme Napoléon, colonel du régiment de Westphalie, 477, 494, 609.
HOHENZOLLERN (Princesse DE), 205.
HOHENZOLLERN-HECHINGEN (Prince DE), 362.
HOHENZOLLERN-HECHINGEN (Troupes de), 392.
HOHENZOLLERN - SIGMARINGEN (Troupes de), 392.
HOLLAND, commissaire des guerres, 171.
HOLLANDE (Le roi de). (*Voir* LOUIS-NAPOLÉON.)
HUFFER (Hermann), éditeur des *Ungedruckte Briefe Napoléons*, XX.
HÜGEL (Baron DE), 434.
HUGUES, capitaine adjoint, 347.
HUGUET CHATAUX, capitaine, attaché à l'état-major général, 110.
HULIN, général de division, 198, 318, 369, 373, 598, 648.
HULOT, capitaine d'artillerie, 682.

I

IMBERT, commissaire des guerres, 220.
ISENBURG (Charles-Frédéric-Louis-Maurice, prince D'), général de brigade, 220, 221, 392, 689.
ISENBURG, régiment étranger de ce nom, 612, 628, 629, 680, 686.
ITALIE (Vice-roi D'). (*Voir* PRINCE EUGÈNE.)
IUNG (Général), auteur de *Lucien Bonaparte et ses mémoires*, XXI.

J

JACOPIN, général de brigade, 559.
JACQUEMINOT, sénateur, 34.
JAGON, chirurgien en chef de la succursale de Louvain, 628.
JAMIN, major, commandant le 12e d'infanterie légère, 330.
JARRY, adjudant commandant, 342.
JÉRÔME NAPOLÉON, roi de Westphalie, 387, 426, 436, 463, 475, 476, 477, 494, 501, 503, 508, 563, 582, 599, 629, 662, 708, 710.
JERSEY, prisonnier anglais, 7.
JOACHIM (Le prince). (*Voir* MURAT.)
JOINVILLE, commissaire ordonnateur, 459, 527.
JOMARD, général, 651.

JORDY, général de brigade, 441, 454, 681.
JOSEPH NAPOLÉON, roi de Naples, 34, 165, 194, 209, 363, 370, 380, 382, 399, 442, 451, 481, 584, 599, 600, 618, 625, 662, 670, 672, 683.
JOUBERT, commissaire - ordonnateur, 171.
JOURDAN (Maréchal), 194.
JULIEN, entrepreneur d'équipages militaires, 652, 681.
JULIEN, sous-inspecteur aux revues, 592.
JUNGE, chef de bataillon, 109.
JUNOT (Général), 1, 10, 155, 191, 394, 510, 686, 696, 709.

K

KAISER, entrepreneur de transports, 201.
KELLERMANN (Maréchal), sénateur, 34, 133, 142, 158, 161, 162, 171, 211, 217, 327, 331, 332, 345, 362, 370, 372, 375, 392, 393, 394, 395, 399, 454, 456, 458, 465, 471, 475, 506, 509, 514, 518, 551, 568, 581, 597, 598, 599, 622, 629, 658.
KERMOYSAN, éditeur de *Napoléon. Recueil... de ses lettres, proclamations...*, XX.
KIENMAYER, général autrichien, 114.
KIRCHEISEN, éditeur de *Briefe Napoleons des Ersten*, XXI.
KLEIN, général de division, 31, 46, 116, 198, 366, 384, 423, 432, 446, 475, 484, 502.
KORFF (Baron DE), général russe, 600.
KOURAKINE (Le prince), ambassadeur de Russie en France, 580, 582.
KRASINSKI, colonel du régiment des chevau-légers polonais, 488, 648.
KRUITH (Comte DE), commissaire répartiteur des indemnités distribuées en Bavière, 151.

L

LABANOFF DE ROSTOV (Le prince Dmitri), général russe, 582, 586.
LA BARRIÈRE, colonel, directeur d'artillerie, 56.
LABARTHE, capitaine adjoint, 347.
LABORDE (Le comte DE), directeur général des Archives de l'Empire, V, VI.
LA BOUILLERIE, trésorier général du domaine extraordinaire, 137, 238.
LACÉPÈDE, sénateur, grand chancelier de la Légion d'honneur, 34, 154, 217.
LACHAISE, capitaine adjoint, 347.
LACOMBE-SAINT-MICHEL, général de division, 144, 316.
LACOSTE, général de division, 64, 356.
LACOUR, colonel du 5e dragons, 652.

LACROIX, employé aux Archives du Dépôt de la guerre, VI.
LACROSSE, contre-amiral, 68.
LACUÉE, général de division, 27, 285, 287, 310, 345, 348, 410, 510, 592.
LAFFON, colonel du 6e chasseurs, 625.
LAFITTE, colonel du 18e dragons, 462.
LAGRANGE, général de division, 5, 7, 71, 338, 398, 402, 457, 666.
LAHOUSSAYE, général de brigade, puis de division, 48, 536.
LAINÉ, capitaine adjoint, 347.
LALOBE, capitaine adjoint, 689.
LAMARCHE, chef d'escadrons au 2e hussards, 499.
LAMARQUE, général de brigade, 594.
LAMARTILLIÈRE (FABRE DE), général de division, sénateur, 34.
LAMBERT, inspecteur aux revues, 252, 365.
LAMOGÈRE, colonel d'artillerie, 605.
LAMOTTE (Bataillon bavarois dit de), 409.
LANNES (Maréchal), 75, 88, 89, 94, 95, 101, 102, 103, 104, 105, 113, 123, 209, 375, 425, 430, 431, 521, 533, 549, 558, 566, 567, 569, 570.
LANNOY, fournisseur des vivres-viande, 167.
LAPISSE, général de division, 469.
LA PLANCHE DE MORTHIÈRE, général de brigade, 198, 210, 265, 314.
LAPOYPE, général de brigade, 346.
LARIBOISIÈRE, général de division, 482, 493, 549.
LAROCHE, général de brigade, 339, 457, 492.
LA ROMANA (Marquis DE), commandant les troupes espagnoles à la Grande Armée, 611.
LARREY, inspecteur général du service de santé des armées, 461.
LA SALLE, général de brigade, puis de division, 133, 265, 366, 429, 446, 484, 523, 530, 539, 566, 567, 570, 615, 623.
LA TOUR D'AUVERGNE, le 1er grenadier de France, 604.
LA TOUR D'AUVERGNE (Le prince DE), colonel du régiment de ce nom, 173.
LA TOUR D'AUVERGNE, régiment étranger de ce nom, 612, 628, 629, 670, 680.
LATOUR-MAUBOURG, général de brigade, puis de division, 386, 431, 432, 484, 516, 536, 566, 567, 570.
LAURENT, général de brigade, 636.
LAURISTON, général de division, 3, 258, 625.
LAVAL, général de brigade, 338.
LA VALETTE, directeur général des postes, 628.

LEBRUN, architrésorier, 52.
LEBRUN, colonel du 3e hussards, 15.
LEBRUN, adjoint d'état-major, 110.
LE CAMUS, adjudant commandant, 100.
LECESTRE (L.), éditeur des Lettres inédites de Napoléon Ier, VII, XI, XIX.
LECHI, général de brigade, 699.
LECLERC, capitaine du génie, 682.
LECOUTEULX-CANTELEU, sénateur, 34.
LEDOUX, chef de bataillon, 273.
LEDUC, commissaire des guerres, secrétaire du maréchal Berthier, 97, 586.
LEFAIVRE, capitaine, 347, 689.
LEFEBVRE (Armand), conseiller d'État, V, VI.
LEFEBVRE (Maréchal), 157, 158, 161, 162, 174, 198, 200, 201, 211, 222, 246, 258, 266, 271, 371, 389, 456, 459, 499, 507, 522, 552, 682.
LEFÈVRE, général de brigade, 689.
LEFRANC, général de brigade, 377, 387, 689.
LEGENDRE, général de brigade, 545.
LEGRAND, général de division, 30, 83, 401, 418, 483, 514.
LEGUAY, général de brigade, 281.
LEJEUNE (Louis-François), chef de bataillon, employé près le major-général, 109.
LEJEUNE, capitaine du génie, aide de camp de Berthier, 109.
LEJOSNE, commandant d'armes à Bellegarde, 563.
LE MAROIS, général de division, 231, 285, 371, 387, 400, 404, 411, 460.
LEMERCIER, sénateur, 34.
LENOBLE, commissaire des guerres, 370.
LEPIC, colonel de la garde impériale, 198.
LEROY, capitaine adjoint, 347.
LÉRY, général de division, 284.
LESPERUT, membre du Corps législatif, 446.
LESPINASSE, sénateur, 34.
LESPINAY, élève à l'École militaire de Fontainebleau, 134.
LEVAILLANT, capitaine, attaché à l'état-major général, 109.
LEVAL, général de division, 157, 158, 418, 458, 469, 536, 695.
LEVASSEUR, adjudant commandant, 691.
LEYDEN (Baron DE), commissaire pour la répartition d'indemnités en Bavière, 151.
LEZAY-MARNÉSIA (Adrien), ministre plénipotentiaire près l'électeur de Salzburg, 18.
LHOMME (Joseph), musicien au 46e d'infanterie, 71.

TABLE DES NOMS DE PERSONNES

LIÉBERT, général de division, 458, 686.
LIECHTENSTEIN (Le prince DE), lieutenant général, 131, 147.
LIÉDOT, chef de bataillon, puis colonel du génie, 76, 97.
LIGER-BELAIR, général de brigade, 492, 493.
LIGNIM, chef de bataillon, 523.
LOISON, général de division, 29, 200, 324, 499.
LOMBART, commissaire-ordonnateur en chef, 460, 543.
LOMET, adjudant commandant, 18, 39, 100.
LORGE, général de division, 71, 157, 158, 545.
LOSTANGES, capitaine de frégate, 109.
LOUISE-AUGUSTE-WILHELMINE-AMÉLIE, reine de Prusse, 580, 581, 582.
LOUIS-NAPOLÉON, connétable, roi de Hollande, 83, 141, 156, 179, 183, 185, 279, 404, 548, 631, 654.
LUMBROSO, auteur de publications sur Napoléon, XXI.

M

MACON, général de brigade, 198, 290.
MACQUARD, fils du général, 11.
MADAME-MÈRE, 343.
MAËS, fournisseur des hôpitaux, 529.
MAGALLON LA MORLIÈRE, général de division, 414.
MAILLARDOZ, envoyé extraordinaire de la Diète helvétique, 450.
MALACHOWSKI, chef de bataillon, 109.
MALAKOWSKI, président de la commission du gouvernement polonais, 622.
MALET (Claude-François), général de brigade, 547.
MALHER, général de division, 29, 111, 197, 200, 616, 679.
MARCHAND, auteur d'un travail sur la régie des vivres-pain, 205.
MARCHAND, général de brigade, 68, 469.
MARESCOT, général du génie, 207, 327.
MARET, duc de Bassano, ministre-secrétaire d'Etat, 2, 3, 4, 5, 7, 8, 11, 12, 18, 19, 32, 34, 37, 38, 44, 47, 49, 64, 65, 71, 73, 74, 78, 86, 117, 131, 134, 150, 15', 155, 163, 165, 168, 171, 173, 177, 178, 183, 184, 186, 202, 204, 205, 210, 211, 213, 216, 217, 222, 226, 227, 232, 237, 242, 247, 249, 251, 252, 253, 255, 259, 263, 271, 278, 282, 286, 287, 293, 294, 301, 302, 304, 313, 315, 321, 322, 325, 337, 342, 367, 372, 397, 404, 421, 423, 453, 455, 458, 481, 490, 492, 512, 529, 543, 559, 562, 563, 564, 573, 574, 580, 589, 591, 597, 599, 601, 609, 612, 613, 614, 621, 625, 633, 638, 642, 651, 671, 677, 689, 707.

MARGARON, général de brigade, 111, 290, 331.
MARIGNY, colonel du 20e régiment de chasseurs, 243.
MARION, colonel, 82.
MARMONT, général de division, 37, 105, 113, 119, 136, 144, 145, 146, 165, 176, 200, 239, 270, 306, 313, 341, 381, 583, 584, 617, 639.
MARQUESSAC, capitaine adjoint, 347.
MARTEL (Tancrède), éditeur des Œuvres littéraires de Napoléon Ier, XXI.
MARTEVILLE, capitaine adjoint, 110, 454, 689.
MARTIN, chef de bataillon, 58.
MARULAZ, général de brigade, 469.
MASSÉNA, commissaire des guerres, 220.
MASSÉNA, père du commissaire des guerres de ce nom, 245.
MASSÉNA (Maréchal), 93, 97, 136, 146, 345, 421, 461, 463, 691.
MASSERANO (Prince DE), ambassadeur d'Espagne à Paris, 73.
MASSON (F.), auteur de Napoléon. Manuscrits inédits, XXI.
MAUBONGAND, fabricant de bonneterie, 77.
MAUCUNE, colonel, 388, 449.
MAUDUIT (DE), auteur de Derniers jours de la Grande Armée, XXII.
MAUPETIT, capitaine adjoint, 347.
MAURIN, général de brigade, 633, 637.
MAURY (Alfred), directeur général des Archives de l'Empire, V.
MAXIMILIEN-JOSEPH, électeur, puis roi de Bavière, 120, 125, 138, 301, 386, 392, 409, 494, 703, 705.
MECINSKI, lieutenant de la compagnie des gardes d'honneur du grand-duc de Berg, 491.
MÉLAS, général autrichien, 112.
MELZI (G.), éditeur de Memorie, documenti e lettere inedite di Napoleone Ier e Beauharnais, XX.
MELZI, vice-président de la République italienne, 10.
MÉNARD (Jean-François-Xavier), général de brigade, 416, 418, 449, 549.
MENEVAL, secrétaire particulier de l'Empereur, 9, 147, 153, 157, 402, 427, 435, 436, 440, 444, 451, 495, 496, 497, 499, 503, 571, 664.
MENOU, général de division, 8, 91, 221, 253, 281, 327, 379, 382, 465, 641.
MERGÈS, chef d'escadron, 109.
MÉRIMÉE (Prosper), sénateur, membre de la commission de publication de la Correspondance de Napoléon Ier, V, VIII, X.
MERLE, général de brigade, 68.

MESNY, payeur, 219.
METTERNICH (DE), ambassadeur d'Autriche à Paris, 625.
MEYNE, capitaine de vaisseau, 68.
MEYNIER, général de division, 503.
MIACZINSKI, capitaine de la compagnie de gardes d'honneur du grand-duc de Berg, 491.
MICHAL, capitaine adjoint, 347.
MICHAUD, général de division, 180, 286, 339, 558.
MICHELSON, général russe, 572, 585, 586, 692.
MILHAUD, général de division, 57, 124, 265, 383, 423, 429, 431, 446, 467, 483, 502, 565, 566, 567, 571.
MILLET, général de brigade, 116.
MIOLLIS (Balthazar), adjudant commandant, 79.
MIOLLIS, général de division, 144, 357, 380, 615, 640.
MIQUEL, colonel du 26e de ligne, 422.
MOLARD, adjudant commandant, 187.
MOLITOR, général de division, 144, 188, 251, 270, 382, 530, 533, 534, 550, 672, 686.
MOLLIEN (Comte), ses *Mémoires d'un ministre du Trésor*, XXI.
MOLLIEN (Comte), ministre du Trésor public, 137, 627.
MONCEY (Maréchal), 17, 32.
MONGE, sénateur, 34.
MONNET, général de division, 635.
MONTBRUN, général de brigade, 434, 468.
MONTCABRIÉ, capitaine de frégate, 69.
MONTCHOISY, général de division, 93, 160, 174, 292, 299, 465.
MONTESSUY, munitionnaire général des Invalides, 169.
MONTGELAS (DE), ministre des finances, puis de l'intérieur, du royaume de Bavière, 196.
MONTHOLON, capitaine, attaché à l'état-major général, 109.
MONTMORENCY, commandant la compagnie des gendarmes d'ordonnance, 405.
MONTMORENCY (La famille DE), 160.
MONTMORIN SAINT-HÉREM (DE), capitaine, invalide, 625.
MONTRICHARD (PERRUQUET DE) (Joseph-Elie-Désiré), général de division, 177.
MORAND (Charles Antoine-Louis-Alexis), général de brigade, 68.
MORAND (Joseph), général de division, 73, 163, 177, 483.
MORANGIES, général de brigade, 57.
MORARD DE GALLES, sénateur, 34.
MORAS, capitaine de vaisseau, 68.
MOREAU, général de brigade, 330, 332.

MORIO, colonel, aide de camp du roi de Westphalie, 198, 604.
MORLOT, général de division, 688.
MORTIER (Maréchal), 133, 136, 200, 201, 265, 364, 393, 419, 457, 485, 500, 513, 566, 567, 570, 630, 631, 651, 702.
MOSSEL, général de brigade d'artillerie, 150.
MOUFF, capitaine au 88e de ligne, 276.
MOULIN, général de division, 509, 537.
MOUTON, général de division, 451, 611, 621, 674, 697, 704.
MULLER-ZAKOMELSKI, général-major russe, 587, 588, 600, 626, 635.
MURAT (Comte), auteur de l'ouvrage : *Murat, lieutenant de l'Empereur en Espagne*, XXII.
MURAT (Le maréchal, prince Joachim), grand-duc de Berg et de Clèves, 87, 88, 89, 90, 91, 94, 95, 96, 99, 103, 104, 111, 113, 116, 118, 119, 123, 133, 192, 209, 255, 276, 354, 390, 392, 410, 426, 450, 470, 480, 483, 484, 489, 491, 502, 513, 530, 546, 578, 579, 582, 609, 622, 626.
MURVILLE, capitaine adjoint, 347.
MUSNIER, général commandant la 15e division militaire, 28, 623, 688.
MUSTAFA IV, sultan ottoman, 572.

N

NANSOUTY, général de division, 48, 90, 94, 111, 201, 327, 371, 384, 423, 425, 432, 466, 467, 515, 566, 567, 570.
NAPLES (Le roi de). (*Voir* JOSEPH NAPOLÉON.)
NAPOLÉON III (L'Empereur), V, VII, IX.
NAPOLÉON (Jérôme). (*Voir* JÉRÔME NAPOLÉON.)
NAPOLÉON (Joseph). (*Voir* JOSEPH NAPOLÉON.)
NAPOLÉON (Le prince Jérôme), président de la commission de publication de la *Correspondance de Napoléon Ier*, V, X.
NAPOLÉON (Prince LOUIS), connétable. (*Voir* LOUIS NAPOLÉON.)
NASSAU-ORANGE (Prince DE), 426.
NASSAU-USINGEN (Troupes du prince DE), 392, 444.
NASSAU (Contingents de), 675, 705.
NAVERRES, adjudant commandant, 32.
NEY (Maréchal), 45, 87, 89, 94, 103, 104, 113, 136, 146, 200, 201, 310, 373, 376, 385, 386, 418, 425, 428, 429, 430, 431, 433, 437, 466, 473, 475, 483, 487, 497, 502, 515, 516, 517, 525, 566, 567, 569, 572.
NICEVILLE, sous-lieutenant au 27e dragons, 193.
NIOU, chef d'escadron, 689.

NIVET, adjudant commandant, 387.
NOËL, capitaine, 347.
NOIROT, général de brigade, 465.
NOURY, commissaire-ordonnateur, 263, 343.

O

O'CONNOR, général de division, 12, 154.
O'FARRILL, ministre d'Espagne à Florence, 174.
OLIVIER, général de division, 5.
OLRY (Compagnie), chargée du service des fourrages, 4.
O'MAONY, ancien colonel irlandais au service de la France, 639.
ORDENER, général de division, 198, 593.
OTTO, commissaire pour la remise de la place de Braunau, 196, 238, 336, 698.
OUDINOT, général de division, 10, 30, 59, 123, 145, 146, 210, 212, 267, 286, 299, 342, 348, 391, 418, 421, 459, 464, 466, 467, 469, 472, 477, 483, 487, 488, 495, 497, 500, 503, 508, 523, 525, 531, 559, 568, 577, 657, 662, 688.

P

PAJOL, général de brigade, 623.
PANCKOUCKE, éditeur des Œuvres de Napoléon Bonaparte, IX, XIX, XX, 123, 130, 578, 580.
PANIZZI, correspondant de Prosper Mérimée, X.
PANNETIER, général de brigade, 550.
PAOLI, patriote corse, VIII.
PARIGOT, chef de bataillon, 109.
PARIS, commissaire des guerres, 314.
PARIS D'HILLINS, général de brigade, 573.
PARTOUNEAUX, général de division, 145.
PASCAL (Adrien), éditeur de la Correspondance inédite de l'Empereur Napoléon avec le commandant en chef de l'artillerie de la Grande Armée, XX.
PASCALIS, adjudant commandant, 600.
PASQUIER, capitaine au 6e de ligne, 600.
PASSELAC, chef de bataillon, 689.
PAULINE BONAPARTE, 209.
PELET (Général), ancien directeur du Dépôt de la guerre, V, VI, VII, VIII, XII, XVI, XIX.
PÉLISSIER (L.-G.), Le registre de l'île d'Elbe, XXI.
PÉPIN, capitaine, adjoint d'état-major, 454.

PERCY, inspecteur général du service de santé des armées, 460.
PÉRIGNON (Maréchal), sénateur, 34, 465, 540.
PERNETY, général de division, 691.
PERREAU, employé des hôpitaux militaires, 707.
PERRON, chef de section au ministère d'Etat, V, VI.
PERRON (Victor), sous-lieutenant au 21e dragons, 709.
PESTE-TURENNE-LAVAL, adjudant commandant, 347, 689.
PETIET, intendant général de la Grande Armée, 61, 62, 80, 242.
PETIET (Alexandre), fils du précédent, 77.
PETIET, lieutenant, aide de camp du maréchal Soult, 258.
PETITGRAND, adjoint d'état-major, 329, 347.
PETITJEAN, capitaine, 82.
PETIT-PRESSIGNY, adjudant commandant, 503.
PEYRON, aide de camp du roi de Suède, 607.
PICARD, général de brigade, 265, 471, 600.
PIERREBOURG (Olivier HARTY, baron DE), général de brigade, 635.
PIERRON (DE), colonel bavarois, 505.
PILLE, général de division, 310, 311, 312.
PILLET, adjudant commandant, 659.
PINO, général italien, 10, 707.
PIOMBINO (Prince de). (Voir BACIOCCHI.)
PIRÉ (DE), capitaine, 109.
PISTON, général, commandant d'armes à Wesel, 214, 297, 636.
PLATOV, hetman des cosaques, 583.
POINSOT, général de brigade, 58.
POMMEREUL (DE), auteur de la Campagne du général Bonaparte en Italie pendant les années IVe et Ve, XXI.
PONIATOWSKI (Prince Joseph), 491.
PONTE-CORVO (Prince de). (Voir BERNADOTTE.)
PONTHIER, ex-sous-lieutenant au 61e de ligne, 79.
POPOFF, conseiller privé de l'Empereur de Russie, 578.
PORSON, adjudant commandant, 600.
POUCHELON, major, commandant le 33e d'infanterie de ligne, 330.
POUGET (Jean-Pierre), général de brigade, 332.
PRADEL, sous-inspecteur aux revues, 498.
PRÉAU, lieutenant d'état-major, 273.

PRÉVAL (Claude-Antoine), général de brigade, 573.
PRIMAT (Le prince). (*Voir* DALBERG (Ch.).
PRUSSE (La reine de). (*Voir* LOUISE-AUGUSTE-WILHELMINE-AMÉLIE.)
PRUSSE (Le roi de). (*Voir* FRÉDÉRIC-GUILLAUME III.)
PULLY, général de division, 190, 290, 380.
PUTHOD, général de brigade, 560, 662.

Q

QUESNEL, général de division, 250.
QUÉTARD, général de brigade, 281.

R

RADZIWILL (Le prince Michel), colonel de la légion du Nord, 605.
RAGOT, lieutenant d'artillerie, 534.
RAMPON, général de division, sénateur, 34, 327, 330, 331, 332, 362, 421.
RAPETTI, secrétaire de la commission de publication de la *Correspondance de Napoléon I*er V, X.
RAPIN, capitaine, 689.
RAPP, général de brigade, aide de camp de l'Empereur, 198, 261, 324, 358, 359, 360, 499, 505, 532, 536.
RAZOUT, général de brigade, 545.
REBILLOT, chef d'escadron, 331.
REILLE, général de brigade, 133.
RÉMUSAT (DE), 1er chambellan de l'Empereur, 31.
RENAUT (Jean-Jacques), tambour au 13e d'infanterie légère, 416.
REQUIN (Pierre), adjudant commandant, 436.
REYNIER, général de division, 564.
RHEINVALD, général de brigade, 387, 446.
RICQUET, capitaine, 347.
RIGAU, général de brigade, 521.
ROCQUAIN (Félix), auteur de *Napoléon et le roi Louis*. XXII.
ROEDERER, sénateur, 34.
ROGER-DUCOS, sénateur, 34.
ROGET, général de division, 446, 494.
ROGUET, général de brigade, 644.
ROGUIN, payeur général de la Grande Armée, 552.
ROLLAND, ancien commissaire de l'artillerie, 297.
ROSSI, prévenu d'espionnage, 514.
ROSTOLLAN, général de brigade, 518.
ROTONDI (J.), adjudicataire des vivres-pain, 232.

ROUBAUD, chef d'escadron, 608.
ROUSSEL, capitaine de grenadiers, 588.
ROUYER (Marie-François), général de division, 460.
ROUZIÈS, major du génie, 605.
ROYER, major, commandant le dépôt de Blonie, 491.
RUBY, général de brigade, 339.
RÜCHEL, général prussien, 580.
RUSSIE (L'impératrice de), 580.

S

SACK, major prussien, 6.
SAHUC, général de division, 265, 384, 395, 403, 425, 428, 446, 448, 502.
SAINT-GERMAIN, général de brigade, 48.
SAINT-HILAIRE, général de division, 30, 145, 418, 483.
SAINT-LAURENT (Louis-Joseph-Auguste-Gabriel), général de brigade, 457.
SAINT-LUC (Comte DE), auteur des *Documents historiques et réflexions sur le gouvernement de la Hollande*. XXI.
SAINT-SULPICE, général de division, 331, 565, 566, 567, 571.
SAINTE-BEUVE, sénateur, membre de la commission chargée de publier la *Correspondance de Napoléon I*er, V.
SALLÉ, capitaine, attaché à l'état-major général, 110.
SALLIGNY, général de division, 197, 198.
SALME, général de division, 390.
SALM-KYRBURG (Prince DE), 206.
SALVA, général de brigade, 291.
SANSON, général de brigade, 385.
SARAIRE, lieutenant, 109.
SARRUT, général de brigade, 435, 469.
SARTELON, commissaire ordonnateur, 61.
SAVARY, général de division, 389, 401, 402, 450, 461, 462, 616.
SAXE-WEIMAR (Duc de), 375, 386.
SAXE (Le roi de). (*Voir* FRÉDÉRIC-AUGUSTE.)
SCALFORT, général de brigade, 255.
SCHAUENBURG, général de division, 161, 305, 323.
SCHERB, général, 220.
SCHERER, général de division, 315.
SCHLOSSBERGER (A.-V.), éditeur de publications relatives à Napoléon Ier, XXI.
SCHRAMM, général de brigade, 319, 338.
SCHREIBER, colonel, ex-commandant d'armes à Parme, 513.
SCHWARZ, général de brigade, 573, 652.

SCHWARZENBERG (Le prince DE), général autrichien, 131.
SEBASTIANI, général de brigade, 5.
SECHEHAYE, lieutenant d'artillerie, 258.
SÉGUR (P. DE), ex-chef d'escadron au 13e chasseurs, 691.
SERAS, général de division, 356.
SERURIER (Maréchal), 183.
SEYMOUR, Anglais, prisonnier de guerre, 576.
SIAUD, capitaine, adjoint d'état-major, 347.
SIÉPEL, inspecteur des transports, 220.
SILVAGNI (N.), auteur de *Napoleone Bonaparte e i suoi tempi*, XXI.
SIMON, bibliothécaire du Tribunat, 6.
SIMON (Edouard-François), général de brigade, 6.
SIMONIN, capitaine, 109.
SINIAVINE, amiral russe, 646.
SIX, capitaine, 689.
SKALKOWSKI (Adam), auteur de *l'Empereur et la Pologne*, XXII.
SKOLSKI, lieutenant, 109.
SOLIGNAC, général de brigade, 549.
SOLTYK, lieutenant de la compagnie des gardes d'honneur du grand-duc de Berg, 491.
SONGIS, général de division, 1er inspecteur général de l'artillerie, 29, 58, 108, 140, 145, 166, 176, 265, 325, 335, 338, 341, 349, 351, 359, 371, 389, 433, 459, 461, 483, 493, 496, 500, 508, 518, 522, 523, 534, 538, 577, 651, 675, 702, 705.
SORBIER (Jean BARTHELMOT, Comte), général de division, 329.
SOREL (Albert), historien, XXI.
SOTTAU (Comte DE), prisonnier de guerre prussien, 488.
SOUHAM, général de division, 32, 553.
SOULÈS (Jérôme), colonel du régiment des chasseurs à pied de la garde impériale et général de brigade, 34, 198, 318.
SOULT (Maréchal), 28, 88, 90, 94, 104, 111, 112, 113, 139, 145, 200, 201, 258, 265, 373, 385, 386, 387, 390, 418, 425, 429, 430, 431, 439, 458, 469, 473, 475, 484, 488, 502, 515, 516, 537, 549, 566, 567, 572, 604, 616, 630, 651, 663, 672, 677, 686, 687.
STANOWSKI, capitaine attaché à l'état-major général, 110.
STASSART, auditeur au Conseil d'Etat, intendant à Elbing, 531.
STEENHAUDT, colonel du 4e chasseurs, 625.
STENGEL (Baron DE), commissaire pour la répartition d'indemnités en Bavière, 151.

SUCHET, général de division, 30, 146, 148, 200, 375, 430, 437, 441, 586.
SUÈDE (Le roi de), 607, 608, 609.
SULKOWSKI (Prince Jean), commandant le 1er régiment de chevau-légers polonais, 421, 515, 672.

T

TABARIÉ, chef de la 2e division du ministère de la guerre, 281.
TALLEYRAND, prince de Bénévent, 147, 582, 585.
TASSIS (Comte DE), commissaire pour la répartition d'indemnités en Bavière, 151.
TATISCHEF (A.), auteur d'*Alexandre Ier et Napoléon*, XXII.
TAUENZIEN, général prussien, 515.
TAUTPHOENS (Baron DE), commissaire pour la répartition d'indemnités en Bavière, 152.
TAVIEL, général d'artillerie, 653.
TERRIER, adjoint d'état-major, 329, 347.
TEULIÉ, général de division italien, 30, 577.
THEINER (Le P.), auteur de l'*Histoire des deux concordats*, XXII.
THÉVENIN, major des équipages et transports militaires, 531.
THIARD, chef d'escadron, 447, 453, 474.
THIBAULT, capitaine, officier d'état-major, 689.
THIBAUT, commissaire des guerres, 252.
THIÉBAULT, général de brigade, 133, 545.
THIERRY (Amédée), sénateur, V.
THIOLIER, graveur, 63.
THOMA (DE), commissaire pour la répartition d'indemnités en Bavière, 152.
THOMAS, adjoint d'état-major, 110.
THOMAS (Martial), adjudant commandant, 347.
THOMIÈRES, chef de bataillon, 110.
THOMIÈRES, général de brigade, 636.
THOUVENOT (Pierre), général de brigade, 419, 500, 608.
THÜRHEIM (Comte DE), commissaire pour la répartition d'indemnités en Bavière, 151.
TILLIER, sous-lieutenant, aide de camp du maréchal Brune, 608.
TILLY (Jacques-Louis-François DELAITRE), général de division, 133, 265.
TIRLET, général, commandant l'Ecole de Douai, 291.
TISSON (Martin), fournisseur de l'habillement, 645.
TRAWOT, général de division, 253, 652.

TRÈVES (l'Electeur de), 43.
TRONCHET, sénateur, 34.
TROUSSET, commissaire ordonnateur, 197.
TUNIS (Le bey de), 633.
TURPIN, employé aux Archives du Dépôt de la guerre, VI, XVI.
TURSKI, chef de bataillon, 109.

U

USEDOM, général prussien, 389.

V

VABRE, général de brigade, 57, 444.
VAILLANT (Le maréchal), président de la Commission de publication de la *Correspondance de Napoléon I*er, V, VIII, X.
VALAIS (Le grand bailli du), 629.
VALETTE, général de brigade, 339.
VALHUBERT, général de brigade, 133.
VALLONGUE (Pascal), colonel, adjoint à l'état-major général, 99.
VALORY, général de brigade, 11.
VANDAL (Albert), historien, XXII.
VANDAMME, général de division, 30, 139.
VANLERBERGHE, fournisseur des vivres-viande, 167, 573, 593, 641, 671, 677.
VAUBOIS (Claude-Henri BELGRAND, dit), général de division, sénateur, 34.
VAUFRELAND, général de brigade, 559.
VAUGRIGNEUSE, chef de bataillon, 273.
VAUQUELIN, adjoint d'état-major, 110.
VEAUX, général de brigade, 338.
VEDEL, général de brigade, 521, 542.
VERDIER, général de division, 25, 45, 46, 542, 568, 677, 686, 687.
VERGES, adjudant commandant, 347.
VERGEZ (Jean-Marie), général de brigade, 636.
VERRIÈRES, général de brigade d'artillerie, 243, 436.
VICTOR, général de division, puis maréchal d'Empire, 426, 548, 549, 564, 589, 621, 624, 646, 689.
VIENNET, colonel, 563.
VIGNOLLE, général de division, 144.

VILLARET-JOYEUSE, vice-amiral, capitaine-général à la Martinique, 534.
VILLEMANZY, inspecteur en chef aux revues, 239, 242, 252, 366, 432.
VILLENEUVE, vice-amiral, 84.
VILLERMÉ, capitaine adjoint, 347.
VIMAR, sénateur, 34.
VOUILLEMONT, général de brigade, 520.
VULLIOD, capitaine adjoint, 347.

W

WALEWSKI (Le comte), membre de la Commission de publication de la *Correspondance de Napoléon I*er, V.
WALLER, Irlandais, 12.
WALTHER, général de division, 95, 201, 265.
WATIER DE SAINT-ALPHONSE, général de brigade, 255, 265, 290, 410, 479, 484, 523, 539, 623, 694.
WEICHS (Baron DE), commissaire pour la répartition d'indemnités en Bavière, 152.
WEIMAR (Duc de). *Voir* SAXE-WEIMAR.
WELSCHINGER, auteur de publications relatives à Napoléon Ier, XXII.
WERNECK, général autrichien, 115.
WIMPFFEN (Charles), neveu du lieutenant-général, 8.
WINKLER (Baron DE), 386.
WOLFF, ex-colonel du 14e régiment de cavalerie, 82.
WURTEMBERG (L'Electeur de). *Voir* FRÉDÉRIC II (Guillaume-Charles).
WÜRZBURG (Grand-duc de), 426.

Y

YARMOUTH, prisonnier anglais, 72.

Z

ZAKOMELSKI. *Voir* MÜLLER-ZAKOMELSKI.
ZAYONCHEK, général de division, 337, 347, 350, 356.
ZIMMERN, capitaine adjoint, 454.

Paris et Limoges. — Imprimerie et librairie HENRI CHARLES-LAVAUZELLE.

Librairie militaire Henri CHARLES-LAVAUZELLE
PARIS ET LIMOGES

Général H. CREMER. — **A B C Tactique** (2e édition). — 72 pages.... 1 50
Général ROHNE. — **Nouvelle tactique d'artillerie** (traduit de l'allemand). In-8° de 38 pages... 1 »
Général PÉDOYA. — **L'armée n'est pas commandée.** — Brochure in-8° de 40 pages.. 0 75
Général PÉDOYA. — **Recrutement et avancement des officiers** (armée active et réserve). — Volume in-8° de 216 pages............... 3 »
Général PÉDOYA, commandant le 16e corps d'armée. — **Recueil de principes tactiques**, (service de marche, combats offensifs et défensifs, poursuites et retraites, service des avant-postes). — Volume in-8° de 280 pages, broché... 4 »
Général de BEAUCHESNE. — **Stratégie et tactique cavalières.** — Volume in-8° de 102 pages... 3 »
Général TROCHU. — **L'armée française en 1867.** — Volume in-8° de 128 pages... 2 »
Brigadier général R. C. B. HAKING. — **Une conférence anglaise sur la liaison des armes.** Traduction de M. le colonel d'artillerie P.-G. Dubois. In-8° de 60 pages... 1 25
Général HARDY de PÉRINI. — **Afrique et Crimée (1850-1856).** — Historique du 11e léger (86e de ligne), avec préface d'A. Mézières, de l'Académie française. — Volume in-8° de 210 pages, orné d'un portrait du général et de 5 croquis hors texte............................. 5 »
Général LANGLOIS, membre du Conseil supérieur de la guerre. — **Conséquences tactiques des progrès de l'armement. Etude sur le terrain.** — Volume in-8° de 90 pages, avec 8 croquis coloriés hors texte et une carte mesurant 0°,76 × 0°,58................................... 3 50
Général H. LANGLOIS, sénateur, membre de l'Académie française. — **Enseignements de deux guerres récentes : guerres turco-russe et anglo-boer.** — Volume grand in-8° de 240 pages, avec 4 cartes hors texte... 5 »
Général LANGLOIS, sénateur, membre de l'Académie française. — **Dix jours à l'armée suisse.** — Volume in-18 de 124 pages, avec un croquis hors texte.. 2 »
Général DAUDIGNAC. — **Les réalités du combat : Défaillances, Héroïsme, Paniques.** Conférences pour les officiers. — Volume in-8° de 196 pages.. 3 »
Général PIERRON. — **La Stratégie et la Tactique allemande au début du vingtième siècle** (3e édition). — Volume in-8° de 580 pages, avec 31 croquis dans le texte...................................... 7 50
Général von BLUME. — **Dans quelle mesure les conditions du succès à la guerre se sont-elles modifiées depuis 1871 ?** Traduit de l'allemand, avec l'autorisation de l'auteur, par le chef de bataillon PAINVIN, de la section technique de l'infanterie. In-8° de 104 pages........ 2 »
Général FAURIE. — **De l'influence du terrain sur les opérations militaires.** — Brochure in-8° de 28 pages........................ 1 »
Colonel CARDINAL de WIDDERN. — **Journées critiques. — Crise de Vionville.** Actes d'initiative des commandants de corps d'armée, des états-majors et d'autres chefs en sous ordre, dans les journées des 15 et 16 août 1870, traduit de l'allemand par le commandant RICHERT. — Volume in-8° de 244 pages, avec 2 croquis dans le texte et une carte hors texte (70 × 66) des environs de Metz............................ 4 »

www.ingramcontent.com/pod-product-compliance
Lightning Source LLC
Chambersburg PA
CBHW071658300426
44115CB00010B/1250